Das Überich — bald drohend-
übermächtig, bald
verheißungsvoll leuchtend (als
Ich-Ideal) 20f.

sch.

iin postmod. Analysen/
Interpretationen

Im poststrukturalist. Analysevokabular wird der Traum von
der Wildnis des. hemmungslos
geträumt —
Der Traum von der unkontrollierten
Semiose /wuchern d. Texte   84

D1702569

Tübinger Studien zur deutschen Literatur

Herausgegeben von Prof. Dr. Gotthart Wunberg

Band 18

Peter Lang

Frankfurt am Main · Berlin · Bern · Bruxelles · New York · Oxford · Wien

Burkhard Schäfer

Unberühmter Ort

Die Ruderalfläche
im Magischen Realismus
und in der Trümmerliteratur

Peter Lang
Europäischer Verlag der Wissenschaften

Die Deutsche Bibliothek - CIP-Einheitsaufnahme

Schäfer, Burkhard:

Unberühmter Ort : die Ruderalfläche im magischen Realismus
und in der Trümmerliteratur / Burkhard Schäfer. - Frankfurt am
Main ; Berlin ; Bern ; Bruxelles ; New York ; Oxford ; Wien :
Lang, 2001
  (Tübinger Studien zur deutschen Literatur ; Bd. 18)
  Zugl.: Tübingen, Univ., Diss., 2000
  ISBN 3-631-37473-9

Gedruckt auf alterungsbeständigem,
säurefreiem Papier.

D 21
ISSN 0171-7235
ISBN 3-631-37473-9

© Peter Lang GmbH
Europäischer Verlag der Wissenschaften
Frankfurt am Main 2001
Alle Rechte vorbehalten.

Printed in Germany 1 2 4 5 6 7

www.peterlang.de

Meinem Vater

„Alle Wege führen nach Wassertrüdingen,
wer nach Rom kommt, hat sich verirrt."
(Günter Eich, *Die Maulwürfe*)

Inhaltsverzeichnis

10

Vorbemerkung

„Auf den Titel *Magischer Realismus* legen wir keinen besonderen Wert."[1] Wir fügen hinzu: auf den der *Trümmerliteratur* auch nicht. Auf den Titel *Ruderalfläche*[2] legen wir jedoch großen Wert.

Das **Ziel** der Untersuchung ist, die Bedeutung der Ruderalfläche für den Magischen Realismus und für die Trümmerliteratur herauszuarbeiten. Der Arbeit liegt folgender **Textbefund** zugrunde: Die Ruderalfläche verbindet den Magischen Realismus mit der Trümmerliteratur, sie ist also gewissermaßen das Missing link zwischen den beiden 'Epochen' bzw. Schreibweisen. Die doppelte **These** lautet (1.): Die Trümmerliteratur nach 1945 und 1989 (Mauerfall) ist eine Weiterführung und Radikalisierung des Magischen Realismus. Das impliziert (2.): Im Magischen Realismus ist die Trümmerliteratur immer schon latent verborgen.

Folgende Punkte werden im Verlauf der Arbeit herausgearbeitet:

- Die Ruderalfläche beginnt sich gegen Ende des 1. Weltkriegs im Magischen Realismus als paradigmatischer Topos der Zeit zu etablieren.

- Die Trümmerliteratur hat den 'unberühmten Ort'[3] des Magischen Realismus beerbt und fortgeschrieben.

- Die Bedeutung der Ruderalfläche hat sich bis in die westdeutsche Literatur der Gegenwart hinein gehalten und ist vor allem in der Literatur der (ehemaligen) DDR immer aktuell geblieben.

---

[1] Franz Roh: Nach-Expressionismus – Magischer Realismus. Probleme der neuesten europäischen Malerei, Leipzig 1925, Vorwort ohne Paginierung. Vgl. auch Michael Scheffel: Magischer Realismus. Die Geschichte eines Begriffes und ein Versuch seiner Bestimmung, Tübingen 1990, S. 7: „Es ist der deutsche Kunsthistoriker Franz Roh, der den Begriff [Magischer Realismus, B.S.] 1923 [...] aus der Taufe hebt." Unter *Magischer Realismus* verstehe ich hier und im folgenden immer die *Literatur* des Magischen Realismus.

[2] Der Begriff *Ruderalfläche* bzw. *-vegetation* (von lat. *rudus*: Schutt, Trümmer) stammt aus der Botanik und bezeichnet „die krautige Vegetation anthropogen stark veränderter und/oder gestörter Wuchsplätze, sofern diese weder land- noch forstwirtschaftlich genutzt werden". Ruderalflora (d.h. 'Unkraut') wächst bevorzugt „auf nicht bewirtschafteten, aber ebenfalls vom Menschen beeinflußten Standorten wie Wegrainen, Müll- und Schuttplätzen sowie stillgelegten Bahn- und Industrieanlagen". Dietmar Brandes (Hg.): Ruderalvegetation. Kenntnisstand, Gefährdung und Erhaltungsmöglichkeiten, Braunschweig 1988, S. 7 (1. Zitat) bzw. Heinrich Hofmeister / Eckhard Garve: Lebensraum Acker. Pflanzen der Äcker und ihre Ökologie, Hamburg/Berlin 1986, S. 127 (2. Zitat).

[3] Der 'unberühmte Ort' bezieht sich auf das Gedicht *Unberühmter Ort* (1952) von Wilhelm Lehmann. Vgl. W.L.: Gesammelte Werke in acht Bänden, hg. in Verbindung mit der Akademie der Wissenschaften und der Literatur in Mainz und dem Deutschen Literaturarchiv in Marbach a.N. von Agathe Weigel-Lehmann, Hans Dieter Schäfer und Bernhard Zeller, Bd. 1 (Sämtliche Gedichte), Stuttgart 1984, S. 215.

Die Begriffe *Magischer Realismus* und *Trümmerliteratur* werden in der Arbeit nicht problematisiert, sondern vorausgesetzt. Den „Stilbegriff[]"[4] des *Magischen Realismus* übernehme ich dabei – unter Vorbehalt – von Michael Scheffel, den Begriff der *Trümmerliteratur* verwende ich – ebenfalls vorbehaltlich – im Sinne Heinrich Bölls, der ihn 'berühmt' gemacht hat.[5] Im Verlauf der Untersuchung werden die Begriffe dann modifiziert und erweitert. Es wird sich zeigen, daß es sich um zwei komplementäre Begriffe handelt, die häufig sogar gegeneinander ausgetauscht werden können.

Zum Aufbau der Arbeit

Die Arbeit ist materialorientiert, und sie verfährt induktiv. Anders gesagt: Im Vordergrund stehen die (Inter-) Texte, nicht die Thesen. Aus der vergleichenden und/oder kontrastiven Lektüre der Texte und Intertexte ergibt sich Schritt für Schritt ein Gesamtbild des Magischen Realismus bzw. der Trümmerliteratur. Im vorliegenden Falle wäre eine CD-Rom das ideale Medium für die Präsentation der miteinander vernetzten (Inter-) Texte gewesen. Eine solche elektronische Präsentation der Fakten als „Hypertext" muß einer späteren Überarbeitung vorbehalten bleiben.

Die Arbeit besteht aus vier Großkapiteln, die sich in weitere Kleinkapitel untergliedern. Im Einleitungskapitel wird einer der frühesten und wichtigsten Magischen Realisten seiner Zeit, Oskar Loerke, anhand mehrerer Textsorten (Tagebuch, Lyrik, Roman etc.) vorgestellt. Es wird zu zeigen sein, daß Loerke – insbesondere in seiner Erzählung *Die Puppe* (1919) – ein 'ruderales Vokabular' entwickelt hat, das sich im Magischen Realismus und in der Trümmerliteratur dann immer wiederfindet. Am Schluß des Kapitels steht eine typologische Übersicht über die Poetologie der Ruderalfläche.

Im anschließenden II. Kapitel werden die historischen Vorformen der Ruderalfläche (z.B. *locus terribilis*) in Texten von Opitz bis Raabe untersucht. Es wird gezeigt, daß die Ruderalfläche einerseits zwar Vorbedingungen hat, aber andererseits auch ein völlig eigenständiges 'Gebilde' des 20. Jahrhunderts ist. Den 'avancierten' Texten Adalbert Stifters, Gottfried Kellers und Wilhelm Raabes gebührt im II. Kapitel ein besonderes Interesse.

Im Zentrum des III. Kapitels stehen typische AutorInnen des Magischen Realismus wie z.B. Elisabeth Langgässer, Wilhelm Lehmann, Georg Britting u.v.a. Es wird aufgezeigt, daß diese AutorInnen die poetologische Reflexionsfigur des 'unberühmten Ortes' besit-

---

4   In seinen Arbeiten zum Magischen Realismus hat Michael Scheffel nach eigenen Worten „an eine Etablierung des Ausdrucks 'magischer Realismus' im Sinne eines Stilbegriffes mit literaturgeschichtlich zu bestimmendem Schwerpunkt gedacht". M.S.: Magischer Realismus, S. 85. Vgl. auch ders.: Die poetische Ordnung einer heillosen Welt. Magischer Realismus und das 'gespaltene Bewußtsein' der dreißiger und vierziger Jahre. In: Matias Martinez (Hg.): Formaler Mythos. Beiträge zu einer Theorie ästhetischer Formen, Paderborn etc., 1996, S. 163-179.

5   Vgl. Heinrich Böll: Bekenntnis zur Trümmerliteratur [1952]. In: ders.: Hierzulande. Aufsätze zur Zeit, München (dtv) [10]1974 [EA 1963], S. 128-134.

zen und genau damit die Trümmerliteratur 'vor-schreiben'. Die hier eingefügten Unterka-
pitel über den 'totalen Sieg' des Huflattichs und den 'Geruch des Magischen Realismus'
sollen die Ruderalfläche noch von einer anderen Seite her beleuchten. Die hier gewonne-
nen Ergebnisse werden am Schluß des Kapitels auf magisch-realistische Texte Wolfgang
Hilbigs (*Grünes grünes Grab* und *Die Kunde von den Bäumen*) übertragen.

Das umfangreiche IV. Kapitel setzt verschiedene Schwerpunkte: Es liefert (1.) eine Typologie der deutschen Trümmerliteraturen und fragt (2.) nach der Bedeutung der Ruderalfläche bei typisch westdeutschen Autoren wie z.B. Jürgen Becker und Rolf Dieter Brinkmann *und* typisch ostdeutschen Autoren wie beispielsweise Wulf Kirsten und Reinhard
Jirgl. Einen besonders wichtigen Themenschwerpunkt setzt (3.) Elisabeth Langgässers
Roman *Gang durch das Ried* (1936). Es handelt sich bei diesem Buch nach meiner These
um den ersten Trümmerroman der deutschen Literatur. Dementsprechend akribisch soll
der Roman analysiert werden. Den abschließenden (4.) Themenschwerpunkt bilden Texte
von Günter Herburger, Peter Weiss und Imre Kertész, in denen es um ganz spezielle 'unberühmte Ortschaften' (KZs) geht.

Zum Abschluß wird ein Text (Artikel) der (*taz-*) Autorin Gabriele Goettle analysiert. Es
kann gezeigt werden, daß Schreibweisen und Topoi des Magischen Realismus im Journalismus des 20. Jahrhunderts 'angekommen' sind und dort einen adäquaten Ort gefunden
haben. Der „Abspann" schlägt dann noch einmal eine Brücke in die aktuelle Gegenwart.

Dank

Die Freunde Meinolf Kauke, Moritz Baßler und Stephan Dietrich haben Teile der Arbeit
gelesen und kritisch kommentiert. Bernd Hüffer, Antonius Kauke und Bernard Glock haben zum guten Schluß noch viel Zeit und Technik in die Arbeit investiert. Mein Doktor-
vater Prof. Dr. Gotthart Wunberg hat mir in der Zeit der Abfassung mit Rat und Tat zur
Seite gestanden. Herrn Dr. h.c. Reinhard Tgahrt und der Elisabeth-Langgässer-
Gesellschaft e.V. in Darmstadt danke ich für ihre großzügige finanzielle Unterstützung
bei der Drucklegung der Arbeit. Einen ganz besonderen Dank schulde ich meinem Freund
(und idealen Leser) Jörg Schuster und meiner geliebten Frau Sibylle Schäfer.

Die Arbeit ist entstanden im Rahmen des Tübinger Graduiertenkollegs „*Pragmatisierung
/ Entpragmatisierung* – Literatur im Spannungsfeld autonomer und heteronomer Bestim-
mungen". Allen Teilnehmern und Mitarbeitern des Graduiertenkollegs sei an dieser Stelle
ebenfalls ganz herzlich gedankt.

I. KAPITEL (statt einer Einleitung)

„Eine gespenstische Erscheinung wirkt in die Welt,
wenig wirkt der, der ich wirklich bin."[1]

Der 'unberühmte' Autor Oskar Loerke

1. Die wuchernde Schwermut

Oskar Loerke ist auch mehr als 50 Jahre nach seinem Tod immer noch einer der großen unbekannten und unerforschten Autoren des 20. Jahrhunderts.[2] Vergleicht man allein die Rezeption von Loerkes Gedichten mit der seiner berühmten (und zugänglicheren[3]) Zeitgenossen wie Rilke, Benn und Trakl, dann drängt sich gar der Eindruck auf, als handele es sich bei Loerke nur um einen 'abseitigen' Lyriker aus der 'naturmagischen' Schule. Der Prosaschriftsteller Loerke ist nahezu vergessen[4], und seine Essays und Kritiken fristen allenfalls in Anthologien noch ein Schattendasein.[5] Die unzugänglich-sperrigen Gedichte des von ihm selbst so genannten „Siebenbuch[es]"[6] bilden, wenn sie in der Forschung überhaupt Beachtung finden, immer noch ein Buch mit sieben Siegeln:

---

1 Oskar Loerke: Tagebücher 1903-1939, hg. von Hermann Kasack, Frankfurt/M. (Suhrkamp-TB) 1986, S.163 (Eintragung vom 13.12.1926). Alle Hervorhebungen in den Zitaten stammen, soweit nicht anders vermerkt, im folgenden immer von mir, B.S.

2 Oskar Loerke (1884-1941) hat schon zu Lebzeiten unter der hartnäckigen Verkennung seiner Gedichte gelitten: „Es nagt und frißt an mir: dieser Grad von Mißverständnis meiner Gedichte". O.L.: Tagebücher 1903-1939, S. 165. Reinhard Tgahrt bringt den Popularitätsgrad Loerkes auf die 'gespenstische' Formel: „Loerke ist nicht verschollen, aber er ist auch nicht präsent." R.T.: Vor Loerkes Gedichten. In: Oskar Loerke – Marbacher Kolloquium 1984, hg. von Reinhard Tgahrt, Mainz 1986, S. 11-54, hier: S. 12.

3 „Nein, Rilke, Benn und Brecht [gehen] einem da viel leichter ein [als Loerke, B.S.]." So kommentiert Reinhard Tgahrt einen typischen Vorbehalt gegen Loerke. Tgahrt ist zuzustimmen, wenn er das – immer noch kommentierend – auf den bei Loerke notorisch fehlenden „Überlegenheitsgestus" zurückführt, „wie er Georges, Benns oder Brechts Gedichte so verführerisch und ansteckend macht." R.T.: Vor Loerkes Gedichten, S. 17.

4 Die Erzählungen (z.B. *Vineta* 1907, *Franz Pfinz* 1909, *Der Turmbau* 1910) und der Roman *Der Oger* (1921) können als verschollenes Kulturgut bezeichnet werden. Aus seiner Novellensammlung *Chimärenreiter* (1919) hat als einzige Erzählung *Die Puppe* 'überlebt', da sie von Fritz Martini und Karl Otten in Anthologien expressionistischer Prosa (a.a.O.) aufgenommen wurde.

5 Vgl. z.B. Oskar Loerke: Das alte Wagnis des Gedichts. In: Lyriktheorien. Texte vom Barock bis zur Gegenwart, hg. von Ludwig Völker, Stuttgart 1990, S. 322-325. Zur bibliographischen Situation Loerkes vgl. Reinhard Tgahrt: Bericht über die bibliographische Situation, den Nachlaß und Probleme einer künftigen Werkausgabe. In: Oskar Loerke – Marbacher Kolloquium 1984, S. 271-305.

6 Gemeint sind die sieben Gedichtbände *Wanderschaft* (1911), *Pansmusik* (1916), *Die heimliche Stadt* (1921), *Der längste Tag* (1926), *Atem der Erde* (1930), *Der Silberdistelwald* (1934) und *Der Wald der Welt* (1936).

Ein solches Gedicht [*Vogelstraßen*, B.S.] bietet dem Verstehen nicht weniger Schwierigkeiten als die Gedichte Trakls. Das liegt [...] an dem dunklen und verschlossenen Sinn.[7]

Die 'Dunkelheit' vieler Gedichte Loerkes überrascht umso mehr, als sie – Loerkes poetologischem Selbstverständnis zufolge – nicht das Resultat programmatischer *Obscuritas* ist, wie sie noch von vielen Expressionisten proklamiert wurde. Anstatt weiterhin expressionistische 'Wortkunst' zu betreiben,[8] hält Loerke demgegenüber „nachdrücklich an einem unmittelbaren Wort-Dingbezug fest"[9]. Dieser programmatische Wechsel im Sprachverständnis ist gleichzeitig charakteristisch für den Übergang vom (Spät-) Expressionismus zum Magischen Realismus, und er vollzieht sich exemplarisch im lyrischen Werk von Oskar Loerke und dessen Freund Wilhelm Lehmann. In dem Essay *Meine sieben Gedichtbücher* schreibt Loerke:

> [Sprache kann] keine Selbstherrschaft usurpieren, sie kann nicht jenseits der Dinge atmen, sie kann, ohne ernsthaft die Welt zu meinen, nur mit sich selber gaukeln und spaßen.[10]

Falsch wäre es allerdings, diesem sprachmagischen 'Sonderweg' Loerkes als Interpret gläubig zu folgen.[11] Vielmehr ist zu klären, mit welchen Textverfahren der Magische Realismus auf die Herausforderungen der klassischen Moderne – genauer: des Expressionismus – reagiert und welches sprachliche Konzept er dabei verfolgt. Vietta bemerkt in diesem Zusammenhang, „daß für Loerke die Sprache nicht einen autonomen Bereich der Worte bildet", und er folgert daraus:

---

[7]   Clemens Heselhaus: Deutsche Lyrik der Moderne von Nietzsche bis Yvan Goll, Bonn 1961, S. 360.

[8]   Zur literarhistorischen und poetologischen Verortung Loerkes im Kontext der expressionistischen 'Wortkunst'-Theorie vgl. Walter Gebhard: Oskar Loerkes Poetologie, München 1968 (v.a. das Kapitel „Sprachauffassung", S. 51-72).

[9]   Silvio Vietta: Sprache und Sprachreflexion in der modernen Lyrik, Bad Homburg etc. 1970, S. 59. Auch Wilhelm Lehmann beschwört in seinem Essay *Der Planet* die magische *lingua Adamica*.

[10] Oskar Loerke: Gedichte und Prosa, Frankfurt 1958, S. 707. Vgl. auch Silvio Vietta: Sprache und Sprachreflexion in der modernen Lyrik, S. 59. Loerkes Bemerkung richtet sich natürlich auch und vor allem gegen den preziös-aristokratisch 'hohen Ton' der l'art pour l'art Dichtungen im Fin de siècle.

[11] Diesen Fehler macht Edgar Marsch, der in bezug auf Loerkes Gedicht *Keilschriftzylinder* konstatiert: „'Magie' bedeutet hier: [...] Ziehen von Linien, die sich über das Gedicht hinaus in die Natur verlängern. [...]. Die Naturchiffre als die für die 'Naturmagier' charakteristische Form der sprachlichen Umsetzung verfügt über die Fähigkeit, über das Gedicht hinaus auf die Dinge zu verweisen." Man fragt sich, welche „Linien" sich eigentlich – und zu allem Überfluß noch „über das Gedicht hinaus" – „in die Natur verlängern". Genauso wenig wird deutlich, wie und warum die „Naturchiffre" – schon wieder „über das Gedicht hinaus" – „auf die Dinge [...] verweisen" kann. Edgar Marsch: Nachwort. In: ders. (Hg.): Moderne deutsche Naturlyrik. Eine Einführung, Stuttgart 1980, S. 278f.

Das ist ein vom Standpunkt moderner Germanistik antiquierter Ansatzpunkt, er entspricht aber der Sprachauffassung Loerkes.[12]

Hier spricht ein (Be-) Kenner der klassischen Moderne, der den Nach-Expressionisten Loerke – von seinem Standpunkt aus nur konsequent – in einer immer schon „verlorenen Position"[13] verortet. Viettas literarhistorische Verortung Loerkes im Kontext der Moderne kann repräsentativ genannt werden, und Loerke hätte diesem melancholisch-resignativen Befund wohl auch mehr oder weniger zugestimmt:

> *Sonnabend, 6. Juni 1925*
> Schwermütig. [...]. Ich bin der abgesetzte Dichter, der es sich nicht eingestehen mag. Der Tisch ist belastet mit Bücherhaufen, die ich alle lesen, über die ich etwas schreiben muß. Wo stehle ich mir die Zeit? – Stifter immerfort. [...][14]

Man ist versucht, hier einen Minderwertigkeitskomplex zu konstatieren und sieht sich bei Durchsicht der Tagebücher in dieser Vermutung des öfteren bestätigt:

> *28. Dezember 1911*
> [...] Ich frage immer, bevor ich etwas schreibe: wozu? wer liests? wer druckts? wen freuts? Und das zerbricht. Höchstens Gedichte werden, um die sich meinetwegen niemand kümmern soll. Sonst Zurücksetzung überall.

> *Montag, 27. Oktober 1924*
> Sonnabend Gang zu Leonhard Frank. [...]. Schlafanzug. Noble Allüren. Irgendwie herablassende Freundlichkeit: der berühmte Mann. Und ich bin nix.

> *3. September 1929*
> [...] Mit Eipper geredet, er erzählte von seinen Fortschritten und Erfolgen. Ich fühlte mich ganz an die Wand gequetscht, da ja von mir niemand Notiz nimmt.[15]

---

12 Silvio Vietta: Sprache und Sprachreflexion in der modernen Lyrik, S. 59. Vietta macht allerdings den Fehler, die Gedichte primär von den poetologischen Äußerungen ihrer jeweiligen Autoren her zu beurteilen, anstatt vom Textbefund ('Dunkelheit') auszugehen. Zugespitzt formuliert heißt das: Wenn ich die Gedichte nicht verstehe, dann 'nützt' es mir gewissermaßen nichts, wenn ich weiß, daß Loerke angeblich von einem Wort-Dingbezug ausgegangen ist.

13 Silvio Vietta: Sprache und Sprachreflexion in der modernen Lyrik, S. 88. Das Gefühl, auf 'verlorenem Posten' zu stehen, ist symptomatisch für die Generation des Magischen Realismus. Viettas prägnante Formulierung bezeichnet gleichsam das Epochenspezifikum. Vgl. auch Loerkes Tagebuchnotiz vom 18. September 1913: „Als ich nachmittags an der Bahnlinie entlang ging, eine schmerzhaft gesteigerte Aufmerksamkeit auf den Frieden des Lebens, die Empfindung: auf immer verloren und ausgeschlossen." O.L.: Tagebücher 1903-1939, S. 69.

14 Oskar Loerke: Tagebücher 1903-1939, S. 121. In seiner Erzählung *Die Puppe* findet sich eine Reminiszenz an diese im Tagebuch konstatierte Übermacht des Gedruckten: „Er [Friedrich Schedel] sah sie [die Puppe] auf dem Rücken liegen, ein Zeitungsblatt bedeckte ihre [...] immer offenen Augen, welche vor den allzunahen, übermäßig vergrößerten Buchstaben vielleicht schielten." O.L.: Die Puppe. In: Fritz Martini (Hg.): Prosa des Expressionismus, Stuttgart 1970, S. 278f.

15 Oskar Loerke: Tagebücher 1903-1939, S. 57, 112 und 205.

Auch in Loerkes poetologischem Gedicht *Dichter*, das man als Aussage über die eigene Befindlichkeit lesen kann, kommt eine ähnliche Resignation wie in den obigen Tagebuchnotizen zum Ausdruck. Die weltschmerzhafte Larmoyanz und romantische 'Zerrissenheit' dieses Gedichtes ist aber eher untypisch für Loerke:

Dichter

Nichts andres ist geblieben als zuweilen
Ein selbstgefundner Klang mir armem Mann.
Der Riß in meinem Leben heilt daran,
Und manche Risse durch die Welten heilen.

[...] (308)[16]

Die von Hermann Kasack herausgegebenen Tagebücher Loerkes zeigen deutlich, daß sich Schwermut, Resignation und Minderwertigkeitskomplex im Spannungsfeld von drei psychischen Modi bilden, die man in sehr freier Anlehnung an Freuds Terminologie als „Ich", „Es" und „Über-Ich" bezeichnen kann. Diese drei Modi sind ambivalent und führen bei Loerke gleichsam ein 'Doppelleben'[17]: Das „Ich" spaltet sich auf in ein autobiographisches[18] und ein lyrisches Ich; das „Über-Ich" ist einerseits drohend-übermächtig (Verlagsarbeit[19]) und andererseits verheißungsvoll-leuchtend (eigene Verse und „Haus-

---

[16] Alle Seitenangaben in Klammern beziehen sich bis auf Weiteres auf: Oskar Loerke: Die Gedichte, Frankfurt (Suhrkamp-TB) 1984. Wie gesagt: man *kann* diese Zeilen autobiographisch lesen, man *muß* es aber nicht. Es wird im folgenden noch zu zeigen sein, daß in Loerkes Gedichten gerade nicht der „arme[] Mann" und dessen „Leben", sondern die lyrischen Gegen-"Welten" im Vordergrund stehen.

[17] Die Formulierung 'Doppelleben' hat Gottfried Benns Autobiographie bekanntermaßen den Namen gegeben. Der 'Fall Loerke' scheint mir mit dem Benns vergleichbar zu sein, zumal beide als 'Innere Emigranten' das „gespaltene Bewußtsein" (Hans Dieter Schäfer) in ihrem Werk auf je unterschiedliche Weise austragen. Wichtig dabei ist jedoch, daß Loerke und Benn das Vokabular der 'inneren Emigration' bereits *vor* 1933 entwickelt haben. Loerkes vermeintlich anti-nazistischen Gedichte aus dem Lyrikband *Der Wald der Welt* (1936) unterscheiden sich in ihren Thesauren und Verfahren nicht von seinen früher entstandenen. Eine genauere Untersuchung könnte zeigen, daß die Magischen Realisten eine Sprache etabliert haben, die auf die politische Situation in Deutschland *nach* 1933 problemlos übertragen werden konnte. Damit widerspreche ich der These von Heidrun Ehrke-Rotermund und Erwin Rotermund, daß bei Oskar Loerke „ein Stilwandel mit dem totalen Wandel der zeitpolitischen Umstände zusammenfällt" und daß die „metaphernreiche Diktion des früheren Werks" von einem „offen aggressiven" Ton im Spätwerk abgelöst wird. H.E.-R. und E.R.: Zwischenreiche und Gegenwelten. Texte und Vorstudien zur 'Verdeckten Schreibweise' im „Dritten Reich", München 1999, S. 24.

[18] Mit dem 'autobiographischen Ich' ist notabene nicht der Autor Oskar Loerke gemeint. Das autobiographische Ich ist genau so ein Konstrukt wie das lyrische und muß wie dieses aus den Texten re-konstruiert werden. Loerkes Aufspaltung in eine leidende Tages- und schreibende Nachtexistenz spricht auch aus dem (an Nietzsches *Also sprach Zarathustra* geschulten) Gedicht *Aufrichtung*: „Ich habe tags gelitten. / [...] / Nun ist es Nacht, und jede / Rede ist Gleichnisrede / Und meines Herzens Schrei." (409)

[19] Loerke arbeitete bereits vor 1917 als Lektor für den S. Fischer-Verlag Berlin und war außerdem Mitarbeiter bei der *Neuen Rundschau*.

freunde"[20]). Die Sprache und das Vokabular des „Es" sind in den Tagebüchern und Gedichten auffallend ähnlich.

Man betrachte daraufhin noch einmal die oben bereits zitierte Tagebuchnotiz vom 6. Juni 1925, in der beschrieben wird, wie zwischen dem schwermütigen autobiographischen „Ich" und dem geliebten „Über-Ich" Stifter die „Bücherhaufen" anwachsen. Das Substantivkompositum „Bücherhaufen" ist in diesem Zusammenhang ambivalent: Einerseits bezieht es sich auf das „Über-Ich" der Verlagsarbeit (Bücher), andererseits konnotiert es aber auch die dunkle Sprache des „Es" (Haufen).[21] Die Partizipialkonstruktion „Der Tisch ist belastet" ist ebenfalls doppeldeutig. Dem Tisch wird eine psychische Befindlichkeit zugesprochen ('Belastung'), die doch eigentlich das „Ich" des Tagebuchs empfindet. Die Eintragung vom 6. Juni ist jedoch nicht singulär, sondern geradezu typisch für Loerkes Tagebücher. Weitere Belegstellen sollen das verdeutlichen (die psychischen Modi wurden von mir an den entsprechenden Stellen in eckige Klammern gesetzt):

> *Sonnabend, 20. Juni 1925*
> Die Nerven sind wie Taue, die in die *Unterwelt* [= „*Es*"] hinabhängen und an denen dort von den *Dämonen* [„Es"] hinabwärts gerissen wird. Mozarts [= „Über-Ich"] sämtliche Sonaten nach und nach durchgespielt.[22]

> *Sonntag, 21. Juni 1925*
> Die Nerven etwas besser, wenn auch noch schlaff und aufgeregt zugleich. Den ganzen Manuskript*berg* [= „Über-Ich"/"*Es*"] heruntergelesen. Zehn Bogen Revision von meinem Buche. Entferntes Leuchten von Versen [= „Über-Ich"]. O die *Dämme* [„*Es*"] davor![23]

> *Donnerstag, 21. November 1929*
> Gestern wieder die Papier*flut* [„Über-Ich"/"*Es*"] abzulenken versucht. Zerrissen Manuskripte, Notizen, Briefe usw. Der *Acheron* [„*Es*"] floß durch alle Glieder und lager-

---

20 Unter dem Titel „Hausfreunde" erschienen 1939 im S. Fischer-Verlag die sog. „Charakterbilder von Oskar Loerke". Neben den eigenen Gedichten waren es insbesondere die „Hausfreunde" Bruckner, Stifter, Mozart, Bach und Herder etc., denen Loerkes Liebe galt.

21 Die Exkremente (Bücher*haufen* statt -stapel) erscheinen nicht zufällig und finden sich – mehr oder weniger versteckt – in auffällig vielen Gedichten wieder, vgl. z.B. *Der Berg* (305) und *Demiurg im Raum* (376f.).

22 Oskar Loerke: Tagebücher 1903-1939, S. 121. In dieser Notiz findet man das komplette setting für ein mögliches Gedicht: 1. Mimetisch-realistische Ausgangssituation („Ich"), 2. Unheimliche und autonom wuchernde 'Gegenwelt' des „Es" („Taue", „Unterwelt", „Dämonen"), 3. Lösung (der „Taue") bzw. ein aus der Begegnung von Welt und Gegenwelt hervorgegangenes und nachhaltig verändertes (hybrides) „Über-Ich".

23 Oskar Loerke: Tagebücher 1903-1939, S. 121. Diese Eintragung kann als 'autobiographisches' Pendant zum 'fiktionalen' Gedicht *Gebirge wächst* gelesen werden, das mit den Worten beginnt: „Gebirge wächst, wo sonst nur Angst gedeiht / In mir" (331). Dem „entfernte[n] Leuchten von Versen" (Tagebuch) entspricht die 'Lösung': „doch unsre [der Gegenwelt, B.S.] Urgewalt / Ist eurer [der lyrischen, B.S.] Ungewalt gewichen" (333). Damit ist notabene keinem Biographismus das Wort geredet, denn es ist nicht entscheidbar, welcher Modus (Fiktion oder Realität) primär ist.

te seine *Laugen* [„*Es*"] dort ab. Die Sonne schien draußen. **Ich** [„**Ich**"] war betrübt. Nachmittags an den <u>Gedichten</u> [„<u>Über-Ich</u>"].[24]

Es hat den Anschein, als entwickele die Schwermut in diesen Eintragungen eine Eigendynamik und als sei sie an einen <u>ganz spezifischen Thesaurus gebunden</u>. Die autonome Landschaft der Schwermut („<u>Unterwelt</u>") wird in den Tagebüchern aber nicht in extenso ausgeschrieben, sondern zurückgedämmt, obwohl sie dort schon – wie die obigen Zitate zeigen – gleichsam in einzelnen Formulierungen lauert. Man könnte auch sagen, daß die „Unterwelt" in den Tagebüchern zwar konnotiert, gleichzeitig aber mit einem Denotations- bzw. Bilderverbot versehen und deshalb gewissermaßen wieder durchgestrichen wird („Manuskript~~berg~~").[25] Wenn aber die „Dämme" vor den „Versen" brechen,[26] dann strömt, quillt, rauscht und flutet „Es" dafür umso stärker in die Gedichte hinein:

Und alles ist von Gewalt und von Geheimnis bewohnt.
Es strömt aus Tiefen und Höhen. (135)

Es zieht dich einwärts. Fragst du, was es sei,
Und wo, so hast du suchend es verloren. (506)

Es schwankt, die Knorren dehnen sich,
Es reißt im weißen Pelze. (542)[27]

Im Gedicht *Die Hand* wird das lyrische Ich vom „Es" förmlich *in* der Hand gehalten. Die lyrische Situation ist die folgende: Zu nächtlicher Stunde wird das lyrische Ich von der „Spuk"-haften Vorstellung heimgesucht, von etwas Großem umfangen zu sein:

Dann merke ich, wie ich samt meinem Stuhl,
Ein winzig Spielwerk, in der dunklen, kühlen,
Gehöhlten Fläche einer Hand gefangen

---

24   Oskar Loerke: Tagebücher 1903-1939, S. 211. Ströme, Gebirge und Wälder zählen zu den von Loerke am häufigsten verwendeten Landschaftspartikeln. Aus ihnen bauen sich bevorzugt die lyrischen Gegenwelten auf. Die Engführung *Papier/Flut/Strom/Unterwelt* findet sich noch in einer anderen Tagebuchnotiz: „Wieder im vollen fremden <u>Strome</u>. Gestern bis ein Uhr nachts <u>Manuskripte</u> gelesen. Ich muß mich in acht nehmen. Nicht wieder ganz <u>untergehn</u>!" O.L.: Tagebücher 1903-1939, S. 204.

25   Loerke formuliert das Denotationsverbot für die „Unterwelt" in seinem Essay über Adalbert Stifter mit wünschenswerter Deutlichkeit: „<u>Es gelang ihm [Stifter], seine Unterwelt unsichtbar zu machen</u>, wenn schon nicht sie zu verlassen [...]." O.L.: Gedichte und Prosa Bd. 2 (Die Schriften), hg. von Peter Suhrkamp. Frankfurt/M. 1958, S. 333-348, hier: S. 343. Das Zitat belegt, daß Loerke seine eigenen Textstrategien in die Werke anderer Autoren hineinprojiziert.

26   Wenn „Es" flutet und die Dämme brechen, dann kommen die Gespenster und die unerlösten „Halbgestalten"; vgl. z.B. das Gedicht *Litanei vom Meere*: „Und aus den untern Wüsten der Unendlichkeit / [...] / Steigt <u>es</u> her: / Geballte Nebel, <u>halb</u> Fisch-, <u>halb</u> Menschengestalten, / Die sich am Wasser wie an plattem Glase halten. / Sie übersteigen die Reling ohne Laut, / Mischen sich unter uns stumm, es quillt ihre Haut / Von Quellen, aus ihren Kleidern trieft unendlich die <u>Flut</u>." (156). Zur 'Flut'-Metaphorik vgl. Klaus Theweleit: Männerphantasien (Band 1). Frauen, Fluten, Körper, Geschichte. Reinbek 1977.

27   Die Beispiele für das ominöse „Es" (rauscht, flutet, zieht, bricht, schleicht, zerstört, knackt, stürzt, röchelt, weht etc.) lassen sich beliebig vermehren.

Und nur durch Wahn und Tod errettbar bin,
Und starr sein muß, daß sich die Hand nicht zudrückt. (69)

Die große „Hand" wird aber ihrerseits von etwas *noch* Größerem gesteuert:

Und manchmal zittert diese große Hand
Von schaffenden Gedanken eines Hauptes,
Das, größer noch als sie, im Nachtraum schwebt.
Und die Gedanken *strömen* [„*Es*", B.S.] wie ein Dunst
Und Rauch aus Furchen und aus Fingern
Der Hand. Wie Glück und Schrecken grüßen
Vermummt sie, halben Weges sich begegnend,
[...]. (69f.)

Das winzige lyrische Ich, das gewissermaßen in seine Um-Gebung eingeschachtelt ist (Ich in der Hand, Hand eines Hauptes, Haupt in der Nacht), ist nur der „leere" Schauplatz des Geschehens, auf dem „Ich" und „Es" sich „halben Weges [...] begegnen[]":

Sie [die Gedanken] ballen, rollen, pressen, wühlen, stampfen
Durch mich, als sei ich leere Luft.
Aus ihrer Wucht quillt grauengroße Weite,
Durch ihre Einsamkeit bin ich allein. (70)

Statt „*Sie* ballen, rollen, pressen" etc. könnte man hier auch sagen: „*Es*" ballt, rollt, preßt etc. „Es" geht also förmlich „durch" '(m)ich' hindurch. Dementsprechend ambivalent ist die Zeile „Durch ihre Einsamkeit bin ich allein." Die Betonung kann hier einerseits auf dem Wörtchen „allein" (und damit auf der „Einsamkeit" liegen), sie kann aber andererseits auch auf dem kleinen Wörtchen „bin" (und damit auf der existentiellen Grundvoraussetzung des lyrischen „Ich") liegen.

Die Beobachtungen lassen sich wie folgt zusammenfassen: Das Pendant zur Eliminierung der „Unterwelt" in den Tagebüchern („Papierflut") bildet einerseits die Durchstreichung des drohenden „Über-Ich" in den Gedichten („Bücherhaufen"). Die unverdauten Reste entwickeln in der Lyrik Oskar Loerkes ein unheimliches Eigenleben.[28] Der Omnipräsenz des „Über-Ich" in den Tagebüchern korrespondiert andererseits die Hypertrophie des „Es" in den Gedichten. Lyrik und Tagebuch verhalten sich demnach reziprok zueinander

---

[28] Vom 'Durch-' und 'In-sich-hineinfressen' ist in den *Tagebüchern* auffällig häufig die Rede: „Ich muß so viel Sand in mich hineinfressen. Mir wird speiübel davon." (S. 143) „Das Danaidenfaß der Leserei bringt einen zur Verzweiflung. Immer wieder kommen neue Manuskripte. Nicht nachzukommen, Tage, Abende, alle eigene Arbeit wird aufgefressen." (S. 246) „Dann zu Hause die ganze Zeit im Manuskriptberg gefressen. Vorsicht nochmals, daß er dich nicht auffrißt. Wie es beginnen? Eingestreute Stunden? Die genügen nicht. Ruhige Inseln? Sie schwimmen." (S. 205) Man hat das Gefühl, als wachse mit der Frage „Wie es beginnen?" langsam ein Gedicht aus dem Tagebuch heraus. Die „eingestreute[n] Stunden" sind zwar noch plausibel, aber die „ruhige[n] Inseln" verselbständigen sich bereits. Die Formulierung „Sie schwimmen" ist kryptisch. Sie bezieht sich zwar semantisch auf die „Inseln" zurück, aber syntaktisch und lautlich respondiert sie vor allem der Frage „Wie es beginnen?"

und bilden nur zusammen ein Ganzes.[29] – Karl Krolow, der von sich selbst geglaubt hat, das Erbe Loerkes anzutreten, nennt diesen Prozeß der Eliminierung bzw. Durchstreichung (mit Loerke) „Phantomisierung":

> Die Phantomisierung [...] des Ichs wird dadurch erreicht, daß das Ich zwar nicht gelöscht wird, aber im Zustand einer Überlagerung durch Kräfte der Außenwelt zu struktureller Veränderung gezwungen wird. [...] Das Merkwürdige am Prozeß derartiger individueller Strukturänderung ist, daß die Naturlyrik in ihr noch einmal eine Bestätigung des Vorhandenseins des einzelnen entdeckt: das Ich [...] wird [...] plötzlich zur Sprache gebracht. *Man hat den Eindruck: es ist ein Ansprechen auf Widerruf, hinter dem dann als Rigorosum das um so hartnäckiger einsetzende Verschwindenmachen des Ichs betrieben wird.*[30]

Drei signifikante Beispiele für die Durchstreichungs-Regel ('Eliminiere Schrift/Kultur in Gedichten!') liefern die Gedichte *Einladung* (360f.), *Aufrichtung* (409f.) und *Das Schaufenster* (245f.). In der ersten Strophe von *Einladung* werden zwar zunächst noch „Bücherwände" genannt, aber sie werden sofort mit „Schädelreihen" und der „Katakombennacht" (= „Unterwelt") in Verbindung gebracht:

> Rings Bücherwände, unstet kühl belichtet,
> Entrückt dem Jetzt: viel Geist, viel Qual –
> Als nickten Schädelreihen, hochgeschichtet,
> Aus Katakombennacht: dies war einmal. (360)

Im weiteren Verlauf des Gedichtes spielen die Bücher jedoch keine explizite Rolle mehr. Sie werden sozusagen durchgestrichen („Entrückt") und weichen den Gespenstern; der kulturelle „Geist" des Abendlandes entpuppt sich als ein unheimlicher Quäl-Geist ~~des Abendlandes~~. Mit anderen Worten: Die Transzendierung der aktuellen Präsenz („Entrückt *dem Jetzt*") mündet in eine geisterhafte Reaktualisierung von etwas Abwesendem („Hall"); das warme 'Leben' („warme[] Rinder") verkehrt sich deshalb in der zweiten Strophe palindromisch in sein Gegenteil ('Nebel'):

> Und Stimmen hallen, lauter bald, bald minder,
> Gewebt wie über einen schlimmen See;
> Draus trinkt das Nebelvieh statt warmer Rinder,
> Dort wachsen Asphodelen für den Klee. (360)

---

[29] Das heißt freilich nicht, daß die Gedichte nur mit Hilfe der autobiographischen Äußerungen adäquat 'entschlüsselt' werden können. Ebenso wenig gibt die Lyrik 'Aufschluß' über die Biographie Loerkes. Tagebuch und Lyrik bilden nur insofern ein Ganzes, als sich die in den jeweiligen Textsorten wirksamen Ausschlußmechanismen wechselseitig bedingen und erhellen.

[30] Karl Krolow: Möglichkeiten und Grenzen der neuen deutschen Naturlyrik. In: ders.: Aspekte zeitgenössischer deutscher Lyrik, Gütersloh 1961, S. 29-53, hier: S. 37f. Krolow spricht hier übrigens über Loerkes Gedicht *Nächtliche Körpermelancholie* (S. 103) bzw. über die Zeile „Fern schlafen mir Fuß und Hand, sie schlafen an meinem *Phantom*" aus Loerkes Gedicht *Strom*, vgl. O.L. Die Gedichte, S. 100.

In dem Gedicht *Aufrichtung* gerät ein „Bücherzimmer" schon in der ersten Strophe aus den Fugen. Die lyrische Situation entfaltet sich hier bezeichnenderweise wieder einmal zur nächtlichen Geisterstunde:

> Nun ist es Nacht, zu lesen
> Von Sinn und Weg und Wesen,
> Vom Leben aus dem Tod.
> Schon birst das Bücherzimmer,
> Schon war niemals und immer
> Der Nibelunge Not. (409)

„Lesen" unterscheidet sich von „Wesen" und „Leben" zwar nur durch jeweils einen Buchstaben, aber dennoch ist Lesen immer nur ein parasitäres Nach-Leben, ein „Leben aus dem Tod". Die Lektüre verlagert sich im Laufe des Gedichtes vom ohnehin schon geborstenen Kulturraum immer weiter in die Natur hinein: „Ich lese *von* uralten Bäumen" (409) steigert sich zum ambigen „Ich lese *in* den Quellen" (410), womit einerseits zwar historische Urkunden, andererseits aber auch die nicht metaphorisch gemeinten Quellen der Flüsse gemeint sein können. In den folgenden Strophen des Gedichts ist von Büchern und Lesen keine Rede mehr.[31]

Im Gedicht *Das Schaufenster* wird ein „ungeheurer [Manuskript] Berg", der aus der oben zitierten Tagebuchnotiz vom 21.6.1925 stammen könnte (und der sich am 3.3.1933 *tatsächlich* im Tagebuch findet)[32], buchstäblich 'kaltgestellt':

> Dieser Abend,
> Geführt von keinen Abenden, gefolgt von keinen,
> Hat sich, ein ungeheurer Berg im Zimmer, abgekühlt.
> Diesen Abend
> Hat sich durch Leuchte, Holz und Kissen ein Versteinen,
> Durch Bücherrücken sich ein Firn herangefühlt.
>
> Felsen wachsen in die Hand. (245)[33]

---

31   Natürlich gibt es in Loerkes Œuvre noch weitere Gedichte, in denen Gestalten des Abendlandes beschworen werden, aber selbst *Beim Lesen Herders* triumphieren am Schluß die Trümmer: „Ruinen stehn auf meinen Soden" (474). Auch Loerkes Musiker-Gedichte (vgl. *Aus Bruckners Musik*, 74f. und *Das unsichtbare Reich Sebastian Bachs* 495f.) sind Geisterbeschwörungen: „Ein großer Geist [...] / Geht durch die Welt" (74). In *Die weite Fahrt* werden Bücher sofort mit Flut konnotiert: „Hell sangen die Bücher, die bei mir waren, / Nun sammelt die Flut alle heimatlosen Stimmen der Löwen" (437). Auch die *Weltgeschichte* der Völker verläuft nicht teleologisch, sondern mündet in die Unterwelt: „Völker. / Mich umdrängen einsame Felsen, / Riesenhäupter, unerlöst. / Mich umtummelt ein See mit walgroßen Welsen, / Mäulern, aus denen die Sintflut flößt." (473) In *Die Verbannten* sind die Klassiker Hölderlin, Jean Paul und Goethe mit „Farren und Schnecken" konnotiert: „[...] Hölderlin, Jean Paul und Goethe – / Hier unten bei Farren und Schnecken zu sich nahm." (397)

32   „In der Nacht des 28. ist der Reichstag angezündet worden. Folge: Aufhebung der verfassungsmäßigen Grundrechte. Große Kommunistenrazzia. Einen großen Teil des *ungeheuren Manuskript-Berges* aufgearbeitet." O.L.: Tagebücher 1903-1939, S. 280. Die direkte Konfrontation des Reichstagsbrandes mit dem „ungeheuren Manuskriptberg" wirkt hier wahrhaft 'ungeheuerlich'.

26

Hier handelt es sich um eine doppelte Negation der Schrift, da der in sich bereits negierte „~~Manuskript~~berg" seinerseits nur eine attributive Schattenexistenz führt und deshalb noch weiter in ein deiktisch leeres Abstraktum („*Dieser* Abend") überführt wird. Offensichtlich wird die Mortifikation der Bücherwelt jedoch im ambivalenten zweiten Satz. Hier bleibt unentscheidbar, ob sich durch *das* „Bücherrücken" (Prädikatsnomen) oder durch *die* „Bücherrücken" (Substantiv) „ein Firn herangefühlt" hat. Für die erste Lesart spricht, daß auch im Gedicht *Einladung* „Bücherwände" ver-rückt („entrückt") werden; für die zweite Lesart spricht die in beiden Gedichten auffallend ähnliche Bildung des Substantiv-Kompositums mit dem Bestimmungswort „Bücher-" („-wände" bzw. „-rücken"[34]). Auffällig ist weiterhin, daß beide Gedichte die Bücher mit einer Temperatur in Verbindung bringen. In *Einladung* sind die Bücherwände „unstet *kühl* belichtet", und in *Das Schaufenster* hat sich der Berg im Zimmer ebenfalls „abgekühlt".

Im zweiten Satz des zuletzt genannten Gedichtes verbergen sich aber noch weitere Allegorien des Lesens: „Leuchte" (Schreibtischlampe), „Holz" (Stuhl) und „Kissen" (Sitzkissen), drei unentbehrliche Utensilien bei der Lektüre, werden durch einen Prozeß des „Versteinen[s]" naturalisiert und damit aus dem human temperierten Bereich in den der unbelebt 'kalten' Minerale und Kristalle („Firn") ver-rückt. In der zweiten Strophe greift die Petrifizierung auch auf den menschlichen Körperteil über, der das Schreibwerkzeug führt („Felsen wachsen in die Hand"). Sind dem lyrischen Ich damit fortan die Hände gebunden, oder schreibt es nun gleichsam in Felsenschrift? Die Ambivalenz, die diese Frage impliziert, ist für die gesamte Lyrik Loerkes konstitutiv. Sie kann hier aber nicht weiter verfolgt werden.[35]

Nun zu den Tagebüchern. Auch in ihnen gibt es eine besonders signifikante Ausnahme von der Regel, hier die autonom wuchernde Landschaft der Schwermut zurückzudämmen. Loerke benutzt seine Tagebücher eigentlich nicht dazu, um Ideen und Formulierungen für die Gedichte zu skizzieren; in der Regel hält er darin persönliche und tagespolitische Ereignisse fest.[36] Umso merkwürdiger und deplazierter nimmt sich deshalb die fol-

---

33   Vgl. auch die Interpretation von Marguerite Samuelson-Koenneker, die zu völlig anderen Ergebnissen kommt. M.S-K.: *Das Schaufenster*. Das visionäre Gedicht als Spiegel inneren Zwiespaltes. In: Oskar Loerke – Marbacher Kolloquium 1984, S. 107-125.

34   „Wände" und „Rücken" werden in Loerkes Gedichten bezeichnenderweise auch häufig *ohne* die lästigen „Bücher" denotiert, vgl. z.B. die letzte Strophe des poetologischen Gedichtes *Das Wort*, in dem die Motive 'Eis', 'Stille' und '~~Bücher~~Rücken' gekoppelt sind: „Ich hebe auf einen Eisopal / Und esse ihn zitternd als Abendmahl. / Dann laß ich mein Auge einsam sich bücken / Über die stillen weißen Rücken." (79)

35   „Je besser es dem Autor gelingt, die Natur sprechen zu lassen (das sprechende Ich zu tilgen), desto unangreifbarer im klassischen Sinne wird seine Autorschaft: Das Verlöschen des Ich in der Natur wird zur Bedingung des Überdauerns der Schrift des Autornamens im Werk." Gerhard Neumann: 'Einer ward Keiner'. Zur Ichfunktion in Loerkes Gedichten. In: Oskar Loerke – Marbacher Kolloquium 1984, S. 211- 270, hier: S. 231. Trotz des schlechten Schreibstils (3-facher Genitiv!) ist Neumann grundsätzlich zuzustimmen.

36   „Diese eigentlichen Tagebücher nun, nicht für die Öffentlichkeit bestimmt, [sind] beladen mit den Quisquilien des Tages [...]." Reinhard Tgahrt: Bericht über die bibliographische Situation etc., S. 303.

gende Eintragung aus, die in voller Länge zitiert wird (die Sätze wurden von mir durch-numeriert):

Freitag, 18. November 1927
[1] O Traurigkeit. [2] Die Tage schwinden hin. [3] Leer. [4] Die Stadt düster, trübe Tafeln die Häuser, beschmiert mit starrer Schrift, mit starrem Licht. [5] Die Bäume nackte Hexenbesen. [6] Weggestellt, und niemand scheuert. [7] Sterne sind in Wol-ken auf der Trift, der blaue Lein des Sommers ist längst eingeheuert.
[8] Frische Tränen fallen irgendwo in diesen Gassen in den halboffenen Schirm, wie er am Arme zwecklos baumelt. [9] Der Schweiß wird eisig an den Schläfen. [10] Die Schrift an Dächern perlt und taumelt.
[11] Wo etwas eingefriedet ruht, der Holzplatz und die dunklen Wagenremisen, es wird zu katalaunischem Gefild, auf dem das Ausgeblutete sich hebt und spukt.[37]

Die lyrischen Implikationen dieser Eintragung liegen auf der Hand: Dieses 'Gedicht' oh-ne lyrisches Ich gliedert sich in drei 'Strophen' (Abschnitte), und es beginnt mit einer ty-pischen *Exklamatio* [1]. In [2], [5] und [7] stellen sich jambische und trochäische Vers-maße ein; die Rhythmisierung der Sprache ist auch in [9] und [10] unüberhörbar. In der dritten 'Strophe' haben sich Jambus und Trochäus endgültig durchgesetzt. Evident wird die Lyrisierung der Tagebuchnotiz jedoch spätestens bei den Endreimen in [6] und [7] („scheuert"/"eingeheuert") und [8] und [9] („baumelt"/"taumelt"). Weiterhin findet sich auch die für Loerkes Gedichte typische „Schrift"-Symbolik in [4] und [10] und die obli-gatorische Unterwelt in [11] („katalaunische[s] Gefild"), die von Gespenstern bevölkert wird („das Ausgeblutete [...] spukt"). Sogar die typischen Negationen („Leer", „Wegge-stellt", „niemand") häufen sich in diesem 'Gedicht' in auffallender Weise. Deutlich lyri-sierend wirken die gesuchten Formulierungen in [7] und [8]: „Sterne sind in Wolken auf der Trift", „Tränen fallen [...] in den halboffenen Schirm", die man in einem Tagebuch so nicht erwarten würde. Fraglich bleibt auch, was in [6] eigentlich 'gescheuert' werden soll. Soll mit den „Hexenbesen" etwa die „Stadt", oder – in diesem Zusammenhang plausibler – die „Schrift" von den „Tafeln [der] Häuser" 'gescheuert' werden, um *tabula rasa* zu machen? Meine Kurzinterpretation lautet: Das unsichtbare Ich des 'Gedichtes' wird in der Unterwelt von der vampirischen Schrift („Über-Ich") 'ausgeblutet'. Was sich am Schluß aus dem Text „hebt" und dann „spukt", ist das lyrische Ich im Modus der Selbstdurch-streichung.

Ein Bindeglied zwischen Lyrik und Tagebuch bildet Loerkes Beschreibung der Riesenge-birgsreise (1909), die erst in den sog. *Reisetagebüchern* posthum veröffentlicht wurde.[38]

---

37   Oskar Loerke: Tagebücher 1903-1939, S. 178. Hermann Kasack weist in einer Fußnote darauf hin, daß Formulierungen aus dieser Tagebuchnotiz in die Gedichte *Mondstunde* (353f.) und *Berliner Winterabend* (441f.) eingeflossen sind; vgl. ebd., S. 373, Anm. 26. Reinhard Tgahrt berichtet außerdem von „poetischen Notizbüchern", die Loerke „vernichtet [hat], sobald die Entwürfe darin 'aufgebraucht' waren". Reinhard Tgahrt: Bericht über die bibliographische Situation etc., S. 281.

38   Oskar Loerke: Reisetagebücher. Eingeleitet und bearbeitet von Heinrich Ringleb, Heidelberg/Darmstadt 1960. Neben der Riesengebirgsreise enthalten die Reisetagebücher außerdem noch Aufzeichnungen von

Diese (nicht für die Publikation bestimmten) Reisenotizen verbinden prosaische Land-
schaftsschilderungen mit (eigenen) Gedichten,[39] so daß zunächst der Eindruck entsteht,
als handele es sich bei den lyrischen Einschüben lediglich um eine gereimte Fortsetzung
der beschreibenden Prosa.[40] Dieser Eindruck wird zusätzlich noch dadurch verstärkt, daß
Loerke in beiden Textsorten mitunter die gleichen Formulierungen verwendet:

> Bei der Brotbaude ungeheure Granitblöcke. Dieses Gestein scheint sich also vom
> Kamm soweit herzustrecken. Ich schweife in die Zeit, als es eine ein[z]ige glatte
> Masse wie eine Krötenschale der Erde war.
> Eine steile Höhe hinunter, durch grauen Wald voll grauer Felsen. Verwunschen.

> *Webstuhl*
> Den Berg hinab durch grauen Wald,
> Durch lendenhohe graue Steine.
> Die Fichten ankern Lein um Leine,
> Straff, dunkel, kalt. [etc.][41]

Ein genauerer Blick zeigt jedoch, daß Loerkes vermeintlich mimetische Reise-
Impressionen hochgradig intertextuell vermittelt sind. Sowohl die Ausführungen in Prosa
als auch das eingefügte Gedicht alludieren Texte von Goethe: Der Subtext der ungereim-
ten Ausführungen ist Goethes naturwissenschaftliche Schrift *Über den Granit*[42], und im
poetologischen Gedicht *Webstuhl* wird der Erdgeist aus dem ersten Teil des *Faust* beschworen.[43] (Eine detaillierte Interpretation dieses Gedichtes folgt am Schluß des Kapitels.) Dieses Verfahren, ur- und unterweltliche (also scheinbar unvermittelte) Landschaften aus Intertexten zusammenzufügen, ist symptomatisch für Loerkes Reisebeschreibun-
gen, und insbesondere die Aufzeichnungen der frühen Harz- und Riesengebirgsreise bil-

---

Loerkes Harzreise (1908) sowie seiner Reise nach Nordafrika und Italien (1914). Lyrische Einlagen finden
sich allerdings nur in den Notizen zur Riesengebirgsreise.

[39] Es handelt sich um die Gedichte *Gleichnis am Morgen, Webstuhl, Brüder, Der Weltenbaum, In Bergen, Lo-
ses Leben, Was ich mitnehme, Beklemmung, Verwirrung, Chor der Gebirgsbäche* und *Der Lebensmantel*.
Alle genannten Gedichte sind in mehr oder weniger überarbeiteter Form in Loerkes ersten Lyrikband *Wanderschaft* (1911) eingegangen.

[40] Diesen (autobiographischen) Ansatz verfolgt die in jeder Hinsicht unergiebige *Webstuhl*-Interpretation von
Rudolf Jürgen Bartsch: In Rübezahls Revier. In: Frankfurter Anthologie. Gedichte und Interpretationen Bd.
13, hg. von Marcel Reich-Ranicki, Frankfurt 1985, S. 183-185.

[41] Oskar Loerke: Reisetagebücher, S. 57f. Das Gedicht *Webstuhl*, das Loerke hier vollständig wiedergibt, findet sich im Gedichtband (O.L.: Die Gedichte) auf S. 61.

[42] Vgl. Johann Wolfgang von Goethe: Über den Granit. In: Goethe: Hamburger Ausgabe Bd. 13 (Naturwissenschaftliche Schriften I), München 1981, S. 253-258. Die Beschreibung der „Urwelt" und des „Urgebir-
ges" (ebd., S. 255 und 256), die bei Goethe bereits angelegt ist, hypertrophiert in Loerkes Reisetagebüchern
in auffälliger Weise.

[43] Vgl. Johann Wolfgang von Goethe: Faust – Erster Teil. In: ders.: Hamburger Ausgabe Bd. 3 (Dramatische
Dichtungen I), S. 24, Vers 508/509: „So schaff ich am sausenden Webstuhl der Zeit / Und wirke der Gottheit lebendiges Kleid." Der „Erdgeist" wird in den Reisetagebüchern auch ganz explizit genannt (vgl. S.
84). – Loerke spielt hier aber auch auf Goethes Gedicht *Ilmenau* an.

den eine intertextuelle Tour de force.[44] Aus dem kulturellen Erbe baut sich das papierene Riesengebirge auf, und die bizarre Felslandschaft des Gebirges verweist zurück auf die Materialität der Bücher:

> Überhängendes Gefels, gekrönt von Bäumchen und blaubeerartigem Laubteppich, den Fuß im Wasser haltend, stark tropfend. Es ist, als müßte das Harte, Felsenverfluchte, Sterile nun doppelt gesegnet und fruchtbar werden und sich in eine ganz süßmilde Gartenwelt verwandeln, als ruhten im Felsen schon alle Bilder der Fruchtbarkeit, schlafend gepreßt wie die Seiten eines Buches, und als müßte bei ihrer Erlösung eine Musik vor sich gehen.[45]

Hat man die Schrift-Implikationen in den Reisetagebüchern einmal bemerkt, dann fällt auf, daß sich bereits der Name des Riesen-Gebirges aus zwei Signifikanten zusammensetzt, die in Loerkes Texten gewissermaßen Reizworte bilden. „Riesen" und „Gebirge" finden sich nicht nur auffallend häufig in den Gedichten und Tagebüchern wieder, sondern sie bevölkern auch seine übrigen (fiktionalen) Texte. So nimmt es nicht Wunder, wenn Loerke der Riesengebirgsschilderung eine luzide poetologische Reflexion voranstellt, die nicht von den *res* zu den *verba* gelangt, sondern umgekehrt „vom Namen" ausgeht und sich von dort aus „bis zur Wirklichkeit" hin entwickelt (Satznummern von mir, B.S.):

> [1.] Das Riesengebirge bohrte sich langsam in die Seele, es wuchs allmählich vom Namen bis zur Wirklichkeit. [2.] Vor Jahren war der Name Schall, mitunter widerwillig abgewiesen, dann geduldet, dann mit Fragen und Neugier behangen. [3.] Mit Erschluß der materiellen Möglichkeit der Reise wurde der Begriff aus sich strömend, durch mündliche oder schriftliche Schilderungen und geographische Karten gegliedert, vergrößert, durch Wanderpläne eroberungsfähig gemacht, als schüfe man sich selber Wege hinein. [4.] Dann endlich kamen die Überraschungen, Stück für Stück, die den bisher errichteten Bau im Innern sprengen und als selbständige Ganzheiten, belebt von ihren Individualitäten, fortwirken, zunächst nicht anders als logisch verbunden, bis dann nach Tagen der seelische Begriff erwacht ist, der wohl bleibt, während Gedächtnis und Stimmung an den einzelnen Teilen immer meißeln und modeln.[46]

---

[44] In der Harz- und Riesengebirgsreise finden sich (mehr oder weniger versteckte) Hinweise auf Heine, Goethe, Stifter, E.T.A. Hoffmann, Rembrandt, C.M. von Weber, Cervantes, Shakespeare, Sagen, Märchen, Mythen und Religionen. Dieser eher kursorische Hinweis muß hier genügen.

[45] Oskar Loerke: Reisetagebücher, S. 68. Hinweise auf die genuine Schriftlichkeit der Landschaftsbeschreibungen finden sich auch in den Aufzeichnungen zur Harzreise. So hat etwa ein schwarzes Felsentor die Form eines riesigen Buchstabens, und die entsprechenden Satzzeichen bilden sich dazu im Wasser; vgl. ebd., S. 26f.: „Ein Felsentor hohl, schwarz mit runden Löchern drohend, als wollte es sich herüberstürzen. [...] Große Blöcke im Wasser. Fast Kreise. Fragezeichen im Strudel. [...] Etwas Grünliches, Kleineres, wäre nicht die Klippe darüber. Unken. Punken."

[46] Oskar Loerke: Reisetagebücher, S. 49. Es sei hier nur am Rande darauf hingewiesen, daß Günter Eichs früher Prosatext *Eine Karte im Atlas* eine erstaunliche Affinität zu der oben zitierten poetologischen Reflexion Loerkes aufweist.

Hier hat man Loerke in nuce: Die extreme und bis zur Paradoxie gesteigerte Koinzidenz von arbiträrer Zeichen- und menschlicher Körperwelt kommt in der 'bohrenden' Intensität der Penetrationsmetapher überdeutlich zum Ausdruck. Das *Gebirge wächst*[47] sich nicht nur „vom Namen bis zur Wirklichkeit" aus, sondern auch von der Lautgestalt des gesprochenen Wortes („Schall") zum dynamischen Sprachzeichen („Begriff"), das (bzw. der) „von sich aus strömend" wird. Bezeichnenderweise kann der Signifikant, den Saussure mit einer Münze vergleicht,[48] erst dann „von sich aus strömend" werden, wenn auch der Reisende selbst liquide ist. Darüber hinaus evoziert das 'Strömende' des Begriffs aber auch die 'flutende' Welt des „Es", die sich gleichsam schon vor aller Erfahrung ins Wort „Riesengebirge" eingeschrieben hat. Die Reise ins Gebirge führt damit tatsächlich, wie es im ersten Satz der Notizen heißt, zum „seelischen Ursprung"[49] des Wortes.

So wie der „Name" das Subjekt des zweiten Satzes war, so ist nun der „Begriff" Subjekt des ausufernden dritten Satzes; nachdem der „Begriff" zunächst strömend geworden ist, wird er jetzt durch (Prä-) Texte („mündliche oder schriftliche Schilderungen") und topographische Zeichen („Karten" und „Wanderpläne") „gegliedert, vergrößert [und] eroberungsfähig gemacht". War es im ersten Satz noch das Gebirge, das sich passiv in die Seele „bohrte", so ist es nun umgekehrt der reisewillige „man[n]", der sich aktiv „Wege" in den Begriff „hinein" imaginiert. (Einer Gebirgs-*Besteigung* scheint jetzt nichts mehr im Wege zu stehen.) Im darauffolgenden vierten Satz *dringen* dann tatsächlich die außersprachlichen Realitäten „Stück für Stück" ins Wort *ein* und „sprengen" (Tempuswechsel!) das im „Innern" verpuppte Textkorpus nach außen hin auf.[50] Auffällig dabei ist, daß die zer-stückten „Überraschungen" im Gegensatz zur obsessiven Nennung von Halbgestalten[51] in der Riesengebirgsreise als „selbständige Ganzheiten" bezeichnet werden, die zunächst nur „logisch verbunden" sind. Erst durch die gleichsam sexuelle Vereinigung der logischen mit der subjektiven Wahrheit „erwacht" der dauerhaft-gründende und vollständige „seelische Begriff". Nur dieser „bleibt", während die subjektiven „Stim-

---

[47]   Vgl. in diesem Zusammenhang auch Loerkes Gedicht *Gebirge wächst* (331-333), das im lyrischen Modus ein ähnliches Problem verhandelt wie die Vorrede zur Riesengebirgsschilderung.

[48]   Vgl. Ferdinand de Saussure: Grundfragen der allgemeinen Sprachwissenschaft, Berlin ²1967 (1. Aufl. 1931), S. 135-140.

[49]   Vgl. Oskar Loerke: Reisetagebücher, S. 49.

[50]   Hier handelt es sich möglicherweise um eine Paraphrase des Johannes-Evangeliums: „Im Anfang war das Wort, und das Wort war bei Gott, und Gott war das Wort". (Joh. 1.1) „Alle Dinge sind durch dasselbe gemacht, und ohne dasselbe ist nichts gemacht, was gemacht ist." (Joh. 1.3) Vor allem das Eindringen der Wirklichkeit ins Wort ist an Joh. 1.14 angelehnt: „Und das Wort ward Fleisch und wohnte unter uns [...]."

[51]   In die Schilderung der Riesengebirgsreise ist ein ganzer Katalog von 'Halbgestalten' inkorporiert. Die Lemmata dieses Kataloges heißen „Halbschlaf" (50), „Halbfigur" (51), „Halblicht" (53), „Ich fühle mich [...] nur halb" (54), „Halbvergrabenes" (67), „eine[] halbe[] Stunde" (73), „zwei halbe Flaschen [...] Wein" (80), „Halbedelstein" (93), „halbfingerlange Spinnen" (96).

mung[en]" an den als autonom gedachten Realitäts-Partikeln („einzelnen Teilen") nur „meißeln und modeln" können. – So wie Adalbert Stifter in den *Nachgelassenen Blättern* sagt: „Ich mache Schwarzbach"[52], so sagt auch Loerke in den *Reisetagebüchern* sinngemäß: Ich mache Riesengebirge.

Festzuhalten bleibt: In den Reisetagebüchern wird ein 'riesiges Gebirge' aus Intertexten („Über-Ich") entworfen, das gleichzeitig die „Unterwelt" („Es") konnotiert. „Es" und „Über-Ich" werden dabei nicht durchgestrichen, sondern potenzieren sich wechselseitig. Das lese-reisende „Ich", das die Natur als Text und die (Inter-) Texte als Natur liest, steht als halbgestaltetes vermittelnd zwischen den beiden anderen Modi und fühlt sich im riesigen Gebirge im doppelten Sinne *'vollständig* auf der Höhe':

> Mich beherrscht das Gefühl, eine Wallfahrt zu tun nach den bisher höchsten Standorten meines Lebens. Es gibt ja übrigens nichts rein Körperliches wie es nichts rein Seelisches gibt, und der *ganze* Mensch wird empfinden: Höhe.[53]

Loerke hat vielleicht nie glücklichere und entspanntere Texte geschrieben als die, die in seinen Reisetagebüchern abgedruckt sind.

In der Forschung ist bislang nicht bemerkt worden, daß auch vereinzelte Passagen aus Loerkes essayistischen Schriften zu einer lyrisierenden Sprache neigen. In solche Textpassagen, die sich scheinbar vom beschriebenen Gegenstand zu emanzipieren beginnen, schreiben sich auch bevorzugt und gleichsam wie von selbst die aus Lyrik und Tagebuch hinlänglich vertrauten Metaphern der „Unterwelt" ein. Besonders deutlich wird die scheinbare Verselbständigung[54] der Beschreibung in den musiktheoretischen Schriften Loerkes. Die Gründe hierfür liegen auf der Hand. Da die abstrakte Kunstform Musik keinen konkreten 'Gegenstand' hat, den eine diskursive Sprache 'begreifen' könnte, muß die

---

52 In dem hochinstruktiven autobiographischen Fragment von Adalbert Stifter, den Loerke sehr verehrt hat (vgl. Loerkes Tagebuch-Notizen vom 26. und 27.5.1925), wird ein ähnliches poetologisches Problem verhandelt wie in den Reisetagebüchern. Vgl. Adalbert Stifter: Nachgelassene Blätter. In: ders.: Die Mappe meines Urgroßvaters – Schilderungen – Briefe, München ⁵1995, S. 601-605: „Auf [dem] Fensterbrette war es auch allein, wenn ich zu lesen anhob. Ich nahm ein Buch, machte es auf, hielt es vor mir und las: 'Burgen, Nagelein, böhmisch Haidel'. [...]. Auf diesem Fensterbrette sah ich auch, was draußen vorging, und ich sagte sehr oft: 'Da geht ein Mann nach Schwarzbach, da fährt ein Mann nach Schwarzbach, da geht ein Weib nach Schwarzbach, da geht ein Hund nach Schwarzbach, da geht eine Gans nach Schwarzbach.' Auf diesem Fensterbrette legte ich auch Kienspäne ihrer Länge nach an einander hin, verband sie wohl auch durch Querspäne und sagte: 'Ich mache Schwarzbach.'" (Ebd., S. 605)

53 Oskar Loerke: Reisetagebücher, S. 73.

54 Daß sich die lyrisierenden Texturen in Loerkes Essay 'verselbständigen' und vom Gegenstand 'emanzipieren', ist nur die halbe Wahrheit. Abgesehen davon, daß sich Loerke gegen eine solche Autonomie-These verwahrt hätte, lautet die 'ganze' Wahrheit: Autonomie und Heteronomie gibt es, wenn überhaupt, dann nur im Doppelpack. Loerkes Text, so läßt sich sagen, kann sich *per definitionem* nicht von seiner Vorlage emanzipieren, weil diese überhaupt erst einmal erschrieben werden muß. Die Autonomie-These ist also entweder tautologisch (Loerkes Text emanzipiert sich von Loerkes Text) oder revisionsbedürftig. Sie prätendiert, das 'Ding an sich' zu kennen, vom dem sich seine Beschreibung scheinbar emanzipiert.

32

vermittelnde Evokation den abwesenden Gegenstand gleichsam selbst hervorbringen und somit neu erschaffen. Die Beschreibung des Abwesenden (Musik) wird so zur Be-Schreibung (der Leer-Fläche) im eigentlichen Sinne. Insbesondere Loerkes faszinierendes (und bis heute aktuelles) Buch über Anton Bruckner bildet eine Projektionsfläche für solche evozierenden Texturen. In dem nun folgenden Textausschnitt wird die Funktionsweise polyphoner Bewegungen aus Bruckners 9. Sinfonie be-schrieben (auch hier wurden die Sätze von mir durchnumeriert):

> [1] Aus den Akkorden spinnen sich polyphone Bewegungen hinaus, in Akkorden spinnt Polyphonie sich ein. [2] Oft dringen dabei zwei Tonarten ineinander, reißen aneinander in gigantischem Schütteln, bis die Lawine an den Rand eines Höllenkessels gerollt ist, darüber schweben bleibt oder plötzlich im Unraum verschwindet. [3] Selbst in Gesangsthemen mischen sich wundersam friedliche Gesandtschaften fremder Tonarten. [4] Aus verschiedenen Landschaften hergepilgerte Akkorde scheinen sich an, nehmen, als wären sie kristallen, gegenseitig vom Eigenlichte des anderen auf. [5] Die Tonarten breiten die Skala des Lichtspektrums aus. [6] Die Kreuztonarten erstrecken sich bis zur Blendung ins Helle, wir denken an so manches E-Dur und H-Dur, B-Tonarten suchen das Milde und Dunkle, sanft und rein das As-Dur, verklärt und verzückt Des- und Ces-Dur, schmerzlich c-moll, furchtbar f-moll, gotisch großartig d-moll. [7] Das sind nur ein paar grobe Risse.[55]

Die Passage beginnt in [1] mit einem für Loerke typischen Chiasmus: *Aus* Akkorden spinnt Polyphonie sich *hinaus, in* Akkorden spinnt Polyphonie sich *ein.* Die (Sprach-) Bewegung kreist demnach in sich selbst. In [2] werden die Tonarten durch Metaphern der Penetration ('ineinanderdringen') und der Gewalt („reißen", „Schütteln") latent sexualisiert und vor allem abstrakt dynamisiert. Dazu trägt auch ein rhetorisch forcierter Sprachstil bei („*gigantische[s]* Schütteln"), der eine Katastrophe („Lawine") evoziert. Bruckners Musik wird so einem Naturgeschehen angenähert; sie wird mit anderen Worten aus der Sphäre der Kunst in die der Geologie verschoben. Auffällig ist, daß durch diese Verschiebung die Unterwelt („Höllenkessel[]") zu Tage tritt. Selbst der utopische „Unraum", den viele Gedichte Loerkes umkreisen, wird hier explizit genannt. Satz [3] gibt sich im Gegensatz zur Katastrophentheorie eines de Cuvier in [2] betont „friedlich[]". Aus den „Gesangsthemen" entstehen – jetzt nahezu darwinistisch – die „Gesandtschaften", und aus diesen wiederum evolvieren sich in [4] die „Landschaften". Satz [4] ist insgesamt der 'avancierteste' des ganzen Abschnitts: Akkorde „scheinen sich an"; sie werden mit farbigen „[K]ristallen" verglichen und nehmen vom „Eigenlichte" – in anagrammatischer Vertauschung: das 'Eigentliche' – „des anderen auf". Satz [5] greift die Metapher des Lichtes auf und erweitert sie zum „Lichtspektrum[]". In [6] wird die Licht-Metapher zunächst noch bis „zur Blendung" ausgereizt, dann werden Sprache und Stil der Beschreibung deutlich konventioneller: Die Dur-Tonarten sind „sanft und rein", „verklärt und ver-

55 Oskar Loerke: Anton Bruckner (Ein Charakterbild), Frankfurt/M. [5]1976 [EA 1938] (= Bibliothek Suhrkamp Bd. 39), S. 104. Ich zitiere absichtlich aus dieser Ausgabe, weil sie am leichtesten greifbar ist. Das Bruckner-Buch ist Loerkes 'populärstes' Werk und hat in der Bibliothek Suhrkamp mehrere Auflagen erlebt. Leider ist es im Buchhandel seit vielen Jahren vergriffen.

zückt"; nur in den moll-Tonarten regt sich noch einmal der auf seine phonetische Autonomie pochende O-Laut: „f-moll, gotisch großartig d-moll". Die „grobe[n] Risse" aus [8] bilden dazu eine Art Nachhall.

Angesichts solcher Texturen stellt sich die Frage, über was oder wen Loerke hier überhaupt schreibt. Schreibt er wirklich einen Text über Bruckner, oder schreibt er nicht vielmehr von und über sich selbst? Die Antwort lautet: beides! Loerke schreibt in einem wörtlich zu verstehenden Sinne *über* Bruckner,[56] und genau deshalb schreibt er (auch) von sich selbst. Das Fremde (Bruckner) und Eigene bildet in einer Textpassage wie der oben zitierten eine neue Form essayistischer Semiose.[57] Im Gegensatz zum wissenschaftlichen Darstellungsverfahren bilden im (ästhetisch gelungenen) Essay das beschreibende Subjekt und das beschriebene Objekt eine sich wechselseitig kommentierende Einheit. Einerseits wird im obigen Beispiel Bruckner (bzw. dessen Musik) von Loerke im Medium der Sprache reflektiert, aber das aus der Spiegelung zurückstrahlende Bild des Komponisten – es trägt selbstverständlich (auch) die Züge Loerkes[58] – entsteht andererseits überhaupt erst im Prozeß dieser Spiegelung. Der Bruckner Loerkes ist deshalb in einem emphatischen Sinne *Loerkes* Bruckner.

Loerkes Text *über* Bruckner hat natürlich auch Vor-bilder, vor allem im emphatischen Essay der klassischen Moderne. Zum Vergleich soll im folgenden eine Textpassage aus Theodor Däublers kunsttheoretischem Aufsatz über Paul Klee zitiert werden, die ähnlich verfährt wie Loerkes Bruckner-Essay.[59] Däubler sieht sich genau wie Loerke der Schwie-

---

[56] Man mag hier an Werke des österreichischen Künstlers Arnulf Rainer (geb. 1929) denken, der Fotos und Bilder anderer Künstler partiell 'übermalt' hat. In diesen 'Übermalungen' bilden Fremdes und Eigenes eine unauflösbare Symbiose.

[57] Vgl. Stephan Dietrich: Poetik der Paradoxie. Zu Robert Müllers fiktionaler Prosa (insbes. das Kapitel IV 1.2.: „Der moderne Essay als Form", S. 126-131), Siegen 1997. Obwohl es in Dietrichs hochinstruktivem Buch vorrangig um den Autor Robert Müller geht, ist es gleichzeitig auch ein Standardwerk zum Thema Essay(ismus).

[58] Die folgenden, eher knappen Hinweise mögen belegen, daß Loerke in Bruckner sein eigenes „Charakterbild" wiederfindet. Loerke sieht in Bruckner v.a. 'Unterweltliche' („Dann sind unsichtbar knetende [...] Hände in unterweltlicher Werkstatt fertiggeworden", S. 108), das 'Landschaftliche' („[Bruckners] Musik ist voll Landschaft", S. 164) und das 'Kosmisch-Visionäre' („Unterdessen bauten unsichtbare Fäuste einen visionären Weltraum aus", S. 71). Weiterhin erkennt Loerke in Bruckner den verkannten und gedemütigten Künstler wieder, der sein Genie unter einer erdrückenden Alltagslast verbergen muß („Bruckners Amtliches lag wie ein vielverzweigter Kraken auf dem Werk seiner Seele", S. 111). Vgl. auch Reinhard Tgahrt und Tilman Krömer (Hg.): Oskar Loerke. Eine Gedächtnisausstellung zum 80. Geburtstag des Dichters im Schiller-Nationalmuseum Marbach a.N. vom 13. März bis zum 30. Juni 1964, S. 59: „Neben die beiden Bach-Essays [trat] am Ende des Lebens das Bruckner-Buch, von Peter Suhrkamp angeregt und stärker als die übrigen Musikporträts ein verborgenes Selbstbildnis."

[59] Der Vorbild-Charakter Däublers für Loerke ist hier nicht im Sinne eines direkten Einflusses gemeint, obwohl beide Schriftsteller sich häufig begegnet sind. Vgl. z.B. Loerkes Tagebuchnotiz vom 12. Februar 1932: „Montag, den 1., Vortrag Däublers in der Universität. Das war eine vollkommen verschwommene Angelegenheit. Ideenlos im Großen." O.L.: Tagebücher 1903-1939, S. 256. Loerke hat außerdem viele

rigkeit gegenüber gestellt, gleichsam ein sprachliches Äquivalent des fehlenden Gegenstandes (Klee/Bruckner) erstellen zu müssen. Die Transformationsprobleme, die sich bei der intermedialen Übersetzung von Bildern bzw. Musik in Sprache ergeben, werden in beiden Essays interessanterweise an einigen wenigen Stellen metakommunikativ reflektiert. Das ist deshalb bemerkenswert, weil sowohl Loerke als auch Däubler in der Regel eher bestrebt sind, das vermittelnde Medium zurückzunehmen, um die Musik bzw. das Bild selbst 'sprechen' zu lassen.[60] Loerke schreibt in bezug auf Rhythmus und Kontrapunkt in den Finalsätzen von Bruckners Sinfonien folgendes:

> So kommt die zwei- und dreiteilige Hälfte des Brucknerrhythmus übereinander zu stehen, wie es noch viele andere Kontrapunkte der Rhythmen gibt. *Sinnbildlich gesprochen*, liegen Kristallinisches und Schwarzerdiges in den verschiedenen Sätzen horizontal widereinander.[61]

Loerkes Befund würde hier zweifellos 'moderner' klingen, wenn er den Sachverhalt apodiktisch behauptet hätte, anstatt sich dafür metakommunikativ zu entschuldigen. So ist alles 'nur' sinnbildlich gemeint, und die schöne Formulierung, daß 'Kristallinisches und Schwarzerdiges horizontal widereinander' liegen, wird in ihrer Wirkung abgeschwächt. Gleichwohl drängt sich der Eindruck auf, als finde Loerke erst in solchen Sinnbildern zu seiner eigenen Sprache. – Im Vergleich dazu hier nun Däublers metakommunikative Einlassung:

> Ich wollte bis jetzt vornehmlich über Paul Klees Zeichnungen sprechen, dabei habe ich jedoch durch meine Darstellung auch Farbe gebraucht. Und zwar von Klee. Anders lassen sich aber seine Farben nicht eindringlich veranschaulichen. *Man muß sie sozusagen sich selbst und dem, der sie mitempfinden will, durch stilistisches Jonglieren vorgaukeln* [...].[62]

Dieses Zitat ist in doppelter Hinsicht aufschlußreich. Einerseits gibt Däubler zu, daß es sich bei seiner sprachlichen Neuschöpfung der Farbe um ein „stilistisches Jonglieren" handelt, das sich und anderen nur etwas „vorgaukel[t]"[63]; andererseits kann ein solches

---

Schriften von Däubler (durchweg positiv) rezensiert, vgl. O.L.: Literarische Aufsätze aus der *Neuen Rundschau* 1909-1941, hg. von Reinhard Tgahrt, Heidelberg/Darmstadt 1967, S. 45-48 und 57-60.

[60] Hier läßt sich auch die umgekehrte These vertreten: Loerke und Däubler eliminieren die Musik bzw. das Bild, um 'sich selbst' zu sprechen. Die Wahrheit liegt, denke ich, genau in der Mitte der beiden Thesen (was kein fauler Kompromiß ist, siehe oben).

[61] Oskar Loerke: Anton Bruckner, S. 107.

[62] Theodor Däubler: Klee. In: ders.: Der neue Standpunkt, hg. und eingeleitet von Fritz Löffler, Dresden 1957, S. 141-147, hier: S. 145.

[63] Däublers Formulierung vom „stilistische[n] Jonglieren" ist vor allem deshalb doppelbödig, weil sie im Sinne zweiter Mimesis gewissermaßen mit Klees eigenen Worten gesprochen ist. Akrobaten spielen nämlich in den Bildern Klees eine wichtige Rolle: „Wenn Klee Akrobaten zeichnet, so läßt ein Erdenkind wieder zu Sternbildern werden. [...] [E]ine sinnfällige Einsternung, als feste Punkte im All, können wir uns am ausgesprochensten paarweise erturnen. Darin liegt die eigentümliche Bedeutung akrobatischer Kunststücke." T.D.: Klee, S. 145.

akrobatisches Sprachgemälde aber nur dann wirklich 'mitempfunden' werden, wenn es –
wie Däubler sagt – mit der „Farbe [...] von Klee" gemalt ist. Auf das Bruckner-Buch
übertragen heißt das: Loerkes tönende Sprachsinfonie überzeugt nur deshalb, weil sie mit
den 'Akkorden von Bruckner' komponiert wurde. Wollte man es altmodisch ausdrücken,
dann könnte man sagen: bei Loerkes Bruckner und Däublers Klee handelt es sich um
zwei *kongeniale* Interpretationen. Die nun folgende Kostprobe aus besagtem Klee-
Aufsatz – es handelt sich um einen vollständigen Absatz – soll das abschließend belegen
(da es in vorliegender Arbeit nicht um Däubler geht, werde ich das Zitat nicht detailliert
interpretieren):

> Auch seine [Klees] Bauwerke sind in Kristallen verzauberte Träume. Einige Reste
> von Kindlichkeit bleiben in allen Erwachsenen rege: wenn wir schlafen oder zu dich-
> ten anfangen, knospen sie auf. Aus grünem Moos, das so weich wie Schlaf ist. Rote
> Knospen, schwach betaut, sind auf einmal da. In unserm Traumbereich. Doch sie
> werden nicht aufblühen: sie steigen bloß empor und sind schon Zwiebeltürmchen,
> Kupferkapseln auf Minaretten einer östlichen Stadt geworden. Aller Tau hat in die
> Weite geschleiert, dafür zittert aber leiser Perlmutterglanz, mit einer Sternperle in der
> Mitte, durch das morgenländische Seelenereignis. Die Häuser werden nur sichtbar
> etwas fester gefügt. Reihen von teppichbunten Flächen stapeln sich selber übereinan-
> der: wie von Kindeshand lustig ausgebreitet.[64]

Zusammenfassend kann man sagen, daß in Loerkes Bruckner-Essay und Däublers Klee-
Aufsatz ähnliche Textverfahren und Thesauren verwendet werden, um den intermedialen
Transfer von Musik bzw. bildender Kunst in Sprache zu leisten. Beide Texte fingieren
und evozieren eine Form dynamischer Unmittelbarkeit erstens durch die weitgehende
Eliminierung des distanziert-kommentierenden Betrachters (die metakommunikativen
Einsprengsel bleiben die Ausnahme) und zweitens durch eine zur metaphorisierenden
Abstraktion neigende Darstellungsform („Kristalle", „Flächen", „Landschaften" etc.) in
der Zeitform des Präsens („Gesangsthemen mischen sich", „Akkorde scheinen sich an",
„Knospen [...] sind auf einmal da" etc.). Neologismen („Seelenereignis") und ungewöhn-
liche Fügungen („hergepilgerte Akkorde") werden dabei häufig mit Verben verbunden,
die eine Bewegung suggerieren („reißen", „[ein]spinnen", „aufblühen" etc.). Die Darstellung ist in Loerkes und Däublers Text eigentümlich vitalisiert und vermenschlicht („B-
Tonarten suchen das Milde", „Moos [ist] so weich wie Schlaf"). Beide Essays appellieren
an ein Wir und beziehen so den Leser in die gleichsam vor seinen Augen ablaufenden Ereignisse aktiv mit ein („*wir* denken an so manches E-Dur", „Rote Knospen [sind] in *unserm* Traumbereich"). Schließlich und endlich erzeugt die lautliche und rhythmische

---

64 Theodor Däubler: Klee, S. 144. Vgl. auch Moritz Baßler: Die Entdeckung der Textur. Unverständlichkeit in
der Kurzprosa der emphatischen Moderne 1910-1916, Tübingen 1994, S. 65f.: „Wir 'verstehen' Däublers
Prosa hier, weil sie auf eine vergleichbare Weise unverständlich ist wie die Bilder Klees, auf die sie refe-
riert." Die Anführungszeichen können nicht darüber hinwegtäuschen, daß Baßler hier mogelt. Wenn nämlich Däublers Prosa bzw. Klees Bilder wirklich so „unverständlich" wären, wie Baßler behauptet, dann
könnte man sie auch nicht miteinander vergleichen. Die Formulierung, etwas sei auf eine „vergleichbare
Weise unverständlich", ist eine contradictio in adjecto.

Struktur der Texte einen sprachlichen Eigenwert, in dem das beschriebene Objekt sozusagen aufgehoben ist. Mit Loerke gesprochen: Die Essays spinnen ihr Objekt hermetisch
in Sprache ein, und die Sprache spinnt einen subjektiven Gegenstand aus sich heraus.

Nach den exemplarischen Analysen von ausgewählten Tagebuch- und Reisetagebuchno-
tizen, einzelnen Gedichten und einer Passage aus dem Bruckner-Essay soll nun noch ein
Blick auf die erzählende Prosa Loerkes geworfen werden, um die oben ausgeführten Thesen an einem fiktionalen Text zu überprüfen.[65] (Eine ausführliche Untersuchung von
Loerkes Erzählung *Die Puppe* folgt in einem anderen Kontext weiter unten.) Es bietet
sich an, anhand einer kurzen Passage aus Loerkes Roman *Der Oger* das bisher entwickelte Loerke-Bild abzurunden, weil dieser Text die „Unterwelt" bereits im Titel führt.[66] *Der
Oger* entstand hauptsächlich im Jahr 1913 und wurde zu Beginn der zwanziger Jahre von
Loerke gründlich umgearbeitet, bevor er 1921 bei Hoffmann & Campe in Berlin erschien.[67] Statt einer ausführlichen Inhaltsangabe des Romans sei an dieser Stelle ein
Kommentar von Marguerite Samuelson-Koenneker wiedergegeben, der die Stimmung
und den Charakter des Buches anschaulich umreißt:

> *Der Oger* ist mit seiner schier unerträglichen Häufung von Figuren des Scheiterns,
> von Krankheit und Gebrechen, von versagtem oder versäumtem Leben, besonders
> auch in den Nebengestalten, ein Versuch der Selbstbefreiung von Angststrukturen,
> von Traumata der Kindheit und Jugend, vom Spuk des 'Oger' [...], von der Mühle,
> dem 'Zerrbild eines Weltriesen, wie ein Gottinvalide ohne Hirn und blind'. Vor al-
> lem aber ist der Roman Auseinandersetzung mit der Krankheit des epileptischen Va-
> ters.[68]

---

[65]   Es wäre reizvoll, die Bedeutung der „Unterwelt" und die Mechanismen ihrer Durchstreichung bzw. Hypertrophie nicht nur in den Tagebüchern und Werken, sondern auch in Loerkes zahllosen Buchbesprechungen
und in seinen Briefen zu analysieren. Leider sind die Briefe bis dato nicht publiziert worden, so daß hier nur
Spekulationen angestellt werden können. Vgl. Reinhard Tgahrt: Bericht über die Bibliographische Situation
etc. Loerkes Buchbesprechungen aus der *Neuen Rundschau* und dem *Berliner Börsen-Courier* sind hingegen publiziert, und sie bestätigen die Vermutung, daß Loerke hier oftmals ähnlich verfährt wie in seinen Essays. Besonders hervorzuheben ist Loerkes kongeniale Besprechung von Oscar Walter Ciseks Roman *Der
Strom ohne Ende* von 1937, die geradezu ein Kompendium der „Unterwelt" und ihrer Bewohner gibt. Vgl.
O.L.: Literarische Aufsätze aus der *Neuen Rundschau* 1909-1941, hg. von Reinhard Tgahrt, Heidel-
berg/Darmstadt 1967, S. 222-234.

[66]   „Oger (von lat. orcus 'Unterwelt') [...], menschenfressender Riese und Dämon, der in den Märchen und Sa-
gen häufig als Gegenspieler des Helden auftritt; [...] Orcus bedeutet sowohl 'Unterwelt' als auch deren
Gottheit (Pluto) und im übertragenen Sinne einen 'leichenfressenden (Todes-) Dämon' [...]." Brockhaus
Enzyklopädie, 19. Aufl. 1991, Bd. 16, S. 130.

[67]   Zur Entstehungsgeschichte und zur Bedeutung des *Oger* im Gesamtwerk Loerkes vgl. Marguerite Samuelson-Koenneker: Der Stellenwert des Romans *Der Oger* im dichterischen Werk Oskar Loerkes. In: Zeitgenosse vieler Zeiten. Zweites Marbacher Kolloquium 1987, hg. von Reinhard Tgahrt, Mainz 1989, S. 223-
249.

[68]   Marguerite Samuelson-Koenneker: Der Stellenwert des Romans *Der Oger* im dichterischen Werk Oskar
Loerkes, S. 228. Es ist eigentlich skandalös, daß es bislang nur eine einzige nennenswerte Untersuchung
zum *Oger* gibt. Der (Prosa-) Schriftsteller Loerke scheint in der Germanistik eine *persona non grata* zu

Auch wenn der Roman tatsächlich eine „Auseinandersetzung mit der Krankheit des epileptischen Vaters" schildert, muß man Samuelson-Koennekers autobiographischem Ansatz nicht unbedingt folgen. Daß sich der Autor Oskar Loerke mit der Niederschrift des *Oger* möglicherweise von seinen „Angststrukturen" und „Traumata der Jugend" befreien wollte, mag dahingestellt bleiben; entschieden zu widersprechen ist jedoch Samuelson-Koennekers These, der Roman setze sich mit *Loerkes* Vater auseinander. Der *Oger* schildert – trivialerweise sei es gesagt – die Auseinandersetzung zwischen Johann Wendenich und dessen Vater Andreas und *nicht* die zwischen Oskar und Julius Loerke.[69]

Doch nun zum Text: Um Distanz vom Elternhaus zu gewinnen und Klarheit in sein Leben zu bringen, will Martin „[a]uf dem Fischdampfer 'Senator Kamphausen', auf dem sein Bruder Richard [...] als erster Maschinist Dienst tat, [...] vorläufig die Stelle des zweiten Maschinisten ausfüllen".[70] Auf dem Schiff entschließt sich Martin auf Anraten seines Bruders, „den Geist des Vaterhauses zu beschwören"[71], indem er die Familiengeschichte der Wendenichs niederschreibt. Martins erster Versuch dieser Niederschrift endet mit den Worten:

> [„]Es schwankt und fährt um mich durch die Dunkelheit des Meeres, wohin, kann ich nicht sehen. Die Steuerkette klopft über meinem Kopfe auf die Planken. Ich höre sie pochen, jemand dreht das Rad. Ich kann auf das Klopfen bloß horchen und es deuten.
> Ich will das vielen [sic!] abstoßende und nutzlose Leben meines Vaters deuten, da wo es unsichtbar anklopft. Er erschien mir manchmal wie ein Verklärter – daher erstaunte ich, daß auch Richard ihn so gesehen hatte. Ich spüre, daß er in mir noch Fahrt hat."
> Als Martin so weit geschrieben hatte, erkannte er, daß er auf solche Weise das innere Bild nicht fasse. Er schaltete nun sich selbst aus und erzählte, als wären der Name Wendenich und seine Träger ihm fremd. Seine Figuren bewegten sich um ihrer selbst willen, als wäre er noch nicht geboren.[72]

Mit dieser Passage endet der personal erzählte Rahmen („Eingang"), und das „Erste[] Buch" von insgesamt zweien beginnt im Modus auktorialen Erzählens. Das Schlußkapitel („Ausgang") schaltet wieder zurück zum personal erzählten Rahmen. Interessanterweise finden sich im Roman zwei längere Einschübe, die als „quasi autobiographische Ich-Erzählung"[73] konzipiert sind: zum einen Martins erster vergeblicher Versuch, das „nutz-

---

sein. Neben dem Roman *Der Oger* ist ganz besonders Loerkes umfangreiche Erzählung *Der Prinz und der Tiger* (Berlin 1920) wiederzuentdecken.

[69] Das Diktum von der Priorität des Fiktionalen gilt auch dann uneingeschränkt, wenn man viele biographische Reminiszenzen im Roman wiederfindet. So ist es beispielsweise auffällig, daß die Beschwörung des toten Vaters in einer „Julinacht" stattfindet (NB: Der Vater Oskar Loerkes hieß mit Vornamen Julius). Vgl. O.L.: Der Oger (Roman), Hamburg/Berlin 1921, S. 9.

[70] Oskar Loerke: Der Oger, S. 14.

[71] Oskar Loerke: Der Oger, S. 67.

[72] Oskar Loerke: Der Oger, S. 69.

[73] Zur Terminologie vgl. Franz K. Stanzel: Theorie des Erzählens, Göttingen ⁵1991, S. 268.

38

lose Leben [s]eines Vaters [zu] deuten" (siehe obiges Zitat), und zum andern Martins Aufzeichnung vom Schicksal seiner Schwester Elise,[74] die als autobiographischer Nachtrag zur auktorial erzählten Familiengeschichte konzipiert ist.

In dem Roman-Zitat nun finden sich einige signifikante Sprachmuster und Textverfahren wieder, die auch die oben analysierten Texte und Textsorten Loerkes bestimmen: „Es schwankt und fährt um mich"; so oder so ähnlich könnte ein beliebiges Gedicht von Loerke beginnen. Die „Unterwelt" ist in der „Dunkelheit des Meeres" wieder einmal präsent, aber wohin „Es" fährt, entzieht sich dem menschlichen Blick („wohin, kann ich nicht sehen"). In den folgenden Sätzen meldet sich wieder der auf seine phonetische Autonomie „pochen[de]" O-Laut: Es „klopft" über dem „Kopfe", und Martin kann auf das „Klopfen bloß horchen". Das Morse-Alphabet, das der Klopf- und Poltergeist des Schiffes mittels einer „Steuerkette [...] auf die Planken" klopft, ist aber nicht zu entschlüsseln, sondern nur vage zu „deuten". Der zweite Absatz schaltet von der akustischen Beschreibung der Außenwelt in die Gedankenwelt Martins um. Auffällig ist jedoch, daß sich Außen- und Innenwelt 'unheimlich' ähnlich sind: In Martins Vorstellung verwandelt sich das „Klopfen [der] Steuerkette" unter der Hand in das „Leben [s]eines Vaters", das „unsichtbar anklopft". Dabei wird auch der die Außenwelt strukturierende O-Laut in Martins Gedankenwelt eingebaut („abstoßend[] und nutzlos[]"). Dieses wechselseitige und spiegelsymmetrische Verweissystem der Außen- auf die Innenwelt et vice versa bezeichnet das wichtigste poetologische Verfahren des Romans; da es auch für Loerkes Lyrik konstitutiv ist, soll seine Bedeutung für den Roman an dieser Stellte genauer untersucht werden.

Der fallsüchtige Johann Wendenich wird als Kind von der Wahnvorstellung beherrscht, in zufälligen Konfigurationen der Außenwelt den Oger zu erblicken. Dieser Wahn speist sich aus Märchenmotiven und oszilliert eigentümlich zwischen Krankheit, Fluch und medialer Begabung:

> Der Oger war ein Riese. Die Kunde von ihm hatte wohl einmal Christine ihrem Sohne durch ein Märchen gebracht. Johann fabelte, der riesige Rauchfang über dem Herde wäre sein gelber vierkantiger Hut, und aus dem weißen und schwarzen Dampf, der zu ihm aufstieg, formte sich ein Gesicht. Wenn die Mägde einen Kessel vom Feuer nahmen, schlug dieses manchmal wie eine Zunge zu dem Gesichte heraus. Es schnitt Grimassen, vielleicht belästigt von der Salzbüchse, die in dem einen Ohre stand, und der Feuerzange, die wie ein Gehänge im anderen hing. Die Kacheln aber waren wie die weißen Bäffchen, die der Pfarrer umhatte, und mit der Brust ragte der Riese durch die roten Backsteinfliesen der Küche tief in die Erde hinein.[75]

Aus alltäglichen Gegenständen „formt[] sich" für Johann die riesige Über-Figur des Oger heraus, die, einmal erkannt, auf den Betrachter zurückblickt („[Der Oger] schnitt Grimassen"). Es handelt sich, psychologisch ausgedrückt, um ein narratives double-bind, da die

---

Vgl. Oskar Loerke: Der Oger, S. 321-331.
[75] Oskar Loerke: Der Oger, S. 116.

einzelnen Elemente in *zwei* Realitätsebenen erscheinen: zum einen in der 'normalen' (tautologischen) Welt, wo die „Salzbüchse" eine Salzbüchse ist und bleibt, und zum andern in der 'paranormalen' Welt des Wahns, in der „Kacheln" zu „Bäffchen" werden. Ist diese Wahn-Welt einmal aktiviert, dann werden (genau wie in der paranoiden Schizophrenie[76]) alle zufälligen Elemente der Außenwelt sofort der übermächtig-autonomen Innenwelt einverleibt und dort in einen neuen Zusammenhang ver-rückt. Im gleichen Maße, wie „Kacheln" zu „Bäffchen" werden, verwandeln sich auch „Faustschläge" *gegen* den Oger in „Herzschläge" *des* Ogers:

> Und die Faustschläge gegen die Wand[, auf der Johann den Oger erblickte, B.S.,] verwandelten sich in Herzschläge des Ungeheuers.[77]

Diese Verwandlung folgt dem Strukturmuster einer sog. Kippfigur bzw. eines Vexierbildes, da die 'normale' Welt jederzeit in eine geheime „Hinterwelt"[78] umkippen kann, so wie umgekehrt Tiefsinn potentiell in Unsinn „umschnellt[]":

> Was [Johann] am meisten ergriff, war die Wahrnehmung des Blutes, wie leicht Tiefsinn in Unsinn umschnellte.[79]

Diese Fähigkeit zur doppelten Optik besitzt auch Martin Wendenich. Sie offenbart sich ihm zum erstenmal, als er aus dem Schiffsrumpf zurückkehrt, in dem die gefangenen Fische konserviert werden und wo ihn „[f]ünfzig Zentner Eis [...] mit *unterweltlichem* Hauche an[atmeten]"[80]. Oben an Deck hat er dann eine 'überweltliche' Vision, die nach dem Muster der Kippfigur funktioniert und das „helldurchsichtige" Pendant zur „[b]lauschwarze[n]" Unterwelt bildet:

> [Johann] staunte in den sinkenden Abend hinaus. Im durchsichtigen Wasser schwebten unzählige Quallenglocken wie herabgeregnete Rosen in allen Farben. Er meinte einen morgenländischen Duft zu spüren, der die Luft zu goldener Schwüle *verdichtete*. Die Sonne lag, schon etwas platt, wie ein feuriger Fisch auf der Tafel des weißlichen Meeres. Das Schiff wanderte durch breite Zonen, durch Provinzen der warmen Flut: und überall schaukelten dicht bei dicht die zarten Rosen. *Zuerst lag immer eine braungoldene Blendung wie eine umrißlose Tür vor Martin, dann beugte sich etwas Blauschwarzes bedrohlich darüber und sank steil ein, und darauf war weithin mit einmal eine helldurchsichtige Weite vorhanden,* blau, falb, orangen, grün durchschwebt – Millionen und Millionen Medusen – abwärts nicht verschlossen, aber

---

76   Damit ist notabene nicht gesagt, daß Loerke an paranoider Schizophrenie litt bzw. ein double-bind hatte. Diese Begriffe aus der Psychologie bezeichnen hier und im folgenden Erzählverfahren und keine Krankheit.

77   Oskar Loerke: Der Oger, S. 134.

78   Oskar Loerke: Der Oger, S. 192.

79   Oskar Loerke: Der Oger, S. 193.

80   Oskar Loerke: Der Oger, S. 168.

schwer wie Glasfluß, noch dehnbar wie Gummi, – noch im Erstarren, – noch zerrend, – nun wie Eisen und Metall eines fremden, erloschenen Gestirns.[81]

Dieses narrationslogische double-bind erschafft eine „magische Dichtung des Spiegelglases"[82], die sich in einer imaginären „Weite" verliert. Das wird auch besonders deutlich in der Szene, in der sich ein gewöhnliches erstes Zimmer qua Spiegelung in ein zweites „erdichtete[s] Zimmer[]" verwandelt („die zweite Stube ist noch schöner"[83]), das seinerseits auf ein noch schöneres drittes verweist:

> Für [Johann] ging es aus jenem dritten Raume durch eine neue Tür in einen vierten und weiter in einen fünften. Er verstummte und wohnte sich in einem gespiegelten Schlosse ein, das er nach dem sichtbaren Anhalt mit Gruseln im Nu errichtete.[84]

Festzuhalten bleibt, daß die gespiegelte Welt im Roman immer auch eine *erdichtete* Welt ist, die sich – und das ist wichtig – genau wie der Oger aus dem Kamin „*nach dem sichtbaren Anhalt*" des ersten Zimmers „im Nu" konfiguriert. Die Realität bleibt im wahrsten Sinne des Wortes immer 'Anhaltspunkt' für Johanns (und Loerkes!) „magische Dichtung". Das Unheimliche in Loerkes Dichtungen bezieht sich auf kein Phantasma (im Sinne der phantastischen Literatur[85]), „Es" versteckt sich vielmehr im unbeachteten Detail und im fressenden „Fleck"[86] an der Wand:

> Es war eine ungeheure Fratze, das Zerrbild eines Menschengesichts, das an der Kirchenstirnwand klebte. Durch die Bruchlinien des abgebröckelten Putzes empfing es Umriß und Zeichnung, und seine Fläche hatte die blutrünstige Farbe der nackten

---

[81] Oskar Loerke: Der Oger, S. 169. Auch in diesem Zitat ist die Lyrisierung der Prosa durch Reime („Duft", „Luft"), Assonanzen („Rosen", „Zonen") und Alliterationen („feuriger Fisch") auffällig. Die Unterwelt ist in der Form von „etwas Blauschwarze[m]" zwar „bedrohlich" nahe, sie kippt aber um in eine „helldurchsichtige Weite". Im zunehmenden „Erstarren" dieser Weite (vgl. Petrifizierung) meldet sich wieder die Unterwelt, die im „erloschenen Gestirn[]" dann indirekt benannt ist.

[82] Oskar Loerke: Der Oger, S. 190.

[83] Oskar Loerke: Der Oger, S. 190.

[84] Oskar Loerke: Der Oger, S. 189.

[85] Die phantastische Dichtung eines Paul Scheerbart oder Alfred Kubin ist von Loerkes Realitätsbezug denkbar weit entfernt.

[86] Der bedeutungslose (besser: prä-signifikante) „Fleck" ist ein zentrales Motiv des Romans. Er funktioniert wie ein Vexierbild, da er bei genauer Betrachtung in (unheimliche oder harmlose) Bedeutung umschlagen kann: „[Andreas sah] das Ende der Miete sich regen und einen weißen Fleck wie eine Hand sich herauswühlen [...]. Gleich darauf sprang seine weiße Hofkatze heraus [...]." (*Der Oger*, S. 126). Der „Fleck" konnotiert im Roman aber auch das alptraumhafte nicht-vom-*Fleck*-kommen (S. 237 und 260) und Johanns Gefühl seiner „Be*fleck*theit" (S. 261). Ein in diesem Zusammenhang interessanter Inter-Text aus der Moderne stammt von Ilse Aichinger; er trägt den Titel *Flecken* und führt zentrale Motive aus dem *Oger* (Spiegel, Blick, tote Väter, Flecken) inhaltlich zusammen: „Spiegelungen, ein Tanz. Gleich ist alles vorüber, die Höhenmaße, die Zustände. Keine Zeit mehr, fortzuwischen, was verschüttet wurde. Kein Blick mehr. Die toten Väter siegen. Die Flecken auch." Ilse Aichinger: Flecken. In: dies.: Schlechte Wörter, Frankfurt/M. 1991, S. 15-18, hier: S. 18.

Backsteine. Die Zerteilung in Fächer durch die Gerüste verbarg es vielleicht völlig für jeden, der es vorher nicht erkannt hatte, wer es aber sah, dem wurde es noch überzeugender, geheimnisvoll entrückt und genähert zugleich. Die Stirn war kugelig, die Nase war zertrümmert und zeigte, unter der Stirn einwärts gebogen, eine zerfressene Höhlung mit pilzartigen Kalksprenkeln, das Auge war ein großer runder Mörtelbuckel, jetzt von einem Brett mitten durchschnitten, der Mund breit offen, mit gewulsteter Unterlippe und wenigen, teils scharfen, teils platten, durcheinandertaumelnden Zähnen. Ein schmaler Ziegenbart fuhr wie ein Blitz die ganze Wand herab in die Luft hinein. Der Hinterkopf war spitz und hoch von einer langen, fast geraden Linie begrenzt. Einen schmalen Vogelhals mochte die Kirchentür vorstellen. Andreas war erschüttert. Ein Fleck an der Wand fraß seinem Kinde das Leben weg, ein sinnloses Nichts; eine Bresche in der Kalkschicht, im zufälligen Kommen und Gehen von ein paar tausend Regen-, Wind- und Sonnentagen gerissen, von niemand geplant, von niemand angesehen, und nun von einem kleinen leidenden Geiste zum Götzen erhoben.[87]

Dieses Zitat ist in mehrerer Hinsicht aufschlußreich für Loerke im allgemeinen und den *Oger* im besonderen. Die „ungeheure Fratze" des Ogers konstituiert sich hier nicht primär aus alltäglichen Gegenständen wie „Kacheln" und „Feuerzange[n]" (s.o.), sondern sie ist das Resultat mehrerer ungeplanter Zufälle. Mit anderen Worten: Das „Zerrbild eines Menschengesichts" wuchert wie ein krebsartiges Geschwür in der „Bresche", die *zwischen* dem sinnvoll geordneten Bereich der menschlichen Kultur („Kalkschicht", „Backsteine") und dem sinnlos-zufälligen Bereich der unberechenbaren Natur („Regen-, Wind- und Sonnentage[]") „gerissen" ist. Erst im Zusammenspiel *beider* Faktoren („pilzartige[] Kalksprenkeln", „abgebröckelte[r] Putz[]") zeigt sich das wahre Gesicht des Ogers. Die „Kirchenstirnwand" ist deshalb eine Projektions-„Fläche" für synkretistisch verwilderte Textverfahren, in denen unterschiedliche Mythologeme und Sprachspiele (Religion, Aberglaube, Natur, Kunst etc.) vermischt werden und die in der sog. 'Trümmerliteratur' nach 1945 wieder Konjunktur haben werden. Die Parallelen zwischen dem Magischen Realismus und der Trümmerliteratur werden in einem späteren Kapitel der Arbeit noch genauer untersucht.

Alle Vater-Figuren des Romans sind durchgängig ambivalent gezeichnet. Ihr Bedeutungsgehalt changiert zwischen erdrückender Übermacht und Verklärung.[88] Auch Johann Wendenich „erschien [Martin] manchmal wie ein Verklärter" und manchmal wie eine „große Puppe"[89]. Damit reproduziert die Vater-Instanz im Roman die gleiche ambivalente Struktur, die das „Über-Ich" in Loerkes Tagebüchern auszeichnete (s.o.). Der folgende Satz („Ich spüre, daß [der Vater] in mir noch *Fahrt* hat") bezieht sich indirekt zurück auf

---

[87] Oskar Loerke: Der Oger, S. 132f.

[88] Im Roman ist die Ambivalenz der Vater-Figuren (Übermacht oder Verklärung) noch einmal in sich selbst ambivalent: Die *Übermacht* erscheint einerseits bedrohlich (Oger) und andererseits attrappenhaft (Puppe), und die *Verklärung* ist entweder menschlich-versöhnlich oder gespenstisch-entrückt.

[89] „Meine Mutter lebt daheim mit einem Manne – ist er eine große Puppe? [...]. Als wir Kinder waren, fürchteten wir uns vor ihm." O.L.: Der Oger, S. 68.

den Zitatbeginn („Es schwankt und *fährt* um mich"). Die „Es"-Instanz, die im ersten Satz in die Natur verlagert wurde („Es [...] fährt *um* mich"), wird nun von Martin gewissermaßen inkorporiert („er [hat] *in* mir noch Fahrt") und wechselt dadurch den Modus („Es" = „er"), so daß nunmehr drei Instanzen in einem Satz vereinigt sind: „Ich spüre, daß er [„Über-Ich"] in mir noch Fahrt [„Es"] hat". Genau an dieser Stelle, an der die drei Modi interferieren, erkennt Martin, „daß er auf solche Weise das innere Bild nicht fasse". Der nächste Satz („[Martin] schaltete nun sich selbst aus") bringt die an Lyrik und Tagebuch erprobte Durchstreichungsregel auf eine Formel, die an Prägnanz kaum mehr zu überbieten ist. Die Bedingung der Möglichkeit des Erzählens lautet, das „innere Bild" in ein äußeres (Text) zu verwandeln. Indem Martin sein inneres Ich nach außen kehrt, macht er seinem Namen Wenden-ich alle Ehre. Dieser Umkehrprozeß ist jedoch mit regressiven Konnotationen besetzt, da Martin gewissermaßen eine pränatale Erzählperspektive wählt, „als wäre er noch nicht geboren". Die Reise in die Vergangenheit wird für Martin zu einer Suche nach seinem wahren Ich, und dieses Ich korreliert am Schluß des verkappten Bildungsromans mit dem, was Freud *Realitätsprinzip* genannt hat. Die „wirkliche Welt" entsteht im *Oger* dadurch, daß „Unterwelt" und „Überwelt" sich wie die Schalen einer Waage ausbalancieren:

> Und so taucht die Unterwelt, in die wir verstoßen waren, herauf, und die Überwelt, die uns blaß und schwindlig machte, herab, und beide bleiben da stehen, wo die wirkliche Welt ist, und wir wissen nun, daß sie sich mehr ähneln als Geschwister, daß die drei Reiche nur ein Reich sind.[90]

Die „drei Reiche", in denen man unschwer das „Es" („Unterwelt"), „Über-Ich" („Überwelt") und „Ich" („wirkliche Welt") wiedererkennt, bilden in Wahrheit eine quasireligiöse Trinität („ein Reich"). Das „Ich" ist dabei aber nicht so sehr als ein aktives und formendes Prinzip vorgestellt, sondern es findet seinen systematischen Ort im Spielraum, den „Über-" und „Unterwelt" ihm *lassen*. Diese an Heidegger gemahnende *Gelassenheit*[91] äußert sich in Loerkes Texten als radikale Entmachtung und Dezentrierung des Subjekts.

---

90   Oskar Loerke: Der Oger, S. 336. Die 3 spielt im *Oger* eine entscheidende Rolle: Der Roman gliedert sich in 3 Kapitel, es wird die Familiengeschichte von 3 Generationen beschrieben, Johann Wendenich hat 3 Kinder (Martin, Richard und Elise) und die „drei Reiche" werden mit den 3 im Roman verwendeten Erzählperspektiven (auktorial, personal, ich) konnotiert.

91   Vgl. Martin Heidegger: Gelassenheit, Pfullingen 1959.

2. Loerkes „schöne Niederwelt der Trauer" (396)

> *„Halb Fisch, halb Made*
> *Vom Gespenstergestade" (378)*

In kaum einem anderen lyrischen Œuvre aus dem 20. Jahrhundert tummeln sich so viele *Unerlöste* (189) und *Niederste Geschöpfe* (365) wie in dem Oskar Loerkes. Seine Gedichte sind – mit Adam Müller gesprochen – „unvollständig, krank und halb"[92]. In Loerkes Unterwelt hausen: Gespenster, Marionetten, Lemuren, Kranke, Gebrechliche, Zwitter, Puppen, Skelette, Chimären, Exkremente, Maden, Ratten, Unkraut, Aas, Krüppel, Wiedergänger, Ungeheuer, Abschaum, Moder, Schimmel, Nebel, Leichen, Ungeziefer, Knochen, Spinnweben, Ruinen, Trümmer, Kadaver, Würmer, Gräber, Katakomben, Er- und Zerbrochenes. (Die Liste ließe sich fortsetzen.) Dabei führen Loerkes Gedichte dem Leser eine beinahe haptisch erfahrbare *Verwindung* des historischen und kulturellen Erbes („Über-Ich") vor Augen, die in ihrer (im doppelten Sinne) 'unheimlichen' Radikalität und schockierenden 'Leibhaftigkeit' wohl singulär zu nennen ist. In dem Gedicht *Seitenstraße* vollzieht sich der Abstieg des Historischen („Annalen") ins Körperliche ('Anale') mit wünschenswerter Deutlichkeit:

Seitenstraße

Vor manchen Läden stehn wie Krankenbahren
Im Regen magre Lichterstreifen.
Es knackt und surrt vorbei auf Gummireifen –
Das ist, als würden <u>Leiber</u> überfahren.
Der Nebel zuckt, ein rasches Raffen,
Ein hastiges Beiseiteschaffen.

Dann trittst du über den <u>klebrigen</u> Schein
Aus dunklem Ja in leeres Nein.

Nichts geschieht hier für <u>Pressen</u> und <u>Annalen</u>,
<u>Tropfen</u> treffen dich ohne zu zielen,
Still sammeln sich die kleinen Qualen
[...]
Die staubigen Plakate wie <u>beschmutzte Laken,</u>
Gelüftet nach verfegtem Feste.
[...]. (357f.)[93]

---

[92] Diese Formulierung von Adam Heinrich Müller (1779-1829) ist natürlich nicht auf Loerke gemünzt. Sie hat dem von Christoph Brecht und Wolfgang Fink herausgegebenen Sammelband zur Archäologie moderner Identität (Aisthesis-Verlag Bielefeld, 1996) den Titel gegeben. Vgl. dort die bibliographische Angabe zum Zitat von Müller.

[93] Die erotischen Konnotationen des Gedichtes sind ebenso offensichtlich wie entstellt: Die Isotopiekette *Leiber – (klebrige) Tropfen – beschmutzte Laken* ist gleichsam in ein städtisches Szenario verschoben. Eine dekuvrierende Lesart à la Freud führt in die Irre.

44

Das lyrische Vokabular Loerkes begnügt sich nicht mit einer human temperierten Sprache der „kleinen Qualen", sondern es greift oftmals weit hinter diese menschliche Entwicklungsstufe zurück und regrediert in prähistorische Zeiten. In Loerkes Unterwelt leben nicht nur niedere Tiere und andere unerlöste Geschöpfe, sondern es hausen dort auch vorsintflutliche Lebewesen wie Mammute, Farne, Drachen, Riesenschachtelhalme, Saurier, Echsen und Höhlentiere:

> Männergedanken wollen enden
> Hinter Farnen, höher als ein Mann. (459)[94]

In vielen Gedichten ist mit dem prähistorischen Vokabular auch eine Tendenz zur Petrifizierung und Amortisierung alles Lebendigen gekoppelt, wie sie in den oben zitierten 'Büchergedichten' bereits zum Ausdruck gekommen ist. In den *statischen Gedichten*[95] Loerkes wird die Zeit zum Raum,[96] psychische Zustände wachsen sich *im* lyrischen Ich zu einer wild zerklüfteten Landschaft aus (ich zitiere die 1. und 6. Strophe von insgesamt 16):

> *Gebirge wächst*
>
> Gebirge wächst, wo sonst nur Angst gedeiht,
> In mir: ein Sturm der Felsen, Wurzeln, Äste,
> Und mittenein mein Haus für Menschengäste
> Im Labsal und im Wehsal Ewigkeit.
>
> Wie sich hier Zeiten, Schicht in Schicht,
> Bewohnt von Laub und Tier, in Tier und Laub verschanzen!
> Sich selber weiß – ich frage nicht –
> Das Reich der Tiere in mir und der Pflanzen. (331)

Hier wird gleich zu Beginn des Gedichts ein Humanum („Angst") von einer prähistorischen Natur („Gebirge") substituiert. Die Substitution funktioniert jedoch spiegelbildlich: „inmitten" der Natur wird ein „Haus für Menschengäste" errichtet, und im Zentrum des

---

[94] Solche obsessiv ausgestellten Regressionswünsche erinnern nicht selten an Gottfried Benn. Vgl. z.B. den Beginn von Benns Gedicht *Gesänge*: „O daß wir unsere Ururahnen wären. / Ein Klümpchen Schleim in einem warmen Moor." G.B.: Gesammelte Werke in acht Bänden, hg. von Dieter Wellershoff, Band 1 (Gedichte), München 1975, S. 25. Auch Gerhard Neumann spricht in bezug auf Loerke von einem „Rückgang in urweltliche Dimensionen". G.N.: 'Einer ward Keiner', S. 211- 270, hier: S. 231.

[95] Die *Statischen Gedichte* stammen natürlich von Gottfried Benn, den Loerke sehr geschätzt hat: „Grandiose Gedichte von Benn gelesen: Schutt." Vgl. O.L.: Tagebücher 1903-1939, S. 108. – In Loerkes Lyrik sind Bäume häufig ein Sinnbild für geronnene Zeit: „Buchen: Graue Säulen, zu denen die Zeit gerann" (459). Im Sinne meiner These ist zu vermuten, daß mit den „Buchen" (auch) die Bücher gemeint sein können, die wie „[g]raue Säulen" im Regal stehen (vgl. „Bücherrücken").

[96] Loerkes Frage „Wo stehle ich mir die Zeit?" (Tagebücher 1903-1939, S. 121) findet in der Verräumlichungsstruktur seiner Gedichte eine adäquate Antwort. Auch Gerhard Neumann spricht in bezug auf Loerkes Gedichte von einer „Verwandlung der Zeitreferenz in Raumbezüge". G.N.: 'Einer ward Keiner', S. 236.

lyrischen Ich („in mir") 'weiß sich' das Tier- und Pflanzenreich.[97] Das „[F]allen in den Spiegel" (333), von dem die 12. Strophe des Gedichts spricht, ist im chiastischen Versteckspiel von „Laub und Tier[] in Tier und Laub" bereits realisiert. Die historisch-archäologischen Zeit-"Schichten" der menschlichen Kulturgeschichte „verschanzen" sich in der unmenschlichen Naturgeschichte et vice versa. Das 'missing link' zwischen diesen beiden Historien ist das lyrische Ich.

Der oben beschriebene Substitutionsprozeß läßt sich in modifizierter Form auch im Gedicht *Abstieg nach Süden* (283f.) nachweisen:

> Der Paß ist gefunden, ich bin dir entgangen,
> Schmerzgebirg, dem Schweigen geschworen!
> Mit starrem Flutgefäll behangen:
> Seelen verschneit, Seelen erfroren! (283)

Der menschliche Affekt wird in dieser Naturszenerie ausnahmsweise nicht durchgestrichen, sondern als Bestimmungswort der Landschaft vorangestellt. Das so erzeugte „Schmerzgebirg" erinnert an die „Landschaft der Klagen" und die „Berge des Ur-Leids" aus Rilkes *Zehnter Duineser Elegie*:

> [...] Die Väter
> trieben den Bergbau dort in dem großen Gebirg; bei Menschen
> findest du manchmal ein Stück geschliffenes Ur-Leid
> oder, aus altem Vulkan, schlackig versteinerten Zorn.
> Ja, das stammte von dort. Einst waren wir reich. –
>
> Und sie leitet ihn leicht durch die weite Landschaft der Klagen,
> zeigt ihm die Säulen der Tempel oder die Trümmer
> jener Burgen, von wo Klage-Fürsten das Land
> einstens weise beherrscht. [...][98]

Das Pendant zu Loerkes Amortisierung des Humanen, das in einer Formulierung wie „Tränensalze" (331) anschaulich zum Ausdruck kommt, findet sich in der Vitalisierung

---

97   Möglicherweise hat der mit fernöstlichem Gedankengut vertraute Loerke hier das wechselseitige Verweissystem von Yin und Yang vertextet. Vgl. auch Walter Gebhard: Mönche und Eremiten – Nah- und Fernöstliches bei Oskar Loerke. In: Zeitgenosse vieler Zeiten. Zweites Marbacher Loerke-Kolloquium 1987, S. 97-136.

98   Rainer Maria Rilke: Duineser Elegien. In: ders.: Sämtliche Werke, hg. vom Rilke-Archiv, besorgt von Ernst Zinn, Bd. 1, Frankfurt 1987, S. 723f. Vgl. auch Rilkes „Tränenbäume" (ebd.) mit Loerkes „Tränenpfeilern" (258). Vgl. weiterhin Rilkes „Ur-Leid" mit Loerkes Gedicht *Urleid* (341). Inwieweit hier von einem direkten Einfluß gesprochen werden kann, müßte eine genauere Analyse klären. Fest steht, daß Loerke häufig und gern Gedichte von Rilke gelesen hat: „In Klein-Rönnau las ich in den Mittagspausen viel Rilke, systematisch. Die beiden Teile der Neuen Gedichte besonders und Späteres. Wo nur Poesie abgemolken wird, blieb ich kalt, aber es sind schon viele wunderbare große Werke in diesen Versgebilden." O.L.: Tagebücher 1903-1939, S. 204f. (Eintragung vom 3.9.1929).

des Unbelebten, exemplarisch im Wort „Felsgeweide" (305).[99] Loerkes Gedichte entfalten sich, prägnant formuliert, genau auf der Spiegelachse solcher Chiasmen, von denen es in seinem Œuvre unzählige gibt.[100] Anders gesagt: Die autonome Landschaft ~~der Schwermut~~ beginnt im verödeten Niemands- bzw. *Grenzland* (349) zwischen dem menschlichen und nicht-menschlichen Bereich unkontrolliert zu wuchern. Auf die psychischen Modi übertragen heißt das: Zwischen dem (lyrischen) „Ich" und dem (durchgestrichenen) „Über-Ich" schießt „Es" ins Kraut. Das bedeutet allerdings nicht, daß die hybriden Textgebilde auf die Schwermut ihres Produzenten zurückgerechnet werden sollen oder können. Eine „Landschaft der Klagen" ist zunächst und primär eine *Landschaft* der Klagen, und ein (auf dem Papier) 'wachsendes Gebirge' ist trivialerweise erst einmal ein *Text* und kein Abbild der 'Angst'. Der semantische und textuelle Überschuß, den Loerkes – auch in quantitativer Hinsicht[101] – exzessive Gedichte produzieren, ist vom Interpreten in jedem Falle zu berücksichtigen. Zu fragen ist auch, inwieweit Loerke mit solchen textuellen Wucherungen avancierte Textverfahren des Expressionismus an ein Konzept von 'Natur' und 'Landschaft' delegiert, das seinerseits im Grenzbereich von abstrakter Textur und traditioneller Mimesis angesiedelt ist. 'Natur' und 'Landschaft' bezeichnen in Loerkes Werk aber nie etwas bereits Vorgegebenes (*ergon*), sondern ein dynamisch-schaffendes Prinzip (*energeia*). Mit Loerkes Worten gesprochen: 'Landschaft' ist die Kraft, die „Land schafft":

Seemann Sindbad

[...].
Wohin du siehst, erwächst dir Land,
Und wohin nicht, wälzt sich die Woge.
Unter deiner Sohle gedeiht
Als wärst dus selber, geiles Kraut,
Ungesät, unbetaut,
Seemann Sindbad in grauer Zeit,
Und immer, kehrst du nur den Rücken,

---

[99] Häufig wird die Amortisierung (bzw. ihr Pendant, die Vitalisierung) auch durch Wie-Vergleiche inszeniert, vgl. das Gedicht *Übergang*: „Ein Schmerz liegt starr und neben aller Welt / Wie Holzgeknorr, inwendig unerhellt." (453).

[100] Der Chiasmus setzt in den Gedichten das Prinzip des Ursprungs außer Kraft: „Das Meer gebar die Nacht, die Nacht das Meer" (157). Es muß einer gesonderten Untersuchung vorbehalten bleiben, das Motiv des Spiegels in Loerkes Lyrik genauer zu untersuchen. Vgl. z.B. die Gedichte *Die gespiegelte Stadt* (133f.), *Leidspiegelung* (213f.), *Magie des gespiegelten Mondes* (218f.) und *Spiegel* (373).

[101] In auffälligem Gegensatz zur Lyrik eines Benn, Trakl oder Celan – um nur diese zu nennen – 'ergießen' sich die Gedichte Loerkes häufig über mehrere Seiten. Ein 'ausuferndes' Gedicht wie z.B. *Sternwissenschaft* (56-59) steht im Werk Loerkes nicht allein. Die 'formlose Formstrenge' von Loerkes Gedichten hat bereits Robert Musil erkannt: „*Oskar Loerkes* Gedichte '*Atem der Erde*', melodielos-melodisch, von dunklem Licht erhellt, eigentümlich formlos-formstreng, rufen die jetzt fast vergessene Wahrheit wieder wach, daß die Quelle aller Dichtung einer Zeit im Gedicht liegt!" R.M.: Die besten Bücher des Jahres [1930]. In: ders.: Gesammelte Werke II (Prosa und Stücke etc.), hg. von Adolf Frisé, Reinbek 1978, S. 1722 (kursiv im Text).

Mit knirschender Demut und Schleicherbücken
Verneigt sich die Woge, und sie zerschlägt es,
Was Insel werden will, und trägt es
Mit halbgestaltem triefendem Maule
Hinunter ins Faule.
Doch <u>Land schafft</u> dein Auge fort aufs neue,
Und immer folgt ihm der Fuß in Treue.
[...]. (470f.)

Die naive Bezeichnung 'Naturlyriker' für Loerke ist mehr als unzutreffend und entschieden zurückzuweisen.[102] Loerkes vermeintlich integrale 'Natur' ist vielmehr genauso „unvollständig, krank und halb" wie das lyrische Ich (bzw. das angesprochene Du) seiner Gedichte. Jede der beiden Hälften ist für sich genommen unvollständig und folglich in einem emphatischen Sinne ergänzungsbedürftig. Im Gedicht *Seemann Sindbad* ist die dynamische 'Landschafft' im wahrsten Sinne des Wortes vom *schöpferischen Augen-Blick* Sindbads abhängig. Fehlt dieser Augen-Blick, dann trägt „Es" („Woge") im „halbgestalte[n...] Maule" den Sieg über die Kultur davon. Landschaft und Mensch werden deshalb in den Gedichten immer wechselseitig aufeinander bezogen: Die Landschaft ist ein verlängertes bzw. ausgelagertes Ich („Die Füße sind wie Berge in der Ferne", 103), und das Ich bringt 'Landschaft' hervor. „Ich" *bin* „Es":

Strom

[...]
In mir werden Eschen mit langen Haaren,
Voll mönchischer Windlitanei,
Und Felder mit Rindern, die sich paaren,
Und balzender Vögel Geschrei.
Und über Gehöft, Wiese, Baum
Ist viel hoher Raum;
Fische und Wasserratten und Lurche
Ziehn, seine Träume, durch ihn hin – .
So rausch ich in wärmender Erdenfurche,
Ich spüre schon fast, daß ich *bin*:
[...]. (101, kursiv im Text)

Alle „Halbgestalten" (113) im Werk Loerkes, ob gespenstisch oder nicht, markieren die systematische Schnittstelle zwischen Sein und Nichtsein, auf der sich, wie im nachfolgenden Gedicht *Ende*, das eine im anderen spiegelt. Im 'erschreckenden' Augenblick des Todes steht das Leben auf, und das 'zögernde' Leben ist ein Erwachen zum Tode. Das Ende ist ein Anfang et vice versa:

---

102   Vgl. Edgar Marsch (Hg.): Moderne deutsche Naturlyrik, S. 279. Auch Karl Krolow hat diesem Mißverständnis in mehreren seiner Aufsätze Vorschub geleistet. Das Problem besteht darin, daß Interpreten wie Marsch 'die' Natur immer schon (als bekannt) voraussetzen. Damit wird aber per definitionem ein – sei es noch so 'modernes' – Mimesis-Konzept der Gedichte präsupponiert. Stattdessen ist zu fragen, welcher textuelle (autonome) Entwurf von 'Natur' jeweils erschrieben bzw. konzipiert wird.

Ende

So mag das Leben innen im Holze
Des eben gefällten Baumes
Erschrecken und aufstehn,
Geblendet zur Blendung
An seiner Grenze
Drücken und tasten:
Zur großen Wunde.

Noch zögert das Leben
Auf der runden Seite des Schnittes
Gegenüber dem Absturz
Des ungeheuren Himmels,
Gegenüber der eigenen
Irr gespiegelten Wunde:
Der Sonne des Westens.

Ein Schwindel faßt es,
Und es geht unter.
Doch im Erlöschen,
Mit neuen Organen,
Ahnt es läuten seinen Wandel,
Der ihm stumm war achzig Jahre:
Nie hat es die Glocke des Donners vernommen,
Nie sich selbst gerauscht.
Nun will das beginnen
Ganz oben im Raume,
Wo es schon leer ist.
Noch spürt es sich fallen
Stämmig, doch hört es
Den Aufschlag nicht mehr
Und die Peitschung der Erde. (452)

Die systematische 'Schnitt'-Stelle wird in diesem Gedicht beim Wort genommen und als „Wunde" in eine Metaphorik des Körpers überführt. Die „große[] Wunde" markiert einen Zwischenraum (U-topos) bzw. eine Zwischenzeit (Interim[103]), auf dem bzw. in der sich das „Leben" im wahrsten Sinne des Wortes „an seine[] Grenze", den Tod, heran-"tasten" kann. In der zweiten und dritten Strophe wird dieser verschwindende Zeit-Raum gleichsam ausgefaltet. Zwischen dem gerade „Noch" und schon „nicht mehr" des 'erschrecken-den' Ereignisses öffnet sich ein 'leerer Raum', den das Gedicht in seinem Verlauf emphatisch aus-füllt. In der zweiten Strophe wird das 'Zögern' des 'Lebens' auf sechs Zeilen ausgedehnt, die alle nur den einen Zweck haben, den genauen Ort dieses 'Zögerns' zu lokalisieren. Die dritte Strophe funktioniert ähnlich, nur sind es hier die „neuen" Ahnungen des Lebens, die „im" aktiven Prozeß des „Erlöschen[s]" ausgefaltet werden. Diese Strek-kung, Dehnung und Ausfaltung eines transitorischen Zeit-Raumes ist eines der zentralen

---

103   Im eschatologischen Sinn ist die *gesamte* Erden-Zeit ein *Interim*, d.h. eine von Gott bis zum *Ende* gewährte Zwischen-Zeit, vgl. auch Mt. 28, 20: „Und siehe, ich [Jesus] bin bei euch alle Tage bis an der Welt Ende."

Merkmale von Loerkes Gedichten.[104] Wenn es ausnahmsweise gestattet ist, einen Vergleich aus der bildenden Kunst heranzuziehen, dann lassen sich Loerkes Gedichte mit den Aquarellen von John Robert Cozens vergleichen: Beide, Loerke und J.R. Cozens, betreiben weniger die expressive Technik der Abstraktion, sondern vielmehr eine unheimlich-hintergründige Kunst der *Distraktion*.[105]

In zeitlicher Hinsicht markiert der *Augenblick* diese hybride Schnittstelle von *noch nicht* und *nicht mehr*. In einem frühen (und besonders schönen) Gedicht Oskar Loerkes kommt das zum Ausdruck:

> *Augenblick*
>
> Die Häupter des Waldes sind in Todesgedanken vergraben.
> Licht liegt in ihnen neugeboren.
> Der Wandrer und sein Pfad, sie haben
> Einander eben mittenwegs verloren.
> Gras steht an ihrer Stätte, Lattich, Nachtschattenblüten, verwunderte,
> Vorwärts und rückwärts hängen schwere, tiefverstaubte Jahrhunderte. (124)

Der magische Schwebezustand zwischen Präsenz und Absenz, Leben und Tod bzw. Mensch und Nicht-Mensch ('Landschaft'[106]) kommt im verkrauteten Mittelstreifen des Waldweges zum Ausdruck. Im Sinne der obigen Ausführungen bezeichnet der Mittelstreifen die Spiegelachse des Chiasmus, auf der „Es" wild wuchert. Auf die Formel gebracht: Natur („Wald") – {Mensch („Wandrer") + Kultur („Pfad")} = Ruderalfläche („Lattich"). Dennoch handelt es sich bei diesem Substitutionsprozeß („Gras" und „Lattich" *anstatt* „Wandrer" und „Pfad") gerade nicht um eine negativ konnotierte 'Entwertung' des Subjekts, wie beispielsweise Thomas Pieper glaubt.[107] Erst im nicht mehr sub-

---

[104] Reinhard Tgahrt kommt in seiner eindringlichen Analyse von Loerkes Gedicht *Pansmusik* zu einem ähnlichen Ergebnis; vgl. R.T.: *Pansmusik, nach den Entwürfen gelesen.* In: Zeitgenosse vieler Zeiten, S. 263-366, insbes. S. 315f. Auf eine völlig andere, aber prinzipiell vergleichbare Weise experimentiert auch der dadaistische Autor Melchior Vischer in der Erzählung *Sekunde durch Hirn* (1920) mit Verfahren der (filmischen) Zeitdehnung und -streckung (= 'Zeitlupe'). Der Text beschreibt auf mehr als sechzig Seiten die Ereignisse, die sich während einer einzigen Sekunde im Gehirn des vom Gerüst fallenden Arbeiters Jörg Schuh abspielen.

[105] „Oberflächlich mag es so aussehen, als seien die Werke des älteren Cozens und nicht die des jüngeren die kühneren. [Es] fällt [...] uns nicht schwer, in Alexander Cozens' Klecksen die [...] Ahnen des abstrakten Expressionismus zu erkennen. Doch [...] ist John Roberts Vision die [...] machtvollere. Denn gerade weil seine Alpenaquarelle die naturalistische Maske annehmen, hat ihre kreative Auflösung der Ordnung eine solche Kraft. Es ist nicht die Kunst der Abstraktion, sondern die der 'Distraktion', der bis zum Wahnsinn gehenden Verwirrung." Simon Schama: Der Traum von der Wildnis. Natur als Imagination, München 1996, S. 510.

[106] Gerhard Neumann bemerkt treffend, daß in Loerkes Gedichten „die Überführung der Ich-Instanz in eine Du-Instanz [...] sich apersonal als Landschaft vergegenwärtigt." G.N.: 'Einer ward Keiner', S. 236.

[107] „Der Zentrumsanspruch des Subjekts wird negiert, das Subjekt zum Objekt einer undurchdringlichen Naturkraft entwertet." Thomas Pieper: Überwindung des Weltleids. Loerkes Lyrik im Spannungsfeld zwischen Nietzsche und Schopenhauer, Berlin etc. 1992, S. 114.

jektzentrierten ~~Augen-Blick~~ öffnet sich eine Perspektive auf das im wahrsten Sinne des Wortes Ab-wegige, das in der Negation das 'Eigene' („Ich") bewahrt:

> Mach die Augen zu,
> was du dann siehst
> gehört dir.[108]

3. „Die Gobi schiebt dein Auge zu" (184) – Zum Wechselverhältnis von Landschaft und Ich

Oben wurde bereits dargelegt, daß sich Loerkes Text-'Landschafften' dynamisch-generativen Verfahren verdanken. Diese verschiedenen generativen Verfahren sollen jetzt noch einmal typologisch benannt und anschließend an dem Gedicht *Die Purpurlandschaft* kurz verifiziert werden.

Auffällig häufig entstehen in Loerkes Gedichten verfremdete Landschaften entweder

– aus dem Nichts (*Die Erschaffung der Insel*)[109],

– aus Körperteilen des lyrischen Ichs („Halbgestalten entsteigen dem Finger, dem Ohr und dem Haar", 113),

– aus „ein[em] Alternieren der Diskursinstanz 'ich' mit anderen Pronomen"[110],

– aus der apodiktischen Gleichsetzung des lyrischen Ichs mit Dingen und Lebewesen (*Die Wurzeln*)[111],

– aus der Substitution von Psychischem durch Unbelebtes („Gebirge wächst, wo sonst nur Angst gedeiht / In mir", 331),

– oder aus einem autonom gesetzten „Raum", der krypto-mediale Dinge aus sich entläßt:

---

[108] Günter Eich: Die Herkunft der Wahrheit. In: ders.: Gesammelte Werke in vier Bänden, Bd. 1 (Die Gedichte – Die Maulwürfe), hg. von Axel Vieregg (rev. Ausgabe), Frankfurt 1991, S. 109.

[109] In diesem Gedicht wird eine „Insel, die noch nicht war" (162), vor dem Auge des Lesers Stück für Stück sprachlich hervorgetrieben. Das generative Prinzip ist wieder einmal das ominöse „Es": „Im fliederfarbnen Dunste rafft *es* sich, / Aus blau und rosa Schleiern schafft *es* sich / Und badet auf in bernsteingelber Zierde." (162) Auch der schöpferische, „weitoffne[] Augenblick[]" wird vom lyrischen Ich ins Poetologische gewendet, „als hätte ich ein Buch von Bildern überschlagen" (163).

[110] Gerhard Neumann: 'Einer ward Keiner', S. 233.

[111] Vgl. folgende Zeilen aus diesem Gedicht: „Ich war der Same einer Rüster. / Dunkle Wurzeln trieb ich. // [...] Die Wurzeln wuchsen bis zur großen Stadt [...]." (104)

Die Purpurlandschaft

Raum: Wüste der Dämonen, knickt von oben
Dein Hausgebälk wie schwachen Schiffes Spanten.
Die Gobi schiebt dein Auge zu, ist tief in Fleisch geschoben
– – – – – – – – – – – – – – – –
Ein Purpur-Urwald wächst in deinem Unbekannten.

Durchflochten ist er von Lianen, Quecken,
Durchzuckt von Wurzeln, die dich fällen werden,
Es jagt vor dir wie Schatten-Zebraherden.
Doch staunst du hin, so schrumpft der Spuk zu Flecken.

Das Purpurland formt nur im Unbelauschten
Sein Bild: – Dein Spähn deckt es mit Finsternissen.
Dann kehrt es tiefer wieder, höhlenwild zerrissen,
Umflort, als ob es Fluten überrauschten.

Die Fluten fressen ätzend im Bedrängen,
sie schmelzen Tropfsteinschwerter, die sie hindern,
Zerbrechen Felsenrüssel, die sie überhängen,
Ihr Spiegel wächst, daß sich die Inseln mindern.

Und vagabunde Monde gehn darüber
Wie Schöpfradeimer lange schmerzlich um,
Der letzte schleppt sein Lazuligeleucht schon trüber
Und brennt sich, durch den Seetod geisternd, endlich stumm.

Tief nachtet nun die Flut, unfindbar! Aber deine Füße schleichen,
Du Blinder, nach ihr gierig, durch die Uferschluchten.
Es wandern mit ihr abwärts unsichtbar die Buchten,
Der Urwald wandert, dicht bei dir ein Zebrafohlen –
Laß ab und lagre dich im Nichts! – Die Flut leckt dir die Sohlen,
Das Tier die Hand, ein Blatt die Stirn, – du wirst sie nie erreichen. (184f.)

Das Gedicht *Die Purpurlandschaft* enthält in geradezu idealtypischer Weise alle Spiel-Elemente, aus denen sich Loerkes hybride Text-Landschaften zusammensetzen. Der autonome „Raum" entpuppt sich als eine ambivalente „Unterwelt" („Wüste der Dämonen"), die einerseits bedrohlich und zerstörerisch ist (sie „knickt" das „Hausgebälk"), aber andererseits auch „gierig" herbeigesehnt wird. Die Purpur-'Landschafft' ist dynamisch: sie „wächst" und „wandert" als eine Art Wildnis („Purpur-Urwald") in einem nicht näher lokalisierten Un-Ort des lyrischen Du („in deinem Unbekannten"). Diese Purpurlandschaft kann aber nur 'gesehen' werden, wenn das „Auge" von einem (weiblichen) Dämon 'zugeschoben' wird („*Die* Gobi schiebt dein Auge zu"[112]). Der nicht-subjektzentrierte ~~Blick~~ erfolgt passiv; Agens ist die Wüste und nicht der Mensch. Die erotischen Konnotationen

---

[112] Die Formulierung „Die Gobi schiebt dein Auge zu" aus dem Gedicht *Die Purpurlandschaft* (1921) hat Gottfried Benn in seinem Gedicht *Regressiv* (1927) in modifizierter Form übernommen: „Schöpfer und *Schieber*, ich und du – / Bruch, Katafalk, *von Muscheln wachsen / die Augen zu.*" G.B.: Gesammelte Werke Bd.1, S. 131.

sind dabei unüberhörbar („Gobi [...] ist tief ins Fleisch geschoben"), und sie erinnern an eine Formulierung aus den Reisetagebüchern („Das Riesengebirge bohrte sich langsam in die Seele", s.o.).

In den Strophen 2 bis 5 wird „Das Purpurland" ausgefaltet und distrahiert. Ähnlich wie im *Oger* konstituiert es sich aus „Flecken", die sich (wie beim Vexierbild) nur unter Zuhilfenahme der richtigen Blick-Perspektive zu einem sinnvollen Ganzen konfigurieren. Ein fixierender und damit besitzergreifender Blick zerstört jedoch das entstehende Purpur-Gebilde („Doch staunst du hin, so schrumpft der Spuk zu Flecken", „Dein Spähn deckt es mit Finsternissen"). Das, was sich da im „Unbelauschten" – vage genug – heraus-„formt", ist ein „Bild", das prähistorische („[H]öhlenwild") und regressive („überrausch[]en") Konnotationen trägt. Die hybriden Ingredienzien dieses 'Bildes' („Schatten-Zebraherden", „vagabunde Monde" etc.) entziehen sich jedoch einer konkreten Anschaulichkeit. Man hat den Eindruck, als seien all die „Lianen", „Quecken" und „Wurzeln" nur *naturalistische Masken* (im Sinne Simon Schamas) für etwas anderes. Dieses andere, so scheint mir, ist *die distrahierende Bewegung als solche*. Diese Bewegung durchläuft (in austauschbarer Reihenfolge) unterschiedliche Stationen: sie reicht vom „Nichts" zum „Spuk", von dort zu den „Flecken" und „Schatten"; der 'realste' Naturgegenstand dieser 'hyporealen' Purpurlandschaft ist das „Zebrafohlen". Zur Dominanz der Bewegung paßt weiterhin, daß Verben und verbale Konstruktionen das Gedicht beherrschen: „Es" „jagt", „schrumpft", „wächst" und „wandert" hier unkontrolliert durcheinander. Weiterhin begegnen dem Leser im „Felsenrüssel" und in den „Tropfsteinschwertern" Substantivkomposita, die (genau wie die „Felsgeweide", s.o.) den amortisierten mit dem animalischen bzw. humanen Bereich kurzschließen. In der letzten Strophe hat sich das hauptsächlich maritime Purpurland („Fluten", „Inseln", „See[]"), das sich aus einem „als-ob"-Vergleich gebildet hat,[113] völlig verdunkelt („Tief nachtet nun die Flut"). Der „Blinde[]" sucht zwar „gierig", aber letztlich vergeblich nach den Purpur-Bildern, die mit der „Flut" abziehen („Es wandern mit [der Flut] abwärts unsichtbar die Buchten"). Mit dem „Zebrafohlen" rückt eine Epiphanie zwar 'greifbar' nahe („dicht bei dir ein Zebrafohlen"), aber die Entsagung folgt auf dem Fuße („Laß ab und lagre dich im Nichts!"). Der Schluß des Gedichts verbindet eine ohnehin schon sehr zurückgenommene Natur-Epiphanie („Die Flut leckt dir die Sohlen, / Das Tier die Hand, ein Blatt die Stirn") mit dem Eingeständnis ihrer Unmöglichkeit („du wirst sie nie erreichen").

In dem Gedicht *Die Purpurlandschaft* findet sich aber auch die poetologische Kontamination der Papier/Flut wieder, die ja ansonsten vor allem in Loerkes Tagebüchern zum Ausdruck kommt. Diese Engführung der Bücher- und Unterwelt ist in den Tagebüchern an

---

113 Es ist charakteristisch für die *Purpurlandschaft*, daß ihr Realitätsstatus völlig im Unklaren bleibt. Das wird deutlich im Als-ob-Vergleich („Dann kehrt es [das Purpurland] wieder [...] *als ob* es Fluten überrauschten".) Der Als-ob-Charakter der Landschaft wird im nächsten Satz aber kaschiert, so daß die Fluten jetzt plötzlich 'real' werden („Die Fluten fressen ätzend im Bedrängen").

einen bestimmten Thesaurus gebunden,[114] und genau dieser Thesaurus „kehrt" im Gedicht „tiefer wieder": Auch in der *Purpurlandschaft* „fressen" und „[b]edrängen" die P̶a̶-p̶i̶e̶r̶-„Fluten", „daß sich die „*[eingestreuten] Inseln*[115] mindern". Das Gedicht bringt zwei gegenläufige Bewegungen zur Deckung: Die 'Überflutung' wird einerseits *aus*gestaltet (distrahiert) und andererseits *un*gestaltet (negiert); die „Flut" ist gleichzeitig präsent *und* absent („Tief nachtet nun die Flut, unfindbar"). Prägnant formuliert: Loerkes Distraktionstechnik ist eine Form der Negation, und sein *Aufgebot an Negationen* (Walter Gebhard) ist eine Form der Distraktion. Die *Purpurlandschaft* ist aber (auch) eine ins Imaginäre verschobene *Papierlandschaft*, die nur dann 'erspäht' werden kann, wenn das lesende „Auge" 'zugeschoben' ist. Erst die rezeptive 'Blindheit' („unsichtbar die B̲u̲c̲h̲t̲e̲n̲") läßt das eigene „Purpurland" gewissermaßen wie ein blasses Nachbild auf der Netzhaut entstehen.

4.   **„Was ist nun Ich?"** (103) – *Webstuhl*

Webstuhl

Den Berg hinab durch grauen Wald,
Durch lendenhohe graue Steine.
Die Fichten ankern, Lein um Leine,
Straff, dunkel, kalt.

Verankern Schwarzgewirr und Licht,
Zerren Himmel und Erde zusammen,
Daß Sonne und Stein sich stoßen und schrammen,
Gedicht und Gewicht.

Mich trägt und stößt und hemmt eine Scheu,
Ich laufe wie eine kleine Spule
Im schwarzen Tannenwebestuhle:
Er webt mich neu. (61)

Dieses frühe (und, mit Verlaub, sehr schöne) Gedicht aus Loerkes erstem Lyrikband *Wanderschaft* (1911) – Günter Eich hat es seiner Auswahl von Gedichten Loerkes bezeichnenderweise vorangestellt[116] – ist spätestens 1909 entstanden und in den (nicht für die Publikation bestimmten) Riesengebirgs-Aufzeichnungen enthalten (s.o.). An dieser Stelle soll in einer akribischen Wort-für-Wort-Lektüre der poetologische Gehalt dieses Gedichtes aufgezeigt und analysiert werden. *Webstuhl*, soviel sei vorausgeschickt, anwor-

---

114   Vgl. Kap. I, Anm. 24.

115   Vgl. Oskar Loerke: Tagebücher 1903-1939, S. 205: „Eingestreute Stunden? Die genügen nicht. Ruhige Inseln? Sie schwimmen." (Vgl. auch Kap. I, Anm. 28)

116   Oskar Loerke: Gedichte. Ausgewählt von Günter Eich, Frankfurt/M. 1963 (= Bibliothek Suhrkamp Bd. 114).

tet im lyrischen Modus auf die (oben analysierten) poetologischen Reflexionen in Prosa, mit der die Riesengebirgsschilderungen einsetzen. Das Gedicht besteht aus drei Stophen mit je vier Zeilen und hat das Reimschema ABBA.

Die Überschrift des Gedichtes läßt unwillkürlich an den Erdgeist aus Goethes *Faust* denken: „So schaff' ich am sausenden Webstuhl der Zeit / Und wirke der Gottheit lebendiges Kleid" (Vers 508/509). Der erste Satz bestätigt diese Vermutung jedoch zunächst nicht. Stattdessen beginnt das Gedicht ziemlich abrupt mit einem bestimmten Artikel („*Den* Berg hinab") und einer elliptischen Satzkonstruktion, die sowohl das lyrische Ich als auch das Verb ausspart. Dennoch (oder gerade deshalb) ist die lyrische Situation gut vorstellbar und prägnant; auch der Thesaurus ist homogen und eindeutig („Berg", „Wald", „Steine", „Fichten"). Der zweite Satz bringt ein Verb, das im Wald-Kontext wie ein Fremdkörper wirkt: Die Fichten „ankern" im Wald *wie* Schiffe, wobei der explizite Wie-Vergleich allerdings ungenannt bleibt. Die „Leine[n]" greifen einerseits die Schiffs-Metaphorik wieder auf, lassen aber andererseits entfernt an Stoffe und Textilien denken und bringen so den „Webstuhl" in Erinnerung.

Die erste Strophe des Gedichts, dessen erste drei Zeilen ein jambisches Versmaß aufweisen, ist durch klangliche Monotonie („lendenhohe [...] Steine", „Lein um Leine"), Farblosigkeit („*graue[r]* Wald" und „*graue* Steine") und eine unterschwellig alludierte Sexualität ('Lenden') bestimmt. Das Feste („Berg" und „Steine") wird mit dem Flüssigen (Schiffs- und Meeresassoziationen) im Symbol des Ankers zusammengeführt. Insbesondere die letzte Zeile der Strophe, die nur aus drei, jetzt allerdings trochäisch betonten und asyndetisch gereihten Adjektiven besteht („Straff, dunkel, kalt"), verklammert *beide* Bildbereiche.

Die zweite Strophe beginnt wieder elliptisch; dadurch wird verunklärt, wer oder was das „Schwarzgewirr und Licht" „veranker[t]". Der Bildspender („Fichten") tritt somit in den Hintergrund, der Prozeß des Verankerns wird dominant. Die Dominanz des Prozeßhaften wird zusätzlich noch dadurch unterstrichen, daß die beiden ersten Zeilen der zweiten Strophe mit einem anschaulichen Verb („Verankern" bzw. „Zerren") beginnen. Die jambischen Versmaße finden sich in dieser Strophe nicht mehr in den drei ersten Zeilen, sondern in den Zeilen eins, drei und vier.

Was wird in der zweiten Stophe ausgesagt? Die Fichtenbäume, so ließe sich mit Hilfe einer mimetischen Lesart paraphrasieren, verklammern in ihrem Astgewirr das Helle mit dem Dunklen. Eine poetologische Lesart legt es jedoch nahe, in dem „Schwarzgewirr" eine Schriftmetaphorik zu sehen. Diese Lesart wird gestützt durch das Gedicht *Nächtliche Kiefernwipfel*, in dem ebenfalls Bäume mit „Schriftgestalten"[117] verglichen werden. Die

---

[117] Vgl. die erste Strophe dieses Gedichtes: „Es wuchten schwarze Schriftgestalten / Im seidig grauen Himmelsklaren, / Wie sie die hoheitsstillen Alten / In China aus dem Geist gebaren." (411f.) Im Gedicht *Der Weltenbaum*, das (genau wie *Webstuhl*) ebenfalls in die Riesengebirgsschilderung inkorporiert ist (vgl.

Fichten (d.h. die Sprache), deren Wurzeln in der „Erde" stecken und deren Kronen in den „Himmel" reichen, vollbringen eine *conjunctio oppositorum*, indem sie die vier Elemente Erde, Luft („Himmel"), Feuer („Licht") und Wasser (Anker) zusammenführen. Der sexuelle Charakter dieser *conjunctio* kommt weiterhin darin zum Ausdruck, daß *der* „Himmel" und *die* „Erde", *die* „Sonne" und *der* „Stein" (Singular!) sich „stoßen". Nicht nur die vier Elemente werden zusammengeführt, sondern auch die drei Genera Femininum, Maskulinum und Neutrum (*das* „Schwarzgewirr" und *das* „Licht"). Der unruhige Rhythmus dieser Strophe läßt die Aktivität dieser Zusammenführung körperlich fühlbar werden.

Der Höhepunkt der zweiten Strophe (und des ganzen Gedichts) ist in der letzten Zeile erreicht. Die auffällige Dopplung der Substantive („Schwarzgewirr *und* Licht", „Himmel *und* Erde", „Sonne *und* Stein") und der Verben („stoßen *und* schrammen") ist hier zwar auch vorhanden („Gedicht *und* Gewicht"), sie ist aber – und das ist entscheidend – nicht als solche gemeint. „Gedicht und Gewicht", Geist und Materie, Sprache und Welt sind jetzt nicht mehr zwei getrennte Dinge, sondern fallen magisch in eins. Nicht nur die Kopula muß durchgestrichen (Gedicht ~~und~~ Gewicht), sondern beide Wörter müssen gleichsam zu einem einzigen Wort 'zusammengezerrt' werden.

In der dritten Strophe spricht endlich das lyrische Ich selbst in drei vollständigen Hauptsätzen. Der erste Satz mit seinem holprigen Rhythmus reiht gleich drei Verben („trägt und stößt und hemmt") aneinander, von denen nur das zuletzt genannte wegen seines passiven Charakters mit der „Scheu" semantisch zusammenstimmt. Das Verb „stößt" ist im Gegenteil aktivisch empfunden, während „trägt" eine Mittelstellung zwischen Aktivität und Passivität einnimmt und deshalb die beiden anderen kontradiktorischen Wörter gleichsam ausponderiert.

Die drei Verben knüpfen formal an die drei Adjektive („Straff, dunkel, kalt") aus der ersten Strophe an, und der Leser ist versucht, Verben und Adjektive inhaltlich zuzuordnen. Bei diesem Versuch wird deutlich, daß das Gedicht symmetrisch aufgebaut ist (1. Zeile der 1. Strophe = 4. Zeile der 3. Strophe, 2. Z. der 1. Str. = 3. Z. der 3. Str. usw.), was mit dem umklammernden Reimschema zusammenstimmt. Das gesamte Gedicht hat zwar ein Strophenzentrum (2. Strophe), aber kein Zeilenzentrum; die ausgesparte Mitte liegt demnach *zwischen* dem 'Zusammenzerren' von Himmel und Erde (6. Zeile) und der poetologischen *conjunctio* von Sonne und Stein (7. Zeile).

Im zweiten Satz der letzten Strophe ist das lyrische „Ich" zum ersten Mal in der 1. Person Singular explizit präsent. Dieser Satz komplettiert einerseits die Ellipse des Gedichtbe-

---

Reisetagebücher, S. 71), fungieren die „schwarzen Zweige[]", die dem lyrischen Ich ins „Fenster" hängen, als Zeichen und Buchstaben, in denen sich ein „Steilgebirge" verfängt: „In einer Riesenlinde schwarzen Zweigen, / Die mir ins offne Fenster kühl gespenstert, / Hängt blau das meilengroße Steilgebirge." O.L.: Die Gedichte, S. 64.

ginns (*'Ich laufe* den Berg hinab') und knüpft andererseits mit der „Spule" inhaltlich an die „Leine" aus der 3. Zeile an. Der erste explizite Wie-Vergleich („*wie* e<u>ine</u> kl<u>eine</u> Spule") leitet inhaltlich zum „Tannenwebestuhle" der dritten Zeile über. Mit diesem Substantiv holt das Gedicht sozusagen seine Überschrift ein; die poetologischen *Fichten* sind jedoch zum „schwarzen *Tannen*webestuhle" (vgl. „Schwarzgewirr") mutiert. Der letzte Satz des Gedichtes („Er webt mich neu") konstatiert im Präsens das, was schon längst stattgefunden hat und deshalb perfektivisch zu verstehen ist: Das lyrische Ich, das sich in den ersten beiden Gedichtstrophen im „L<u>icht</u>", „Ged<u>icht</u>", „Gew<u>icht</u>" und in den „F<u>ich</u>ten" versteckt bzw. vertextet hatte, tritt in der dritten Strophe gleichsam nackt in Erscheinung. Das lyrische Ich aus dem *Webstuhl* ist in einem emphatischen Sinne zugleich das Vertextende und das Vertextete. – „Was ist nun ich?" (103)

5. Das „verfluchte Unlandstück" in Oskar Loerkes Erzählung *Die Puppe*

Oskar Loerkes Erzählung *Die Puppe* ist zuerst im „Jahrbuch der Zeitschrift *Das neue Pathos*" 1917/18 publiziert worden. Loerke hat die *Puppe* dann ein Jahr später in eine Novellensammlung integriert, die 1919 im Roland-Verlag (München) unter dem Titel „Chimärenreiter" erschienen ist.[118] Sowohl Karl Otten als auch Fritz Martini haben *Die Puppe* 1957 bzw. 1977 in die von ihnen jeweils herausgegebenen Anthologien expressionistischer Prosa aufgenommen,[119] so daß *Die Puppe* heute wohl Loerkes bekanntester fiktionaler Prosatext sein dürfte.

Bei der *Puppe* handelt es sich um die erheblich überarbeitete Fassung eines frühen, vermutlich *vor* 1908 entstandenen (und bis dato unveröffentlichten) Prosatextes mit dem umständlichen Titel *Der dämonische Tag des sanftmütigen Expeditus Blievernicht*.[120] In dieser unreifen und stilistisch noch ganz an Jean Paul und Stifter[121] geschulten Novelle geht es um einen „Sonderling"[122], der in der Realität eine nur in der Einbildung gegebene

---

118   Vgl. Oskar Loerke: Chimärenreiter (Novellen). In: Die neue Reihe (Bd. 20), hg. von Martin Sommerfeld. Nendeln (Reprint) 1973. Diese Novellensammlung enthält die folgenden Erzählungen: *Kaiser, Die Puppe, Die beiden Götter, Der Handschuh, Zimbehl in den Wolken, Der Sandberg, Der Seufzer Weltbistdudumm.*

119   (1.) Fritz Martini (Hg.): Prosa des Expressionismus, Stuttgart 1970, S. 272-281. (2.) Karl Otten (Hg.): Ahnung und Aufbruch. Expressionistische Prosa, Darmstadt-Neuwied (Luchterhand) 1977, S. 294-302. Da die Reclam-Ausgabe am leichtesten greifbar und im Buchhandel zumeist noch lieferbar ist – der von Otten herausgegebene Band ist längst vergriffen –, wird im folgenden aus ihr zitiert. Alle Seitenangaben in Klammern beziehen sich im folgenden und bis auf weiteres auf diese Ausgabe.

120   Die Einsicht in dieses nur handschriftlich überlieferte Prosastück aus dem Nachlaß verdanke ich dem Deutschen Literaturarchiv in Marbach.

121   Schon der Titel der Novelle läßt an Jean Paul und Stifter denken, vgl. z.B. das Kapitel *Der sanftmütige Obrist* aus Stifters Erzählung *Die Mappe meines Urgroßvaters.*

122   Zur Terminologie vgl. Herman Meyer: Der Sonderling in der deutschen Dichtung, München-Wien 1963. Im Marbacher Loerke-Nachlaß gibt es noch zwei andere, ebenfalls nur handschriftlich überlieferte Novellen, in

Ohrfeige seinem Lehrer abbittet und dafür mit Hohn und Verachtung gestraft wird. Diese Episode ist auch in die Druckfassung der *Puppe* eingegangen; sie steht hier aber nicht mehr so im Zentrum wie noch im *Dämonischen Tag.*

Bevor im folgenden Textpassagen der *Puppe* genau analysiert werden sollen, gebe ich eine kurze **Inhaltsangabe** der Erzählung: Der „schwache[] Narr" (274) Friedrich Schedel arbeitet „in einer kleinen Berliner Redaktion bei kargem Solde" (273) für eine Zeitschrift. Schedel, der dauernd expressionistische Pathosformeln wie „Menschheit!", „Friede!" und „Brüder!" (273) im Munde führt, lebt selbst vereinsamt, leidet unter „Zwangsvorstellung[en]" (280) und wird als „Dichter ohne Buch und Vers" (273) bezeichnet; er ist unproduktiv und nur „ein Chirurg an anderer Leute Gedanken" (273). Seine Hauptbeschäftigung besteht darin, „draußen abseits der Stadt" (273) auf „Umwege[n]" (277) über das „leere Bauland Wilmersdorfs" (273) und die „unbebauten Straßen" (274) ziellos umherzustreifen. Auf einer seiner zahllosen Wanderungen findet er auf einem verwahrlosten und „verfluchten Unlandstücke" (275) einen leeren Koffer, in dem Schedel eine Puppe vermutet. Der geheimnisvolle Koffer wird Anlaß zu allerhand Spekulationen, da er von Schedel in Wirklichkeit nie geöffnet wird. Als sich einige Kinder, die Schedel beobachtet haben, nach dem Inhalt des Koffers erkundigen, fühlt sich Schedel „in seinem Geheimnis ertappt" (276). Er verspricht den Kindern, am nächsten Tag von der „Herkunft der Puppe [zu] erzählen" (277), und hat bis dahin Angst, daß er vor ihnen „wieder eine eingebildete Maulschelle abzubitten" (277) habe. Als er schon „am frühen Morgen des anderen Tages" (279) wieder den Koffer aufsucht, liegt dieser immer noch „unberührt an seinem alten Fleck" (280). Schließlich kommen auch die Kinder zur vereinbarten Zeit; die „Knaben [springen] über den Zaun und wate[]n durch die Nesseln" (280), um den Koffer zu holen und zu öffnen. Ohne die Rückkehr der Knaben abzuwarten, ergreift Schedel hastig die Flucht. „Ich bin elend" (281), konstatiert er resigniert und macht daraufhin zwei halbherzige Selbstmordversuche: Er will sich von einer elektrischen „Tram" (281) überfahren lassen. Schließlich gibt er aber auf und bricht „im Rinnstein" (281) zusammen. Zum Schluß wird er von Passanten wieder aufgerichtet und „eine kleine Strecke" (281) geführt. Damit endet die Erzählung.

Die Inhaltsangabe dürfte bereits gezeigt haben, daß Friedrich Schedel sich hauptsächlich an der Peripherie von Berlin und nicht so sehr im Zentrum der Stadt bewegt. Im Gegensatz zu vielen anderen expressionistischen Großstadtnovellen, die ganz dezidiert in der *Haupt*-Stadt Berlin spielen, hat Loerke damit eine Akzentverschiebung in Richtung Stadt-*Rand* vorgenommen. Fritz Martini, der Loerkes Erzählung bekanntermaßen in die Anthologie expressionistischer Prosa aufgenommen hat, vertritt sogar die These, daß die *Puppe*

---

denen einer Sonderlingsfigur dämonische Züge verliehen werden: *Der Narr* und *Der Cottilonstern* (beide vermutlich vor 1908 entstanden). Im *Cottilonstern* geht es um einen närrischen Mann, der schließlich zum Mörder an seiner Geliebten wird. An dieser Novelle läßt sich hervorragend ablesen, wie Loerke die Figur des deutschen Sonderlings in die eines prä-expressionistischen „Irren" vom Schlage Georg Heyms transponiert.

„den Expressionismus schon hinter sich zurückgelassen" hat.[123] Auffälligerweise verrät uns Martini jedoch nur, was die *Puppe* „schon hinter sich zurückgelassen", und nicht, was sie denn möglicherweise 'bereits erreicht' hat. Martinis Befund ist nicht nur symptomatisch für die *Puppe* im besonderen, sondern auch für Loerke und seine Dichtungen im allgemeinen. Der 'unberühmte' Autor Oskar Loerke befindet sich, betrachtet man die germanistische 'Landkarte', im gleichen (Epochen-) Niemandsland, in dem sich auch Friedrich Schedel bewegt und in dem auch der ominöse Koffer mit der eingebildeten Puppe liegt:

> [Schedel] wandte sich nicht in die Straße, sondern überquerte den breiten Damm und blieb gegenüber stehen, wo ein zerrissener Stacheldrahtzaun die Lücke zwischen zwei wüsten Brandmauern verschloß, diesen *Riesentrommelfellen*[124] des Geisterwindes. Unter seinen Füßen rauschte die Untergrundbahn. Ein verborgener *Komet*[125] schälte sich eine heiße Bahn in der Erde. Wie unwahrscheinlich das war – denn seine Augen hafteten auf einem verfluchten *Unlandstücke*[126], das mitten in der Stadt wie in einer mit dem Messer in die gewaltigen, eleganten Häuser eingeschnittene Wunde lag. Kahle Flecken, wie Hunderäude anzusehen, waren von Brennesselwäldern umwuchert, die nach Hundeurin stanken. Wildwachsender Roggen, zu kurz geraten, mancher Halm ganz grün, mancher abgebleicht weiß, war durch den Zaun geschritten und stand davor. Zwischen zusammengewehtem Papier kippte [sic!] eine Unzahl Spatzen, wie in gespenstischen Wellenschnörkeln badend.
> Auf der linken Seite des Feldes, ziemlich weit vorn, lag ein Koffer aus grauem Segeltuch, von den Nesseln halb überschwemmt, mit Regenflecken und Tintenklexen beschmutzt. Seit Schedel hier zum ersten Male vorübergekommen war, hatte er ihn liegen sehen, *die Kajüte eines halb gesunkenen Wracks*[127], ein verwunschenes fensterloses Zwergenhaus mitten im Unort. Winters war er zuweilen von Schneewächten belastet, manchmal sogar unter dem Schnee verschwunden. Niemand rührte den Koffer an, brachte ihn fort.
> In ihm lag all die Zeit die Puppe im gelben Kleide, den Kopf nach unten, die dikken Füße mit den schwarzen Wachstuchschuhen hoch gegen die vordere Schmalwand gestemmt, das abgegriffene Portemonnaie mit den vier Geldscheinen unter ihrem Gesäß. (275f.)

---

[123] Fritz Martini: Einleitung. In: ders. (Hg.): Prosa des Expressionismus, S. 43. Auch Karl Krolow bemerkt in seinem poetologischen Essay *Möglichkeiten und Grenzen der neuen deutschen Naturlyrik*, daß mit Loerke „eine Wendung um 180 Grad" einsetzt: „Die Eliminierung der persönlichen Temperamente, [...] oder doch: ihre Reduzierung, war eins der Ereignisse des Naturgedichts Loerkescher Prägung [...]. *Im Expressionismus hatte sich der Mensch auf eine kühne, unvergeßliche Weise aktiviert. [...]. Seit Loerke nun wird man gegenüber diesem Menschen zurückhaltender [und] indifferenter.*" K.K.: Aspekte zeitgenössischer deutscher Lyrik, Gütersloh 1961, S. 29-53, hier: S. 31.

[124] In Loerkes Manuskript der *Puppe*, die ich im Marbacher Literaturarchiv einsehen konnte, ist noch von „schmutzigen Riesentrommelfellen" die Rede. Das Wort „schmutzigen" ist im MS durchgestrichen.

[125] Im Manuskript ist nach dem Wort „Komet" folgende Zeile durchgestrichen: „Ein verborgener Komet, *Düfte von Parfüm, Früchten, Leder, Tabak in seinem Schweife*, schälte sich [etc.]."

[126] Im Manuskript ist das Wort „Öd-" durchgestrichen und durch „Unlandstück[]" ersetzt worden.

[127] Im Manuskript hieß es ursprünglich: „[...] hatte Schedel ihn liegen sehen, *ein halbgesunkenes Wrack*, ein verwunschener [etc.]." Der Zusatz „die Kajüte" (und die entsprechend korrigierten Flexionen) stammt von Loerkes Hand.

59

In die Rubrik Expressionismus wollen die wildwuchernden „Brennesselwälder[]" nicht recht hineinpassen, für einen Text der Neuen Sachlichkeit ist das exzessiv beschriebene „Unlandstück[]" zu schmuddelig, und für eine (prä-) faschistische Blut- und Bodenideologie, wie sie sich in der revanchistischen Nachkriegsliteratur der Weimarer Republik zu etablieren beginnt, ist der nach „Hundeurin" stinkende Boden denn doch nicht recht geeignet. Es bleiben, so scheint es, nur die Verlegenheitslösungen übrig, Loerkes *Puppe* entweder gar nicht zu verorten (siehe Martini), sie einem ungeklärten und halbherzigen 'Spät-' Expressionismus zuzurechnen, Loerke *en gros* zum 'Naturlyriker' zu erklären (siehe Krolow) oder ihn in den magisch-realistischen 'Papierkorb' zu versenken.

Mit diesen drei (vollständig zitierten) Absätzen und den in ihnen enthaltenen Schilderungen beginnt ein neuer Abschnitt in der deutschen Literatur. Loerkes *Puppe* markiert exemplarisch das Ende des Expressionismus im besonderen und – verallgemeinernd gesagt – das Ende der emphatischen Moderne überhaupt. Mit der paradoxen Beschreibung von a-topischen Topographien ('*Un*landschaften'[128]) beginnt eine 'Epoche', die Michael Scheffel (unter völlig anderen Gesichtspunkten als hier) mit dem Terminus *Magischer Realismus* zu fassen sucht.[129] – Doch zunächst zum Text selbst: Ein „zerrissener Stacheldrahtzaun", so erfahren wir, verschließt „die Lücke zwischen zwei wüsten Brandmauern". Schedels Augen „hafte[]n" also nicht primär an den alltäglichen Gebrauchsgegenständen der Zivilisation („elegante[] Häuser"), sondern sein anatomisch-archäologischer Blick geht im doppelten Sinne *unter die Haut* („eingeschnittene Wunde") und legt dort die vernutzten Objekte und Rudimente frei, die in einem verkommenen 'Zwischen'-Raum („Lücke") bzw. „auf einem verfluchten Unlandstücke" ein „gespenstische[s]" Nachleben führen. Die archaisch anmutende „*Unter*grundbahn", die unter Schedels Füßen „rauscht[]"[130], hat einen deutlichen Beigeschmack von „*Unter*welt" und erinnert deshalb an die anderen Versatzstücke aus Loerkes Gruselkabinett (siehe oben). Dieser Eindruck wird auch dadurch verstärkt, daß die „Untergrundbahn" mit einem „verborgene[n] Komet[en]" verglichen wird, der seine unterirdisch „heiße [Umlauf-] Bahn" durchläuft. Die „Bahn" wird aber auch mit Schedels Gesicht konnotiert:

> Zwei kleine Knaben standen neben [Schedel], die [...] ihre Blicke auf der Bahn der seinen herabrutschen ließen. (276)

Die technizistische, kosmische und humane Sphäre werden in dieser „Bahn"-Metapher kurzgeschlossen und können deshalb im folgenden aufeinander abgebildet werden; die

---

128 In dem Zitat beginnen auffallend viele Wörter mit „Un-" („unwahrscheinlich", „Unlandstück[]", „Unzahl", „Unort") bzw. mit „unter-" („Unter seinen Füßen rauschte die Untergrundbahn", „unter dem Schnee", „Kopf nach unten", „unter ihrem Gesäß").

129 Vgl. Michael Scheffel: Magischer Realismus.

130 Weiter oben wurde ausgeführt, daß „Es" in Loerkes „Unterwelt" beständig „rauscht", „flutet" und „strömt" etc.

Technik ist zwar einerseits un-menschlich, aber das Unmenschliche kann nichtsdestoweniger sein anthropomorphes Gesicht zeigen.

Dieses Wechselverhältnis erinnert an den *Oger*, der sein wahres Gesicht auf der abbrökkelnden „Kirchenstirnwand" (s.o.) offenbart. In der *Puppe* kristallisiert sich in dem Sinne zwar keine vollständige Physiognomie aus den „Flecken" heraus, aber die Ansätze dazu sind gleichwohl vorhanden: Einerseits erinnern die „Kahle[n] Flecken" an Schedels eigenen 'kahlen' Kopf, von dem es heißt: „Schedel bekam [...] mit 35 Jahren einen *Glatzkopf*" (273), d.h. einen *(Toten-) Schädel*. Andererseits werden die „zwei wüsten Brandmauern" mit „Riesentrommelfellen des Geisterwindes" verglichen und auf diese Weise nicht nur anthropomorphisiert, sondern darüber hinaus auch mythisiert („Riesen-", „Geister-"). Diese übermenschlichen Trommelfelle fangen wie eine Äolsharfe die zarten Schwingungen aus dem Geisterreiche ein. Die „Geister" 'verstecken' sich auch im *„verfluchten* Unlandstücke", im *„verwunschene[n]* [...] Zwergenhaus" und in den *„gespenstischen* Wellenschnörkeln".[131] Die „Flecken" haben in der *Puppe* nicht nur eine ähnliche poetologische Funktion wie im *Oger*,[132] sondern sie markieren in beiden Texten auch die Stellen semantischer Ambiguität. Das wird dann besonders deutlich, wenn Schedel zum zweiten Mal zu den Brandmauern geht, um dort die Kinder zu erwarten:

> Aber schon am frühen Morgen des anderen Tages ging er vor dem Drahtzaun zwischen den beiden Brandmauer-Segeln auf und ab. Es regnete. Die Nesselwälder zappelten in der Windfrische. Der Koffer ragte unberührt an seinem alten Fleck. (279f.)

Einerseits weist das „Unlandstück[]" selbst „[k]ahle Flecken" auf, die „wie Hunderäude" anzusehen sind. Durch diesen Vergleich kippt das Vexierbild, das sich ja nur aus unbedeutenden „Flecken" zusammensetzt, in eine semantische Struktur. Die „Hunderäude" bringt aber auch die „verlaufenen Hunde" in Erinnerung, die Schedel „draußen abseits der Stadt [...] streichelte" (273). Die Hunde konnotieren in der *Puppe* jedoch die „Allseele der Kreatur" (273)[133], so daß die „Flecken" spätestens an dieser Stelle mehrfach codiert sind. Andererseits ist der „Koffer", der auf den „Kahle[n] Flecken" des „Unlandstück[s]" liegt, selbst mit „Regen*flecken* und Tinten*klexen* beschmutzt". Der regressus ad infinitum, der sich daraus ergibt, erinnert nicht zufällig an das Prinzip von der Puppe in der Puppe ('Matruschka'), das Loerke möglicherweise gekannt und in seiner *Puppe* beim Wort genommen hat.[134] In dem zuletzt abgedruckten Zitat nun liegt der Koffer immer

---

131   In der *Puppe* gespenstert „Es" an vielen Stellen: „In den bleigrauen Hofgruben standen eiserne Pumpengespenster" (279) und „Die steifbezopften Gespenster verneigten sich vor der goldenen Dame" (ebd.). Last not least ist die „Puppe" selbst ein wesenloses Gespenst (= Hirn*gespinst*).

132   Vgl. oben die Ausführungen zum *Oger* als Vexierbild.

133   Daß es sich dabei möglicherweise um eine Parodie auf Schopenhauer handelt, der seinen Pudel *Weltseele* genannt hatte, ist für meine Zwecke weniger relevant.

134   In der *Puppe* stellt sich das Schachtel-Prinzip wie folgt dar: (Eingebildete) „Puppe" im (leeren) „Koffer" auf einem „verfluchten Unlandstücke" in einer klaffenden „Lücke" auf einer namenlosen „Erde", die nie-

noch „unberührt an seinem *alten Fleck*". Damit wird den „Flecken" noch eine weitere, jetzt mehr alltagssprachlich-metaphorische Bedeutung hinzugefügt. Aber obwohl der Koffer immer noch „an seinem *alten* Fleck" liegt, ist in dem Zitat – liest man es genau – nicht alles beim alten geblieben. Abgesehen davon, daß das schlechthin Vernutzte („Koffer") paradoxerweise „unberührt" und damit gewissermaßen sakrosankt genannt wird,[135] ist im Sprachmaterial selbst einiges durcheinander geraten. Waren die „Brandmauern" im ersten Zitat noch „Riesentrommelfelle", so ist nun von „Brandmauer-Segeln" die Rede. Es scheint, als sei das „graue[] Segeltuch", woraus der Koffer gemacht ist, aus dem ersten Zitat in fragmentierter Form ins zweite gewandert. Die abgekoppelten „Segel" verbinden sich hier rein formal mit der „Brandmauer" zu den besagten „Brandmauer-Segeln". Daß sich daraus auch eine inhaltliche Konsequenz ergibt, liegt auf der Hand: Wie Schedel die Puppe, so projiziert das Textverfahren den Koffer in seine Umwelt hinein, wie er das mit der Puppe auch zu tun pflegt: „Aber schwebte nicht dort die Puppe? Im Himmel." (279) Die „Riesentrommelfelle[] des Geister*windes*" aus dem ersten Zitat sind aber im zweiten dennoch nicht ganz in Vergessenheit geraten: „Die Nesselwälder zappelten in der *Wind*frische", heißt es dort. Nicht genug damit; im zweiten Zitat hat neben der „Segel-" und „Wind"-Metaphorik auch der „Regen" eine entscheidende Veränderung durchgemacht: Im ersten Zitat waren Regen und Wasser nur indirekt in den Regenspuren („Regenflekken") und im „halb gesunkenen Wrack[]" präsent, im zweiten Zitat „regnet[]" es dann tatsächlich. Kombiniert man aber die Regen- mit der Schiffsmetaphorik, dann führt die Spur vom Koffer zur Arche Noah und zur Sintflut. Und in der Tat erscheint es plausibel, das halb gesunkene und „fensterlose[]" Koffer-Wrack als eine Kontrafaktur auf das 1. Buch Mose zu lesen:

> Mache dir einen Kasten von Tannenholz und mache Kammern darin und verpiche ihn mit Pech innen und außen. (1. Mose 6, 14)

> Ein Fenster sollst du daran machen obenan, eine Elle groß. (1. Mose 6, 16)[136]

In der *Puppe*, das zeigen die obigen Beispiele deutlich, ist im Sprachmaterial selbst ‘etwas’ außer Kontrolle geraten. Es hat deshalb den Anschein, als sei das anarchische Prinzip, das der „[w]ildwachsende[] Roggen" verkörpert, wenn er unkontrolliert „durch den Zaun geschritten" kommt, das poetologische Prinzip des Sprachmaterials selbst, das ja

---

mandem gehört (vgl. den Beginn der *Puppe*: „Die Erde gehört niemand. [...] Ein dunkler Ball schwebt umdampft: Erde nennen wir ihn, doch er heißt nicht." S. 272)

135 Schedel „fleht[]" auch die Kinder in einem fast schon gebetsartigen Sinne an, den Koffer nicht zu „berühren": „Rasch bat, ja flehte er, die Kinder möchten den Koffer nicht berühren und weitergehen." (276)

136 Durch dieses Fenster läßt Noah nach vierzig Tagen zuerst einen Raben und dann nach weiteren sieben Tagen eine Taube (= Symbol des heiligen Geistes) ausfliegen (vgl. 1. Mose 8, 6-12). Schedels „heiliger Geist", der „störrisch" (273) geworden ist, hat mit seiner „fensterlose[n]" Monade zwar jeder Hoffnung entsagt, aber dennoch wird der „Unort" von Vögeln besucht: „Zwischen zusammengewehtem Papier kippte eine Unzahl Spatzen [...]." (275)

ebenfalls die semipermeablen Absperrungen der Abschnitte partiell 'durchschreiten' kann.

In der Beschreibung des „[w]ildwachsende[n] Roggen[s]" häufen sich die sprachlichen Auffälligkeiten. Ein betont kurzatmiger Satzverlauf, der durch vier Kommata unterbrochen wird, verbindet sich mit den zahlreichen Alliterationen und Assonanzen zu einem dicht gewirkten Textgewebe von sinnfälliger Prägnanz: „Wildwachsender Roggen, zu kurz geraten, mancher Halm ganz grün, mancher abgebleicht weiß, war durch den Zaun geschritten und stand davor." Das vergilbte Papier, das die „abgebleicht[en] weiß[en]" Halme konnotieren, wird im darauffolgenden Satz als „zusammengewehte[s] Papier" explizit denotiert; und spätestens bei den „gespenstischen Wellenschnörkeln", die gleichzeitig an Wasser („Wellen") und an handschriftliche Ornamentierungen („Schnörkel") denken lassen, wird dem Leser evident, daß der „Unort" eine 'Schedelstätte'[137] (= Golgatha) abgesunkener Schriftlichkeit ist. Dieser Schriftlichkeitsaspekt wird im nächsten Absatz dann noch weiter expliziert. Der Koffer wird mit Textilien[138] („Segeltuch") und Textspuren („Tintenklexen") in Verbindung gebracht, so daß er viel eher einer von abstrakten 'Flecken' und 'Klexen' „beschmutzt[en]" Bilder-Leinwand[139] als einem Reiseutensil gleicht. Möglicherweise experimentiert Loerke in der *Puppe* (sowie im *Oger*) auch mit Verfahren, die Justinus Kerner in seinen „Klecksographien" entwickelt hat.[140]

Schriftlichkeit und Textualität sind aber nicht nur für den „Unort" konstitutiv, sondern sie bilden darüberhinaus auch das geheime Zentrum der gesamten Erzählung. Friedrich Schedel, der „Dichter ohne Buch und Vers", arbeitet zwar in der „Schreibstube" einer „kleinen Berliner Redaktion", er produziert dort aber keine eigenen Texte; vielmehr ist er

---

[137] Der Name Friedrich Schedel ist möglicherweise eine Allusion auf Hartmann Schedel. Der Arzt und Humanist Hartmann Schedel (1440-1514) war ein Sammler von Büchern, die er zum Teil selbst abschrieb und illustrierte. Berühmt wurde er v.a. durch seine (aus humanistischen Geschichtswerken kompilierte) *Weltchronik*, die 1493 in Nürnberg erschienen ist. Friedrich Schedel, der „Dichter ohne Buch und Vers" (S. 273) ist gewissermaßen das unproduktive Gegenbild zu Hartmann Schedel.

[138] Von Textilien und Stoffen („Segeltuch", „Wachstuch", „Drillich") ist in der *Puppe* auffallend häufig die Rede: „[Schedel] sammelte [...] in seinem Kleiderschranke die Mottenfäden ab und zerrieb die morschen Fasern des Stoffes zwischen seinen Fingern" (273). Auch die „Spinnennetz[e]" und die „polypenartige[n] Algen" (278) konnotieren im weitesten Sinne 'Gewebe'.

[139] Segeltuch und Leinwand bestehen übrigens aus dem selben Material. Vielleicht ist es also kein Zufall, daß Schedel den ominösen Koffer mit „Segeltuch" in Verbindung bringt.

[140] Vgl. Justinus Kerner: Klecksographien. In: ders.: Ausgewählte Werke, hg. von Gunter Grimm, Stuttgart 1981, S. 365-433. Es mag Zufall sein, daß auch Kerner mit seinen Klecksographien v.a. „Hadesbilder" produziert hat (vgl. Loerkes „Unterwelt"). In seiner Vorrede schreibt Kerner: „Bemerkenswert ist, daß solche [Dintenkleckse] sehr oft den Typus längst vergangener Zeiten aus der Kindheit alter Völker tragen, wie zum Beispiel Götzenbilder, Urnen, Mumien usw. Das Menschenbild wie das Tierbild tritt da in den verschiedensten Gestalten aus diesen Klecksen hervor, besonders sehr häufig das Gerippe des Menschen. [...] Es kamen [die] Hadesbilder nicht durch meinen Willen [...] hervor [...], sondern sie kamen [...] allein durch Dintenkleckse zutage [...]." J.K.: Klecksographien, S. 370. Das Motiv der Puppe spielt in Kerners Klecksographien übrigens auch eine wichtige Rolle, vgl. ebd., S. 380, 385 und 398.

nur „ein Chirurg an anderer Leute Gedanken" (273), der die Hoffnung auf die eigene Produktivität längst am „Unort" begraben hat.

> Hätte er gesprochen und geschrieben, so wäre sein heiliger Geist nicht hungrig und störrisch geworden. (273)

Das subkutane „Unlandstück[]", das unter der glänzenden Stadt-Oberfläche „wie in einer mit dem Messer in die [...] eleganten Häuser eingeschnittene Wunde lag", hat der „Chirurg" Schedel gleichsam selbst hervorgebracht bzw. freigelegt. In diesem melancholisch-resignativen Sinne kann Schedel durchaus 'produktiv' genannt werden:

> Das haltlose Leid in ihm war irgendwie die Ursache der Gegenstände ringsumher, ohne dieses Leid wären sie nicht so sicher sie selbst gewesen. (280)

In einem übertragenen Sinne handelt es sich deshalb bei dem „verfluchten Unlandstück[]" im allgemeinen und dem mit „Tintenklexen" beschmutzten „Koffer" im besonderen um einen *Text*, der gelesen und vor allem interpretiert werden muß. Schedel hat ein bemerkenswertes Talent darin entwickelt, dem alten „Koffer", der wie ein isoliertes und aus dem Zusammenhang gerissenes Lexem auf einer durcheinander geratenen (Text-) Fläche liegt, einen „Inhalt" (im doppelten Sinne des Wortes) anzudichten:

> Mit halben Gedanken hatte [Schedel] dem Koffer seit dem ersten Vorüberschreiten einen Inhalt zugefabelt. Bald war es eine Tabakspfeife gewesen, bald eine steife mürbe Drillichjacke, durch deren Schluchten und Schlünde Ameisen rannten, bald ein spitzer staubiger Strohhut, wie man ihn den Omnibuspferden gegen die Hitze aufsetzt, bald eine vertrocknete Scheibe Pumpernickel in Staniol, bald ein zerschlissener Muff. Zuletzt hatte sich in ihm die Vorstellung festgesetzt, es müsse eine Puppe sein. Er sah sie auf dem Rücken liegen, ein Zeitungsblatt bedeckte ihre immer lachenden Porzellanpausbacken und ihre immer offenen Augen, welche vor den allzunahen, übermäßig vergrößerten Buchstaben vielleicht schielten. (278f.)

Dem Koffer wird von Schedel ein *rhetorischer Katalog*[141] „zugefabelt", der das leere Zentrum des 'magischen' Koffer-Inhaltes 'realistisch' um-schreibt. Spätestens an dieser Stelle entpuppt sich die ruderale 'Schedelstätte' als eine Projektionsfläche für moderne Textverfahren, die dem „Unort" sozusagen eingeschrieben werden. Das tertium comparationis der aufgelisteten Dinge („Tabakspfeife", „Drillichjacke", „Strohhut" etc.) ist jedoch derart vage, daß man es nur ganz allgemein in Schedels „Phantasterei" lokalisieren kann; eine inhaltslogisch motivierte Verbindung von „eine[r] vertrocknete[n] Scheibe Pumpernickel in Staniol" zu einem „zerschlissene[n] Muff" sucht man als Leser vergebens. Schedels Wahnsinn hat vielleicht Methode, aber die Regel seiner Methode ist undurchschaubar. Wenn auch die Beziehung der Dinge untereinander rätselhaft bleibt, so wird in dem obigen Zitat gleichwohl deutlich, daß es sich bei der „Puppe" um das alter

---

[141] Zur Terminologie vgl. Baßler et al.: Historismus und literarische Moderne, Tübingen 1996, S. 134: „Ein Katalog ist die tendenziell vollständige Anordnung aller Lexeme eines gegebenen Paradigmas im Syntagma schlichter Reihung und damit wohl die einfachste Textur überhaupt."

ego Friedrich Schedels handelt. Nicht umsonst spielt das Motiv des „Doppelgänger[s]"[142] und des „Spiegelbild[s]" in der *Puppe* eine wichtige Rolle:

> Zerstreut sah [Schedel] auf sein Spiegelbild im Coupéfenster. Aber schwebte nicht dort die Puppe? Im Himmel. (279)

Die Puppe, die in ihrem Koffer auf dem „Rücken" wie in einem Sarg liegt, erinnert mit ihrem „Zeitungsblatt" und den „übermäßig vergrößerten Buchstaben"[143] vor den Augen an einen Redakteur in seiner engen Schreibstube. Und im gleichen Maße wie die Puppe in ihrer totenstarren Haltung die Figur einer immerzu Lesenden verkörpert, zeigt auch Schedels gesamte Körper-Sprache die Merkmale einer Lese-Puppe:

> [Schedel] gab seinem Körper eine lose Haltung, rief alle rebellische Wallung aus Fingern, Armen, Beinen und Rumpf ab, schlug gemächlich, etwas schwer, mit den Augenlidern, *wie man ohne Hast ausgelesene Buchseiten umblättert.* (280)

Noch ein weiteres Indiz spricht dafür, daß Schedel in der Puppe sein alter ego wiederfindet: Von der Puppe heißt es, sie trage ein „abgegriffene[s] Portemonnaie [...] unter ihrem Gesäß" (276); auffälligerweise „umklammert[]" auch Schedel am Schluß der Erzählung „sein unförmiges Portemonnaie" (281) mit der Hand, so daß ein direkter pekuniärer Zusammenhang zwischen Puppe und Schedel hergestellt wird. Es läßt sich sogar die These vertreten, daß es sich bei Schedel und der Puppe um zwei „Halbgestalten"[144] (s.o.) handelt, die nur im dialektischen Bezug aufeinander ein Ganzes bilden. Schedel spiegelt sich in der Puppe, die er zuvor in den „Unort" hineinprojiziert hat, und die Puppe spiegelt sich ihrerseits in den Textverfahren, die von Schedels „Phantasterei" freigesetzt werden. Die Spiegelachse des Chiasmus wird dabei vom „Stacheldrahtzaun" exakt definiert:

> Vor die Entscheidung des Wortes gestellt, rief er seine Phantasterei ängstlich über den Stacheldrahtzaun zurück. (276)[145]

---

142 „[Schedel] war, als säße er selbst sich gegenüber und als hätte der mächtigere Doppelgänger unsanft nach seinen Armen gegriffen und ihn geschüttelt." (274)

143 Solche „übermäßig vergrößerten Buchstaben" sieht auch Schedel auf seinen Streifzügen: „Die Gitter um die Villen blitzten wie Feuermuster, nur Idee, überall durchschreitbar, Buchstaben, Zirkel eines Gotteswortes, sichtbar gewordene Rufe." (273) Auf die Bedeutung der Schrift-Metaphorik in den Gedichten wurde oben bereits hingewiesen.

144 Schedel und die Puppe sind unvollständig im Sinne des Humanismus. Die Puppe ist per se nur ein Abbild des Menschen, und Schedel ist mehr Tier als Mensch: „[Schedels] angeborene[n] Stummheit wuchs endlich eine *Tier- und eine Nymphenstimme."* (273) „[Schedel] *galoppierte."* (281) „[Schedel] [...] sprang in die Luft *wie ein getroffener Hase"* (281).

145 Dieses Zitat belegt, daß Schedels Phantastereien immer dann 'abrufbar' sind, wenn sie „vor die Entscheidung des Wortes gestellt" werden. Die Phantastereien werden in Katalog-Form abgerufen und sind prinzipiell unabschließbar. Die „Entscheidung des Wortes" bezeichnet dabei die Auswahl möglicher Lexeme auf der paradigmatischen Achse („Tabakspfeife", „Drillichjacke" etc.) im Syntagma der aufzählenden Reihung.

Überträgt man diesen Befund auf die von Kerner entwickelten „Klecksographien", dann bezeichnet der „Stacheldrahtzaun" den „Falz[]", der die „Doppelbildung" gleichzeitig trennt und verbindet:

> Dintenkleckse [...], die auf der Seite des Falzes [...] eines zusammengelegten Papiers gemacht werden, geben [...] kraft ihrer Doppelbildung, die sie durch ihr Zerfließen und Abdruck auf dem reinen Raume der anderen Seite der Linie erhalten, der Phantasie Spielraum lassende Gebilde der verschiedensten Art.[146]

Der sakrosankte „reine[] Raum[] der anderen Seite der Linie" erscheint auf Schedels „Unlandstück[]" zwar von Flecken und Klexen „beschmutzt", aber ohne diese 'Verunreinigungen' gäbe es keinen „Abdruck" auf der anderen Seite und damit auch keine Gegenstände. Im Sinne Kerners ist der „Unort" deshalb ein „Spielraum", auf dem sich Schedels Phantastereien ausbreiten und distrahieren können. Dieser Prozeß des Auseinanderlegens und Ausfaltens bezeichnet ein Lesen im ursprünglichen Sinne des Wortes (legere).[147] Entscheidend ist jedoch, daß in der *Puppe* nicht primär funktional-pragmatische Codes des menschlichen Alltags, sondern vielmehr *Botschaften des Regens* (um mit Günter Eich zu sprechen) gelesen bzw. imaginiert werden. So wie im *Oger* „ein paar tausend Regen-, Wind- und Sonnentage[]" eine Botschaft in die „Kalkschicht" geschrieben haben, die Johann als „Fratze"[148] liest, so haben auch in der *Puppe* die ungeplanten „Regenflecken" und „Tintenklexe[]" eine unverständliche Botschaft auf dem „Koffer" hinterlassen, die Schedel als „Puppe" liest.[149] Der disfunktionalisierte und entpragmatisierte Koffer ist aber seinerseits nur eine rudimentäre Hinterlassenschaft, die mit den typischen Attributen von Loerkes „Halbgestalten" ausgestattet ist:

> Auf der linken Seite des Feldes [...] lag ein Koffer aus grauem Segeltuch, von den Nesseln halb überschwemmt [...]. (275)

Wäre der Koffer „von den Nesseln" *gar nicht* „überschwemmt" (um im Bilde zu bleiben), dann wäre der Koffer eben nur ein gewöhnlicher Koffer und nicht weiter interessant; wäre er hingegen „von den Nesseln" *vollständig* „überschwemmt", dann könnte er von Schedel nicht gefunden werden und wäre deshalb ebenfalls nicht weiter von Belang. Nur der *halbgestaltete* bzw. „halb überschwemmt[e]" Koffer ist interessant, weil er mit der einen Hälfte (sozusagen mit seiner Nesselhälfte) schon ins Vergessen ragt und mit der

146 Justinus Kerner: Klecksographien, S. 370.

147 Genau in diesem Sinne wird dem kleinen Johann von einem „Lumpensammler" das Lesen beigebracht. Vgl. Oskar Loerke: Der Oger, S. 201.

148 Vgl. Kap. I, Anm. 87.

149 Wenn Schedel den „Koffer" als „Puppe" (Larve) liest, dann ist das (auch) eschatologisch zu deuten: Die Puppe liegt in ihrem Koffer wie das Jesuskind in seiner – allerdings hermetisch verschlossenen – Krippe. Die 'Auferstehung' des Erlösers (d.h. die Öffnung des Koffers bzw. das Schlüpfen der Larve) wird von Schedel aber immer wieder *verschoben*; sie vollzieht sich, wenn überhaupt, dann nur in seiner solipsistischen Phantasie: „Aber schwebte nicht dort die Puppe? Im Himmel." (279)

anderen, freien und unentstellten Hälfte noch von seiner ursprünglichen Zweckbestimmung Kunde gibt. Der Koffer ist deshalb gleichzeitig mehr und weniger als ein gewöhnlicher Koffer; er ist mehr, weil die ins Vergessen hineinragende Nesselhälfte von Schedel mit einer neuer Bedeutung 'besetzt' werden kann, und er ist weniger, weil seine 'herausragende' Hälfte unbrauchbar geworden ist. Aber nicht nur der Koffer selbst, sondern auch Schedels „Gedanken" über den Koffer bzw. dessen Inhalt sind nur „halb". Auch hier sollen zur Erinnerung nochmals zwei schon bekannte Sätze zitiert werden:

> [Schedel] [...] hatte [den Koffer] liegen sehen, die Kajüte eines <u>halb</u> gesunkenen Wracks [...]. (275)

> Mit <u>halben</u> Gedanken hatte [Schedel] dem Koffer seit dem ersten Vorüberschreiten einen Inhalt zugefabelt. (278)

Der 'halbe' Koffer und Schedels 'halbe' Gedanken kommen sich sozusagen auf 'halbem' Wege entgegen und führen in ein denotatives Niemandsland, das nie vollständig erschlossen, sondern immer nur umgangen werden kann. Dieses Problem wurde oben bereits angedeutet und soll im nächsten Absatz genauer untersucht werden.

Nicht nur die *Botschaften des Regens* auf dem *Segeltuch* des Koffers lassen an Texte von Günter Eich denken;[150] in der *Puppe* wird darüber hinaus eine religiöse Thematik präfiguriert, die dann später im Werk von Eich in extenso ausgetragen wird. Es handelt sich um das dialektische Wechselspiel von Anarchie und Transzendenz, Auflehnung und Ergebung, Rebellion und Resignation.[151] Dieses Problem ist in der *Puppe* eher versteckt vorhanden und erschließt sich nur einer genauen und wörtlichen Lektüre. Im Zusammenhang mit dieser religiösen Thematik ist es auch zu sehen, daß in der *Puppe* auffällig häufig vom Gehen und Umgehen die Rede ist:

> Seit Schedel hier [am „Unort", B.S.] zum ersten Male <u>vorübergekommen</u> war, hatte er [den Koffer] liegen sehen [...]. (275)

> Mit halben Gedanken hatte er dem Koffer seit dem ersten <u>Vorüberschreiten</u> einen Inhalt zugefabelt. (278)

> Aber schon am frühen Morgen des anderen Tages <u>ging er *vor* dem Drahtzaun</u> zwischen den beiden Brandmauer-Segeln <u>auf und ab</u>. (279)

---

150 Günter Eich hat nicht nur die *Botschaften des Regens* geschrieben, es gibt auch ein Gedicht von ihm, das mit den Worten „Zum Beispiel *Segeltuch*" beginnt. Vgl. Günter Eich: Zum Beispiel. In: ders.: Gesammelte Werke Bd. 1, S. 136.

151 Zum Anarchischen bei Eich vgl. Peter Horst Neumann: Die Rettung der Poesie im Unsinn. Der Anarchist Günter Eich, Stuttgart 1981.

Im Gegensatz zu Schedels resignativ-ausweichendem „Vorüberschreiten", das als rituelles Umgehen (des sakralen Bezirks bzw. geheiligten Ortes[152]) einer melancholischen circum-ambulatio in Labyrinthenbahnen gleicht, verkörpern die (unschuldigen) Kinder und der (wildwachsende) Roggen das gegenteilige Prinzip. Die Kinder dringen (aggressiv) in den heiligen „Unort" ein, und der Roggen 'schreitet' wild-anarchisch aus ihm heraus:

> Die Knaben [...] schickten sich an, über die Stacheln zu klettern. (276)

> Die Knaben waren über den Zaun gesprungen und wateten durch die Nesseln. (280)

> Wildwachsender Roggen [...] war durch den Zaun geschritten und stand davor. (275)

Schedel bleibt trotz (oder gerade *wegen*) seiner 'Frömmigkeit' ein Gefangener seiner hermetisch verschlossenen Welt; der 'Sprung' ist ihm nicht vergönnt. Das metaphysische Prinzip der Transzendenz (transcendere = hinübersteigen, hinüberschreiten) wird von Loerke beim Wort genommen und paradoxerweise an die Kinder bzw. den Roggen und nicht an Schedels „heilige[n] Geist" (273)[153] delegiert. Die Transzendenz wird aber nicht nur beim Wort genommen und in anschauliche Bilder (vom 'Überklettern', 'Übersteigen' und 'Durchschreiten') transformiert, sondern auch ihrerseits noch ein weiteres Mal ins 'Buchstäbliche' gewendet und auf diese Weise „sichtbar" gemacht:

> Die Gitter um die Villen blitzten wie Feuermuster, nur Idee, überall durchschreitbar, Buchstaben, Zirkel eines Gotteswortes, sichtbar gewordene Rufe. (273)

Loerkes Bitte, „ihn doch ja wörtlich zu lesen"[154], ist – von wenigen Ausnahmen abgesehen – bis heute leider ungehört geblieben. Die obigen Ausführungen können vielleicht dazu anregen, sich neu und vorbehaltlos (und vor allem akribisch-genau) mit dem schwierigen Autor Oskar Loerke auseinanderzusetzen.

6.   Loerke und der Magische Realismus – Ein Resümee

In den obigen Kapiteln konnte gezeigt werden, daß Oskar Loerke einer der wichtigsten (und frühesten) Vertreter des Magischen Realismus ist. Loerkes Sprache der wuchernden

---

152   Im Sinne Claude Lévi-Strauss' ist Schedel einem Denken verfallen, „das wir das primitive nennen [...]. 'Alles Geheiligte hat seinen Ort', sagte ein Eingeborenendenker. Man könnte sogar sagen, daß erst dadurch etwas geheiligt ist, daß es seinen Ort hat [...]." C.L.-S.: Das wilde Denken, Frankfurt/M. 1973, S. 21. Vgl. auch Aleida Assmann: Das Gedächtnis der Orte. In: DVjS 68.1994 (Sonderheft), S. 17-35, v.a. das 1. Kapitel *Heilige Orte und sakrale Landschaften* (S. 20-22).

153   Schedel verkörpert die närrische Kontrafaktur des Erlösers. Die messianischen Implikationen werden in der Erzählung deutlich exponiert. So wird bereits im zweiten Satz der *Puppe* mit den „Silberlingen" (272) Judas Iskariots Verrat an Jesus konnotiert.

154   Reinhard Tgahrt: Vor Loerkes Gedichten, S. 17. Tgahrt paraphrasiert hier poetologische Äußerungen Loerkes aus den unveröffentlichten Briefen, die im Marbacher Literaturarchiv einzusehen sind.

Schwermut bringt U-Topoi bzw. Un-Wesenheiten („Unraum", „Grenzland", „Flecken", „Halbgestalten" etc.) hervor, die einen Zwischen-Raum bzw. ein Interim markieren und die deshalb immer auch einen 'magischen' Hintersinn haben. Dieser magische Hintersinn bleibt allerdings durchweg an reale Ausgangsmodi gebunden: Loerkes Texte sind weder phantastisch noch texturiert, sondern eher distrahiert. In der Distraktionsbewegung wird *Zeit* einerseits ausgefaltet, andererseits stillgestellt. Die Ruderalfläche (das verfluchte Unlandstück am Rande von Berlin aus Loerkes *Puppe*) bringt die *'magischen'* Aspekte des 'Zeit-Raums' in idealer Weise auf den Punkt bzw. auf eine *'realistische'* Topographie. Der Magische Realismus kommt in der Beschreibung von Ruderalfläche zu sich selbst.

Die Affinität des Magischen Realismus zur Ruderalfläche, die im Falle Loerkes in nuce nachzuvollziehen war (strukturelle Analogie zwischen den mythischen „Unorten" der Gedichte und dem Brachland in der *Puppe*), wird sich, wie die nachfolgenden (und eher großflächig angelegten) Kapitel zeigen werden, als spezifisch für die gesamte Literatur des Magischen Realismus erweisen, und schließlich werden die Ruderalfläche als Motiv *und* das magisch-realistische Verfahren auch in den Texten der sogenannten „Trümmerliteratur" und der Literatur der (ehemaligen) DDR wiederzufinden sein.

7. Verfluchte „Unlandstücke" und gleißende „Gleisdreiecke" – Magischer Realismus versus Neue Sachlichkeit

Um Mißverständnissen vorzubeugen: Dieses Kapitel will keinen eigenständigen Beitrag zur Theorie der Neuen Sachlichkeit liefern.[155] Vielmehr sollen hier anhand eines genuin neusachlichen Textes – es handelt sich um Joseph Roths journalistischen Text *Bekenntnis zum Gleisdreieck* – die Unterschiede und Gemeinsamkeiten zum parallel verlaufenden Magischen Realismus *exemplarisch* verdeutlicht werden.[156] Inhaltlich und stilistisch divergierende, aber zeitlich eng benachbarte Texte wie Loerkes *Puppe* (1919) und Roths *Bekenntnis* (1924) werden im folgenden sozusagen 'nebeneinandergelegt' bzw. 'übereinandergeblendet'. Die Differenzkriterien (für Magischen Realismus und Neue Sachlichkeit) werden nicht theoretisch hergeleitet, sondern eng am Text entwickelt.

---

[155] Im Gegensatz zum Magischen Realismus ist die Neue Sachlichkeit in der Forschung recht gut aufgearbeitet worden. In meinen Ausführungen beziehe ich mich vor allem auf den instruktiven Aufsatz von Carl Wege: Gleisdreieck, Tank und Motor. Figuren und Denkfiguren aus der Technosphäre der Neuen Sachlichkeit. In: DVjS 68.1994, S. 307-332. Diesem Aufsatz verdanke ich auch den Hinweis auf Roths *Bekenntnis zum Gleisdreieck*.

[156] Michael Scheffel (Magischer Realismus etc.) und Doris Kirchner (Doppelbödige Wirklichkeit. Magischer Realismus und nicht-faschistische Literatur, Tübingen 1993) kommen nicht auf die eigentlich naheliegende Idee, den Magischen Realismus von der Neuen Sachlichkeit her zu beleuchten. Die Arbeit von Kirchner ist in jeder Hinsicht indiskutabel – sie fällt hinter den Stand der Forschung (Scheffel) zurück – und wird deshalb in dieser Untersuchung nicht weiter erwähnt.

Joseph Roths *Bekenntnis zum Gleisdreieck* scheint auf den ersten Blick in der Tat ein affirmatives 'Bekenntnis' zur transhumanen „Technosphäre" zu artikulieren.[157] Eine genauere Lektüre zeigt jedoch, daß es sich hier um ein prekäres Bekenntnis handelt, dem seine Reversion (und kritische Revision) implizit eingeschrieben ist. (Diese These wird weiter unten genauer ausgeführt.) Umgekehrt dazu scheint Loerkes *Puppe* eine Art melancholisches 'Bekenntnis zum verfluchten Unlandstück' zu sein. Im gleichen Maße, wie dem zentralen und gleißenden „Gleisdreieck" sein 'stillgelegtes' Pendant eingeschrieben ist, ist auch dem peripheren und verkommen „Unort" aus der *Puppe* sein 'sauberes' Gegenbild („elegante[] Häuser", „Villen", „Gärten") kontrastiv gegenübergestellt. Insbesondere an *einer* Stelle der *Puppe* wird schlaglichtartig deutlich, daß es sich bei dem 'schmutzigen' Unlandstück gleichsam nur um die 'andere Seite' des typisch neusachlichen Hygiene-Diskurses handelt: Unmittelbar bevor Schedel den „breiten Damm" überquert, „wo ein zerrissener Stacheldrahtzaun die Lücke zwischen zwei wüsten Brandmauern verschloß" (275), verläßt er das Lokal, in dem er mittags zu essen pflegt. Beim Hinausgehen fällt sein Blick auf ein Reklameschild:

> „Putzt mit Siriol" las er über seiner Hand an der Türe des Lokals.
> Er wandte sich nicht in die Straße, sondern überquerte den breiten Damm [usw.].
> (275)

Hier hat man den Unterschied zwischen Neuer Sachlichkeit und Magischem Realismus in nuce und in direkter Gegenüberstellung. Das Putzmittel „Siriol" wird hier scheinbar beiläufig zum aseptischen Kontrastmittel für die nach „Hundeurin" stinkenden „Flecken" und den von „Klexen" „beschmutzt[en]" Koffer. Natürlich gilt auch der umgekehrte Befund: Der verkommene Un-Ort dient als Negativ-Folie für die intakte Welt der Sauberkeit. In Anlehnung an das oben entwickelte Loerke-Bild könnte man auch sagen, daß sich der Hygiene-Diskurs (= Neue Sachlichkeit) im Schmutz (= Magischer Realismus) spiegelt et vice versa.[158]

Im Unterschied zu Loerke, der in der *Puppe* die peripheren Randbezirke Berlins in den Vordergrund rückt, stilisiert Roth das *Gleisdreieck* zum zentralen Knotenpunkt der Hauptstadt. Das *Bekenntnis* beginnt mit den Worten:

---

157 Diese Meinung, der ich mich ganz dezidiert *nicht* anschließen möchte, vertritt Carl Wege. Wege liest die Texte der Neuen Sachlichkeit sehr 'gläubig' und bemerkt deshalb nicht, daß die explizite Rhetorik und die impliziten Verfahren der Texte häufig divergieren. So kommt er zu dem Ergebnis: „Roth und andere Exponenten der Neuen Sachlichkeit betrachten die technischen Konstrukte [...] als Träger einer neuen Metaphysik. [...]. Durch seine metaphysische Dimension unterscheidet sich der Diskurs der Literaten grundlegend von dem der Ingenieure und Maschinenbauer." (S. 322) Woher weiß Wege so genau, daß der „Diskurs der Literaten" metaphysisch ist, der der „Ingenieure und Maschinenbauer" aber nicht?

158 Es handelt sich zugegebenermaßen um eine grobe Vereinfachung, wenn ich hier und im folgenden die Neue Sachlichkeit mit 'Sauberkeit' und den Magischen Realismus mit 'Schmutz' konnotiere. Eine solche simplifizierende Schematisierung bietet aber andererseits den Vorteil, Texte typologisch auffächern zu können.

70

Ich bekenne mich zum Gleisdreieck. Es ist ein Sinnbild und ein Anfangs-Brennpunkt eines Lebenskreises und phantastisches Produkt einer Zukunft verheißenden Gewalt. Es ist *Mittelpunkt*. Alle vitalen Energien des Umkreises haben hier Ursprung und Mündung zugleich, wie das Herz Ausgang und Ziel des Blutstromes ist, der durch die Adern des Körpers rauscht.[159]

Dieses „Zukunft verheißende[]" und „vitale[]" Gleisdreieck scheint in allem das genaue Gegenbild zum 'konservierenden' und „verfluchten" Unlandstück zu sein.[160] Gleichwohl handelt es sich beim Gleisdreieck um eine Ruderalfläche mit umgekehrten Vorzeichen; wenn man so will: um einen Trümmerplatz in spe:

> Landschaft! – was enthält der Begriff? Wiese, Wald, Halm und Ähre. „Eiserne Land-schaft" ist vielleicht das Wort, das den Tummelplätzen der Maschinen gerecht wird.[161]

Nach der imperativen Anrufung der „Landschaft!" droht der Text für einen kurzen und unkontrollierten Moment in einen parataktischen Wald- und Wiesenkatalog abzugleiten. Die „Halme", die auf Schedels Unlandstück allerdings „abgebleicht weiß" sind, melden sich in Roths *Bekenntnis* auch zu Wort. Mit der Formulierung „Eiserne Landschaft" nimmt sich das 'bekennende' Ich wieder in die neusachliche Disziplin. Dennoch sind die „Tummelplätze der Maschinen" von der Wald- und Wiesensprache gewissermaßen ange-steckt und nachhaltig kontaminiert worden: Dieser ruderale Aspekt, der 'eisernen' Landschaft immer schon antizipatorisch zur Seite gestellt ist, kommt gegen Ende von Roths *Bekenntnis* dann voll zum 'Erblühen':

> Schienen gleiten schimmernd – langgezogene Bindestriche zwischen Land und Land. In ihren Molekülen hämmern die Klangwellen fern rollender Räder, an den Wegrän-dern sprießen Wächter in die Höhe, und Signale erblühen grün und leuchtend.[162]

Hier wird evident, daß dem 'schimmernden' Gleisdreieck seine disfunktionalisierende „grün[e]" Verunkrautung metaphorisch eingeschrieben ist: An den (ex-zentrischen!) „Wegrändern" „sprieß[t]" und „[]blüh[t]" ES bereits munter vor sich hin. Die Wald- und Wiesensprache hat sich das durchrationalisierte Terrain des Gleisdreiecks zurückerobert.

---

159 Joseph Roth: Bekenntnis zum Gleisdreieck. In: ders.: Werke 2 (Das journalistische Werk 1924-1928), hg. von Klaus Westermann, Köln/Amsterdam 1990, S. 218-221, hier: S. 218 (kursiv im Text).

160 Man könnte Loerkes *Puppe* in nahezu jeder Hinsicht als Reversion zu Roths *Bekenntnis* auffassen und ihre gegenläufigen Implikationen auf einer Spiegelachse wie folgt verzeichnen: 'Peripherie' (*Puppe*) versus 'Zentrum' (*Bekenntnis*), amorphe Flecken (*Puppe*) versus Geometrie (*Bekenntnis*) etc. Mit einer ähnlichen Typologie ('Wärme' vs. 'Kälte' etc.) hat Helmut Lethen die literarischen Texte der 20er Jahre zu klassifi-zieren versucht. Vgl. H.L.: Neue Sachlichkeit 1924-1932. Studien zur Literatur des weißen Sozialismus, Stuttgart 1970. Vgl. vom selben Autor: Verhaltenslehren der Kälte. Lebenswege zwischen den Kriegen, Frankfurt/M. 1994.

161 Joseph Roth: Bekenntnis zum Gleisdreieck, S. 219.

162 Joseph Roth: Bekenntnis zum Gleisdreieck, S. 220.

Am Schluß von Roths *Bekenntnis* wird die Verunkrautung dann ganz unmetaphorisch evoziert und der „eiserne[n] Maske" unversöhnlich-kontrastiv gegenübergestellt:

> Schüchtern und verstaubt werden die zukünftigen Gräser zwischen metallenen Schwellen blühen. Die „Landschaft" bekommt eine eiserne Maske.[163]

Diese extreme Ambivalenz – einerseits „erbarmungslose Regelmäßigkeit" und „eiserne[] Konstruktion", andererseits „Stillstand", „Schwäche" und „Erschlaffen" – kommt im nachfolgendem Zitat überdeutlich-plakativ zum Ausdruck:

> So ist das Reich des neuen Lebens, dessen Gesetze kein Zufall stört [...], dessen Gang erbarmungslose Regelmäßigkeit ist, [...] nüchtern, aber nicht kalt [...]. Denn nur der Stillstand erzeugt Kälte, die Bewegung aber [...] schafft immer Wärme. Die Schwäche des Lebendigen, der dem erschlaffenden Fleisch nachgeben muß, ist kein Beweis für seine Lebendigkeit – und die konstante Stärke der eisernen Konstruktion, deren Materie kein Erschlaffen kennt, kein Beweis für Totsein.[164]

Im 'nüchternen' „Reich des neu[sachlich]en Lebens" sind kontingente *Botschaften des Regens* weder geduldet, noch zu übermitteln, da der „Zufall" als 'Störfaktor' hier systematisch ausgeschaltet wurde. Der „Stillstand", der im Text lautstark perhorresziert wird, wird gleichwohl insgeheim herbeigesehnt:

> Man müßte die gesteigerte und ideale Wirklichkeit dieser Welt empfinden, das platonische „Eidolon" des Gleisdreiecks. Man müßte sich mit Inbrunst zu ihrer Grausamkeit bekennen, in ihren tötlichen Wirkungen die „Ananke" sehen und viel lieber nach ihren Gesetzen untergehen wollen als nach den „Humanen" der sentimentalen Welt glücklich werden.[165]

Man kann sicher sein, daß es sich hier um eine subtil inszenierte Identifikation mit dem Aggressor handelt. Hier spricht und 'bekennt' ganz bestimmt *nicht* Joseph Roth, der einen der 'humansten' und 'sentimentalsten' Romane der dreißiger Jahre geschrieben hat,[166] sondern ein kollektives „Man", das sich überdies noch hinter der Maske des unverbindli-

---

163 Joseph Roth: Bekenntnis zum Gleisdreieck, S. 221. Man erinnere sich, daß die „Landschaft" auch in Loerkes Texten häufig ein (un-) menschliches Gesicht zeigt. Dieses Gesicht hat sich in Roths *Bekenntnis* allerdings mit einer „eiserne[n] Maske" überzogen. Im *Oger* ist die „Fratze" in der „Kalkschicht" das Resultat mehrerer ungeplanter Zufälle, im *Bekenntnis* ist die „Maske" ausschließlich ein Produkt menschlicher Berechnung.

164 Joseph Roth: Bekenntnis zum Gleisdreieck, S. 219. Spätestens in diesem Zitat wird deutlich, daß Roths *Bekenntnis* ganz souverän über die binären Strukturmuster (wie z.B. *kalt* vs. *warm*, *stark* vs. *schwach*) verfügt. Die Polarisierung ist aber eine rhetorische Funktion des Textes, *nicht* seine Botschaft! Helmut Lethen macht den Fehler, die plakativ ausgestellten Oppositionen einen referentiellen Bedeutungsgehalt zu präsupponieren. Die holzschnittartige Polarisierung ist aber eine Reaktion auf den ausgehenden Expressionismus; sie dient vor allem dazu, die neusachlichen Texte sekundär zu strukturieren.

165 Joseph Roth: Bekenntnis zum Gleisdreieck, S. 220.

166 Gemeint ist natürlich Roths *Radetzkymarsch* (1932), vgl. hier insbesondere die hochsentimentale Schilderung der Audienz, die der alte Kaiser Franz-Joseph dem Herrn von Trotta gewährt (ebd., Kapitel XVIII).

chen Konjunktivs verschanzt. Entgegen der rhetorisch forcierten Textaussage 'bekennt' sich das ungenannte Ich zu einer nur noch in der Negation zu bewahrenden Menschlichkeit; das „tötliche[]" Gleisdreieck bezeichnet die „sentimentale[] Welt" ex negativo.[167]

Das „Gleisdreieck" wird in Günter Grass' gleichnamigem Gedichtband,[168] der 36 Jahre nach Roths *Bekenntnis* erschienen ist, dann tatsächlich 'sub specie ruderis' betrachtet. Grass' *Gleisdreieck*, in das sich die Spuren des Zweiten Weltkriegs und der Spaltung Deutschlands deutlich eingezeichnet haben, bildet sozusagen eine späte Synthese aus Loerkes *Puppe* und Roths *Bekenntnis*. In den Gedichten spricht nicht nur *Die große Trümmerfrau*, es wird auch der triste *Alltag der Puppe Nana* geschildert.[169] Diese *Puppe* und die *Brandmauern*, mit denen der Gedichtband eingeleitet wird, könnten ohne Abstriche Loerkes Erzählung entnommen sein (man erinnere sich an die 'Puppenstube', die in der „Lücke zwischen zwei wüsten Brandmauern" verborgen ist):

Brandmauern

Ich grüße Berlin, indem ich
dreimal meine Stirn an eine
der Brandmauern dreimal schlage.

Makellos ausgesägte
wirft sie den Schatten dorthin,
wo früher dein Grundstück stand.

Persil und sein Blau überlebten
auf einer Mauer nach Norden;
nun schneit es, was gar nichts beweist.

Schwarz ohne Brandmauerinschrift
kommt mir die Mauer entgegen,
blickt sie mir über die Schulter.

Ein einziger Schneeball haftet.
Ein Junge warf ihn, weil etwas
tief in dem Jungen los war.[170]

---

167 „Noch bevor es endgültig aus dem Naturzyklus ausgeschieden ist, versucht das auktoriale Subjekt in Roths *Bekenntnis*-Essay bereits die Welt mit den Augen der Maschine zu betrachten." Carl Wege: Gleisdreieck, Tank und Motor, S. 320. Weges Beobachtung ist nur halbwahr und muß wie folgt ergänzt werden: Bevor es endgültig von der Technik absorbiert wird, versucht das verletzbare Subjekt in Roths *Bekenntnis*-Essay die Welt antizipatorisch mit den Augen der „zukünftigen Gräser" zu betrachten, die „zwischen metallenen Schwellen blühen".

168 Günter Grass: Gleisdreieck (Gedichte), Darmstadt/Neuwied 1960.

169 Vgl. aus Grass' Gedichtband *Gleisdreieck* die Gedichte *Die große Trümmerfrau spricht* (S. 97-101) und *Aus dem Alltag der Puppe Nana* (S. 41-44).

170 Günter Grass: Gleisdreieck, S. 7.

An diesem Gedicht läßt sich exemplarisch die Kontinuität einer Traditionslinie aufzeigen, die vom Magischen Realismus (Loerke) zur westdeutschen Trümmerliteratur (Grass) reicht. Dabei spielt es freilich keine Rolle, ob Grass (und andere Trümmerliteraten) bewußt und explizit an die Literatur der Zwischenkriegszeit anschließen. Günter Grass hat möglicherweise nie Loerke gelesen, und dennoch 'beerbt' er dessen Thesauren und Topographien.

Im Gegensatz zur 'trümmerliterarischen' Beerbung eines Günter Grass weist Joseph Roths *Gleisdreieck* noch in eine andere, genauer: sozialistische Richtung. Der von Carl Wege analysierte „Technikkult"[171] der Weimarer Republik, an dem Roths *Bekenntnis* angeblich partizipiert, kommt in zeitgleichen – und dezidiert sozialistischen – Texten aus der frühen Sowjetunion viel unverhohlener und optimistischer zum Ausdruck. Diese Beobachtung wäre hier nicht weiter erwähnenswert, wenn nicht genau solche Texte in der frühen DDR als exemplarisch und vorbildlich für den (von staatlicher Seite oktroyierten) 'Sozialistischen Realismus' gegolten hätten. Das naiv-optimistische Aufbruchspathos – heute wirkt es unfreiwillig komisch – kommt plakativ in Fjodor Gladkows Roman *Zement* (1924) zum Audruck.[172] Auch dieses Buch wäre nicht weiter erwähnenswert, wenn es nicht mit der ausführlichen Beschreibung eines stillgelegten und total verkommenen Firmengeländes beginnen würde. Die Beschreibung dieser 'Abbruch'-Halden ist deshalb so interessant, weil sie gewissermaßen die notwendige Kehr(icht)seite zum „spiegelblanken"[173] sozialistischen 'Aufbau'-Pathos bildet:

> Das ganze Werk schien eine erloschene Welt zu sein. Nordostwinde hatten die eisklaren Fensterscheiben zernagt, Gießbäche die eisernen Rippen der Betonmauern bloßgelegt, und der Abfallstaub auf den Gesimsen hatte sich wieder zu Stein verwandelt. [...] Überall hingen Spinnennetze, von Zementstaub überzogen. Unter den hohen, dämmerigen Decken hervor quoll der Geruch von Schimmel und abgelagertem Staub. Da war der riesenhafte Schlot mit herausgerissener Rauchklappe. Die Luft brauste wie ein Wasserfall in dem verdreckten Trichter, bildete quirlende Strudel und riß alles, was ihr zu nahe kam, in den röhrenden Schlund hinauf. Früher hatte eine Gußeisenplatte diesen unheimlichen Rachen verschlossen, und der Schlot hatte dröhnend funkensprühende Luftmassen aus den Zylindern der rotierenden Öfen gesogen. Einst hatten diese Öfen, von Flammenschein übergossen, ihre glühenden Rie-

---

171 Carl Wege: Gleisdreieck, Tank und Motor, S. 327.

172 Vgl. Fjodor Gladkow: Zement (Roman). Aus dem Russischen von Wera Rathfelder, Berlin (Verlag Volk und Welt) ⁶1974. Die Übersetzung von Wera Rathfelder erschien in der DDR übrigens schon 1949. Das erste Großkapitel dieses Buches heißt bezeichnenderweise „Das verödete Werk", vgl. ebd., S. 5-30. Den Hinweis auf Gladkows Roman verdanke ich Carl Wege.

173 „In Reih und Glied standen die schwarzen Dieselmotoren, golden und silbern glänzend wie Götzenbilder, fest und sicher auf ihren Plätzen, zur Arbeit bereit: ein Handgriff – und sie würden wieder tanzen und ihre spiegelblanken Metallglieder im Sonnenlicht schillern lassen." Fjodor Gladkow: Zement, S. 19.

senleiber um die eigene Achse gedreht, und dazwischen hatten Menschen gewimmelt wie Ameisen.[174]

Solche verkommenen Topographien dienen in Gladkows Roman aber weder dazu, 'die' Moderne bzw. Moderne-Topoi festzuschreiben und zu konservieren noch handelt es sich im obigen Zitat um die Beschreibung eines sakrosankten 'Unortes', wie sie noch für Loerkes *Puppe* charakteristisch war. Hier handelt es sich schlicht und einfach um eine undisziplinierte Verwahrlosung, die möglichst schnell rückgängig gemacht werden muß; das klare und eindeutige Telos des Textes heißt *Aufbau!* Der Roman tut denn auch nichts anderes, als das 'Ameisengewimmel' von „Einst" und „Früher" pflichtschuldigst zu re-konstruieren. Am Ende des Romans – das *verödete Werk* ist längst wieder instand gesetzt – siegt erwartungsgemäß das Proletariat. Das kolportierte Schlußtableau zeigt „Menschenmassen" und „rote Fahnen", die auf einen heutigen Leser wie muffige Requisiten eines kommunistischen Propagandafilms wirken:

> [...] [Ü]berall, so weit das Auge reichte, [wogten und brodelten] Menschenmassen und [leuchteten] wie Sonnenblumenfelder [...]. Wie Flammen flackerten rechts und links um den Fuß des Gerüsts rote Fahnen. Auch das Gerüst selbst loderte in rotem Stoff. Die Fahne der Parteizelle wehte in schweren Falten von der Brüstung auf die Menge herab, während von der anderen Seite [...] die Fahne der Bauarbeitergewerk-schaft herabfloß. Unterhalb der Brüstung zog sich ein breites hochrotes Tuch wie ein mächtiger Strom um den Turm herum, und riesige weiße Buchstaben leuchteten dar-auf wie Frühlingsblumen.
> *„Wir haben an den Fronten des Bürgerkriegs gesiegt,*
> *wir werden auch an der Wirtschaftsfront siegen."*
> Die Massen brodelten und wogten, rote Kopftücher flammten auf [usw. usf.].[175]

Ein Text wie *Zement* wäre, wie gesagt, nicht weiter erwähnenswert, wenn er nicht in der DDR-Literatur Schule gemacht hätte. *Das verödete Werk*, das in Gladkows Roman eifrig re-konstruiert wird, wird von dem späten DDR-Autor Wolfgang Hilbig noch einmal und diesmal endgültig de-konstruiert. Seine Erzählungen *Die verlassene Fabrik* (1971) und *Alte Abdeckerei* (1991)[176] – Hilbigs (prä-) postkommunistische Antworten auf Gladkows Fortschrittsoptimismus – schließen inhaltlich genau an die „zerstörten Industrieanla-

---

174   Fjodor Gladkow: Zement, S. 17f. und 18f. Heiner Müllers Theaterstück ZEMENT (nach Gladkow), dessen Uraufführung 1973 stattfand, beerbt die sozialistische und fortschrittsoptimistische Linie des Romans. In seiner „Anmerkung" zum Stück schreibt Heiner Müller: „Das Stück handelt [...] von Revolution, es geht [...] auf (sozialistische) Integration aus, die Russische Revolution hat nicht nur Noworossisk, sondern die Welt verändert." H.M.: Anmerkung. In: Fjodor Gladkow / Heiner Müller: ZEMENT. Mit einem Anhang hg. von Fritz Mierau, Leipzig (Reclam) 1975, S. 514.

175   Fjodor Gladkow: Zement, S. 335.

176   Vgl. 1.: Wolfgang Hilbig: Die verlassene Fabrik. In: ders.: Zwischen den Paradiesen (Prosa, Lyrik). Mit einem Essay von Adolf Endler, hg. von Thorsten Ahrend, Leipzig 1992, S. 14-17. Vgl. 2.: Wolfgang Hilbig: Alte Abdeckerei (Erzählung), Frankfurt 1993 (Fischer-TB 11479) [EA 1991]. Es sei darauf hingewiesen, daß nicht nur diese beiden Erzählungen, sondern nahezu alle Texte von Hilbig verkommene Landschaften thematisieren.

gen"[177] an, von denen Gladkows proletarische Helden 'fortschreiten' wollten.[178] In der *Alten Abdeckerei* hat sich der Traum vom sozialistischen Fortschritt jedoch in einen quälenden Alptraum von einem nach-industriellen *Waste Land* pervertiert, auf dem „Es"[179] wieder sekundär 'wuchert':

> Es war eine Vegetation, typisch für diese Gegend, fähig auf ausgelaugtem Abraum und zerbröckeltem Schrott zu wachsen, weder nützlich noch schön, war sie offenbar nur entstanden, um die Wunden des Geländes zu bedecken ... oder nur – da ich sie mit meinem andauernden Interesse verfolgte –, um die traurige Verbindung ihrer grauen Gespinste mit den Nebeln bis in meine Träume fortwuchern zu lassen ... in meinen in der Wirklichkeit wiederkehrenden Alpträumen [...].[180]

Auf dem von Altlasten nachhaltig kontaminierten „Abraum" hat sich der 'unberühmte Ort' des Magischen Realismus in einen „unguten Ort[]"[181] des Post-Kommunismus verwandelt. Ähnlich wie bei Loerke (s.o.) wird auch bei Hilbig der 'unberühmte' bzw. 'ungute Ort' mit der „Unterwelt"[182] konnotiert. Aus dieser „Unterwelt" gibt es keinen 'Fortschritt' und kein Entkommen; es gibt dort nur melancholische 'Rückschritte' und labyrinthische 'Endlosschleifen':

> Und nach kurzer Zeit hatte ich mir angewöhnt, diesen Weg am Nachmittag meinen Rückweg zu nennen. Morgen, sagte ich mir immer wieder, werde ich dieselbe Strecke noch einmal zurückgehen, und vielleicht ein entscheidendes Stück weiter zurück. – Damit kämpfte ich die dumpfe Unzufriedenheit nieder, die mich alle Tage befiel, an denen ich erneut bis zu einer mir schon altbekannten **Stelle** kam, und doch nicht mehr zweifelte, daß eben dort meine Umkehr bevorstand, an genau dieser **Stelle**, wieder und wieder.[183]

In einem späteren Kapitel wird noch genauer zu zeigen sein, mit welchen sprachlichen Mitteln Hilbig das sozialistische 'Erbe' antritt und im wahrsten Sinne des Wortes 'zu Ende' schreibt. Es sei hier nur soviel gesagt, daß er dabei sowohl auf das Vokabular des Sozialistischen als auch auf das des Magischen Realismus zurückgreift.

---

177 Wolfgang Hilbig: Alte Abdeckerei, S. 16.

178 „Wir dürfen [...] von Fortschritt sprechen, wenn wir darunter wörtlich das Loskommen von bindenden Orten und somit Mobilität durch Rationalisierung verstehen." Aleida Assmann: Das Gedächtnis der Orte, S. 32. Der Glaube an „Mobilität durch Rationalisierung" wird von den Texten Hilbigs aufgekündigt. Hilbig schreibt emphatisch *gegen* ein „Vergessen der Orte" (Assmann) an.

179 Das ominöse „Es" hat in der *Alten Abdeckerei* wieder Konjunktur: „Es ... dieses Wesen ... war über eine Erdhaut gekommen, die sich, vielleicht bis tief ins Unerforschte hinab, mit der Substanz seiner aus der Welt gerotteten Art getränkt hatte." W.H.: Alte Abdeckerei, S. 93.

180 Wolfgang Hilbig: Alte Abdeckerei, S. 64.

181 Wolfgang Hilbig: Alte Abdeckerei, S. 65.

182 Wolfgang Hilbig: Alte Abdeckerei, S. 50.

183 Wolfgang Hilbig: Alte Abdeckerei, S. 12.

8. Die Ruderalfläche als systematische und poetologische Kategorie in Texten des Magischen Realismus

Die ausführliche und vergleichende Analyse von Loerkes *Puppe* rechtfertigt sich aus mehreren Gründen. Zum einen handelt es sich bei dieser Erzählung um einen der ersten deutschsprachigen Texte, in dem eine Ruderalfläche nicht nur beschrieben, sondern auch poetologisch und strukturell relevant wird. Zum andern ist Oskar Loerke m.e. der erste, wichtigste und avancierteste Magische Realist seiner Zeit.[184] Die *Puppe* ist auch deshalb von besonderem Interesse, weil sie einerseits noch am (Spät-)Expressionismus partizipiert,[185] aber anderseits schon mit den radikalen Formexperimenten der emphatischen Moderne gebrochen hat. Diese Gebrochenheit wird aber im Motiv der Ruderalfläche poetologisch reflektiert. Loerkes Erzählung ist deshalb ein geradezu exemplarisches *Missing link* zwischen emphatischer Moderne und Magischem Realismus.[186] Man kann sogar ohne Übertreibung sagen, daß alle späteren Texte, die in irgendeiner Form die Ruderalfläche thematisieren, sich an Loerkes *Puppe* zu messen haben.

Der Begriff *Ruderalfläche* bzw. *-vegetation* (von lat. *rudus*: Schutt, Trümmer) stammt aus der Botanik und bezeichnet „die krautige Vegetation anthropogen stark veränderter und/oder gestörter Wuchsplätze, sofern diese weder land- noch forstwirtschaftlich genutzt werden."[187] Ruderalflora (d.h. 'Unkraut') wächst bevorzugt „auf nicht bewirtschafteten, aber ebenfalls vom Menschen beeinflußten Standorten wie Wegrainen, Müll- und Schuttplätzen sowie stillgelegten Bahn- und Industrieanlagen."[188] Genau diese 'unberühmten Orte', so lautet die entscheidende Ausgangsbeobachtung der Arbeit, haben in den Texten des Magischen Realismus Konjunktur. Der Magische Realismus bezeichnet aber nicht primär eine historische Epoche oder ein Korpus von Texten nicht-emigrierter Schriftstel-

---

[184] Es ist bezeichnend, daß Michael Scheffel zwei der wichtigsten und avanciertesten Vertreter des Magischen Realismus – Oskar Loerke und Günter Eich – nicht behandelt, ja nicht einmal erwähnt. Das in diesem Zusammenhang verwendete Epitheton 'avanciert' ist mit Einschränkungen zu verstehen, da der Magische Realismus sozusagen per definitionem *nicht*-avanciert ist.

[185] Typisch expressionistische Elemente der *Puppe* sind etwa Schedels 'O-Mensch'-Pathos („Inbrünstig quoll es immer aus seinem Munde: Menschheit!", S. 273) und die Irrenthematik („Der Bann seiner Narrheit hatte etwas unheimlich Lähmendes", S. 280).

[186] Michael Scheffel definiert den Magischen Realismus u.a. über die Begriffe *Geheimnis, Miniatur, Idylle* und *Statik*. Vgl. M.S.: Magischer Realismus, S. 111. Diese vier Textmerkmale prägen auch Loerkes *Puppe*. Der Koffer ist ominös: „Schedel war in seinem Geheimnis ertappt" (276); miniaturhaft und idyllisch sind etwa die „Puppe" und das „Zwergenhaus" (275) (der „Unort" ist eine korrumpierte Idylle bzw. ein verkommener *hortus conclusus*); die Statik kommt in der Ruderalfläche selbst zum Ausdruck, die der Akzeleration der sie umgebenden Großstadt entzogen ist.

[187] Dietmar Brandes (Hg.): Ruderalvegetation. Kenntnisstand, Gefährdung und Erhaltungsmöglichkeiten, Braunschweig 1988, S. 7.

[188] Heinrich Hofmeister und Eckhard Garve: Lebensraum Acker. Pflanzen der Äcker und ihre Ökologie, Hamburg/Berlin 1986, S. 127.

ler, das man über seine „idealtypischen Merkmale" bestimmen kann;[189] der Magische Realismus bezeichnet nach dem hier entwickelten Verständnis vielmehr eine *Zwischen-moderne*[190], d.h. die Zeit *zwischen* der 'Entdeckung der Textur' (1910-1916)[191] und ihrer 'Wiederentdeckung' (um 1960).[192] Dieser Interim-Charakter und die hybride Koinzidenz von Modernität *und* Traditionalismus, die in den Texten des Magischen Realismus zu beobachten ist, finden ihren prägnantesten Ausdruck in der vorherrschenden poetologischen Reflexionsfigur: der Ruderalfläche. Ein zusammenfassender Blick auf die *Puppe* soll das abschließend verdeutlichen.

Die Textanalysen zur *Puppe* dürften gezeigt haben, daß es sich bei dem „verfluchten Unlandstück[]" – einer Ruderalfläche par excellence – nicht um irgendein beliebiges Motiv handelt. Der „Unort" dient vielmehr als allegorischer Spiegel für die im Text erzeugte Realität. Mit anderen Worten: An diesem per definitionem exzentrischen Ort lagern sich nach-texturierte Schriftkonzepte, Geschichtsbilder, Moderne-Diagnosen, evt. auch Utopien oder Apokalypsen eines nachmodernen Zustandes ab und werden zugleich repräsentiert, d.h. qua Textverfahren auf ihre literarische Realisierbarkeit überprüft. Anhand von Loerkes Erzählung können schon jetzt einige wesentliche poetologische Implikationen der Ruderalfläche – sozusagen ihre 'Zehn Gebote' – benannt und typologisch aufgelistet werden:

---

189 Vgl. Michael Scheffel: Magischer Realismus, S. 111. Scheffels Verständnis zufolge bezeichnet der Magische Realismus die Epoche zwischen 1917 (= Erscheinungsjahr von Wilhelm Lehmanns Roman *Der Bilderstürmer*) und 1954 (= Erscheinungsjahr von Martha Saalfelds Roman *Pan ging vorüber*). Die Texte aus dieser Epoche bestimmt Scheffel über ihre „idealtypische[n] Merkmale". Laut Scheffel ist ein 'idealtypisch' erzählter magisch-realistischer Text: *homogen* (Text hat nur *ein* Realitätssystem), *im Ansatz realistisch* (aktueller Zeitbezug), *stabil* (Text ist nicht ambig) und *geheimnisvoll*.

190 Der zugegebenermaßen etwas 'geschraubte' Neologismus *Zwischenmoderne* soll hier und im folgenden den Interim-Charakter des Magischen Realismus zum Ausdruck bringen. Michael Scheffel bemerkt zwar auch beiläufig, daß der „Magische Realismus ein Erzählstil in der deutschen Literatur zwischen Weimar und Bonn" ist (vgl. M.S.: Magischer Realismus, S. 82), aber er beleuchtet diese Epoche weder prospektiv aus dem ausgehenden Expressionismus, noch retrospektiv von der 'Trümmerliteratur'.

191 Die *Entdeckung der Textur* bezeichnet die Autonomie des Sprachmaterials, die in letzter und avanciertester Konsequenz zur Unverständlichkeit der Texte führt: „Erst und insbesondere wenn ein Inhalt fehlt, sieht sich der Leser auf die bloße Textur, das sprachliche Material in seiner spezifischen Verknüpfung, zurückgeworfen." Moritz Baßler: Die Entdeckung der Textur, S. 13.

192 „[...] [D]ie grundlegenden Entdeckungen der Moderne [sind] durchweg um 1910 gemacht w[o]rden; seither ist ein ununterbrochener Einholungsprozeß im Gange, der die formalen Möglichkeiten, die potentiell in jenen Entdeckungen enthalten waren, realisiert." Bernd Neumann (Hg.): Erläuterungen und Dokumente – Uwe Johnson *Mutmaßungen über Jakob*, Stuttgart 1989, S. 129. Hans Dieter Schäfer glaubt, daß dieser Prozeß erst Mitte der sechziger Jahre abgeschlossen ist, weil sich in der Bundesrepublik die Pop-Art dann endgültig durchzusetzen beginnt. Vgl. H.D.S.: Zur Periodisierung der deutschen Literatur seit 1930. In: ders.: Das gespaltene Bewußtsein. Deutsche Kultur und Lebenswirklichkeit 1933-1945, Frankfurt/M. etc. 1981, S. 89. Vgl. weiterhin Klaus R. Scherpe: Die rekonstruierte Moderne. Studien zur deutschen Literatur nach 1945, Köln etc. 1992.

- Die Ruderalfläche ist ein 'halbgestalteter' Zwischen-Raum. Der Unort („Lücke", „Bresche") *zwischen* Natur- und Kulturraum wird vom Menschen zwar nicht genutzt, ist aber dennoch stark von ihm beeinflußt. Prägnant formuliert: Die Ruderalfläche ist eine Sekundärwildnis („Brennesselwälder").

- Die Ruderalfläche ist semantisch unbestimmt (vage). Besser gesagt: sie ist zugleich unter- und überdeterminiert. Der „Koffer" ist einerseits mehr als ein gewöhnlicher Koffer (Geheimnis), andererseits weniger (Müll). Diese Unspezifik kann semantisch neu 'besetzt' werden, die Ruderalfläche ist deshalb auch eine *Projektions*fläche.

- Die Ruderalfläche ist entstrukturiert (verwildert) und entpragmatisiert. Die vernutzten Rudimente auf dem verwilderten Unort („Koffer", „zusammengewehte[s] Papier") sind dem alltäglichen Gebrauch entzogen und führen dort ein gespenstisches Nachleben.

- Die Ruderalfläche ist eine Topographie des Erinnerns und Vergessens.[193] Die von der „eleganten" Gesellschaft ausgeschiedenen, unbrauchbar gewordenen und dem Vergessen anheimgegebenen Objekte werden von Schedel melancholisch umgangen und erinnert.

- Die Ruderalfläche ist exzentrisch und entzeitlicht (statisch). Das aus dem herrschenden Diskurs ausgegrenzte „Unlandstück[]" befindet sich per definitionem an der (städtischen) Peripherie und nicht im Zentrum. Auf dem ruderalen Unort regiert die ahistorische Unzeit.[194]

- Die Ruderalfläche ist 'konservativ' und anarchisch zugleich. Einerseits 'bewahrt' der Unort die Rudimente in entstellter Form,[195] andererseits erobern sich „wild-

---

[193] „Auf ein Gedächtnis der Orte ist [...] wenig Verlaß; eher müßte man [...] von einem 'Vergessen der Orte' sprechen. Wie sich die Oberfläche sofort wieder schließt, wenn ein Stein ins Wasser gefallen ist, so schließen sich auch an den Orten die Wunden bald wieder; neues Leben und neue Nutzung lassen bald kaum noch die Narben erkennen [...]; das sprichwörtliche Gras des Vergessens [Unkraut!, B.S.] tut seine Wirkung. Im Gegenteil bedarf es ungeahnter Anstrengungen, die Lücke, die Leerstelle als Spur der Vernichtung zu bewahren. Ein Ort [...] hält Erinnerungen nur dann fest, wenn Menschen auch Sorge dafür tragen." Aleida Assmann: Das Gedächtnis der Orte, S. 32f. Genau in diesem Sinne ist Schedel ein *sorgender* Mensch, da er die „Lücke" des verfluchten Unlandstückes „als Spur der Vernichtung" in seinem Gedächtnis bewahrt.

[194] Vgl. dazu folgendes Zitat aus der *Puppe*: „Winters war [der Koffer] zuweilen von Schneewächten belastet, manchmal sogar unter dem Schnee verschwunden. Niemand rührte den Koffer an, brachte ihn fort. In ihm lag all die Zeit die Puppe [...]." (275f.) Die Puppe liegt also buchstäblich im „Niemand[s]"-Land. In Johannes Bobrowskis 'Unkraut-Erzählung' *Rainfarn* (1964) gibt es einen ganz ähnlichen peripheren Unort. Er liegt „am äußersten Stadtrand" und ist im Winter genauso entzeitlicht (statisch) wie das verschneite Unlandstück: „Im Winter, wenn hier [im verwilderten Wäldchen, B.S.] der Schnee liegt und lange bleibt und es hinter den Bretterzäunen noch stiller zugeht als im Sommer, ganz still, weil die Zäune nur dastehn, nur überwintern, niemand verstecken, weil niemand gekommen ist, jetzt im Winter [...]." J.B.: Gesammelte Werke Bd. 1 (Die Erzählungen etc.), hg. von Eberhard Haufe, Stuttgart 1987, S. 113-117, hier S. 114 (1. Zitat) und S. 113 (2. Zitat).

[195] Mit Walter Benjamin gesprochen: Die Ruderalfläche ist die Form, die die Dinge in der Vergessenheit annehmen. Sie sind entstellt. („Odradek ist die Form, die die Dinge in der Vergessenheit annehmen. Sie sind entstellt.") Vgl. W.B.: Franz Kafka. Zur zehnten Wiederkehr seines Todestages. In: Hermann Schweppenhäuser (Hg.): Benjamin über Kafka, Frankfurt/M. 1981, S. 31. Kafkas *Odradek* hält sich notabene nur in Un-Räumen auf: „Er hält sich abwechselnd auf dem Dachboden, im Treppenhaus, auf den Gängen, im Flur

wachsender Roggen" und unkontrolliert wuchernde „Brennesseln" das vom Menschen verlassene Terrain unbarmherzig zurück.

- Die Ruderalfläche ist ein Spiel- und Freiraum. Auf dem *Terrain vague*, das eine un-konventionelle Gegenwelt zum reglementierten Arbeitsalltag der engen „Schreibstube" ist, kann Schedel seine „Phantasterei" spielerisch-unverbindlich ins Kraut schießen lassen.

- Die Ruderalfläche hat die Struktur des double-bind. Als 'Trümmerfläche' (= 'Wunde' in der Landschaft = *tremendum*) ist die Ruderalfläche abstoßend, und als 'Grünfläche' (= 'Narbe' in der Landschaft = das sprichwörtliche 'Gras des Vergessens' = *fascinosum*) ist sie anziehend.

- Die Ruderalfläche ist *post*modern und archaisch. Das verunkrautete Niemands-land antizipiert eine Landschaft *nach* der menschlichen Zivilisation, die *wieder* ein frühzeitliches Gepräge annimmt. Die postmodernen Areale sind deshalb im-mer zugleich auch posthumane Landschaften.[196]

- Die Ruderalfläche ist ein 'Text', in den sich die kontingente Natur-Sprache („Re-genflecken") eingeschrieben hat.[197] Dieser 'Text' ist ambig („Flecken") und pa-radox („Unort" = utopische Topographie), aber nicht texturiert.

Der zuletzt genannte Punkt (Ruderalfläche als 'Text') berührt ein entscheidendes Kriteri-um der vertexteten Ruderalfläche und gilt in diesem Ausmaß (zunächst) nur für Loerkes *Puppe*. Um dieses Problem, das mit dem literarhistorischen Umfeld der Erzählung im Kontext des ausgehenden Expressionismus zusammenhängt, näher zu beleuchten, muß ich an dieser Stelle etwas weiter ausholen.

Wie Baßler gezeigt hat, vollzieht sich in der emphatisch modernen Literatur zwischen 1910 und 1916 die von ihm so genannte 'Entdeckung der Textur', d.h. die Entwicklung radikal-avancierter Schreibweisen, die bis zur Unverständlichkeit der Texte führt.[198] Es

---

auf." Franz Kafka: Die Sorge des Hausvaters. In: ders.: Sämtliche Erzählungen, hg. von Paul Raabe, Frank-furt/M. 1981, S. 31.

[196] Hier sei an Romane von Arno Schmidt (*Schwarze Spiegel*, 1951), Günter Grass (*Die Rättin*, 1986) und Christoph Ransmayr (*Die letzte Welt*, 1988) erinnert. Die drei genannten Romane entwerfen ein dezidiert postmodernes und posthumanes Szenario, das nicht selten archaische Züge trägt.

[197] Vgl. die „Bresche in der Kalkschicht, [die] im *zufälligen* Kommen und Gehen von ein paar tausend Regen-, Wind- und Sonnentagen gerissen [und] von niemand geplant [war]". Oskar Loerke: Der Oger, S. 133.

[198] Vgl. Anm. 191. Ich möchte an dieser Stelle betonen, daß ich Baßlers normativen Begriff der „Unverständ-lichkeit" in dieser Radikalität nicht teile. Abgesehen davon, daß es eine „Reduktion auf die Textur" in der Sprache nicht geben kann – jedes BLABLA behält einen renitenten Restsinn –, ist die Grenze zwischen 'noch verständlich' und 'unverständlich' nie exakt zu markieren. Daß jedes Verstehen zugleich ein Nicht-verstehen (et vice versa) ist, wußte bereits Humboldt. Genau diese 'Grauzone' versucht Baßler zu kaschie-ren, indem er einen (von der Linguistik übernommenen und längst obsolet gewordenen) Begriff der Norm(al)sprache (Paraphraseprobe!) auf fiktionale Texte appliziert. Baßler verwechselt Äpfel mit Birnen, wenn er dem Leser vorschreibt, wann er verstehen kann und wann nicht. Es gibt aber keine Demarkations-linie für den (Un-) Sinn, erst recht keine 'wissenschaftlich' begründbare. (Von der Sprache gibt es keine Wis-senschaft, sondern nur ein Wissen. *Humboldt*) Viel schlimmer wiegt jedoch, daß Baßler, der 'seine' unver-

ist nun auffällig, daß Loerkes vermeintlich expressionistischer Text *Die Puppe* nicht (mehr) texturiert, sondern durchaus verständlich ist. Auffällig ist aber auch weiterhin, daß diese Erzählung 'Textur' – im weitesten Sinne verstanden – inhaltlich *thematisiert*. Mit anderen Worten: In der nach-expressionistischen *Puppe* ist die Textur vom Textverfahren sozusagen in den Inhalt gewandert; man könnte auch sagen, daß die 'Unverständlichkeit' an den sekundär verwilderten „Unort" bzw. an den von abstrakten „Flecken" und „Klexen" beschmutzten Koffer aus Segeltuch *delegiert* worden ist. Auf der inhaltlichen Ebene der *Puppe* ist der Koffer sehr wohl geheimnisvoll, abstrakt und – mutatis mutandis – 'texturiert',[199] auf der formalen Vertextungs-Ebene ist er hingegen – auch hier wieder mit der nötigen Einschränkung – traditionell strukturiert. Genau dieses hybride Zugleich von emphatischer Modernität ('Textur') *und* nach-avantgardistischen Textverfahren (Struktur) ist charakteristisch für auffallend viele Texte des Magischen Realismus.[200] Interessanterweise lassen sich auch viele Beschreibungsmodi, Formulierungen und Metaphern, die Baßler zur Charakterisierung von unverständlichen Texturen in emphatisch modernen Texten verwendet, problemlos (und mit mehr Recht) auf den Topos der Ruderalfläche übertragen. So spricht Baßler, um nur ein Beispiel zu nennen, anschaulich vom „*Wuchern* der Textur"[201] und verwendet damit eine Wachstums-Metapher, die nahezu wörtlich (also unmetaphorisch) auf die verunkrautenden Unorte transferiert werden kann.[202] Ruderalflächen sind „umwuchert", vernutzt, verwildert, verkommen etc., und genau aus diesem Grund sind die 'unberühmten Orte' dafür prädestiniert, zentrale Diskurse der Moderne zu konnotieren. Deshalb lautet meine These: Die Modernität, die den Texten des Magischen Realismus im allgemeinen abgesprochen wird, ist den stillgelegten Ödflächen gleichsam eingeschrieben und 'überwintert' dort als Moderne-Topos. Die AutorInnen des Magischen Realismus *beerben* zwar rein inhaltlich 'die' Avantgarde,[203] aber sie *inszenie-*

---

ständlichen Texte im Grunde sehr gut verstanden hat (sonst hätte er wohl kaum eine so ausgezeichnete Arbeit darüber schreiben können), uns dieses Wissen vorenthält. Baßler 'versteckt' sich hinter den dürren Textverfahren, die er zu analysieren vorgibt; man muß ihn zwischen den Zeilen suchen.

[199] Ich bin mir darüber im klaren, daß die 'Textur' (mit Anführungszeichen) hier metaphorisch verwendet wird. Dennoch ist es m.E. plausibel, das „Unlandstück[]" als eine Allegorie auf avancierte Textverfahren zu lesen.

[200] Es ist zu überlegen, ob in dem Oxymoron „Magischer Realismus" dieses Zugleich von Modernität und Traditionalismus nolens volens zum Ausdruck kommt. Das ominöse 'Magische' der Texte konserviert die unterschiedlichsten Moderne-Diskurse unter Zuhilfenahme traditionell-mimetischer Vertextungsstrategien (= 'Realismus'). Der auffällige Synkretismus vieler Texte des Magischen Realismus verläuft dabei zeitlich parallel zum reflektierten Essayismus.

[201] Moritz Baßler: Die Entdeckung der Textur, S. 60. Bereits Gilles Deleuze und Félix Guattari, die 'Erfinder' der Rhizom-Metapher, sprechen von „*wuchernde[n]* Serien" bei Kafka. Vgl. G.D./F.G.: Kafka. Für eine kleine Literatur, Frankfurt/M. 1976, Kap. VI (S. 74-86).

[202] Man erinnere sich auch daran, daß die „kahle[n] Flecken" in der *Puppe* „von Brennesselwäldern umwuchert" waren. O.L.: Die Puppe, S. 275.

[203] In Anlehnung an Baßler werden die Begriffe *Avantgarde, Emphatische* bzw. *Klassische Moderne* und *Expressionismus* auch von mir (unter Vorbehalt) synonym verwendet. Hans Dieter Schäfer, der die Texte der

ren deren emphatische Modernität in ihren Textverfahren nicht mehr, sondern *konservieren* sie in der poetologischen Reflexionsfigur der Ruderalfläche. Der Magische Realismus kann deshalb in das folgende Moderne-Raster eingeordnet werden:

- Im Expressionismus wird Modernität *emphatisch inszeniert* ('Textur').

- Im Essay(ismus) wird die Moderne *kritisch reflektiert*.[204]

- Im Magischen Realismus wird Modernität *poetologisch konserviert* ('Ruderalfläche').

- In avancierter Literatur nach 1945 wird die Moderne *zitathaft re-inszeniert*.[205]

Zusammenfassend läßt sich festhalten: Die Ruderalfläche als poetologische Reflexionsfigur wird in der deutschen Literatur erst zu dem Zeitpunkt textrelevant, als der erste 'Moderne-Ansturm' abzuklingen beginnt (ca. 1917). Die unverständlichen Texte der emphatischen Moderne, die sich ohnehin durch ein unkontrolliertes „Wuchern der Textur" auszeichnen, benötigen den Topos der Ruderalfläche sozusagen gar nicht; erst die nach-avantgardistischen Texte des Magischen Realismus, die wieder zur Verständlichkeit zurückkehren, bilden 'Textur' mimetisch ab, indem sie sekundär verwilderte Topographien be-schreiben und genau damit 'die' Moderne fest-schreiben und konservieren.

Magischen RealistInnen ohnehin schätzt, trägt nicht gerade zur Begriffsklärung bei, wenn er das von ihm selbst herausgegebene Lesebuch „Am Rande der Nacht" im Untertitel „Moderne Klassik im Dritten Reich" nennt. Die Texte (von Lange, Lampe, Lenz etc.), die Schäfer in diesem Lesebuch kompiliert, gehören dezidiert *nicht* der klassischen Moderne an; daran kann auch die Vertauschung der Begriffe nichts ändern. Es sei Schäfer gern zugestanden, diese Texte zu schätzen und zu propagieren; es steht ihm jedoch nicht zu, gegen die „selbsternannte[] Avantgarde" zu polemisieren, „welche mit der erfundenen 'Stunde Null' die eigene Tradition zu verdecken suchte". Vgl. H.D.S.: Einleitung. In: (s.o.), Frankfurt/M. etc. 1984, S. 15. Muß man Schäfer wirklich daran erinnern, daß letztlich *alle* Moderne-Konzepte 'erfunden' sind und daß selbst die Proklamation der 'Stunde Null' eine lange „Tradition" hat, die von der Bibel bis zum Dadaismus reicht?

[204] „Auf [dem] Niveau essayistischer Darstellung wird das Selbstbewußtsein der Moderne von der spezifischen Form *ihrer* Textualität her kritisch reflektiert." Baßler et al.: Historismus und literarische Moderne. Mit einem Beitrag von Friedrich Dethlefs, Tübingen 1996, S. 282 (kursiv im Text).

[205] Es versteht sich, daß dieses Schema weder typologische Reinformen bezeichnet noch teleologisch gemeint ist. Auch ein unverständlicher Text reflektiert (qua Selbstreferenz) seine ihm eingeschriebene Modernität, und die 'Entdeckung der Textur' muß nicht zwangsläufig eine 'Wiederentdeckung' zur Folge haben. Der Stilpluralismus nach 1945 ('Konkrete Poesie', 'Neue Innerlichkeit' etc.) beweist dies hinlänglich.

II. KAPITEL
Die Geschichte der Trümmer
Historische Voraussetzungen der Ruderalfläche

1. Einführung

Ruderalflächen gibt es auf der Erde schon so lange, wie es Menschen gibt. Zumal in Deutschland ist jeder Quadratzentimeter des Bodens – sei er auch noch so verwildert – längst verplant und bereits unzählige Male von Menschenhand verändert worden. Alle Wildnisse Mitteleuropas sind in diesem Sinne immer schon anthropogen veränderte Sekundärwildnisse.[1] Die ursprüngliche und primäre Wildnis gibt es, wenn überhaupt noch, dann nur in unwirtlichen Eiswüsten und fernen Urwäldern. Die Wildnis, so scheint es, existiert 'so richtig' nur in der Phantasie des Menschen; es gibt sie, mit anderen Worten, eben nur als *Traum von der Wildnis*.[2] Die schönsten Träume von der Wildnis sind in Bildern, Texten und Kompositionen aufgezeichnet worden. Sie vermitteln uns ein Gefühl von Ursprünglichkeit, das es in dieser Form nur hier, im Kunstwerk selbst und seiner Rezeption, gibt und geben kann. Jeder Vorstoß ins *Herz der Finsternis*[3] führt genau in dem Maße, wie er zur Wildnis und damit zum 'ganz Anderen' des Menschen zurückführt, zum 'ganz Eigenen' des Vorstoßenden hin. Das schlechthin Vermittelte (Ich) und das vermeintlich Unvermittelte (Wildnis) bilden eine dialektische Einheit, die unhintergehbar ist und die vielleicht nicht ganz zufällig an Loerkes „Halbgestalten" erinnert. Die „Halbgestalten" (Landschaft und Ich) kommen sich bei Loerke auf halbem Wege genau so weit entgegen, bis sie sich wechselseitig ineinander spiegeln können oder gar (dialektisch) 'aufgehoben' werden.[4] Wer 'zuerst' des Weges kommt und sich 'als erster' spiegelt, ist dabei weder entscheidbar noch wichtig. Beide Halbgestalten sind immer 'schon da'; will sagen: Eine dekonstruktivistische bzw. poststrukturalistische Lesart, die zeigen will, daß die Wildnis 'nur' ein Text ist (und dabei doch immer genau das Umgekehrte zeigt, daß nämlich der Text eine Wildnis ist), wirkt mittlerweise obsolet. Demgegenüber könnte ge-

---

[1]   Vgl. Hansjörg Küster: Geschichte der Landschaft in Mitteleuropa. Von der Eiszeit bis zur Gegenwart, München 1995.

[2]   Vgl. Simon Schama: Der Traum von der Wildnis. Vgl. außerdem Hans Peter Duerr: Traumzeit. Über die Grenze zwischen Wildnis und Zivilisation, Frankfurt/M. 1985. Trotz des vielversprechenden Titels ist *Traumzeit* – und alle übrigen Bücher Duerrs – wenig ergiebig, dafür jedoch umso geschwätziger.

[3]   *Heart of Darkness*, so lautet bekanntlich der Titel von Joseph Conrads berühmter Erzählung, die durch eine ebenfalls berühmte Verfilmung („Apocalypse now") noch berühmter geworden ist.

[4]   Vgl. Oskar Loerkes Gedicht *Augenblick*, in dem die beiden „Halbgestalten" „Wanderer" und „Pfad" von Ruderalflora („Lattich") ersetzt und damit in gewissem Sinne dialektisch aufgehoben werden: „Der Wandrer und sein Pfad, sie haben / Einander eben mittenwegs verloren. / Gras steht an ihrer Stätte, Lattich, Nachtschattenblüten [...]." O.L.: Die Gedichte, S. 124.

zeigt werden, daß gerade im poststrukturalistischen Analysevokabular der *Traum von der Wildnis* besonders hemmungslos geträumt wird. Das ist kein Einwand gegen 'postmoderne' Interpretationsmethoden, im Gegenteil; der Traum von einer *unkontrollierten Semiose* und einem *Wuchern der Textur* beweist vielmehr, daß die utopischen Potentiale noch nicht erschöpft sind.[5]

Noch einmal: Ruderalflächen gibt es auf der Erde schon so lange, wie es Menschen gibt; Ruderalflächen *in Texten* gibt es aber – in der deutschsprachigen Literatur[6] – erst seit dem Ende des 1. Weltkriegs. Diese definitorische Festschreibung ist aus mehreren Gründen sinnvoll: Zum einen entstehen ausgedehnte Ruderalflächen, die eine solche Bezeichnung auch wirklich verdienen, erst im Gefolge der beiden Weltkriege ('Trümmerlandschaften'). Zum andern ist die Industrialisierung (und mit ihr die hemmungslose Kultivierung von Naturräumen) zu Beginn des 20. Jahrhunderts so weit fortgeschritten, daß sich auf der destruierten 'Rückseite' der menschlichen Zivilisation unzählige Sekundärwildnisse ('Industriebrachen') entwickeln. Neben diesen eher literatursoziologischen Begründungen erscheint es mir auch ganz allgemein sinnvoll, den Terminus *Ruderalfläche* aufgrund seiner begrifflichen Klarheit und definitorischen Trennschärfe für Texte des 20. Jahrhunderts zu reservieren.[7] Literarische Texte aus früheren Jahrhunderten haben entweder noch

---

[5] Es sei hier übrigens zugegeben, daß sich auch der *Traum von der Sekundärwildnis* noch aus jener Faszination speist, die von der ursprünglichen Wildnis ausgeht. Da es in der hochindustrialisierten Bundesrepublik schon lange keine primären Wildnisse mehr gibt, sind Ruderalflächen gewissermaßen die letzten unbeaufsichtigten Abenteuerspielplätze unserer Zeit.

[6] Die früheste mir bekannte Beschreibung einer 'echten' Ruderalfläche findet sich am Beginn von Anton Čechovs Erzählung *Krankenzimmer Nr.6* aus dem Jahre 1892. Da es sich hier, wie gesagt, um eine prototypische Beschreibung handelt, seien die ersten beiden Abschnitte der Erzählung vollständig zitiert:
„Auf dem Hof des Krankenhauses steht ein kleines Nebengebäude, umgeben von einem ganzen Wald von Kletten, Brennesseln und wildem Hanf. Das Dach ist verrostet, der Schornstein zur Hälfte eingestürzt, die Stufen der Vortreppe sind verfault und mit Gras bewachsen, vom Putz findet man nur noch Spuren. Mit der Vorderfront blickt es zum Krankenhaus, mit der Rückseite auf freies Feld, von dem es nur durch den grauen, mit Nägeln besteckten Krankenhauszaun getrennt ist. Diese Nägel, deren Spitzen nach oben gerichtet sind, der Zaun und das Gebäude selbst zeigen jenes eigentümliche, trostlose, verwünschte Aussehen, das bei uns nur Krankenhaus- und Gefängnisbauten haben.
Wenn Sie nicht fürchten, sich an den Nesseln zu verbrennen, so gehen wir zusammen den schmalen Pfad entlang, der zu dem Nebengebäude führt, und schauen, was sich dort abspielt. Nachdem wir die erste Tür geöffnet haben, betreten wir den Flur. An den Wänden und neben dem Ofen häufen sich ganze Berge von Krankenhausgerümpel. Matratzen, alte zerfetzte Kittel, Hosen, Hemden mit blauen Streifen, unbrauchbares, abgetragenes Schuhwerk – dieser Krempel treibt sich hier zerknittert und durcheinander in Haufen herum, fault und verbreitet einen erstickenden Gestank." A.Č.: Meistererzählungen. Ausgewählt von Franz Sutter, übersetzt von Ada Knipper u.a., Zürich (Diogenes-TB) 1989, S. 109.

[7] Auch in der Botanik gibt es den Sachverhalt und Terminus *Ruderalfläche* erst seit dem 20. Jahrhundert. Vorher hat es natürlich auch schon *Bahndämme, Wegränder, Ödplätze, Schutt* gegeben, aber solche Topographien waren in wissenschaftlicher und literarischer Hinsicht von nur geringem Interesse. – Die Formulierung *Bahndämme, Wegränder, Ödplätze, Schutt* stammt übrigens von Paul Celan (vgl. den Titel des vorletzten Gedichtes aus seinem Lyrikband *Sprachgitter* [1959]). Celan hat die signifikante Formulierung höchstwahrscheinlich einem (botanischen) Nachschlagewerk – Stichwort: typische Ruderalflächen – entnommen.

einen typischen *locus terribilis* – und der ist per se *ursprünglich* –, oder sie machen *noch* keinen genauen Unterschied zwischen primärer und sekundärer Wildnis, obwohl sie strenggenommen *schon* Ruderalflächen beschreiben.

2. 'Unberühmte Orte' in 'berühmten Texten' des 17., 18. und 19. Jahrhunderts – Bemerkungen zum Vorgehen und zur Textauswahl

Im folgenden Kapitel werden exemplarisch ausgewählte Texte des 17., 18. und – vor allem – 19. Jahrhunderts auf ihre ruderalen Implikationen hin untersucht. Ziel ist, die (prä-) ruderale Traditionslinie herauszuarbeiten, die, schematisierend gesagt, von Martin Opitz' „Wüsteney" über Wilhelm Raabes „Odfeld" bis hin zu Elisabeth Langgässers „Trümmern" und Wolfgang Hilbigs „Industrieruinen" führt. Mein Vorgehen ist *archäologisch* motiviert: Ich grabe alte Texte aus und lege in ihnen genau *die* Trümmer frei, aus denen sich die magisch-realistischen Ruderallandschaften konstituieren. Die Rekonstruktion des magisch-realistischen Sprachspiels zielt jedoch nicht auf 'Einflußforschung' im traditionellen Sinne; sie verfolgt vielmehr ein erweitertes Intertextualitätskonzept, das sich am Motivkomplex der Verwilderung entlangschreibt.

Außerdem erscheint es sinnvoll, die Ruderalflächen aus den ins Abseits gedrängten Texten der Magischen Realisten gegen die Verwilderungen ihrer kanonisierten Ahnen zu profilieren. Das kann und darf jedoch nicht bedeuten, daß die verkannten AutorInnen des Magischen Realismus *gegen* ihre anerkannten KollegInnen ausgespielt werden. Die Spiegelung des Berühmten im Unberühmten (und umgekehrt) soll vielmehr zu einer kritischen Reversion *beider* Modalitäten (berühmt/unberühmt) führen. Einerseits läßt sich zeigen, daß Texte, die heute zum Kanon der Literatur(wissenschaft) zählen, vom Schatten ihrer 'Unberühmtheit' verfolgt werden,[8] so wie andererseits gezeigt werden kann, daß unberühmte Texte des Magischen Realismus mit Hilfe der 'richtigen' Perspektive erstaunlich aktuell und 'berühmt' sein können.[9]

'Verwilderte' Texte des Naturalismus und Expressionismus werden im folgenden nicht berücksichtigt. Das hat seine Gründe. Zum einen sind die Texte des Naturalismus erstaun-

---

[8] Man denke hier beispielsweise nur an Wilhelm Raabe, dessen Spätwerk viele Jahre lang ein 'unberühmtes' Schattendasein fristete und erst in den 80er Jahren des 20. Jahrhunderts 'entdeckt' worden ist. Im Gegenzug sind seine ehemals 'berühmten' Texte (wie z.B. *Der Hungerpastor*) aus naheliegenden Gründen (Antisemitismus) heute ziemlich 'unberühmt'.

[9] Aus dem reichhaltigen Angebot an vertexteten (Sekundär-) Wildnissen habe ich im folgenden diejenigen ausgewählt, die mir entweder für ihre Zeit besonders avanciert, oder für meine ruderalen Zwecke besonders 'zweckdienlich' zu sein schienen. Das Hauptgewicht liegt hier auf den AutorInnen des 19. Jahrhunderts, insbesondere auf den drei 'berühmten' Realisten Gottfried Keller, Adalbert Stifter und Wilhelm Raabe. Die Verwilderungen dieser *bürgerlichen* Realisten dienen mir im nächsten Kapitel als Kontrastfolie für die Sekundärwildnisse der *magischen* Realisten.

lich harmlos und 'zahm', so daß sie hier nicht weiter berücksichtigt werden müssen.[10] Die Texte des Expressionismus zeichnen sich zum andern entweder ohnehin durch ihre 'verwilderten' Textverfahren (= Textur) aus – dann benötigen sie den Topos der Ödfläche nicht –, oder sie integrieren *zusätzlich* Versatzstücke des ruderalen Vokabulars; dann handelt es sich um motivische Amplifikationen, die hier nicht nachgezeichnet werden müssen.

a) Gryphius und Opitz

Öde Landschaften sind ein immer wiederkehrendes Motiv in der europäischen Literatur. Klaus Garber und andere haben gezeigt, daß die 'Wüsteney' bereits im 17. Jahrhundert als Topos fest etabliert ist.[11] So werden beispielsweise in Andreas Gryphius' Sonett *Einsamkeit* zwar „mehr denn öde[] Wüsten" beschworen, aber dieser 'mehr als wüste Ort' bezeichnet, zeitgemäß ausgedrückt, ein ursprüngliches *Biotop* mit „wilde[m] Kraut", „bemoßte[m] See" und ornithologischer Artenvielfalt:

> *Einsambkeit.*
>
> IN dieser Einsamkeit / der mehr denn öden wüsten /
> Gestreckt auff wildes Kraut / an die bemoßte See:
> Beschaw' ich jenes Thal vnd dieser Felsen höh'
> Auff welchem Eulen nur und stille Vögel nisten.[12]

In Gryphius' Einsamkeit wächst also noch „*wildes* Kraut" und kein *Un*kraut. Anders sieht es da schon auf der „wüste[n] Bahn" von Martin Opitz' *Trostgedicht In Widerwertigkeit deß Kriegs* aus. Auf diesem *Odfeld ante quem* wächst eigentlich gar nichts mehr, weil alles „Mit Leichen zugesaet" ist:

---

10   Ein Beispiel: Am Schluß von Max Kretzers naturalistischem Roman *Meister Timpe* (1888) wird trotz der vielversprechenden Überschrift *Unter Trümmern* (vgl. Kap. XIX) keine Ruderalfläche geschildert, sondern ein zwar „halbverkohlte[s]", aber dennoch idyllisches Proletarier-"Häuschen". Die „Trümmerstätte" als solche wird bezeichnenderweise auch gar nicht näher beschrieben, sondern bleibt Kulisse (vgl. das anmutige 'Ringeln' des Rauches) für ein versöhnliches Ende: „Man trug den Leichnam [Meister Timpes] in seine Wohnung. Noch immer ringelte der Rauch in dünnen Säulen zum Fenster hinaus und über das Dach hinweg. Das Häuschen mit seinen eingeschlagenen Fenstern und Türen, der durchlöcherten Wand, mit den halbverkohlten Dielen glich einer Trümmerstätte. Durch die geöffneten Türen hatte man eine Durchsicht nach der Straße, wo die Menge Kopf an Kopf gleich einem lebenden Meere wogte." Max Kretzer: Meister Timpe. Sozialer Roman, Stuttgart 1976, S. 285f.

11   Klaus Garber: Der locus amoenus und der locus terribilis. Bild und Funktion der Natur in der deutschen Schäfer- und Landlebendichtung des 17. Jahrhunderts, Köln 1974. Vgl. auch Helen Watanabe-O'Kelly: Melancholie und die melancholische Landschaft. Ein Beitrag zur Geistesgeschichte des 17. Jahrhunderts, Bern 1978 (Watanabe-O'Kelly spricht vom „locus melancholicus"). Vgl. weiterhin Ernst Ulrich Grosse: Sympathie der Natur. Geschichte eines Topos, München 1986 (Grosse spricht vom „desertus campus").

12   Andreas Gryphius: Gesamtausgabe der deutschsprachigen Werke, hg. von Marian Szyrocki und Hugh Powell, Bd. 1, Tübingen 1963, S. 68.

> [...] Das Feld steht ohne Feld /
> Der Acker fraget nun nach keinem grossen bawen /
> Mit Leichen zugesäet; er fragt nach keinem tawen /
> Nach keinem düngen nicht: Was sonst der Regen thut /
> Wird jetzt genung gethan durch feistes Menschen-Blut.[13]

Die Zerstörungen *deß Kriegs* werden von Opitz zwar ausführlich beschrieben, aber ein noch 'frisches' Schlachtfeld ist eben kein verkommenes Areal, über das die Zeit hingegangen ist und dessen Wunden bereits vernarbt (überwuchert) sind. Gleichwohl ist das Schlachtfeld poetologisch höchst relevant, da es sich ganz explizit um ein „*newe[s]* Feld" handelt, das von Opitz um 1630 gewissermaßen zum ersten mal 'bestellt' – also prototypisch beschrieben – wird. Ein viertel Jahrtausend vor Wilhelm Raabe entdeckt Martin Opitz das verwüstete 'Ödfeld' als literarisches Neuland, auf das 'noch keiner vor ihm den Fuß gestellt' hat:

> Du Geist von GOtt gesandt / [...]
> Regiere meine Faust / laß meine Jugend rennen
> Durch diese wüste Bahn / durch dieses newe Feld /
> Darauff noch keiner hat für mir den Fuß gestellt.
> Das ander ist bekandt; wer hat doch nicht geschrieben
> Von Venus Eitelkeit [...]?[14]

Opitz' Landnahme der 'newen' Terra incognita, die sich in bewußter Abgrenzung zum hinlänglich 'Bekannten' vollzieht, wird für lange Zeit singulär bleiben. Das Ausmaß der Verwüstungen, das der Dreißigjährige Krieg in Deutschland und Europa zeitigte, wird erst wieder mit den beiden Weltkriegen erreicht. Das *Trostgedicht In Widerwertigkeit deß Kriegs* ist deshalb eines der ersten (und radikalsten!) Beispiele für 'Trümmerliteratur' im deutschen Sprachraum.

b) Hölderlin

Hölderlin ist dafür 'berühmt', daß er im *Hyperion* (1797/99) die Trümmer des altgriechischen Athen elegisch betrauert:

> Ach! sagte ich [= Hyperion] [...], es ist wohl ein prächtig Spiel des Schicksals, daß es hier die Tempel niederstürzt und ihre zertrümmerten Steine den Kindern herumzuwerfen gibt, daß es die zerstümmelten Götter zu Bänken vor der Bauernhütte und die Grabmäler hier zur Ruhestätte des weidenden Stiers macht, [...] es ist doch schade um all die Größe und Schönheit.[15]

---

13 Martin Opitz: Gesammelte Werke (Kritische Ausgabe), hg. von George Schulz-Behrend, Bd. 1, Stuttgart 1968, S. 191-266, hier: S. 194.

14 Martin Opitz: Gesammelte Werke Bd. 1, S. 192.

15 Friedrich Hölderlin: Werke und Briefe [in zwei Bänden], hg. von Friedrich Beißner und Jochen Schmidt, Bd. 1 (Gedichte, Hyperion), Frankfurt/M. 1982, S. 371f.

In einer säkularisierten Zeit, in der „Götter zu Bänken" gemacht werden, geht natürlich alle „Größe und Schönheit" verloren. Die „Trümmer[]" haben bei Hölderlin aber einen völlig anderen *Stellenwert* (im wahrsten Sinne des Wortes) als noch bei Opitz und Gryphius. Es handelt sich hier nämlich nicht um schnöde Kriegstrümmer, sondern um erhabene und untergegangene Ganzheiten, aus denen, so Gott will, dermaleinst wieder junges Leben hervorblüht:

> Ich stand nun über den Trümmern von Athen, wie der Ackersmann auf dem Brachfeld. Liege nur ruhig, dacht ich [...], schlummerndes Land!. Bald grünt das junge Leben aus dir, und wächst den Segnungen des Himmels entgegen. [...] Du frägst nach Menschen, Natur? Du klagst, wie ein Saitenspiel [...]? Sie werden kommen, deine Menschen, Natur! [...] Menschheit und Natur wird sich vereinen in Eine allumfassende Gottheit.[16]

Hölderlin benutzt hier zwar eine typische Ruderal-Sprache („Trümmer[]", „Brachfeld"), das 'junge, grünende Leben', das er dabei im Sinn hat, bezieht sich aber nicht auf irgendwelche Unkräuter, sondern im Gegenteil auf ein zukünftiges, starkes und edles Menschentum. Die 'Vereinigung' von „Menschheit und Natur" zielt auf die „Eine allumfassende Gottheit" und nicht auf die Verwilderung. Prägnant formuliert: Schmutzige Unkräuter gibt es im *Hyperion* nicht. Die Industriebrachen eines Wolfgang Hilbig sind gewissermaßen das profane Gegenstück zu Hölderlins in Trümmern liegenden Ideal-Landschaften. Im Unterschied zu Hölderlin *betrauert* Hilbig aber nicht primär den Untergang eines 'Ganzen', sondern er *entdeckt* und 'gestaltet' vielmehr das 'Halbe' (vgl. Loerkes „Halbgestalten") der Ruderalflächen.

c) Lenau

In Nikolaus Lenaus Gedicht *Einsamkeit*, das inhaltlich-thematisch an Gryphius' gleichnamiges Sonett anknüpft, findet sich wieder der Topos der Wildnis. Seine erste Strophe lautet:

> *Einsamkeit.*
>
> Wild verwachsne dunkle Fichten,
> Leise klagt die Quelle fort;
> Herz, das ist der rechte Ort
> Für dein schmerzliches Verzichten![17]

Die „Wildnis", die auch in diesen Zeilen eine noch primäre ist, wird in Lenaus Gedichten auffallend häufig mit dem Topos der Melancholie verknüpft. In dem Gedicht *An die Melancholie* ist die Wildnis nicht nur 'außen' in den „Felsenklüfte[n]", sondern auch 'in-

---

16   Friedrich Hölderlin: Werke und Briefe Bd. 1, S. 375.

17   Nikolaus Lenau: Werke und Briefe. Historisch-kritische Gesamtausgabe, hg. im Auftrag der internationalen Lenau-Gesellschaft von Helmut Brandt u.a., Band 2, Wien 1995, S. 76.

nen', d.h. im Gemüt des lyrischen Ich, aus dem sie in Form einer „Träne" metonymisch 'hervorbricht'. Die Topoi Melancholie, Wildnis und Einsamkeit bilden in folgendem Gedicht eine beziehungsreiche und bei vielen AutorInnen wie z.b. Günter Eich immer wiederzufindende dialektische Einheit:

An die Melancholie.

Du geleitest mich durch's Leben,
Sinnende Melancholie!
Mag mein Stern sich strahlend heben,
Mag er sinken – weichest nie!

Führst mich oft in Felsenklüfte,
Wo der Adler einsam haust,
Tannen ragen in die Lüfte,
Und der Waldstrom donnernd braust.

Meiner Todten dann gedenk' ich,
Wild hervor die Thräne bricht,
Und an deinen Busen senk' ich
Mein umnachtet Angesicht.[18]

Exkurs: „Odradek" (Kafka)

Das Motiv der Ruine und die Ruinenpoesie haben (nicht nur) in der deutschen Schauerromantik ihren festen Platz.[19] Zerfallene und 'öde Häuser' bilden ideale Kulissen für allerlei Gespenster, die sich als (mehr oder weniger) verkörperte *genii loci* in einer solchen unheimlichen Umgebung erst richtig wohl fühlen.[20] Etwas Gespenstisches und Rudimentäres haftet selbst noch Kafkas Odradek-"Gebilde" an, das in seiner „abgerissene[n], alte[n], aneinander geknotete[n] [und] ineinander verfitzte[n]" Un-form an Loerkes 'Halbgestalten' erinnert.[21] Odradek ist die personifizierte Entpragmatisierung und deshalb ein

---

18 Nikolaus Lenau: Werke und Briefe, Band 1, S. 135.

19 Vgl. H.H. Stoldt: Geschichte der Ruinenpoesie in der Romantik, Kiel (Diss.) 1924. Vgl. auch: Charlotte Kander: Die deutsche Ruinenpoesie des 18. Jahrhunderts bis in die Anfänge des 19. Jahrhunderts, Heidelberg (Diss.) 1933. Es handelt sich hier zwar um zwei sehr alte (und zum Teil auch *ver*altete), aber dennoch recht fundierte und materialreiche Studien zur deutschen Ruinenpoesie.

20 Vgl. Aleida Assmann, die in ihrem hochinstruktiven Aufsatz *Das Gedächtnis der Orte* bemerkt, „daß die eigentlichen Helden des Schauerromans die Gebäude sind, die vom Geist der Vorzeit heimgesucht sind. [...]. Unter [den] Umständen, unter denen die Menschen bereitwillig vergessen, werden die Orte zu den eigentlichen Gedächtnisträgern." (S. 28f.) Zum Terminus *genius loci*, der von mir im folgenden häufig benutzt wird, vgl. das 4. Kapitel *Genius loci – Geisterstimmen der Vergangenheit* (S. 26-30) von Assmanns Aufsatz.

21 Franz Kafka: Die Sorge des Hausvaters, S. 157. Odradek ist auch insofern gespenstisch, als es (bzw. er) nicht „sterben" kann und ungreifbar, d.h. „nicht zu fangen" (ebd.) ist. In seinem Realitätsstatus changiert Odradek zwischen einem „Wesen", einem „Gebilde" und einem „Er", das „man" ansprechen kann. Paradox gesagt: Odradek ist in einem emphatischen Sinne *un*wesentlich.

genius loci von Un-räumen: „Er hält sich abwechselnd auf dem Dachboden, im Treppenhaus, auf den Gängen, im Flur auf."[22] Die genannten Räumlichkeiten sind im strengen
Sinne zwar nicht ruiniert und verfallen, aber sie sind doch insofern ‘verödet’, weil sie –
genau wie Kellerräume und Abstellkammern – von Menschen *nicht bewohnt* werden. Sie
sind deshalb im wahrsten Sinne des Wortes *un-heimlich*. Mit andern Worten: Un-räume
entfalten ein gespenstisches Eigenleben (= Odradek), weil sie der unmittelbaren Nutzung
bzw. Kontrolle (des Hausvaters) entzogen und deshalb gewissermaßen *verwildert* sind.[23]
Genau in diesem Sinne korrelieren sie mit der Ruine. Auch die Ruine ist zwar menschlichen Ursprungs, aber dann vom Menschen verlassen bzw. sich selbst überlassen worden.
Die Ruine ist genau wie die Fratze des Ogers *das* Missing link zwischen geplanter Kultur
und unberechenbarer Natur.[24]

d) E.T.A. Hoffmann

In der deutschen Literatur des 19. Jahrhunderts gibt es vor allem zwei ruinierte ‘öde Häuser’, die ein unheimliches Eigenleben entwickeln. *Das öde Haus* aus E.T.A. Hoffmanns
gleichnamiger Erzählung von 1817 liegt genau *so* „zwischen" den übrigen „Prachtgebäu-
den" der Stadt „eingeklemmt" wie Loerkes „verfluchte[s] Unlandstück[]" einhundert Jahre später zwischen den „eleganten Häuser[n]" Berlins verortet ist. Der Binnenerzähler
Theodor aus Hoffmanns *Nachtstück* schildert seinen Freunden das öde Haus mit den folgenden Worten:

> Schon oft war ich die Allee durchwandelt, als mir eines Tages plötzlich ein Haus ins
> Auge fiel, das auf ganz wunderliche seltsame Weise von allen übrigen abstach.
> Denkt euch ein niedriges [...], von zwei hohen schönen Gebäuden eingeklemmtes
> Haus [...], dessen schlecht verwahrtes Dach, dessen zum Teil mit Papier verklebte
> Fenster, dessen farblose Mauern von gänzlicher Verwahrlosung des Eigentümers
> zeugen. Denkt euch, wie solch ein Haus zwischen mit geschmackvollem Luxus aus-
> staffierten Prachtgebäuden sich ausnehmen muß.[25]

---

22   Franz Kafka: Die Sorge des Hausvaters, S. 157.

23   Es sei in diesem Zusammenhang an Clemens Brentanos ‘verwilderten’ Roman *Godwi* (1801/1802) erinnert,
     der die Verwilderung über das rein Motivische hinaus auch im Textverfahren reproduziert. Ernst Behler
     bemerkt im Nachwort der Reclam-Ausgabe von Brentanos *Godwi*, daß sich hier „die Kategorie der Verwil-
     derung nicht mehr bloß als negativ [erweist], sondern [...] gleichzeitig eine Nuance [...] des Programmati-
     schen [hat]". E.B.: Nachwort. In: C.B.: Godwi. Ein verwilderter Roman, hg. von Ernst Behler, Stuttgart
     1995, S. 569-591, hier: S. 570. Für Karlheinz Stierle beginnt die *Verwilderung des Romans* bereits mit dem
     Don Quixote, vgl. K.St.: Die Verwilderung des Romans als Ursprung seiner Möglichkeit. Grundriß der ro-
     manischen Literaturen des Mittelalters. In: Begleitreihe I, Heidelberg 1980, S. 253-313.

24   Der Ruinen-Topos (von der Romantik bis zur Moderne...) kann hier verständlicherweise nicht *en détail* ver-
     folgt werden. Vgl. dazu die neuere Publikation von Norbert Bolz und Wolfram van Reijen (Hg.): Ruinen
     des Denkens, Denken in Ruinen, Frankfurt/M. 1996.

25   E.T.A. Hoffmann: Das öde Haus. In: ders.: Nachtstücke etc., hg. von Hartmut Steinecke, Frankfurt/M.
     1985, S. 166.

Theodors 'Lektüre' der Häuser-'Zeilen' stockt in dem Augenblick, wo der 'schöne' Zusammenhang verlorengeht und die „Verwahrlosung" beginnt. Das obskure und vom Gewöhnlichen 'abstechende' Andere, das dem Flaneur Theodor hier „plötzlich" und mehr beiläufig „ins Auge" fällt, wird (genau wie der vernutzte „Koffer" aus Loerkes *Puppe*) zum Incitament für unkontrollierbare Phantastereien und Spekulationen des (bzw. der) Protagonisten. Das verödete Haus provoziert im Betrachter „seltsame Gebilde", die – als Halbgestalten zwischen Un- und Übersinn – an Loerkes ambige „Flecken" und „Klexe" denken lassen:

> [Ich] mußte [...] doch noch immer vorübergehend nach dem öden Hause hinschauen, und noch immer gingen im leisen Frösteln, das mir durch die Glieder bebte, allerlei seltsame Gebilde von dem auf, was dort verschlossen.[26]

Im Gegensatz zu Friedrich Schedel beläßt Theodor es jedoch nicht dabei, am 'unheimlichen Ort' nur *vorüber*zugehen. Theodor bleibt dem *genius loci* nicht melancholisch-resignativ verhaftet, sondern er dringt (im Unterschied zu Schedel) aktiv in den 'verschlossenen' Bezirk ein und lüftet damit das dunkle Geheimnis, das den unheimlichen Ort umwittert: Das öde Haus, so lautet des Rätsels Lösung, wird von der wahnsinnigen Angelika bewohnt, die dort mit ihrem Kammerdiener eine gespenstische Existenz fristet. Der Wahnsinn Angelikas wird aber nicht nur thematisiert, er kommt darüber hinaus – und auch darin zeigt sich Hoffmanns Modernität – selbst zu Wort:

> [Angelika] schlägt [...] die Hände zusammen, und ruft mit lautem Lachen: „Ist's Püppgen angekommen? – richtig angekommen? – eingescharrt, eingescharrt? O Jemine, wie prächtig sich der Goldfasan schüttelt! wißt ihr nichts vom grünen Löwen mit den blauen Glutaugen?" – Mit Entsetzen bemerkt der Graf die Rückkehr des Wahnsinns [...].[27]

Der 'Unberümte Ort' als (mögliche) Projektionsfläche für Textur und Irrenrede generiert schon ca. einhundert Jahre vor dem Expressionismus unkontrollierbare Sprach-Gebilde. Das „Püppgen", von dem oben die Rede ist, ist dann spätestens in Schedels Koffer (bzw. Loerkes *Puppe*) „richtig angekommen".

---

26   E.T.A. Hoffmann: Das öde Haus, S. 168.

27   E.T.A. Hoffmann: Das öde Haus, S. 196f. Der „grüne[] Löwe", von dem im *öden Haus* die Rede ist, hat übrigens in der Literatur des 20. Jahrhunderts einen engen Verwandten. Es handelt sich um Ilse Aichingers *grünen Esel*, der sich ebenfalls am 'unberühmten Ort' blicken läßt: „Ich sehe täglich einen grünen Esel über die Eisenbahnbrücke gehen [...]. Ich weiß nicht, woher er kommt, ich konnte es noch nie beobachten. Ich vermute aber, aus dem aufgelassenen Elektrizitätswerk jenseits der Brücke [...]." Ilse Aichinger: Mein grüner Esel. In: dies.: Eliza Eliza (Erzählungen 1958-1968), Frankfurt/M. 1991, S. 79.

e) Droste-Hülshoff

Das andere *öde Haus* findet sich in dem Gedichtzyklus „Fels, Wald und See" (1844) Annette von Droste-Hülshoffs. Die erste und letzte Strophe dieses umfangreichen Gedichtes, in dem der Verfall eines Waldhauses minuziös beschrieben wird, lauten wie folgt:

> *Das öde Haus*
>
> Tiefab im Tobel liegt ein Haus,
> Zerfallen nach des Försters Tode,
> Dort ruh' ich manche Stunde aus,
> Vergraben unter Rank' und Lode;
> 's ist eine Wildnis, wo der Tag
> Nur halb die schweren Wimper lichtet;
> Der Felsen tiefe Kluft verdichtet
> Ergrauter Äste Schattenhag.
>
> [...]
>
> Sitz ich so einsam am Gesträuch
> Und hör' die Maus im Laube schrillen,
> Das Eichhorn blafft von Zweig zu Zweig,
> Am Sumpfe läuten Unk' und Grillen –
> Wie Schauer überläufts mich dann,
> Als hör' ich klingeln noch die Schellen,
> Im Walde die Diana bellen
> Und pfeifen noch den toten Mann.[28]

Die hier nicht zitierten Strophen 2 bis 7 beschreiben, wie gesagt, detailfreudig die Spuren des Verfalls: Da ist die Rede von Moosen und Pilzen, die das Waldhaus zurückerobern, und es werden allerlei Pflanzen und Tiere aufgezählt, die sich dort an Stelle des Menschen ausbreiten. Trotz aller „Schauer"-Romantik – der „tote[] Mann" scheint „noch" gespenstisch zu „pfeifen" – handelt es sich hier um eine grüne Idylle, in der das 'vergrabene' lyrische Ich totengleich 'ausruhen' kann. Die zwielichtige „Wildnis", die in diesem Gedicht interessanterweise wieder einmal 'halbgestaltet' ist – der Tag „lichtet" dort nur „*halb* die schweren Wimper" – erscheint derart übermächtig, daß der humane Aspekt fast vollständig hinter der dominanten Natur zurücktritt. Der noch urwüchsige *locus terribilis* des öden Hauses bildet in Droste-Hülshoffs Gedicht weder eine Schädelstätte emphatischer Erinnerung an Menschliches, noch konstituiert er einen (unberühmten) Ort für 'wuchernde' Phantastereien und Imaginationen des lyrischen Ichs. Droste-Hülshoffs „Wildnis" ist also weder berühmt noch unberühmt, sie ist einfach noch wild und schaurig. Die wenigen menschlichen Rudimente, die neben den ins Kraut schießenden Tier- und Pflanzenkatalogen des Gedichts genannt werden – abgesehen vom zerfallenen Haus selbst handelt es sich dabei nur um das „Pfeifchen" des Försters und das „Schellenband" seines

---

28   Annette von Droste-Hülshoff: Das öde Haus. In: dies.: Sämtliche Werke in zwei Bänden, hg. von Bodo Plachta und Winfried Woesler, Band 1 (Gedichte), Frankfurt/M. 1994, S. 75-77, hier: S. 75.

Hundes „Diana" (vgl. 7. Strophe) – , sind keine Incitamente für die Re-Konstruktion eines menschlichen Schicksals. Es verhält sich vielmehr umgekehrt so, daß der Mensch wieder in die Natur zurückübersetzt wird. Wenn am Schluß des Gedichts „Diana" (alias Artemis) wieder zu „bellen" scheint, dann hat die mythologische Göttin der Jagd und der Wildnis den Sieg über die Zivilisation endgültig davon getragen.

f) Stifter

Scheinbar ähnlich verhält es sich in Adalbert Stifters Erzählung *Der Hochwald* (1842). Diese Erzählung (aus Stifters Erzählband *Studien*), in der unter anderem die Besiedlung eines „unermeßlichen" Ur-Waldes geschildert wird, endet damit, daß die Spuren der menschlichen Zivilisation wieder getilgt werden. Es handelt sich also weniger um einen 'unberühmten', als vielmehr um einen 'unberührten Ort' *in spe*:

> Westlich liegen und schweigen die unermeßlichen Wälder, lieblich wild wie ehedem. Gregor hatte das Waldhaus angezündet, und Waldsamen auf die Stelle gestreut; die Ahornen, die Buchen, die Fichten und andere, die auf der Waldwiese standen, hatten zahlreiche Nachkommenschaft und überwuchsen die ganze Stelle, *so daß wieder die tiefe jungfräuliche Wildnis entstand, wie sonst*, und wie sie noch heute ist.[29]

Hier dekonstruiert bzw. eliminiert sich der Mensch in einem Ausmaß, daß nicht einmal mehr eine vernutzte Sekundärwildnis zurück bleibt. Vielmehr verhält es sich so, daß die „jungfräuliche Wildnis" in einem höchst widersprüchlichen (Geschlechts-) Akt wieder rekonstruiert wird. Die (phallisch aufragenden) Bäume, die vom „Waldsamen" ausstreuenden Gregor 'gezeugt' werden, erweisen sich ihrerseits als derartig fruchtbar, daß sie an „Stelle" des Menschen „zahlreiche Nachkommenschaft" hervorbringen. Das Verhältnis von Mensch und Natur erscheint im *Hochwald* also komplett umgekehrt und damit im wahrsten Sinne des Wortes pervertiert: Der weibliche 'Held' der Novelle ist der passiv „liegen[de] und schweigen[de]" Hochwald in seiner post-humanen 'Jungfräulichkeit' und nicht der aktiv in ihn 'eindringende' Mensch. Der wahre Protagonist von Stifters Erzählung ist, mit andern Worten, der „unermeßliche[]" und dunkle *Hintergrund* des Geschehens und nicht das, was sich als peripheres menschliches Geschick *auf* ihm abspielt. Arno Schmidts Diktum vom 'sanften Unmenschen'[30] Adalbert Stifter scheint sich im *Hochwald* auf eine geradezu unheimliche Weise zu bestätigen.

Besonders eindrücklich gestaltet Stifter das „jungfräuliche[] Schweigen" der Wildnis in seiner berühmten Schilderung des Hochwaldsees, mit der die Erzählung eingeleitet wird. Dieser ursprüngliche See, den „keine Spur von Menschenhand" bislang verunstaltet hat, wird mit folgenden Worten ausführlich beschrieben:

---

29 Adalbert Stifter: Der Hochwald. In: ders.: Studien, München (Winkler) 1950, S. 181-276, hier: S. 276.

30 Vgl. Arno Schmidt: Die Handlungsreisenden. In: ders.: Das essayistische Werk zur deutschen Literatur in 4 Bänden, Bd. 3, Zürich 1988, S. 157-185.

Ein Gefühl der tiefsten Einsamkeit überkam mich jedesmal unbesieglich, so oft und gern ich zu dem märchenhaften See hinaufstieg. Ein <u>gespanntes Tuch ohne eine einzige Falte</u> liegt er weich zwischen dem harten Geklippe [...].
Da in diesem Becken <u>buchstäblich</u> nie ein Wind weht, so ruht das Wasser unbeweglich, und der Wald und die grauen Felsen, und der Himmel schauen aus seiner Tiefe heraus, wie aus einem ungeheuern schwarzen Glasspiegel. Über ihm steht ein <u>Fleckchen</u> der tiefen, eintönigen Himmelsbläue. Man kann hier tagelang weilen und sinnen und <u>kein Laut stört</u> die durch das Gemüt sinkenden Gedanken, als etwa der Fall einer Tannenfrucht oder der kurze Schrei eines Geiers.
Oft entstieg mir ein und derselbe Gedanke, wenn ich an diesen Gestaden saß: – als sei es <u>ein unheimlich Naturauge, das mich hier ansehe</u> – tief schwarz – überragt von der <u>Stirne und Braue der Felsen</u>, gesäumt von der <u>Wimper dunkler Tannen</u> – drin das Wasser regungslos, wie eine versteinerte Träne.[31]

Was sich in Stifters Landschaftsschilderung auf den ersten Blick noch traditionell allegorisch lesen läßt (der Waldsee als *locus melancholicus*), entpuppt sich bei genauerem Hinsehen als eminent poetologisch-reflexiv. Diese vorrangige Selbstreferenz im Be-Schreiben von 'Landschaft' zeigt sich vor allem in den Vergleichen und Metaphern („gespanntes Tuch ohne [...] Falte"[32]), den autonomen Farb-"Fleckchen" und der vom Betrachter-Ich inszenierten personalen Inversion („Naturauge, das *mich* an[sieht]"). Die Inversion funktioniert hier (ähnlich wie in Loerkes *Oger*) nach dem Strukturmuster einer sogenannten *Kippfigur*: Kontingente Landschaftsformationen ordnen sich spontan zu einer Struktur, die Landschaft bekommt im wahrsten Sinne des Wortes ein neues *Gesicht*. Auffällig und „unheimlich" sind insbesondere die beiden Genitiv-Konstruktionen („Braue der Felsen", „Wimper dunkler Tannen"), in denen der menschliche und unmenschliche Bereich 'kurzgeschlossen' werden (vgl. auch die „versteinerte Träne"). In solchen Formulierungen kehrt das auf der Inhaltsebene 'verdrängte' Betrachter-Ich vergrößert wieder und blickt als nunmehr topographisch Vertextetes auf den Leser zurück. Die sprachliche Autonomie, die dem „schwarzen Glasspiegel" des Sees „buchstäblich" eingeschrieben ist, wird dann in Arno Schmidts Erzählung *Schwarze Spiegel* (1951) – einer Hommage an Stifter – exzessiv ausgeschrieben.[33]

---

31   Adalbert Stifter: Der Hochwald, S. 184f. Von der Stifter-Forschung ist bislang nicht bemerkt worden, daß sich die Beschreibung des Waldsees an das Gedicht *Der schwarze See* von Nikolaus Lenau anlehnt. Die ersten drei Strophen dieses umfangreichen Gedichts lauten: „Die Tannenberge rings dem tiefen See umklammen, / Und schütten in den See die Schatten schwarz zusammen. // Der Himmel ist bedeckt mit dunklen Wetterlasten, / Doch ruhig starrt das Rohr, und alle Lüfte rasten. // Sehr ernst ist hier die Welt und stumm in sich versunken, / Als wär ihr letzter Laut im finstern See ertrunken. [...]" N.L.: Werke und Briefe, Bd. 2, S. 156-157, hier: S. 156.

32   Die Affinität von Text und Gewebe hat spätestens Roland Barthes in *Die Lust am Text* (Frankfurt/M. 1974, S. 94) mit wünschenswerter Deutlichkeit herausgearbeitet.

33   Schmidts 1951 erschienenes Buch *Brand's Haide* enthält neben der Titelerzählung außerdem noch die Erzählung *Schwarze Spiegel*. Beide Texte beziehen sich mit ihrem Titel auf Werke von Stifter: *Brand's Haide* alludiert Stifters frühe Erzählung *Das Haidedorf* (1840), und *Schwarze Spiegel* bezieht sich, wie gesagt, auf den *Hochwald*.

Man beachte in diesem Zusammenhang auch, wie die sprachlichen Oppositionen, die der Text aufbaut (um sie gleichzeitig zu unterlaufen), für die Inversion funktionalisiert werden: Die Naturalien („Wald", „Felsen" und „Himmel") „schauen aus [der] Tiefe heraus, wie aus einem [...] schwarzen Glasspiegel", also wie aus einem vom Menschen hergestellten und „Tiefe" nur vortäuschenden Artefakt, das zudem noch funktionsuntüchtig („schwarz") ist bzw. sein müßte. Während die Naturalien also aktiv-lebendig <u>heraus</u> schauen, „<u>sinken</u>[]" gleichzeitig die „Gedanken" des Betrachters wie abgestorbene Naturalien passiv „durch das Gemüt" – <u>herab</u>, wie zu ergänzen wäre. Die hiermit vollzogene Koinzidenz von Mensch („Gemüt") und Natur („See") steigert sich im darauffolgenden Satz zur Inversion, wenn das zuvor 'abgesunkene' Gedankengut dem Betrachter wieder 'entsteigt': So wie die immer gleichen <u>Naturalien</u> („Wald", „Felsen", „Himmel") aus der Tiefe *heraus* schauen, so *entsteigt* dem Betrachter (passiv) immer „ein und derselbe <u>Gedanke</u>": „als sei [das Becken] ein unheimlich Naturauge, das mich hier ansehe". Mit anderen Worten: Der naturalisierte *Mensch* 'denkt' eine humanisierte *Natur*, die einen Menschen 'ansieht', der eine Natur 'denkt', die einen Menschen 'ansieht'... Die „ungeheure Fratze" des Ogers, die das „Zerrbild eines Menschengesichtes" zeigt, ist eine späte Replik Loerkes auf Stifters verzerrt-anthropomorphisiertes Landschaftsgesicht.

Legt man Stifters späte – und im Zusammenhang mit Loerke bereits erwähnte – *Nachgelassene Blätter* (1867) wie autobiographisch-poetologische Parameter versuchsweise auch einmal an die *Hochwald*-Erzählung an, dann zeigt sich, daß schon in diesem frühen Text die „dunkle[n] Flecken" des Hintergrundes gleichsam Wort für Wort 'ausbuchstabiert' werden. In den „Nachgelassene[n] Blättern" – so viel zur Erinnerung – legte das Schreiben lernende Kind Adalbert „Kienspäne ihrer Länge nach an einander hin, verband sie auch wohl durch Querspäne und sagte: 'Ich mache Schwarzbach.'"[34] Dieses in semantischer und phonetischer Hinsicht dunkle (bzw. obskure) Wort „*Schwarzbach*", das das Kind im wahrsten Sinne des Wortes *macht* (ermächtigt), scheint so etwas wie die erste, schriftlich fixierte Emanation der 'dunklen Wald-Flecken' zu sein, die sowohl im *Hochwald* als auch in den *Nachgelassenen Blättern* mit dem Weiblichen (bzw. Mütterlichen) konnotiert sind:

> Immer mehr fühlte ich die Augen, die mich anschauten, die Stimme, die zu mir sprach, und die Arme, die alles milderten. Ich erinnere mich, daß ich das „Mam" nannte.
> Diese Arme fühlte ich mich einmal tragen. *Es waren dunkle Flecken in mir. Die Erinnerung sagte mir später, daß es Wälder gewesen sind, die außerhalb mir waren.*[35]

---

34 Adalbert Stifter: Nachgelassene Blätter, S. 605.

35 Adalbert Stifter: Nachgelassene Blätter, S. 603. Die „Fleck"-Metaphorik spielt in Stifters Werk eine wichtige Rolle. So wird etwa in der Erzählung *Granit* (1853) nicht nur Stifters frühkindlicher Initiationsort der Schrift – „Schwarzbach" – namentlich genannt, sondern es wird dort auch sein biographischer Geburtsort Oberplan/Böhmen erwähnt und explizit als der „Markt*flecken* Oberplan" ausgewiesen. – Eine andere autobiographische Skizze, die Stifter 1867 für das *Biographisch literarische Lexikon der katholischen deutschen Dichter* geschrieben hatte, beginnt mit den Worten: „Adalbert Stifter wurde im *Flecken* Oberplan [...]"

Betrachtet man daraufhin noch einmal ganz genau das erste Zitat aus dem *Hochwald*, dann fällt auf, daß der subjektive Ermächtigungsakt des Lesens (bzw. Schreibens) hier vordergründig zurückgenommen wird – „Gregor hatte das Waldhaus [vgl. „Schwarzbach"] angezündet, und Waldsamen auf die Stelle gestreut" – , um *im Text selbst* auf hintergründige Weise hypostasiert zu werden: „die Ahornen, die Buchen, [die C, die D, die E,] die Fichten"[36] hatten „zahlreiche Nachkommenschaft und überwuchsen die ganze Stelle", so daß die qua Alphabet und Sprache rekonstruierte „jungfräuliche Wildnis" eine Vereinigung mit dem mütterlichen Prinzip *post scriptum* „wieder" ermöglicht. Der vermeintlich intendierte Substitutionsprozeß („Waldsamen" an „Stelle" des Menschen) bezeichnet deshalb in Wahrheit die Ersetzung der außersprachlichen Objekte („Waldhaus") durch spachliche Symbole (/Waldhaus/). Nach dem Sprach- und Zeichenerwerb ist (fast) alles wieder „wie sonst" in der symbiotischen Dyade von Mutter und Kind.

Ein letzter akribischer Blick auf das obige Zitat zeigt darüber hinaus, daß die Grenze zwischen Zivilisation und Wildnis im *Hochwald* auch sprachlich bzw. phonetisch genau markiert ist. Der menschlich-zivilisatorische Bereich liegt nämlich mit seinem markanten „A"-Vokalismus („hatte das Waldhaus angezündet", „Ahornen [...] hatten zahlreiche Nachkommenschaft") wie ein strukturiertes Interim zwischen den beiden verführerischen Wildnissen, die mit weichen, hellen und sirenenhaft-gleitenden Lauten („w", „e(i)", „i(e)") sprachlich nachgezeichnet werden: „Westlich liegen und schweigen die [...] Wälder, lieblich wild wie ehedem", „wieder die tiefe [...] Wildnis [...] wie sonst, und wie sie noch heute ist. – Stifters Texte geben in der Tat ein Musterbeispiel für die von Eckehard Czucka sogenannte *emphatische Prosa*.[37]

Das fiktionale Pendant zur oben zitierten autobiographischen Schriftinitiation des Kindes Adalbert findet sich in der späten Erzählung *Der Waldbrunnen* (1866). Ein kurzer 'ruderaler' Blick auf diese Erzählung soll das bislang entwickelte Bild abrunden und die Ausführungen über Stifter abschließen. Im *Waldbrunnen* geht es – verkürzt gesagt – um die 'Zähmung' des „wilde[n] Mädchen[s]" Juliana, das in einer „wilden Gegend" wohnt, von „hergelaufene[n] Menschen" abstammt und bei ihrer „verwahrlosten Großmutter" zu-

---

geboren." A.S.: Die Mappe meines Urgroßvaters etc., S. 605. Vgl. auch Aleida Assman: Das Gedächtnis der Orte, S. 31: „Im Zeitalter moderner Mobilität und Erneuerung wird das Gedächtnis des Ortes zusammen mit der Verhaftung an einem bestimmten *Fleck* Erde obsolet." Dieser „moderne[n] Mobilität" setzt Stifter sozusagen *statische Flecken-Texte* entgegen, die an Modernität nichts zu wünschen übrig lassen. („Es dämmert, aber die Flecken gehen nicht weg." *Ilse Aichinger*)

36   Daß es sich hier nicht um einen Zufall handelt, möge die folgende Parallelstelle aus Stifters Schilderung *Aus dem Bayrischen Walde* belegen: „Oft stehen an solchen Blöcken schöne Bäume, besonders Ahorne, dann Birken, Eschen und andere [...]." A.S.: Die Mappe meines Urgroßvaters etc., S. 573.

37   Vgl. Eckehard Czucka: Emphatische Prosa. Das Problem der Wirklichkeit der Ereignisse in der Literatur des 19. Jahrhunderts. Sprachkritische Interpretationen zu Goethe, Alexander von Humboldt, Stifter und anderen, Stuttgart 1992. Czuckas doppelter Genitiv im Untertitel liefert leider kein Musterbeispiel für 'emphatische Prosa'.

hause ist. Nach Angaben ihres (namenlosen) Lehrers geht Juliana, die „bisher noch kein Wort in der Schule gesprochen hat", nur „aus Bosheit in die Schule, um da wild zu sein und zu trotzen".[38] Durch einen Trick des Protagonisten Stephan Heilkun wird Juliana dazu gebracht, ihm ihr „Schreibheft" zu zeigen. Die beschriebenen „Blätter" dieses Schreibheftes – es handelt sich gewissermaßen um *Nachgelassene Blätter* ante quem – offenbaren eine faszinierend 'verwilderte Prosa', die in Stifters Werk singulär zu nennen ist und die gewissermaßen die infantile Kehrseite seiner notorisch erwachsenen und 'gezähmt-überstrukturierten Zeigefingerprosa'[39] bildet:

> Der alte Stephan sah die **Schrift** an, es waren mehrere Blätter **beschrieben**, die **Buchstaben** waren deutlich, wenn auch nicht schön; aber der alte Mann erstaunte auf das höchste, da er die **Schrift** las. Es war nirgends das, was auf der **Vorschriftstafel** stand, **abgeschrieben**, oder etwas **geschrieben**, was in die **Feder** gesagt worden sein konnte, oder was man sich selbst zu denken vermochte, sondern ganz andere seltsame **Worte**: *Burgen, Nagelein, Schwarzbach, Susein, Werdehold, Staran, zwei Engel, Zinzilein, Waldfahren,* und ähnliches, dann **Sätze**: *in die Wolken springen, die Geißel um den Stamm, Wasser, Wasser, Wasser fort, schöne Frau, schöne Frau, schöne Frau, alles leicht, alles grau,* und solche **Dinge** noch mehrere.[40]

Angesichts solcher Texturen ist es eigentlich bedauerlich, daß uns der Erzähler nicht 'noch mehrere solcher Dinge' aus Julianas Blättern mitteilt. Die „Schrift" des wilden Mädchens Juliana ist hier zugleich archaisch und anarchisch, weil sie sich weder an eine gegebene „Vor-schrift" hält, noch autoritär „in die Feder" diktiert worden ist. Die „seltsame[n] Worte" bezeichnen genau wie die „dunkle[n] Flecken" des Kindes Adalbert gerade *nicht* das, „was man sich selbst zu denken vermochte", sondern sie um-schreiben im wahrsten Sinne des Wortes etwas schlechthin Unvordenkliches, das als das „ganz andere" jeder menschlichen Rede vorausgeht und diese überhaupt erst konstituiert.

Stifter gibt uns im *Waldbrunnen* aber nicht nur ein prägnantes Beispiel seiner verwilderten „Schwarzbach"-Prosa („Ich mache Schwarzbach"), er umkreist in der Erzählung auch die ambivalenten „Flecken", die in seiner autobiographischen Skizze eine poetologische Schlüsselstelle markieren („Es waren dunkle Flecken in mir"). Im *Waldbrunnen* fällt das Wort „Fleck[]" nicht weniger als 9 mal, am häufigsten hintereinander in dem folgenden Satz:

> [...] er [Stephan] führte sie [die Kinder] durch ein *kleines* wildes **Gehölze**, und als sie aus demselben getreten waren, lag ein *sehr kleines* Flecklein Korn von Gesträuchen umringt, und über dem *kleinen* Flecklein Korn hing unter dem *unermeßlichen* blauen

---

38 Adalbert Stifter: Der Waldbrunnen. In: ders.: Bunte Steine und Erzählungen, München (Winkler) 1951, S. 587-626, hier: S. 601f.

39 Zur Charakterisierung von Stifters Stil vgl. den hochgradig unterhaltsamen 'Verriß' von Thomas Bernhard aus *Alte Meister*, Frankfurt/M. 1985, S. 72-87: „Alles an Stifter ist betulich, jungfernhaft tolpatschig, eine unerträgliche provinzielle Zeigefingerprosa hat Stifter geschrieben, sagte Reger, keine andere." Ebd., S. 80.

40 Adalbert Stifter: Der Waldbrunnen, S. 604.

Himmel wie eine *winzige* singende Ampel eine Lerche, und an dem *kleinen* <u>Fleck-chen Korn</u> stand ein braunes **hölzernes** HÄUSCHEN, das wie ein **Holz**HÄUFCHEN gegen den *großen* grauen Stein war, der sich hinter ihm befand, und an dem HÄUSCHEN war ein **holz**brauner Anbau, der wieder nur ein **Holz**HÄUFCHEN gegen das HÄUSCHEN war.[41]

An diesem gleichsam prä-minimalistischen[42] Prosastückchen läßt sich die Sprach-Grenze, die der Erzähler zwischen Wildnis und Zivilisation zieht, noch einmal in nuce aufzeigen. Die betont 'langweilige', von zahlreichen eingeschobenen Haupt- und Neben-sätzen skandierte Periode fügt sich aus nur wenigen Textbausteinen zusammen („Fleck", „Korn", „Holz" etc), die immer wieder neu variiert und permutiert werden. Stifters Varia-tionsprinzip[43] dient dabei aber nicht primär der unabschließbaren semantischen Trans-formation von Sinneinheiten, sondern es wird im Gegenteil dazu benutzt, um diese Ein-heiten kontextuell festzuschreiben. Den „Dingen" soll ein definitorisch klar umrissener Ort zugewiesen werden. Prägnant formuliert: Das Prinzip der *variatio* zielt bei Stifter nicht auf *transformo*, sondern auf *insisto*. Gleichwohl ist der extrem strukturierten Prosa, vor allem der des späten Stifter, ihr unstrukturiertes Gegenteil – das 'weiße Rauschen' – immer schon latent mit eingeschrieben.[44] Dieses wechselseitige Abhängigkeitsverhältnis von 'Struktur' (Zivilisation) und 'Textur' (Wildnis) kommt im obigen Zitat in der dialek-tischen Satzbewegung zum Ausdruck: Wildnis und Zivilisation werden im Satzverlauf zwar immer wieder blockartig nebeneinander gesetzt, sie bilden aber dennoch keine fest-stehenden Größen, sondern sind „Halbgestalten", die – je nach Perspektive – ins Gegen-

41 Adalbert Stifter: Der Waldbrunnen, S. 605. Mit den „Flecken" und „Fleckchen" sind bei Stifter, der nicht nur ein Schriftsteller, sondern auch Maler und Zeichner war, immer auch Farb-Flecken und -Fleckchen ge-meint. Anders gesagt: Stifter beschreibt keine 'Landschaften', sondern *Bilder* von Landschaften.

42 (Prä-) Minimalistische Stilzüge trägt insbesondere Stifters späte Erzählung *Nachkommenschaften* (1864). Im ersten Absatz dieser Erzählung fällt das Wort „Landschaft[]" 13 mal, davon allein 7 mal in den ersten drei Sätzen: „So bin ich unversehens ein <u>Landschaft</u>smaler geworden. Es ist entsetzlich. Wenn man in eine Sammlung neuer BILDER gerät, welch *eine Menge* von <u>Landschaft</u>en gibt es da; wenn man in eine Gemäldeausstellung geht, welch *eine noch größere Menge* von <u>Landschaft</u>en trifft man da an, und wenn man alle <u>Landschaft</u>en, welche von allen <u>Landschaft</u>smalern unserer Zeit gemalt werden, von solchen <u>Landschaft</u>smalern, die ihre BILDER verkaufen wollen, und von solchen, die ihre BILDER nicht verkaufen wollen, ausstellte, welch *allergrößte Menge* von <u>Landschaft</u>en würde man da finden!" A.S.: Bunte Steine etc., S. 527.

43 Stifters Variationsprinzip konvergiert mit dem eines anderen 'alten Meisters', und zwar mit dem von Max Reger. Reger ist aber nicht nur ein unbestrittener alter Meister seines Variations-Faches, er hat auch dem Protagonisten aus Thomas Bernhards Komödie *Alte Meister* Pate gestanden. Wenn „Reger" – so der Name des Protagonisten – den „schlampige[n] Schriftsteller" Stifter variierend-insistierend 'verreißt', dann tut er das notabene mit den Waffen seines 'Feindes'. Bernhards 'Verriß' ist deshalb auch eine versteckte Liebes-erklärung. Mit Eckhard Henscheid gesprochen: Stifter ist der Reger Bernhards.

44 Das 'weiße Rauschen' wird in einem anderen Spätwerk von Stifter, der Schilderung *Aus dem Bayrischen Walde* (1868), wortwörtlich thematisiert. Stifter beschreibt in diesem Text – seiner letzten abgeschlossenen Arbeit – die „weiße Wildnis" eines ungeheuren Schneefalls, die alle Ordnungskategorien durcheinander wirft. Die extrem überstrukturierte Prosa dieser Schilderung liefert ein Musterbeispiel für einen sich selbst dekonstruierenden Text.

teil 'umkippen' können und deshalb in sich unabschließbar ambivalent sind. Der infinite Regreß, der dieser Satzbewegung eingeschrieben ist, soll im folgenden herausgearbeitet werden.

Stephan führt die Kinder zuerst „durch ein kleines wildes Gehölz" und dann zu einem „sehr kleine[n] Flecklein Korn". Im Gegensatz zum betont „wilde[n]" G̲e̲hölz erscheint das „Flecklein Korn" wie ein umhegter Bezirk, der aber seinerseits wieder „von G̲e̲sträuchen" – also von drohender 'Wildnis' – „umringt" ist. Das in bezug zum „kleine[n]" Gehölz „*sehr* kleine[] Flecklein Korn" ist jedoch im Vergleich zum „*unermeßlichen* blauen Himmel" so „winzig[]" wie die „Lerche", die den unermeßlich 'wilden' Himmel gleichsam strukturiert. Der in Relation zum „wilde[n] Gehölz" menschlich umhegte Bezirk des Kornfeldes erscheint dann im Vergleich zum klar gegliederten „hölzerne[n] Häuschen" wie ein abstraktes Farb-"Fleckchen". Aber selbst das gerade noch klar strukturierte „Häuschen" wirkt im Vergleich zum „großen grauen Stein", der hinter dem Haus liegt, nur mehr wie ein unstrukturiertes „Holzhäufchen". Last not least ist der „holzbraune[] Anbau" in Relation zum jetzt wieder strukturierten Häuschen „nur ein Holzhäufchen".[45] – Stifters sprachliche Relativitätstheorie lautet prägnant formuliert: Jedes HÄUSCHEN ist ein potentielles HÄUFCHEN et vice versa.[46]

Genau dieses Relativitätsprinzip wird in den *Nachgelassenen Blättern* theoretisch entwikkelt und dabei von Stifter an ein mnemonisches Konzept der frühkindlichen Erinnerungen und des Sprach- bzw. Schrifterwerbs angebunden. Der Text beginnt mit dem Staunen über die Möglichkeit genau *des* unendlichen Regresses, der im *Waldbrunnen* sprachlich ausgefaltet worden ist:

> Es ist das kleinste Sandkörnchen ein Wunder, dessen Wesenheit man nicht ergründen kann. Daß es ist, daß seine Teile zusammenhängen, daß sie getrennt werden können, daß sie wieder Körner sind, daß die Teilung fortgesetzt werden kann, und wie weit, wird uns hienieden immer ein Geheimnis bleiben.[47]

---

45 Stifter realisiert hier im Modus der Literatur genau das, was Kant in seiner *Kritik der Urteilskraft* philosophisch herleitet: „Wie groß es [das Ding, B.S.] aber sei, erfordert jederzeit etwas anderes, welches auch Größe ist, zu seinem Maße. Weil es aber in der Beurteilung der Größe nicht bloß auf die Vielheit (Zahl), sondern auch auf die Größe der Einheit (des Maßes) ankommt, und die Größe dieser letztern immer wiederum etwas anderes als Maß bedarf, womit sie verglichen werden könne: so sehen wir: daß alle Größenbestimmung der Erscheinungen schlechterdings keinen absoluten Begriff von einer Größe, sondern allemal nur einen Vergleichungsbegriff liefern können." *KdU*, B 81.

46 Es bleibt zu fragen, ob und inwieweit Stifter (ähnlich wie Loerke) den poetischen Akt des Schreibens unbewußt auch mit dem Defäkationsakt („Ich *mache* [ein Häufchen] Schwarzbach") identifiziert, vgl. A.S.: Der Waldbrunnen, S. 595: „Und so liebe weiße Häuschen [...] liegen an der ganzen Länge hin, und auch andere sind dort, nicht weiß, sondern braun [...]."

47 Adalbert Stifter: Nachgelassene Blätter, S. 601-605, hier: S. 601. Das 'kleine' und 'unberühmte' autobiographische Fragment von Stifter ist im Vergleich zur 'großen' und 'berühmten' Lebensgeschichte Goethes von einer geradezu atemberaubenden Modernität („Es waren dunkle Flecken in mir"!). Man vergleiche nur den Anfang der *Nachgelassenen Blätter* mit dem Beginn des „Ersten Buches" aus Goethes *Dichtung und*

Die Pointe dieses überaus 'vertrackten' (und avancierten) autobiographischen Textes,[48] der hier leider nicht in extenso analysiert werden kann, besteht – kurz gesagt – darin, daß erstens die Naturgeschichte (bzw. die naturwissenschaftliche Methode als kodifiziertes, kulturelles Gedächtnis), zweitens die kollektive Menschheitsgeschichte – Stifter spricht von „Urerinnerungen eines Volkes" – und drittens die persönliche Individualgeschichte (Autobiographie) eine dialektische Einheit bilden und wechselseitig aufeinander verweisen können. So lesen sich Stifters naturwissenschaftliche Erörterungen aus den *Nachgelassenen Blättern* streckenweise wie eigene Erinnerungen, so wie umgekehrt die autobiographischen Reminiszenzen oftmals frappant an naturgeschichtliche Texte denken lassen. Dreißig Jahre vor Freud charakterisiert Stifter die Erinnerungen als „Inseln",[49] die sich – durch mehr oder weniger große „Lücken" voneinander getrennt – nach und nach von einem „leeren" Hintergrund durch distinkte „Merkmale" additiv-parataktisch abzuheben beginnen:

> Weit zurück in dem leeren **Nichts** ist etwas wie Wonne und Entzücken, das gewaltig fassend, fast ver**nicht**end in mein Wesen drang und dem **nichts** mehr in meinem künftigen Leben glich. Die Merkmale, die festgehalten wurden, sind: es war Glanz, es war Gefühl, es war unten. Dies muß sehr früh gewesen sein, denn mir ist, als liege eine hohe, weite Finsternis des **Nichts** um das Ding herum.
> <u>Dann</u> war etwas anderes, das sanft und lindernd durch mein Inneres ging. Das Merkmal ist: Es waren Klänge.
> <u>Dann</u> schwamm ich in etwas Fächelndem, ich schwamm hin und wieder, es wurde immer weicher und weicher in mir, <u>dann</u> wurde ich wie trunken, <u>dann</u> war **nichts** mehr.
> Diese drei Inseln liegen wie feen- und sagenhaft in dem Schleiermeere der Vergangenheit, wie Urerinnerungen eines Volkes.[50]

Diese in semantischer Hinsicht unbestimmten und vagen „Merkmale" („Glanz", „Gefühl", „Klänge", „Fächelnde[s]"), die sich von der unstrukturierten 'Wildnis' („leere[s]

Wahrheit: „Am 28. August 1749, mittags mit dem Glockenschlage zwölf, kam ich [Goethe] in Frankfurt am Main auf die Welt. Die Konstellation war glücklich [...]." Hamburger Ausgabe Bd. 9 (Autobiographische Schriften I), S. 10. Die „Konstellation" mag „glücklich" gewesen sein, der Textbeginn ist jedoch vergleichsweise 'unglücklich'.

48 Vgl. Helmut Pfotenhauer: „Einfach... wie ein Halm" – Stifters komplizierte kleine Selbstbiographie. In: DVjS 64 (1990), S. 134-148: „Altmodisch bemäntelt kommt [Stifters] Selbstbeschreibung daher und zeigt darunter den Stoff des Modernen." Ebd., S. 141.

49 Es sei darauf hingewiesen, daß der (heute weitgehend vergessene) Schweizer Dichter und Essayist Rudolf Jakob Humm (1895-1977) mit seinem Roman *Die Inseln* (1935) ganz deutlich an Stifters Autobiographie-Konzeption anknüpft. Humm kolportiert und zitiert zwar skrupellos Stifters *Nachgelassene Blätter*, aber er erreicht bei weitem nicht mehr dessen innovatorische Qualität. Auch Arnold Stadlers Roman *Mein Hund, meine Sau, mein Leben* (1994) endet mit einem Zitat aus Stifters Autobiographie: „Mein Leben: *Die Erinnerung sagte mir später, daß es Wälder gewesen sind...*" A.S.: Mein Hund etc., Frankfurt/M. (Suhrkamp-TB) 1996 , S. 151 (kursiv im Text).

50 Adalbert Stifter: Nachgelassene Blätter, S. 602f.

Nichts", „weite Finsternis") wie Figuren („Dinge") vom Grund („Gott"[51]) abheben,[52] werden im Verlauf des Textes immer distinkter – „[d]ie folgenden *Spitzen* [= vage] werden immer bestimmter, Klingen *von Glocken* [= bestimmt]" – , um schließlich in die klar artikulierte Rede des Kindes Adalbert zu münden. Der erste und – neben dem schon zitierten „Schwarzbach"-Katalog – einzige wörtlich überlieferte Satz des Kindes, mit dem der 'späte' Stifter den 'frühen' zitiert, lautet ebenso lapidar wie ergreifend:

„Mutter, da wächst ein Kornhalm".[53]

Mit diesem „Korn-halm" schließt sich auch der Kreis zurück zum *Waldbrunnen* und seinen ausufernden „Korn-flecken". Meine Vermutung lautet, daß die „Korn"-Metaphorik, die Stifter in der autobiographischen Skizze dann ganz explizit mit der poetologischen Urszene des Schreibens verknüpft – „Ich sehe den hohen schlanken *Kornhalm* so deutlich, als ob er neben meinem *Schreibtisch* stünde"[54] – , bereits im *Waldbrunnen* eine versteckte zeichentheoretische Funktion erfüllt. Wenn man die *Nachgelassenen Blätter* und den *Waldbrunnen* synoptisch liest, dann scheint mir die These nicht übertrieben, daß in der unscheinbaren Formulierung vom „Fleckchen Korn" das Textverfahren des späten Stifter wie in einer Nußschale enthalten ist. In dieser Formulierung werden nämlich die beiden Pole von Stifters Sprach-Topographie – *geordnete Landschaft* (Struktur, Gestalt etc.) und *außer-ordentliche Wildnis* ('Textur', Hinter-Grund etc.) – miteinander verschaltet. Das „Korn" bzw. der „Kornhalm" als Sinnbild des 'artikuliertesten' und 'distinktesten' „Dinges" in Stifters Vokabular wird mit seiner klaren Gestalteigenschaft gleichsam wieder in den unstrukturierten Hintergrund des 'dunklen Wald-Fleckens' gebettet, aus dem es bzw. er sich einst herausgelöst hat und aus dem es nun in seiner *sprachlichen* Gestalt – wie Diamant aus Muttergestein – hervorleuchtet. Man kann deshalb ohne Übertrei-

---

[51]   Stifter identifiziert den unermeßlichen Hintergrund, von dem sich das gestaltete Individuum figurativ abhebt (bzw. von dem es „getrennt worden ist") ganz explizit mit Gott: „Nur Weniges, was [...] zu unserer Wahrnehmung gelangt, ist unser Eigentum, *das andre ruht in Gott*. Die großen Massen, davon es [das Sandkörnchen, B.S.] getrennt worden ist [...], sind uns in ihrer Eigenheit wie das Sandkörnchen." A.S.: Nachgelassene Blätter, S. 601.

[52]   Das gestaltpsychologische Wechselverhältnis von Figur und Grund wird in den *Nachgelassenen Blättern* auf sprachlich unterschiedlichste Weisen durchgespielt: „[...] ich erinnere mich, daß ein ganz Ungeheures auf meiner Seele lag, das mag jener Vorgang noch jetzt in meinem Innern sein. [...] ich sehe die Gestalten der Großmutter und Mutter, wie sie in dem Garten herumarbeiten [...]." A.S.: Nachgelassene Blätter, S. 604.

[53]   Der „Kornhalm" verweist in versteckter Form auf den Anfang der *Nachgelassenen Blätter* zurück: „Es ist das kleinste Sandkörnchen ein Wunder, dessen Wesenheit man nicht ergründen kann." A.S.: Nachgelassene Blätter, S. 601. Spätestens an dieser Stelle wird deutlich, daß Stifter in seinen naturwissenschaftlichen Exkursen vor allem über sich selbst spricht. Im Klartext: Ich, Adalbert Stifter, bin ein Wunder, dessen Wesenheit man nicht ergründen kann.

[54]   Stifter konnotiert den „Kornhalm" nicht nur mit der Schrift („Schreibtisch"), sondern der „Halm" (Schreibfeder?) dient ihm darüberhinaus auch als Analogon seiner eigenen vita: „Ich bin oft vor den Erscheinungen meines Lebens, das einfach war, wie ein Halm wächst, in Verwunderung geraten." A.S.: Nachgelassene Blätter, S. 602.

bung sagen, daß in Stifters Prosa der unermeßliche, göttliche Hinter-Grund – wenn man so will: die Textur – immer 'mitspricht'. – Noch einmal und abschließend: In Relation zum ungestalteten „leeren Nichts" sind die ambivalenten „Flecken" zwar schon 'halbge-staltet', aber im Vergleich zum ausgestalteten „Korn(halm)" sind sie *relativ* ungestaltet, und das einzelne „(Sand)Körnchen" ist zwar relativ klein, aber angesichts seiner potenti-ellen Teilbarkeit ungeheuer groß.[55] – Stifters Texte sind und bleiben im wahrsten Sinne des Wortes hintergründig.

g) Keller

In Gottfried Kellers Novelle *Romeo und Julia auf dem Dorfe* (1856) gewinnt eine Ödflä-che expositorische Bedeutung. Der brachliegende Acker mit seinem „Wald von Nesseln und Disteln" (82)[56], den sich die beiden Bauern Manz und Marti nach und nach unrecht-mäßig aneignen, wird „zum Grundstein einer verworrenen Geschichte" (82), die schließ-lich auch den Tod der Bauerskinder Sali und Vrenchen zur Folge hat. Zu Beginn der Er-zählung ist das 'wüste Feld' aber noch eine idyllisch-kleine und (an Theodor Storm erin-nernde) stille Welt im *Abseits*[57]:

> An einem sonnigen Septembermorgen pflügten zwei Bauern auf zwei[] [...] Äk-ker[n], und zwar auf jedem der beiden äußersten; der *mittlere* schien seit langen Jah-ren brach und wüst zu liegen, denn er war mit Steinen und hohem Unkraut bedeckt und eine Welt von geflügelten Tierchen summte ungestört über ihm. (69)

Die Verwilderung, die hier im wahrsten Sinne des Wortes im Zentrum der ganzen Ge-schichte steht[58] (und die in der deutschsprachigen Literatur des 19. Jahrhunderts in dieser

---

55 Stifters *Nachgelassene Blätter* beziehen sich hier und im folgenden Beispiel auf das Mathematisch-Erhabene im Sinne Kants: „Und zahlreiche Körper kennen wir, die [...] in dem ungeheuren [Welt-] Raume schweben, [...] und Millionen und Millionen anderer Körper können wir betrachten, die [...] in dem weit größeren Raume bestehen [...] und dessen Größe [...] wir wohl durch Zahlen ausdrücken, aber in unserem Vorstellungsvermögen nicht vergegenwärtigen können." (S. 602) Auch Kant nennt in seiner *Kritik der Ur-teilskraft* die „Milchstraßensysteme" als ein Beispiel des Mathematisch-Erhabenen. Kant zufolge liegt dabei „die wahre Erhabenheit [aber] nur im Gemüte des Urteilenden, nicht in dem Naturobjekte [...]. Wer wollte auch ungestalte Gebirgsmassen, in wilder Unordnung über einander getürmt, [...] erhaben nennen?" (*KdU*, B 94, 95) Gleichwohl „erregt" die Natur „in ihrer wildesten regellosesten Unordnung und Verwüstung [...] die Ideen des Erhabenen am meisten [...]." (*KdU*, B 78)

56 Alle Seitenangaben in Klammern beziehen sich bis auf weiteres auf: Gottfried Keller: Die Leute von Seld-wyla, hg. von Thomas Böning, Frankfurt/M. 1989.

57 Vgl. Theodor Storms Gedicht *Abseits*, in dem (trotz des „halbverfallen[en]" Hauses) noch ein geradezu klassischer *locus amoenus* beschrieben wird. Storms Gedicht, das beliebte Topoi und Motive des Magi-schen Realismus präfiguriert, endet mit den 'idyllischen' Worten: „Kein Klang der aufgeregten Zeit / Drang noch in diese Einsamkeit". Theodor Storm: Gedichte, Novellen 1848-1867, hg. von Dieter Lohmeier, Frankfurt/M. 1987, S. 12.

58 Daß der Skopus von *Romeo und Julia auf dem Dorfe* in der „Verwilderung" zu suchen ist, zeigt sich insbe-sondere am bitter-ironischen Schluß der Novelle. In den Seldwyler „Zeitungen" wird der Tod der „junge[n]

Radikalität wohl beispiellos zu nennen ist), greift im Laufe der Erzählung immer weiter auf alle Lebensbereiche der Protagonisten aus. Das beginnt bereits damit, daß der kleine Sali als ein „wilde[r] Junge" bezeichnet wird, der auf dem wüsten Acker „seiner Gefährtin das Spielzeug [entreißt]" (74). Bei diesem (seinerseits verwilderten) Spielzeug handelt es sich interessanterweise um „eine völlig nackte Puppe mit nur einem Bein und einem verschmierten Gesicht" (71), die an Loerkes *Puppe* denken läßt.[59] Die Parallele zu Loerke ist um so auffälliger, als auch in Kellers Novelle die „Puppe" zum „Talisman"[60] bzw. zur „Zauberfrau" (73) eines „verfluchten Unlandstücke[s]"[61] erhoben wird. Vrenchen, die sich später selbst „einen Kranz von Mohnrosen [...] auf den Kopf setz[en]" wird (106), bekleidet nach einem „Streifzug" durch die „merkwürdige Wildnis" (73) auch schon ihre Puppe mit den Insignien der Ödfläche, d.h. mit wildem Unkraut:

> Nachdem sie [Vrenchen und Sali] in der Mitte dieser grünen Wildnis einige Zeit hingewandert [...], ließen sie sich endlich im Schatten einer [Distelstaude] nieder und das Mädchen begann seine Puppe mit den langen Blättern des Wegekrautes zu bekleiden [...]; eine einsame rote Mohnblume [...] wurde ihr als Haube über den Kopf gezogen und mit einem Grase festgebunden, und nun sah die kleine Person aus wie eine Zauberfrau [...]. (73)

Die Verwilderung macht auch vor den Vätern der beiden Kinder nicht Halt: Vrenchen ist „in einem wüsten Hause der Tyrannei eines verwilderten Vaters anheimgegeben" (84),[62] und Salis Vater Manz zieht schließlich auf einer „Gerümpelfuhre" mit den „Trümmern seiner Habe" (87) in die Stadt. Der soziale Abstieg der Familien steht dabei in einem genauen Verhältnis zu ihrer inneren und äußeren Verwahrlosung. Manz und Marti enden in totaler „Verkommenheit" (99), und die „Wüstenei" (118) ihrer Behausungen wird in Kellers Erzählung ausführlich beschrieben. „Martis Haus und Hof" (98) verwandelt sich in ein Feld von 'Kraut und Rüben', das schließlich dem „herrenlose[n] Acker" gleicht, „von dem alles Unheil herkam":

> Es war aber keine Rede mehr von einer ordentlichen Bebauung, und auf dem Acker, der einst so schön im gleichmäßigen Korne gewogt, wenn die Ernte kam, waren jetzt

---

Leute" moralisch als „ein Zeichen von der um sich greifenden Entsittlichung und *Verwilderung* der Leidenschaften" (144) bewertet.

[59] Kellers *Romeo und Julia auf dem Dorfe* und Loerkes *Puppe* koinzidieren aber nicht nur im gemeinsamen Puppen- und Ödflächenmotiv. Gottfried Keller entwirft in seiner Erzählung darüberhinaus eine acherontische Unterwelt – Manz „gleich[t] einem eigensinnigen Schatten der Unterwelt" (92) – , die an den lyrischen Kosmos Loerkes denken läßt.

[60] Vgl. Oskar Loerke: Die Puppe, S. 279: „[Die Puppe] verwandelte sich in eine Art von Talisman für [Schedel]."

[61] Vgl. Oskar Loerke: Die Puppe, S. 275. Das „verfluchte[] Unlandstück[]" aus Loerkes *Puppe* heißt in Kellers Erzählung „unheimliche[] Stätte" bzw. „Unglücksfeld[]" (80).

[62] Die „Verwilderung" wird nicht nur von den Seldwyler „Zeitungen", sondern auch vom Erzähler mit moralischen Kategorien bewertet, z.B. wenn es heißt: „[Vrenchens Vater] sah sehr wild und *liederlich* aus, sein grau gewordener Bart war seit Wochen nicht geschoren [...]." (97)

allerhand abfällige Samenreste gesäet und aufgegangen, aus alten Schachteln und zerrissenen Düten zusammengekehrt, Rüben, Kraut und dergleichen und etwas Kartoffeln, so daß der Acker aussah, wie ein recht übel gepflegter Gemüseplatz, und eine wunderliche Musterkarte war, dazu angelegt, um von der Hand in den Mund zu leben, hier eine Hand voll Rüben auszureißen, wenn man Hunger hatte und nichts Besseres wußte, dort eine Tracht Kartoffeln oder Kraut, und das übrige fortwuchern oder verfaulen zu lassen, wie es mochte. Auch lief jedermann darin herum, wie es ihm gefiel, und das schöne breite Stück Feld sah beinahe so aus, wie einst der herrenlose Acker, von dem alles Unheil herkam. (98)[63]

Mit dieser a-topischen „Musterkarte" wird gleichzeitig eine primitive Kulturstufe der Menschheit evoziert: Das Feld regrediert nämlich vom strikt gegen die Wildnis abgegrenzten Territorium der seßhaften Ackerbauern zum „herrenlose[n] Acker" der nomadischen Jäger und Sammler, die „von der Hand in den Mund" leben.[64] Dieser „*herren*lose" (d.h. *gott*lose) Acker – man erinnere sich an das „*verfluchte* Unlandstück[]" – mit seinen nach allen Seiten offenen Grenzen ist „jetzt" wieder ein verkommenes Areal für „abfällige"[65] Restbestände (d.h. Rudimente), auf dem „ES" wächst „wie ES mochte". Die latente Anarchie der sekundären Verwilderung kommt auch darin zum Ausdruck, daß „Jedermann" in dem Feld herumlaufen kann, „wie es ihm [gefällt]". Das im Text beschworene „Unheil" ist deshalb hoch ambivalent: Einerseits ist es 'abfällig' konnotiert, andererseits bezeichnet es aber auch eine durchaus 'gefällige' Topographie, auf der man sich frei und unkontrolliert bewegen kann.[66] Diese Ambivalenz äußert sich auch und vor allem in der 'Irrenrede', die Keller auf eine geradezu 'hoffmanneske' Weise (s.o.) in seine Erzählung integriert. Der „blödsinnig geworden[e]" (109) Manz „brachte [...] hundert närrische, sinnlos mutwillige Redensarten und Einfälle zum Vorschein", die gleichzeitig etwas „Drolliges" an sich hatten, so daß Vrenchen „mitten in [ihrer] Qual laut auflachen" mußte (110). Nach seiner Einlieferung in eine Irren-"Anstalt" begrüßt Manz seine Leidens-„Genossen" (110), „die alle in weiße Kittel gekleidet waren und dauerhafte Lederkäppchen auf den harten Köpfen trugen" (111), mit den 'verwilderten' Worten:

---

[63] Es ist bezeichnend für den Geschmack des 19. Jahrhunderts, daß Keller die Radikalität der Verwahrlosung dadurch abmildert, daß er ihre „malerische[n]" Qualitäten herausstreicht. Die ausführliche Schilderung der verkommenen „Bebauung" – sie zieht sich notabene über mehr als zwei Buchseiten – endet damit, daß der idyllische („stille[]") und der ruderale („wüste[]") Aspekt der Verwahrlosung gleichberechtigt nebeneinander stehen: „D[]er mehr malerische als wirtliche Hof lag etwas beiseit [...]; Sali [...] schaute unverwandt nach dem stillen wüsten Hause hinüber." (100)

[64] Vgl. Hansjörg Küster: Geschichte der Landschaft in Mitteleuropa, Kapitel 4 („Jäger und Sammler", S. 49ff.) und Kapitel 6 („Die ersten Ackerbauern", S. 69ff.).

[65] Die „abfälligen Samenreste" sind aber auch ein Sinnbild für die von Gott 'abgefallenen' Menschen, deren Saat nicht aufgeht, vgl. *Die Deutung des Gleichnisses vom Unkraut*, Mt. 13, 36-43: „Der Acker ist die Welt. Der gute Same sind die Kinder des Reichs. Das Unkraut sind die Kinder des Bösen. [...] Der Menschensohn wird seine Engel senden, und sie werden sammeln aus seinem Reich alles, was zum Abfall verführt [...]."

[66] Man erinnere sich auch daran, daß der „herrenlose Acker" zu Beginn der Novelle von den Kindern als eine Art Abenteuerspielplatz 'entdeckt' wird. Die Kinder haben eine ähnliche Affinität zu 'ihrem' verkommenen Acker wie Friedrich Schedel zu 'seinem' verfluchten Unlandstück.

„Gott grüß euch, ihr geehrten Herren! [...] ein schönes Haus habt ihr hier! [...] Juchhei! Es kreucht ein Igel über den Hag, ich hab' ihn hören bellen! [...] Alle die Wässerlein laufen in Rhein, die mit dem Pflaumenaug', die muß es sein! [...] Die Füchsin schreit im Felde: Halleo, halleo! das Herz tut ihr weho! hoho!" Ein Aufseher gebot ihm Ruhe [...]. (111)

Das anarchische Prinzip kommt aber in Kellers Novelle noch an mehreren Stellen zum Tragen, so zum Beispiel, wenn die 'verkehrten' Utensilien des Niedergangs beschrieben und dabei 'wild' miteinander kombiniert werden:

Die Bohnen hielten sich, so gut sie konnten, hier an einem Harkenstiel oder an einem verkehrt in die Erde gesteckten Stumpfbesen, dort an einer von Rost zerfressenen Helbarte oder Sponton, wie man es nannte, als Vrenchens Großvater das Ding als Wachtmeister getragen, welches es jetzt aus Not in die Bohnen gepflanzt hatte [...]. (99)

Not macht nicht nur erfinderisch, sie macht im obigen Zitat auch und vor allem kombinatorisch. Noch sinnfälliger wird das anarchische Prinzip (Stumpfbesen zu Bohnenstangen) im nachfolgenden Zitat, in dem geschildert wird, wie das sozial tief gestellte „Völklein" der Tagelöhner auf Geheiß von Salis Vater Manz das Unkraut des herrenlosen Ackers jätet und bei dieser „gleichsam wilde[n] Arbeit" eine „Lust" empfindet:

Das ausgesandte Völklein jätete inzwischen lustig an dem Unkraut und hackte mit Vergnügen an den wunderlichen Stauden und Pflanzen aller Art, die da seit Jahren wucherten. Denn da es eine außerordentliche gleichsam wilde Arbeit war, bei der keine Regel und keine Sorgfalt erheischt wurde, so galt sie als eine Lust. Das wilde Zeug, an der Sonne gedörrt, wurde aufgehäuft und mit großem Jubel verbrannt [...]. (80)

Hier kommt das dem anarchischen Prinzip latent innewohnende Lustprinzip – in dieser Deutlichkeit vielleicht zum ersten Mal in der deutschen Literatur – ganz explizit und unverholen zum Ausdruck. Diese Schmerz/Lust-Ambivalenz der Anarchie, die im Werk von Günter Eich dann sowohl bis zur 'Schmerzgrenze' als auch bis zum Kalauer ausgereizt wird, ist im obigen Zitat schon keimhaft enthalten. Das 'Außer-ordentliche' und 'Regellose' ist aber nicht nur „gleichsam wild[]" und 'Lust-voll', es ist – gemäß seiner Ambivalenz – auch mit dem Untergang, genauer: mit dem Ende der Welt konnotiert

Wie man nun das Unkraut ausjätet und mit Feuer verbrennt, so wird's auch am Ende der Welt gehen. (Mt. 13,40)[67]

Die vernutzte Sekundärwildnis, die in Kellers Erzählung immer mehr Raum gewinnt, erweist sich dann – in einer vielleicht etwas zu aufdringlichen Symbolik – als korrumpierter

---

67   In diesem Zusammenhang (Mt. 13,41) wird auch der doppeldeutige „Abfall" erwähnt, den Autoren wie z.B. Heinrich Böll (vgl. seine *Frankfurter Vorlesungen*) dann später inspiriert: „Der Menschensohn wird seine Engel senden, und sie werden sammeln aus seinem Reich alles, was zum Abfall verführt [...]." (Mt. 13,41)

106

Paradiesgarten, in dem nicht nur die ersten Menschen (Sali und Vrenchen alias Adam und Eva[68]), sondern auch die (im doppelten Sinne) *letzten* eine Zuflucht suchen:

> Das Paradiesgärtlein war ein schöngelegenes Wirtshaus an einer einsamen Berghalde, das weit über das Land weg sah, in welchem aber an solchen Vergnügungstagen nur das ärmere Volk, die Kinder der ganz kleinen Bauern und Tagelöhner und sogar mancherlei fahrendes Gesinde verkehrte. [...] Um das Haus herum standen verwilderte Kastanienbäume, und knorrige starke Rosenbüsche, auf eigene Hand fortlebend, wuchsen da und dort so wild herum, wie anderswo die Hollunderbäume. (132 u.133)

Der „schwarze Geiger", den Sali und Vrenchen auf dem herrenlosen Acker wie einen „dunklen Stern vor sich hergehen" sehen (102), entpuppt sich aber – wieder im doppelten Sinne – als wahrer Herr der Ruderalfläche: Er ist nämlich einerseits der rechtmäßige Eigentümer des verkommenen Ackers, und andererseits repräsentiert er (genau wie die „Zauberfrau"-Puppe) den *genius loci* des brachliegenden „Unglücksfelde[s]" (80):

> Eine zahllose Menge von Mohnblumen oder Klatschrosen hatte sich [auf dem Steinhaufen] angesiedelt, weshalb der kleine Berg feuerrot aussah zurzeit. Plötzlich sprang der schwarze Geiger mit einem Satze auf die rot bekleidete Steinmasse hinauf, kehrte sich und sah ringsum. (102)

Der entrechtete Geiger ohne „Tauf[]"- und „Heimatschein" lebt mit seinen „Freunde[n]", den „Heimatlosen" (103) und Entrechteten, ohne festen Wohnsitz außerhalb der bürgerlichen Ordnung. Genau in diese (prä-) anarchistische Lebensform des 'Lumpenproletariats'[69] – Keller nennt sie „verlumpte Leute aus Seldwyla" (133) – geraten am Ende auch Sali und Vrenchen, bevor sie gemeinsam in den Tod gehen. Der schwarze Geiger ist es dann auch, der schließlich das anarchistische Credo der Sozialabsteiger formuliert, die sich aus „Kesselflicke[r]n", „Kohlenbrennern" und „Pechsiedern" (102) (heute würde man sagen: Pennern) unterschiedlich zusammensetzen:

> Kommt mit mir und meinen guten Freunden in die Berge, da brauchet ihr keinen Pfarrer, kein Geld, keine Schriften, keine Ehre, kein Bett, nichts als Eueren guten Willen! Es ist gar nicht so übel bei uns, gesunde Luft und genug zu essen, wenn man tätig ist; die grünen Wälder sind unser Haus, wo wir uns lieb haben, wie es uns gefällt, und im Winter machen wir uns die wärmsten Schlupfwinkel oder kriechen den Bauern in's warme Heu. (137)

68 Keller gestaltet das Ende der Kindheit von Sali und Vrenchen konsequent als eine Vertreibung aus dem Paradies, vgl. auch 1. Mose 3, 17-18: „Verflucht sei der Acker um deinetwillen! Mit Mühsal sollst du dich von ihm nähren dein Leben lang. Dornen und Disteln soll er dir tragen, und du sollst das Kraut auf dem Felde essen." Vor den Toren des Paradieses lagert in Kellers Erzählung der „Cherubim mit dem flammenden, blitzenden Schwert" (1. Mose 3, 24) in Form einer Unkrauthecke: „Die Steine [..] bildeten schon einen ordentlichen Grat der ganzen Länge des Ackers, und das wilde Gesträuch darauf war schon so hoch, daß die Kinder [...] sich nicht mehr sehen konnten [...]." (77)

69 In dem Maße, wie der „schwarze Geiger" in seiner symbolischen Bedeutung zwischen dem Erlöser und dem Satan changiert, ist auch das Lumpenproletariat („verlumpte Leute", 88) ambivalent gezeichnet: Das *mühselige und beladene* „Hudelvölkchen" erinnert einerseits an das Christentum, andererseits aber auch an die von Gott 'abgefallenen' Menschen.

Hier ist die Utopie vom „kommunistische[n] Anarchismus"[70] und von der klassenlosen Gesellschaft bereits vorgezeichnet, die spätere 'Anarchisten' wie Gustav Landauer und Erich Mühsam in ihren Pamphleten, Aufsätzen und Dichtungen dann in extenso ausformulieren werden.[71] Keller entwickelt deshalb mit seiner Erzählung *Romeo und Julia auf dem Dorfe* (auch) eine Form der „Vagabunden-Dichtung",[72] die in ihrer Radikalität das – letztlich wohlsituierte – *Leben eines Taugenichts* weit hinter sich zurück läßt und viel eher auf Dichter-'Existenzen' wie Peter Hille, Günter Bruno Fuchs und V.O. Stomps voraus- als auf Eichendorff und (den *Armen Spielmann* von) Grillparzer zurückweist. Gottfried Keller ist darüber hinaus auch einer der ersten Autoren, der die eschatologische Vorstellung vom Ende der Welt, wie sie prägnant im Matthäus-Evangelium (13, 36-43) zum Ausdruck kommt, mit einer vernutzten und säkularen Ödfläche in Verbindung bringt. Diese Verbindung bzw. Kombination aus – pointiert gesagt – *Heilsgeschichte und Trümmern* hat dann in Deutschland vor allem nach dem Ende des 2. Weltkriegs wieder Hochkonjunktur. In der katholischen Trümmerliteratur eines Heinrich Böll (*Und sagte kein einziges Wort* [1953]) oder einer Elisabeth Langgässer (*Märkische Argonautenfahrt* [1950]), aber auch in den konfessionell weniger gebundenen Trümmerromanen von Hermann Kasack (*Die Stadt hinter dem Strom* [1947]) und Ilse Aichinger (*Die größere Hoffnung* [1948]) – um nur diese zu nennen – werden mehr oder weniger dezidierte Erlösungskonzepte durchgespielt. Aufschlußreich ist in diesem Zusammenhang die deutsche Rezeption eines berühmten englischen 'Ruderal-Klassikers', und zwar T.S. Eliots Gedichtzyklus *The Waste Land* (1922). In seinem Vorwort zur deutschen Übersetzung des *Waste Land* von Ernst Robert Curtius, die 1951 in der Bibliothek Suhrkamp (Band 425) erschienen ist, stellt Hans Egon Holthusen „die Frage nach dem 'Sinn des Ganzen'„ und der „Einheit d[]es Werkes", und er kommt zu dem Ergebnis, daß das „'wüste[]', [...] wasserlose[], unfruchtbare[] Land" des *Waste Land* ein Interim markiert, das auf seine Erlösung durch einen Gralsritter à la Parsifal wartet:

---

70   Vgl. Erich Mühsam: Die Befreiung der Gesellschaft vom Staat. Was ist kommunistischer Anarchismus? In: ders.: Trotz allem Mensch sein. Gedichte und Aufsätze, hg. von Jürgen Schiewe und Hanne Maußner, Stuttgart (Reclam) 1984, S. 125-137. In seinen poetischen Texten verwendet Mühsam an einigen wenigen, aber exponierten Stellen den Topos der Ruderalfläche, vgl. etwa das Gedicht *Ode*, das die *Öde* der „trostlosen Stätten" („Trümmer[]", „Schutt") des Ersten Weltkriegs beschwört. Vgl. ebd., S. 46.

71   Vgl. Walter Fähnders: Anarchismus und Literatur. Ein vergessenes Kapitel deutscher Literaturgeschichte zwischen 1890 und 1910, Stuttgart 1987.

72   Unter dem Titel „Vagabunden-Dichtung" erschien im Jahre 1933 eine Sondernummer der von V.O. Stomps herausgegebenen Zeitschrift *Der weiße Rabe* (vgl. Jg.2, Heft 7/8, Aug./Sept. 1933). *Der weiße Rabe* war der Nachfolger der von Martin Raschke herausgegebenen Zeitschrift *Die Kolonne* (1929-1932), zu deren Umkreis (neben Langgässer, Eich, Huchel u.a.) auch V.O. Stomps zu rechnen ist. Die beiden Zeitschriften zählen zu den 'berühmtesten' Publikationsorganen der Magischen Realisten. In der „Vagabunden-Dichtung" greift Stomps viele Motive und Topoi auf (Landstreicher, Verwilderung, Elend etc.), die Keller in *Romeo und Julia auf dem Dorfe* prototypisch entwickelt hat.

Der Zweck der Gralssuche ist es, die Gesundheit und Manneskraft des Königs wieder herzustellen und damit auch das Land aus seinem Elend zu erlösen.[73]

Dieser „Kerngedanke", den Holthusen aus dem *Waste Land* extrapoliert, gibt vielleicht mehr Auskunft über die geistige Situation im zerstörten Nachkriegsdeutschland als über Eliots Werk selbst:

> Dieser Kerngedanke verbindet sich in Eliots Konzeption mit Überlieferungen aus anderen Regionen der anthropologischen Weltkarte, die alle auf alten Vegetationskulten beruhen und archetypisches Ideengut mit sich führen, Winterstarre und Frühlingsgott, Opfertod und Auferstehung: ein zyklisch gedachtes Nun und Immerdar, das immer auch schon als ein vorweggenommenes Modell für die Heilsgewißheiten des christlichen Glaubens gelesen werden kann.[74]

Hier ist der „grüne Gott", den die Magischen RealistInnen Oskar Loerke, Wilhelm Lehmann und Elisabeth Langgässer – aber auch viele andere Lyriker der Zeit – in ihren Gedichten übereinstimmend verherrlichen,[75] gewissermaßen auf die anthropologische Formel gebracht und mit den „Heilsgewißheiten des christlichen Glaubens" synkretistisch verbunden. Diese christlichen „Heils*gewißheiten*" fehlen zugegebenermaßen dem vermeintlich 'atheistischen' Autor Gottfried Keller (um auf diesen zurückzukommen) und seinen Figuren, gleichwohl – und das ist entscheidend – ist seiner säkularen 'Trümmer-Erzählung' *Romeo und Julia auf dem Dorfe* die heils*geschichtliche* Perspektive schon deutlich eingeschrieben.

h) Raabe

Der – in 'ruderaler' Hinsicht – avancierteste deutschsprachige Autor des 19. Jahrhunderts heißt Wilhelm Raabe. Ruderal-Topoi ziehen sich durch Raabes gesamtes Œuvre,[76] und

---

[73] Hans Egon Holthusen: Vorwort. In: T.S. Eliot: Das wüste Land (Englisch und deutsch). Übersetzt von Ernst Robert Curtius, Frankfurt/M. ⁶1995 [EA 1951], S. 24.

[74] Hans Egon Holthusen: Vorwort. In: T.S. Eliot: Das wüste Land, S. 24. Der Fall T.S. Eliots, der in seinen späteren Jahren zur anglikanischen Kirche konvertiert ist, scheint mir mit dem der unbekannteren – und zugegebenermaßen auch unbedeutenderen – Autorin Elisabeth Langgässers, die als geborene 'Halbjüdin' zum Katholizismus wechselte, vergleichbar zu sein. Beide AutorInnen beginnen dezidiert 'ruderal' und enden ebenso dezidiert 'gläubig'. Bei Eliot spannt sich der Bogen vom verkommenen *Waste Land* zu den parfümierten *Four Quartets*, und bei Langgässer reicht das Spektrum vom verwilderten *Gang durch das Ried* zur katholischen Prozession der *Märkischen Argonautenfahrt*.

[75] „Der grüne Gott" – so heißt Wilhelm Lehmanns zweiter Gedichtband aus dem Jahre 1942, der – wie es in der Präambel heißt – „Oskar Loerke den Namen [verdankt] und [...] seinem hohen Andenken geweiht [ist]". W.L.: Gesammelte Werke Bd. 1, S. 56. Elisabeth Langgässer, die Loerkes und Lehmanns Gedichte uneingeschränkt (und zum Teil auch unkritisch) bewundert hat, feiert in nahezu allen ihren Gedichten den „grünen Gott". Dieser „Gott" ist ein synkretistisches Konglomerat aus paganischen Versatzstücken (Merlin, Klingsor, Dionysos etc.) und christlichen (österlichen) Heilsvorstellungen.

[76] Wilhelm Raabe ist einer der ersten Autoren, der auch den Begriff *Ruderalfläche* antizipiert. In seiner Erzählung *Der Marsch nach Hause* (1870) wird eine typische Ruderalfläche, auf der „[d]as Gras und die Herbstastern, die Königskerzen und die Sternblumen [...] noch nicht den Sieg gewonnen [hatten] über den Brand-

spätestens in der programmatischen (und bereits mehrfach erwähnten) Erzählung *Das Odfeld* (1888) tritt ein 'wüstes Feld' autonom in den Vordergrund des Textes. Der eigentliche 'Held' des Buches – dazu bedarf es nicht erst Raabes Hinweis[77] – ist das Odfeld selbst. Dieses Kriegs-, Jagd- und Opferfeld, wie es im Text unter anderem auch genannt wird, wird in Raabes Erzählung zum Schauplatz einer (fiktiven) Schlacht erhoben, die sich Franzosen, Engländer und Deutsche im Siebenjährigen Krieg – genau: am „fünften November 1761" (138) – miteinander liefern. Gleichwohl handelt es sich bei diesem „Odfeld", das im „dichtesten Dickicht des Katthagens" (195) verborgen liegt, nur um einen exzentrischen (und deshalb 'unberühmten') *Nebenschauplatz* des Krieges.[78] Das *Odfeld* ist also weder ein martialisch verklärter Heldenplatz à la Liegnitz und Torgau, noch liefert es einen der „gängigen Bilderbögen vaterländischer Geschichte"[79], die zu Raabes Zeit Konjunktur hatten; das *Od(ins)-Feld*[80] ist vielmehr 'nur' ein unberühmtes „Brach-Land", auf dem „[s]pukhafte Gestalten" herumirren und „[w]ildes Geschrei" ertönt:

> [1.] **Er** [Magister Buchius] *ging* in ellentiefen WAGENSPUREN, er *stolperte* über abgelaufene RÄDER und PFERDEKADAVER, er *fühlte* STOPPELACKER und BRACHLAND unter seinen Füßen. [2.] **Er** *geriet* in SUMPF und MOOR und in den BUSCH und *tastete* sich durch die gelbgraue FINSTERNIS weiter, ohne zu wissen, warum und wohin. [3.] **Und er** *befand* sich nicht allein im NEBEL. [4.] Die Gegend *war* so belebt, wie's nur an einem solchen Gefechtstage möglich. [5.] Spukhafte

---

[77] schutt des wilden Feldmarschalls Karl Gustav Wrangel", im nachhinein als „Ruderibus" bezeichnet. W.R.: Sämtliche Werke Bd. 9, S. 257. Im *Odfeld* ist der Magister Buchius das „letzte[] Ruderum" (26) der Klosterschule. Weiterhin werden dort auch die „Rudera einer Kapelle" (164) explizit erwähnt.

[77] Vgl. die folgende briefliche Äußerung Raabes: „Fast noch mehr aber hat es mir zur Genugthuung gereicht, daß Sie herausgefühlt haben, daß der eigentliche 'Held' des Buches das *Odfeld* selber und nicht der Mag. Buchius [...] ist." Wilhelm Raabe: Das Odfeld. Eine Erzählung. In: ders.: Sämtliche Werke. Historischkritische Ausgabe. Im Auftrag der Braunschweigischen Wissenschaftlichen Gesellschaft hg. von Karl Hoppe. Bd. 17 (Anhang), bearbeitet von Karl Hoppe und Hans Oppermann. Göttingen 1966, S. 418. Alle Seitenangaben in Klammern beziehen sich bis auf weiteres auf diese Ausgabe.

[78] In Wirklichkeit gab es gar keine 'Schlacht am fünften November 1761', vgl. das Nachwort von Ulrich Dittman. In: Wilhelm Raabe: Das Odfeld. Eine Erzählung, Stuttgart (Reclam) 1977. Dittmann erkennt, daß „[d]ie zentralen Ereignisse der Vergangenheit [...] in einer Perspektive [erscheinen], die ihnen alle Größe nimmt [...]." Vgl. ebd., S. 276.

[79] Ulrich Dittmann: Nachwort zu Wilhelm Raabe: Das Odfeld, S. 275.

[80] Raabe gelingt es in seiner späten Erzählung auf beeindruckende Weise, die beiden Bedeutungen, die im 'öden Od*ins*=Wotansfeld' stecken, virtuos übereinanderzublenden. Nicht allein aus diesem Grund ist *Das Odfeld* heute – das heißt: *nach* dem mehr als unrühmlichen Ende des kollektiven deutschen Wotantaumels von 1933 bis 1945 – von bestürzender Aktualität. Es ist deshalb nicht verwunderlich, daß die Nazis sich lieber an Raabes Frühwerk als an sein problematisches Spätwerk gehalten haben. Raabe ist vielleicht der erste Autor, der dem prekären deutschen „Wotanskomplex" (C.G. Jung) eine wild-ästhetische Seite abgewonnen hat. Diese 'wilden' Implikationen des schweifenden Sturm- und Brausegottes Odin werden im *Odfeld* gleichermaßen gestaltet *und* dekonstruiert. In der ästhetischen *Über*formung der Erzählung kommen die beiden Aspekte zusammen. Les Extrèmes se touchent. Vgl. auch C.G. Jung: Wotan [1936]. In: ders.: Gesammelte Werke Bd. 10, Olten ²1981, S. 203-218.

GESTALTEN – vereinzelt <u>und</u> zu Haufen überall! [6.] Wildes GESCHREI, GEHEUL, JAUCHZEN bald in der Nähe, bald aus weiterer Ferne. (113)[81]

Es zeigt sich hier, daß das *Odfeld* eine abstrakt-„gelbgraue" Fläche markiert, auf der die zeitlichen und räumlichen Koordinaten unscharf werden und buchstäblich im „Nebel" verschwinden. Im Gegenzug zu dieser inhaltlich proklamierten Unschärfe treten die formal-stilistischen Korrespondenzen (vgl. meine Hervorhebungen) desto stärker in den Vordergrund des Textes: Ein betont 'kurzatmiger' Satzbau (bestehend aus parallel gebauten *S-P-O*-Sätzen) verbindet sich mit dem rhythmischen Stakkato der Parataxe („und") zu einer filmähnlichen Abfolge von nur kurz 'belichteten' *Ruderalien* („Pferdekadaver", „Brachland" etc.), die nun ihrerseits untereinander weitere formal-ästhetische Äquivalenzen erzeugen. So respondiert beispielsweise die mit der kopulativen Konjunktion verbundene nominale Dreiergruppe des zweiten Satzes, bestehend aus „Sumpf und Moor und [...] Busch", dem konjunktionslosen – und deshalb 'wild' aneinandergebackenen – Substantivterzett des letzten Satzes, das sich aus dem onomatopoetischen „Geschrei, Geheul, Jauchzen" zusammensetzt. Darüberhinaus kontrastiert der mit drei markanten Verben versehene erste Satz („ging", „stolperte", „fühlte") mit den auffälligerweise prädikatslosen Sätzen [5] und [6]. Der elliptisch gebaute 5. Satz spart das Verb ganz aus, und der 6. Satz setzt an die Stelle des fehlenden Prädikats gleich drei substantivierte Verben. Überhaupt ist eine abnehmende Intensität bei der Verwendung der Verben zu beobachten: Vom anschaulichen 'gehen' und 'stolpern' 'tastet' sich der Text über das abstrakte Hilfsverb „war" im 4. Satz zum gleichsam stillgestellten Schlußbild der beiden letzten Sätze vor. Bemerkenswert ist aber nicht nur dieser Schluß, sondern auch der Beginn des Absatzes; scheint es doch, als nehme der 1. Satz mit seinem dreifach wiederholten Auftakt („Er ging", „er stolperte", „er fühlte") gleichsam einen 'Anlauf', um die aufgetürmten Hindernisse („Wagenspuren", „Räder" etc.) zu überwinden. Dabei werden die Hindernisse mit Hilfe der den Gang der Handlung retardierenden Adjektive („*ellentiefe[]* Wagenspuren", „*abgelaufene* Räder") sozusagen sprachlich nachgezeichnet. Zahlreiche Assonanzen und Alliterationen („ohne zu <u>w</u>issen, <u>w</u>arum und <u>w</u>ohin") runden die Fluchtbewegung lautmalerisch ab. Am Ende stellen sich hier auch die ruderal-typischen Attribute (Wildheit, Gespenster) scheinbar wie von selbst ein.

---

81   Im obigen Zitat habe ich die verwandten bzw. identischen Wörter folgendermaßen markiert: Fettdruck = „er", Kursivierung = Verben, Unterstreichung = „und", Großschrift = Substantive. – In Heinrich von Kleists Drama *Die Hermannsschlacht* gibt es übrigens (im 1. Auftritt des 5. Aktes) ein vergleichbares *terrain sombre*, das von Raabe alludiert wird. Im 'dichtesten Dickicht' des Teutoburger Waldes sagt der Zweite Feldherr des Varus: „Wir können keinen Schritt fortan, / In diesem feuchten Moorgrund, weiter rücken! / Er ist so zäh, wie Vogelleim geworden. / Das Heer schleppt halb Cheruska an den Beinen, / Und wird noch, wie ein bunter Specht, / Zuletzt, mit Haut und Haar, dran klebenbleiben." Das *Praesagium* der Raben aus dem *Odfeld* ist in der *Hermannsschlacht* ebenfalls vorgebildet. Im 7. Auftritt des 5. Aktes sagt Varus: „O Priester Zeus', hast du den Raben auch, / Der Sieg mir zu verkünd'gen schien, verstanden? / Hier war ein Rabe, der mir prophezeit, / Und seine heisre Stimme sprach: das Grab!" H.v.K.: Werke und Briefe in vier Bänden, hg. von Siegfried Streller in Zusammenarbeit mit Peter Goldammer u.a., Band 2, Berlin und Weimar ³1993, S. 318 (1. Zitat) und S. 324 (2. Zitat).

Die abstrakte Stoßrichtung der Erzählung kommt im nachfolgenden Zitat noch prägnanter zum Ausdruck als im obigen. Die Beschreibung des verwüsteten Odfeldes – sie zeichnet notabene eine Landschaft *nach* der Schlacht und nicht das 'eigentliche' Kriegsgeschehen – tendiert hier zum farblich-abstrakten Tableau, das sich vom mimetischen Abbildungspostulat weitgehend emanzipiert hat und geradezu an Bilder von Anselm Kiefer[82] denken läßt:

> Sie lagen, weithin *zerstreut* auf dem alten Götter- und Opferfelde, *übereinandergestürzt* Frankreich und England und – Deutschland dazwischen; **Rot und Blau, Grün, Gelb und Weiß**, silberne Litzen und goldene, Bajonette und Reitersäbel *durcheinander geworfen*: vieles dermaleinst des Ausgrabens und Aufbewahrens in Provinzialmuseen wert. (202)

Die Abstraktion – man könnte auch sagen *Konkretion* – wird in diesem Absatz vorrangig durch das stark metonymische Verfahren des Textes erzeugt. Personalpronomen und Verb des Satzbeginns („Sie lagen") lassen zunächst vermuten, daß auf dem „Opferfelde" Leichen und/oder Leichenteile „zerstreut" liegen; stattdessen sind hier buchstäblich ganze Länder („Frankreich und England und – Deutschland") „übereinandergestürzt". Diese Länder werden im Text einerseits durch abstrakte Farben („Rot und Blau" etc.),[83] andererseits durch metonymische Objekte („Litzen", „Bajonette und Reitersäbel") repräsentiert. Im Gegensatz zu 'abstrakten' Metaphern haben 'konkrete' Metonymien den Vorteil, „dermaleinst" ausgegraben und in „Provinzialmuseen" aufbewahrt werden zu können. Im obigen Zitat konvergieren aber nicht nur Abstraktion und Konkretion, es werden dort auch – wie überhaupt im *Odfeld* – zwei gegenläufige Bewegungsrichtungen miteinander zur Deckung gebracht. Dabei handelt es sich einerseits um die *dekonstruktive Tendenz* im auktorialen Erzählgefüge, die auf disseminative 'Zerstreuung' (Trümmer, Chaos, Unordnung) der Partikel angelegt ist („Bajonette und Reitersäbel *durcheinander* geworfen") und die Welt immer schon *sub specie ruderis* betrachtet; andererseits handelt es sich um

---

[82] Bilder von Anselm Kiefer werden vom heutigen Leser des *Odfelds* auch und insbesondere dann assoziiert, wenn dort vom „großen blutigen *Spielbrett* des Siebenjährigen Krieges" (35) die Rede ist. Ähnlich wie in den Schlamm und Morast des *Odfelds* sind auch in Kiefers zumeist sandig grundierte Bilder unterschiedlichste Materialien (Spielzeugsoldaten, Textilfetzen, Holzsplitter etc.) eingearbeitet bzw. wild 'hineingedrückt'. Raabe und Kiefer zeigen die *Materialschlacht als (intertextuelles und intermediales) Planspiel*.

[83] Einschränkend muß gesagt werden, daß die auf heutige Leser autonom wirkenden Farbflecken („Rot und Blau, Grün, Gelb und Weiß") vom zeitgenössischen Publikum höchstwahrscheinlich noch den verschiedenen Uniformen zugeordnet werden konnten. Das wird auch deutlich, wenn man das (nach heutigem Geschmack völlig ungenießbare) 'Schlachtenepos' *Waterloo* (1849) des preußischen Dichters Christian Friedrich Scherenberg betrachtet. In diesem für Raabes *Odfeld* gleichwohl konstitutiven Prätext werden bereits Farb- und Menschen-„Massen" zu einem pathetisch-abstrakten „Mosaik" verbacken: „Und vor, als schöben sich die Berge, schwankt / Mit ihrem Schwertritt der Kanonenschläge / Die Riesenwand [der Soldaten, B.S.] – birst – platzt in hundert Säulen! / Sturmflüssig sind die Massen! – / Ein Wettlauf in den Tod! mit klingend Spiel / Und flatterndem Panier – *worauf bald blau, / Bald roth, verschwimmend bald in allen Farben* – / Vorbrechen durch die Brittenlinien / Die preußischen Geschwader, durch die Preußen / Die Britten und durch Beide wieder sich / *Die ganze Bundesvölker-Mosaik* [...] / Bis Alles, Berg und Thal, und Freund und Feind / Verschwommen [...]." C.F.S.: Waterloo, Berlin ⁵1856, S. 66f.

112

die *rekonstruktive* – genauer: *archäologische Tendenz* des historiographischen Blicks, der die „weithin zerstreut[en]" und vergrabenen Dinge wieder auf-liest („Ausgraben[]") und sie *sub specie aeternitatis* („Aufbewahren[]") betrachtet.

> Wir haben dann und wann eine Vorliebe für das, was Abziehende als gänzlich un-
> brauchbar und im Handel der Erde nimmermehr verwendbar hinter sich zurückzulas-
> sen pflegen. (17)

Hier kommt die Paradoxie des historiographischen Blicks noch einmal deutlich zum Ausdruck. Einerseits muß der (kollektive) Historiograph („Wir"), der selbst etwas 'erzählen' will, von der positivistischen Text- und Faktenfülle abstrahieren und daraus eine Art Quintessenz gewinnen; andererseits hat der Erzähler des *Odfelds* aber auch eine „Vorliebe" für das, was „Abziehende" – das sind 'Fortschreitende' und 'Abstrahierende' im wahrsten Sinne des Wortes – „als gänzlich unbrauchbar" rudimentär „hinter sich zurückzulassen pflegen".[84] Diese „gänzlich unbrauchbar" gewordenen Dinge, die „im Handel der Erde" ihren marktspezifischen 'Mehrwert' eingebüßt haben und deshalb „nimmermehr verwendbar" sind, bezeichnen im *Odfeld* eine *pure Materialität im emphatischen Sinne des Wortes*.[85] In Raabes Text (sowie in moderner Kunst überhaupt) tendiert diese krude Materialität – sei es als intertextuelles Fakten- oder autonomes Sprachmaterial – zum *Monument*, das zwar einerseits nur sich selbst bezeichnet, aber andererseits als *Dokument* auch einen Raum des Andenkens öffnet.[86] Extreme Vermitteltheit und prätendierte Unmittelbarkeit konvergieren im (emphatischen) Material-Begriff der modernen Kunst. Die Abstraktion 'hinterläßt' im Odfeld aber nicht nur 'unbrauchbares' Material, sie kann – als Ergebnis einer Lektüre – auch „Trost" spenden:

---

[84] Noah Buchius, das „letzte[] ruderum" der Klosterschule, verkörpert im *Odfeld* genau die Figur, die sich der Abstraktion auf geradezu obstinate Weise widersetzt; der Magister wird nämlich vom „alten Ort" nicht mit 'abgezogen': „Und doch [...] hatten sie ihn bei ihrem Abzug nicht mit sich genommen nach Holzminden [...], sondern ihn zurückgelassen am alten Ort" (18). Als *genius loci* des „alten Ort[es]" bezeichnet Buchius – ähnlich wie Kafkas *Odradek* – das „unnützeste, verbrauchteste, überflüssigste Stück [des] HAUSRATES". (18) *Od-radek*, die personifizierte „Sorge" des „HAUSVATERS", könnte deshalb auch auf dem *Od-feld* zuhause sein.

[85] Von Raabes *Odfeld* führt eine direkte Linie zu Heiner Müllers Materialschlacht in VERKOMMENES UFER MEDEAMATERIAL LANDSCHAFT MIT ARGONAUTEN: „Fischleichen / glänzen im Schlamm Keksschachteln Kothaufen / FROMMS ACT CASINO / Die zerrissenen Monatsbinden Das Blut / Der Weiber von Kolchis". H.M.: Herzstück, Berlin 1983, S. 91 (Hervorhebungen im Text). Im *Odfeld* „glänzen" zwar andere, aber prinzipiell ähnliche Dinge „im Schlamm". Das „gänzlich unbrauchbar[e]" Material 'an sich' ist der Müll, der in Müllers Theaterstücken zur 'Landschaft' umfunktionalisiert wird: „Die Kinder entwerfen Landschaften aus Müll [...]." H.M.: Herzstück, S. 99.

[86] Auch in diesem Punkt konvergiert Raabes Text mit Bildern von Anselm Kiefer. Ähnlich wie der Erzähler des *Odfelds* zeigt auch Kiefers Kunst eine „Vorliebe für das, was Abziehende [...] hinter sich zurücklassen pflegen". Das wird besonders deutlich in seinem Bilderzyklus *Ausbrennen des Landkreises Buchen*, der den nationalsozialistischen Mythos von der *verbrannten Erde* aufgreift und produktiv umsetzt. Kiefers ihrerseits 'verbrannten' Bilder zeigen und erinnern an das, was 'abziehende' deutsche Soldaten auf Befehl ihres Führers einzig und allein 'zurücklassen' sollten: Asche.

Möge der Trost, den wir persönlich aus dem alten Schulmeister, dem Magister Noah Buchius, gezogen haben, vielen andern zuteil werden. Dies ist unser herzlicher Wunsch, wie wir uns aufrichten von den Folianten, Quartanten, Pergamenten und Aktenbündeln, ob denen wir auf das Sausen und Brausen, das Getöne von Wodans Felde, vom Odfelde, kurz von ferne her gehorcht haben im Lärm der Gegenwart, im Getöse des Tages, der immer morgen auch schon hinter uns liegt, als ob er vor hunderttausend Jahren gewesen wäre. (12)[87]

Vom „Lärm" und „Getöse" der aktuellen „Gegenwart" (= Zeit des Erzählers) flüchtet der „Trost"-suchende Narrator zum längst vergangenen „Sausen und Brausen" auf dem „Odfelde" (= erzählte Zeit), das ihm aus den „Folianten, Quartanten, Pergamenten und Aktenbündeln" als niederfrequentes „Getöne" entgegenrauscht. Der Erzähler kommt, mit andern Worten, vom 'Regen' („Getöse") in die 'Traufe' („Getöne") und von dort – in einem intermedialem Zirkelschluß – wieder zurück. Sieht man genau hin, dann zeigt sich auch, daß es im *Odfeld* eine 'lärmende' Unmittelbarkeit gar nicht gibt. Die „Gegenwart" ist nämlich im doppelten Sinne *fiktiv*, eben weil sie, wie es verräterischerweise heißt, „immer morgen auch schon hinter uns liegt'. Die Gegenwart, so lautet die unausgesprochene Pointe des Satzes, „liegt" nicht nur im zeitlichen Sinne bereits „*hinter* uns", sondern sie liegt vor allem „morgen auch schon" *als ein weiterer Text* im räumlichen Sinne 'vor uns'. Der Trost, den „wir" aus der intertextuellen Fiktionsmaschinerie des Erzählers ziehen können, lautet deshalb im Klartext: Alles, was 'uns' *heute noch* bedrängt, ist *morgen schon* ein von der Gegenwart 'abgezogenes' (d.h. abstraktes) Buch(ius). Wilhelm Raabe schreibt zweihundertfünfzig Jahre nach Martin Opitz ein neues *Trostgedicht In Widerwertigkeit deß Kriegs*. Trost wird im *Odfeld* aber weder (von andern) gespendet, noch (passiv) gefunden, sondern er muß (aktiv) auf- und abgelesen werden:

Auch [Magister Buchius] hatte seinen Trost bekommen am heutigen bösesten Tage. Er hatte ihn abgelesen von dem klugen, guten, zornvoll-kummervollen Gesicht des braven Mannes [...]. (189)

Folgerichtig werden auch die *rudera* der Schlacht nicht (nur) mit den Augen des 'ewig gestrigen' kontemplativ betrachtet, sondern (auch) mit denen des 'immer morgigen' antizipatorisch registriert und gelesen:

Die Waldungen trugen überall [...] Spuren und Gedenkzeichen, daß schweres Geschütz und Bagagewagen mit Mühe und Not über die Straße und über die Hohlwege geschleppt worden waren! Zerstampft lagen die Felder und Wiesen. Kochlöcher waren überall eingegraben, Äser von Pferden und krepiertem Schlachtvieh noch unheimlich häufig unvergraben in den Gräben und Büschen und an den Wassertümpeln der Verwesung überlassen. Es war weder für den gelehrten noch den ökonomischen Mann ein Anblick zum Ergötzen [...]. (22)

---

[87] Hier handelt es sich um eine Paraphrase des Predigers Salomo, vgl. Pred. 1, 9-10: „Was geschehen ist, eben das wird hernach sein. Was man getan hat, eben das tut man hernach wieder, und es geschieht nichts Neues unter der Sonne. / Geschieht etwas, von dem man sagen könnte: 'Sieh, das ist neu'? Es ist längst vorher auch geschehen in den Zeiten, die vor uns gewesen sind." Das „Sausen und Brausen" bezieht sich hingegen (auch) auf den wilden Sturm- und Brausegott Wotan.

Daß die „Waldungen" *in temporae belli* „Spuren" der Verwüstung zeigen, mag immerhin angehen; daß sie dann jedoch schon die „Gedenkzeichen" für spätere Zeiten tragen, scheint zunächst wenig plausibel. Die paradoxale Struktur des Satzes – sie lautet etwa: Die Gegenwart ist für den „gelehrten [...] Mann" ein Text, ergo *lesbar* – gehorcht der gleichen Logik, die auch im obigen Zitat zum Ausdruck gekommen ist: Heute 'ist' bereits morgen, und morgen 'war' schon „vor hunderttausend Jahren".[88] Ähnlich wie im Märchen von Hase und Igel ist im *Odfeld* ein vor-bildlicher Prä-Text immer 'schon da'.[89]

Raabes *Odfeld*, so läßt sich festhalten, steht mit dieser Problematik im Kontext der Historismus-Debatte des ausgehenden 19. Jahrhunderts. Für den 'auktorialsten' Erzähler (und sein *alter ego*, den Magister Noah Buchius) gibt es – um mit dem Prediger Salomo zu sprechen – „nichts Neues unter der Sonne", weil das vermeintlich 'Neue' immer nur eine Umschrift der alten Geschichte(n) ist. Das einzige, was es auf dem *Odfeld* 'wirklich' (und in reichem Maße) gibt – Raabes Erzählung demonstriert es auf eindrucksvolle Weise – sind Zitate, Wiederholungen und Travestien.[90] Das *Odfeld* ist demnach eine Projektionsfläche für die synoptisch vermittelte(n) Geschichte(n), in dessen (bzw. deren) Erzähl-Gewebe die überlieferten Fakten simultan zu „*eine[m]* Knäuel" verwoben sind:

> Seine [Magister Buchius'] Aufmerksamkeit war ganz allein auf diese mirakulöse Schlacht der Raben, der Vögel Wodans [...] gerichtet. [...] In seinem gelehrten Gehirn drehte es sich im Tummel wie dort in den Lüften dem Mons Fugleri zu. Armin und Germanicus, Sachse und Franke, die Liga und der Schwed, sie lagen sich, in *einen* Knäuel verbissen, wiederum im Haar [...], und der Magister [...] hatte so lange das Leben gehabt, um [...] die Anwendung daraus zu ziehen [vgl. 'abstrahieren',

---

[88] Die Austauschbarkeit der verschiedenen Zeitebenen kommt im nachfolgenden Satz prägnant zum Ausdruck: „Es war auch nur ein Unterschied in der Zeitenfolge und im Kostüm, wie [Magister Buchius] so dasaß an seinem Tische auf seinem Stuhl in seinem Museo, Wohn- und Studiergemach [...]." (107)

[89] Der Magister Buchius, der im doppelten Sinne in „ellentiefen" Spuren geht, erinnert frappant an Joseph aus Thomas Manns Romantetralogie *Joseph und seine Brüder*. Daß Thomas Mann im *Doktor Faustus* ausgiebig Raabes *Akten des Vogelsangs* beerbt hat, ist mittlerweile eine opinio communis der Forschung; daß er aber auch das (intertextuell vermittelte) Trost-Konzept Buchius' fortschreibt, wurde bis dato nicht bemerkt. Buchius und Joseph besitzen die Fähigkeit, auch im „schlimmsten Drange" die Zeichen noch lesen und interpretieren zu können. Anhand eines Zitates (aus dem zweiten Band von Manns Tetralogie) soll das exemplarisch gezeigt werden: „[...] [I]m verstörtesten Trubel der Überrumpelung, im schlimmsten Drange der Angst und Todesnot hatte [Joseph] geistig die Augen aufgemacht, um zu sehen, was 'eigentlich' geschah. Nicht als ob Angst und Not darum geringer geworden wären; aber auch eine Art von Freude, ja von Gelächter war ihnen dadurch zugekommen, und eine verstandesmäßige Heiterkeit hatte das Entsetzen der Seele durchleuchtet." T.M.: Joseph und seine Brüder, Bd. 1, Frankfurt/M. (Fischer-TB) 1982, S. 435.

[90] Zum Zitatcharakter von Raabes *Odfeld* vgl. Helmuth Mojem: Der zitierte Held. Studien zur Intertextualität in Wilhelm Raabes Roman „Das Odfeld", Tübingen 1994. Zu den (mitunter Thomas-Bernhard-esken) Wiederholungen vgl. exemplarisch das folgende Zitat aus dem *Odfeld*: „[Magister Buchius] hatte immerfort vor sich hin zu sprechen: siebzehnhunderteinundsechzig, siebzehnhunderteinundsechzig, siebzehnhunderteinundsechzig" (86). Zur Travestie vgl. oben Anm.88.

115

B.S.] für den eben vorhandenen Tag und die gegenwärtigen schreckens- und sorgen-
vollen Zeitläufte." (28f., kursiv im Text, Unterstr. B.S.)[91]

Magister Buchius kann die empirische Beobachtung („Raben") nicht von der Interpretation („Vögel Wodans") trennen. Paradoxerweise reproduziert sein „gelehrte[s] Gehirn" gerade damit (wieder) eine Art des 'wilden Denkens'.

> Das wilde Denken trennt nicht den Augenblick der Beobachtung von dem der Inter-
> pretation [...].[92]

Auf dem Hintergrund von Lévi-Strauss' Konzeption des 'wilden Denkens' erscheint Magister Buchius deshalb als *bricoleur*, der seine „intellektuelle[] Bastelei"[93] aus den
„Überbleibseln menschlicher Produkte"[94] speist. Buchius ist der „Gelehrte" und „Bast-
ler" in einer Person, der sich „das Prodigium, das Wunderzeichen" der „mirakulöse[n]
Schlacht" (29) aus überlieferten Intertexten 'zusammenbastelt'.

> Man könnte also sagen, der Gelehrte und der Bastler lauerten beide auf Botschaften,
> für den Bastler aber handle es sich um Botschaften, die in gewisser Weise vorüber-
> mittelt sind [Intertexte!, B.S.] und die er nur sammelt [...].[95]

> Die Eigenheit des mythischen Denkens besteht, wie die der Bastelei [...], darin,
> strukturierte Gesamtheiten zu erarbeiten [...] durch Verwendung der Überreste von
> Ereignissen: [...] Abfälle und Bruchstücke, fossile Zeugen der Geschichte eines Indi-
> viduums oder einer Gesellschaft. [...] [D]as mythische Denken, dieser Bastler, erar-
> beitet Strukturen, indem es Ereignisse oder vielmehr Überreste [Rudimente! B.S.]
> von Ereignissen ordnet [...].[96]

Das „Odfeld" markiert den zentralen poetologischen Knotenpunkt im intertextuellen Gewebe von Raabes Erzählung, in dem die strukturhomologen Geschichten (Römisch-

---

91 Vgl. auch das folgende Zitat aus dem *Odfeld*, in dem die prätendierte Simultaneität der Ereignisse über
Analogien und Vergleiche inszeniert wird: „Sehen der Herr Amtmann, ist es nicht, als ob die, so am Idsta-
viso schlugen, die, so dem Kaiser Carolo Magno und dem Herzog Wittekindus in die Bataille folgten, auf
dem alten Blutort wieder lebendig geworden wären? So hetzten sie im Gewölk, König Etzel der Hunne, Ae-
tius der Römer und Theoderich und Thorismund der Westgoten Könige! Wären die rechten Leute jetzo an
unserm Platze, Kindern und Kindeskindern könnten sie von diesem Phänomen erzählen, auch wohl es in
den Druck geben." (29) Raabes Zeit-Raum-Konzeption der Simultaneität heißt in Thomas Manns Josephs-
Romanen dann *Rollende Sphäre* und *Nunc stans*.

92 Claude Lévi-Strauss: Das wilde Denken. Aus dem Französischen von Hans Naumann, Frankfurt/M. 1974,
S. 257. An einer anderen Stelle seines Buches (vgl. S. 24) nennt Lévi-Strauss die „Assoziierungswut", unter
der auch Magister Buchius leidet, als ein typisches Charakteristikum des 'wilden Denkens'. Raabes *Odfeld*
beweist damit eindrucksvoll, daß sich die Extreme berühren: Das „übergelehrte[]" (*Das Odfeld*, S. 23) und
das „wilde Denken" finden am Ausgang des Historismus wieder zusammen.

93 Claude Lévi-Strauss: Das wilde Denken, S. 29.

94 Claude Lévi-Strauss: Das wilde Denken, S. 32.

95 Claude Lévi-Strauss: Das wilde Denken, S. 33.

96 Claude Lévi-Strauss: Das wilde Denken, S. 35.

Germanischer Krieg, Deißigjähriger Krieg, Siebenjähriger Krieg, Rabenschlacht) zu *einer* meta-narrativen Superstruktur gebündelt (geordnet, gesammelt) werden. Man könnte auch sagen, daß das „Odfeld" eine *Klammer* bzw. einen *Rahmen* bildet, die bzw. der die divergierenden (und nicht selten 'wild' durcheinander zitierten) Intertexte der Erzählung noch vage zusammenhält. Damit funktioniert die Erzählung genau wie die im Text erwähnten „Provinzialmuseen", die ihre heterogenen Partikel unter einem 'Dach' versammeln. Prägnant formuliert: Das „Odfeld" (als verwüstetes Schlachtfeld) *liefert* nicht nur die Materialien der intertextuellen bricolage, *Das Odfeld* (als integraler Text) *ist selbst* ein aus Intertexten zusammengebasteltes *Waste Land*. Die Beobachtung, die Hans Egon Holthusen anhand von Eliots gleichnamigem Lyrikzyklus gemacht hat, läßt sich deshalb mutatis mutandis auch auf Raabes Erzählung übertragen:

> Zitiert wird aus vielen verschiedenen Sprachen, vom Deutschen bis zum Sanskrit, aus Quellen ganz verschiedener Herkunft und Dignität, von der Bibel [...] bis zum Gassenhauer [...], aus Wagners *Tristan* [...], aus einem Brief eines spanischen Diplomaten [...], aus den *Bekenntnissen* des heiligen Augustinus [...], aus dem Expeditionsbericht eines englischen Antarktisforschers [...].[97]

Raabes exzentrisches *Odfeld*, so läßt sich resümieren, konzipiert eine *kleine Geschichte* (im doppelten Sinne von Historie und Narratio), die das (in Bibliotheken, Archiven, Museen und Odfeldern) neben- und übereinander *Geschichtete* archäologisch auf-liest, rekonstruiert und in mehrere strukturanaloge *Geschichten* transponiert.[98] – Am Ausgang des 19. Jahrhunderts markiert Raabes *Odfeld* den Anfang vom Ende der *großen Erzählungen*.

3.   Ödflächen versus Ruderalflächen – Ein Resümee

Ödflächen sind *keine* Ruderalflächen. Wenn beispielsweise Lenau oder Droste-Hülshoff einen 'wilden Ort' beschreiben, dann spielt es sozusagen keine Rolle, ob es sich dabei um eine ursprüngliche oder um eine von Menschen veränderte (sekundäre) 'Wildnis' handelt. Und wenn Stifter oder Keller *Ver*wilderungen (d.h. Ruderalflächen im strengen Sinne) beschreiben, dann bleiben diese immer bezogen auf eine vorgängige primäre Wildnis bzw. auf einen unverwilderten Urzustand. Genau dieser dialektische Bezug auf eine vorgängige Primärwildnis fehlt einem magisch-realistischen Text wie Loerkes *Puppe*. Die stinkenden „Brennesselwälder[]", die auf dem „Unlandstück[]" Berlins wachsen, beziehen sich nicht zurück auf einen Urwald, der möglicherweise einmal in der deutschen

---

97 Hans Egon Holthusen: Vorwort. In: T.S. Eliot: Das wüste Land, S. 19f.

98 Auch das im *Odfeld* konzipierte Geschichtsverständnis (Geschichte als das Geschichtete) wurde von Thomas Mann übernommen. Ein Zitat aus dem ersten Band der Josephs-Tetralogie soll das belegen: „Geschichte ist das Geschehene und was fort und fort geschieht in der Zeit. Aber so ist sie auch das Geschichtete und das Geschicht, das unter dem Boden ist [...]." T.M. Joseph und seine Brüder, Bd. 1, S. 138.

Hauptstadt gerauscht hat. Das 'Unkraut' markiert vielmehr einen Zustand *nach* der Zivilisation. Insbesondere Hölderlins erhabene Trümmerlandschaften sind denkbar weit davon entfernt, nach posthumanem „Hundeurin" und ähnlichem zu stinken. Selbst in Kellers *Romeo und Julia auf dem Dorfe* 'steht' das Unkraut z.B. 'für' die sittlich-moralische Verwilderung der Protagonisten und nicht 'für sich'. Anders gesagt: Alle AutorInnen, von Gryphius bis Stifter, beschreiben zwar schon (sekundäre) Wildnisse, aber dennoch haben sie die Ruderalfläche noch nicht als eine solche *entdeckt*.[99] Der Fall Raabe steht zugegebenermaßen 'auf der Kippe'. Das *Odfeld* weist aber viel mehr in Richtung Klassische Moderne – die Bezüge zu Eliots *Waste Land* wurde oben herausgearbeitet – als in die des Magischen Realismus. Während also die Magischen Realisten auf die 'unheimliche' Kraft des Motivs vertrauen, übernimmt die Klassische Moderne vor allem die Text*verfahren*, die in der ambigen und paradoxen Sekundärwildnis festgeschrieben sind.

---

[99] Zur Verdeutlichung: Die 'unverständlichen' Texte des Manierismus (Stichwort: Concettismus) sind auch schon 'texturiert', aber dennoch haben sie noch nicht 'die' Textur *entdeckt* (vgl. Moritz Baßler: Die Entdeckung der Textur). Ganz ähnlich verhält es sich auch mit der Ruderalfläche: Droste-Hülshoff und E.T.A. Hoffmann 'haben' auch schon die Sekundärwildnis, aber donnoch haben sie die 'stinkende Ruderalfläche' noch nicht als eine autonome *entdeckt*.

III. KAPITEL
Gang durch den Magischen Realismus

1.   Der hundertste Geburtstag

Am 23.2.1999 wäre Elisabeth Langgässer einhundert Jahre alt geworden. Die *FAZ* war eine der wenigen Zeitungen, die das überhaupt bemerkt haben: „Heute, an ihrem hundertsten Geburtstag, steht es mit dem Ruhm der Langgässer nicht zum besten."[1] Da haben wir es also schwarz auf weiß: 'Die' Langgässer ist eine 'unberühmte' Autorin (geworden). Harald Hartung tut ein übriges dazu, wenn er die „alten Klischees" („christlich-katholische Autorin", „innere Emigrantin", „hermetische Naturlyrikerin") im gleichen Atemzug anprangert *und* reproduziert:

> [...] [W]enn neuerdings wieder Religiöses im Schwange ist, wie bei Strauß oder Handke, warum dann nicht auch die glühende und intellektualistische Gläubigkeit der Langgässer?[2]

Da ist sie wieder, die Gläubigkeit 'der' Langgässer. Und ihre Texte? Diese kommen entweder überhaupt nicht, oder wenn doch, dann nur biographistisch und apologetisch zur Spache:

> Sie schrieb das Gedicht *Frühling 1946*, das beginnt: „Holde Anemone, bist du wieder da". Es ist ein Dankgedicht für die Rettung, es gedenkt aber auch der Schrecken der Zeit und spricht vom „Reich der Kröte" und von der „ausgesprühten Lügenlauge". Auch in diesem Gedicht – wie in der späten Lyrik überhaupt – zeigt es sich, daß die Langgässer auf Naturbilder verwiesen blieb [...].[3]

> [...] das *Unauslöschliche Siegel* ist mehr als ein theologischer Traktat, nämlich in seiner Simultaneität der Zeiten und Orte ein Stück moderner Literatur. Wie im Faustus-Roman Thomas Manns geht es um einen Pakt [...].[4]

---

1   Harald Hartung: Anemone blüht im Krötenreich – Für die Miteingeweihten: Zum hundertsten Geburtstag von Elisabeth Langgässer. In: *FAZ* vom 23.2.1999.

2   Harald Hartung: Anemone blüht im Krötenreich. Noch bevor Hartung die Texte von Elisabeth Langgässer überhaupt (richtig) zur Kenntnis genommen hat, will er sie schon „gegen den Strich" lesen: „Dennoch wird man ihre Poesie oft genug gegen den Strich lesen müssen, gegen die Theologisierung". Die Paradoxie in Hartungs Argumentation könnte deutlicher nicht sein: Er will Langgässers Poesie gegen *die* Theologisierung lesen, die er zuvor selbst ins Feld geführt hat.

3   Harald Hartung: Anemone blüht im Krötenreich. Schon allein Hartungs Formulierung, „daß die Langgässer auf Naturbilder verwiesen blieb", ist bezeichnend und verräterisch zugleich. Hartung will uns im Grunde zu verstehen geben, daß 'die' Langgässer über „Naturbilder" in der Art, wie sie einst vom Nudelhersteller *Birkel* gegen Einsendung der einstmals heißbegehrten 'Birkel-Punkte' versandt wurden, nie hinausgekommen ist. Im Klartext: Langgässer ist im Kalenderblatt-Kitsch steckengeblieben.

4   Harald Hartung: Anemone blüht im Krötenreich.

120

Deutlicher läßt es sich kaum sagen, daß 'die' Langgässer im Niemandsland zwischen „Natur"-Lyrik und „moderner Literatur", Wiesenrain und Dichtertempel („Thomas Mann") verschollen ist. Hartung macht sich auch nicht die Mühe, Elisabeth Langgässer *zwischen* den Stühlen, Epochen und Weltkriegen im *Abseits* zu suchen. Stattdessen erwähnt auch er nur die ohnehin 'berühmten' Texte der 'unberühmten' Autorin: *Frühling 1946* und *Das unauslöschliche Siegel* (1946), und man wundert sich, daß in diesem Zusammenhang nicht auch gleich noch ihre Vorzeige- und Lesebucherzählung *Saisonbeginn* (1948) verramscht wird. Kein Zweifel: Langgässers Bücher gehören entweder in die Grabbelkiste, oder sie verstauben als Ladenhüter in den Regalen provinzieller Buchhandlungen. Das gilt erst recht für ihre frühen und – ohne Übertreibung kann es gesagt werden – völlig vergessenen Prosaarbeiten wie z.b. *Grenze: Besetztes Gebiet* (1932), *Triptychon des Teufels* (1932) und *Gang durch das Ried* (1936), das gilt aber auch für ihren späten Roman *Märkische Argonautenfahrt*, der 1950 posthum erschienen ist. Hartungs Artikel, der scheinbar zur *Erinnerung* an Elisabeth Langgässer geschrieben wurde, arbeitet in Wahrheit an ihrem *Vergessen*:

> So spannend, ja ergreifend [der Kampf um den Menschen zwischen Gott und Satan im *Unauslöschlichen Siegel*, B.S.] ist – der heutige Leser hat wohl das Bedürfnis, eben diesen Prozeß im Licht historischer Erfahrung zu begreifen.[5]

Im Klartext heißt das: Langgässers Texte sind längst obsolet geworden und heute nur noch „historisch[]" zu goutieren. Im Gegensatz zu Emil Staiger, der in den 50er Jahren noch *begreifen* wollte, was ihn *ergriff*, sollen nun 'wir' Heutigen das „begreifen", was Hartung „spannend" und „ergreifend" findet. So ändern sich die Zeiten. Der Artikel von Hartung wäre nicht weiter erwähnenswert, wenn er nicht exakt das Bild 'der' Langgässer reproduzieren würde, das sich von ihrem frühen Tod (25.7.1950) bis heute hartnäckig gehalten hat. Hartung macht sich zum Sprachrohr des common sense, genau deshalb (und *nur* deshalb) ist sein Artikel aufschlußreich. Die *FAZ* vermittelt einen Eindruck davon, wie es um die (wissenschafliche und germanistische) Rezeption 'der' Langgässer bestellt ist, nämlich katastrophal. Von ganz wenigen Ausnahmen abgesehen, gibt es zum Thema 'Langgässer' entweder nur Marginalien oder Makulatur.[6] Geradezu bezeichnend ist deshalb die Überschrift von einem anderen Artikel aus derselben *FAZ*-Ausgabe, der direkt an

---

5   Harald Hartung: Anemone blüht im Krötenreich.

6   Zum Prosawerk Elisabeth Langgässers gibt es im Grunde nur *zwei* lesenswerte Untersuchungen. Die frühere von beiden ist schon mehr als dreißig Jahre alt und stammt von: Eva Augsberger: Elisabeth Langgässer. Assoziative Reihung, Leitmotiv und Symbol in ihren Prosawerken, Nürnberg 1962. Die neuere ist von: Carolin Mülverstedt: „Denn das Thema der Dichtung ist immer der Mensch" – Entindividualisierung und Typologisierung im Romanwerk Elisabeth Langgässers, Würzburg 2000. Zur Lyrik gibt es – von einigen gelungenen Einzelinterpretationen abgesehen – nur *eine* gelungene Gesamtdarstellung: Susanne Evers: Allegorie und Apologie. Die späte Lyrik Elisabeth Langgässers, Frankfurt/Berlin etc. 1994. Und zur Biographie Elisabeth Langgässers – die meisten Untersuchungen beschäftigen sich nur mit dem Leben und den Zeitumständen 'der' Langgässer – gibt es auch nur *eine* lesenswerte Untersuchung: Ursula El-Akramy: Wotans Rabe: Die Schriftstellerin Elisabeth Langgässer, ihre Tochter Cordelia und die Feuer von Auschwitz, Frankfurt/M. 1997.

den von Hartung anschließt. Diese Über-schrift liest sich wie eine Unter-schrift (*subscriptio*) zum dort abgebildeten Foto (*pictura*) Elisabeth Langgässers. Sie lautet: „Zu Hilfe, zu Hilfe"[7]. – Es gibt keine Zufälle.

2.   „...mein kleiner, verunkrauteter Garten in der Mark"

Das folgende Kapitel verfolgt ein doppeltes Ziel. Einerseits soll eine 'unberühmte' Autorin ganz neu vorgestellt und dabei in den historischen und systematischen Kontext des Magischen Realismus eingeordnet werden. Andererseits soll gleichzeitig aufgezeigt werden, wie das intertextuelle Netzwerk *im* bzw. *des* Magischen Realismus funktioniert. Das Kapitel hat deshalb den folgenden Aufbau: Es beginnt mit dem Ausschnitt eines Briefes von Elisabeth Langgässer, der als Ausgangsbasis für die Gesamtdarstellung des Magischen Realismus dient. In den Brief werden die übrigen (magisch-realistischen) Texte (von Krolow, Eich, Lehmann etc.), die in diesem Kapitel zur Sprache kommen, gewissermaßen nach und nach 'eingehängt'. Aus der kontrastiven Lektüre *der* Magischen Realisten (und deren Vor-Bildern) ergibt sich dann sukzessive ein Gesamt-Bild *des* Magischen Realismus. Der Ausgangspunkt ist Elisabeth Langgässers Brief an Otto Wächter vom 8.7.1942. Langgässer schreibt darin unter anderem:

> [...] [I]ch habe mit grossem Erstaunen festgestellt, dass es seit Jahren nichts Magischeres und künstlerisch Verlockenderes für mich gibt als das weisse, durch kühles oder panisch heisses Blattwerk gesiebte märkische Licht und sein karges, aber brennend und fast gewalttätig wucherndes Kraut und Unkraut. Gerade, *dass* hier keinerlei mythische oder mythologische Voraussetzungen sind, scheint dieses Land hier so sehr zu „Natur" zu machen, zu etwas, womit noch der Anfang gesetzt werden muss und das deswegen zur „Namengebung" geradezu herausfordert und die *alten* Namen, die längst vorgegebenen, geprägten, so aufnimmt und trägt wie eine preussische Demeter oder Persephone die Krone aus Nachtschatten und Bilsenkraut. Sind Sie schon einmal einen märkischen Feldweg bei Werder oder Glindow in der Mittagsglut entlanggegangen? Es ist ein völlig verzauberndes Erlebnis, wenn die Gärten das Beerenobst auskochen und am Wegesende das träge, flache Blau der Havel hindurchleuchtet. Und sehen Sie: so gerne wir auch nach dem Krieg Berlin wieder mit Süddeutschland [...] vertauschen möchten, so müsste ich wahrscheinlich erst lange und gründlich suchen, bis ich wieder ein Fleckchen gefunden hätte, das mir eine solche Erregung des Geistes und der Sinne gewähren könnte wie mein kleiner, verunkrauteter Garten in der Mark, am Stadtrand von – Berlin.[8]

Dieser Briefausschnitt scheint zunächst einmal alle gängigen Klischees zu bedienen, die 'man' von 'der' Langgässer immer schon hatte: Da wird ein Natur-"Magische[]s" Szenario entworfen, das „so sehr [...] 'Natur', zu sein vorgibt, daß der artifizielle und kulturelle

---

[7]   Die vollständige Überschrift lautet: Zu Hilfe, zu Hilfe – Das niederländische Nationalballett tanzt die „Zauberflöte" ohne die dazugehörige Musik. (*FAZ* vom 23.2.1999)

[8]   Elisabeth Langgässer: Brief an Otto Wächter vom 8.7.1942. In: dies.: Briefe 1924-1950 [zwei Bände], hg. von Elisabeth Hoffmann, Düsseldorf 1990, S. 394-397, hier: S. 395.

Aspekt zunächst dahinter verschwindet. Weiterhin ist da die „märkische" Landschaft, die – ähnlich wie die südfranzösische auf den Bildern Van Goghs – zu „brennen[]" scheint. Schließlich und endlich wird auch die „panisch heisse[]" Stunde beschworen, die dennoch (oder gerade deshalb) idyllisch und traulich ist. Der kleine „Garten in der Mark", mit dem der Textausschnitt endet, rundet das magisch-realistische Genrebild stimmig ab. Die Kriterien, die Michael Scheffel zur erzählstilistischen Bestimmung des Magischen Realismus zusammengetragen hat,[9] werden von Langgässers Brief auf den ersten Blick voll bestätigt: *Das Unheimliche* („Krieg") *ist in der Schlinge des Traulichen* („Garten") *gefangen.*[10]

'Draußen' tobt am 8.7.1942 der Zweite Weltkrieg: Die deutsche 'Sommeroffensive' ist soeben beendet, und die Wehrmacht steht vor der Krim. 'Drinnen' sitzt Elisabeth Langgässer an ihrem Schreibtisch, um einen Brief an Otto Wächter zu schreiben:

> Lieber Herr Wächter!
> Nicht mehr an einem Tiefenbacher Wirtstisch und immer noch ohne den gewohnten „Füll" [...], sondern wieder in Eichkamp am Schreibtisch sitzend, rede ich heute zu Ihnen [...].[11]

Das ist deutlich: Elisabeth Langgässer sitzt weder in einer Kneipe, noch befindet sie sich in Gottes freier Natur, sondern „heute" „rede[t]" sie ganz dezidiert von ihrem „Schreibtisch" aus. Der Adressat des Briefes ist somit gewarnt, daß er ein genuines Schreibtisch-Produkt, d.h. einen Text, in Händen hält. Und in der Tat ist in dem Brief zunächst von nichts anderem die „rede" als von lauter Geschriebenem und Gelesenem. Der ganze Brief ist, betrachtet man ihn genauer, ein einziger, intertextueller Parcoursritt.[12] Von diesem intertextuellen Ballast scheint sich die oben zitierte Naturschilderung wohltuend abzuheben, aber der Schein trügt. Auch wenn die märkische Landschaft „keinerlei mythische oder mythologische Voraussetzungen" hat, wie uns Elisabeth Langgässer glauben machen will, so hat sie doch zumindest intertextuelle „Voraussetzungen". Die berühmteste „Voraussetzung[]" von Langgässers *Wanderungen durch die Mark Brandenburg* ist Theodor

9   Vgl. Michael Scheffel: Magischer Realismus, S. 87-94.

10 Die auf den Herausgeber der *Kolonne* zurückgehende Formulierung von Martin Raschke, daß „das Unheimliche [...] in der Schlinge des Traulichen gefangen" sei, trifft laut Michael Scheffel auf alle Texte des Magischen Realismus zu. Vgl. M.S.: Die poetische Ordnung einer heillosen Welt. Magischer Realismus und das 'gespaltene Bewußtsein' der dreißiger und vierziger Jahre. In: Matias Martinez (Hg.): Formaler Mythos. Beiträge zu einer Theorie ästhetischer Formen, Paderborn etc. 1996, S. 163-180, hier: S. 172.

11 Elisabeth Langgässer: Briefe 1924-1950, S. 394.

12 Folgende AutorInnen bzw. Texte werden namentlich erwähnt: Rudolf G. Binding, Ruth Schaumann, Claire Saint-Soline: Antigone oder Roman auf Kreta (Hamburg 1938), Kasimir Edschmid: Italien: Lorbeer, Leid und Ruhm (Frankfurt 1935), Kasimir Edschmid: Italien: Gärten, Männer und Geschichte (Frankfurt 1937), Kasimir Edschmid: Glanz und Größe des Mittelmeers (Frankfurt 1932), Johann Jakob Bachofen: Griechische Reise (Heidelberg 1927), Elisabeth Langgässer: Tierkreisgedichte, Romano Guardini, Theodor Haecker und – abschließend – Josef Hofmiller.

Fontanes Riesenopus gleichen Titels. Langgässers Frage an Otto Wächter, ob er „schon einmal einen märkischen Feldweg bei Werder oder Glindow in der Mittagsglut entlanggegangen" sei, verleitet dazu, die Antwort bei Fontane zu suchen. Das Suchen lohnt sich: Unter der Rubrik „Havelland" werden in Fontanes *Wanderungen* unter anderem die Stationen „Werder", „Die Werderschen" und „Glindow" (in genau dieser Reihenfolge) 'abgeschritten'. Der Chronist der *Wanderungen* hat allerdings ein Problem: Seine Informationen stammen nicht nur aus 'erster Hand' (d.h. aus eigener Anschauung), sondern vor allem auch aus 'zweiter' und 'dritter Hand'. Dazu ein Beispiel: Fontane zitiert zunächst eine Chronik aus dem Dreißigjährigen Krieg, in der die Werderaner charakterisiert werden, um anschließend eine interessante Einsicht zu formulieren:

> War dies das Zeugnis, das [den Werderanern] um 1620 oder 1630 ein unter ihnen lebender „Stadtrichter", also eine beglaubigte Person, ausstellen mußte, so konnten 150 Jahre weiterer Exklusivität in Gutem wie in Bösem keinen wesentlichen Wandel schaffen, und in der Tat, unser mehr zitierter Chronist bestätigt um 1784 nur einfach alles das, was Stadtrichter Irmisch (dies war der Name des 1620 zu Gericht sitzenden) so lange Zeit *vor* ihm bereits niedergeschrieben hatte. Die Übereinstimmung ist so groß, daß darin ein eigentümliches Interesse liegt.[13]

Man darf zweifeln, ob es wirklich nur die „150 Jahre weiterer Exklusivität" gewesen sind, die „in Gutem wie in Bösem keinen wesentlichen Wandel schaffen" konnten. Denn wenn „unser mehr zitierter Chronist [...] um 1784 nur einfach alles das [bestätigt], was Stadtrichter Irmisch [...] lange Zeit vor ihm bereits *nieder*geschrieben hat", wenn also die „Übereinstimmung" der beiden Texte „so groß" ist, dann liegt der Verdacht nahe, daß eben dieser Chronist – er heißt Ferdinand Ludwig Schönemann – vom „Stadtrichter Irmisch" *ab*geschrieben hat, so wie Fontane seinerseits wieder (notgedrungen) von Schönemann abschreiben muß. Auf diese Weise prägt sich in der Tat ein konstanter Charakter des Volkes und seiner Landschaft heraus. „Welche Stabilität durch anderthalb Jahrhunderte!"[14], bemerkt Fontane, und er hat recht damit, „daß darin ein eigentümliches Interesse liegt". Das „eigentümliche[] Interesse" liegt für uns Heutige insbesondere „darin", daß Fontane die Funktionsweise der Intertextualität erkannt hat. Auf die Formel gebracht: Jede noch so alte Niederschrift ist immer schon eine alte Abschrift („alte Abschreiberei"[15]).

In Fontanes *Wanderungen* erfahren wir einiges über „Werder" und „Glindow", das uns bei der Lektüre von Langgässers brieflicher 'Wanderung durch die Mark Brandenburg' hilft. Wir erfahren zum Beispiel, daß Werder in mehrfacher Hinsicht eine „Insel" ist, an der sowohl der Dreißigjährige Krieg, als auch der „schwarze Tod" vorbeigegangen ist:

---

13   Theodor Fontane: Wanderungen durch die Mark Brandenburg. In: ders.: Sämtliche Werke Band 2, (*Wanderungen* etc.), hg. von Walter Keitel, Darmstadt 1967, S. 425 (kursiv im Text).

14   Theodor Fontane: Wanderungen durch die Mark Brandenburg, S. 426.

15   Wolfgang Hilbig: Alte Abdeckerei, S. 115.

Der Dreißigjährige Krieg zog wie ein Gewitter [...] am Werder vorüber [...]. So bra-
chen nicht Schweden, nicht Kaiserliche in ihren Frieden ein und es ist selbst fraglich,
ob der „schwarze Tod", der damals über das märkische Land ging, einen Kahn fand,
um vom Festland nach der Insel überzusetzen.[16]

Werder ist also ein doppelt begünstigter *locus amoenus*, dem Krieg *und* (schwarzer) Tod
nichts anhaben können. Im Kriegsjahr 1942 muß diese Insel deshalb von einer geradezu
'magischen' Anziehungskraft gewesen sein. Gleichwohl ist Werder nicht nur eine reine
Insel der Seligen:

> Das [= die Tatsache, daß weder Krieg noch Pest nach Werder kamen, B.S.] war der
> Segen, den die Insellage schuf, aber sie hatte auch Nachteile im Geleit und ließ den
> von Anfang an vorhanden gewesenen Hang, sich abzuschließen, in bedenklichem
> Grade wachsen.[17]

Die Werderaner müssen einen Preis dafür zahlen, daß sie von Krieg und Tod verschont
bleiben: Sie gehen in eine Art der 'inneren Emigration' und „schließen" sich „ab". Wer
am 'großen' Leben (bzw. Sterben) ringsum nicht teilnehmen will, muß sich im 'kleinen'
Bezirk einrichten. Eine solche *clôture* verhindert aber auch den Anschluß an moderne
Entwicklungen:

> [...] [Die] Abgeschlossenheit [...] war[] begreiflicherweise nicht imstande, aus Wer-
> der einen Prachtbau zu schaffen. Es hatte seine *Lage* und seine *Kirche*, beide schön,
> aber die Lage hatte ihnen Gott und die Kirche hatten ihnen die Lehniner Mönche ge-
> geben. An beiden waren die Werderschen unschuldig. Was aus ihnen selbst heraus
> entstanden, was ihr eigenstes war, das ließ allen Bürgersinn vermissen, und erinnerte
> an den Lehmkatenbau der umliegenden Dörfer.[18]

Dank seiner „Gunst der Lage" konnte Werder sich im Laufe der Jahrhunderte von einem
unberühmten „Fischerdorfe" zu einem halbwegs berühmten „Städtchen" mausern:

> Die Gunst der Lage machte aus dem ursprünglichen Fischerdorfe alsbald einen <u>Flek-
> ken</u> [...] und abermals hundert Jahre später war aus dem Flecken ein Städtchen ge-
> worden [...].[19]

Elisabeth Langgässer geht in ihrem Brief den genau umgekehrten Weg: Von ihrem
Schreibtisch in „Berlin-Grunewald, Eichkatzweg 33", 'fährt' sie wie eine 'märkische Ar-
gonautin' über die „[v]oraussetzung[slose]" Brandenburger Heide zu ihrem unberühmten
„verunkrautete[n] Garten in der Mark", der wie ein seliges „Fleckchen" Erde „am Stadtrand von – Berlin" liegt.[20] Mit dem nachgeschobenen „ – Berlin" schließt sich der Kreis

---

16   Theodor Fontane: Wanderungen durch die Mark Brandenburg, S. 424.

17   Theodor Fontane: Wanderungen durch die Mark Brandenburg, S. 424f.

18   Theodor Fontane: Wanderungen durch die Mark Brandenburg, S. 426 (kursiv im Text).

19   Theodor Fontane: Wanderungen durch die Mark Brandenburg, S. 424.

20   Ein verwilderter Garten spielt auch in Marie Luise Kaschnitz' modernem Märchen *Der alte Garten* die
        Hauptrolle. Kaschnitz hat dieses magisch-realistische Märchen bereits in den frühen 40er Jahren geschrie-

zurück zur Haupt-Stadt (des Dritten Reiches) –, und eigentlich ist es erstaunlich, daß Langgässer auf ihrem verwilderten „Fleckchen" „am Stadtrand von – Berlin" nicht auch einen Koffer findet, in dem sich, wer weiß?, möglicherweise eine *Puppe* befindet...[21] („Es dämmert, aber die Flecken gehen nicht weg", *Ilse Aichinger*).

Das verwilderte „Fleckchen" Erde, das eine geradezu sexuelle „Erregung des Geistes und der Sinne gewährt", ist aber nur die eine, wenn man so will: die *verkommene* Seite der Medaille. Auf die *paradiesische* Seite der Medaille (um im Bilde zu bleiben) kommt Langgässer im direkten Anschluß an das obige Zitat zu sprechen. Nachdem sich mit dem „Stadtrand von – Berlin" der Kreis geschlossen hatte, fährt sie fort:

> Ich habe jetzt gerade einen neuen Jahreskreis von Gedichten abgeschlossen, die zwar von dem gleichen Naturerlebnis wie die „Tierkreisgedichte" durchwaltet, aber genau um 180 Grad gedreht sind. [...] es ist der *Versuch*, das Problem des christlichen Na-turgedichtes zu lösen oder ihm näher zu kommen. Nicht nur [...], dass die Natur „in Wehen liegt und nach der Erlösung seufzt", sondern positiv, jenen Standort zu fin-den, der von Anfang an paradiesisch war und geblieben ist in dem Mysterium der „Unbefleckten Empfängnis" u. „mystischen Rose" – es sind also, wenn man so will, mariologische Naturgedichte.[22]

Langgässers (katholische) Vorstellung von der „Unbefleckten Empfängnis" ist, wie schon angedeutet, eine Kontrafaktur zur 'befleckten' und unerlösten Natur, die „in Wehen liegt" (und ergo noch nicht 'entbunden' hat). Dieser „mariologische" Passus des Briefes ist aber auch gleichzeitig das himmlische Gegenbild zum vorausgegangenen Abschnitt, in dem die paganisch entfesselte Natur („fast gewalttätig wucherndes Kraut und Unkraut") zele-briert wurde. Langgässers Wendung „um 180 Grad" (Medaille) bezieht sich also nicht nur auf ihren „neuen Jahreskreis von Gedichten", sondern zunächst und vor allem auf ihren eigenen Brief. Mehr noch: Hinter der scheinbar 'voraussetzungslosen' Natur der märki-schen Landschaft verbirgt sich nicht nur der Kriegsgott *Mars*, der „gewalttätig" durch die

---

ben; auf Wunsch der Autorin durfte es jedoch erst posthum (1975) veröffentlicht werden. Der alte Garten – eine statische Ruderalfläche par excellence – ist hinter einem „riesige[n] Schutthaufen" verborgen. Hinter Schutt und verwilderten Hecken bewahrt bzw. schützt der Garten einen unentfremdeten Innenraum ('innere Emigration'), dem die äußere Akzeleration nichts anhaben kann: „Die Jahre kamen und gingen, und das Le-ben draußen veränderte sich sehr schnell. Es wurde immer lauter auf den Straßen, immer mehr Autos fuhren vorüber, und seit ein paar Jahren war sogar der Himmel voll von Gebrumm, von dem Sausen und Brausen der Flugzeuge, die über der Stadt kreisten. Aber dem alten Garten geschah nichts. Mitten in all diesem Lärm und dieser Unruhe lag er still und wie verlassen da." M.L.K.: Der alte Garten. Ein modernes Märchen. In: dies.: Gesammelte Werke, hg. von Christian Büttrich und Norbert Miller, Bd. 1 (Die frühe Prosa), Frankfurt/M. 1981, S. 370.

[21] In Elisabeth Langgässers später Erzählung *Das Labyrinth der Kinder* (1949) gibt es tatsächlich „eine häßli-che, schiefe Lumpenpuppe" mit dem Namen „Rosie", die der kleinen Laura gehört. Lauras Lieblingsspiel-platz ist ein verwilderter Garten: „Zwischen den morschen Holzstaketen standen, sehr groß und prächtig ge-raten, einige Mohnpflanzen, die sich selber auf der Grenze von Garten und Niemandsland ohne Menschen-hand ausgesät hatten [...]." E.L.: Gesammelte Werke (Erzählungen), Hamburg 1964, S. 431 bzw. 427.

[22] Elisabeth Langgässer: Briefe 1924-1950, S. 395f (kursiv im Text, Unterstreichung B.S.).

126

Fluren schreitet, sondern hinter der Gottesmutter Maria verbirgt sich auch eine sublimierte und ins Christliche transformierte *Venus*. Damit wird deutlich, daß Langgässer an einer Remythisierung der Landschaft arbeitet, die auch und gerade das Unscheinbare („Unkraut") mitumgreift. In Langgässers Bild von einer „preussische[n] Demeter oder Persephone", die eine „Krone aus Nachtschatten und Bilsenkraut" trägt, kommt das prägnant zum Ausdruck. „Nachtschatten" und „Bilsenkraut" bezeichnen hier aber nicht nur die giftigen Gewächse des Hades und der Unterwelt (Persephone alias Proserpina[23] = Tochter der Demeter und Göttin der Unterwelt), sondern auch – und das ist in diesem Zusammenhang wichtig – die „Voraussetzungen", die die karge „märkische" Landschaft einzig und allein zu bieten hat. Die Vorstellung einer „preussische[n] Demeter" verbindet auf eine geradezu paradoxe Weise das 'Unberühmte' (märkische Landschaft) mit dem 'Berühmten' (griechisch-römische Mythologie). Diese konservative bzw. konservierende Attitüde, die das Große im Kleinen bewahren möchte, ist in den Texten des Magischen Realismus und der frühen Nachkriegszeit überaus häufig zu finden, sie ist sogar ein hervorstechendes Merkmal dieser Zeit. Ein Beispiel: Die märkische 'Provinz-Demeter' Elisabeth Langgässers findet sich in leicht modifizierter Form auch im Werk von Günter Eich wieder: Im Gedicht *Aurora* aus Eichs Lyrikband *Abgelegene Gehöfte* (1948), der schon im Titel 'Provinz' evoziert, „wächst Rom und Attika" „[i]n Kürbis und in Rüben" (= 4. Strophe). Die beiden ersten Strophen lauten:

Aurora, Morgenröte,
du lebst, oh Göttin, noch!
Der Schall der Weidenflöte
tönt aus dem Haldenloch.

Wenn sich das Herz entzündet,
belebt sich Klang und Schein,
Ruhr oder Wupper mündet
in die Ägäis ein.[24]

---

23   Mit Persephone bzw. *Proserpina* wird an dieser Stelle des Briefes nicht nur Langgässers erste Prosaarbeit alludiert, für die sie im Juni 1931 den Literatur-Preis des deutschen Staatsbürgerinnen-Verbandes erhielt, sondern auch ihre (privat-) mythologisch überformte Beziehung zur Tochter Cordelia, die in dem Gedicht *Hollunderzeit (Für Cordelia)* prägnant zum Ausdruck kommt. Dieses Gedicht befindet sich im Lyrikband *Der Laubmann und die Rose*, an dem Langgässer zur Zeit der Briefabfassung (8.7.42) arbeitete. Die Privatmythologie, mit der Elisabeth Langgässer ihre Familie umgarnte, wird im Buch ihrer Tochter schonungslos dekuvriert, vgl. Cordelia Edvardson: Gebranntes Kind sucht das Feuer. Aus dem Schwedischen von Anna-Liese Kornitzky, München (dtv) ³1991 (deutschsprachige EA 1986).

24   Günter Eich: Gesammelte Werke Bd. 1, S. 24. Günter Eich beerbt hier übrigens seinen Mentor Wilhelm Lehmann, dessen Gedicht *Griechischer Hauch* mit den Zeilen endet: „Die Förde wurde / Ägäische See, / Die Jätende Magd / Der Antigone." W.L.: Gesammelte Werke Bd. 1, S. 323. In Marie Luise Kaschnitz' Gedicht *Rückkehr nach Frankfurt I-XIV*, das unmittelbar nach dem 2. Weltkrieg geschrieben wurde, ermöglicht die totale Zerstörung der Stadt die Wiederkehr des Gottes „Pan", vgl. Strophe V: „Durch die steinerne Wildnis [Frankfurts, B.S.] / Wandert auf blauen asphaltenen Flüssen, / Wandert durch Säle voll wuchernder Blumen, / Flötet den Echsen, – lange, wie lange / kam er nicht, – Pan." M.L.K.: Gesammelte Werke Bd. 5 (Die Gedichte), Frankfurt/M. 1985, S. 142-153, hier: S. 145.

Dieses nach Form und Inhalt traditionell strukturierte Gedicht von Eich realisiert zwar (noch) nicht den Wiederanschluß an die Entwicklungen der (außer)europäischen Moderne (T.S. Eliot, Frank O'Hara etc.), es leistet – sozusagen im ruderalen Vor-Feld – zunächst einmal den Wiederanschluß an die basalen Grundlagen des (griechisch-römisch-christlich geprägten) Abendlandes. In dem Gedicht, das dem Lyrikband seinen Namen gegeben hat, wird der kulturkonservative bzw. -konservierende Aspekt noch deutlicher:

Abgelegene Gehöfte

[...]
Von den Mauern bröckelt der Putz.

Der Talgrund zeichnet Mäander
in seine Wiesen hinein.
Die Weide birgt Alexander,
Cäsarn der Brennesselstein.

Auch wo die Spinnen weben,
der Spitz die Bettler verbellt,
im Rübenland blieben am Leben
die großen Namen der Welt.

[...].[25]

Die Synthese aus *Aurora* und *Abgelegene Gehöfte* stammt von Karl Krolow, der im selben Jahr, als Eichs *Abgelegene Gehöfte* im Kurt Schauer Verlag erschienen (1948), einen Lyrikband mit dem Titel „Heimsuchung" veröffentlicht hat. In dessen einleitendem Gedicht *Gegenwart* heißt es (ich zitiere die Parallelstellen):

Der Mauerputz blättert
In rötlichen Schuppen,
[...]

[...]
Es leben, wo Typhus sät lautlosen Samen,
Im Brausen der Stille die tröstlichen Namen.

Der Bremsenton hebt sich
Aus faulender Grube.
Sieh, Ceres belebt sich
Und schwebt durch die Stube![26]

---

25 Günter Eich: Gesammelte Werke Bd. 1, S. 24f. Wenn sich die großen Namen („Caesar[]") im unscheinbaren Unkraut („Brennessel[]") verbergen, gilt auch das Umgekehrte: Jede Brennessel ist ein potentieller Caesar. Es wird noch zu zeigen sein, daß es sich bei den Unkräutern in diesem Sinne immer auch um dialektische Pflanzen handelt.

26 Karl Krolow: Auf Erden. Frühe Gedichte. Mit einem Nachwort von Karl Krolow, Frankfurt/M. 1989, S. 69. Mir ist leider nicht bekannt, wer hier von wem abgeschrieben hat. In der von Axel Vieregg herausgegebenen Ausgabe von Eichs Gesammelten Werken gibt es zwar einen Hinweis auf einen Briefwechsel zwischen

Deutlicher läßt es sich kaum sagen, daß nur im 'abgelegenen' *(Un)Kraut- und Rübenland* die „großen Namen" (Demeter, Ceres, Persephone, Aurora, Cäsar etc.) überwintern. „Die Weide *birgt* Alexander" hier in einem doppelten Sinne: Sie versteckt (ver-birgt) *und* rettet ('bergen') ihn gleichzeitig vor Übergriffen (der Gestapo). Der 'unberühmte Ort' ist deshalb immer auch ein Zufluchts-Ort.[27] – Während die Zentren der berühmten Städte wie Berlin und Dresden von den alliierten Streitkräften in Schutt und Asche gelegt werden, bewahren die dezentralen und unberühmten Peripherien die kulturellen Werte:

> Eichs Verse spüren in Schutt und Geröll Funken auf, die verläßlich geblieben sind nach dem Versagen der großen imposanten Scheinwerfer.[28]

Im Unterschied zu „Eichs Verse[n]" sucht Langgässers Brief – um auf diesen zurückzukommen – die mythologischen Götter-"Funken" zwar nicht „in Schutt und Geröll", aber doch auch in vergleichbar 'unberühmten' Topographien. Eich schlägt sozusagen aus den Trümmern noch „*Funken*", und Langgässers „Unkraut" ist zwar „karg[]", aber *brennend*". In beiden Fällen sind die Rudimente also noch nicht ganz erloschen. Eich und Langgässer stehen in den 40er Jahren mit ihrem emphatischen Vorhaben, aus dem offenbar Sinnlosen noch Sinn zu ziehen, jedoch nicht allein auf weiter (verunkrauteter) Flur, im Gegenteil. Auch im Werk von Wilhelm Lehmann, der zugleich Mentor von Günter Eich und Freund und Vertrauter Elisabeth Langgässers war, „brennen", „glüh[en]" und „strahlen" die Unkräuter, auch dort wird „[a]uf Schutthalden" und „im Unrat" noch „Sinn" aufgespürt:

> Beide Königskerzen brennen, die Spitze des Johanniskrautes bricht auf, und der Regen wäscht die letzten Hundsrosen weg.
> Auch im Unrat steckt noch ein Sinn. Auch er untersteht der Gottheit. Auf Schutthalden glüht sanft die Käsepappel: Linné nannte sie Malva neglecta. Was den Menschen vernutzt erscheint, benutzt der Beifuß, hohe Pyramide mit unten weißfilzigen Blättern und kleinen braungrünen Korbblüten.
> Wollen die Menschen der Erde entfliehen, bleiben Pflanzen und Tiere ihr nahe.
> Gejätetes Unkraut steht wieder auf, die mennigroten, höchst lichtempfindlichen Blü-

---

Krolow und Eich, diese Briefe sind aber leider noch nicht veröffentlicht. In Krolows Gedicht *Furie* (1948) gelingt die (Ver-) *Bergung* („Die Weide *birgt* Alexander", G. Eich) nicht mehr: „Kein Acker *birgt* mich, keine grabenrille, / Kamillenwildnis nicht, die mich verschlingt [...]." K.K.: Auf Erden, S. 101.

27   Es ist sicherlich kein Zufall, daß im Dritten Reich für viele Juden der 'unberühmte Ort' (Dachboden, Keller etc.) auch gleichzeitig der einzig halbwegs 'sichere Ort' war. Der seinerzeit vielgelesene Nachkriegsroman *Die Gesellschaft vom Dachboden* (1946) von Ernst Kreuder vermittelt einen Eindruck davon, welch emphatischen Stellenwert das 'unberühmte' Dachkammer damals haben konnte. In Kreuders Roman verbindet sich die Dachstuben-Romantik eines Spitzweg mit dem Existenzialismus eines Sartre zu einer reichlich verschwommenen Vergangenheits-'Bewältigung', die damals gern konsumiert wurde.

28   Walter Höllerer: Nachwort. In: Günter Eich: Ausgewählte Gedichte. Auswahl und Nachwort von Walter Höllerer (= suhrkamp texte 1), Frankfurt/M. ¹¹1961 [EA 1960], S. 58. Auch Höllerer ist insofern 'kulturkonservativ', als er den gleißnerischen „Schein(werfer)" gegen den eigentlichen „(Götter)Funken" absetzt. Das ist, mit Adorno zu spechen, der „Jargon der Eigentlichkeit".

ten des Gauchheils strahlen weiter, und gemähte Kamillenstengel richten sich empor.[29]

Hier handelt es sich – um mit Karl Krolow zu sprechen – ganz offensichtlich um einen
Lobgesang auf den „Abhub der Welt" („Lobe den Abhub der Welt, die Komposte und
Äser, / Denke die ewige Distel, die ewigen Gräser"[30]), bei dem das Unterste nach oben
gekehrt und dann verklärt wird. In Sätzen wie denen von Krolow und Lehmann erscheint
die unmittelbare Nachkriegs- und Trümmerzeit gleichsam *in vitro* destilliert. Diese hybride Mischung aus (in die Nachkriegszeit hinein verlängerter) 'innerer Emigration', Detail-
besessenheit, emphatischer Sinnsuche, „Unkraut & Unrat"-Obsession und verdrängter
Sexualität („Kamillenstengel richten sich empor") verbindet sich – genau wie in den Werken von Eich und Langgässer – mit einem dezidierten Anspruch auf 'Abendland'. Will
sagen: Auch in Lehmanns 'unberühmter' Ruderal-Prosa „steckt noch ein Sinn", und zwar
ein ganz 'berühmter': Das Unkraut, das „wieder auf[steht]", (ver)*birgt* Goethe:

Aber abseits, wer ist's?
Ins Gebüsch verliert sich sein Pfad,
Hinter ihm schlagen
Die Sträuche zusammen,
Das Gras steht wieder auf,
Die Öde verschlingt ihn.[31]

Diese Zeilen von Goethe, dessen Name an mehreren Stellen durch das *Bukolische Tagebuch* geistert,[32] könnten als Motto über dem ganzen Magischen Realismus stehen; in ih-

---

29 Wilhelm Lehmann: Bukolisches Tagebuch 1948. In: ders.: Gesammelte Werke Bd. 8 (Autobiographische
und vermischte Schriften), hg. von Verena Kobel-Bänninger, Stuttgart 1999, S. 310-324, hier: S. 313f. Die
Benutzung des Vernutzten wird von Lehmann nur *thematisiert* („Was den Menschen vernutzt erscheint, benutzt der Beifuß"). Gottfried Benn hingegen *realisiert* in seinem Gedicht *Schutt* die Wiederverwertung des
Gebrauchten. Vgl. Hugh Ridley: Müllplatz oder Wortrecycling. In: Harald Steinhagen (Hg.): Interpretationen – Gedichte von Gottfried Benn, Stuttgart 1997, S. 73-86. Lehmanns *Bukolisches Tagebuch,* so könnte
man sagen, hat die *grüne Ideologie,* und Benns *Schutt* hat den *Grünen Punkt.*

30 Karl Krolow: Lobgesang [1948]. In: ders: Auf Erden, S. 60. In der frühen Lyrik Krolows wimmelt es nur so
von 'unberühmten Orten', in die der Schrecken des Weltkriegs verklärend hineingebannt wird. Ein Gedicht
wie z.B. *Die Mühle* (1948), das mit den Worten „An unbetretnem Ort [...] / Treibt blauer Wind die Mühle"
(ebd., S. 56) beginnt, changiert zwischen der Schauerromantik einer Droste-Hülshoff (*Das öde Haus*
[1843]) und der Trümmerliteratur eines Böll (*Haus ohne Hüter* [1954]).

31 Johann Wolfgang von Goethe: Harzreise im Winter. In: Goethes Werke Bd. 1 (Hamburger Ausgabe), hg.
von Erich Trunz, München 1981, S. 51. Diese Strophe ist in bezug auf den Magischen Realismus deshalb
von besonderem Interesse, weil in ihr nicht der Mensch, sondern das „Gebüsch", die „Sträuche", das „Gras"
und die „Öde" im wahrsten Sinne des Wortes im (Satz-) Vordergrund stehen. Die Priorität des Vegetabilen
vor dem Humanen, die im Magischen Realismus *en vogue* gewesen ist, kommt in der Zeile „Das Gras steht
wieder auf" schon sinnfällig zum Ausdruck. Vgl. auch den Schluß von Günter Eichs Gedichts *März:* „Das
Gras richtet sich auf und horcht." G.E.: Gesammelte Werke Bd.1, S. 94.

32 Der 'unberühmte Ort' aus dem *Bukolischen Tagebuch 1948* ist mit lauter 'berühmten' Namen gespickt, vgl.
z.B. die Eintragung vom 8. Juni 1948: „Die Erde habe keine andere Ausflucht, als unsichtbar zu werden,
entschied Rilke. Mir kann sie nicht sichtbar genug werden, und ich verstehe eher den Gedanken Blakes,
Schöpfung sei das Hinabsteigen Gottes, auf daß er sich der Schwäche der Menschen anpasse. Semele ver-

nen ist bereits *in nuce* enthalten, was AutorInnen wie Lehmann, Loerke, Eich und Langgässer später *en détail* ausbuchstabieren werden. Wenn es ein dominierendes Thema im Magischen Realismus und in der Trümmerliteratur gab, dann war es die Ruderalfläche. Unzählig viele Texte thematisieren *vor, in* und *nach* dem 2. Weltkrieg *Trümmer & Unkraut*, und tatsächlich *waren* die Deutschen Zentren in den ersten Jahren nach 1945 riesige Ruderalflächen. Aus der Fülle der *Unland-, Unkraut-, Unrat- und Ungeziefertexte*, die in der (Nach-) Kriegsliteratur ins Kraut schossen,[33] sei an dieser Stelle nur ein besonders markantes Beispiel ausgewählt, das immer wieder in einigen Lyrikanthologien zu finden ist.[34] Es handelt sich um das 1946 entstandene Gedicht *Tote Stadt* von Oda Schaefer. An diesem Text läßt sich aufzeigen, daß der „wüste[] Ort", der hier beschworen wird, nicht nur die triste Realität der zerbombten Städte nachzeichnet, sondern auch und vor allem den Topos des 'unberühmten Ortes' beerbt, der sich, wie oben bereits ausgeführt wurde, im Magischen Realismus mit Loerkes *Puppe* herauszubilden beginnt:

Tote Stadt

Von Melde ist und Kletten überwunden
Dies trübe Jahr,
Vereinzelt helle, gärtnerische Stunden
Sind doppelt klar.

Der Löwenzahn, der wilde Hafer samen
Sich maßlos aus
Auf Mörtel, Schutt und Ziegelrest, sie kamen
In totes Haus.

Zusammen wandernd mit den Asselheeren
Sie zogen ein,
Und niemand kann den Ratten es verwehren,
Dabei zu sein.

---

brannte, als Jupiter sich ihr im Glanze seiner Macht zeigte. Nur Gebrochenes, nur Abglanz ist uns zuträglich [vgl. „Am farbigen Abglanz haben wir das Leben" = Goethe: Faust. Der Tragödie zweiter Teil, Vers 4727, B.S.]." W.L.: Gesammelte Werke Bd. 8, S. 311f.

33 Peter Rühmkorf führt die 'Verkrautung' vieler Gedichte auf die „Flucht vor dem widerwärtig Gegenwärtigen" zurück, die „die naturverbundenen Dichtersleute ganz allgemach in die ästhetische Provinz führte, wo sie am Ende alle die gleichen Entdeckungen machten und die nämlichen Blumen für sich in Anspruch nahmen. Schließlich glichen sich die Florilegien aufs Haar, der einsame Wanderweg wurde zum Trampelpfad, die Lust am Detail ließ die Gedichte verqueckt und verkrautet erscheinen, und gerade der Wunsch nach Vielfarbigkeit und Differenzierung hatte nur jene Stupidität zur Folge, die jede Unterscheidung unmöglich macht." P.R.: Das lyrische Weltbild der Nachkriegsdeutschen. In: Heinz Ludwig Arnold (Hg.): Geschichte der deutschen Literatur aus Methoden. Westdeutsche Literatur von von 1945-71, S. 1-27, hier: S. 6. Karl Krolow kam bereits in den frühen 60er Jahren zu einem ganz ähnlichen Befund wie Rühmkorf: „Die [von den Naturlyrikern, B.S.] aufgepflanzte Fahne mit dem chlorophyllgrünen Fahnentuch wurde von den Dickichten erstickt, die auf sie eindringen mit Hilfe der endlosen Details. [...]. Die 'Natura naturata' übte eine unvermutete Rache: Unerschöpflichkeit und gewährte Autonomie versuchten, das Gedicht zu strangulieren, lautlos abzuwürgen im grünen verbalen Urwald." K.K.: Aspekte zeitgenössischer deutscher Lyrik, S. 43.

34 Vgl. z.B. Gustav Zürcher: Trümmerlyrik – Politische Lyrik 1945-50, Kronberg 1977.

Behutsam ziehen Spinnen ihre Flore
Und weben zu
Die Wunde am gestürzten Sims, am Tore
In dumpfer Ruh.

Die Larven, Würmer sind die reichen Erben
Des Schweigens hier,
Es prasset zwischen Trümmerstatt und Scherben
Nur kleines Tier.

Wie seltsam ist der Karyatide Lächeln
Im grauen Sand,
Dem Haupt gesellt, als wollt' den Staub sie fächeln,
Liegt ihre Hand.

Ein Engel, von dem hohen Sturz zerschlagen,
So ruht sie dort
Umgeben von den Seufzern, letzten Klagen
Am wüsten Ort.

Und wieder fällt der Regen, rauschen Güsse
Auf Quecken her,
Und all das Flüstern, die getauschten Küsse
Weiß niemand mehr.

Der Schatten, der nun leer und ohne Trauern
Vorüber schwebt,
Gewahrt, daß hinter rauchgeschwärzten Mauern
Noch Erde lebt.[35]

Nach einer ersten Lektüre drängt sich der Eindruck auf, als werde in diesem Gedicht die prekäre Situation im zerstörten Nachkriegsdeutschland schonungslos bilanziert. Schaefer, so scheint es, macht eine *Inventur* vom „wüsten Ort". Es gibt dort: *Unkraut* (Melde, Kletten, Löwenzahn, wilden Hafer und Quecken), *Ungeziefer* (Asseln, Ratten, Spinnen, Larven und Würmer) und *Trümmer* (Mörtel, Schutt, Ziegelrest[36], gestürzte Simse, Scherben, zerschlagene Engel, Staub und Brandmauern). Man sollte meinen, daß eine derart nüchterne Ruderal-Bilanz eigentlich nur *nach* dem Weltkrieg ins Aufschreibesystem gelangen konnte. Diese Meinung ist falsch. Im Falle von Günter Eichs *Inventur* konnte bereits

---

35   Oda Schaefer: Wiederkehr. Ausgewählte Gedichte. Auswahl und Nachwort von Walter Fritzsche, München 1985, S. 26f. (*Tote Stadt* erschien zuerst in: O.S.: Irdisches Geleit, München 1946). Schaefers Gedicht, das trotz aller formalen Schwächen von einer seltenen Radikalität ist, war insbesondere für Karl Krolows frühe Trümmergedichte (*Zerstörtes Haus* und *An Deutschland* aus dem Lyrikband *Heimsuchung* [1948]) wichtig und richtungsweisend. Krolows schonungslose Trümmergedichte sind übrigens besser als so manche seiner artistisch-verspielten Naturgedichte.

36   Die ominösen „Ziegelreste" geistern auch durch die Lyrik des frühen Karl Krolow, der mit Oda Schaefer befreundet war und ihr das Gedicht *Abgesang* (1948) gewidmet hat. In seinem poetologischen Gedicht *Der Dichter spricht* (1948) ist der „Ziegelrest[]" (genau wie bei Schaefer) auf ein zukünftiges (Unkraut-) „Blühn" bezogen: „Jedes Blühn ist tief mit mir verständigt, / Und ich spür den Wink im Ziegelreste." K.K.: Auf Erden, S. 58.

nachgewiesen werden, daß es sich um eine *zitierte* Inventur aus zweiter Hand handelt.[37] Etwas Ähnliches gilt auch für Oda Schaefers Gedicht *Tote Stadt*, das, notabene, schon im Titel Georges Rodenbachs *Bruges-la-morte* alludiert. Die ruderalen Versatzstücke (Unkräuter, Ungeziefer und Trümmer) von Schaefers sekundär verwilderter Topographie finden sich, wie gesagt, in vielen magisch-realistischen Vorkriegsgedichten. Eine vergleichende Lektüre von *Tote Stadt* (1946) und *Verwilderter Bauplatz* (1937) von Georg Britting macht deutlich, daß das Trümmer-Vokabular *vor* dem Krieg längst etabliert war. Mir ist nicht bekannt – und es ist auch nicht wichtig –, ob Oda Schaefer das (übrigens ziemlich schlechte) Gedicht von Britting rezipiert hat. Wichtig ist allein die Tatsache, daß ein 'verwilderter Bauplatz' aus den dreißiger Jahren die deutsche Nachkriegs-"Realität" der vierziger Jahre vorzeichnet.[38] Das nicht weniger als 13 Strophen und 76 Verse umfassende Gedicht von Britting kann hier nicht vollständig wiedergegeben werden; im programmatischen ersten Satz ist aber im Grunde schon alles gesagt: „Aus der Baustelle ist fast ein Garten geworden, / So siegreich erweist sich das Grün." Der 'Sieg des Grüns' wird nun Strophe für Strophe ausbuchstabiert. Auf dem verwilderten Bauplatz gibt es: *Unkraut* („Brennesseln", „Winden", „Wegwarte[n]", „Buschzeug", „Disteln" und „Gräser"), *Ungeziefer* („Ameisenhorden" und „Fliegen") und *Trümmer* bzw. *Rudimente* („modern[de] Bretter", „bröckelnde[] Stein[e]", „schmierige[] Lumpen", „Ziegeltrümmer", „Hügel von Schutt und Sand", „stürzende[] Mauern", „Müll" und „Unrat").[39] Die besonders 'verwilderten' Strophen 9 bis 11 sollen nun einen Eindruck vom ganzen Gedicht vermitteln:

> Der schwarzrindige Faulbaum steht
> Auf dem Hügel von Schutt und Sand.
> Auf dem sich selbst überlassenen Beet,
> Entkommen der ordnenden Hand,
> Da wuchert es wild und schwellend und weht
> Den Samen geil in das Land.

---

37   Vgl. Horst Peter Neumann: Die Rettung der Poesie im Unsinn, S. 59-67. Wolfgang Weyrauch hatte 1949 in der von ihm selbst herausgegebenen Anthologie *Tausend Gramm* behauptet, daß Günter Eichs Gedicht *Inventur* ein Musterbeispiel des 'Kahlschlags' präsentiere.

38   Das *Missing-link*-Gedicht zwischen *Tote Stadt* (1946) und *Verwilderter Bauplatz* (1937) stammt von Stephan Hermlin. Es trägt den Titel *Die toten Städte* und ist 1940/1941 entstanden, – also zu einer Zeit, als die Nazis auf der Höhe der (militärischen) Macht waren und die deutschen Städte *noch* nicht zerbombt waren. Dennoch heißt es in der 8. und 9. Strophe: „Krieg hat die Straßen geleert. / Wie vergessene Urwüsten Gassen / Verdorren, von Stille verzehrt. // Hinter geschwärzten Fassaden / Knirscht unser Schritt im Stein. / Und in den Trümmern baden / Tote im Abendschein." S.H.: Gesammelte Gedichte, Frankfurt/M. (Fischer-TB) 1982 [EA 1965], S. 16-20, hier: S. 18.

39   Viele dieser Rudimente finden sich auch in Hugo von Hofmannsthals 1893 entstandenem und 1934 zuerst veröffentlichtem Gedicht *Spaziergang*, dessen letzte Strophe im *Verwilderten Bauplatz* alludiert wird. Die 6. und 8. Stophe aus *Spaziergang* lauten: „Ich weiß nicht, was dort drüben war, / Doch wars wohl fort und fort / Nur öde Gruben, Sand und Lehm / Und Disteln halbverdorrt. // [...] Wenn über Schutt und Staub und Qualm / Sich solche Pracht enthüllt, / Daß sie das Herz mit Orgelklang / Und großem Schauer füllt?" H.v.H.: Gesammelte Werke Bd. 1, hg. von Bernd Schoeller, Frankfurt/M. 1979, S. 145-146.

Die Sonne scheint, und der Regen fällt,
und der Dampf wölkt überm Gemäuer.
Auf der morschen Bank, die kaum mehr hält,
Siedelt der Schwamm, rot wie Feuer.
Davor hat tief atmend sich aufgestellt,
Starrblickend, das Froschungeheuer.

Wild über Bruch und Schutt und Zerfall,
Begann ein grünes Gedeihen.
Mit wehenden Fahnen brandet der Schwall
Der Gräser und Büsche, als seien
Sie stürmend in unwiderstehlichem Prall,
Im unaufhaltsamen Siegen,
Auf die stürzenden Mauern gestiegen.[40]

Ein Gedicht, in dem sich ohne alle Ironie „Feuer" auf „Froschungeheuer" reimt, zählt wohl nicht zu den überragenden Beispielen abendländischer Lyrik. Gleichwohl liegen die Parallelen zu Schaefers Gedicht, dessen ästhetische Qualität ebenfalls dahingestellt sein mag, auf der Hand (Schaefer: „Und wieder fällt der Regen", Britting: „und der Regen fällt"). Die „Fliegen", die in der 7. Strophe von *Verwilderter Bauplatz* „in schwarzer Gier / Über die Pfütze [taumeln]", weisen voraus auf Hans Erich Nossacks Bericht *Der Untergang* (1948), und das „Klaffend zersprungene Leder, das Wrack / Von einem genagelten Schuh" aus der 8. Strophe könnte aus Loerkes *Puppe* stammen.[41]

Was bei der Lektüre von Brittings Gedicht jedoch am meisten 'stört', ist der innere Widerspruch, in den es sich unwissentlich verstrickt. Inhaltlich proklamiert es nämlich lautstark „geil[e]" Wildheit, Unordnung und Unsauberkeit, aber formal strotzt es sozusagen vor peinlich gehüteter 'Ordnung und Sauberkeit'. Das Gedicht gleicht gerade *nicht* „dem sich selbst überlassenen Beet", das der „ordnenden Hand" des Lyrikers „entkommen" wäre. Die poetologische Lesart geht nicht auf; das Gedicht ist in jeder Beziehung plan & platt. 'Wilde' Qualitäten erreicht das Gedicht paradoxerweise nur da, wo es Wildheit verfehlt und dann in seiner 'wuchernden' Überlänge kompensiert. Brittings Denotationswut hat jedoch einen Haken: Je mehr Rudimente im Gedicht denotiert werden – Britting präsentiert uns einen ganzen Katalog von lädierten Versatz-Stücken –, desto integraler (und

---

[40] Georg Britting: Sämtliche Werke Bd. 2 (Gedichte 1930-1940), hg. von Walter Schmitz, München 1993, S. 164-166. Es sei darauf hingewiesen, daß Brittings einziger Roman *Lebenslauf eines dicken Mannes, der Hamlet hieß* (1932) mit der Verwilderung eines Landhauses eingeleitet wird, die sich stilistisch an Droste-Hülshoffs Ballade *Das öde Haus* anlehnt: „In den kahlen Zimmern [...] bildeten sich an den Decken nasse Flecken, schimmlig wuchs es in den Ecken, grüner, metallisch glänzender Schimmel. Aus den Brettern erhoben sich bräunliche, röhrenhalsige Pilze [...]. Und der Regen rann und nagte und biß und würde schon eines Tages das ganze Haus auffressen [...]. Im Keller huschten Ratten [...]." G.B.: Lebenslauf etc., hg. von Walter Schmitz, München 1990 [EA 1932], S. 28.

[41] Zu Nossacks *Untergang* vgl. in diesem Kapitel der Arbeit unten die Anm. 153. Das lederige „Wrack von einem genagelten Schuh" alludiert Loerke: Man erinnere sich, daß Schedel auf dem Unlandstück einen Koffer findet, der wie ein „halb gesunkene[s] Wrack[]" aussieht. Brittings *Verwilderter Bauplatz* wird im Unterschied zu Loerkes *Puppe* jedoch nicht mit einem Geheimnis besetzt.

134

gezähmter) wird der verwilderte Bauplatz; denn jedes weitere rudimentäre Fundstück, das in die 13 Setzkästen (Strophen) einsortiert wird, amplifiziert immer wieder nur die Ausgangsthese: „Aus der Baustelle ist fast ein Garten geworden". Damit schließt sich der Circulus vitiosus: Jeder Versuch, die *Verwilderung* herbeizureden, führt immer wieder nur auf den *Bauplatz* zurück.

Brittings Gedicht wurde zu einer Zeit geschrieben, als nicht nur die modernen Bretter auf dem verwilderten Bauplatz *braun* waren („Braun modern die Bretter"). Das Gedicht offenbart seine ganze Abgründigkeit, wenn man das Grün durch Braun ersetzt: „So siegreich erweist sich das" – Braun. Besonders schlimm wird es in der 11. Strophe, wenn das braune „Gedeihen" über „Bruch und Schutt und Zerfall" (Kristallnacht?) beginnt. Auf den „wehenden Fahnen" der „Gräser und Büsche" meint man kleine Hakenkreuze zu erkennen, und die *„stürmend[e] Staffel* (SS) der Pflanzen, die „Im unaufhaltsamen Siegen / Auf die stürzenden Mauern gestiegen" sind, wirken auch nicht gerade vertrauenerweckend. Ist Britting also mit den Braunen im Bunde, oder lebt hier ein mediokerer Lyriker vielleicht nur seine sado-masochistischen Gewaltphantasien aus („Die Wegwarte will getreten sein / Und bietet dem Fuß sich dar")? Oder verhält es sich so, daß der verwilderte Bauplatz den *totalen „Sieg[]* des Unkrauts antizipiert, der dann in *Tote Stadt* eine ganz andere Dimension erreicht hat? Brittings vorausweisendes Trümmer-Gedicht, das bei aller Konventionaliät dennoch von der Verwilderung fasziniert ist, kann dem „unaufhaltsamen Siegen" des Grüns noch applaudieren; in Schaefers Gedicht ist jede Affirmation verstummt: „Die Larven, Würmer sind die reichen Erben / Des Schweigens". Der 'unberühmte Ort', der in den Texten der Vorkriegszeit noch häufig zwischen *tremendum* und *fascinosum* changierte, ist in Oda Schaefers Nachkriegsgedicht *nur* noch „trüb[]" und „wüst[]"; – und doch vermittelt auch dieses Gedicht – vielleicht gegen seine eigene Intention – eine *unheimliche Faszination* davon, wie eine Welt ohne Menschen aussehen könnte, in der das große „Un" (-kraut, -geziefer etc.) den 'totalen Sieg' davon getragen hat.

3. Der 'totale Sieg' des Unkrauts oder *Die Stunde des Huflattichs*

GAMMA Wir glauben an den Huflattich.
DELTA Keine roten Hüte mehr. Nur noch Grün, nur noch Hoffnung.
ALPHA Und ihr lacht? Zum Beispiel Geschichte.
GAMMA Geschichten![42]

---

[42] Günter Eich: Die Stunde des Huflattichs (II). In: ders.: Gesammelte Werke Bd. 3, S. 577-622, hier: 592. Der „Huflattich", der sich in Eichs Hörspiel unkontrolliert ausbreitet, wurde während der Nazi-Zeit von Schulklassen im Dienste der 'Volksgesundheit' gesammelt. In Jürgen Beckers Gedichten *„Tage auf dem Land"* und *Was denn, der 17. Juni* kommt das zum Ausdruck: „Holunder / [...], den wir sammelten im Krieg; Huflattich, / Heilkraut [...]." – „Huflattich , Holunder, / mit Körben zog die Klasse los. Damit du / ein Wort lernst: Heilkräuter-Sammlung [...]." J.B.: Gedichte 1965-1980, Frankfurt/M. 1981, S. 123, 160.

Die traumatische Erfahrung der *vollkommenen Niederlage*, die die Deutschen nach der Kapitulation im Mai 1945 mit aller Härte am eigenen Leib zu spüren bekamen, ging Hand in Hand mit der Erkenntnis, daß 'etwas AnderES' den *totalen Sieg* errungen hat und daß der Mensch nicht (mehr) das Maß aller Dinge ist.[43] In Günter Eichs Hörspiel *Die Stunde des Huflattichs* (1959) wird 'Der Sieg des Unkrauts' exemplarisch durchgespielt:

> VATER Ich habe dir Blumen mitgebracht, selber gepflückt.
> MUTTER Wo blüht das jetzt?
> VATER Die Straßengräben sind voll davon.
> MUTTER Ende Oktober.
> [...]
> SILVESTER Huflattich, Tussilago.
> MUTTER Und blüht im März. [...]
> VATER Nicht nur die Straßengräben. *Es war überall.*[44]

Es handelt sich um eines der wenigen Hörspiele, zu denen sich Eich selbst poetologisch geäußert hat. Eichs kurzes *statement* ist in zweifacher Hinsicht aufschlußreich: Es trifft erstens genau in den Stimmungs-Nerv der Nachkriegs-Zeit, und zweitens verklausuliert es die bleierne Angst vor dem Kalten Krieg und seinen (möglichen) ruderalen 'Auswüchsen':

> Es handelt sich um die Frage, ob der Mensch abgelöst werden kann, oder seine Schöpfungsposition unerschütterlich ist. Eine Antwort wird hier [im Hörspiel, B.S.] provokatorisch durchexerziert: Der Mensch wird abgelöst und hat auch nach der Ablösung des Huflattichs keine Chance mehr; die Schöpfung kann sowohl auf Geist wie auf Biologie verzichten, so daß auch noch die Vorstellungskraft des Menschen ungültig wird.[45]

---

[43] Es wäre in diesem Zusammenhang reizvoll, das Spätwerk Martin Heideggers – das sind die Texte *nach* seiner sog. 'Kehre' – im Rahmen des Magischen Realismus neu zu analysieren. Meine Vermutung ist, daß ein Text wie z.B. Heideggers Brief *Über den „Humanismus"* (1947) einem philosophischen Magischen Realismus zuzurechnen ist, der sich bruchlos in den literarischen Magischen Realismus seiner Zeit einfügt. Heidegger arbeitet in diesem Brief an einer Dezentrierung des Subjekts, die sich (bis in die *Wald-und-Wiesen-Sprache* hinein) in ähnlicher Form auch bei Wilhelm Lehmann u.a. finden läßt. Der Brief endet mit den betont 'unavancierten' Worten: „Das Denken legt mit seinem Sagen unscheinbare Furchen in die Sprache. Sie sind noch unscheinbarer als die Furchen, die der Landmann langsamen Schrittes durch das Feld zieht." M.H.: Platons Lehre von der Wahrheit. Mit einem Brief über den „Humanismus", Bern ³1975 [EA 1947], S. 119.

[44] Günter Eich: Gesammelte Werke Bd. 3, S. 590. „Huflattich" gibt es im Hörspiel in folgenden Variationen: „Huflattich roh, gekocht und gebacken. Huflattichwurzeln, -spitzen und -blätter, Huflattichspinat, Huflattichsalat – [...] Huflattichtee, Huflattichtabak." Ebd., S. 581f.

[45] Günter Eich: Gesammelte Werke Bd. 4, S. 491. Eich steht mit seinem Endzeitszenario vom „Sieg der Natur" nicht allein. Der Maler Werner Heldt äußert sich über seinen Bilderzyklus *Berlin am Meer* (1946) im gleichen Sinne: „Ich habe in meinen Bildern immer den Sieg der Natur über das Menschenwerk dargestellt. Unter dem Asphaltpflaster Berlins ist überall der Sand unserer Mark. Und das war früher einmal Meeresboden. Aber auch Menschenwerk gehört zur Natur. [...] Die Stadt sinkt in Natur zurück. Ihr Untergang ist der Beginn eines anderen Erdzeitalters." W.H., zit. nach: Hermann Glaser (Hg.): So viel Anfang war nie. Deutsche Städte 1945-1949, Berlin 1989, S. 11. Heldts melancholischer Befund wurde von den Studenten der

Eichs Vorstellung vom „abgelöst[en]" Menschen, das wurde oben bereits angedeutet, ist gleichwohl deutlich im Kontext der 50er Jahre verankert. So „provokatorisch" und utopisch die Vorstellung von einer geschlossenen Vegetationsdecke aus „Huflattich" (*Tussilago farfara*) auch einerseits ist, so realistisch und 'topisch' ist sie andererseits motiviert. Ein kurzer Blick in zeitgleiche botanische Untersuchungen zur Ruderalflora im zerstörten Nachkriegsdeutschland belehrt darüber, daß Günter Eichs „Huflattich" und Oda Schaefers „Melde" (*Atriplex nitens*) sowie ihr „Löwenzahn" (*Taraxacum officinale*) in der Tat „von dem gesamten [Trümmer-] Gelände Besitz ergriffen" haben und dabei zum Teil sogar „große, dichtgeschlossene Reinbestände von fast Mannshöhe" bildeten:

> Wenn wir im Spätsommer von einem erhöhten Standorte aus die frühere Altstadt von Darmstadt überblicken, dann mutet es dem Betrachter weniger an, die Trümmer einer Stadt vor sich zu haben, als vielmehr vor einem verwilderten Gartengelände [vgl. *Verwilderter Bauplatz*, B.S.] zu stehen. Der hier nur relativ wenig gewellte Boden ist mit üppig wachsenden Sträuchern und Kräutern bedeckt [...]. So bildet die Glanzmelde, *Atriplex nitens*, große, dichtgeschlossene Reinbestände von fast Mannshöhe, welche erst im Herbst zur vollen Entfaltung gelangen. Von den vielen [...] Arten können [...] *Tussilago farfara* [und] *Taraxacum officinale* [...] als die wichtigsten angesehen werden. Mit Ausnahme weniger Stellen [...] haben die Pflanzen von dem gesamten Gelände Besitz ergriffen.[46]

Genau diese Erfahrung und Angst vor bzw. von einer 'totalen Verunkrautung' spricht auch aus Oda Schaefers Gedicht *Tote Stadt*. Das „trübe Jahr" ist von den Ruderalpflanzen „Melde"[47] und „Klette" im wahrsten Sinne des Wortes „überwunden" worden; die *Rückeroberung*[48] des menschlichen Terrains von „Löwenzahn" und „wilde[m] Hafer" ist so-

---

68er Generation in den Pop-Diskurs integriert ('*Unter dem Asphaltpflaster der Städte liegt der Sand und Strand*').

[46] K. Schreier: Die Vegetation auf Trümmer-Schutt zerstörter Stadtteile in Darmstadt und ihre Entwicklung in pflanzensoziologischer Betrachtung. Schriftreihe der Naturschutzstelle Darmstadt, 1955, Bd. III, 1, S. 5f. Aufschlußreich ist auch das Geleitwort von Prof. Dr. Otto Stocker, das dieser Untersuchung vorangestellt ist. Das 'Wort', das „uns" durch die Trümmerflora Darmstadts 'geleitet', bringt die Mischung aus *fascinosum* und *tremendum* auf den Punkt, die „jeden von uns" vor einer „Urlandschaft" ergreift: „Die hier zur Veröffentlichung kommende Arbeit [...] versetzt uns in die schwere Zeit der ersten Nachkriegsjahre zurück, in der große Räume unserer Stadt im Begriff waren, wieder in den Zustand einer Urlandschaft zurückzukehren. So traurig dieses Bild jeden von uns stimmte, so sehr weckte es doch auch das wissenschaftliche Interesse des Botanikers, diese hoffentlich einmalig bleibende Gelegenheit [!] zu wissenschaftlichen Studien [...] zu nutzen." Ebd., S. 2.

[47] Die „Melde" hat sich nach dem Weltkrieg nicht nur in den Ruinen, sondern auch vor allem in den Nachkriegsgedichten 'maßlos ausgesamt', vgl. die folgenden Verse aus Peter Huchels Gedicht *Heimkehr* (1948): „In der schwindenden Sichel des Mondes / kehrte ich heim und sah das Dorf, / verödete Häuser und Ratten. // Über die Asche gebeugt, brannte mein Herz: // Soll ich wie Schatten zerrissener Mauern / hausen im Schutt, das Tote betrauern? / [...] / Nessel wuchert, Schierling und Melde, / Hungerblume umklammert den Stein. / [...]." P.H.: Gesammelte Werke Bd. 1, S. 109-110, hier: S. 109.

[48] *Die Rückeroberung* – so lautet der Titel einer Erzählung von Franz Hohler, die 1984 im Luchterhand-Verlag erschienen ist. In dieser etwas sentimentalen Erzählung geht es darum, daß sich die Natur nach und nach die Stadt Zürich 'zurückerobert'. Der sentimentale Aspekt der 'Verkrautung' kommt auch in Gerhard Köpfs Roman *Die Strecke* (1985) zum Ausdruck: „Ich nicht wichtig. Wichtig ist allein die Strecke.

gar unkontrollierbar und „maßlos". Schaefers melancholischer 'Befund' wird zusätzlich noch von einer anderen botanischen Trümmer-Studie gestützt, die 1949 im zerstörten Kiel entstanden ist und die eine der wichtigsten und umfangreichsten Arbeiten zu diesem Thema darstellt:

> Gerade die Arten, die zur Besiedlung neuer Lebensräume [hier: Ruinen und Trümmer, B.S.] geeignet sind, zeichnen sich durch besonders hohe Samenerzeugung aus.[49]

> Beachtenswert ist die starke Variabilität der Ruderalpflanzen; unter günstigen Lebensbedingungen können sie Mastexemplare ausbilden, die ungeheure Samenmengen produzieren.[50]

Diese Adventiv- und Pionierpflanzen, die sich unter „günstigen Lebensbedingungen" an den Rudimenten regelrecht 'mästen' und dabei „ungeheure Samenmengen produzieren" können – was für die Trümmerpflanzen *günstig* ist, ist dem Menschen *nicht geheuer* –, haben überdies einen „großen Aktionsradius", der sie zur Besiedlung der Innenstädte befähigt. Die einstigen Bewohner der Städte, die das Inferno überlebt haben, *verlassen* die Trümmer, und die vegetabilen Migranten *kommen* dorthin zurück:

> Einen weiten Weg müssen die eingewanderten Pflanzen besonders in den ausgedehnten Trümmergebieten im Inneren der Städte zurücklegen, wo bisher keine Pflanzen wuchsen. Die hier zuerst auftretenden Pflanzen besitzen alle infolge guter Ausbreitungsmöglichkeiten einen „großen Aktionsradius".[51]

Möllers botanische Trümmerstudie und Schaefers Trümmergedicht verweisen wechselseitig aufeinander; beide Texte konstituieren den bzw. partizipieren am selben *Trümmer-Diskurs*. Aber trotz der 'maßlosen Aussamung', die Schaefer und Möller beschreiben, schafft es das Gedicht sozusagen nicht, die Trostlosigkeit auch bis zum bitteren Ende durchzuhalten. Die „rauchgeschwärzten [Brand-] Mauern", die wie unentbehrliche Requisiten einer authentischen Trümmerliteratur in der vorletzten Zeile des Gedichtes ste-

---

Wichtig ist, die Strecke abzugehen. Und ringsum die Verrottung. Kräuter und steife steile Halme überwachsen die rostenden Schienen, zwängen sich zwischen dem Schutt hindurch. Feldgras wuchert, wilde Kamille, Huflattich, Schafgarbe; weiter oben dann, im Steilstück, vor allem Disteln. Ein von Disteln überwuchertes Bahngleis. Der Schotter als Nährboden für Disteln." G.K.: Die Strecke (Roman), Frankfurt/M. (Fischer-TB) 1987 [EA 1985], S. 169. In Christian Wagners Romanverfilmung *Wallers letzter Gang* (BRD 1988) steigert sich die Sentimentalität dann zum peinlich-affirmativen Ruderalkitsch.

[49] Irmgard Möller: Die Entwicklung der Pflanzengesellschaften auf den Trümmern und Auffüllplätzen, Diss. Kiel 1949, S. 15. Möllers Ruderal-Studie, die fast sämtliche Unkräuter und Trümmergebiete Kiels akribisch auflistet, ist eine wahre 'Fundgrube' für den Trümmer-Diskurs. Elisabeth Langgässers *Gang durch das Ried* (1936) hat sich bei Möller in einen *Gang durch das Hirtentäschelkraut* (Capsella bursa-pastoris) verwandelt: „Ich [Irmgard Möller, B.S.] beobachte, daß meine Schuhe nach einem *Gang durch Capsella bursa-pastoris* Bestände im Juni 1948 über und über mit feuchtem Samen bedeckt waren, die ich lange mit mir herumtrug." I.M.: Die Enwicklung etc., S. 24.

[50] Irmgard Möller: Die Entwicklung der Pflanzengesellschaften auf den Trümmern und Auffüllplätzen, S. 36.

[51] Irmgard Möller: Die Entwicklung der Pflanzengesellschaften auf den Trümmern und Auffüllplätzen, S. 16.

hen, sind (leider, möchte man sagen) nicht das letzte Wort; „hinter" ihnen steht ein etwas sentimentales *Prinzip Hoffnung*: Hurra, die „Erde lebt [noch]" – Rama dama![52] Der vielbeschworene 'Kahlschlag' hat also in *Tote Stadt* nicht stattgefunden; – oder doch? Glaubt man Wolfgang Weyrauch, dem 'Erfinder' der *Kahlschlag*-Metapher, dann kann das Prädikat & Gütesiegel *Kahlschlag-Literatur* – das ist die „Methode der Bestandsaufnahme" – ohnehin nur den „Männer[n]" zuerkannt werden:

> Die Männer des Kahlschlags [...] schreiben die Fibel der neuen deutschen Prosa. Sie setzen sich dem Spott der Snobs und dem Verdacht der Nihilisten und Optimisten aus [...]. Aber die vom Kahlschlag wissen, oder sie ahnen es doch mindestens, daß dem neuen Anfang der Prosa in unserem Land allein die Methode und die Intention des Pioniers angemessen sind. Die Methode der Bestandsaufnahme. Die Intention der Wahrheit.[53]

Das ist der 'hohe Ton' des Eingeweihten, der um die „Wahrheit" weiß. Die Mär vom Neuanfang („von vorn anfangen, ganz von vorn, bei der Addition der Teile und Teilchen der Handlung, beim A-B-C der Sätze und Wörter"[54]) wird vom Tonfall des heimlichen Stefan-George-Adepten gründlich widerlegt. Oder spricht hier vielleicht doch nur ein 'ganz normaler' sexistischer Waldarbeiter, der die starken „Männer" beim „Kahlschlag in unserm Dickicht"[55] begleitet? Oder eifert hier ein heiliger Bonifatius der Nachkriegszeit, der den Germanen eine neue Religion bescheren möchte, indem er die Wotans-Eiche fällt? Weyrauch hätte besser daran getan, den Kahlschlag weniger verquast-metaphorisch, sondern vielmehr konkret, d.h. wortwörtlich zu verstehen. Die kahlgeschlagenen „Hügel" waren nämlich in den kalten Nachkriegswintern zur bitteren Realität geworden. In dem Gedicht *Deutsche Zeit 1947* von Wilhelm Lehmann, den Weyrauch ausdrücklich *nicht* zu den *Kahlschlägern* gerechnet hat, kommt das zum Ausdruck (ich zitiere die 1. und 4. von fünf Strophen):

> Blechdose rostet, Baumstumpf schreit.
> Der Wind greint. Jammert ihn die Zeit?
> Spitz das Gesicht, der Magen leer,
> Den Krähen selbst kein Abfall mehr.

---

52   Der sentimentale Aspekt ist nie weit von der Trümmerliteratur entfernt, er geht vielmehr Hand in Hand mit ihr. Zwischen *Muckefuck*, *Kohlenklau* und *Hamsterfahrt* ließ sich so manches Kriegstrauma vergessen bzw. verdrängen. Die Trümmer-Sentimentalität hat sich sogar bis in die avanciertesten Werke vorgeschlichen. Joseph Beuys, einst Deutschlands international 'vorzeigbarer' Nachkriegs- und Trümmerkünstler, streift in seinen Werken, in denen er die 'warmen' (und deshalb im Krieg 'heißbegehrten') Materialien *Fett* und *Filz* verarbeitet, nicht selten die Grenze zum trümmerseligen 'Avantgarde-Kitsch'.

53   Wolfgang Weyrauch: Nachwort. In: ders. (Hg.): Tausend Gramm. Ein deutsches Bekenntnis in dreißig Geschichten aus dem Jahr 1949. Mit einer Einleitung von Charles Schüddekopf, Reinbek 1989 [EA 1949], S. 181.

54   Wolfgang Weyrauch: Nachwort, S. 180. Wenn Weyrauch in diesem Zusammenhang von der „Addition der Teile und Teilchen" spricht (s.o.), dann muß ein heutiger Leser unweigerlich an die unzähligen Trümmer*teile* und *-teilchen* („Milliarden Steinkrümel", *W. Borchert*) denken, die einst die deutschen Städte füllten.

55   Wolfgang Weyrauch: Nachwort, S. 178.

Zwar schlug das Beil die Hügel kahl,
Versuch, versuch es noch einmal.
Sie [die Erde] mischt und siebt mit weiser Hand:
In Wangenglut entbrennt der Hang,
Zu Anemone wird der Sand.[56]

In *Deutsche Zeit 1947* und *Tote Stadt* von Oda Schaefer kommt ein Wissen um die Dialektik von Kahlschlag und Wildwuchs zum Ausdruck (Kahlschläge zu „Anemone[n]"), von dem der heimliche 'Kalligraph'[57] Weyrauch nichts weiß oder nichts wissen will. Im Erscheinungsjahr von Weyrauchs Anthologie schreibt Irmgard Möller in ihrer botanischen Trümmer-Studie:

> In Kiel trat die als Kahlschlagpflanze Kohlenmeiler liebende Art *Epilobium angustifolium* [= Weidenröschen, B.S.] besonders kräftig in den Ruinen auf.[58]

Die von der menschlichen Zivilisation systematisch verdrängten Unkräuter, die – wie alles Verdrängte – nach dem 2. Weltkrieg „maßlos" wiederkehrten (und sich dabei buchstäblich 'halbe' Stadtlandschaften zurückholten), sind bereits im 1. Weltkrieg ins Blick- und Schußfeld geraten. Natürlich hat es auch *vor* den Weltkriegen schon Unkräuter gegeben, aber diese haben dort nicht den Stellenwert, den sie dann *nach* den Erfahrungen der beiden vernichtenden Kriege erhalten. Es ist jedoch auffällig, daß das Unkraut in der *ersten* (Nach-) Kriegsliteratur eine weitaus geringere Rolle spielt als dann in der *zweiten*. Das hat verschiedene (literatursoziologische) Gründe: Zum einen hielt sich das Ausmaß der Zerstörungen zwischen 1914 und 1918 in den relativ engen Grenzen, die der Frontverlauf und die damit einhergehenden, oftmals zermürbenden Stellungs- und Grabenkämpfe den Soldaten vorzeichneten. „Melde" und „Klette" „sam[t]en sich" im 1. Weltkrieg deshalb nicht „maßlos" aus, sondern wucherten entweder nur in den landschaftlichen Wunden und Narben des jeweiligen Frontabschnitts, oder sie gediehen im Niemandsland *zwischen* den Fronten. Zum andern wurde das Unkraut in den – 'politisch korrekten' – (Anti-) Kriegsromanen eines Erich Maria Remarque (*Im Westen nichts Neues* [1929]), Ludwig Renn (*Krieg* [1928], *Nachkrieg* [1930]) und Edlef Köppen (*Heeresbe-*

---

56 Wilhelm Lehmann: Gesammelte Werke Bd. 1, S. 173.

57 Die von Gustav René Hocke sogenannte *kalligraphische Schreibweise* galt als Manko und war nach dem Krieg verpönt. Die sog. *Kalligraphen* waren 'Schönschreiber' von Schlage F.G. Jüngers, die in ihren (klassizistischen) Dichtungen den hohen und elitären Ton gepflegt hatten und nach 1945 immer noch 'pflegten'. Ironischerweise hat aber der Begründer des Terminus' *kalligraphische Schreibweise*, Gustav René Hocke, einen Roman (*Der tanzende Gott* [1948]) geschrieben, der von 'Kalligraphismen' nur so strotzt.

58 Irmgard Möller: Die Entwicklung der Pflanzengesellschaften auf den Trümmern und Auffüllplätzen, S. 59. In bzw. Auf den Ruinen und Trümmern gediehen aber nicht nur die von Möller untersuchten Unkräuter. Glaubt man Hans Erich Nossack, dann 'wachsen' dort buchstäblich ganze Bücher wie Unkraut: „Durch ein einziges Buch [Hermann Kasacks Roman *Die Stadt hinter dem Strom* (1947), B.S.] gab es wieder eine Literatur von Rang, eine Literatur, die hier entstanden *und auf unseren Trümmern gewachsen war.*" H.E.N., zitiert nach: W.G. Sebald: Luftkrieg und Literatur. Mit einem Essay zu Alfred Andersch. München Wien 1999, S. 57.

richt [1930]) systematisch ausgeblendet. In diesen Texten, die der Ästhetik der Neuen Sachlichkeit verpflichtet sind, geht es vor allem um Fragen der kollektiven Schuld und Verantwortung und nicht primär um das Verhältnis des Menschen (Soldaten) zu seiner außer-menschlichen Umwelt.[59] Das außer-menschliche Gebiet – das *Niemandsland*[60] zwischen den Fronten –, das zutiefst vom Menschen geprägt ist, kommt exemplarisch in Ernst Jüngers früher Erzählung *Sturm* ins Blickfeld. Der Soldat mit Namen Sturm macht aus einem „verlassenen Stichgraben" heraus die folgenden Beobachtungen:

> Der Stichgraben bestand nur noch aus einer flachen, von der Sonne hartgebrannten Mulde, die sich durch die verwüsteten Wiesen wand. Wenn mittags das Niemandsland im heißen Glaste flackerte, fing sich in dieser Mulde ein betäubender Duft von gärender Erde und ätherischem Blumenöl. Die Flora des Landes hatte sich seltsam verändert, seitdem nicht mehr die Sense darüberging. Sturm hatte genau beobachtet, wie manche Gewächse, die bislang an Ruinen und Wegrändern ein kaum geduldetes Dasein geführt, allmählich von den weiten Flächen Besitz ergriffen hatten, auf denen hier und da noch Erntemaschinen wie ausgestorbene Tierarten verwitterten. Nun lag über den Feldern ein anderer, heißerer und wilderer Geruch. Und auch die Tierwelt machte diese Verwandlung mit.[61]

Die „Verwandlung" der Tier- und Pflanzenwelt wird vom leidenschaflichen Entomologen und Botaniker Jünger (bzw. vom 'genauen Beobachter' Sturm) dann im folgenden detailfreudig registriert und aufgelistet. Das Niemandsland wird unter dem naturwissenschaftlichen bzw. -magischen Blick Sturms aber nicht nur in den Stand einer neuen Topographie erhoben, sondern es erscheint in diesen Zeilen auch als ein ganz neues *Biotop* (zeitgemäß

---

[59] Wilhelm Lehmann hat mit *Der Überläufer* einen der wenigen magisch-realistischen (Anti-) Kriegsromane geschrieben. Dieser Text, der in den 20er Jahren geschrieben wurde, konnte allerdings erst im Rahmen der *Sämtliche[n] Werke* (1962) publiziert werden. In dem Roman geht es u.a. um die (Natur-) Erfahrungen, die der „Überläufer" Nuch im schmutzigen englischen Kriegsgefangenenlager sammelt: „Mauertrümmer, Waggonreste lagen herum, es war wüst und öde. Nuch konnte nicht widerstehen, es überkam ihn, er ging und ging; kein Escort hinderte. Am Horizont stäubt ein kleines Gehölz. Es war wie gemißbraucht. Blätter hingen zottig und wund, aber zwei Lambertsnüsse lagen am Boden, erstarrt rot. Zweige waren niedergetreten. Hier waren fleischliche Feste gefeiert worden. Papier lag herum, rostige Dosen." W.L.: Gesammelte Werke Bd. 3, hg. von Uwe Pörksen, S. 187f.

[60] Vgl. Franz K. Stanzel: Das Niemandsland in der englischen und deutschen Dichtung aus dem Ersten Weltkrieg. In: Roger Bauer, Douwe Fokkema (Hg.): Proceedings of the XIIth Congress of the International Comparative Literature Association. Actes du XIIe Congrès de l'Association Internationale de Littérature Comparée, (Munich 1988), München 1990, S. 219-227. Stanzel zitiert den Vers „Wie Puppen liegen die Toten zwischen den Fronten" von Wilhelm Klemm. (Ebd., S. 222) Es ist also das Niemandsland, das Klemms „Puppen" mit Loerkes *Puppe* verbindet.

[61] Ernst Jünger: Sturm, Stuttgart 1979, S. 21f. Die Erzählung wurde in den frühen 20er Jahren geschrieben und galt lange Zeit als verschollen. Nachdem sie durch einen Zufall wieder auftauchte, wurde sie von Jünger für den Druck freigegeben. Den Hinweis auf diese Erzählung verdanke ich Prof. Dr. Jürgen Schröder. – Im Gedicht *Alter Schuh am Weg* (1958) von Ernst Jüngers Bruder Friedrich Georg Jünger wird das „Niemandsland" zum „Wiesenrain" verniedlicht (ich zitiere die beiden ersten von insgesamt 4 Strophen): „Lässt die Hand das Ding, / Lässt das Ding die Hand, / Wird Gespenst und geht / Ins Niemandsland. // Der alte Schuh klafft / Am Wiesenrain. Durch die Löcher lässt er Eis / und Schneewasser ein." F.G.J.: Sämtliche Gedichte Bd. 2, Stuttgart 1974, S. 199.

ausgedrückt), das „der Mensch gemacht" hat. Ein kurzer Blick nach vorn zeigt, daß der Erste Weltkrieg, der in Jüngers *Sturm* vor allem aus 'langweiligen' Stellungskriegen und daraus resultierender 'Muße' (z.b. für Naturbeobachtungen) besteht, im Zweiten Weltkrieg fortgesetzt wurde: Heinrich Bölls frühe Erzählung *Das Vermächtnis*, die die Ereignisse, besser gesagt: die zermürbende Ereignis*losigkeit*[62] an der deutschen Atlantik-Front beschreibt, ist noch ganz aus Sturms Perspektive heraus geschrieben:

> Die Landstraße, die ich [der Protagonist Wenk, B.S.] bald erreicht hatte, war nur auf der rechten Seite von einer Baumreihe flankiert, und der Schatten fiel aufs freie Feld, eine Wiese, die von fast mannshohem, üppigem Gras bestanden war. Erst später stellte ich fest, daß alle Wiesen auf beiden Seiten der Straße vermint waren, links und rechts wuchsen die Gräser und Blumen mit einer Üppigkeit, die ich noch nie gesehen hatte. Manchmal waren kleine Fichtenschößlinge dazwischen. Drei Jahre lang hatte keine Hand diese Wiese mähen oder pflegen und kein Vieh sie abfressen können.[63]

Bölls „Wiese" ist Jüngers „Stichgraben" in leicht veränderter Form. Beide Autoren beschreiben eine unmenschlich-wilde Natur, die aber vom Menschen geprägt wurde: Jüngers Niemandsland ist 'verlassen', Bölls Wiese ist „vermint". In beiden Territorien lauert Gefahr, sie sind buchstäblich nicht betretbar. Sturms Natur-Beobachtungen münden in das folgende Resümee:

> Das alles hatte der Mensch gemacht. In seiner Seele ging eine Wandlung vor, und die Landschaft bekam ein neues Gesicht. Denn hinter allem wirkte der Mensch, nur war diese Wirkung oft so gewaltig, daß er sich selbst nicht mehr erkannte darin. [...] Auch Sturm erkannte, wenn er auf seinem Anstand lag, daß er ein anderer geworden war. Denn der Mensch, der hier hinter einer Distelstaude lag und scharf über das Korn des Gewehres nach Beute spähte, war nicht mehr derselbe, der noch vor zwei Jahren [...] mit jeder letzten Äußerung der Großstadt bis in die Fingerspitzen vertraut gewesen war.[64]

Genau wie in Joseph Roths *Bekenntnis zum Gleisdreieck* (s.o.) bekommt auch in Jüngers Erzählung *Sturm* „die Landschaft [...] ein neues Gesicht". Und noch eine weitere Parallele ist frappierend: Im *Bekenntnis* hatte sich Roths 'grüne' Metaphorik unter der Hand das

---

62   „An dieser Front der Atlantikküste [...] wurde eine ganz besondere Art von Krieg geführt, der Krieg gegen die Langeweile. Stellen sie sich eine Front vor, die von Norwegen bis an die Biskaya reichte und die keinen einzigen Gegner sich gegenüber hatte als die See. [...]. Die[] Sinnlosigkeit war grauenhaft. Da standen die Männer jeden Morgen an ihrer MG [...]. Sie kannten fast jedes Sandkörnchen persönlich. Und jeden Morgen dasselbe, und nachts dasselbe und immer nur als einzigen Gegner das Meer [...]." Heinrich Böll: Das Vermächtnis. Erzählung. Mit Material und einem Nachwort von Karl Heiner Busse, Köln 1990 [EA 1982, geschrieben 1948], S. 30 und 32f.

63   Heinrich Böll: Das Vermächtnis, S. 18f. Noch eine weitere Parallele ist auffällig: Sowohl Jünger als auch Böll beschwören den „heißen Glast[]" (*Jünger*) bzw. die panische „Mittagshitze" (*Böll*), vgl. *Das Vermächtnis*: „Mittagshitze war flimmernd über den Wiesen [...]. Der Rand des Weges war <u>üppigem Gras</u> bewachsen [...]. In der schwülen Hitze hatten sich die Kühe nahe ans Gebüsch verkrochen. Ich überquerte einen Fliesenweg und blieb vor dem Haus stehen: Es war <u>**halb verfallen**</u>, <u>von Gestrüpp umwuchert</u>, hatte <u>blinde Fenster</u> und über der Tür ein fast vollkommen <u>verwittertes Schild</u> [...]." Ebd., S. 15f.

64   Ernst Jünger: Sturm, S. 23.

völlig durchrationalisierte Terrain des Gleisdreiecks zurückerobert („an den Wegrändern sprießen Wächter in die Höhe, und Signale erblühen grün"[65]), und in Jüngers *Sturm* bewirkt die direkte Gegenüberstellung von „Distelstaude" und „Korn des Gewehrs" eine vergleichbare Ambiguität. Als Frage formuliert: Ist das menschliche „Gewehr[]" eher pflanzenhaft („Korn"), oder ist das natürliche Unkraut („Distelstaude") eher (ge)wehrhaft? Man sieht: Die wechselseitige 'Infektion' von Natur und Technik führt sowohl bei Roth als auch bei Jünger dazu, daß nicht mehr entschieden werden kann, ob sich die Natur das menschliche Terrain zurückerobert, oder ob nicht vielmehr umgekehrt die Technik siegt und sich die Natur unterwirft. Im Werk von Jünger bewirkt diese Infektion von Kraut („Korn" = Mensch) und Unkraut („Distel" = Natur), daß der Krieg (als unmenschliche Handlung par excellence) wie ein ganz 'natürliches' Geschehen betrachtet werden kann.[66] In den Kriegstagebüchern zum 1. Weltkrieg (*In Stahlgewittern* [EA 1920]) wird das besonders deutlich. Diese Tagebücher schildern aber nicht nur das eigentliche Kriegsgeschehen, sondern sie beschreiben auch seitenlang die Zerstörungen im französischen *Hinterland*, das der Soldat Jünger in seinen dienstfreien Stunden durchwanderte (das nun folgende Zitat aus Jüngers *Wäldchen 125* ist stark kompiliert):

> Am zweiten Tag, den wir in der Hauptwiderstandslinie verbrachten, ließ ich mich für einige Stunden vertreten, um in das Dorf Puisieux zu gehen. [...] An den Wegrand geworfene Protzen, deren Eisenteile zersiebt und verbogen waren, Haufen leerer Munitionskörbe, durchlöcherte Helme, zerbrochene Gewehre, zerfetzte Tornister – der ganze Schutt und Abraum eines großen Angriffs [...] wetteiferte mit dem Trümmerwerk der Häuser, die schmalen Straßen zu versperren. [...] Es war ein bedrückendes Gefühl, inmitten dieser Schuttberge allein zu sein. Ich stieg über die Trümmerhalde eines ehemaligen Gutshofes, um in die Gärten zu gelangen [...]. Die Einsamkeit der Gärten, die wie verzaubert in der Hitze lagen, bot einen freundlicheren Anblick dar. Wenn menschliche Wohnstätten verwüstet werden, nistet sich bald das Grauen darin ein [...]. Mutter Erde dagegen triumphiert über unsere Anstrengungen mit furchtbarer Kraft. [...] Die Distel, deren Blätter wie aus Metall getrieben sind, der fette Löwenzahn und die Wucherblume, sie strotzen vor Kraft und haben die zarten Gewächse des Gartens schon bis auf wenige abgewürgt. [...] So sah ich überall die Pflanze Besitz nehmen. Sie hing in die alten Trichter hinein; Kamille, Johannisbeere und Goldlack hatten sich auf die Mauerreste geflüchtet, die Schutthaufen waren von Brennnesseln erstürmt und die Steinplatten der Gartenwege unter goldbraunen Moospolstern versunken. Und ich dachte mir, daß, wenn diese Wut, zu leben und zu wach-

---

65   Vgl. Kap. I, Anm. 162.

66   Dazu nur ein Beispiel von vielen: „Hier kann der Mensch nicht anders als wieder ein Stück der Natur werden, die ihn ihren unerforschlichen Gesetzen unterwirft und als ein Wesen gebraucht aus Blut und Muskel, Kralle und Zahn." E.J.: Sämtliche Werke Erste Abteilung (Tagebücher) Bd. 1, Stuttgart 1978, S. 337. Dieses „Wesen" aus „Kralle und Zahn" erinnert an einen Maulwurf, und vielleicht hat der Kriegsheimkehrer Eich seine ersten *Maulwürfe* im Schützengraben entdeckt. In Ludwig Harigs Roman *Ordnung ist das ganze Leben* (1989) wird die Verbindung von Schützengraben und Maulwurf dann explizit genannt: Harigs Vater und dessen Freund Thiele sind in Frankreich „zu Grabenfüchsen geworden, zu Wühlratten geschrumpft, zu Maulwürfen verkommen". L.H.: Ordnung ist das ganze Leben. Roman meines Vaters, Frankfurt/M. (Fischer-TB) 1996 [EA 1989], S. 468.

sen, für unsere Ohren vernehmbar wären, sich hier ein Getöse erheben würde, das auch die größte Schlacht der Menschen übertönen müßte.[67]

Dieses Zitat belegt erstens, daß sich die Trümmer-, Schutt- und Abraumliteratur schon im 1. Weltkrieg herausgebildet hat. Zweitens wird deutlich, daß der *locus terribilis* – sei er auch noch so verwüstet – immer auch ein „verzaubert[er]" *locus amoenus* ist.[68] Drittens zeigt sich, daß ES („Mutter Erde") auf den Trümmern „mit furchtbarer Kraft" wieder ins Kraut schießt (= 'totaler Sieg' des Huflattichs). Prägnant formuliert heißt das: Die literarische Darstellung des 2. Weltkriegs zeichnet sich in Jüngers Tagebüchern aus dem 1. Weltkrieg schon ab.[69]

Es scheint, als habe sich der Krieg der Menschen in die Natur hinein verlagert und dabei in einen Krieg der (Un-) Kräuter verwandelt: Die soldatische „Distel" steht „wie aus Metall" geharnischt, der „fette Löwenzahn" und die „Wucherblume" benehmen sich wie Tschetniks, wenn sie – „strotzen[d] vor Kraft" – die „zarten Gewächse" brutal „ab[]würg[en]". Andere Pflanzen nehmen unrechtmäßig „Besitz"; die Nutz- und Zierpflanzen („Kamille, Johannisbeere und Goldlack") haben sich ängstlich „auf die Mauer-

---

[67] Ernst Jünger: Das Wäldchen 125. In: ders.: Sämtliche Werke, Erste Abteilung, Bd. 1, Tagebücher 1, S. 344-347. Das ruderale Gartenbild, das Jünger im obigen Zitat entwirft, ist (auch) eine Kontrafaktur auf die gepflegten Rokoko-Gärten Hugo von Hofmannsthals, vgl. z.B. dessen *Prolog zu dem Buch 'Anatol'*: „... Hinter einer Taxusmauer / Tönen Geigen, Klarinetten, / Und sie scheinen den graziösen / Amoretten zu entströmen, / Die rings auf der Rampe sitzen, / Fiedelnd oder Blumen windend, / Selbst von Blumen bunt umgeben, / Die aus Marmorvasen strömen: / Goldlack und Jasmin und Flieder..." H.v.H.: Gesammelte Werke, hg. von Bernd Schoeller (Gedichte – Dramen I), Frankfurt/M. 1979, S. 59f..

[68] Jüngers Beschreibung der „Felder, über die seit Jahren keine Sense mehr ging", erinnert bis in einzelne Formulierungen hinein an Stifters berühmte Hochwald(see)-Schilderung (s.o.). Jünger schreibt: „Wolken kristallener und buntbeschuppter Flügel tanzen über den [Schützen-] Gräben, ihr millionenfaches Summen, Zirpen und Schwirren schläfert ein wie ein großer Gesang, den man zuletzt träumend vergißt ['Pan schläft', B.S.]. Die Luft flimmert über Farben, die bunt und glühend sind [...]. Am Horizont glänzen die Ruinen von Puisieux; beim Anblick dieser weißen, der Dächer beraubten und von Baumskeletten umringten Mauerreste könnte man glauben, inmitten einer Wüste vom Spukbild einer ausgestorbenen und geisterhaften Oase überrascht zu sein. Kein Zeichen des Lebens, soweit das Auge reicht, und selbst der Tod scheint schlafen gegangen zu sein; kaum ein Gewehrschuß unterbricht die Mittagsruhe der Front. Kein Laut und keine Bewegung verraten, daß hier ganze Regimenter verborgen sind. Es scheint tiefer Friede zu sein, nur die Natur spricht mit sich selbst." E.J.: Sämtliche Werke, Erste Abteilung, Bd. 1, Tagebücher 1, Stuttgart 1978, S. 320.

[69] Ein Verbindungsglied zwischen den Weltkriegen ist das (posthum veröffentlichte) Kriegstagebuch von Horst Lange. Langes Aufzeichnungen aus dem Rußlandfeldzug verbinden deshalb den Ersten mit dem Zweiten Weltkrieg, weil sie sich explizit auf die *rudera* des Ersten Weltkrieges zurückbeziehen; vgl. die Eintragung *Ossowietsche, 9.X.41* in: H.L.: Tagebücher aus dem Zweiten Weltkrieg, hg. und kommentiert von Hans Dieter Schäfer. Mit einem Lebensbild Horst Langes von Oda Schaefer, Mainz 1979, S. 64: „Vor Jelnja tiefe Panzergräben. Gesprengte Brücken [...]. Ein völlig zerstörtes und abgebranntes Dorf. Nur noch wenige Zaunreste und Gartenpflanzen zeigen es an, daß hier Häuser gestanden haben. Verkohlte Baumstümpfe. Niedrig gegen die vom Staub verwölkte Sonne gesehen, rückwärts aus der Öffnung des Wagens heraus: Landschaft wie 1917 in Frankreich." Man fragt sich: War Horst Lange „1917 [selbst] in Frankreich", oder hat er seine Schilderung aus den *Stahlgewittern* von Ernst Jünger abgeschrieben? Der 1904 geborene Horst Lange war *nicht* in Frankreich!

144

reste geflüchtet", und die Vorhut der „Brennesseln" hat das einst gepflegte Territorium wild „erstürmt". Die grüne Lebens-"Wut" der Pflanzen ist lauter „als die größte Schlacht der Menschen".[70] Hat Georg Britting also vielleicht nur aus Jüngers *Wäldchen 125* abgeschrieben?

> Wild über Bruch und Schutt und Zerfall,
> Begann ein grünes Gedeihen.
> Mit wehenden Fahnen brandet der Schwall
> Der Gräser und Büsche, als seien
> Sie stürmend in unwiderstehlichem Prall,
> Im unaufhaltsamen Siegen,
> Auf die stürzenden Mauern gestiegen. (s.o.)

Die naturmagische Topographie des Niemandslandes, die von Jünger im Ersten Weltkrieg literarisch 'entdeckt' wurde, gab es dann natürlich auch im Zweiten Weltkrieg. Man muß sogar sagen, daß das Niemandsland erst *nach* dem 2. Weltkrieg seine literarische Bedeutung voll entfalten konnte. Die Relevanz dieser unwirklichen Topographie für die Soldaten und/oder Schriftsteller erklärt sich v.a. aus zwei Umständen: *Während* des Krieges war das 'nonkonformistische' Niemandsland der stille, aber umkämpfte 'unberühmte Ort', der weder Freund noch Feind gehörte und von dem eine geheimnisvoll-unheimliche Faszination ausging. In den Kriegstagebüchern von Horst Lange, Martin Raschke und Otto Heinrich Kühner wird das besonders deutlich.[71] Alle drei bemühen Schreibweisen des Magischen Realismus und machen dabei auf eine fast schon bestürzende Weise deutlich, daß der Krieg als intertextuelles Ereignis wahrgenommen wurde.[72] *Nach* dem Krieg bot

---

[70] In Günter Eichs Hörspiel *Die Stunde des Huflattichs* ist das Wachstum der Pflanzen dann in der Tat zu hören, wenn auch nur leise. In einer Regieanweisung heißt es: *„Man hört ein leises, aber eindringliches Knistern."* Die *linke Melancholie* hört ES wachsen: „Es ist das Wachsen. Melanie [sprich: MELANcholIE, B.S.] hört es. Welches Ohr kann es hören, wenn ich wachse?" G.E.: Gesammelte Werke Bd. 3, S. 591 (kursiv im Text).

[71] Vgl. 1.: Horst Lange: Tagebücher aus dem Zweiten Weltkrieg. Vgl. 2.: Hinweis auf Martin Raschke. Eine Auswahl der Schriften hg. und mit einem Nachwort versehen von Dieter Hoffmann, Heidelberg/Darmstadt 1963. Vgl. 3.: Otto Heinrich Kühner: Nikolskoje. Kriegstagebuch aus Rußland, Frankfurt/M. etc. 1982. Die drei genannten Autoren waren in den 40er Jahren als Landser an der sog. Ostfront. In allen drei Tagebüchern wird das verödete Niemands- und Hinterland in Rußland beschrieben, vgl. exemplarisch O.H. Kühners Eintragung vom 29. August 1943: „Wir haben wieder Verbindung nach rechts und links, aber noch immer keine Feindberührung. Wir fanden zwar [...] leere Bunker und [...] ein ganzes verlassenes Waldlager. [...] Aber wo ist der Gegner? Überall Schweigen. Jeder Nerv ist bis zum Zerreißen gespannt." O.H.K.: Nikolskoje, S. 72.

[72] Die intertextuellen Bezüge liegen entweder auf der Hand, oder sie werden gar von den Tagebuchschreibern selbst genannt. Kühner schreibt: „Und wenn wir Tolstoi oder Dostojewski lasen, dann war es gerade das Geheimnisvolle, das Unfaßbare und Ferne, das uns so festhielt." (S. 28) Bei Raschke heißt es: „Alles zeigte sich von erhabener Öde. Darum sind die Krähen hier schrecklicher. Sie schienen von feindlichen Geistern bewohnt [vgl. Raabes *Odfeld*, B.S.]. Sumpfige Wälder waren manchem rostigen Panzer, über den nun das gilbende Laub der Birken regnete, zum Grabe geworden, und wo eine Granate einschlug, verriet das Land sogleich seinen schwankenden Grund; mit schwarzen Augen blickte dort der Moorgeist [vgl. Märchenschema, B.S.] durch das Grau und Gelb der Erlen." (S. 97f.) Horst Lange schreibt auf dem Rußland-

der vermeintlich ideologiefreie 'unberühmte Ort' den orientierungslosen Kriegsheimkehrern ein transzendentales Obdach, unter dem sie ihren 'inneren Widerstand' ungestört fortsetzen konnten. Die 'innere Emigration' findet nach dem Zweiten Weltkrieg im ruderalen Niemandsland ihren 'adäquaten Ort'. In fast schon idealtypischer Weise läßt sich das an Wilhelm Lehmanns kurzer Erzählung *Der sichere Mann* ablesen, die zuerst am 3.9.1949 im *Flensburger Tageblatt* erschienen ist. Lehmann wurde im Zweiten Weltkrieg zwar nicht als Soldat eingezogen (er war also kein 'Heimkehrer' im strengen Sinne), sein Text ist aber dennoch repräsentativ für die deutsche Nachkriegszeit. In der Erzählung werden die wild wuchernden „Böschungen der Eisenbahn" gefeiert, die mit ihrer schönen „Nutzlosigkeit" einen anmutigen „Selbstzweck" erfüllen. Der Erzähler, der „keine große Sommerreise machen kann", muß sich im „eigenen Bezirk" einrichten:

> Wenn man keine große Sommerreise machen kann, durchwandert man den eigenen Bezirk. Man tut es mit den Füßen und kann sich dabei auch darüber freuen, daß man den Sinn der Bezeichnung trifft, indem Wandern Sich-im-Kreise-Bewegen, Sich-wenden heißt.[73]

Und was entdeckt der verspätete innere Emigrant auf seinen Wanderungen? Das verunkrautete 'transzendentale Obdach'!:

> Als ich aus dem kleinen Warteverließ endlich hinaus an den Bahndamm trat – strahlte mir ein Bild von Auguste Renoir entgegen? War ich in einen heilig geschützten Bezirk geraten? Die Böschung [...] bedeckte eine weiße Flut der wilden Möhre, der wilden Petersilie [...]. Der Juli ging schon zu Ende, aber keine Menschenhand, kein Menschenfuß hatten daran gerührt. Ein Gott mußte dem Sensenmann Einhalt geboten, ein Gott bestimmt haben, daß einmal [die] Umbelliferen [...] Selbstzweck sein dürften [...].[74]

Aber es kommt, wie es kommen muß: Ein 'sicherer Mann' tritt auf, der sich im plattdeutschen Brustton der Überzeugung über das „verwillert[e] Unkrut" mokiert: „dat het se all lang meihn schüllt"[75]. Fazit: Großkaufmann Klöterjahn (= „der sichere Mann") und Detlev Spinell (= Lehmann bzw. „ich") aus Thomas Manns Erzählung *Tristan* feiern bei Lehmann ihre Auferstehung im restaurativen Gewand. In Günter Eichs Gedicht *Am Bahndamm*, das am 4.5.1952 im *Berliner Tagesspiegel* erschienen ist, wird Lehmanns 'restaurativer Bahndamm' dann noch einmal beschworen (ich zitiere die erste und letzte von insgesamt vier Strophen):

Feldzug: „Völlige Einsamkeit: ein ganz verlorenes Haus mitten im Forst. Erinnerungen an die *Abenteuer eines Jägers* von Turgenjew." (S. 94).

[73] Wilhelm Lehmann: Der sichere Mann. In: ders: Gesammelte Werke Bd. 8, S. 140-142, hier: S. 140.

[74] Wilhelm Lehmann: Der sichere Mann, S. 141f. Lehmanns Erzählung ist auch ein guter Beleg für Peter Rühmkorfs Beobachtung: „Die deutsche Nachkriegspoesie verlegte ihr flüchtiges Quartier vom Wartesaal [„Warteverließ", B.S.] zum Wiesenrain [„Böschung", B.S.], vom Wohnbunker zum Schuttabladeplatz." P.R.: Das lyrische Weltbild der Nachkriegsdeutschen, S. 5.

[75] Wilhelm Lehmann: Der sichere Mann, S. 142.

Wenn kein Zug rollt,
bleibt die Welt leise.
Die Disteln tasten
sich an die Gleise.

Das Kraut am Hang
hat feinere Ohren.
Die stumme Welt
bleibt unverloren.[76]

Der „leise" und „stumme" bzw. „heilig geschützte[] Bezirk" der Innen-"Welt", den Eich bzw. Lehmann hier gegen die feindliche Außen-Welt errichten, wird besonders nachdrücklich in einem Brief beschworen, den Hermann Kasack – er korrespondierte übrigens (auch nach dem Krieg) mit Günter Eich – am 12. Oktober 1935 an Wilhelm Lehmann geschrieben hatte. Kasack bedankt sich darin u.a. für Lehmanns soeben in Ernst Niekischs Widerstands-Verlag erschienenem Gedichtband *Antwort des Schweigens:*

> Die Natur wird mit dem Auge des Geistes geschaut, der Geist mit dem Auge der Natur: dies führt zur Identität von Geist und Natur, und ist damit die Voraussetzung der inneren Welt, die jenseits vom Ich gültig und existent ist... Ach, es ist tröstlich, wo alle Außenwelt zu Grunde richtet und zu Grunde geht, den Innenraum der Welt unberührbar fest zu sehen, ihn als 'Antwort des Schweigens' bestätigt zu erhalten.[77]

Auch Ernst Jüngers Nachkriegstagebücher aus den späten 40er Jahren legen Zeugnis davon ab, daß die Inneren Emigranten nach dem Zweiten Weltkrieg auf den *Ruderalflächen* ihren adäquaten Ort fanden. Dazu ein Beispiel: Am 13. März 1947 spaziert der 'Waldgänger' Jünger in die „Tongrube von Altwarmbüchen", um dort in ungestörter Ruhe und Einsamkeit zu botanisieren:

> Die Tongrube, ein simpler Ort. Doch waren die grauen, rissigen Wände heute mit Tausenden von Lattichblüten besternt, goldüberflammt.[78]

Jüngers „simpler Ort" ist *der* 'unberühmte Nachkriegs-Ort'. Die „Tongrube" ist auch genau das Niemandsland, das der ehemalige Frontkämpfer Jünger aus dem Ersten Weltkrieg gewissermaßen in die Zweite Nachkriegszeit hinübergerettet hat. Bereits in der „Mulde" von Sturms „Stichgraben" gediehen „Gewächse, die bislang an Ruinen und Wegrändern ein kaum geduldetes Dasein geführt [hatten]" (s.o.). In der „Tongrube" sieht es ganz ähnlich aus; hier wächst – wie könnte es anders sein? – der Huf-"Lattich[]", dessen renitente Wucherung jedoch zur „goldüberflammt[en]" Blüte abgemildert und verklärt wird. Der

---

[76]   Günter Eich: Gesammelte Werke Bd. 1, S. 208f.

[77]   Zit. nach: Hermann Kasack (1896-1966) = Marbacher Magazin 2 (1976), hg. von Reinhard Tgahrt und Jutta Salchow. Ausstellung vom Juli bis Sept. im Schiller-Nationalmuseum Marbach a.N., S. 11.

[78]   Ernst Jünger: Strahlungen. In: E.J.: Sämtliche Werke Erste Abteilung, Tageb. Bd. 3 (III), S. 634.

Insekten- und Pflanzenkenner Jünger wußte wahrscheinlich schon, was die Wissenschaft der Botanik zwei Jahre später zu Protokoll geben wird:

Obgleich *Tussilago farfara* [= Huflattich, B.S.] für lehmige Standorte [= „Tongrube", B.S.] charakteristisch ist, besiedelt die Art die Trümmer regelmäßig.[79]

Es darf vermutet werden, daß sich der ambivalente Huflattich in den Trümmern *maßlos* aussamte und daß er dort *häßlich* aussah, während er in idyllischen Tongruben buchstäblich *zahlreich* („Tausende[]") vorkommt und *schön* („besternt") ist. Der Krieg und die Idylle existieren nebeneinander; das eine ist immer schon im andern verborgen. In der gemeinsamen 'Schnittmenge' von Krieg und Idylle liegt das Niemandsland. Anders gesagt: Das Niemandsland ist Trümmerfläche und Idylle in einem. In Wolfgang Bächlers programmatischem Gedicht *Im Niemandsland* (1963) – Bächler war Kriegsheimkehrer und Gründungsmitglied der Gruppe 47[80] – kommt das prägnant zum Ausdruck:

Im Niemandsland

Die Buchsbaumfronten sind eingestürzt.
Nur die Eichen hielten den Stürmen stand.
Im Niemandsland schert das Unkraut aus.
Die Brennesseln unterwandern das Buschwerk,
decken die Gräben und Schächte zu.
Blindschleichen lauern im Brunnenbecken
von fettem Blattwerk getarnt.
Eidechsenpatrouillen schwärmen aus,
beklettern strategische Punkte.

Das Moos hat die Wege erobert,
die Tempelruine besetzt.
Turmsegler landen.
Die Elster steigt auf
zu Erkundungsflügen,
von Sperlingsgeschwadern gefolgt.
Am Grabenrand strecken
gepanzerte Schnecken die Fühler aus.

---

[79] Irmgard Möller: Die Entwicklung der Pflanzengesellschaften auf den Trümmern und Auffüllplätzen, S. 91.

[80] Wolfgang Bächler, der einst zum literarischen Umkreis von 'Vauo' Stomps gehörte, ist heute ein 'verschollener' Autor. Über Stomps schrieb Bächler (und man beachte das ruderale Vokabular): „Seine [Stomps'] Lust ist das Jagen im *Forêt Vierge*, in dem der literarische Wild- und Nachwuchs ins Kraut schießt, der Wünschelrutengänger im *Terrain vague*, auf dem sich die jungen Talente tummeln." W.B.: Begegnungen mit dem weißen Raben und Eremiten, dem Drucker, Verleger und Fabulisten V.O. Stomps. In: Das große Rabenbuch (ohne Hg.), Hamburg 1977, S. 112. Vielleicht ist es kein Zufall, daß der zwischen allen Stühlen sitzende Autor Bächler auf den Seiten 160 und 161 seiner Lyrikanthologie *Ausbrechen* (1976) zwei Gedichte gegenüberstellt, deren Titel einerseits die Emphatische Moderne und andererseits den Magischen Realismus alludieren: Das Gedicht *Die Schraube* (S. 160) zitiert einen der 'unverständlichsten' Texte der klassischen Moderne, und das Gedicht *Die Puppe* (S. 161) alludiert einen der 'magisch-realistischsten' Texte seiner Zeit. Zwischen Theodor Däublers *Schraube* und Oskar Loerkes *Puppe* ist Bächler im Niemandsland (*Terrain vague*) verschollen.

Ameisenheere wechseln den Standort,
bauen ein neues Hauptquartier auf.
Wühlmäuse unterminieren die Hügel.

Unbekümmert setzen die Blumen
ihr farbiges Selbstgespräch fort.[81]

Die Symbolik könnte nicht deutlicher sein. Der Weltkrieg, der in der Realität glücklicherweise längst beendet ist, findet in der Natur immer noch statt: Brennesseln „unterwandern" das Buschwerk, Blindschleichen „lauern" im Brunnenbecken und Eidechsenpatrouillen „schwärmen aus". Wahrscheinlich handelt es sich bei dem Unkraut, das im Niemandsland „[aus]schert", um Huflattich. Die schönen „Blumen" (Rosen?), die in ein „farbiges *Selbst*gespräch" (innere Emigration?) vertieft sind („Einzelne Blumen in den langen Beeten standen auf und sagten: Rot"[82]), scheinen von dem martialischen Treiben ringsum jedoch ausgenommen zu sein. Die „Wühlmäuse", die die Hügel „unterminieren", antizipieren Günter Eichs *Maulwürfe*, die ebenfalls jeden konsisteten Sinn des Textes anarchisch „unterminieren". Noch eine andere Formulierung erinnert an den Kriegsheimkehrer Eich: „Eidechsenpatrouillen beklettern strategische Punkte". In Eichs Rede *Der Schriftsteller vor der Realität* aus dem Jahre 1956 heißt es:

Ich schreibe Gedichte, um mich in der Wirklichkeit zu orientieren. Ich betrachte sie als trigonometrische Punkte oder als Bojen, die in einer unbekannten Fläche den Kurs markieren.[83]

Wenn Eich seine Gedichte als „trigonometrische Punkte" betrachtet, dann betrachtet er sie sozusagen immer noch mit den Augen eines landvermessenden Soldaten, der sich in einer „unbekannten" Landschaft orientieren muß. Der Krieg findet also *Draußen vor der Realität* noch immer statt. Es bedürfte einer gesonderten Untersuchung (Titel: Der Soldat Eich als Schriftsteller), um die kriegsstrategischen Implikationen in seinem Werk (Tarnen, Verstecken, Verschlüsseln und Codieren von Botschaften) herauszuarbeiten. Eich hat das Niemandsland, das Bächler in den 60er Jahren reanimiert, nie verlassen.[84] Bächlers Gedicht *Im Niemandsland* straft auch Wilhelm Lehmanns Gedicht *Unberühmter Ort*

---

[81] Wolfgang Bächler: Ausbrechen. Gedichte aus 30 Jahren, Frankfurt/M. 1976, S. 111. Vgl. auch Bächlers Gedicht *Verlassenes Schlachtfeld* (1950), in dem eine Topographie beschrieben wird, deren Wunden noch nicht vernarbt (verkrautet) sind. Die erste Strophe lautet: „Stümpfe und Strünke weisen zerschlissen / in die Gefilde erstarrter Gewalt. / Noch sind die Wiesen aufgerissen. / Spuren von tausend wütenden Bissen / sind in die Äcker eingekrallt." Ebd., S. 8.

[82] Rainer Maria Rilke: Die Aufzeichnungen des Malte Laurids Brigge, Frankfurt/M. 1982 (Insel-TB), S. 19.

[83] Günter Eich: Der Schriftsteller vor der Realität. In: ders.: Gesammelte Werke Bd. 4, S. 613-614, hier: S. 613.

[84] Wolfgang Bächlers Lyrikband *Ausbrechen* wird von dem Gedicht *Als ich Soldat war* eröffnet, dessen erster Satz lautet: „Als ich Soldat war, schrieb ich kein Gedicht." Ebd. S. 7. Diese ungeschriebenen Soldaten-Gedichte haben Bächler und Eich dann zu einer Zeit nachgeholt, als der Krieg längst beendet war. Anders gesagt: Für Bächler und Eich hat der Krieg nie wirklich aufgehört.

aus dem Jahre 1953 lügen, in dem behauptet wurde, daß dem „unberühmten Ort [...] keine Schlacht [...] geschehen" ist. Dieser Aspekt wird später noch genauer ausgeführt.

Der folgende Passus aus Max Frischs *Tagebuch 1946-1949* liefert einerseits die Radikalisierung und Globalisierung von Jüngers ruderalen *Hinterland*-Impressionen, und andererseits ist er gleichsam das prosaische (und nüchternere) Pendant von Oda Schaefers lyrischem Schreckensgemälde. Der Schweizer Autor Max Frisch, der auf seiner Deutschlandreise im Jahre 1946 auch die *Tote Stadt* Frankfurt 'besichtigte', kann die Zerstörungen und die damit einhergehenden vegetabilen Wucherungen neutraler und – wenn das Wort in diesem Zusammenhang erlaubt ist – unbeteiligter beschreiben:

> *Frankfurt, Mai 1946*
> Wenn man in Frankfurt steht, zumal in der alten Innenstadt, und wenn man an München zurückdenkt: München kann man sich vorstellen, Frankfurt nicht mehr. Eine Tafel zeigt, wo das Goethehaus stand. Daß man nicht mehr auf dem alten Straßenboden geht, entscheidet den Eindruck: die Ruinen stehen nicht, sondern versinken in ihrem eigenen Schutt, und oft erinnert es mich an die heimatlichen Berge, schmale Ziegenwege führen über die Hügel von Geröll, und was noch steht, sind die bizarren Türme eines verwitterten Grates; einmal sah man sich vorstellen. Frankfurt nicht mehr ragt, drei Anschlüsse zeigen, wo die Stockwerke waren. So stapft man umher, die Hände in den Hosentaschen, weiß eigentlich nicht, wohin man schauen soll. Es ist alles, wie man es von Bildern kennt; aber es ist, und manchmal ist man erstaunt, daß es ein weiteres Erwachen nicht gibt; es bleibt dabei: das Gras, das in den Häusern wächst, der Löwenzahn in den Kirchen, und plötzlich kann man sich vorstellen, wie es weiterwächst, wie sich ein Urwald über unsere Städte zieht, langsam, unaufhaltsam, ein menschenloses Gedeihen, ein Schweigen aus Disteln und Moos, eine geschichtslose Erde, dazu das Zwitschern der Vögel, Frühling, Sommer und Herbst, Atem der Jahre, die niemand mehr zählt – [85]

Das einst 'berühmte' Frankfurt ist auf den Stand einer 'unberühmten' Ruderalfläche zurückgebombt worden, das Zentrum („Innenstadt") ist verwüstet, die „versinken[den]" Schutt- und Ruinenlandschaften gleichen im wahrsten Sinne des Wortes einer *nature morte* („wie man es von Bildern kennt"). In Frischs Darstellung kippt die Zerstörung der Kultur wie ein Vexierbild um in die scheinbar intakte Natur der „heimatlichen Berge". Die Wörter „Geröll" und „Grat[]" sind in diesem Zusammenhang ambig: Sie partizipieren einerseits an der Zerstörung, aber sie evozieren zugleich auch die heile Welt der „Berge". Der Unsagbarkeits-Topos hat sich in einen Unvorstellbarkeits-Topos pervertiert; die 'berühmten Orte' Frankfurts („Goethehaus") gibt es nur noch ex negativo bzw. deiktisch

---

[85] Max Frisch: Tagebuch 1946-1949, Frankfurt/M. 1979 [EA 1950], S. 37f. In Marie Luise Kaschnitz' Gedicht *Rückkehr nach Frankfurt I-XIV* (1946) wird ein ähnliches Szenario beschrieben, vgl. Strophe III: „Das wußte ich nicht, wie bald / Ruinen verwittern, / Wie sie, noch eh die Gestalt / Vergessen ist und die Namen / Ausgelöscht, sich besamen, / Wie die Gräser wehen und zittern / Über dem Bogen und drin / Zinnkraut und blühende Halme / Stehn wie am Urbeginn. / Und wie schnell das alles verschwunden, / Verrottet, verfilzt, verweht, / Was der Mensch erfunden, / Mittel und Gerät, / Und wie gleich dem Moos der Äste, / Verklammert und verpecht, / Hängen im Leeren die Reste / Von Stiege und Drahtgeflecht, / Und wie wir am Abend, lange / Nachdem schon das Licht verglüht, / Die Ziegelwand über dem Hange / Wie <u>Rosen</u> blüht." M.L.K.: Gesammelte Werke Bd. 5 (Die Gedichte), Frankfurt/M. 1985, S. 142-153, hier: S. 144.

150

(„Tafel"). Frischs apokalyptisches Tableau endet mit einer düsteren Vision davon, „wie ES weiterwächst". Der Rest ist „Schweigen aus Disteln und Moos". – Stimmt das? Nur zum Teil. Sieht man genauer hin, dann zeigt sich, daß auch in den von Frisch beschriebenen Trümmern die große Literatur bewahrt wird: Die „Abortröhre, die in den blauen Himmel ragt", findet sich auch in Rilkes *Aufzeichnungen des Malte Laurids Brigge* (1910):

> Man sah in den verschiedenen Stockwerken Zimmerwände, an denen noch die Tapeten klebten, da und dort den Ansatz des Fußbodens oder der Decke. Neben den Zimmerwänden blieb die ganze Mauer entlang noch ein schmutzigweißer Raum, und durch diesen kroch in unsäglich widerlichen, wurmweichen, gleichsam verdauenden Bewegungen die offene, rostfleckige Rinne der Abortröhre. [...] Das zähe Leben dieser Zimmer hatte sich nicht zertreten lassen. Es war noch da, es hielt sich an den Nägeln, die geblieben waren, es stand auf dem handbreiten Rest der Fußböden, es war unter den Ansätzen der Ecken, wo es noch ein klein wenig Innenraum gab, zusammengekrochen.[86]

Frisch „zeigt" uns im Schutt des zerstörten Frankfurt das, „was noch steht", seine „Tafel" ist deshalb sozusagen eine *tabula non rasa*. Frischs intertextueller Verweis auf Rilke offenbart auch, daß sich das „zähe Leben" letztlich „nicht zertreten" läßt, sondern *gerade in den Rudimenten* („Nägeln", „Fußböden" etc.) „geblieben war[]" (Rilke). Wenn die Erde unter ihrer vegetabilen Decke „geschichtslos[]" (ahistorisch) geworden ist, wie Frisch schreibt, dann bewahren die Trümmer eine Geschichte (narratio), die von späteren Archäologen – so es dann noch welche gibt – rekonstruiert werden kann. In Peter Huchels Gedicht *Psalm* aus dem Gedichtband *Chausseen Chausseen* (1963) wird die „geschichtslose Erde" (das ist die vollendete Sekundärwildnis), die Max Frisch im Jahre 1946 antizipierte, zur *eigentlichen* Geschichte (die beiden letzten beiden von insgesamt vier Strophen lauten):

> Die Öde wird Geschichte.
> Termiten schreiben sie
> Mit ihren Zangen
> In den Sand.
>
> Und nicht erforscht wird werden
> Ein Geschlecht,
> Eifrig bemüht,
> Sich zu vernichten.[87]

Als Karl Krolow in seinem poetologischen Essay *Möglichkeiten und Grenzen der neuen deutschen Naturlyrik* (1961) auf Wilhelm Lehmanns frühen Gedichtband *Antwort des Schweigens* (1935) zu sprechen kommt, wird das menschenlos-vegetabile „Schweigen", das Max Frisch in den zerbombten Städten zu 'hören' glaubte, in die (von Krolow soge-

[86] Rainer Maria Rilke: Die Aufzeichnungen des Malte Laurids Brigge, S. 41f.
[87] Peter Huchel: Psalm. In: ders.: Gesammelte Werke Bd. 1, S. 157.

nannte) „Naturlyrik" à la Loerke und Lehmann projiziert. Dabei ist interessant, daß Krolow in diesem Zusammenhang gar nicht zu bemerken scheint, daß sich die angebliche „Menschenlosigkeit des frühen Naturgedichts" *nach* 1945 auf eine unerwartet grausame Weise erfüllt hat:

> Eine sehr starke Gelassenheit breitet sich [in Loerkes Gedicht *Gebirge wächst*, B.S.] aus, *eine manchmal fast unmenschlich anmutende Ruhe, die auf die Stille, das Schweigen der Vegetation zutreibt*, mit der der einzelne nichts mehr zu tun hat, in der er sich selber aufgeben, sich verlieren muß. Die Fragen dieses einzelnen an sich selber [...] verstummen. *Das Wort führt anderes [...]: die Menschenleere*, alles das, was der Individualität nicht mehr erreichbar [...] ist. *Und ES antwortet diesem Verstummen mit der Kraft seines Überlebens*, seiner Dauer, die ohne Schwermut, ohne Melancholie ist.[88]

Der 'totale Sieg des Huflattichs' hat in Wolfgang Borcherts Erzählung *Billbrook* (1947) eine seiner gültigsten Ausprägungen gefunden. Es geht in dieser Geschichte um den „kanadische[n] Fliegerfeldwebel" Bill Brook, der kurz nach dem Krieg die „Tote Stadt"[89] Hamburg mit Hilfe eines alten „Stadtplans" besichtigen will und dabei kläglich scheitert. An Stelle der Sehenswürdigkeiten und Menschen findet Bill Brook in Hamburg:

> *Kein* Lebendiges. Nichts. Nichts Lebendiges. MILLIARDEN Steinbrocken, MILLIARDEN Steinstücke, MILLIARDEN Steinkrümel. Gedankenlos vom gnadenlosen Krieg zerkrümelte Stadt. MILLIARDEN Krümel und einige hundert Leichenfinger. Aber sonst *kein* Haus, *keine* Frau, *kein* Baum. TOTES nur. Zerstörtes, Zerfallenes, Zerborstenes, Zerwühltes, Zerkrümeltes. TOTES nur. TOTES. Kilometerweit, kilometerbreit TOTES. Er stand in einer TOTEN Stadt und er schmeckte es fade und übel auf der Zunge.[90]

Im Unterschied zu Max Frisch setzt Borchert an die Stelle der (relativ) nüchternbilanzierenden Beschreibung eine (relativ) moderne und parataktische Katalog-Prosa, die ihrem (fehlenden) Gegenstand („Nichts") hervorragend angemessen ist. Der Schock wird

---

88   Karl Krolow: Aspekte zeitgenössischer deutscher Lyrik, S. 35f. Krolow konstatiert in diesem Zusammenhang, daß in den besten Naturgedichten „ein Schweigen herrscht, ein Menschenschweigen" (ebd., S. 33). An Loerkes Gedicht *Gebirge wächst* läßt sich laut Krolow exemplarisch „über Strophen verfolgen, wie die Menschenlosigkeit des frühen Naturgedichts aussieht" (ebd., S. 35).

89   Wolfgang Borchert: Billbrook. In: ders.: Das Gesamtwerk, Reinbek 1952 [EA 1949], S. 92-110, hier: S. 92 und 107. Vgl. das biographische Nachwort von Bernhard Meyer-Marwitz, ebd., S. 363-396, hier: S. 387: „Carl Voscherau las [im Sommer 1947 während der Hamburger *Woche der Dichtung*, B.S.] die große Billbrook-Erzählung. [...] Sie überwältigte die Hörer. Hamburgs großes Sterben in der Phosphorlohe 1943 hatte einen neuen Dichter gefunden. Einen, der, wie die Stadt, zerschlagen am Boden lag und um das Leben rang."

90   Wolfgang Borchert: Billbrook, S. 98. Die ruinierten Dinge 'sprechen' in der Erzählung zum Protagonisten Bill Brook. Eine zerschossene Telefonzelle 'sagt' beispielsweise ganz stereotyp: „Juhu! Bill Brook! [...] Kleines Ferngespräch nach Kanada gefällig? Wie? Etwa so: Tote Stadt gesehen! Zehntausend Tote gerochen! Und Krümel, Krümel, Krümel gesehen! Menschenkrümel, Steinkrümel, Stadtkrümel, Weltkrümel." W.B.: Billbrook, S. 107.

hier – vielleicht zum ersten Mal nach dem Weltkrieg – in adäquate Worte gefasst.[91] – Schließlich bemerkt Brook, „daß es doch etwas Lebendiges in dieser toten [...] Stadt gab":

> Gras. Grünes Gras. Gras wie in Hopedale. Normales Gras. Millionenhalmig. Belanglos. Dürftig. Aber grün. Aber lebendig. Lebendig wie das Haar der Toten. Grauenhaft lebendig. Gras wie überall in der Welt. Manchmal etwas übergraut, übertaut, überkrümelt, staubig. Aber doch grün und lebendig. Überall lebendiges Gras. [...]. Gras? Gut, Gras, ja. Aber Friedhofsgras. Gras auf Gräbern. Ruinengras. Grausames gräßliches gnädiges graues Gras. Friedhofsgras, unvergeßliches, vergangenheitsvolles, erinnerungssattes, ewiges Gras auf Gräbern. Unvergeßlich, schäbig, ärmlich: Unvergeßlicher gigantischer Grasteppich über den Gräbern der Welt.[92]

Das Wort „Gras" und mit ihm die mit „Gr-" beginnenden Wörter haben hier, um mit K. Schreier zu sprechen, „von dem gesamten Gelände Besitz ergriffen" (s.o.). Anders und mit Oda Schaefer gesagt: Die Buchstaben G-R-A-S haben sich 'maßlos ausgesamt'. Borchert gelingt es hier, den „gigantische[n] Grasteppich", der sich nach dem Krieg in den Trümmern auszubreiten begann, in ein engmaschiges, besser: verfilztes *Textgewebe* ('Teppich') zu verwandeln. Eine buchstäblich 'gräsliche' Monotonie ist an die Stelle der traditionellen Beschreibungsliteratur gerückt.

Das „Gras" ist aber auch an die Stelle der Menschen gerückt. In der Formulierung „Millionenhalmig" kehren die 'Millionen' verdrängter bzw. getöteter Menschen in den Text zurück. Das Gras ist zutiefst paradox: Einerseits ist es „[g]rauenhaft *lebendig*", andererseits ist es ein Indikator des *Todes*. Das ganz „Normale[]" ist über Nacht (bzw. über „zwei Nächte"[93]) zum Unnormalen geworden. Das Gras ist aber nicht nur (extra-) ordinär, sondern es ist auch zugleich 'GRAuSam' und 'gnädig'. Es hat alle menschlichen Tugenden und Untugenden: Das Gras ist „unvergeßlich[]" und „erinnerungssatt[]", es ist aber auch „schäbig" und „ärmlich". Das Gras verbirgt etwas („Die Weide birgt Alexander, / Cäsarn der Brennesselstein", *Günter Eich*): Es (ver)birgt einen allmächtigen und „ewige[n]" Gott, der im „ärmlich[en]" Gewande auf die zerstörte Erde gekommen ist.[94]

---

[91] Die Formulierungen „*gnadenlose[r]* Krieg" und „er schmeckte es *fade und übel*" wirken im Gegensatz zur 'umgebenden' Prosa viel konventioneller. Die Stärke der Erzählung liegt m.E. in ihrem weitgehenden Verzicht auf mythologische Überhöhungen und Wie-Vergleiche. Der Schluß von *Billbrook* wirkt dagegen wie ein 'Rückfall' in traditionelle Erzählmuster: „Draußen fuhr eine Kolonne von schweren dicken Lastwagen vorbei. Ihre gelben großen Augen blinzelten durch den Nachtnebel. Ihre Motore schnoben **wie** die Herde wütender Elefanten." Ebd., S. 110.

[92] Wolfgang Borchert: Billbrook, S. 99.

[93] „'Ach! In zwei Nächten. In zwei [Bomben-] Nächten alles kaputt [in Hamburg, B.S.]. Alles.' [...]. Bill Brook hob zwei Finger: 'Zwei Nächte? Nein! Zwei? Zwei Nächte?' [...]. Die ganze [...] Stadt – in zwei Nächten? [...] Er dachte [...]: Zwei Nächte. [...]. Zehntausend in zwei Nächten. Eine ganze Stadt! In zwei Nächten. Flach, platt, tot." Wolfgang Borchert: Billbrook, S. 104.

[94] Vgl. das Motto, das Borchert seinem Erzählungsband *Die Hundeblume* (1947) vorangestellt hat: „Und wer fängt uns auf? Gott?" Wolfgang Borchert: Das Gesamtwerk, S. 31.

Der grüne Gott – so heißt Wilhelm Lehmanns Lyrikband aus dem Jahre 1942[95] – hat in
Billbrook eine Gestalt angenommen, die sich die Magischen Realisten in dieser Form
nicht haben träumen lassen.

So schmerzlich die Einsicht auf der einen Seite ist, daß der Mensch vom „Un-" (kraut
etc.) verdrängt werden kann, so tröstlich ist auf der anderen Seite die Gewißheit, daß die
Natur alle „Wunden" schließt und das sprichwörtliche Gras des Vergessens wachsen läßt:

> Behutsam ziehen Spinnen ihre Flore
> Und weben zu
> Die Wunde am gestürzten Sims [...]. (*Schaefer*)[96]

Bei aller Trauerarbeit, die Schaefers Gedicht zugegebenermaßen leistet: Diese Zeilen läuten nolens volens auch schon die restaurative Literatur der Adenauer-Ära ein, in der die
„Wunde[n]" des Nationalsozialismus lieber 'zugewebt' als 'aufgedeckt' werden. Eine radikale *tabula rasa* der 'Stunde Null', die in den 9 Strophen von Schaefers Gedicht zwar
„[b]ehutsam", aber doch ehrlich durchexerziert wird, fand in der religiösen Nachkriegs-
dichtung eines Hans Carossa oder Reinhold Schneider – um nur diese zu nennen – nicht
wirklich statt. Selbst betuliche Humanisten ('Klassizisten') vom Schlage Friedrich Georg
Jüngers konnten und wollten sich eine verunkrautete Welt ohne 'edle' Menschen nicht
vorstellen. In seinem ausufernden (und in *jeder* Hinsicht ungenießbaren) Gedicht *Der
Garten*, das zu allem klassizistischen Überfluß auch noch in Hexametern verfasst ist,
kommt der omnipotente Machtwahn des größenwahnsinnigen Kleingärtners auf eine geradezu peinlich-plakative Art zum Ausdruck. Das völlig ironiefreie Gedicht kann seiner
Länge wegen hier nicht in extenso zitiert werden, es genügt auch vollauf, den Inhalt mit
einem Satz zu paraphrasieren: Ein militanter Gärtner pflegt die 'edlen' Gewächse seines
Gartens („Rosen", „Violen", „Nelken" etc.), indem er das „Diebesvolk" der wilden Unkräuter „mit Macht" bekämpft. Das Gedicht beginnt mit der rhetorischen Frage: „Wäre

---

[95] In dem Gedicht *Tür ins Nichts* (vgl. das große „Nichts" aus *Billbrook*) aus dem Lyrikband *Der grüne Gott*
fragt das lyrische Ich in der dritten Strophe: „Wer trägt nach steigender Öde Begehr? / Die Gattertür klafft.
Schon bin ich im Nichts. / Die Welt verliert ihren Schmerzensleib, / Er ruht im Arm des Gedichts." W.L.:
Gesammelte Werke Bd. 1, S. 71. Mitten im Krieg (1942) „verliert" die Welt „ihren Schmerzensleib". Darf
man's glauben? Wohl kaum.

[96] Der Trost, den die Natur nach dem Krieg spendete, spricht auch aus Marie Luise Kaschnitz' Essay *Von der
Natur*, der – neben elf weiteren Kurz-Essays – in ihrem Buch *Menschen und Dinge 1945* [EA 1946] abge-
druckt ist. Die heil(end)e Natur wird hier der destruktiven „Menschenwelt" in kleinen Genrebildern kontra-
stiv gegenübergestellt: „Auf solche Weise den Sieg des Lebens verkündend, wird die Natur heute fast zum
Sinnbild eines seligen Lebens überhaupt. Die Menschenwelt, das sind rollende Panzer und einschlagende
Granaten, das ist Hocken in Kellern und Gräben, ist Feuer und Eisen [...]. Natur aber ist der kleine verquere
Sprung der jungen Ziege im smaragdenen Gras, ist das ruhige Wiederkäuen der Rinder im Stall, ist die zit-
ternde Mondbahn auf dem nächtlichen Meer, alles, was immer war und sein wird." M.L.K.: Gesammelte
Werke Bd. 7 (Die essayistische Prosa), S. 16.

der Gärtner nicht da, sag an, wo bliebe der Garten?"[97] – Nun ein paar weitere Kostproben bzw. 'Sträuße' aus dem *Garten*:

> Oft bedarf das Edle des Schutzes, und gut ist's, wenn Waffen
> Es beschirmen, und gut Krieg gegen rohe Gewalt. (V. 9/10)

So einfach rechtfertigt sich also der „gut[e] Krieg". Er soll dazu dienen, die Anarchie des „Anfang[s]" zu unterdrücken. Wilde Regungen müssen sozusagen 'im Keime' erstickt werden:

> [...] Was der Gärtner gezogen,
> Fällt, wenn er fortgeht, sogleich wieder dem Anfang anheim. (V. 11/12)

Das unkontrollierte Wuchern des krautigen „Gesindel[s]"[98], das – ähnlich wie der „wild-wachsene[] Roggen" aus Loerkes *Puppe* – „durch offene Gitter und Stäbe [drängt]" (V. 27) und „durch die Zäune [...] wuchert" (V. 17),[99] wird perhorresziert und deshalb mit aller Macht niedergehalten. Dabei erweist sich insbesondere der Huf-„Lattich" als ein 'trotziger' Anarchist („du trotzt, o Lattich, dem Messer", V. 19), der regelrecht *ausgemerzt*[100] werden muß:

> Doch ich will dich, Gesindel, als Herr nicht, will dich nicht nähren,
> Kann dich nicht brauchen als Knecht, ob du auch Dienste gewährst.

---

[97] Friedrich Georg Jünger: Sämtliche Gedichte Bd. 1, hg. von Citta Jünger, Stuttgart 1985, S. 28f. *Der Garten* wurde 1934 im Berliner Widerstands-Verlag von Ernst Niekisch zuerst veröffentlicht. Daß ein solches Gedicht in einem sog. „Widerstands-Verlag" erscheinen konnte, erscheint heute wie ein Hohn. – Aus Gründen der besseren Übersicht habe ich die Verse durchnummeriert. Alle Seitenangaben in Klammern beziehen sich im folgenden auf die Verszeile im Text.

[98] Das „Gesindel" rekrutiert sich im einzelnen aus folgenden Unkräutern: „Wolfsmilch", „Quecke[]", „Lattich", „Hahnenfuß", „Trespe", „Windhalm", „Melde", „Lolch", „Distel[]", „Rain[farn]", „[Acker]Winde", „Hopfen", „Klette[]", „Ampfer" und „Löwenzahn". Das ist ein stattlicher Unkraut-Katalog, der sich in ähnlicher Form in vielen Gedichten der Zeit finden läßt.

[99] „Wildwachsender Roggen, zu kurz geraten, mancher Halm ganz grün, mancher abgebleicht weiß, war durch den Zaun geschritten und stand davor." Oskar Loerke: Die Puppe, S. 275.

[100] Vor dem Hintergrund solcher „Gewalt"-Phantasien etwickelt Hans Haackes Installation für den Reichstag erst seine ganze Symbolkraft: „Haacke will einen Holztrog mit Erde aus allen deutschen Wahlkreisen füllen, also auf engstem Raum ein Stück Deutschland zusammentragen, das sich selber überlassen bleiben soll. [...] [D]er am Boden [des Trogs] liegende leuchtende Schriftzug *'Der Bevölkerung'* [wird dann] schon nach wenigen Wochen unter Brennesseln, Löwenzahn oder Klatschmohn verschwunden sein." G.K.: Brennesseln. Deutschland blamiert sich, wenn man Haacke im Reichstag verbietet. In: *Süddeutsche Zeitung* vom 19./20.2.2000. Am Tag zuvor hatte Johannes Willms schon darauf hingewiesen, daß Haackes Wildwuchs-Projekt die von deutschen PolitikerInnen befürchtete neue Blut- und Bodenideologie ironisch unterläuft: „Das [Wildwuchs-Projekt] nun steht in eklatantem Widerspruch zu jenen 'Bodenideologen' wahrhaft unseligen Angedenkens, an die sich Frau [Antje] Vollmer wohl erinnert fühlte, die mit dem gärtnerischen Wortgebrauch von *'ausjäten'* und *'ausmerzen'* ihr massenmörderisches Tun verschleierten, mit dem sie dem Irrsinn *'völkischer Rassenhygiene'* nachjagten." J.W.: Wir sind die Bevölkerung. Ein Holztrog mit Erde samt Inschrift: Hans Haackes Installation für den Reichstag provoziert – die schweigende Mehrheit reagiert. In: *Süddeutsche Zeitung* vom 17.2.2000.

Und so gilt es Vernichtung allein, so herrsche Gewalt denn,
Herrsche das Messer, der Stahl, Aufruhr bekämpf' ich mit Macht. (V. 37-40)

Mehr als fünfzig Jahre nach der Entstehung von Jüngers Gedicht sind diese Zeilen heute wieder von einer geradezu bestürzenden Aktualität: Liest man die obige Gewaltphantasie auf dem Hintergrund der immer weiter um sich greifenden Ausländerfeindlichkeit, dann muß man um das „Gesindel" und „Bettelvolk" (V. 23) der Gastarbeiter, die der deutschen „Bevölkerung" (Haacke) beim Wiederaufbau gute „Dienste gewähr[]t" und die Bundesrepublik zu einem „reiche[n] Land" gemacht haben, wieder Angst haben:

Und sie alle wollen ja wachsen, wollen sich nähren,
Wollen herrschen zuletzt, ob sie als Diebesvolk auch
Heimlich in das reichere Land sich geschlichen [...]. (V. 33-35)

Doch indem ich dem Wildling Schutz und Heimstatt verwehre,
Schwirrt mit summendem Laut hartes Geziefer einher. (V. 43/44)

Immer steh' ich gerüstet bereit, gewappnet im Freien,
Braun [!] von der Sonne Brand, schütz' ich gefährdete Flur. (V. 53/54)

Aus solchen Versen spricht ein klassizistisch verbrämtens Stammtisch-Niveau. Die gängige Meinung, Jünger sei ein Autor des 'inneren Widerstands' gewesen,[101] muß heute gründlich revidiert werden. Ein Text wie *Der Garten* – soviel dürfte deutlich geworden sein – (ver)birgt hinter seiner klassizistischen Oberfläche weder einen sorgenden Gärtner, noch ein zu schützendes Abendland, sondern einen (prä-) national(sozial)istischen Blut- und Boden-Ideologen.[102] Die Ruderal-Pflanze *Huflattich* (als Protagonist des Kapitels) hat im gepflegten Rosenbeet, das „des Stärkeren Recht mühsam und künstlich gepflanzt" hat (V. 14), letztlich keine Chance. In Sarah Kirschs Gedicht *Selektion*, das knapp 50 Jahre nach *Der Garten* entstanden ist, wird Jüngers 'eigentliche' Intention dekuvriert (ich zitiere die letzte von insgesamt 2 Strophen):

Die Wirrniss des Gartens verwirrt
Auch den Gärtner, jetzt muß
Durchgegriffen werden angetreten Salat
Richtet euch Teltower Rüben Rapunzel

---

101 Vgl. das *Nachwort zu Friedrich Georg Jüngers Gedichten* von Albert von Schirnding. In: F.G.J.: Sämtliche Gedichte Bd. 3, Stuttgart 1985, S. 173-180. Schirnding versteigt sich zu folgender Äußerung: „Unter der marmorkühlen Oberfläche [von Jüngers Gedichten, B.S.] brennt das Feuer aktueller Gegnerschaft, hinter der klassizistischen Maske entläd sich eine sehr direkte Aggressivität [...]." Ebd., S. 176. Für eine solche Verdrehung der Tatsachen verdient Schirnding heute noch eine scharfe Rüge. Schirnding scheint gar nicht zu bemerken, daß er mit einem solchem Geschwätz dem Opportunismus das Wort redet.

102 Vgl. die folgende, geschmacklose 'Kostprobe' aus Jüngers nazistischer Blut-und-Boden-'Küche': „Der Inhalt alles dessen, was das Wort 'nationalistisch' enthält, und aus ihm dringt die Blutgemeinschaft in alle Kammern des Lebens, soll sich erfüllen. Die Blutgemeinschaft setzt sich als höchsten Wert. Sie begrenzt sich rassenmäßig durch das nationalistische Gefühl." F.G.J.: Der Aufmarsch des Nationalismus (1926), zitiert nach: Ernst Loewy: Literatur unterm Hakenkreuz. Das dritte Reich und seine Dichtung, Frankfurt/M. 1966, S. 111.

156

Auf den Abfallhaufen Franzosenkraut
Wucherblume falsche Kamille und Quecke
Es ist verboten die nackten Füße
Wieder ins Erdreich zu stecken.[103]

Eine besondere Ironie liegt zusätzlich noch darin verborgen, daß der vermeintlich weltof-
fene Klassik-Epigone Jünger seinen Kampf gegen just die „Allerweltspflanzen" führt, die
in der Wissenschaft der Botanik als „Kosmopoliten" bezeichnet werden:

> Es ist nicht erstaunlich, daß zu den Ruderalpflanzen viele Kosmopoliten gehören.
> Diese Allerweltspflanzen [...] verdanken ihre Verbreitung über die ganze Erde dem
> Menschen, der sie durch seinen Handel und Verkehr überall hin verschleppte.[104]

Jüngers kleinbürgerliche Garten-Idylle ist nicht nur aktuell bzw. aktualisierbar (quod erat
demonstrandum), sondern sie ist auch aufschlußreich für 'den' Magischen Realismus im
allgemeinen und 'die' Magischen RealistInnen Elisabeth Langgässer und Günter Eich im
besonderen. Beide AutorInnen bewegen sich sozusagen auf dem gleichen Garten-Terrain,
aber sie verfolgen dabei ein völlig anderes Konzept als Jünger. Es sei an dieser Stelle nur
betont, daß Eichs späte *Maulwürfe* (1968) genau solche Gärten vom Schlage Friedrich
Georg Jüngers systematisch unterminieren. Eine direkte Gegenüberstellung von Jünger
und Eich macht schlaglichtartig deutlich, wo sich die 'augenlosen Tiefenbewohner' (ergo
Maulwürfe) verbergen. In Jüngers Gedicht *Der Garten* heißt es:

> Engerlingsvölker seh' ich benagen die Wurzeln und Knollen,
> Augenlos ist das Geschlecht, weisslich und blässlich die Haut.
> Tiefer krochen hinab sie, da verbarg sie die Tiefe,
> Scheuend des Taggestirns Licht, ziehen sie wühlend einher. (V. 47-50)

Auch Jüngers Gedicht *Warnung* (1936) zeigt „mit erschreckender Deutlichkeit" – um mit
W.G. Sebald zu sprechen –, „daß die von der inneren Emigration angeblich kultivierte
Geheimsprache weitgehend identisch war mit dem Code der faschistischen Gedanken-
welt"[105]:

> *Warnung*
>
> Vor dem Volk der Engerlinge,
> Das im Dunkeln karrt,

---

[103] Sarah Kirsch: Selektion. In: dies.: Erdreich. Gedichte, Stuttgart 1982, S. 58. Ich denke, es erübrigt sich, in
diesem Zusammenhang auf den von den Nazis mißbrauchten Begriff der „Selektion" eigens aufmerksam zu
machen. Es sei noch darauf hingewiesen, daß sich auch in *Selektion* eine 'Berühmtheit' (ver)birgt: „Teltower Rüben" waren bekanntlich eine Leibspeise Goethes.

[104] Irmgard Möller: Die Entwicklung der Pflanzengesellschaften auf den Trümmern und Auffüllplätzen, S. 36.

[105] W.G. Sebald: Luftkrieg und Literatur, S. 60f. Das obige Zitat bezieht sich auf die Kritik, die Sebald an Kasacks Roman *Die Stadt hinter dem Strom* übt; es läßt sich aber auch problemlos auf F.G. Jüngers Gedicht(e)
übertragen.

Das in Schächten und in Gängen
Unterirdisch scharrt,

Vor der Wühlmaus Sippschaft, die da
Gräbt am schwarzen Ort,
Hüte dich, die holde Blüte
Ist gar bald verdorrt.

Augenlose sind sie, blässlich,
Feind dem süssen Licht,
Auf das Nagen an den Wurzeln
Ist das Volk erpicht.

Alles wollen sie in tiefe
Gänge niederziehen,
Weil sie, was das Licht geformt hat,
Wie das Feuer fliehen.[106]

Hier wird deutlich, daß die avantgardistische „Sippschaft" von Eichs Maulwürfen mit ihrer labyrinthischen „Wühl"-Arbeit am 'unberühmten' bzw. „schwarzen Ort" des Magischen Realismus ansetzt und diesen systematisch zuende gräbt. Die „Präambel" der *Maulwürfe* formuliert die genauen Gegen-Sätze von Jüngers *Warnung*. Anders gesagt: Die *Maulwürfe* haben zwar eine große Affinität zu Jüngers *Garten*, sie sind aber – um mit Elisabeth Langgässer zu sprechen – „genau um 180 Grad gedreht":

Präambel

Was ich schreibe, sind Maulwürfe, weiße Krallen nach außen gekehrt, rosa Zehenballen, von vielen Feinden gern als Delikatesse genossen, das dicke Fell geschätzt. Meine Maulwürfe sind schneller als man denkt. Wenn man meint, sie seien da, wo sie Mulm aufwerfen, rennen sie schon in ihren Gängen einem Gedanken nach, an eingesteckten Grashalmen könnte man ihre Geschwindigkeit elektronisch filmen. Andern Nasen einige Meter voraus. Wir sind schon da, könnten sie rufen, aber der Hase täte ihnen leid. Meine Maulwürfe sind schädlich, man soll sich keine Illusionen machen. Über ihren Gängen sterben die Gräser ab, sie machen es freilich nur deutlicher. Fallen werden gestellt, sie rennen blindlings hinein. Manche schleudern Ratten hoch. Tragt uns als Mantelfutter, denken sie alle.[107]

---

106 Friedrich Georg Jünger: Sämtliche Gedichte Bd. 1, S. 56. Jünger (und seine Jünger) waren (bzw. sind noch) der festen Überzeugung, daß dieses Gedicht eine *Warnung* vor den 'dunklen' Machenschaften der Nationalsozialisten verklausuliert. Angesichts der faschistischen Greueltaten wirkt Jüngers albernes Anti-"Wühlmaus"-Gedicht wie eine Farce. – Vielleicht hatte Thomas Mann recht, als er nach dem Krieg behauptete: „Es mag Aberglaube sein, aber in meinen Augen sind Bücher, die von 1933 bis 1945 in Deutschland überhaupt gedruckt werden konnten, weniger als wertlos und nicht gut in die Hand zu nehmen. Ein Geruch von Blut und Schande haftet an ihnen: sie sollten alle eingestampft werden." Th.M.: Warum ich nicht nach Deutschland zurückgehe. In: ders.: Meine Zeit 1945-1955 (Essays Bd. 6), hg. von Hermann Kurzke und Stephan Stachorski, Frankfurt/M. 1997, S. 37.

107 Günter Eich: Gesammelte Werke Bd. 1, S. 318. Dieses Zitat macht deutlich, daß Eich mit seinen *Maulwürfen* nicht nur die *klassisch modernen* Autoren wie z.B. Kafka und Beckett beerbt, sondern auch die *klassizistisch unmodernen* vom Schlage F.G. Jünger. Mit andern Worten: Die *Maulwürfe* sind noch durch und

„Über ihren Gängen sterben die Gräser ab", das wußte der Hobbygärtner Jünger nur zu gut: „Hüte dich, die holde Blüte / Ist gar bald verdorrt." Jünger hat auch richtig erkannt, daß die „Maulwürfe" bzw. „Engerlinge" alles „in tiefe / Gänge niederziehen", nur handelt es sich im Fall Günter Eichs um die Labyrinthe der Enzyklopädie und Intertextualität.

Dazu ein Beispiel: Sieht man einmal von den in der Präambel explizit alludierten „Grashalmen" (*Leaves of Grass*) Walt Whitmanns ab, dann führt eine weitere Spur zu dem 'verschollenen' Roman *Die Maulwurfshügel* (1961) von Franz Baumer. Dieser Roman – er wird ebenfalls mit einer „Präambel" eingeleitet – beschreibt den Terror, der in den Lagern des sog. Reichsarbeitsdienstes (RAD) geherrscht hat. Diese Arbeitslager heißen im Roman „Maulwurfshügel":

> *Die Maulwürfe [...] gehören zur Familie der Grabtiere. [...]. Sie zeigen sich unverträglich und bissig. Dabei sind sie höchst mordlustig, wild, blutdürstig und grausam. [...] Ihre Hauptwerkzeuge sind neben dem untrüglichen Geruchssinn für alles Vertilgbare ihre seitwärts eingelenkten, schaufelförmigen Vorderbeine. Als unterirdische Wühler suchen sie auch die gepflegtesten Gärten heim. Nie weiß man, wieviel von der Wiese, die man betritt, durch ihre langen, unsymmetrischen Gänge unterminiert ist. Man erkennt sie nur an den Hügeln, die sie aufwerfen. Ihr Wesen aber gehört dem Dunkel der Erde an. Es ist lichtscheu. Irrational [...] verlaufen die Stollen ihrer Wühlarbeit [...]. Nur wer sie nicht kennt, mag sie für harmlos halten. Wenn aber die Gärtner [...] bei der Pflege ihrer Kulturen nicht auf sie achten, vermehren sie sich ungeheuer schnell.*[108]

Dieses Zitat steht inhaltlich und stilistisch genau auf der Kippe von Jünger und Eich: Einerseits 'warnt' Baumer hier vor den 'dunklen' Umtrieben der Nazis = Maulwürfe – damit beerbt er Jüngers *Warnung*: „Hüte dich" vor denen, die „im Dunklen karr[en]" –, und andererseits präfiguriert er die Textur der Eichschen *Maulwürfe*. Eichs „[a]ugenlose" Tiefenbewohner haben insofern einen prekären 'Täterblick', weil sie, glaubt man der Metaphorik von F.G. Jünger und Baumer, den mörderischen Terror der Nazis perpetuieren („Meine Maulwürfe sind schädlich").[109] Damit ist angedeutet, daß Eichs „Präambel" im

---

durch – sozusagen bis in ihre „rosa Zehenballen" hinein – vom Magischen Realismus und der inneren Emigration geprägt, sie sind aber auch schon zutiefst vom Geist der emphatisch-wieder(ge)holten Moderne infiziert. Eichs „schnelle[]" *Maulwürfe* erinnern übrigens auch an Odradek: „Odradek [ist] außerordentlich beweglich und nicht zu fangen [...]." Franz Kafka: Die Sorge des Hausvaters, S. 157.

[108] Franz Baumer: Die Maulwurfshügel (Roman), Berlin-Dahlem 1961 (Präambel: S. 5-7), hier: S. 5 und 7 (kursiv im Text). Vgl. ebd., S. 6: „Menschen, die den Maulwurf als Wappentier verehren, haben stets auch den Cäsarenwahn." Hatte Günter Eich, der immer ein Faible für Ungeziefer (*Maulwürfe*) und Unkräuter hatte („Immer habe ich *Brennesseln* geliebt, / und jetzt erfahren, daß sie nützlich sind") den „Cäsarenwahn"? „Die Weide birgt Alexander, / Cäsarn der Brennesselstein." Vgl. Günter Eich: *Auskünfte aus dem Nachlaß* (= 1. Zitat) und *Abgelegene Gehöfte* (= 2. Zitat), in: G.E.: Gesammelte Werke Bd. 1, S. 132 bzw. S. 24 (vgl. auch oben Anm. 24).

[109] Noch einmal zur Verdeutlichung: Die Texte von Jünger und Baumer einerseits und die *Maulwürfe* von Eich andererseits verhalten sich zueinander wie 'Halbgestalten', die sich wechselseitig kommentieren: Liest man die *Maulwürfe* aus der Perspektive der *Warnung*, werden sie prekär. Liest man die *Warnung* mit den schlechten Augen und/aber dem guten 'Riecher' der *Maulwürfe*, wird sie lächerlich. Eichs prekärer 'Täterblick' ist letztlich aber widerständiger, als Jüngers pseudo-widerständige 'Blauäugigkeit'.

höchsten Grade interpretationsbedürftig ist. Die *Maulwürfe* lassen sich nicht vereinnahmen, auch nicht gegen die Texte eines F.G. Jünger, so verlockend das zunächst auch ist. Eine 'gläubige Lesart' würde in jedem Falle *in* die „Falle[]" „rennen". Die vergleichende Lektüre von Jünger und Eich und Baumer hat an dieser Stelle vor allem den Sinn, die beiden ruderalen Extrempositionen (Schädlingsbekämpfung vs. Anarchie) kontrastiv zu beleuchten. Einen Mittelweg versucht Elisabeth Langgässer – und damit wende ich mich wieder dieser Autorin zu.

4. Elisabeth Langgässer zwischen Huflattich und Rosen

Elisabeth Langgässer ist sicherlich diejenige Autorin des Magischen Realismus, die in ihrem Werk die beiden Pole – man kann sie schematisierend *Kraut* („Rose") und *Unkraut* („Huflattich") nennen – am spannungsreichsten zum Ausdruck bringt. Zwischen der rabiaten Schädlingsbekämpfung eines F.G. Jünger und der zersetzenden Anarchie des späten Eich findet Langgässer einen Mittelweg. Dieser Mittelweg – so will es das etablierte Langgässer-Bild – ist christlich motiviert; 'die' Langgässer hatte ja schließlich ihre „intellektualistische Gläubigkeit" – und Hartung hat nicht einmal ganz unrecht, wenn er bemerkt, daß der „radikal gedachten heidnisch-christlichen Synthese [...] ihre dichterische Arbeit [galt]".[110] Was Hartung „heidnisch-christlich[]" nennt, könnte man aber auch ganz allgemein auf die fundamentalen anthropologischen Grundmuster zurückführen. Diese *anthropologischen Grundmuster* sind aber zunächst einmal – und das ist für den Literaturwissenschaftler einzig relevant – *textuelle Operatoren*, die letztlich alle (schriftlichen oder mündlichen) Äußerungen des Menschen organisieren. Es spielt deshalb überhaupt keine Rolle, ob Langgässer (als biographische Person) gläubig war. Denn erstens haben wir auf die radikale Innerlichkeit des Glaubens sowieso keinen Zugriff – jedes Bekenntnis ('Ich glaube an Gott') ist schon ein vom Kon-Text abhängiger und interpretationsbedürftiger Text –, und zweitens gibt es nichts belangloseres als ein privates 'Weltbild'.

Wie äußert sich nun die Spannung von *Kraut* und *Unkraut* im Werk von Elisabeth Langgässer? Der Brief vom 8.7.42 gibt darauf eine deutliche Antwort. Weiter oben wurde bereits ausgeführt, daß Langgässer zur Zeit der Briefabfassung an ihrem „neuen Jahreskreis von Gedichten" arbeitete:

> Sie [die neuen Gedichte, B.S.] heißen: „Der Laubmann u. die Rose", nach dem großen Mittelgedicht. Der Laubmann ist eine Figur, der ich vor vielen Jahren in dem Schnitzwerk eines alten Tiroler Schlosses begegnet bin: ein aus Blättern und Früch-

110 Harald Hartung: Anemone blüht im Krötenreich. In: *FAZ* vom 23.2.1999.

ten zusammengesetztes Naturwesen mit Menschenantlitz, unendlich tragisch in seiner Verstrickung.[111]

Das unendlich tragische „Naturwesen mit Menschenantlitz", das „aus Blättern und Früchten zusammengesetzt[]" ist (und deshalb an Bilder von Arcimboldi denken läßt), erinnert gleichzeitig auch an die Fratze des Ogers, die sich aus „Bruchlinien des abgebröckelten Putzes" und „pilzartigen Kalksprenkeln" (s.o.) zusammensetzte. In beiden Fällen ist der Mensch (bzw. dessen Antlitz) „tragisch" in die Natur 'verstrickt'. Noch deutlicher wird das in dem „Mittelgedicht" selbst, das dem Lyrikband seinen Namen gegeben hat. In diesem Gedicht *spricht* der Laubmann, dessen „Leib" ein „Gewitter aus Espenblättern zusammengerauscht" hat, mit Hilfe einer „Riemenzunge", und das „Rundblatt des Hasenohrs hilft [ihm]", etwas zu *hören*.[112] Seinen „Bauch füllen Hühnerdarm, Klebekraut und Grütze", und seine Gesichtsform ist „dem Innern der Erdnuß entlieh[en]".[113] Mit andern Worten: Erst im Zusammenspiel unterschiedlichster Naturfaktoren kann sich der Laubmann herausbilden; er empfindet 'sich' (reflexiv) nur über Andere(s). Der Laub-mann ist deshalb mit dem Un-kraut symbiotisch verwachsen. In der 4. Strophe wird dieses Wechselverhältnis von fremder Zeugung und eigenem Zeugnis (bzw. eigener Zeugung und fremden Zeugnis) besonders deutlich:

> Ich bin der Laubmann. Ich same und schnelle
> auf panischer Schleuder mein lautloses Wort.
> Es zeugt meine Hüfte: wie selbst wie der Welle
> Dahinfluß zeugt Bingelkraut, Gras, Bibernelle.
> Es zeugt meine Sohle: von Schwelle zu Schwelle
> zeugt sich Geißfuß und Huflattich fort.[114]

ES zeugt sich selbst – und prompt ist auch der „Huflattich" wieder da. Der Huflattich und mit ihm alle anderen Unkräuter („Bingelkraut, Gras, Bibernelle") samen sich aber, wie man aus Oda Schaefers Gedicht *Tote Stadt* weiß, per definitionem „maßlos" aus, sie unterstehen, mit andern Worten gesagt, nicht dem *principium individuationis*. Das 'unreine' Unkraut ist im Gegensatz zur 'reinen' und einzigen „mystischen Rose" Legion:

---

[111] Elisabeth Langgässer: Briefe 1924-1950, S. 396.

[112] Elisabeth Langgässer: Der Laubmann und die Rose. In: dies.: Gedichte, Hamburg 1959 (= Gesammelte Werke Bd. 4), S. 131-134, hier: S. 131.

[113] Elisabeth Langgässer: Gedichte, S. 132. Die mitunter recht merkwürdigen Namen bezeichnen ganz gewöhnliche Unkräuter: „Riemenzunge" (*Himantoglossum hircinum*), „Hasenohr" (*Bupleurum*), „Hühnerdarm" (*Stellarea media*), „Klebekraut" (*Galium aparine*), „Grütze" (*Lemna*).

[114] Elisabeth Langgässer: Gedichte, S. 132. Der „Huflattich" wächst schon in Elisabeth Langgässers frühem Roman *Gang durch das Ried*: „[Aladin] verfolgte den Weg, der zum Altrhein führte und wie immer ein wenig naß war; mitten darauf, als wäre die Sonne plötzlich heruntergefallen, saß ein gelber Huflattichbusch." (S. 293f.) Genau dieser „Huflattichbusch" hat sich nach dem 2. Weltkrieg „maßlos" ausgesamt (um mit Oda Schaefer [*Tote Stadt*] zu sprechen).

Denn [Jesus] hatte zu [dem Besessenen] gesagt: Fahre aus, du unreiner Geist, von dem Menschen! Und er fragte ihn: Wie heißt du? Und er sprach: Legion heiße ich; denn wir sind viele. (Mk. 5, 8-9)

Der Unkräuter „sind viele". Auch das „zusammengesetzte[] Naturwesen" aus Langgässers Gedicht ist „Einer" und „Viel" zugleich. In der 6. Strophe fragt sich der Laubmann:

> Bin Einer ich heute noch? Morgen schon Viel?
> Dem Löwenzahn gleich, der am Ende der Tage
> sich ausgesamt hat [...].[115]

„Der Löwenzahn, der wilde Hafer samen / Sich maßlos aus / Auf Mörtel, Schutt und Ziegelrest, sie kamen / In totes Haus" (*Oda Schaefer*). Noch bevor der Eichkatzweg 33 in Berlin-Grunewald den Bomben zum Opfer fällt,[116] haben sich Langgässers Unkräuter bereits „ausgesamt". Und wieder einmal zeigt sich, daß die Unkräuter nicht nur „[i]n totes Haus" kamen, sondern von den magisch-realistischen AutorInnen schon längst 'in lebendem Haus' herangezüchtet waren. Dabei ist es kein Wunder, daß die *floriculture artificiell* der Magischen RealistInnen immer auch *Blumen und Früchte des Bösen* produziert. Anders gesagt: Noch in der allerinnersten 'Inneren Emigration' verwandelt sich die 'nature morte' gleichsam zwangsläufig in eine 'mordende Natur'. Anhand einiger Gedichtausschnitte (von Huchel, Langgässer, Lehmann und Eich) soll jetzt exemplarisch gezeigt werden, daß sich auch und vor allem in die abseitigste Naturszenerie der Krieg immer schon eingeschrieben hat:

> Überall im nassen Sand
> liegt des Waldes Pulverbrand,
> Eicheln wie Patronen. (*Huchel*)[117]

> [...] Der Herbst verschoß
> in seinem Kupferschloß
> die sanfte Munition. (*Langgässer*)[118]

---

115 Elisabeth Langgässer: Gedichte, S. 132.

116 Auch Berlin-Grunewald wird im Februar des Jahres 1945 teilweise in Schutt und Asche gelegt. Langgässers Brief an Elisabeth Andre vom 8.2.45 endet mit den Worten: „Der letzte Tagesangriff war übrigens furchtbar. Bln. ist jetzt wirklich nur noch eine Ruinenstadt. Unvorstellbar! [...] Trostlos. –" Die Familie Langgässer-Hoffmann findet in Berlin-Eichkamp eine neue Wohnung, wieder mit dem obligaten „verwilderte[n] Garten" (vgl. ihren Brief an Elisabeth Andre vom 1.8.45): „Wir haben auch endlich – nach vorübergehender Notwohnung – ein neues, sehr schönes Haus mit riesigem, wenn auch verwildertem Garten in Eichkamp gefunden. [...] – unsere Bücher [sind] zu 100% erhalten geblieben!" E.L.: Briefe 1924-1950, S. 493 und 497.

117 Peter Huchel: Späte Zeit. In: ders.: Gesammelte Werke Bd. 1, S. 94. Dieses Gedicht wurde 1941 unter dem Titel *Im nassen Sand* zum ersten mal veröffentlicht.

118 Elisabeth Langgässer: Rose im Oktober [1947]. In: dies.: Gedichte, S. 142. Mit der „sanfte[n] Munition" ist genau wie bei Huchel die „Eichel" gemeint. In der zweiten Strophe von *Rose im Oktober* wird die Eichel sogar mit einer „Granate" verglichen, vgl. ebd., S. 143.

162

Gleich Sarazenensäbeln hängen
Die Ahornfrüchte bündeldicht.
Still ist es in der Waffenkammer,
Das Weltgeschrei bewegt sie nicht. (*Lehmann*)[119]

Oktober tötet.
Oh Blumenblut!
Den Waldsaum rötet
der Pfaffenhut. (*Eich*)[120]

Der 'unberühmte Ort' ist ein Kriegsschauplatz via negationis, das machen diese Beispiele, von denen sich problemlos weitere anführen ließen, mehr als deutlich. Umgekehrt gilt aber auch, daß gerade im (leeren) Zentrum des Kriegsgeschehens (Niemandsland) der 'unberühmt Ort' wie eine Verheißung aufscheint. Wenn Lehmann also 1935 schreibt, daß es „Still" in der „Waffenkammer" ist und das „Weltgeschrei" sie „nicht" „bewegt", dann hat er sozusagen nicht genau genug hingehört bzw. hingeschaut. Genauso wenig stimmt es, daß dem 'unberühmten Ort' „keine Schlacht [...] geschehen" ist, wie es in dem Gedicht von Wilhelm Lehmann heißt, das dieser Arbeit den Titel gegeben hat (da es sich hier, wie gesagt, um das Titelgedicht handelt, soll es auch vollständig zitiert werden):

Unberühmter Ort

Septemberpause, da schweigt der Wind.
Unter hohem Himmel, bei Hafergebind,
Chronist, memorier
Geschwindes Jetzt, veränderliches Hier.

Den unberühmten Ort
Bemerkte kein schallendes Wort.
Nie hat er Charlemagne gesehn,
Auch keine Schlacht ist ihm geschehn.
Die Hecken tapeziert der Harlekin mit Flügelseide,
Sie stünde Kaiser Karl wie Hermelin zu Kleide.
Der Apfel bleibt liegen, wohin er fiel;
Den Sand des Weges schlitzt ein Bauernwagen.

---

119   Wilhelm Lehmann: Ahornfrüchte (An Oskar Loerke) [1933]. In: ders.: Sämtliche Werke Bd. 1, S. 47. Vgl. auch die instruktive Interpretation dieses Gedichtes von Eckehard Czucka: Tatsachen-Bilder. Literatur zwischen 1930 und 1940. Zum Beispiel Friedo Lampe und Wilhelm Lehmann. In: Helmut Arntzen: Ursprung der Gegenwart. Zur Bewußtseinsgeschichte der Dreißiger Jahre in Deutschland, Weinheim 1995, S. 419-486.

120   Günter Eich: Pfaffenhut. In: ders.: Gesammelte Werke Bd. 1, S. 44. Um Mißverständnissen vorzubeugen: Mit dem „Pfaffenhut" ist hier nicht die Kopfbedeckung eines Geistlichen, sondern eine Pflanze (*Euonymus europaeus*) gemeint, die im Oktober rote Früchte bekommt. Eichs *Pfaffenhut* ist übrigens eine in den „Oktober" hinein verlegte Replik auf den Beginn von T.S. Eliots Gedicht *The Waste Land*, das mit den Worten beginnt: „April is the cruellest month, breeding / Lilacs out of the dead land". T.S.E.: Das wüste Land (Englisch und deutsch), S. 40.

Die Stare sammeln sich. Sie halten Konzil.
Hör zu, Chronist, schreib mit, was sie sagen.[121]

Der 'unberühmte Ort' von Lehmann und Langgässer ist vor allem ein 'stummer Ort'. Entweder bemerkt ihn „kein schallendes Wort" (Lehmann), oder er „sam[t]" und „schnell[t]" unter der Maske des Laubmanns ein nur „lautloses Wort" in die Natur hinein (Langgässer). In beiden Fällen ist der 'stumme Ort' aber ein Ort der Schrift, der nachbuchstabiert („schreib mit", *Lehmann*) oder im wahrsten Sinne des Wortes *gelesen* ('Samen', *Langgässer*) werden muß.[122] Lehmanns *Unberühmter Ort* ist zudem ein *Odfeld* in spe, dem die „Schlacht" entweder *noch* nicht „geschehn" ist (und dem der abwesende „Kaiser Karl" nichtsdestoweniger Pate gestanden hat), oder dessen vergangene Schlachten vom „Chronist[en]" schlichtweg verdrängt worden sind.[123] Auf die zukünftige Schlacht deutet vor allem das *Praesagium* der „Stare", die sich (genau wie Raabes Raben über dem Odfeld) „sammeln" und ein unheilvolles „Konzil" abhalten. Der große Unterschied zwischen dem *Unberühmten Ort* und dem *Odfeld* besteht jedoch darin, daß mit Raabes intertextuell hochgerüsteteter Erzählung die 'kleine Literatur' beginnt, während Lehmanns vermeintlich bescheidenes Gedicht den vollen Anspruch auf (abendländische) 'Größe' erhebt. Die Pointe des 'unberühmten Ortes' ist ja gerade die, daß er – genau wie Eichs *Abgelegene Gehöfte* – die 'Berühmtheiten' in der Natur (ver)birgt. Wenn es in der zehnten Zeile des Gedichtes heißt, daß die „Flügelseide" „Kaiser Karl wie Hermelin zu Kleide [stünde]", dann ist damit wieder einmal etwas ganz 'Berühmtes' konnotiert:

---

[121]   Wilhelm Lehmann: Gesammelte Werke Bd. 1, S. 215. Von diesem Gedicht aus dem Jahre 1952 gibt es eine aufschlußreiche erste Fassung mit dem Titel *Chronist*: „Gerettet bleibt ein Stücklein Zeit: / Kokon der Raupe weilt, / Ans Schuppendach geseilt. / Zu hell der Tag, als daß ich glaubte Salomonis Wort, / Vergeblichkeit, Vergeblichkeit. / Unter hohem Himmel, bei Hafergebind memorier', / Chronist ich, geschwindes Jetzt, veränderliches Hier. / Zwar hat der unberühmte Ort / Nie Charlemagne gesehn, / Am Pumpenbecken tränkte nie sein Pferd ein Paladin, / Auch ist Konzil ihm nie geschehen. / Nicht Panzerwagen, Bauernfuhre schlitzt den Lehm, / Reichsapfel ruht im Laub, dem Griff bequem, / Für Kaiser Karl zum Mantel reicht sein Flügeltuch der Harlekin." W.L.: Gesammelte Werke Bd. 1, S. 463 (Anhang).

[122]   Lehmanns Gedicht entfaltet sich in der Zeitspanne, die sich zwischen *Memoria* („Chronist, memorier") und *Scriptura* („schreib mit") erstreckt. Die Gedächtnis- und Erinnerungsbilder liegen (genau wie die Rudimente auf dem „Odfeld") als Natur(alien) auf dem 'unberühmten Ort' verstreut und müssen vom „Chronist[en]" auf-gelesen werden. Vgl. auch Aleida Assmann: Zur Metaphorik der Erinnerung. In: dies. (Hg.): Mnemosyne. Formen und Funktionen der kulturellen Erinnerung, Frankfurt/M. 1991, S. 13-35.

[123]   Es ist geradezu unheimlich (um nicht zu sagen unverzeihlich), daß Lehmann im Entstehungsjahr von *Unberühmter Ort* (1952) – der Weltkrieg ist erst seit sieben Jahren beendet – ernsthaft behaupten kann, kein „Panzerwagen" habe den „Lehm" geschlitzt. Soll das etwa bedeuten, daß es in Deutschland einen 'unberührten hortus conclusus' gegeben hat, der vom Terror des Nationalsozialismus bzw. von den „Panzerwagen" der alliierten Befreier 'verschont' geblieben ist? Nein! 'Gerettet blieb *kein* Stücklein Zeit'.

164

Schaut die Lilien auf dem Feld an, wie sie wachsen: sie arbeiten nicht, auch spinnen sie nicht. Ich sage euch, daß auch Salomo in aller seiner Herrlichkeit nicht gekleidet gewesen ist wie eine von ihnen. (Mt. 6, 28-29)[124]

Der „Harlekin", der seine „Flügelseide" dem *großen* „Kaiser Karl" (bzw. Salomo) bereithält, ist in diesem Zusammenhang ambivalent. Er bezeichnet einerseits einen ganz gewöhnlichen Schmetterling – und zwar den sog. Stachelbeerspanner (*Abraxas grossulariata*) –, aber andererseits alludiert er auch die komische Figur aus der Commedia dell'arte. Lehmanns „Harlekin" und Langgässers „Laubmann" haben demnach gemeinsam, daß sie verkleidet sind. Beide Figuren treiben Mummenschanz mit bzw. in der Natur. Nur verbirgt sich unter den Blättern und Kräutern des Laubmannes keine Prominenz („Charlemagne"), sondern ein erlösungsbedürftiges Un-wesen, dem sich die (mystische) Rose 'hinzuträgt', wie es im zweiten Teil des Gedichts *Der Laubmann und die Rose* heißt.[125] *Die Rose* ist es auch, die im gleichnamigen Gedicht alle Unkräuter aus ihrer ruderalen Verhaftung an „Mörtel, Schutt und Ziegelrest" (Oda Schaefer) er-„löst" und sie ein „stete[s] Aufwärtsgehen" lehrt:

Verbene, Wolfsmilch, Gras der Winterwende,

Wer löst euch ab die furchtverkrümmten Zehen
aus Riß und Ritz der eingestürzten Dinge
und lehrt euch sanft in stetem Aufwärtsgehen
die Stufenzahl der blattgefüllten Schwünge,

In denen Form, wie Frucht bereits am Ende?[126]

Bei aller mystischen und übersinnlichen Bedeutung hat die himmlische „Rose" aber auch einen ganz gewöhnlichen und praktischen Nebensinn: Sie duftet angenehm und wird deshalb gern zur Herstellung von Parfüms und Seifen verwendet. Mit diesem „Duft" endet auch Langgässers siebenteiliges Gedicht *Die Rose*; die letzten Worte der Rose lauten:

Erfühlt es tief. Mein Ende ist der Duft.
Sehr sanft entläßt ihn meines Namens Gruft.

Die Gruft ist leer. O neu gehauchtes Glück:
Die Welt strömt ein. Ich atme sie zurück.[127]

---

124 Der Name Salomo(nis) wird in der ersten Fassung des Gedichts explizit genannt, der Hinweis auf das Matthäus-Evangelium ist deshalb berechtigt. Anhand der frühen Gedichtfassung (s.o.) wird außerdem deutlich, daß die 'Berühmtheiten' in die Naturalien des 'Unberühmten Ortes' hinein verschoben worden sind, vgl. exemplarisch den „Reichsapfel", der im „Laub" ruht. Weiterhin „halten" das „Konzil", das in der ersten Fassung „nie geschehn" ist, in der zweiten dann die „Stare" ab.

125 „Dem tollen Laubmann trage / ich, Rose, mich hinzu: / Ein Kelchblatt jeder Frage, / ein Duftblatt jeder Klage, – / so Schiff, wie Nymphenschuh." Elisabeth Langgässer: Gedichte, S. 133.

126 Elisabeth Langgässer: Gedichte, S. 127.

All das ist, wie gesagt, sehr bedeutungsschwanger („Die Gruft ist leer" = Auferstehung Jesu etc.); nichtsdestoweniger hat der „Duft", der sich hier bezeichnenderweise auf „Gruft" reimt, aber auch eine ganz pragmatische Außenseite, die in den 1940er Jahren von einer nicht zu unterschätzenden Aktualität gewesen ist.

5. „Kleiner Duft, hilf das / Gewesene bewohnen" – Der Geruch des Magischen Realismus

a) Unkraut zu Wohlgeruch

Die Traumstadt „Perle" aus Alfred Kubins phantastischem Roman *Die andere Seite* (1909) hat einen ganz charakteristischen Geruch:

> Zunächst war es ein ganz bestimmter, unbeschreiblicher Duft, der durch das ganze Traumreich rann und allem anhaftete. Manchmal war er stärker vorhanden, dann wieder spürte man ihn kaum. Wo er sehr konzentriert war, läßt sich dieser eigentümliche Geruch als eine leichte Mischung von Mehl und getrocknetem Stockfisch bezeichnen.[128]

Auch das „Traumreich" des Magischen Realismus hat einen ganz „eigentümliche[n] Geruch". Dieser Geruch erinnert zwar nicht so sehr an eine Mischung aus „Mehl" und „Stockfisch", sondern vielmehr an eine aus *deoux parfum* und *mauvaise odeur*, Duft und Gestank. Man erinnere sich, daß bereits die kahlen „Flecken" aus Loerkes *Puppe* von „Brennesselwäldern umwuchert [waren], die nach Hundeurin *stanken"*. Man erinnere sich außerdem, daß in unmittelbarer Nähe der stinkenden Flecken ein Reklameschild mit dem *slogan* „Putzt mit Siriol" angebracht war.[129] Diese nicht gerade „leichte Mischung" aus Exkrement- und Wohlgeruch findet man in den Texten des Magischen Realismus und in der Trümmerliteratur auffallend häufig. In Wilhelm Lehmanns Gedicht *Der Holunder*

---

127 Elisabeth Langgässer: Gedichte, S. 129. Das Oppositions-Paar *Gruft* und *Duft* findet sich sogar noch im lyrischen Werk von Günter Eich, vgl. den Gedichtschluß von *Es ist gesorgt*: „Die Tröstungen sind versteckt: / Im Kehricht vervielfacht die Rose / abblätternd / ihren geträumten Duft." G.E.: Gesammelte Werke Bd.1, S. 96.

128 Alfred Kubin: Die andere Seite. Ein phantastischer Roman, München 1975 [EA 1909], S. 70. Kubins „phantastischer" Roman ist kein Vorläufer des Magischen Realismus.

129 In Wilhelm Lehmanns Erzählung *Verführerin, Trösterin* (1928) findet sich ein ähnliches Oppositionspaar wie in Loerkes *Puppe* („stinkende Flecken" vs. „Siriol"). Der Studienassessor Mengs aus Lehmanns Erzählung – er hat eine gewisse Ähnlichkeit mit Friedrich Schedel – sucht einen welthaltigen Gras-Fleck, der dem fleckenlosen und sterilen „Linoleum der Schulstube" entgegengesetzt ist: „Mengs lebte wie auf der Flucht. Die eine Hälfte des Tages, und länger meist, zu unnatürlicher Haltung verzwängt, schnellte er zur anderen empor und suchte einen anderen Fleck als denjenigen, auf den zu starren er verpflichtet war, einen Weltfleck, einen Fleck, auf dem Gras wuchs, für das Linoleum der Schulstube, aus welcher die Welt mit Gewalt [vgl. „Siriol", B.S.] herausgeätzt war..." W.L.: Gesammelte Werke Bd. 5 (Erzählungen), hg. von David Scrase, S. 307.

166

(1948) 'ernährt' sich der „Holunder" geradezu von „Abwässer[n]" und „Exkremente[n]". Im Gegensatz zu Loerkes stinkenden Brennesseln, die sich ja auch von Exkrementen („Hundeurin"[130]) „nähren", kann Lehmanns Holunder das „Verworfene[]" jedoch zum „Duftgericht" sublimieren. Der Kot kommt dann in verwandelter Form wieder auf den „Tisch":

> Abwässer tränken ihn [den Holunder], ihn nähren <u>Exkremente</u>, / Als wenn er am Verworfenen entbrennte. / Auf schwanken Tisch setzt er sein <u>Duft</u>gericht in hellen Tellern [...].[131]

Auch in Georg Brittings Gedicht *Verwilderter Bauplatz* (1937), das sich in vieler Hinsicht an Lehmanns magisch-realistischer Naturästhetik orientiert, findet ein vergleichbarer Umwandlungsprozeß statt (ich zitiere die beiden letzten Strophen):

> Die Teller lichtfressend nach oben gedreht,
> Den Fuß zwischen Büchsen und Scherben,
> Ein Wäldchen von Sonnenblumen steht
> Auf Müll und strotzendem Sterben.
>
> Der Stoff, aus dem ihre Häupter gemacht,
> Die ganze mächtig prunkende Pracht,
> Sie mußten sie saugend erwerben,
> *Den Unrat verwandelnd in goldene Fracht,*
> Des Modernden lodernde Erben.[132]

Lehmanns „Holunder"-Büsche und Brittings „Sonnenblumen", die Kloaken in Parfümerien, „Unrat" in „goldene Fracht" und „Kummer" in „Heiterkeit" verwandeln,[133] sind nicht nur mit Langgässers „Hollunder", sondern auch mit ihrer (mystischen) „Rose" „verwandt". In Langgässers Gedicht *Hollunderzeit (Für Cordelia)* heißt es:

> Schwebe des Jahres. Hollunder und Rose
> halten einander voll Freude verschränkt.
> [...]
> Rosenblatt, Hollerbaum duften verwandt.[134]

---

130 Loerkes nach „Hundeurin" stinkende „Flecken" werden von Langgässer zu den „Sternbilder[n]" emporgehoben, vgl. ihr Gedicht *Klingsor*: „Unten die Farne / glänzen vom Harne / himmlischer Hunde, / hoch in der Runde / bannt ihr Gebell die Plejaden." E.L.: Gedichte, S. 141.

131 Wilhelm Lehmann: Gesammelte Werke Bd. 1, S. 185.

132 Georg Britting: Sämtliche Werke Bd. 2, S. 166. Die beiden Strophen zeigen bereits, daß es sich nicht gerade um ein überragendes Gedicht handelt; die letzte Zeile („Des Modernden lodernde Erben") ist sogar unfreiwillig komisch. Nichtsdestoweniger vermittelt gerade dieses Gedicht eine anschauliche Vorstellung von der sog. Naturlyrik des Magischen Realismus.

133 Vgl. folgende Gedichtzeilen aus *Der Holunder*: „Mit der betrübten Schar der Menschen teilt er [der Holunder] seine Zeit, / Aus ihrem Kummer saugt er Heiterkeit." W.L.: Gesammelte Werke Bd. 1, S. 185.

134 Elisabeth Langgässer: Gedichte, S. 122. Lehmanns Gedicht *Der Holunder* (1948) ist eine Replik auf Langgässers *Hollunderzeit* (1947), die Parallelen sind *zu* auffällig: „Der dem Hollunder die Sterne zu <u>Tellern</u> /

Wenn hier ausnahmsweise einmal ein schwebendes Gleichgewicht zwischen Kraut („Rosenblatt") und Unkraut („Hollerbaum") hergestellt wird, dann kann das trotzdem nicht darüber hinwegtäuschen, daß Langgässer auch gleichzeitig an einer anderen End- und Erlösung der 'Unkrautfrage' arbeitet, die darauf abzielt, „Verbene, Wolfsmilch, Gras der Winterwende" durch „stete[s] Aufwärtsgehen" in Richtung „Rose" zum Verschwinden zu bringen. Die „furchtverkrümmten Zehen", die in Langgässers Gedicht *Die Rose* den Unkräutern zugesprochen werden, mußte man zu dieser Zeit viel eher den verstümmelten Bombenopfern „aus Riß und Ritz der eingestürzten Dinge" ablösen.[135] Handelt es sich bei der (christlichen) Naturlyrik also nur um eine subtile Verdrängungsmaschinerie, die nach dem Muster der Verschiebung und Ersetzung (Ablösung) funktioniert? Langgässers Konzept der Transzendenz (Erlösung durch „Aufwärtsgehen") hat einen verdächtigen Beigeschmack (bzw. 'Beigeruch') nach Schwefel und verbranntem Pferdehaar.

Ein vergleichbares Unbehagen beschleicht den Leser bei der Lektüre von Karl Krolows Gedicht *Bei einer Rose* (1949), das ein ähnliches Erlösungskonzept wie das von Langgässer verfolgt (die beiden ersten von insgesamt vier Strophen lauten):

Wie süßer Ton
Ist ihre Haut gehaucht,
Ihr Fleisch geschaffen aus erlösten Stoffen,
Seit immer schon
Vom Jenseits mitverbraucht
Und hingesunknem Himmel blindlings offen.

Im Säulensturz
Hebt sie ihr Haupt empor
Und überduftet lang den Zeitenhandel.
Den Unkrautschurz
Von Giersch und Hasenohr
Zieht sie herauf in ihren frommen Wandel.[136]

---

schmiedete und sie mit Süßem gefüllt: / Juni!" (*Langgässer*); „Auf schwanken Tisch setzt er sein Duftgericht in hellen Tellern" (*Lehmann*).

135   In Hubert Fichtes Roman *Detlevs Imitationen „Grünspan"* wird beschrieben, wie den verstümmelten Brandbombenopfern von Hamburg (1943) auf dem Seziertischen der Nazis die „furchtverkrümmten" Gliedmaßen 'abgelöst' worden sind (NB.: Fichte zitiert authentische Anatomieprotokolle eines gewissen Siegfried Graeff): „Bei d[]en Schrumpfleichen konnte von einer Sektion mit Messer und Schere keine Rede sein. [...] Köpfe oder Extremitäten konnten je nach der Trockenheit der Gelenkverbindungen vielfach mühelos abgebrochen werden [...]." H.F.: Detlevs Imitationen „Grünspan" (Roman), Frankfurt/M. (Fischer-TB) 1982 [EA Reinbek 1971], S. 35. Den Hinweis auf Fichtes Roman verdanke ich W.G. Sebald: Luftkrieg und Literatur.

136   Karl Krolow: Auf Erden, S. 144. Vgl. auch die erste Strophe aus Krolows Gedicht *Abends*: „Halt ein, du schwarzer Ton im Ohr! / Verbranntes Singen in der Luft: / Am Anger tut sich's schön hervor! / Den Zittersten im *Unkrautduft* / Umwölkt der hitzige Mückenchor." Ebd., S. 145. In der frühen Lyrik Krolows duftet es sozusagen an allen Ecken und Enden: „So nah am Tode ist das Leben süß. / Wie roch das Heu!" K.K.: So nah am Tode, ebd., S. 14.

168

Das ist bis in einzelne Formulierungen hinein eine Replik auf Langgässers *Rose*, die ja ebenfalls die Unkräuter „in ihren frommen Wandel" heraufzieht. Das Edle („Rose") hat sich aus den Trümmern („Säulensturz") nicht 'verduftet', sondern es „überduftet" vielmehr den – Schwarzhandel, wie man ergänzen bzw. korrigieren möchte. Das ansonsten geile Unkraut hat sich hier in einen keuschen „Unkrautschurz" verwandelt, der von der sexuellen „Gier(sch)" des aufgerichteten „Hasenohr[s]" jedoch nicht wirklich ablenken kann. Oder handelt es sich bei „Ihr" vielleicht um eine Prostituierte, die sich in den Trümmern dem „Zeitenhandel" feilbietet? Als Hure (Babylon) zieht sie den Schurz der Männer 'herab', als Heilige (Maria) zieht sie ihn „herauf". In der ersten Strophe wird der sinnliche Aspekt („süßer Ton", „Haut", „Fleisch") noch deutlicher (der Himmel, dem sie „blindlings offen" steht, ist notabene wie ein Liebhaber „hingesunk[en]"). Diese erste Strophe ist aber vor allem deshalb prekär, weil die Wörter „Haut" und „Fleisch" (in Zusammenhang mit „Jenseits" und „erlösten Stoffen") nach 1945 dunkle Assoziationen wecken, von denen Krolows Gedicht offensichtlich nichts weiß. Genau diese fehlende Idiosynkrasie gegen bestimmte „Stoffe[]" macht das Gedicht ungenießbar oder doch zumindest fragwürdig.

„Duft" reimt sich in dieser Zeit immer wieder auf „Gruft";[137] das ließe sich an unzählig vielen Beispielen demonstrieren. Besonders häufig geschieht das im Werk von Wilhelm Lehmann. Einige Gedichtzeilen mögen das veranschaulichen:

Wenn Mittag den *Duft* noch spürt
Von Mädesüß und Kamille,
*Grab*en Schatten den Weg. Er führt
Zur *Hades*stille.[138]

Der *Duft* des zweiten Heus schwebt auf dem Wege,
[...]
Der *Krieg* der Welt ist hier verklungene Geschichte,
[...].[139]

Die *Toten* schweigen in der Erde,
Geschwiegen habe ich wie sie.
[...]
Ein *Duft* steht auf wie von Zitrone,

---

137 Als Langgässer nach dem Krieg die Naturlyrik der 30er und 40er Jahre verurteilte („dieses anakreontische Tändeln mit Blumen und Blümchen über den scheußlichen, weit geöffneten, aber eben mit diesen Blümchen überdeckten Abgrund der Massengräber", zit. nach: Ursula El-Akramy: Wotans Rabe, S. 124), da hatte sie wohl ihre eigenen Gedichte vergessen. Wer im sprichwörtlichen Glashaus sitzt, sollte bekanntlich nicht mit Steinen werfen. Gerade in ihren Gedichten wird nämlich der Gestank der „Massengräber" mit süßlichem Rosenduft überdeckt. In ihrem Gedicht *Der Laubmann und die Rose* antwortet die „Rose" auf „jede[] Klage" des Laubmanns mit „ein[em]" „Duftblatt". Das ist, mit Verlaub, doch wohl eine etwas *zu* parfümierte Art des Antwortens.

138 Wilhelm Lehmann: Hier [1955]. In: ders: Sämtliche Werke Bd. 1, S. 249.
139 Wilhelm Lehmann: Atemholen [1948]. In: ders: Sämtliche Werke Bd. 1, S. 180.

Wo Moschus unter Schnee begann;
Durchs Totenreich glüht rote Krone,
Zeigt Haselweib dem Haselmann.

[...].**140**

Lehmanns Formulierung, der Weltkrieg sei „hier" (oder im Gedicht) „verklungene Geschichte", ist im Jahre 1947 an Peinlichkeit kaum mehr zu überbieten. Im Gegensatz zu diesem aktiven Verdrängen gesteht das lyrische Ich der letzten Strophe immerhin eine passive Mitschuld an den Verbrechen der Nazis ein („Geschwiegen habe ich"). Besonders eindrücklich (um nicht zu sagen: bedrückend) kommt die Ohnmacht des inneren Emigranten Lehmann aber in dem Gedicht *Gerodete Dornenhecke* zum Ausdruck, das in den Jahren 1943/44 entstanden ist und 1946 zuerst veröffentlicht wurde:

Aus dem Paradies vertrieben,
Auch mit Dornen wehrlos, *Rose*.

Sieben Sommer *Wohlgerüche*,
Dann wühlt Hacke im Geweide,
Stampfen Füße, zwicken Messer,
Zerren Fäuste, geifern Flüche.

Laß sie schänden, laß sie *morden*.**141**

Langgässers „mystische Rose" ist hier offensichtlich aus dem „Paradies" vertrieben und direkt unter die Mörder geworfen worden. Die Rose hat „Sieben Sommer" lang „Wohlgerüche" verbreiten können, und man fragt sich, ob damit die die sieben kriegsfreien Sommer des Dritten Reiches (1933 bis 1939) gemeint sind. Wenn ja – und diese Annahme erscheint mir plausibel –, dann hat Lehmann (oder meinetwegen auch das lyrische Ich) wieder einmal nicht genau genug 'hingerochen': Die faschistischen Verbrechen *stanken* schon lange vor der 'Machtergreifung' Hitlers 'zum Himmel'! Sind die „Sieben Sommer Wohlgerüche" aber noch verzeihlich, so ist es die nachfolgende Zeile („Laß sie schänden, laß sie morden") nicht mehr, auch wenn sie vielleicht nur eine ohnmächtige und hilflose Identifikation mit dem Aggressor artikuliert. – Was läßt sich aus dem bisher Gesagten folgern? Wenn es in den Texten der (Nach-) Kriegszeit duftet, dann ist irgendwo etwas faul. Die scheinbaren Sublimationsleistungen der Magischen Realisten und Inneren Emigranten (Unkraut zu Wohlgeruch) sind mit Vorsicht zu genießen bzw. zu 'beriechen'.

---

140 Wilhelm Lehmann: Das Wagnis [1948]. In: ders: Sämtliche Werke Bd. 1, S. 181. In diesem Gedicht werden die Kriegs-Trümmer zum Biotop umfunktioniert. Diese 'Lösung' ist sozusagen die *ökologische Variante* der Kriegsverdrängung. In der letzten von insges. vier Strophen heißt es: „Und schreckt euch nicht, was hier geschehn? / Ich stolpere über Flakstandrest. / [...] / Kohlweißling schläft im stummen Rohr – / So mag sein weißes Segel wehn!" (S. 181)

141 Wilhelm Lehmann: Gesammelte Werke Bd. 1, S. 151f., hier: S. 151 (die Zeilen stammen aus der 2. bis 4. Strophe von insgesamt sieben Strophen).

b) „Duft nach Sauberkeit und Frische"

Devise: „Duft nach Sauberkeit und Frische"
Es ist eine beachtenswerte Tatsache, daß starke Wohlgerüche im allgemeinen weit
weniger gefallen, als der schlichte Duft nach Sauberkeit und Frische, den man an
Frauen und Männern gleichermaßen liebt, weil er sie nicht „parfümiert", sondern nur
in einer verfeinerten Natürlichkeit erscheinen läßt... Ein paar Tropfen Lohse Uralt
Lavendel ins Waschwasser geträufelt oder in Wäsche und Kleidung gestäubt genügen, um sich und anderen das wohltuende Gefühl von Sauberkeit und Frische zu geben.[142]

Diese in syntaktischer Hinsicht anspruchsvolle Reklame für *Lohse Uralt Lavendel* aus
den späten 30er Jahren stammt nicht etwa aus der Feder eines x-beliebigen Werbetexters,
sondern von niemand geringerem als Elisabeth Langgässer. Ihre Formulierung „Sauberkeit und Frische" wurde berühmt. Im Mai 1936 – ihr Roman *Gang durch das Ried* war
gerade erschienen – bekam die 'Halbjüdin' Elisabeth Langgässer von den Nazis ein gene-
relles Publikationsverbot. Das erste Angebot der Firma Lohse zur Mitarbeit wurde von
Langgässer nicht beantwortet. Daraufhin bekam Langgässer ein weiteres Angebot, in dem
ihr mitgeteilt wurde, daß sie die Werbetexte anonym schreiben dürfe, da man nicht ihren
Namen, sondern nur ihr Talent brauche. „Da wußte ich [...], daß man mir helfen wollte
und sogar bereit war, ein Risiko einzugehen."[143] Die Zusammenarbeit kam also zustande,
und sie war von 1938 bis 1941 Langgässers wichtigste Geldquelle.

Die Lavendelpflanze und der Name *Lohse Uralt Lavendel* geistern interessanterweise
schon ein Jahr *vor* dem Publikationsverbot und *vor* der Zusammenarbeit mit der Firma
Lohse durch Langgässers Texte.[144] Im Jahre 1935 waren bei Jakob Hegner (Leipzig) ihre
Tierkreisgedichte erschienen. Ein gewisser Hans Gerth fühlte sich daraufhin bemüßigt, in
der Zeitschrift „Geistiges Leben" einen völlig unzureichenden Verriß zu lancieren. Gerth
mokiert sich insbesondere über die folgenden Verse aus dem Tierkreis-Gedicht *Regent:
Luna*:

Meere,
lau wie Lavendel,
sogst du in Attikas Tor –
Leere

---

[142] Elisabeth Langgässer, zitiert nach: Georg Hensel: Der Lavendel der Langgässer. Mit fünfzehn Uralt-Lavendel-Anzeigen der Firma Lohse, Berlin, aus den Jahren 1938-1941 mit Texten von Elisabeth Langgäs-ser aus *Die Dame, Die neue Linie, Berlin – Rom – Tokio*, Darmstadt 1988 (= 15 ungezählte lose Blätter, Hervorhebung im Text).

[143] Elisabeth Langgässer, zitiert nach: Marbacher Magazin 85/1999, S. 30. Vgl. auch den auf dieser Seite ab-gedruckten Artikel über den „Lavendel der Langgässer".

[144] Vgl. auch das Vorwort von Georg Hensel in: G.H.: Der Lavendel der Langgässer (ohne Paginierung).

dampfte wie Quendel,
wenn sich der Frühling verlor.[145]

Für Hans Gerth handelt es sich bei der Lavendelpflanze um eine „Boudoir-Essenz",[146]
die in einem christlichen Gedicht nichts zu suchen habe. Diesen Verriß pariert Elisabeth
Langgässer mit einem Brief, der sich im wahrsten Sinne des Wortes 'gewaschen' hat. Am
11.8.1935 schreibt sie an Gerth:

> Ja: hätten Sie sich nicht, wenn es Ihnen um anderes gegangen wäre als um artistische
> Spielerei[,] einen würdigeren Gegenstand zur Zielscheibe Ihrer Angriffe gegen anti-
> kes Lebensgefühl im heutigen Geistesraum wählen müssen, als Verse, deren Zitation
> darüber im Zweifel lässt, ob sie der Makulatur des 18. oder der Zellstoffverwertung
> des 20. Jahrhunderts angehören; ob sie einer *Reklame von Lohses „Uralt Lavendel-
> wasser"* oder dem Sockel einer Statue im Park zu Veitshöchheim entnommen
> sind?[147]

Ein halbes Jahrhundert vor dem *New Historicism* skizziert Langgässer bereits so etwas
wie *negotiations* (zwischen der „Makulatur des 18." und der „Zellstoffverwertung des 20.
Jahrhunderts" bzw. zwischen einer „Reklame" und „dem Sockel einer Statue"), die heute
interessanter erscheinen, als sie von Langgässer gemeint waren. Was sie 1935 im polemi-
schen Tone noch perhorresziert und einer mangelhaften „Zitation" anlastet: die enharmo-
nische Verwechselung von 'hoher' und 'niederer' Kunst, von Gedicht und „Reklame",
vollzieht sich einige Jahre später in ihren eigenen schriftstellerischen Arbeiten, zu denen
auch ihre Werbetexte zu rechnen sind.[148] Und genau hier, zwischen „Attika[]" und Loh-
ses „Lavendel", ist Langgässer im Niemandsland verschollen. In ihrem Brief an Hans
Gerth bringt sie es auf die Formel: „Griechenland oder Guntersblum (was ein Dorf meiner rheinischen Heimat ist)". Zwischen dem 'berühmtesten Ort' („Griechenland") und
dem 'unberühmtesten Ort' („Guntersblum") wartet eine 'unberühmte Autorin' auf ihre
Wiederentdeckung.

Der Geruch von Uralt Lavendel zieht sich wie eine Duftspur durch die Texte des Magischen Realismus. Man kann sogar sagen, daß Uralt Lavendel *der* Geruch des Magischen
Realismus ist. Hans Dieter Schäfer, der 1969 eine grundlegende Arbeit über Wilhelm

---

[145] Elisabeth Langgässer: Gedichte, S. 91.

[146] Vgl. Langgässers Brief an Hans Gerth vom 11.8.1935. In: dies.: Briefe 1924-1950, S. 242-247. Langgässer zeigt, daß Gerth von den Tierkreisgedichten nichts verstanden hat, „was er [Gerth] am besten dadurch be-weist, dass er das wilde Lavendelkraut als eine 'Boudoir-Essenz' anspricht [und] den Kornbrand, das Gift-korn im Roggen, als ein jagdbares Säugetier [...]." Ebd., S. 245.

[147] Elisabeth Langgässer: Briefe 1924-1950, S. 243.

[148] Nach meiner Überzeugung stehen Langgässers Werbetexte für *Lohse Uralt Lavendel* heute gleichberechtigt neben ihrem übrigen Werk. Das gleiche gilt für die *Maggi*-Reklame eines Frank Wedekind. Es ist nicht nur legitim, sondern auch sogar aufschlußreich, Austauschdiskurse zwischen *Lohse* und den *Tierkreisgedichten*, *Maggi* und *Frühlings Erwachen* herauszuarbeiten.

Lehmann publiziert hat,[149] erinnert sich, daß der totkranke Lehmann noch auf dem Sterbebett nach Uralt Lavendel verlangte:

> Seit dem Frühjahr 1968 konnte Lehmann, rapide an Gewicht und Kräften verlierend,
> nicht mehr aus dem Hause gehen. Von seinen letzten Monaten gibt es einige lebhafte
> Erinnerungen. Eines nachmittags wartete ich in der Veranda, bis ich sehr leise „hallo,
> hallo" aus dem Arbeitszimmer rufen hörte. Lehmann lag auf der Couch, sein Gesicht
> war leicht gerötet. „Heute nacht habe ich zwei Bücher gelesen", erzählte er heiter.
> „Eines von Katzen, das andere habe ich vergessen, vielleicht vom Fuchs. Diese Bü-
> cher hatte ich selbst geschrieben." Er glaube nicht, daß er bald sterben werde, sagte
> er abrupt und verlangte nach den Zähnen, der Brille und „Wohlgeruch", wie er Uralt-
> Lavendel nannte.[150]

Im Studentenrevolutionsjahr 1968 reimen sich auf Lehmanns Todeslager die Wörter
„Duft" und „Gruft" noch ein letztes Mal zusammen. Mit den Achtundsechzigern beginnt
die Austreibung des alles überdeckenden Duftes („Schlagt die Germanistik tot, / Färbt die
blaue Blume rot"). Die „Rose" als Inbegriff allen Wohlgeruchs hat in der *Beat-generation*
ihre symbolische Bedeutung endgültig verloren. Schäfer erinnert sich:

> Als Heidegger 1961 in der Mensa über Rilkes Grabverse „Rose, oh reiner Wider-
> spruch, Lust / Niemandes Schlaf zu sein unter soviel / Lidern" philosophierte, hatte
> er eine Rose auf dem Pult, jetzt zog Bloch zu Beginn seines Vortrags eine orangefar-
> bene Schachtel Zigaretten aus der Tasche: „Ernte 23 – von höchster Reinheit", las er
> vor; „welch eine Perversion!"[151]

c) Der „Hauch des Todes" und die „Atmosphäre beglückender Sympathie"

Die Koinzidenz von Todeshauch und Lavendelduft, die sich auf Lehmanns Sterbebett
noch einmal vollzieht, kommt in einem Buch aus dem Jahre 1955 auf eine zwar reichlich
makabre, aber nichtsdestoweniger höchst aufschlußreiche Art und Weise zum Ausdruck.
Es handelt sich bei dem besagten Buch um die Kriegstagebücher Felix Hartlaubs, die
1955 unter dem Titel *Im Sperrkreis. Aufzeichnungen aus dem zweiten Weltkrieg* als roro-
ro-Taschenbuch (Nr. 152) veröffentlicht wurden. „Duft" und „Gruft" kommen hier allerdings nicht in den eigentlichen Tagebuchaufzeichnungen zusammen, sondern sie ‘reimen'
sich in einer Werbeanzeige der Firma Mouson Lavendel, die in das Taschenbuch (S. 179)
integriert ist. Der Werbetext lautet:

---

149   Hans Dieter Schäfer: Wilhelm Lehmann. Studien zu seinem Leben und Werk, Bonn 1969.

150   Hans Dieter Schäfer: Wie ich mit meinen Ausgrabungen begann, Warmbronn 1998, S. 22. Schäfers Erinne-
      rung zeigt eindrücklich, daß der „Wohlgeruch" von Uralt Lavendel neben den „Zähnen" und der „Brille" zu
      den *Prothesen* zu rechnen ist. Den Hinweis auf Schäfers Buch verdanke ich Prof. Dr. Gotthart Wunberg.

151   Hans Dieter Schäfer: Wie ich mit meinen Ausgrabungen begann, S. 25.

173

Aus: Felix Hartlaub: Im Sperrkreis. Aufzeichnungen aus dem zweiten Weltkrieg, hg. von Geno Hartlaub, Reinbek bei Hamburg 1955 (*rororo*-Taschenbuch Nr. 152), S. 179.

174

In diesem belanglosen Intertext aus der Mitte der 50er Jahre ist die „Atmosphäre" der Nachkriegszeit in nuce – oder besser: in „wenige[n] Tropfen" – konzentriert. Deutlicher und schöner läßt es sich kaum formulieren, daß der Duft von Mouson Lavendel komplementär zum Todes-"Hauch" des Krieges ist. Die restaurative „Atmosphäre beglückender Sympathie", die in der Anzeige geradezu herbeigeredet wird, kann der „kleinen Welt" der Inneren EmigrantInnen (und ihrer NachfolgerInnen) durch „wenige Tropfen" Mouson Lavendel „erhalten bleiben"; – Langgässers „kleiner, verunkrauteter Garten [...] am Stadtrand von – Berlin" (s.o.) hat seinen Weg in die Werbung gefunden. Die WerbetexterInnen von Mouson-Lavendel konnten um 1955 noch davon ausgehen, daß jeder, der Hartlaubs Buch kaufte, den 2. Weltkrieg auch miterlebt hatte. Genauso konnten sie davon ausgehen, daß den meisten Menschen der Gestank des Weltkriegs (Verwesung) noch deutlich in der Nase war. Nicht umsonst zählten Parfüms und Seifen zu den begehrtesten Artikeln des Schwarzmarktes. Diese Sehn-Sucht nach Parfüm, die bei vielen Deutschen in den Trümmern „erwachte", wird in Hans Erich Nossacks autobiographischem Bericht *Der Untergang* besonders deutlich. Nossack schildert in seinem Bericht nicht nur den „Untergang" von Hamburg, das im Juli 1943 von den alliierten Bombengeschwadern in Schutt und Asche gelegt wurde, sondern auch die „ekelerregende[n]" ruderalen Auswüchse, die die 'Tote Stadt' heimsuchten. Die „Fliegen", die „sich begatten[]", können geradezu als 'Wappentiere' der Magischen Realisten betrachtet werden.[152] Nossack schreibt:

> Ratten und Fliegen beherrschten die Stadt. Fett und frech tummelten sich die Ratten auf den Straßen. Aber noch ekelerregender waren die Fliegen. Große, grünschillernde, wie man sie nie gesehen hatte. Klumpenweise wälzten sie sich auf dem Pflaster, saßen an den Mauerresten sich begattend übereinander und wärmten sich müde und satt an den Splittern der Fensterscheiben. Als sie schon nicht mehr fliegen konnten, krochen sie durch die kleinsten Ritzen hinter uns her, besudelten alles, und ihr Rascheln und Brummen das erste, was wir beim Aufwachen hörten. Dieses hörte erst später im Oktober auf.
> Und dann der Geruch von verkohltem Hausrat, von Fäulnis und Verwesung, der über der Stadt lag. Und dieser Geruch war sichtbar als ein trockener roter Mörtelstaub, der über alles hinwehte. *In uns erwachte plötzlich eine Gier nach Parfüm.*[153]

---

152 „Diese Fliegen können einen wirklich nervös machen. Wenn sie mindestens diese dauernden Paarungen unterlassen würden [...]. Berechnend, rücksichtslos und dabei elegant-geräuschlos [...], sie erreichen alles, was sie wollen [...]. [Bei den] ewigen Paarungen [...] sind sie nur ein blindes Stück brausender, tönender Fliegenhimmel, aber es ekelt einen an, sie dabei zu erledigen." Felix Hartlaub: Das Gesamtwerk, hg. von Geno Hartlaub, Frankfurt/M. 1955, S. 165. Vgl. auch Elisabeth Langgässer: Märkische Argonautenfahrt (Roman), Hamburg 1950, S. 127: „[Die] künstliche Hitze [lockte] die Fliegenbrut aus den Schlupfwinkeln [und fügte] zu all diesen sinnlosen Tönen noch ein ununterbrochenes Summen [...]." Vgl. weiterhin Hermann Kasack: Die Stadt hinter dem Strom, Frankfurt/M. [12]1994 [EA 1947], S. 79: „Über den Köpfen der Kinderschar lag ein vibrierender Schleier [...] von blaugrün schillernden Fliegen [...], die [...] sich bald auf Händen und Gesichtern niederließen [und] sie zudringlich bekribbelten [...]. In der Luft blieb ein giftig summender Ton."

153 Hans Erich Nossack: Der Untergang. Mit einem Nachwort von Siegfried Lenz, Frankfurt/M. [2]1991 [EA Hamburg 1948], S. 52f. Wenn W.G. Sebald neuerdings lobend bemerkt, daß im „[...] Dokumentarischen, das in Nossacks Der Untergang einen frühen Vorläufer hat, [...] die deutsche Nachkriegsliteratur eigentlich erst zu sich selbst [kommt] und [...] mit ihren ernsthaften Studien zu einem der tradierten Ästhetik inkommensurablen Material [beginnt]", dann übersieht er dabei, daß das vermeintlich „Dokumentarische[]" bei

Wenn der Frankfurter Suhrkamp-Verlag und der Hamburger Wolfgang-Krüger-Verlag (dort erschien 1948 die Erstausgabe von Nossacks *Untergang*) in ihren Büchern Werbung zugelassen hätten, dann hätte die Firma Mouson Lavendel ihre Anzeige nicht besser lancieren können als nach dem obigen Nossack-Zitat. Die hitzeliebende Lavendelpflanze gedeiht auf kargen Böden (wie der Heide) am besten; ihr Geruch hätte nicht nur den „Hauch des Todes" überdeckt, sondern vielleicht auch eine Duftspur „in die verlorene Vergangenheit" gelegt, die Nossack zu Beginn des *Untergangs* beschwört:

> Es war das erste Sommerwetter in diesem Jahr [...]. Die Heide fing gerade an zu blühen. An den Wegrändern standen kleine Büschel mit Glockenblumen. In der Mulde, auf die wir blickten, hatte sich zwischen das Heidekraut noch eine andere Pflanze ausgesät, deren Name wir nicht kannten. [...]
> Wir lieben die Heide, wir gehören irgendwie dorthin, vielleicht sind wir vor Zeiten dort geboren. Andere fühlen sich dort krank und werden schwermütig. Sie können nicht ohne Zeit leben; denn die Heide ist ohne Zeit. Sie wollen es nicht wissen, daß wir einem Märchen entstammen und wieder ein Märchen werden. Wir begannen den Krieg zu vergessen. –
> Ich habe dies Idyll an der anderen Seite des Abgrundes so genau geschildert, weil sich vielleicht einmal von dort aus ein Weg in die verlorene Vergangenheit zurückfinden läßt.[154]

Nossacks „Idyll an der anderen Seite des Abgrundes" macht hier noch einmal schlaglichtartig deutlich, daß Magischer Realismus („Idyll") und Trümmerliteratur („Abgrund") nicht zu trennen, sondern vielmehr dialektisch aufeinander bezogen sind. Es verhält sich also gerade *nicht* so, daß mit Nossacks *Untergang* der Magische Realismus 'aufhört' und die Trümmerliteratur 'beginnt'. Es ist vielmehr so, daß *jedem* magisch-realistischen Text, der dieses Prädikat verdient, die Trümmer immer schon eingeschrieben sind, auch wenn sie nicht explizit thematisiert werden. Umgekehrt gilt, daß alle Trümmertexte einen magisch-realistischen Kern von Idylle 'bewahren', auch dann, wenn dieser nicht ausgeschrieben wird. Auch die Trümmerwüste Hamburgs, die Nossack im *Untergang* exzessiv beschreibt, ist 'nur' eine ins maßlose gesteigerte „Heide"-Landschaft mit ihren ruderalen „Wegrändern" und „Mulde[n]" und ihren wild „ausgesät[en]" Pflanzen. *Beide* Ruderalflächen (Trümmerwüste *und* Heide) sind „ohne Zeit" und Geschichte; in diesem Punkt stimmen die Texte von Nossack und Max Frisch (s.o.) überein. Dabei entspricht die Heidelandschaft eher dem „Märchen" und die Trümmerwüste eher der Groteske. Selbst in die vermeintlich dokumentarischen Passagen des Buches schreiben sich immer wieder Mythologeme und biblische Allusionen ein, von denen die Apokalypse nur die Berühmteste

---

Nossack ein 'Ableger' des Magischen Realismus ist, der mitnichten die „tradierte[] Ästhetik" übersteigt. W.G.S.: Luftkrieg und Literatur, S. 70f.

154 Hans Erich Nossack: Der Untergang, S. 12. Nossacks zeitlose „Heide" erinnert an die Heide in Theodor Storms Gedicht *Abseits*, vgl. die folgenden Zeilen aus diesem Gedicht: „Es ist so still; die Heide liegt / Im warmen Mittagssonnenstrahle, / [...] / Die Kräuter blühn; der Heideduft / Steigt in die blaue Sommerluft. / [...] // – Kein Klang der aufgeregten Zeit / Drang noch in diese Einsamkeit." T.S.: Gedichte, Novellen 1848-1867, S. 12.

ist.[155] Im gleichen Maße, wie Nossacks Heide die Trümmer antizipiert, wächst umgekehrt in seinen Trümmern die von Elisabeth Langgässer sehnsüchtig erwartete „Rose":

> Auf dem Schutt im Vorgarten lag wie eine Harfe das ausgeglühte Saitengestell eines Flügels. Durch den verkohlten Unrat und die zersprungenen Saiten wuchs eine Rose und blühte.[156]

Wie gesagt: Vielleicht wurde den Magischen RealistInnen Nossack, Langgässer und Lehmann durch Lohse bzw. Mouson Lavendel geholfen, „den Krieg zu vergessen"; vielleicht half der Geruch des Magischen Realismus sogar dabei, „ein[en] Weg in die Vergangenheit zurück[zu]finden" (Nossack). – – „Kleiner Duft, hilf das / Gewesene bewohnen."[157]

d) Düfte überm Abgrund – Parfümierte Trümmerliteratur zwischen endzeitlichem „Untergang" und restaurativem „Aufgang"

In Karl Krolows Gedicht *Abgrund* (1948) wird ein „Untergang"[158] in einen „Aufgang" umfunktioniert. Der „Abgrund", der zwischen Auf- und Untergang klafft, ist wieder einmal verwildert und – auch das kommt wenig überraschend – vom „Duft" überzogen. Die ambivalente Haßliebe für den *Untergang* treibt „[d]as Idyll an der anderen Seite des Abgrundes" (*Nossack*) in Krolows *Abgrund* erst richtig hervor. Krolows Gedicht kann deshalb als eine Art Antwort auf Nossacks Bericht gelesen werden. Die signifikanten Verse des dreistrophigen Gedichtes lauten:

> Wo zur Wildnis sich verweben
> Fette Stauden, krause Ranken,
> Geister auf und nieder schweben
> Durch die Dämmerung der Luft,

---

155   Ein weiteres Beispiel: Vor der Bombardierung Hamburgs beobachtet der Erzähler in der Heide einige Vögel. Nossack schreibt: „Einem [...] Vogel machten wir die Himbeeren und die letzten Kirschen streitig, die er vom Baume auf den Steinpfosten der Gartentür trug, um sie dort zu entkernen; *der Pfosten war ganz blutig* vom Saft." H.E.N.: Der Untergang, S. 11. Damit ist natürlich auch der 'Untergang' der Ägypter bzw. die Rettung der Israeliten alludiert, vgl. 2. Mose 12, 23: „Denn der Herr wird umhergehen und die Ägypter schlagen. *Wenn er aber das Blut sehen wird an der Oberschwelle und an den beiden Pfosten*, wird er an der Tür vorübergehen und den Verderber nicht in eure Häuser kommen lassen, um euch zu schlagen."

156   Hans Erich Nossack: Der Untergang, S. 70. Nossack weiß, daß dieses stilisierte Bild einer „Allegorie" gleicht; er schreibt: „Es war wie ein Bild auf einer alten Tasse. Sie hätten sich früher nicht gescheut, die Unterschrift darunter zu setzen: Blühen und Vergehen." Ebd., S. 70.

157   Es handelt sich hier um die beiden letzten Verse aus Wilhelm Lehmanns Gedicht *Orange im Dezember* (1966), vgl. W.L.: Gesammelte Werke Bd. 1, S. 305: „Leben will nicht enden / An den Gräberwänden [...] // Oben führt ein Weg dahin / entlang Limonen. / Kleiner Duft, hilf das / Gewesene bewohnen."

158   Krolows Gedicht *Abgrund* kann in mehrfacher Hinsicht als eine Art Replik auf Hans Erich Nossacks Bericht *Der Untergang* verstanden werden. Beide Texte wurden 1948 publiziert, beide Texte verarbeiten ein deutsches Trauma mit Hilfe mythologischer Elemente. In Krolows Gedicht wird die dokumentarische Härte, die laut Sebald Nossacks Untergang auszeichnet, sozusagen wieder 'aufgeweicht'.

In den Quell Najaden sanken
Und als leichte Flammen wanken,
Überm Wasser ziehn als <u>Duft</u>:
Besteh ich den Abgrund beim stillen Verkehre
Der Wesen aus Wind, [...].

[...]
Es bleibt mir der Abgrund, der lauernde, offen,
Im grünen Gefälle, zerbrochnem Gesteine.
[...]

[...]
[Daß] <u>Untergang</u> mir Aufgang sei:
Will ich ihn mit Bangen lieben
Von der Wildnis umgetrieben,
Ihrem grünen Einerlei.
Ich bleibe ihm, dem ich verwirkt, eingeboren.
Dem Abgrund im Innern, der Nacht, die ich streife.
Die tödliche Stimme – Musik meinen Ohren –
Schallt hart mir am Herzen, daß willig es reife.[159]

Das lyrische Ich, das von der Wildnis „umgetrieben" wird und den lauernden „Abgrund"
wie eine schwere Prüfung ‚besteht', kann sich dabei am „Duft" orientieren, der wie ein
luftiger Gegenzauber zum „grünen Einerlei" wirkt. Das „grüne[] *Gefälle*" ist hier aber mit
dem „Abgrund" im Bunde: Das „Gefälle" *zieht nach* unten, und der „Abgrund" *ist* unten.
Der Duft wird hier auch nicht aus (Lavendel-) Pflanzen destilliert, sondern er weht immer
noch aus dem Reich der Mythologie („Najaden") in das Gedicht hinein. „Aufgang" und
„Untergang" verhalten sich in Krolows Gedicht ähnlich komplementär zueinander wie
die grüne Heidelandschaft und das zerstörte Hamburg in Nossacks *Untergang*. In der
Schnittmenge von Auf- und Untergang liegt der verkrautete „Abgrund" (Hiatus), der einerseits auf eine unkorrumpierte mythologische Ursprünglichkeit zielt, aber andererseits
auch die sekundären Wucherungen der vernutzten Ruderalflächen konnotiert. Der Witz
des humorlosen Gedichtes besteht nämlich darin, daß es letztlich „offen" läßt, ob es sich
dabei um eine primäre oder sekundäre „Wildnis" handelt. Das Wort „Untergang" deutet
zwar auf den Weltkrieg hin, der Krieg und seine Zerstörungen werden aber weder genannt, noch gewinnen sie sonst irgendeine greifbare Kontur. Ganz ähnlich verhält es sich
auch mit vielen andern Wörtern des Gedichts: Die „Geister" (der im Krieg Getöteten?),
die „Flammen" (des Infernos?), die „zerbrochne[n] Gesteine" (der kriegszerstörten Häuser?) und das „grüne[] Einerlei" (in den toten Ruinen?). Besonders ‚verdächtig' ist der
vorletzte Vers: „Die tödliche Stimme [der Sirene?] – Musik meinen Ohren". Hier äußert
sich die gleiche Identifikation mit dem Aggressor, die auch schon in Nossacks Bericht
Der Untergang zu finden war:

---

[159] Karl Krolow: Abgrund. In: ders.: Auf Erden, S. 76f.

178

Ich habe bei allen früheren Angriffen den eindeutigen Wunsch gehabt: Möge es recht schlimm werden! So eindeutig, daß ich beinahe sagen möchte, ich habe diesen Wunsch laut gegen den Himmel ausgerufen.[160]

Krolows *Abgrund*, so könnte man sagen, steht genau auf der 'grünen Grenze' von Magischem Realismus und Trümmerliteratur. Das Gedicht ist ein parfümiertes Musterbeispiel für eine Form der *halbherzigen* Trümmerliteratur, die sich nicht entscheiden kann, ob sie sich den Zerstörungen des Weltkriegs vorbehaltlos stellen oder lieber weiterhin aus dem 'grünen Versteck' der Inneren Emigration heraus zusehen bzw. zuhören will.[161] Die halbherzige Trümmerliteratur ist in der Regel an ihren „Duft"-Spuren zu erkennen.[162] Sie bildet den quantitativ größten Anteil an der sog. Naturlyrik der frühen Nachkriegszeit. Die spezifische Ausprägung eines semi-ruderalen Naturvokabulars hat es in dieser Form nur im Deutschland der Nachkriegszeit gegeben.[163] Die verspätete Nation sucht zwischen Wiesenrain und politischem Bekenntnis ihren Sonderweg ins Freie.

e) Der „Schmutz" und die „Flecken", der „Trieb nach Ordnung und Sauberkeit" und das „brennende Verlangen nach guter Seife"

Nossacks Bericht *Der Untergang*, Max Frischs Tagebucheintrag vom Mai 1946 und Schaefers Gedicht *Tote Stadt* haben bereits eine deutliche Vorstellung davon vermittelt, wie sich das parasitäre Unkraut & Ungeziefer in den zerbombten Häusern und Ruinen wieder vermehrte. Die aus heutiger Sicht nur schwer nachvollziehbare Phobie gegen Schmutz, Trümmer, Unkraut und „kleines Tier" (Oda Schaefer), die sich nach dem Krieg in der Bevölkerung ausbreitete – nicht zufällig war auch der erste deutsche Bundeskanzler ein passionierter Rosenzüchter – wird plausibel, wenn man sich das Ausmaß der Ver-

---

160 Hans Erich Nossack: Der Untergang, S. 19. Vgl. auch den folgenden Vers aus Krolows *Abgrund*: „[Daß] Untergang mir Aufgang sei: / Will ich ihn mit Bangen lieben". Das ist die Sprache des Existenzialismus, die unter der 'Fassade' das 'Eigentliche' vermutet. Nossacks Wunsch, „es [möge] recht schlimm werden", ist an Religiosität kaum mehr zu überbieten: Nossack wünscht sich nämlich 'im grunde', die menschliche Zeit ('Fassade') möge aufhören. Die 'Trümmer' sind der Vorschein Gottes. Nicht zufällig ruft Nossack seinen 'brennenden' Wunsch „laut gegen den Himmel" aus.

161 Die voyeuristische Zuschauer-Perspektive ist Krolows Gedicht deutlich eingeschrieben, vgl. die beiden Verse aus der 2. Strophe: „Aus dem Dickicht dringt Gestöhne, / WIe ich Gras und Baum bespreche." Das lyrische Ich 'besteht' den lauernden Abgrund also nicht so sehr beim „stillen" als vielmehr beim 'lauten' (Geschlechts-) „Verkehre". Das geile Gewucher („[f]ette Stauden, krause Ranken") und die leichtgekleideten Nymphen („Najaden") sprechen ebenfalls eine eindeutig zweideutige Sprache.

162 Die „Gier nach Parfüm", die Nossack im zerstörten Hamburg überfällt, wird von Krolows duftenden und parfümierten Gedichten befriedigt. Prägnant formuliert: Die Naturlyrik à la Krolow und Lehmann *ist* das Parfüm, nach dem Nossack und seine Zeitgenossen 'gieren'.

163 Selbst Karl Krolow hat nach dem Krieg nur wenige Gedichte publiziert, die das Trümmer-Prädikat auch wirklich verdienen. Diese 'beinharten' Trümmergedichte stehen fast ausschließlich im Zyklus *Widerfahrung* seines Lyrikbandes *Heimsuchung* (1948), vgl. K.K.: Auf Erden, S. 97-122. Dagegen sind fast alle frühen Gedichte Krolows semi-ruderal, das heißt: Fast alle haben und beschreiben einen 'unberühmten Ort', der zwischen Idylle und Trümmerstätte changiert.

wüstungen und die Größe der Ruderalflächen um 1945 vor Augen führt. Die Phobie gegen das große Un- muß nach dem Krieg derartig groß gewesen sein, daß man selbst seine ungeschminkte literarische Darstellung nicht zu lesen wünschte. Neben den oben genannten AutorInnen war Heinrich Böll einer der wenigen Autoren, die es nach dem Krieg gewagt haben, die Trümmer beim Namen zu nennen. Die Trümmerliteratur wurde duch Böll überhaupt erst richtig populär. In Bölls Essay *Bekenntnis zur Trümmerliteratur* (1952) heißt es:

> Wir schrieben also vom Krieg, von der Heimkehr und dem, was wir im Krieg gesehen hatten und bei der Heimkehr vorfanden: von Trümmern; das ergab drei Schlagwörter, die der jungen Literatur angehängt wurden: Kriegs-, Heimkehrer- und Trümmerliteratur. Die Bezeichnungen als solche sind berechtigt [...]. [W]ir haben keinen Grund, uns dieser Bezeichnung[en] zu schämen.[164]

Zwei besonders drastische Trümmerromane von Böll heißen *Und sagte kein einziges Wort* und *Der Engel schwieg*. Der zuerst genannte Roman wurde in den späten 40er Jahren konzipiert und 1953 in den Druck gegeben; *Der Engel schwieg* wurde zwischen 1949 und 1951 geschrieben, aber erst 1992 posthum publiziert. Ein wichtiger Grund für das Nichterscheinen war die „äußerst entschiedene Abneigung des Publikums gegen alle Bücher, die etwas mit dem Krieg zu tun haben"[165]. Umso erstaunlicher ist es, daß der in vieler Hinsicht sehr verwandte Roman *Und sagte kein einziges Wort* in den 50er Jahren erscheinen konnte. Auch Käte Bogner, die Protagonistin dieses Romans, „ergreift [...] Ekel beim Gedanken an das ungeheure Heer von Ungeziefer, das durch einen Krieg mobilisiert wird".[166] In *Der Engel schwieg* ist es das Unkraut, das bis in die zerbombten „Schlafzimmer[]" und „Küchen" hinein vordringt:

> Man konnte das Datum der Zerstörung an der Bewachsung der Trümmer feststellen: es war eine botanische Frage. Dieser Trümmerhaufen war nackt und kahl, rohe Steine, frisch gebrochenes Mauerwerk, wild übereinandergepackt, und ragende Eisenträger, die kaum eine Spur von Rost zeigten: nirgendwo wuchs ein Gräschen, während anderwärts schon Bäume wuchsen, reizende kleine Bäume in Schlafzimmern und Küchen [...], war hier nur nackte Zerstörung, wüst und schrecklich leer, als hinge der Atem der Bombe noch in der Luft.[167]

Wenn die vorrückenden Pflanzen hier – ausnahmsweise – einmal „reizend[]" genannt werden (und Böll damit den romantischen Ruinen-Topos bemüht), sind gleichwohl die mehr oder weniger zerstörten Häuser alles andere als reizend oder pittoresk. Die Trüm-

---

[164] Heinrich Böll: Bekenntnis zur Trümmerliteratur. In: ders.: Hierzulande. Aufsätze zur Zeit, München (dtv) [10]1974, S. 128-134, hier: S. 128 (1. Zitat) und 134 (2. Zitat).

[165] Vgl. das Nachwort von Werner Bellmann in: Heinrich Böll: Der Engel schwieg (Roman), Köln (KiWi-TB) [5]1997, S. 195-213, hier: S. 197.

[166] Heinrich Böll: Und sagte kein einziges Wort (Roman), Köln (KiWi-TB) [3]1997 (textbereinigte [!] Ausgabe), S. 42.

[167] Heinrich Böll: Der Engel schwieg, S. 92.

mer und der Kalkstaub in den lädierten Wohnungen wurden (nicht nur von Bölls Figuren) leidenschaftlich perhorresziert. Die Phobie vor dem abbröckelnden „Putz" und dem „kalkige[n] dreckige[n] Geröll" hat auch die Protagonistin aus *Der Engel schwieg* erfasst. Im XV. Kapitel dieses Romans – es handelt sich hier übrigens um einen der besten Texte Bölls, der das gängige Vorurteil vom katholischen 'Gutmenschen' und/aber 'Schlechtschreiber' gründlich widerlegt – nimmt die Phobie literarische Form an. Auf mehr als fünf Seiten wird Reginas verzweifelter und hoffnungsloser Kampf gegen einen „feine[n] ekelhafte[n] Puder" geschildert, der „sich über alle Gegenstände des Zimmers lagerte". Die Protagonistin Regina Unger, die in einer kriegsbeschädigten Wohnung lebt, draußen von Trümmern umringt ist und die Läden geschlossen hält, weil sie deren Anblick nicht mehr erträgt, hat einen regelrechten Putzfimmel entwickelt:

> Insgeheim verfluchte sie diesen plötzlichen Trieb, der sie veranlaßt hatte, sauber zu machen. Woher kam er nur? Sie wußte es nicht. Dieser Trieb nach Ordnung und Sauberkeit war ganz neu, und sie wußte, daß es sinnlos war. Vorher schien alles sauberer gewesen zu sein: wo sie den Boden naß gewischt hatte, wurden nun <u>Flecken</u> und häßliche Kreise sichtbar: uralter eingetretener Kalk, den man vorher nicht bemerkt hatte: alle ihre Mühen brachten nur eine unheimliche Transparenz widerlicher <u>Flecken</u> zum Vorschein, die unausrottbar schien.[168]

Das feine „Rieseln", das Kafkas Tier in seinem hermetisch geschlossenen *Bau* zu vernehmen glaubt, ist hier unheimliche Realität geworden:

> Auch aus den Fußleisten heraus rieselte es ständig nach, ein besonders feines Geröll [...]. Etwas wie Trotz veranlaßte sie, den Kampf fortzuführen [...], obwohl sie insgeheim wußte, daß es sinnlos war: die <u>Flecken</u> kamen immer wieder hervor [...].[169]

Die Flecken gehen nicht weg. Vielleicht gehen sie deshalb nicht weg, weil Regina „[nicht] wußte" (und vielleicht auch gar nicht wissen *wollte*), wo der plötzliche „Trieb nach Ordnung und Sauberkeit" herkam. In der „Unendlichkeit von Schmutz", die sich im Zimmer „auf[tat]", ergeht es Regina ähnlich wie Nossack und seinen Zeitgenossen im zerstörten Hamburg, wo „plötzlich eine Gier nach Parfüm [erwachte]". Regina, die sich selbst nicht mehr 'riechen' kann, wünscht sich sozusagen eine 'weißen Weste':

> [...] sie roch sich selbst: diesen säuerlichen Schweißgeruch und den Dunst von schmutzigem Putzwasser, und das brennende Verlangen nach guter Seife und sauberen Kleidern trieb ihr die Tränen in die Augen.[170]

Wir erfahren sogar, nach was die „Seife" riecht, von der Regina noch einen kleinen und wertvollen Rest besitzt:

---

168   Heinrich Böll: Der Engel schwieg, S. 150f.

169   Heinrich Böll: Der Engel schwieg, S. 152.

170   Heinrich Böll: Der Engel schwieg, S. 153.

Sie hielt die Seife lange unter die Nase [...], um den Geruch nah zu spüren, den Geruch dieser dünnen zerschlissenen Scheibe, die mit etwas <u>Mandelaroma</u> durchsetzt war...[171]

„Mandelaroma" als Waffe gegen die Omnipräsenz von Mörtel- und Kalkstaub... In Hubert Fichtes 'verspätetem' Trümmerroman Detlevs Imitationen „Grünspan" (1971) könnte Regina nachlesen, warum sie den verbissenen Kampf ausgerechnet gegen diese Materialien führt. Der Mörtel- und Kalkstaub ist nämlich nicht nur schmutzig, sondern er kann unter Umständen auch tödlich wirken:

Der Staub war noch schlimmer als das Feuer. Staub von den [Bomben-] Explosionen, Mörtelstaub, Kalkstaub. Die Leute wurden blind und liefen oft genau in die verkehrte Richtung.[172]

Regina hat die nächtlichen Bombenangriffe zwar überlebt, aber in gewissem Sinne ist auch sie vom „Staub" der Explosionen „blind" geworden: Sie ist blind geworden gegenüber der Einsicht, daß eine chronische Säuberungsneurose die „Flecken" nicht zum Verschwinden bringt, sondern vielmehr erst recht hervortreibt.

f) Die duftende Seife

Das Kapitel über den Geruch des Magischen Realismus bliebe unvollständig, wenn es nicht an das größte Trauma rührte, das für immer mit dem Namen Deutschland verbunden sein wird: den Holocaust. Die Scham verbietet hier jedes überflüssige Wort; andererseits können die Verbrechen der Nazis nicht oft und intensiv genug erinnert werden. Eines der niederträchtigsten Verbrechen der Nazis war sicherlich, die Leichenberge aus den Konzentrationslagern zu Seife (und anderem) zu verarbeiten. Dieses Verbrechen ist deshalb so unvorstellbar perfide, weil es die geschundenen Menschen post mortem noch einmal erniedrigte und dabei zu bloßem Material degradierte.[173] Der deutsche Autor Ludwig Harig (geb. 1927), der die Nazi-Zeit als 'Hitlerjunge' aktiv miterlebt hat, geht in seinen stark autobiographisch gefärbten Romanen[174] diesen Duft- und Materialspuren nach. In seinem Roman Wehe dem, der aus der Reihe tanzt (1990) heißt es:

171 Heinrich Böll: Der Engel schwieg, S. 154.

172 Hubert Fichte: Detlevs Imitationen „Grünspan", S. 45.

173 Der deutsche Künstler Anselm Kiefer, auf den im Zusammenhang mit dem Ruderalthema der Arbeit bereits mehrfach verwiesen wurde, hat diesen materiellen Aspekt der Judenvernichtung in einigen Werken aufgegriffen; vgl. etwa seinen (Paul Celans Todesfuge alludierenden) Bilderzyklus Sulamith, der auf schweren Bleitafeln 'Rudimente' von Menschen (Haare, Asche etc.) ausstellt.

174 Es handelt sich um die drei folgenden Romane von Ludwig Harig, die alle im Carl-Hanser-Verlag (München Wien) erschienen sind: 1. Ordnung ist das ganze Leben (1989). 2. Wehe, der aus der Reihe tanzt (1990). 3. Wer mit den Wölfen heult, wird Wolf (1996). Alle drei Romane begeben sich auf Spurensuche und beerben dabei ausgiebig Schreibweisen und Topoi des Magischen Realismus. Ein Beispiel aus Ordnung ist das ganze Leben soll das zeigen: „Der Eintritt [in den ehemaligen Kasernenhof, B.S.] ist uns verwehrt, wir stehen vor rostigem Staketenzaun, vor abgewetztem Maschendraht, einst stramm gespannt und

Landser [...] hatten erzählt, im Osten könne man hören von Juden-Verarbeitungs-
und -Verbrennungsfabriken, und die Juden seien geliefert mit Haut und Haar. Die
Haut werde zu Lampenschirmen, das Haar zu Bindfaden, der übrige Kadaver zu
Schwimmseife verarbeitet [...]. Schwimmseife gab es nur auf Karten, sie war leicht
und grün, schwamm auf dem Wasser und hatte einen kräftigen Abrieb. Wenn
Schwimmseife ausgegeben wurde, sagte der Führer vom Dienst: „Reibt nicht gleich
wie die Wilden, damit ihr nicht beim ersten Waschen einen ganzen Juden ver-
braucht." [...] Wir lachten. Es schäumte und spritzte [...]. Ja, Schwimmseife war etwas Feines, *und sie roch so gut*.[175]

Die perverse nationalsozialistische Praktik, 'stinkende Juden' zu 'duftender Schwimmseife' zu verarbeiten, folgt der selben Logik, der auch die Texte von Lehmann und Langgässer gehorchen („Exkremente" zu „Duftgericht[en]"). Leider ist mir nicht bekannt, welche
Duftstoffe der Schwimmseife zugesetzt wurden; es würde mich nicht wundern, wenn die
Seife nach *Lavendel* – der Name leitet sich vom lateinischen *lavare* (waschen) ab – gerochen hätte. Der „Triumph des Absurden" besteht darin, daß das Endprodukt der ethni-
schen 'Säuberungen' selbst wieder ein 'Waschmittel' ist, mit dem man – biblisch gesprochen – seine Hände in Unschuld waschen kann. Francis Ponges experimenteller Prosatext
Die Seife,[176] der insbesondere für *deutsche* Leser geschrieben ist,[177] legt davon ein be-
redtes Zeugnis ab. Im *Vorspiel zur Seife* heißt es:

Für die geistige Toilette ein kleines Stück Seife. Richtig gehandhabt, genügt. Wo
Sturzbäche reinen Wassers nichts säubern würden. Auch das Schweigen nicht. Noch
dein Selbstmord in der schwärzesten Quelle, o absoluter Leser. Unter der Pumpe zu
leben, führt zu nichts. Außer zum Schluckauf. Und liegt in diesem Fall der Triumph

---

silberblitzend, auf der Mauer will eine Eiche wachsen, aber die Glassplitter drängen das Stämmchen von
der Mauerkrone. Hinter Zaun und Mauer wächst Gras, es ist ein wirres Rispengras, eine gelbgrüne Tarn-
decke, Klee und Klatschmohn grenzen es gegen den Kasernenhof ab, Habichtskraut und Wegerich sinken
im Schutt, wo früher Kopfsteinpflaster lag, ist jetzt zermahlener Lösch ausgebreitet [...]." Zitiert nach der
Fischer-TB-Ausgabe (1989), S. 28.

[175]   Ludwig Harig: Wehe dem, der aus der Reihe tanzt (Roman), München Wien 1990, S. 203. Die Auseinandersetzung mit dem mörderischen Produkt „Schwimmseife" erfolgt in Hubert Fichtes Roman *Detlevs Imitationen „Grünspan"* (1971) auf eine lakonischere (und ästhetisch überzeugendere) Weise. Die „Schwimmseife" ist bei Fichte in einer Liste von alten Dingen verborgen, die nach dem Krieg „ausgetauscht" werden:
„Die Spanschachteln, Aschenbecher, Blindpostkarten, die Schwimmseifen [...] werden über Nacht in den
Schaufenstern ausgetauscht gegen Speckseiten, Töpfe, Bügeleisen, [...], Wolfgang Borcherts Sämtliche
Werke in Dünndruck, [...], Nierentische." H.F.: Detlevs Imitationen „Grünspan", S. 189.

[176]   Francis Ponge: Die Seife [Originaltitel: Le Savon]. Aus dem Französischen von Maria Bosse-Sporleder,
Frankfurt/M. 1993. Die ersten Passagen des Buches sind bereits in den Jahren 1942/43 entstanden, die letzten im Jahre 1965. *Le Savon* erschien zuerst 1967 bei Gallimard (Paris). Die deutsche Übersetzung von Marie Bosse-Sporleder erschien zuerst 1969 im Luchterhand-Verlag.

[177]   „Der Leser wird gleich zu Beginn gebeten [...], sich in Gedanken mit *deutschen Ohren* zu versehen." Francis Ponge: Die Seife, S. 7. Ponge bemerkt auf der selben Seite noch ausdrücklich, daß sich die deutschen
Passagen des Buches dem lesenden Auge „stets in Form einer nach rechts [!] geneigten Verschwommenheit
darbieten (oder sagen wir [...]: *kursiv*)." (Kursiv im Text)

des Absurden nicht darin, sich mit verschränkten Armen von einem Wasser umspülen zu lassen, das zum Toten Meer hinfließt.[178]

Harigs konventioneller Roman *Wehe dem, der aus der Reihe tanzt* und Ponges experimenteller Text *Die Seife* offenbaren zwei völlig unterschiedliche Möglichkeiten, über ein deutsches Trauma zu sprechen. Während Harigs rückwärtsgewandte Spurensicherung Topoi und Schreibweisen des Magischen Realismus aufgreift,[179] beerbt Ponges avancierter Text Verfahren der klassischen Moderne. Eine bemerkenswerte Kombination aus *beiden* Verfahren gelang dem ostdeutschen Autor Wolfgang Hilbig in seiner Erzählung *Alte Abdeckerei*, die in der 'Wendezeit' 89/90 geschrieben und im Jahre 1991 publiziert wurde. Hilbigs Methode, über die 'Deutsche Seife' zu schreiben, orientiert sich einerseits an den Vorbildern der klassischen Moderne,[180] aber andererseits ist sie auch – sozusagen bis in die „wüsten" Ruderalflächen hinein – von der Ästhetik des Magischen Realismus infiziert:

Die Furcht vor dem gleichen Gestank war es [...], die mich immer wieder hinderte, den Bahndamm zu überschreiten [...]. Ich hatte keine Ahnung, wie es mir gelungen war, diesen Geruch zu ignorieren. [...] Es war das Flüßchen, das ihn mitbrachte, von einem der undurchschaubaren und schier endlosen Stadtränder her, wo nach wüsten Brachstrecken immer wieder unerwartete Enklaven und rätselhafte Industrieviertel auftauchten. Als Kind wußte ich, daß es der Geruch jener milchfarbenen Flut war, die durch den Fluß gespült wurde und, warmer Seifenlauge vergleichbar, am Abend brodelte und dampfte [...], und die alten Bachweiden gediehen prächtig in dieser Nahrung, zahllose Schmeißfliegen, krank vor Überfütterung, tropfend wie glänzende Gebilde aus Wachs, hüpften träge durch den Schaum [...].[181]

Hilbigs *Alte Abdeckerei* ist wahrscheinlich der 'ruderalste' Text der deutschen Literatur; die Ruderalfläche als Topos und Reflexionsfigur beherrscht diese Erzählung von der ersten bis zur letzten Seite. Sämtliche Kriterien, die Michael Scheffel zur stilistischen Bestimmung des Magischen Realismus zusammengetragen hat,[182] werden von Hilbig sozu-

---

178   Francis Ponge: Die Seife, S. 28. Die Anspielungen auf die *Shoa* („Seife", „Schweigen", „säubern") und an das Judentum („Tote[s] Meer") sind unüberhörbar.

179   Gegen die drei genannten Romane von Ludwig Harig muß kritisch eingewendet werden, daß sie letztlich an der Verklärung der Vergangenheit arbeiten und nicht selten sentimental sind. Der Tenor aller drei Bücher ist die glückliche Kindheit. Harigs magisch-realistische Spurensuche könnte bis in die Wortwahl hinein aus einem x-beliebigen Text der 30er oder 40er Jahre stammen, vgl. die folgende Beschreibung eines „abgelegene[n] Ort[es]" aus *Wehe, der aus der Reihe tanzt*, S. 64: „Die Häuser sind längst abgerissen, der Platz eingeebnet, mit rotem Schotter belegt, von Wucherblumen und Breitwegerich gefleckt. Die alten Bäume sind gefällt, um die modrigen Stümpfe herum wächst Löwenzahn und Knöterich. Wo die Blockhäuser standen, sprießt kniehohes Schuttgewächs: Kletten und Disteln, Schafgarbe und Waldweidenröschen. Über das vordere Fundament drängt sich Moos [etc.]."

180   Das Motto der *Alten Abdeckerei* („Oystrygods gaggin fishygods") stammt von einem Ahnherrn der Moderne, und zwar von James Joyce. In Hilbigs Text finden sich natürlich auch Anspielungen auf Francis Ponges *Le Savon*.

181   Wolfgang Hilbig: Alte Abdeckerei, S. 45f.

182   Vgl. Michael Scheffel: Magischer Realismus, S. 111.

sagen mit Bravour erfüllt und exzessiv ausgeschrieben. Buchstäblich im Vorübergehen integriert Hilbig dann auch noch Versatzstücke aus der Trümmerliteratur: Der üble „Gestank" und die überfütterten „Schmeißfliegen" könnten direkt aus Hans Erich Nossacks Bericht *Der Untergang* 'abgeschrieben' worden sein:

> Altes Sternenzirpen, Schriftgezirp, mit Fischen flüchtend, Fischgestirn und Fischgeschrift, durch das Wasserfinster blinkend, *alte Abschreiberei*.[183]

Hier, am texturierten Schluß des Textes, wird deutlich, daß Hilbigs *Alte Abdeckerei* ein Kompendium von Schreibweisen präsentiert, das von der magisch-realistischen Naturmagie bis zum „Sternspiel" eines Theodor Däubler reicht.[184] Es wird aber auch deutlich, daß das ursprungsorientierte (strukturierte) Erzählen und die avancierten (texturierten) Textverfahren letztlich unversöhnlich nebeneinander stehen.[185] Eine wirklich überzeugende Synthese aus 'Zwielicht' (Magischer Realismus) und „Fischgeschrift" (Moderne) gelingt Wolfgang Hilbig nicht. Eines gelingt der kalkulierten Impräzision von Hilbigs Prosa jedoch in erstaunlichem Maße: Sie ist (genau wie die 'verdeckte Schreibweise' im Dritten Reich)[186] aufnahmefähig für die unterschiedlichsten (un)politischen Aussagen und Allusionen. In Hilbigs *Alte[r] Abdeckerei* vermischen sich Reminiszenzen an den Dreißigjährigen Krieg mit Anspielungen an den Holocaust, die ihrerseits mit Erinnerungen an die deutsch-deutsche Teilung und das marode System der untergehenden DDR durchsetzt werden. Die Liste der alludierten und kolportierten Geschichte(n) ließe sich beliebig fortsetzen. Ein abschließendes Beispiel möge repräsentativ für viele stehen:

---

183   Wolfgang Hilbig: Alte Abdeckerei, S. 115.

184   Zum „Sternspiel" vgl. Moritz Baßler: Die Entdeckung der Textur, S. 60ff. Die Naturmagie ist in der *Alten Abdeckerei* omnipräsent; Hilbigs Weidenbäume bergen zwar nicht „Alexander" (vgl. Eichs *Abgelegene Gehöfte*), aber „phantastische Lebewesen", die an die „Fratze" des Ogers erinnern: „[...] ich [glaubte] die Weiden zu nie gekannter Wildheit ausarten zu sehen: in der Dämmerung [...] schienen sie in phantastische Lebewesen verwandelt [...]. Ich sah in ihnen Gebilde, die in ihrer Fratzenhaftigkeit weder der Vegetation noch einer mir bekannten Tiergattung ganz zuzuordnen gewesen wären [...]." W.H.: Alte Abdeckerei, S. 48.

185   Die ursprungsorientierten Regressionswünsche leiten nicht nur den Protagonisten bei seiner Suche, sie strukturieren auch die kreisend-insistierende Sprachbewegung des geheimnisvoll raunenden und notorisch 'zwielichtigen' Textes: „Wahrscheinlich aber war es nur ein einziger Ort, den ich suchte ... ein Ort, von dem ich mich damals vertrieben gefühlt hatte, oder weil dort noch etwas von mir versteckt war – etwas Anrührendes, vielleicht aus Weidenholz geschnitzte Kindersäbel [...]. Er mußte in einer Gegend liegen [...], die mir unheimlich war, womöglich noch weniger geheuer als jene in der Umgebung der alten Mühle [...]. Dabei bestand das Unheimliche dieser Gegend nicht zuletzt in der Anziehungskraft, die sie auf meine Gedanken ausübte." (S. 61)

186   Vgl. Heidrun Ehrke-Rotermund / Erwin Rotermund: Zwischenreiche und Gegenwelten. Texte und Vorstudien zur 'verdeckten Schreibweise' im 'Dritten Reich', München 1999, S. 11: „[Die] Schriftsteller und Publizisten, die sich im 'Dritten Reich' in irgendeiner Weise kritisch zu Wort melden wollten, [mußten sich] auf die repressiven Publikations- und Distributionsverhältnisse jener Zeit einstellen. Um den noch verbliebenden Kommunikationsspielraum zu nutzen und dabei staatliche Sanktionen zu vermeiden, entwickelte man zum Zweck kritischen Ideentransportes bestimmte Formen der 'verdeckten Schreibweise' (Dolf Sternberger) [...] wie [z.B.] 'Schreiben zwischen den Zeilen', 'verschlüsseltes Schreiben', 'Camouflage', 'Tarnung', 'Sublime Rede' oder 'Darstellung in Chiffren' [...]."

Wie ein dem Landkreis eingefleischter Hort von Bosheit und Verbrechen war *Germania II* eines Nachts samt allem, was in ihr lebte oder schon tot war, zur Hölle gefahren. [...] Nun lagen nur noch die Reste herum: rund um den geplatzten Kragen des abgesackten Terrains waren Trümmer und Zeichen verstreut wie Leichenteile auf einem Schlachtfeld.[187]

In diesem Zitat geben sich Goethe (Faust *II*), Heiner Müller (Germania) und Wilhelm Raabe (Schlachtfeld) ein Stelldichein. Diese intertextuelle Gemengelage wird mit Semiotik („Zeichen") und tiefer Bedeutung („Verbrechen") verbrämt und dann zu einem neobarocken bzw. post-historistischen Schreckensgemälde ausgeweitet, das sich aus magisch-realistischen Rudimenten bzw. Versatz-Stücken („Reste", „Trümmer") zusammensetzt. Wenn Walter Hinck in der *FAZ* bewundernd feststellt, daß Hilbig „mit seiner sprachmächtigen Erzählung geschichtlichem Bewußtsein unmittelbar auf den Fersen" ist,[188] dann wiederholt er den gleichen Fehler, den schon Elisabeth Langgässer gemacht hatte, als sie Ernst Jüngers Erzählung *Auf den Marmorklippen* (1939) als ein „Buch des Widerstands" empfahl.[189] Hilbigs *Alte Abdeckerei* ist so wenig politisch wie Jüngers *Marmorklippen* widerständig sind. Beide (magisch-realistischen) Texte sind vielmehr von einer programmatischen Unbestimmtheit. Diese kalkulierte Unbestimmtheit schafft eine Projektionsfläche, in die jede(r) LeserIn seine eigene Vorstellung von einer Oger-Fratze hineinlesen kann.

Zum Abschluß des Kapitels soll der Bogen jetzt noch einmal zu Elisabeth Langgässers Brief vom 8.7.42 und den darin ausgelegten intertextuellen Fährten zurückgeschlagen werden. Die genaue Analyse der intertextuellen *links* gibt nicht nur Aufschluß über Langgässers Brief im besonderen, sondern sie erlaubt auch einen Einblick in die „alte Abschreiberei" der magisch-realistischen AutorInnen im allgemeinen. Die folgenden Analysen zeigen, wie eine literarische Vorlage (Fontane[190]) von Langgässer angeeignet und dabei mit magisch-realistischen 'Vorzeichen' versehen wird.

---

[187] Wolfgang Hilbig: Alte Abdeckerei, S. 105f. (kursiv im Text).

[188] Walter Hinck: „In der Tiefe saugt ein Leviathan Feuer und Wasser". In: *FAZ* vom 2.3.1991.

[189] Vgl. Elisabeth Langgässer: Briefe 1924-1950, S. 1203, Anmerkung 7. Es ist also häufig nur das *Bedürfnis* nach politischer Ausdeutung, das dort Widerstände wittert, wo gar keine sind; vgl. Heidrun Ehrke-Rotermund / Erwin Rotermund: Zwischenreiche und Gegenwelten, S. 343: „Natürlich lehnte [Ernst] Jünger die Gleichsetzung von 'Marmor-Klippen' und nationalsozialistischer Realität auch im Detail ab. [...]. Jedoch wußte der Autor um das 'in solchen Zeiten' wie den nationalsozialistischen bei den Lesern bestehende Bedürfnis nach politischer Ausdeutung und bezog sie daher in seine Rechnungen mit ein: '[...] Das Beispiel [*Marmorklippen*, B.S.] zeigt, wie in solchen Zeiten die Phantasie des Lesers exegetisch mitwirkt – viel stärker, als es der Autor wünscht.' [= Zitat E. Jünger, B.S.]"

[190] Ich beschränke mich im folgenden auf die Kapitel „Werder", „Die Werderschen" und „Glindow" aus Fontanes *Wanderungen durch die Mark Brandenburg*. Diese beiden Ortschaften (Werder und Glindow) werden in Langgässers Brief explizit erwähnt (s.o.).

6.   „...mein kleiner, verunkrauteter Garten in der Mark" (da capo)

Weiter oben wurde bereits ausgeführt, daß es sich bei Langgässers Brief um eine ruderale Reversion von Theodor Fontanes *Wanderungen durch die Mark Brandenburg* handelt. Dieser *Mark Brandenburg* – sie liegt bekanntlich im Gebiet der ehemaligen DDR – sind bereits Topoi und 'Reizwörter' eingeschrieben, die von Langgässer und einigen (dem Magischen Realismus nahestehenden) AutorInnen aus der ehemaligen DDR (z.B. Wolfgang Hilbig und Volker Braun) ausgeschrieben werden. So ist bereits die für die Ästhetik des Magischen Realismus typische Oppositionsfigur *alt = unsauber = interessant* bzw. *neu = sauber = uninteressant* bei Fontane zu finden. In dem Kapitel *Werder* kommt Fontane auf den „Umbau" der Werderschen Kirche zu sprechen, durch die sie „erweitert, gelichtet [und] geschmückt" wurde. Das „historische Gerümpel" von einst wurde dabei in die „Rumpelkammer" der neuen „Sakristeiparzelle" verdrängt:

> Dennoch, wie immer in solchen Fällen [der Renovierung, B.S.], hat das geschichtliche Leben Einbuße erfahren, und Bilder, Grabsteine, Erinnerungsstücke haben das Feld räumen müssen, um viel sauberern, aber viel uninteressanteren Dingen Platz zu machen.[191]

Genau wie der Magister Noah Buchius aus Raabes *Odfeld* ist auch der märkische Wanderer Fontane auf das „historische Gerümpel" angewiesen, das auf morastigen Odfeldern und in muffigen „Rumpelkammer[n]" ein gespenstisches Nachleben führt. Die per definitionem *unsauberen Spuren* („Erinnerungsstücke") sind für die Chronisten (Fontane bzw. Buchius) unabdingbar bei der Rekonstruktion ihrer Geschichte(n). Es ist auch genau diese erinnerungslose Sauberkeit (der Neuen Sachlichkeit), gegen die Elisabeth Langgässers frühe Texte anschreiben. Am eindrücklichsten gestaltet Langgässer Fontanes 'Formel' (*sauber = uninteressant* bzw. *unsauber = interessant*) in ihrem Roman *Gang durch das Ried* (1936).[192] In diesem Roman wird auch ein verödetes Barackenlager beschrieben, das nach dem Abzug der französischen Besatzungstruppen immer weiter verkommt. Die verdreckten Überbleibsel und Rudimente, die in den ruinierten Baracken zurück bleiben, bewahren jedoch die „Erinnerung":

> Nichts blieb zurück als die leeren Baracken und der Unrat, der in den Wänden steckte, sich auf den Wegen häufte und in den Kloaken verdarb; doch dieses Nichts aus entleerten Hülsen, Patronen, Zigarettenpapier, Konservendosen, Matratzen und rostigen Eisenspiralen – dies alles: überkrochen von zähen Kasernenwanzen, trug einen mächtigen Namen: es hieß *Erinnerung* und war stärker als die vergeßliche Gegenwart, welche allzu gerne sagte: vorbei![193]

---

[191]   Theodor Fontane: Wanderungen durch die Mark Brandenburg, S. 428.

[192]   Dieser Roman wird in einem anderen Kapitel der Arbeit noch genauer analysiert. Die Zitate sollen an dieser Stelle nur belegen, wie wichtig der *Gang durch das Ried* für einen Autor wie Wolfgang Hilbig ist.

[193]   Elisabeth Langgässer: Gang durch das Ried, Hamburg 1959, S. 286 (kursiv im Text). Langgässers 'unberühmter' Roman hat stellenweise eine große Ähnlichkeit mit einem 'berühmten' amerikanischen Roman der

Die Kehrseite des Abstraktions-Prozesses ('Abzug' der Truppen) besteht aus 'verdorbe-
nen' Über- bzw. 'Zurück-Bleibseln', deren emphatischer Erinnerungswert in dem Maße
ansteigt, wie ihr Gebrauchswert abnimmt. Hier handelt es sich zweifellos um eine Radikalisierung von Fontanes Formel; gleichwohl liegt Langgässers *Müll* („Konservendosen,
Matratzen und rostige[] Eisenspiralen" etc.) auf einer prinzipiell gleichen Ebene wie Fontanes „historische[s] Gerümpel", das sich noch bevorzugt aus altehrwürdigen „Bilder[n]"
und „Grabsteine[n]" rekrutiert. Die ruderalen „Erinnerungsstücke" (bzw. die neuen „Sachen", die an ihre Stelle treten sollen), sind aber auch bei Langgässer mit der '(Un-) Sauberkeit' konnotiert. Die dunkle und *schmutzige* Erinnerung hat sich nämlich im Barackenlager „eingenistet" und soll von den hellen und *aseptischen* Innovationen, die die ansässi-
ge „Gemeinde" an dessen Stelle bauen möchte, ersetzt werden:

> „Ja, ja. Das [Unrecht, B.S.] hat sich dort eingenistet", sagte der Bauer [...]. „Und wer
> glaubt, daß dagegen Wanzengas hilft oder daß man es ausschwefeln kann –"
> „Wer will denn das?" fragte ihn Aladin.
> „Nun, wer? die Gemeinde natürlich. Eine Jugendherberge soll da [wo jetzt noch das
> verlassene Barackenlager steht, B.S.] wohl hin, ein Sportplatz und ein Segelflugla-
> ger: lauter <u>saubere</u> Sachen, alles ganz schön, und trotzdem hält sich das nicht."[194]

Wenn schon „Wanzengas" und Schwefel nicht helfen, könnte man der renitenten Erinnerung ja versuchsweise mit „Siriol" zu Leibe rücken, das – wie man aus Loerkes *Puppe*
weiß – gegen akute Brennnesselwucherungen indiziert ist (und wo ES wuchert, liegt bekanntlich etwas im Argen). Der Verdrängungsmechanismus ('Schädelstätten zu Sport-
plätzen'[195]), der im *Gang durch das Ried* schonungslos dekuvriert wird, wiederholt sich

---

Moderne: Thomas Pynchons *The Crying of Lot 49*. In beiden Romanen sind die Protagonisten dazu verurteilt, sich *erinnern* zu müssen: „Aber *sie* [Oedipa Maas] *schien dazu bestimmt zu sein, sich erinnern zu
müssen.*" T.P.: Die Versteigerung von No. 49 (Deutsch von Wulf Teichmann), Reinbek 1994, S. 129 (Kursiv im Text). Die Erinnerung wird in beiden Romanen über Rudimente bzw. Müll (vgl. „W.A.S.T.E.") gesteuert. Die fleckige „Matratze", die – neben anderem Gerümpel – im *Gang durch das Ried* Erinnerungen
an vergangene Leben gespeichert hat (s.o.), wird auch in Pynchons Roman als „vollgestopfte[s] Gedächtnis" (S. 140) bezeichnet. Mit der Eliminierung der fleckigen Spuren erlischt auch die gespeicherte Erinnerung: „Wenn also diese Matratze [...] aufloderte, würden all die gespeicherten, verschlüsselten Jahre [...]
und die ganze endlose Kette von Menschen, die darauf schon geschlafen hatten [...], tatsächlich gleichzeitig
aufhören zu existieren, und das für immer [...]." T.P.: Die Versteigerung von No. 49, S. 141.

194 Elisabeth Langgässer: Gang durch das Ried, S. 286f. Langgässer benennt in diesem Zitat nicht zufällig zentrale Diskurse der Neuen (= 'Sauberen') Sachlichkeit („Jugendherberge", „Sportplatz", „Segelfluglager").
Sport, Freizeit und Jugendkult werden von typisch 'neusachlichen' Autoren wie Joseph Roth und Egon Erwin Kisch detailliert untersucht. Im Gegensatz dazu ist Langgässers 'schmutzige' Prosa dezidiert rück-
wärtsgewandt, d.h., sie wendet sich explizit zum 1. Weltkrieg und seinen unverarbeiteten Wunden und Narben zurück.

195 Dieser Verdrängungsmechanismus ist auch ein beliebter Topos im aktuellen Erinnerungs-Diskurs. So be-
richtete beispielsweise das *Schwäbische Tagblatt* von einem (bis heute unaufgeklärten) „Mühlen-
Massacker" aus der unmittelbaren Nachkriegszeit. Der Artikel endet mit den ominösen Worten: „Die Mühle
wurde in den 70er Jahren abgebrochen. Im einstigen Kornspeicher ist jetzt ein Gasthaus eingerichtet für einen FKK-Club: 'Unbefugten ist das Betreten verboten.' *Wo fünf Menschen massakriert wurden, spielen*

nach dem Zweiten Weltkrieg in auffälliger Weise ('Kriegswunden zum Wirtschaftswunder'). Die Parallelen zwischen der ersten und der zweiten Trümmerliteratur werden an dieser Stelle jedoch nicht weiter herausgearbeitet; sie werden im nächsten (IV.) Kapitel, das sich insbesondere mit dem *Gang durch das Ried* beschäftigt, noch genauer untersucht.

Welche weiteren Informationen aus Fontanes *Wanderungen* werden von Langgässer im Brief vom 8.7.42 verarbeitet? Aus dem Kapitel *Die Werderschen* erfahren wir beispielsweise, daß die Stadt Werder durch den Obstanbau und -verkauf reich geworden ist:

> Gärten und Obstbaumplantagen zu beiden Seiten; links bis zur Havel hinunter, rechts bis zu den Kuppen der Berge hinauf. Keine Spur von Unkraut; alles rein geharkt; der weiße Sand des Bodens liegt obenauf. Große Beete mit Erdbeeren und ganze Kirschbaumwälder breiten sich aus.[196]

Was Fontane hier im distanzierten Ton eines unbeteiligten Chronisten vorbringt, wird von Elisabeth Langgässers Brief, der „einen märkischen Feldweg bei Werder oder Glindow in der Mittagsglut" beschreibt (s.o.), sozusagen re-emphatisiert:

> Es ist ein völlig verzauberndes Erlebnis, wenn die Gärten das Beerenobst auskochen und am Wegesende das träge, flache Blau der Havel hindurchleuchtet.[197]

In Fontanes *Wanderungen* erfahren wir, um welches „Beerenobst" es sich hier genau handelt:

> Sie [die Erntesaison] beginnt [...] mit Erdbeeren. Dann folgen die süßen Kirschen aller Grade und Farben; Johannisbeeren, Stachelbeeren, Himbeeren schließen sich an. [...] Mit der Traube schließt die Saison.[198]

Und natürlich scheint auch in Fontanes Werder die helle Sonne; es herrscht eine Temperatur von „27 Grad im Schatten [bei] absoluter Windstille". Genaue Zeit: „drei Uhr nachmittags".[199] Langgässer hat die Uhr zurückgedreht; ihr visionäres Landschaftsbild entfaltet sich zur panischen Mittagsstunde (vgl. „Mittagsglut"). Bei Fontane liegt die Be-

---

heute Nudisten Tennis." Hans Georg Frank: Keine Spur im Mühlen-Massacker. In: Schwäbisches Tagblatt vom 23.5.1998.

[196] Theodor Fontane: Wanderungen durch die Mark Brandenburg, S. 431. Der bürgerliche Realismus eines Fontane und der magische Realismus eines Loerke kommentieren sich wechselseitig. Zugespitzt formuliert: Genau dort, wo bei Fontane „Kirschbaumwälder" in Reih' und Glied gedeihen, wuchern dann bei Loerke stinkende „Brennesselwälder".

[197] Das „Blau der Havel", das Langgässer hier nennt, findet sich bereits in Fontanes *Wanderungen*. Das Kapitel *Die Werderschen* wird mit der folgenden Gedichtstrophe eingeleitet: „Blaue Havel, gelber Sand, / Schwarzer Hut und braune Hand, / Herzen frisch und Luft gesund / Und *Kirschen* wie ein Mädchenmund." (S. 430, kursiv im Text)

[198] Theodor Fontane: Wanderungen durch die Mark Brandenburg, S. 433.

[199] Theodor Fontane: Wanderungen durch die Mark Brandenburg, S. 431.

tonung auf der *Kultur* („Eine reiche, immer wachsende Kultur!"[200]), und bei Langgässer liegt sie auf der *Natur* (die fehlenden „Voraussetzungen" machen das märkische Land „zu 'Natur'"). Fontane beschreibt die *Kultivierung einer Wildnis*, Langgässer antizipiert die *Verwilderung einer Kultur*; ihr „gewalttätig wucherndes Kraut und Unkraut" war, wie Fontane berichtet, von den Werderschen eigentlich schon längst 'besiegt' worden:

> Wo noch vor wenig Jahren der Wind über Thymian und Hauhechel strich, da hat der Spaten die schwache Rasennarbe umgewühlt, und in wohlgerichteten Reihen neigen die Bäume ihre fruchtbeladenen Zweige.[201]

Es gibt noch eine weitere auffällige Parallele: Fontanes Werder und Langgässers „kleiner, verunkrauteter Garten in der Mark" sind 'Garteninseln'. Bei Fontane liegt die Betonung jedoch ganz deutlich auf dem *Garten* und der wirtschaflichen Expansion der Insel:

> Um die Mitte des vorigen [= 18.] Jahrhunderts hatte sich die Umwandlung völlig vollzogen: Werder war eine *Garten*insel geworden. [...] Damit brach die Großzeit an.[202]

Bei Langgässer liegt die Betonung 'um die Mitte des 20. Jahrhunderts' wieder auf der 'Kleinzeit' und dem 'unberühmten' *Insel*-Charakter des Gartens, der wie ein *hortus conclusus* in der mörderischen Welt verborgen liegt. Mitten im Zweiten Weltkrieg hat Langgässer die Uhr nicht nur um drei Stunden, sondern um mehr als zwei Jahrhunderte zurückgedreht. Die „totgeschossen[en]" Opfer des Kriegs werden in Langgässers Brief allerdings mit keinem Wort erwähnt; umso mehr ist dort vom „Materiellen"[203] – genauer: von Lebensmitteln – die Rede. Was bei Fontane an zweiter Stelle des „Interesse[s]" steht – nämlich „wieviel gegessen worden ist" –, steht bei Langgässer in Wahrheit an erster Stelle (auch wenn es erst am Schluß des Briefes „noch rasch" – also verschämt – nachgeschoben wird).

> Wie viele Menschen erdrückt oder totgeschossen wurden, hat zu allen Zeiten einen geheimnisvollen Zauber ausgeübt; an Interesse steht dem vielleicht am nächsten, wieviel gegessen worden ist.[204]

Der „geheimnisvolle[] Zauber", der für Fontane noch von der Anzahl getöteter Menschen ausging, hat sich in Langgässers Brief in ein „verzauberndes Erlebnis" verwandelt, das den Tod in die „brennend[e]" und „gewalttätig[e]" Landschaft hinein verschiebt. Die

---

200 Theodor Fontane: Wanderungen durch die Mark Brandenburg, S. 431.

201 Theodor Fontane: Wanderungen durch die Mark Brandenburg, S. 431.

202 Theodor Fontane: Wanderungen durch die Mark Brandenburg, S. 433 (kursiv im Text).

203 Der letzte Absatz des Briefes vom 8.7.42 beginnt mit den Worten: „Nun noch rasch zum Materiellen. Von den 3 Rosinenpäckchen habe ich bis jetzt 2 erhalten; das Öl überhaupt nicht. Dagegen auch das Schokoladetäfelchen für Annette u. ihre ein Jahr jüngere Schwester Barbara. [...] Es hat ihnen grossartig geschmeckt [...]." E.L.: Briefe 1924-1950, S. 396f.

204 Theodor Fontane: Wanderungen durch die Mark Brandenburg, S. 433.

„kleine, verunkrautete" Idylle am peripheren „Stadtrand von – Berlin" ist in Wahrheit eine unheimliche Todeslandschaft. Der 'kleine Tod', der von dem ruderalen „Fleckchen" ausgelöst wird – man erinnere sich an Langgässers „Erregung [...] der Sinne" –, steht hier stellvertretend für den 'großen Tod' ringsum. Im nächsten Kapitel soll deshalb auch gezeigt werden, daß die vertexteten Ruderallandschaften immer auch codierte Körper- und Sexuallandschaften sind.

In bezug auf Werder können wir zusammenfassend festhalten: Sowohl Fontane als auch Langgässer beschreiben 'blühende Landschaften'.[205] Es gibt jedoch einen kleinen Unterschied: Fontanes Werder steht in *wirtschaftlicher* (Obst-) Blüte – „in 4 Monaten" erzielt Werder durch seinen Obstverkauf eine „Gesamteinnahme von 180 000 Talern"[206] –, und Langgässers „karge[r]" märkischer Boden steht – ähnlich wie Peter Huchels märkisches „Kähnsdorf"[207] – in ökonomisch unrentabeler *Unkraut*-Blüte.

Ein kurzer Blick nach vorn ins Jahr 1996 zeigt die ruderale Kontinuität der märkischen Landschaft. Am 25. Mai 1996 veröffentlichte der 'ostdeutsche' Autor Jens Sparschuh, der durch seinen „Heimatroman" *Der Zimmerspringbrunnen* (1995) einer weiteren Leserschaft bekannt wurde, in der *FAZ* einen Artikel mit der programmatischen Überschrift *Märkischer Sand im Getriebe*. Sparschuh stilisiert sich darin zum „Bürger zweier Welten", dessen „grüne Grenze [...] mitten durch [ihn] hindurch [verläuft]". Das Bennsche „Doppelleben", das der ost- *und* westdeutsche Sparschuh „seit Jahren" praktiziert, führt dazu, daß er die „texanischen Weiten der Mark" und den „verwilderten Osten" mit anderen Augen – sozusagen mit doppelter Optik – betrachten kann:

---

[205] Die Metapher vom „Emporblühen" wird in Fontanes Kapitel über Glindow übrigens explizit verwendet: „Es ist oft gesagt worden, daß der Stadt Berlin das *Material* zu raschem Emporblühen beinah unmittelbar vor die Tore gelegt worden sei. Das ist richtig. Da sind Feldsteinblöcke für Fundament- und Straßenbau, Rüdersdorfer Kalk zum Mörtel [...]." (S. 441, kursiv im Text, Unterstr. B.S.) Oben wurde bereits darauf hingewiesen, daß auch Langgässer in ihrem Brief auf das „Materielle[]" (Lebensmittel) zu sprechen kommt. Sie bedankt sich bei ihrem Adressaten für die Schokolade, die dieser geschickt hatte, mit den Worten: „richtige orientalische Schokolade, ganz zerbröckelt, etwas merkwürdig im Aussehen, als sei sie mit Kalkstaub gepudert. Schöööön!!" E.L. Briefe 1924-1950, S. 397.

[206] Theodor Fontane: Wanderungen durch die Mark Brandenburg, S. 434.

[207] Auch von Peter Huchel, der wie Elisabeth Langgässer an der Zeitschrift *Die Kolonne* mitgearbeitet hat, gibt es eine ruderale Umschrift der *Wanderungen durch die Mark Brandenburg*. Huchels kurzer Text, der zuerst in der *Literarischen Welt* (1932) publiziert wurde, stellt – genau wie Langgässers Brief – die „krautigen" 'Unberühmtheiten' der „schlafenden" Mark heraus: „Wo der karge, von Roggen, Kartoffeln und Lupinen bestandene Boden seinen schlafenden Ackerweg ganz in der krautigen Brache versanden läßt, wächst nichts als wilder Hafer und dürre Kiefernheide: watet man aber durch Wellen von Farn die Föhrenhügel hinauf und sieht plötzlich, im blauen Feuer des Mittags, einen von Algen verschleierten See unter sich – dann nimmt das Land eine sanfte Gewalt an. Noch steht man in der brandigen Luft von Harz und Borke, auf einem moosarmen, nur von Kiefernnadeln überknisterten Grund, doch man blickt hinab und fühlt, wie schön dort unten, im Zauber der Zauche, Wald, Schilf und Wasser beieinander liegen. –" P.H.: Die Mark: Kähnsdorf / Oberes Nuthetal / Schiaß. In: ders.: Gesammelte Werke Bd. 2, S. 234-235, hier: S. 234.

Der Lockruf der Wildnis! Und selbst wenn die Eingeborenen [= die Ostdeutschen, B.S.] damals freudig zugestimmt haben und bei der Urbarmachung auch selbst Hand mit anlegten [„keine Spur von Unkraut" (*Fontane*), B.S.], heute stehen sie zumeist ratlos vor den Resultaten des zivilisatorischen Aufbauwerkes.[208]

So weit, so ratlos. Das „zivilisatorische Aufbauwerk[]", das wie ein Fremdkörper „inmitten blühender Landschaften" steht, hat die provinziellen 'Kräuter und Rüben', die gewissermaßen per definitionem im Abseits wachsen, noch weiter ins Abseits gedrängt. Das sozialistische Aufbauwerk des ehemaligen Arbeiter- und Bauernstaates liegt (genau wie die verlassene Fabrik in Fjodor Gladkows Roman *Zement*[209]) im doppelten Sinne 'am Boden':

> Golfplätze, futuristische, oft leerstehende Fabrikhallen, Einkaufszentren. [...] Und das alles inmitten blühender Landschaften. Durchaus! Denn wo einstmals endlos eintönig sich die Furchen der LPG-Felder hinzogen, liegen heute die Felder brach: und aus denen blüht es in der Tat, wuchert und wächst es bunt durcheinander, wie Kraut und Rüben. Nur eben – *ohne* Kraut und Rüben.[210]

Fast scheint es also, als habe Elisabeth Langgässer in ihrem visionären Brief vom 8.7.42 die derzeitige wirtschaftliche Situation der Neuen Bundesländer antizipiert. Die 'Wende' von der Ökonomie (Fontane) zur Ökologie (Langgässer) hat in der Literatur bereits 47 Jahre vor dem Mauerfall stattgefunden.

Wie sieht es nun dagegen in Fontanes *Glindow* aus?

> Was Werder für den *Obst*konsum der Hauptstadt, das ist Glindow für den *Ziegel*konsum. In Werder wird gegraben, gepflanzt, gepflückt, – in Glindow wird gegraben, geformt, gebrannt; an dem einen Ort eine wachsende Kultur, am andern eine wachsende Industrie, an beiden (in Glindow freilich auch mit dem Revers der Medaille) ein wachsender Wohlstand.[211]

Glindow, so erfahren wir weiter, hat verschiedene „Lehmberge", die den sog. „Berglehm" liefern, der seinerseits für die Produktion von Ziegeln benötigt wird. Drei dieser Lehm-

---

[208] Jens Sparschuh: Märkischer Sand im Getriebe. In: ders.: Ich dachte, sie finden uns nicht. Zerstreute Prosa, Köln 1997, S. 113-116, hier: S. 115. Der Artikel erschien, wie gesagt, zuerst in der *FAZ* vom 25.5.1996. Die Überschrift konnotiert übrigens Günter Eichs Gedicht *Wacht auf, denn eure Träume sind schlecht!* aus seinem Hörspiel *Träume* (1950), dessen letzte Zeile lautet: „Seid unbequem, seid Sand, nicht das Öl im Getriebe der Welt!" G.E.: Gesammelte Werke Bd. 1, S. 250.

[209] Vgl. Kap. I, Anm. 172-175.

[210] Jens Sparschuh: Ich dachte, sie finden uns nicht, S. 115f. (kursiv im Text). Auch diese Sätze von Sparschuh sind eine Umkehrung von Fontanes Ausgangssituation: „Wo noch vor wenig Jahren der Wind über Thymian und Hauhechel strich, da hat der Spaten die schwache Rasennarbe umgewühlt, und in wohlgerichteten Reihen neigen die Bäume ihre fruchtbeladenen Zweige." T.F.: Wanderungen durch die Mark Brandenburg, S. 431 (vgl. auch oben Anm. 201).

[211] Theodor Fontane: Wanderungen durch die Mark Brandenburg, S. 441 (kursiv im Text).

berge sind bereits verödet; sie „liegen wüst, sind tot. Die andern sind noch in Betrieb."[212] Damit hat Fontane nicht nur die Industrialisierung, sondern auch den „Revers der Medaille" – nämlich die „wüst[en]" und „tot[en]" Industriebrachen – zur Sprache gebracht. Nicht genug damit: Fontane antizipiert in seinen *Wanderungen* bereits die weiträumigen Abraumhalden, die in der Literatur der ehemaligen DDR – man denke an Texte von Volker Braun (*Die Kipper*) und Wolfgang Hilbig (*Die Kunde von den Bäumen*) – ein wichtiger Topos für den sozialistischen Fortschritt (bzw. für den ökologischen Rückschritt) sind:

> Der Lehm in diesen Bergen ist sehr mächtig. Nach Wegräumung einer Oberschicht, „Abraum" genannt, von etwa dreißig Fuß Höhe, stößt man auf das Lehmlager, das oft eine Tiefe von achtzig bis hundert Fuß hat.[213]

Die eigentlichen Abraum*halden*, an denen sich Volker Brauns *Kipper* abarbeiten, werden von Fontane zugegebenermaßen (noch) nicht thematisiert.[214] Was Fontane aber sehr wohl (und ausführlich) thematisiert, ist die Verelendung der „kümmerliche[n] Tagelöhnerbevölkerung", „die 'nichts drin, nichts draußen' hat und zum Teil von einem elenden Elternpaar geboren und großgezogen wurde [und] früh zugrunde [geht]".[215] Theodor Fontane als Zeitgenosse von Karl Marx und Friedrich Engels beobachtet, mit andern Worten, die Ausbeutung der Landschaft und die Verelendung des Proletariats:

> Und wie d[]er reiche Betrieb [...] die Landschaft nicht schmückt, so schmückt er auch nicht die Dörfer, in denen er sich niedergelassen hat. Er nimmt ihnen ihren eigentlichen Charakter, [...] ihre Unschuld und gibt ihnen ein Element, dessen *Abwesenheit* bisher, und wenn sie noch so arm waren, ihr Zauber und ihre Zierde war, – er gibt ihnen ein Proletariat. [...] Auch Dorf Glindow hat von diesem allem sein geschüttelt Maß. An und für sich ausgestattet mit dem vollen Reiz eines havelländischen Dorfes, hingestreckt zwischen See und Hügel, schieben sich doch überall in das alt-dörfliche Leben die Bilder eines allermodernsten, frondiensthaften Industrialismus hinein [...].[216]

Die „lachenden Bilder" der intakten Landschaft, so resümiert Fontane, „lassen die Kehrseite nur umso dunkler erscheinen". – Was hat das alles mit Elisabeth Langgässers Brief vom 8.7.42 zu tun? Auf den ersten Blick wenig, aber auf den zweiten sehr viel. Die „Kehrseite", die Fontane hier zeigt, präsentiert nämlich genau die Dinge, die Langgässer

---

212   Theodor Fontane: Wanderungen durch die Mark Brandenburg, S. 442.

213   Theodor Fontane: Wanderungen durch die Mark Brandenburg, S. 442.

214   *Kipper* gibt es in Fontanes *Wanderungen* noch nicht, wohl aber *Lipper*. Bei den Lippern handelt es sich um „Ziegelstreicher", die in den Glindower Lehmbergen arbeiten: „Die Lipper, nur Männer, kommen im April und bleiben bis Mitte Oktober. [...] An ihrer Spitze steht ein Meister [...]. Die Arbeit ist Akkordarbeit [...]. Die Leute sind von einem besonderen Fleiß." (S. 444) All das trifft übrigens auch auf Volker Brauns *Kipper* zu. Vgl. V.B.: Die Kipper. In: ders.: Stücke 1, Frankfurt/M ²1981, S. 7-72.

215   Theodor Fontane: Wanderungen durch die Mark Brandenburg, S. 445.

216   Theodor Fontane: Wanderungen durch die Mark Brandenburg, S. 448f. (kursiv im Text).

und Huchel[217] in ihren Ruderal-Idyllen systematisch ausblenden. Bei diesen Magischen RealistInnen gibt es weder ein Proletariat,[218] noch zeigen sie uns „Bilder eines allermodernsten, frondiensthaften Industrialismus"; im Gegenteil: Langgässers und Huchels Texte *glänzen* im wahrsten Sinne des Wortes durch deren *Abwesenheit*. Die Entsprechungen zwischen Fontane und Huchel lassen sich sogar bis in einzelne Formulierungen hinein nachweisen: Das „[z]auber"-hafte „havelländische[] Dorf[]" Fontanes ist „hingestreckt zwischen See und Hügel"; ähnlich sieht es in Huchels Kähnsdorf aus, wo „im Zauber der Zauche" und in der „Stille, an Wald und Hügel hingelagert", das „kleine Kähnsdorf [schläft]". Huchel versteigt sich sogar zu der Formulierung, daß das märkische Nuthetal „in unberührter Einsamkeit daliegt"[219]. – Die historische Uhr ist vom Magischen Realisten Peter Huchel wieder einmal gründlich zurückgedreht worden.

Die „allermodernsten" Bilder von der Mark Brandenburg, die Langgässer und Huchel ausblenden, werden jedoch von einem ostdeutschen Autor, der wie kein anderer den Magischen Realismus beerbt hat, wieder eingeblendet und konsequent zuende geschrieben. Die Rede ist von Wolfgang Hilbig. Seine 1994 publizierte Erzählung *Die Kunde von den Bäumen* greift nicht nur die gleiche Spannung zwischen malerischer Landschaft und zerstörerischer Industrie bzw. Idylle und Verwüstung auf, die in Fontanes Kapitel über Glindow zum Ausdruck kommt, sondern sie bedient sich darüberhinaus auch ähnlicher Motive und „Bilder". In der *Kunde von den Bäumen* geht es – kurz gesagt – darum, daß der Arbeiter Waller die Kirschbäume, die dem Braunkohleabbau zum Opfer gefallen sind, schreibend vor dem Vergessen bewahren will. Wallers Aufzeichnungen, die auf Anton Čechovs *Kirschgarten* und Volker Brauns *Landwüst*[220] Bezug nehmen, wenden sich gegen die von staatlicher Seite „angeordnet[e]" Eliminierung der erinnerungslastigen Stellen und Flecken:

> Immer hatte man gewußt, daß es [das Dorf mit der Kirschallee, B.S.] über der Kohle gelegen war, nun rückten die Tagebaue schon bis zu den Vorgärten vor, der Abriß

---

217 Vgl. oben Anm. 207.

218 In Peter Huchels Œuvre gibt es zwar Schnitter, Mägde, Knechte und Arbeiter, aber *kein* verelendetes Proletariat. Das Interessante an diesen archaischen und mythologisch überhöhten Figuren ist, daß sie mit fast jeder Ideologie kompatibel (gewesen) sind. Huchel konnte seine politisch 'unverdächtigen' Gedichte zu allen Zeiten (Weimarer Republik, Nationalsozialismus, DDR und Bundesrepublik) mehr oder weniger problemlos veröffentlichen; die Mägde und Schnitter paßten damals ins *Blut-und-Boden*-Konzept der Nazis, sie ließen sich später aber genauso gut (bzw. genauso schlecht) in die sozialistisch-realistische Arbeiterdichtung der DDR integrieren. In der heutigen Zeit wirken Huchels Figuren wie alternative Grüne, die sich in ökologisch weitgehend intakten Landschaften bewegen.

219 Peter Huchel: Gesammelte Werke Bd. 2, S. 234.

220 In Volker Brauns Gedicht *Landwüst* – eine Umkehrung von Eliots *Waste Land* – wird das lyrische Ich „[ge]halten" von den „verbohrten / Kirschbäume[n] auf den Schiefern". Das „Dorf", das in der zweiten Strophe unterm Unkraut „verschollen" ist, ist ein Vorbild für Hilbigs „Dorf W.": „Noch unter dem Dorf / Unter Brachdisteln und Fladern verschollen / Spür ich ein Dorf / Meiner Vorvoreltern Schlag / Und aufgebrannt der Welt ein Fleck / Zum Leben." V.B.: Gedichte, Frankfurt/M. 1979, S. 64.

des <u>Fleckens</u> war angeordnet. [...] Die Invasion des Mülls eskalierte, der Unrat begann den ganzen Wald zu umzingeln, Vorhuten von toter Materie schickten sich an,
den Wald in Parzellen zu zerschneiden, und einer dieser Paßwege des Mülls war
auch die Kirschallee: wenn das Tagebauloch ausgekohlt war, das anstelle des Dörfchens übrigbleiben sollte, würde die Kirschallee zu den Verbindungsstraßen des Abfalls gehören, dessen Massen schon bald eine neue Halde brauchten.[221]

Hilbigs 'intertextuelle Kirschbäume' scheinen direkt aus dem Flecken Werder zu stammen, das für seine „Kirschbaumwälder" berühmt ist[222], und die „schönen alten Bäume",
denen Waller nachtrauert, wachsen tatsächlich noch in Fontanes Glindow, wo sich – wie
bereits zitiert – „in das alt-dörfliche Leben die Bilder eines allermodernsten [...] Industrialismus hinein[schieben]", und – Fortsetzung des Zitats – *„die schönen alten Bäume, die
mit ihren mächtigen Kronen so vieles malerisch zu überschatten und zu verdecken verstehen, sie mühen sich hier umsonst, diesen trübseligen Anblick dem Auge zu entziehen."*[223]
Haargenau an dieser Stelle setzt *Die Kunde von den Bäumen* an. Vorab soll jedoch Hilbigs Erzählung *Grünes grünes Grab* (1992) analysiert werden. Das hat einen ganz bestimmten Grund: In diesem faszinierenden Prosatext wird die „Flecken"-Metaphorik, die
uns im Laufe der Untersuchung immer wieder begegnete, sozusagen auf den letzten
Punkt gebracht. *Die Kunde von den Bäumen* (1994) wird dann auf der Folie von *Grünes
grünes Grab* (1992) verständlicher.

7. Der „Fleck", die „Stelle" und die „Lichtung" – Wolfgang Hilbigs Erzählung *Grünes grünes Grab*

Der Protagonist aus Hilbigs *Grünes grünes Grab* – es handelt sich um den Lyriker C. –
fährt kurz nach der Wende mit dem Zug in den Ostteil Deutschlands, um dort, in der Nähe seiner alten Heimatstadt, aus seinen Gedichten vorzulesen. Dieser Weg nach Hause
entwickelt sich jedoch immer mehr zu einer unheimlichen Hadesfahrt: Der Weg führt an
„überwachsene[n] Böschungen" und „unansehnliche[n] Siedlungen" vorbei, „die wie An-

221 Wolfgang Hilbig: Die Kunde von den Bäumen, Frankfurt/M. (Fischer-TB) 1996 [EA 1994], S. 23f. Im obigen Zitat finden sich nahezu alle Topoi wieder, die den Skopus der vorliegenden Arbeit bilden: Die erinne-
rungsgesättigten „Flecken" und Rudimente („Müll", „Unrat", Materie"), die Substitutionen („das Tagebauloch [...], das *anstelle* des Dörfchens übrigbleibt"), die Pervertierung der Heilsgeschichte à la *Romeo und
Julia auf dem Dorfe* (die paradiesische „Kirschallee" wird zu einer „Verbindungsstraße[] des Abfalls"):
„Sie alle [die Müllmänner, B.S.] führten ein Leben, das vom Betrieb der Stadt abgefallen war", W.H.: Die
Kunde von den Bäumen, S. 56.

222 In Hilbigs Erzählung ist sogar explizit von dem „Dorf W." (Werder?) die Rede: „[...] das Dorf W. hatte in
östlicher Richtung gelegen [...]. Auf dem Heimweg dann begegneten mir so viele Bäume [...], daß mir selbst
die billigsten Wörter zu ihrer Beschreibung vergingen... die Kirschallee war nicht mehr aufzufinden." W.H.:
Die Kunde von den Bäumen, S. 29.

223 Theodor Fontane: Wanderungen durch die Mark Brandenburg, S. 449.

sammlungen von Schrott und Schutt aussahen"[224]. Der melancholische Blick des Lyrikers gleitet nach unten, und er entdeckt „an dem rostigen zweiten Gleis [...], das neben der Strecke herlief", das obligatorische „Unkraut":

> Unkraut und Gras standen zwischen den Schienen, und je länger C. in dieses unter ihm hinwegfliehende Gleis starrte, um so öfter dünkte ihm, daß das Gras dort unten schwarz war.[225]

Die atopische Heimatstadt, die der Lyriker C. schließlich erreicht – sie „war in Wirklichkeit auf kaum einer Landkarte zu finden" – entpuppt sich jedoch als eine Art *Stadt hinter dem Strom*, die genau wie Kasacks berühmte Nekropolis verödet und gespenstisch ist:

> Keine Bewegung war in den Straßen, kein Fahrzeug fuhr, kein Lebenszeichen drang aus den Häusern.[226]

Im Gegensatz zu den Bahnhöfen, „die den Eindruck jahrelanger Vergessenheit machten", hat sich C. jedoch „in dauernder Angst, auch nur das kleinste Detail dieser Ortschaft zu vergessen, [...] bis zum Überdruß erinnert". Das „Ungeheuer dieser Kleinstadt" ist eine monströse „Erinnerung ohne Leben". Diese erloschene Erinnerungs-Topographie wird vom Ich-Erzähler sukzessive abgeschritten; die Wanderung führt ihn schließlich auch über die engen Stadtgrenzen ins Verwilderte hinaus:

> [...] [S]o wanderte er weiter, als habe er gar keine andere Möglichkeit. Irgendwann war das Straßenpflaster unter Staub und zerstampftem Schlamm versunken; die Felder, seit unbekannten Zeiten brach liegend, waren über die Straße hinweggedriftet, die Wildnis holte sich das unbeachtete Menschenwerk zurück.[227]

Die Wanderung führt den Erzähler aber nicht nur über die Stadtgrenze *hinaus*, sondern sie führt ihn vor allem auch in sich selbst *hinein*; die Wanderung ist deshalb im wahrsten Sinne des Wortes eine *Regression*, die ihn vom Erwachsenenalter über die „letzte[] Phase seiner Jugend" bis in die „Kindheit" zurückführt. Der emphatische Ort der Kindheit ist eine „große[] freie[] Stelle, wo es nur ein paar alte ausladende Eichen gab, und sonst nur das gewellte, waldumsäumte Fluten von Gras", – das ist Heideggers „Lichtung" (*Aletheia*).[228] An dieser „Stelle" im Wald schläft der Ich-Erzähler sofort ein; nach dem

[224] Wolfgang Hilbig: Grünes grünes Grab (Erzählungen), Frankfurt/M. 1992, S. 106 und 107.

[225] Wolfgang Hilbig: Grünes grünes Grab, S. 107. In einer etwas zu aufdringlichen Parallelisierung erfährt der Leser, daß es sich um „schwarzes schwarzes Gras" handelt. Vgl. ebd., S. 108.

[226] Wolfgang Hilbig: Grünes grünes Grab, S. 109.

[227] Wolfgang Hilbig: Grünes grünes Grab, S. 112.

[228] „Das Lichtende währt, insofern es lichtet. Wir nennen sein Lichten die Lichtung. [...] Das Lichten gewährt das Scheinen, gibt Scheinendes in ein Erscheinen frei. Das Freie ist der Bereich des Unverborgenheit." Martin Heidegger: Aletheia (Heraklit, Fragment 16). In: ders.: Vorträge und Aufsätze, Pfullingen 1954, S. 249-274, hier: S. 250. Es dürfte hinlänglich bekannt sein, daß der Schwarzwaldphilosoph mit dem berühmten Lyriker Celan (= „C.") bekannt war.

Aufwachen kann er sie jedoch nicht wiederfinden, da sie – im Sinne Heideggers[229] – das Verbergende und Verborgene zugleich markiert, über das der Mensch nicht verfügt. Genau diese „Stelle" wird vom Erzähler als „Fleck" ausgewiesen:

> Als C. sich zum Gehen wandte, wußte er, warum er hier alles so genau wiedererkannt hatte... und dennoch den Weg aus der Lichtung heraus nicht sofort finden wollte und noch einige Male im Kreis irrte. Jener kleine Fleck war es, auf dem er gelegen hatte [...], der ihm so unzweifelhaft angehörte. Dieser Fleck war es, dem er verbunden war wie sonst keinem zweiten Ort, dem er körperlich und atmosphärisch verbunden war, als sei er hier einst verwurzelt gewesen.[230]

Auf eine Formel gebracht: *Der Fleck ist die Stelle ist die Lichtung.* Der *unberühmte* „*Ort*" im Wald, dem der Erzähler „atmosphärisch verbunden" ist, ist hier gleichzeitig die „allereigenste Enge" (*Celan*),[231] die alle gesellschaftlichen Ent- und Ver-stellungen („Rolle[n]") rückgängig macht und wahrhaft *regenerierend*[232] wirkt. Die „alte Stelle" bzw. der „Fleck" ist deshalb gewissermaßen der pränatale *locus amoenus*, mit dem C. „einst" wie ein Embryo symbiotisch verwachsen („verwurzelt", vgl. „Unkraut") war:

> Nun hatten ihn Erschöpfung und Überdruß die alte Stelle wiederfinden lassen, wo er ohne Bedenken müde sein durfte. Gedankenlos müde, wie er nicht mehr geglaubt hatte sein zu dürfen, seit ungezählten Jahren [...], seit er seine Rolle für sich in Anspruch nahm: sie war eine Art Statistenrolle im Repertoiretheater des gesellschaftlichen Überbaus.[233]

---

[229] „Aber das Goldene des unscheinbaren Scheinens der Lichtung läßt sich nicht greifen, weil es selbst kein Greifendes, sondern das reine Ereignen ist." Martin Heidegger: Vorträge und Aufsätze, S. 273.

[230] Wolfgang Hilbig: Grünes grünes Grab, S. 118f.

[231] Vgl. das berühmte Diktum von Paul Celan, das der Lyriker C. auf seinem „Flecken" inszeniert: „[...] geh mit der Kunst in deine allereigenste Enge. Und setze dich frei." Paul Celan: Der Meridian. Rede anläßlich der Verleihung des Georg-Büchner-Preises Darmstadt, am 22. Oktober 1960. In: ders.: Gesammelte Werke in fünf Bänden, hg. von Beda Allemann und Stefan Reichert, Bd. 3, Frankfurt/M. 1986, S. 200.

[232] „Es war ihm [nach dem Aufwachen, B.S.], als habe er ein Fieber überwunden, sein Kopf war so klar und nüchtern wie seit Tagen nicht mehr." W.H.: Grünes grünes Grab, S. 116. Der persönliche (existenzielle) „Fleck" ist auch deshalb ein ‚*unberühmter* Ort', weil er inkommensurabel und privatistisch ist. Hilbigs *Grünes grünes Grab* ist aber nun insofern eine (spätromantische) Künstlernovelle, als es u.a. darum geht, den ‚unberühmten Ort' im Wald qua Dichtung („C." ist Schriftsteller!) ‚berühmt' zu machen. Der Lyriker C. orientiert sich am mythologischen Vorbild des Antaios: Wie dieser sammelt C. auf dem ‚unberühmten' mütterlichen „Fleck" die Kraft, die er benötigt, um in seiner ‚Rolle' als Schriftsteller ‚berühmt' zu werden. Es geht also letztlich darum, den ‚unberühmten Ort' in einen ‚berühmten' zu übersetzen (transferieren).

[233] Wolfgang Hilbig: Grünes grünes Grab, S. 119. An dieser Stelle knüpft Hilbig auch an Hölderlins *Hyperion* an: „Ich [Hyperion] weiß, der Himmel ist ausgestorben, entvölkert, und die Erde, die einst überfloß von schönem menschlichen Leben, ist fast, wie ein Ameisenhaufe, geworden. *Aber noch gibt es eine Stelle*, wo *der alte Himmel und die alte Erde mir lacht.*" F.H.: Werke und Briefe Bd. 1, S. 373.

Wenn Walter Benjamins Diktum stimmt, daß die Dinge in der Vergessenheit *entstellt* sind, dann impliziert das gleichzeitig, daß sie in der Erinnerung unverstellt sind.[234] Hilbigs paradoxer „Fleck" bezeichnet nun genau den Bereich, der die Dialektik von Erinnern und Vergessen, Stelle und Ent-Stelle unterläuft bzw. aufhebt. Die umfassende Erinnerung, zu der der Ich-Erzähler auf seinem Flecken zurück-findet, vollzieht sich im Akt des totalen Vergessens, d.h. im Schlaf bzw. im Tod (die „Stelle" als „grünes Grab"). Ähnlich paradox ist auch der „Fleck" als topographischer Ort: Einerseits ist der „Fleck" eine entstellte Mini-Ruderalfläche – die „Stelle" liegt wie ein buchstäblicher Flucht-punkt am Ende einer langen Trümmerwanderung –, aber andererseits bezeichnet er/sie auch einen vermeintlich völlig unentstellten inneren Bezirk (Innere Emigration!), der/die alle Rudimente wieder zusammenfügt. Das „Gras", das auf der „Stelle" wächst, bringt diese Ambivalenz im wahrsten Sinne des Wortes zur (Ab-) Deckung. (Da es sich bei der Beschreibung dieses Grases um ein Herzstück von Hilbigs Prosa handelt, sei an dieser 'Stelle' die vollständige Zitation des zentralen Absatzes gestattet):

> Das Gras, in dem er gelegen hatte, war schon wieder aufgerichtet [„das Gras steht wieder auf" (*Goethe*), B.S.], zäh und unverwüstlich hatte es, kaum daß es seine Last losgeworden war, die Halme wieder ins Licht gestreckt. Schon fand er nicht mehr zurück zu der Stelle, wo er gelegen hatte; das Gras glänzte schon wieder und ergab sich dem Tag, als hätte nie ein Schatten es belastet. Und es schien zu wispern in der Windstille, ohne Unterlaß schien es zu wachsen, auf unbestimmte Art geräuschvoll, und eilig regenerierte es sich, überwand jedes Hindernis, schloß sich schnell über jedem Loch in dem federnden Waldboden. Und es trieb selbst unter Erdschollen und Gestein wieder hervor, unter allem, von dem es zufällig begraben wurde, und es wuchs jeden Hügel empor und umsproß jeden Gegenstand, umrankte jede Form und Figur und deckte eines Tages alles zu. Zeitig in jedem Frühjahr stand es auf, ertrug die glutende Schwere des Sommers, wehrte sich lange gegen den Herbst, so lange es ging, und sprengte vielleicht schon die späten Schneekrusten am Ende des Winters. Und es trug scheinbar leicht an den Jahren, die durch sein Gewoge strömten, widerstand den Wirren und Vergeblichkeiten der Zeit, seine feinen Wurzeln entzogen sich vielleicht sogar dem Feuer und stießen im Frühjahr aus den verschwelten Flächen, und züngelten grün und unversehrt hervor. Alle Geschöpfe über ihm, Mensch und Tier, alterten und beugten sich in die Flut der Jahre, – das Gras aber wurde nicht eigentlich alt: es ergraute, verdorrte, brach zusammen, doch nur, um aus demselben Platz, aus denselben Wurzeln wieder hervorzusteigen, und um so ungezügelter am Ort seines Vorübergehens zu grünen.[235]

---

234 „Odradek ist die Form, die die Dinge in der Vergessenheit annehmen. Sie sind entstellt". (Walter Benjamin) Der Ich-Erzähler aus *Grünes grünes Grab* kann das bucklichte Männlein, das sich Benjamin zufolge dem menschlichen Blick entzieht, nur in dem kurzen Moment des Aufwachens sehen; das Männlein hat in Hilbigs Erzählung die 'Form' eines „räudigen Ungeheuer[s]": „Ich habe ihm, so bildete er sich ein, als er [...] die Augen aufschlug, ein Tier ins Gesicht gestarrt, irgendein Waldkaninchen, ein dürres räudiges Ungeheuer mit schmutzigem Fell und blöden, dunkelbraunen Sumpfaugen, ein offenbar krankes Tier [...]." W.H.: Grünes grünes Grab, S. 116.

235 Wolfgang Hilbig: Grünes grünes Grab, S. 117f. Das „aufgerichtet[e]" Gras alludiert nicht nur den berühmten Vers aus Goethes *Harzreise im Winter* („das Gras steht wieder auf"), sondern auch die letzte Strophe aus Günter Eichs Gedicht *März*: „In eine Schiefertafel eingegraben / kehrt die Kindheit zurück: / Das Gras richtet sich auf und horcht." G.E.: Gesammelte Werke Bd. 1, S. 94. Bei Hilbig ist die „Kindheit" sozusagen

Diese Stelle ist vor allem deshalb so bemerkenswert, weil sie, ohne dabei sentimental zu werden, den integralen Aspekt der Ruderalfläche in den Vordergrund rückt. Der heil(end)e „Gras"-„Fleck" ist das genaue Gegenteil, besser gesagt: das Pendant zur entstellten (und entstellenden) Ruderalfläche. Deshalb ist es legitim, die „Lichtung" („Stelle") im Wald – sie liegt, wie gesagt, am Ende einer langen *Trümmer*wanderung – ebenfalls als Ruderalfläche zu bezeichnen (auch dann, wenn sie im strengen botanischen Sinne keine solche ist). Auf dem ruderalen Flecken wächst bezeichnenderweise kein struppiges Unkraut, sondern „dunkelgrün[es]" Gras, das „alle Wärme aus dem Himmel [!] in seinem Rund bewahrte". Dem Gras wird zwar ein ganzer Katalog von Eigenschaften zugesprochen – es richtet sich auf, streckt die Halme ins Licht, wispert, wächst, regeneriert sich, überwindet Hindernisse, schließt sich über jedem Loch, treibt hervor, umsproßt und umrankt Dinge, deckt alles zu, erträgt Schwere, wehrt sich, sprengt Schneekrusten, trägt leicht an Jahren, widersteht den Wirren, entzieht sich, stößt und züngelt grün hervor, ergraut, verdorrt und bricht zusammen und steigt schließlich doch wieder empor –, aber trotz dieses „ungezügelte[n]" Grünens handelt es hier nicht um eine renitente und unkontrollierte Wucherung à la Huflattich. Günter Eichs Hörspiel *Die Stunde des Huflattichs* wird in dem Zitat zwar alludiert – das Gras wächst (genau wie Eichs Huflattich) „ohne Unterlaß" und „auf unbestimmte Art geräuschvoll" (Eichs Huflattich wächst mit leisem „Knistern") –, aber Hilbigs Text entwirft kein apokalyptisches Endzeitszenario wie Eich, sondern sein 'himmlisches' Pendant. Die religiösen Konnotationen sind unüberhörbar: Während alle „Geschöpfe" über dem Gras „alter[]n" und sich „in die Flut der Jahre [beugen]", untersteht es selbst nicht der Zeit; „am Ort seines [transitorischen] Vorübergehens" ist es auf paradoxe Weise immer schon da – *nunc stans*. Auch sonst werden dem Gras göttliche Attribute (Glanz, Entzogenheit) oder doch zumindest menschliche Eigenschaften zugesprochen; das Gras ist duldsam und ergeben, es erträgt die Unbilden des Lebens und widersteht den Wirren der Zeit. Das Gras ist gut. Liest man es aber von hinten nach vorn, wird aus dem *Gras* ein *Sarg*. (Es ver-*barG* ein grünes *Grab* und keinen „Alexander" und auch keinen „Caesar[]".)[236] Der Wald-Flecken, auf dem der Erzähler seine krankhafte Melancholie und seine andauernde Verstellung regelrecht *ausschwitzt*,[237] erweist sich als ein *Flecken zum Tode*. Die körperlichen Absonderungen, mit denen die „Stelle" dabei gewissermaßen imprägniert wird, lenken den Blick auf die sexuellen Konnotationen des Fleckens. Liest man(n) das obige Zitat genau, springen die im Gras ver-

im Waldboden „eingegraben". Hilbigs „Gras" erinnert außerdem an das „gnädige[] [...], unvergeßliche[], vergangenheitsvolle[], erinnerungssatte[], ewige[] Gras" aus Wolfgang Borcherts Erzählung *Billbrook*, vgl. W.B.: Das Gesamtwerk, S. 99.

236 Das „Gras" auf dem abgelegenen Wald-Flecken (ver)birgt möglicherweise doch einen zukünftigen „*Cäsar*" *der Lyrik* bzw. einen *genialen Schriftsteller* (vgl. „Die Weide birgt Alexander, / Cäsarn der Brennesselstein", Günter Eich: Abgelegene Gehöfte, in: G.E.: Gesammelte Werke Bd. 1, S. 24.)

237 Nach dem Aufwachen war „[j]eder Faden, den er am Leib hatte [...], von Schweiß durchtränkt worden, wieder getrocknet, noch einmal durchtränkt, der Kleiderstoff war an einigen Stellen steif geworden und durchsetzt mit dem Salz, das seine Poren abgesondert hatten." W.H.: Grünes grünes Grab, S. 116.

borgenen Genitalien ins Auge: Das „Gras" ist „aufgerichtet" und die „Halme" sind „ins Licht gestreckt" (sogar der verschwitzte „Kleiderstoff war an einigen <u>Stellen steif</u> geworden"). Das „ungezügelte[]" und geile Wachstum des Grases, das „es [unter Erdschollen] trieb", spricht für sich. Die Stelle bzw. ihr Gras ist aber nicht nur männlich (phallisch), sondern auch weiblich konnotiert: Das Gras ist weiblich-hingebend (es „ergab sich dem Tag"), „als hätte nie ein Schatten es belastet". Vor allem aber erinnert das weiche Gras an (weibliches) Schamhaar, das „über jedem Loch" („Hügel" = Vulva) wächst und so den nackten Waldboden bedeckt. Der Lyriker C. ist im wahrsten Sinne des Wortes zu seinem Ursprungs-Ort zurückgekehrt. Die „Stelle" mit dem „grünen grünen Gras" ist aber auch der lichte Gegen-Ort zum melancholischen 'Schwellen'-Bereich, wo neben dem Unkraut „schwarzes schwarzes Gras"[238] wächst. Hilbigs Ruderalfläche, so läßt sich festhalten, ist ein 'ausgezeichneter' paradoxer Ort: Die statische (erlöste) „Stelle" und die transitorische (unerlöste) 'Schwelle' sind untrennbar miteinander verbunden und bilden (genau wie Loerkes „Halbgestalten"[239]) nur zusammen ein Ganzes. Beide *loci* sind Orte der Transzendenz: Die „große[] freie[] Stelle" bzw. die „große Lichtung" befindet sich ohnehin unter dem offenen „Himmel", und die Schwelle ist per definitionem ein Ort des Hinüberschreitens (transcendere). Dieser Befund trifft übrigens auch auf Günter Eichs Hörspiel *Die Stunde des Huflattichs* zu, das ebenfalls im 'Schwellen'-Bereich („Silvester"[240]) spielt und auch eine freie „Stelle" – den 'freigemachten Platz'[241] – umschreibt. Hier (*Grünes grünes Grab*) wie dort (*Die Stunde des Huflattichs*) geht es letztlich um die melancholische Verhaftung *an* bzw. um die befreiende Loslösung *von* alte(n) Erinnerungs-Stätten:

Gewiß, man müßte etwas Neues erfinden, Orte ohne Erinnerungen. Aber könnt ihrs?[242]

---

238   Vgl. Wolfgang Hilbig: Grünes grünes Grab, S. 108.

239   Hilbig charakterisiert in seiner Erzählung die beiden Teile Deutschlands als 'Halbgestalten', die sich „wechselseitig abstützten". Der Lyriker C., der sich in der „sonderbaren Mitte" (Schwelle!) der beiden deutschen Länder befindet, ist – genau wie Kafkas Odradek – nur ein „hinlänglich geduldete[s] Versatzstück": „Dies hatte er [C.] erreicht: das hinlänglich geduldete Versatzstück zu sein zweier verschieden impotenter Leseländer [...], in den beiden pervertierten Ersatzkulturen, die sich doch nur wechselseitig abstützten, wie zwei Krüppel [...]. Wie sollte er das Ganze noch lange aushalten [...], das ihm, in seiner sonderbaren Mitte, von zwei Seiten zufloß?" W.H.: Grünes grünes Grab, S. 119.

240   Im Hörspiel gibt es nicht nur eine Figur mit dem Namen Silvester, sondern das ominöse Schwellen-Datum wird auch wiederholt thematisiert. Im schwermütigen Schwellen-Bereich herrscht '*Die Stunde der Anarchie*', in der sich „nichts [...] verfestigt". Vgl. Günter Eich: Gesammelte Werke Bd. 3, S. 621.

241   Die Alpha-Figur aus Eichs Hörspiel sagt: „Der Huflattich und wir, Wesen, die sich miteinander einrichten müssen. Denkt daran, daß er uns <u>Platz</u> macht, daß er uns bemerkt." Anschließend wird sogar „der <u>Himmel</u> sichtbar" gemacht. Heideggers bohrende Ernsthaftigkeit (vgl. 'Aletheia') wird in Eichs Hörspiel aber immer wieder humoristisch gebrochen und ironisch unterlaufen. G.E.: Gesammelte Werke Bd. 3, S. 617.

242   Günter Eich: Gesammelte Werke Bd. 3, S. 601. Die Alpha-Figur, die im obigen Zitat spricht, hat genau wie Hilbigs Lyriker C. eine „Krankheit [aus der Erinnerung] gemacht", vgl. G.E.: Ges. Werke Bd. 3, S. 600.

8. „der dörfer dasein war in mir verworren und gespalten" – Wolfgang Hilbigs Erzählung *Die Kunde von den Bäumen*

Der Proletarier Waller leistet auf den ausgedehnten Müll- und Aschefeldern der ehemaligen Braunkohlegebiete Trauer-arbeit im wörtlichen Sinne. Sie hat ihren 'Grund' in den Rudimenten und Exkrementen, die eine zwar fortschrittliche, aber vergeßliche Zivilisation hinter sich zurück gelassen hat.[243] Waller sucht den Trost der Kirschbäume und beerbt damit das erste Gedicht aus Eichs Lyrikband *Botschaften des Regens* (1955), das den Titel *Ende eines Sommers* trägt. Die beiden ersten Verse des Gedichtes könnten auch als Motto über der *Kunde von den Bäumen* stehen: „Wer möchte leben ohne den Trost der Bäume! / Wie gut, daß sie am Sterben teilhaben!"[244] Bevor die „Kirschbäume, um die sich niemand kümmerte", in Hilbigs Erzählung endgültig den Braunkohlebaggern weichen müssen und 'sterben', sind sie „stark verwildert".[245] Diese Verwilderung greift nach einigen Jahren dann auch auf das gesamte Gelände der ehemaligen Kirschbaumallee über und ähnelt schließlich genau den Trümmerlandschaften, die AutorInnen wie Hans Erich Nossack, Elisabeth Langgässer, Oda Schaefer und Georg Britting bereits viele Jahre zuvor konzipiert hatten:

> Es mußten Jahre vergangen sein, und das Gelände hatte sich völlig verändert. Die Asche hatte sich zu einer umfangreichen planierten Ebene ausgewachsen, im Gegensatz zu früheren Zeiten blieb sie dennoch unübersichtlich: sie war mit einem dichten Gesträuch überzogen, mit einem seltsamen Unkraut, das meterhoch stand, und durch diesen Filz führten nur schmale Pfade, die ein verwirrendes Labyrinth bildeten. Ich hatte keine Ahnung, woraus sich dieser Dschungel von Gewächsen zusammensetzte: trockenes hartes Gras, <u>Kletten</u>, Röhricht ... alles wahrscheinlich, was wir <u>Melde</u> nannten, weil es in irgendeiner Zeit des Jahrs mit gelben Blüten auf sich aufmerksam

---

[243]   „Denn in der Stadt herrscht der Fortschritt! [...] Und das Vergessene wird dann von uns [Müllmännern, B.S.] hier draußen unschädlich gemacht." Wolfgang Hilbig: Die Kunde von den Bäumen, S. 100. Das Zitat aus der Überschrift („der dörfer dasein" etc.) stammt aus Wolfgang Hilbigs Gedicht *erinnerung an jene dörfer* aus seinem Lyrikband *abwesenheit*, vgl. W.H.: abwesenheit (gedichte), Frankfurt/M. 1979, S. 55.

[244]   Günter Eich: Ende eines Sommers. In: ders.: Gesammelte Werke Bd. 1, S. 81. Interessanterweise sind es auch bei Eich Obstbäume („Pfirsiche", „Pflaumen"), die genau wie Hilbigs „Kirschen" „am Sterben teilhaben". Hilbigs Erzählung spielt ebenfalls gegen 'Ende eines Sommers', genauer: gegen Ende August des Jahres 1989.

[245]   Wolfgang Hilbig: Die Kunde von den Bäumen, S. 30. Auch in Volker Brauns Erzählung *Bodenloser Satz* (1990), die Hilbig in der *Kunde von den Bäumen* wiederholt alludiert, müssen die schönen alten Obstbäume den Abraumbaggern weichen. Bevor der „Apfelhain" planiert wird, gehen Brauns Arbeiter noch ein letztes mal „über die Wüstungen" dorthin: „[...] [W]ir streckten uns aus unter die schwer beladenen Bäumchen, die überdauerten neben dem toten <u>Fleck</u>, als hielt die Natur noch wieder die vollen Hände hin, um uns zu betören, um uns zu rühren; wir langten in die niederhängenden Äste dieser endgültigen Ernte und achteten nicht auf den Geschmack... den ich jetzt schmecke, diese unwiederbringliche Süße... und nie wieder haben diese Bäume geblüht [...], nachdem wir über sie weggegangen waren mit unsern Maschinen [...]." V.B.: Bodenloser Satz, Frankfurt/M. 1990, S. 21.

machte, schäbiger Rainfarn, schmutzige Goldruten, deren Dickicht auf dem Un-fruchtbaren besser gedieh als auf fruchtbarem Boden...**246**

„Von Melde ist und Kletten überwunden / Dies trübe Jahr" (Oda Schaefer). Von den Un-kräutern der Trümmerliteratur bis zu den „unübersichtlich[en]" und „verwirrende[n] La-byrinth[en]"**247** versammelt das obige Zitat so ziemlich alles, was dem Magischen Rea-lismus gut und teuer ist. Nicht genug damit; in Hilbigs Erzählung finden sich sogar die gespenstischen Puppen wieder, die aus Loerkes *Puppe* zu stammen scheinen. Bei Hilbig haben sich die auf den Müllhalden „liegenden Puppen" – es handelt sich um ausrangierte Schaufensterpuppen – jedoch auf eine unheimliche Weise vermehrt:

> Es war eine erstaunliche Versammlung: offensichtlich war der Ausdruck ihrer [der Puppen] Visagen aus der Mode gekommen, man hatte sie in den Abfall geworfen, doch die Müllarbeiter gruben sie wieder aus und stapelten sie hinter ihrer Bude zu einem merkwürdigen und grausigen Mahnmal auf. Die zuunterst liegenden Puppen hatten längst das Zeitliche gesegnet, sie waren nur noch Lachen von breitgelaufenem Gips, mit Schmutz und Asche durchsetzt, daraus ihre Drahtskelette spießten, und in diesen Brei sackten die darüberliegenden Puppen langsam nach [...].**248**

Der Arbeiter Waller schlägt aber nicht nur eine Brücke zu Friedrich Schedel, dem Prota-gonisten aus Loerkes *Puppe*, der ja ebenfalls an (s)ein kleines verunkrautetes Fleckchen Erde mit dem „Koffer" verhaftet blieb und es deshalb melancholisch um-gehen mußte, sondern Hilbigs Müllarbeiter sind darüberhinaus auch von dem gleichen Gerümpel um-geben, das in Langgässers Roman *Gang durch das Ried* nach dem Abzug der französi-schen Truppen in den leeren Baracken „zurück[blieb]" und „einen mächtigen Namen [trug]: es hieß *Erinnerung* und war stärker als die vergeßliche Gegenwart, welche allzu gern sagte: vorbei!'":

> [...] [W]ir [sind] ununterbrochen dabei, an all die vergessenen Dinge zu denken. Es ist etwas in all dem Zeug hier auf dem Gelände ... in all diesem Eigentum, in dem herrenlos gewordenen Sekundärreichtum: in dem altmodischen Kulturgut; zwischen defekten Kaffeemühlen, Radios und Klodeckeln, verrosteten Fahrrädern und Schreib-tischen, zwischen Parteitagsbroschüren und Kaderakten und Fotoalben, und Asche,

---

246 Wolfgang Hilbig: Die Kunde von den Bäumen, S. 52. Waller, der „das groteske Aussehen einer Vogel-scheuche" hat (S. 36) und sich selbst „mythisch in der <u>Asche</u> leben" sieht (S. 90), ist ein *Phönix* der Post-moderne; er kann sich nur schreibend aus der Asche heben.

247 Es ist bezeichnend, daß Hilbig die avancierte 'Unverständlichkeit' (z.B. die *Maulwürfe* Eichs) zwar thema-tisiert – die (intertextuellen) „Pfade" und „Labyrinth[e]" im meterhohen Unkraut sind „unübersichtlich" und „verwirrend[]" –, jedoch formal nicht wirklich umsetzt: *Die Kunde von den Bäumen* ist bei aller überdeut-lich ausgestellten Modernität (Müll, Ruderalflächen, Schmutz etc.) ein traditionell strukturierter Text.

248 Wolfgang Hilbig: Die Kunde von den Bäumen, S. 57. Wenn es in Hilbigs Erzählung doppeldeutig heißt, daß die Puppen „<u>nur noch Lachen</u> von breitgelaufenem <u>Gips</u>" sind, dann ist Loerkes *Puppe* in der Tat nicht mehr weit entfernt: „Er [Schedel] sah sie [die Puppe] auf dem Rücken liegen, ein Zeitungsblatt bedeckte ih-re <u>immer lachenden Porzellanausbacken</u> [...]." Oskar Loerke: Die Puppe, S. 278f. Hilbigs Puppen stellen eine Radikalisierung von Loerkes *Puppe* dar; sie erinnern nicht zufällig an die Leichenberge von Auschwitz und Buchenwald.

und in den tausend und abertausend Tonnen Vergangenheit ... darin ist etwas, das noch nicht gelernt hat zu schweigen.[249]

Der „herrenlos gewordene *Sekundär*reichtum" liegt genau wie bei Loerke in einer „verfluchten" *Sekundär*wildnis („Unlandstück") verborgen.[250] Dieses sekundäre Gerümpel, das bereits im *Gang durch das Ried* einen primären – man kann sogar sagen: reliquienhaften – Eigenwert entwickelt hatte, kommt in Hilbigs Erzählung dann endgültig zu sich selbst: Die „vollkommene[] Wertlosigkeit" des Mülls schlägt dort um in eine Form der „Eigentlichkeit", die „fast" einer „mythischen Erfahrung" gleichkommt;[251] Hilbigs „Müllmänner" erweisen sich als die wahren Hüter und Bewahrer der Poesie:

> Nach und nach gewann ich die Überzeugung [...], es seien allein noch die Müllmänner, die in dieser Zeit einen poetischen Gedanken zu verwirklichen mochten. War es die Konsequenz daraus, daß sie sich tagtäglich in unmittelbarer Nähe einer fast mythischen Erfahrung aufhielten? Nur noch zu ihnen sprachen die Dinge von ihrem Verfall ... vor ihnen hatten die Dinge endlich den Rang vollkommener Wertlosigkeit erreicht: damit konnten sie in ihrer Eigentlichkeit betrachtet werden. [...] Vor den Müllarbeitern hatten sich die Dinge von den Einschränkungen ihres Nutzens entfernt und begannen zu erzählen ...[252]

Die nutzlosen Dinge sind also die 'eigentlichen' Thesauren für die Geschichte, die (wie bei Raabe) als eine buchstäblich 'Geschichtete' vorgestellt wird.[253] Prägnant formuliert:

---

249 Wolfgang Hilbig: Die Kunde von den Bäumen, S. 101. „Eigentlich sind wir [Müllmänner, B.S.] es [...], die den Lauf des Vergessens, um das sie dort in der Stadt ringen, hier draußen besiegeln und vollenden. *Wir selbst allerdings können nicht vergessen ...*" Ebd., S. 71.

250 Die enge Verwandtschaft von Waller (Hilbig) und Schedel (Loerke) läßt sich bis in die Mikroebene des Textes zurückverfolgen. Waller schreibt: „Scheinbar habe ich mich in ein schweigendes **Gespenst** verwandelt, nachdem ich mich *eingeschlossen* habe in mein *abgelegenes Zimmer*. Dort im Halbdunkel über meinem SchreibtischWRACK bin ich langsam verblichen [...]." (S. 49) Für Schedel ist der Koffer „die Kajüte eines halb gesunkenen WRACKs, ein **verwunschenes** *fensterloses Zwergenhaus* mitten im Unort". O.L.: Die Puppe, S. 275.

251 Hilbigs *Kunde von den Bäumen* erweist sich damit auch als eine Radikalisierung von Lehmanns *Bukolische[m] Tagebuch*, in dem es heißt: „Auch im Unrat steckt noch ein Sinn. Auch er untersteht der Gottheit. Auf Schutthalden glüht sanft die Käsepappel [...]." (Vgl. Anm. 29) Wenn man in Lehmanns Sätzen die beiden „Auch" durch „Nur" ersetzt, kommt man dem Telos von Hilbigs Erzählung sehr nahe.

252 Wolfgang Hilbig: Die Kunde von den Bäumen, S. 60f. Die Formulierung „vollkommene[] Wertlosigkeit" ist paradox; sie verbindet den Zustand der paradiesischen 'Vollkommenheit' mit dem Prinzip des widergöttlichen 'Abfalls'. Die 'vollkommene Wertlosigkeit' steht auch im Mittelpunkt von Elisabeth Langgässers Inflationsnovelle *Merkur*, die zu ihren besten (und noch zu entdeckenden) Arbeiten zu rechnen ist. Das Paradoxon besteht hier darin, daß erst das *entwertete* (Papier-) Geld in seiner ornamentalen *Eigentlichkeit* betrachtet werden kann: „Das Holz, so dünn, daß es durchsichtig war, erinnerte [den Kaufherrn] an Papier, an den geäderten Grund von wertvollen Banknoten, die aber unbeziffert und am Rande ornamentiert waren – dergestalt, daß sie den Eindruck unendlicher Tiefe machten, einer *wunderbaren Leere* [vgl. die „vollkommene[] Wertlosigkeit", B.S.], die spiralig in einen Trichter, der bodenlos sein mußte, führten ..." Elisabeth Langgässer: Erzählungen, S. 186.

253 „[...] Wellen von Besinnungslosigkeit schoben sich, *Schicht über Schicht*, über den Grund: tote Gegenwart war [...] nur noch *Geschichte* [...]." Vgl. W.H.: Die Kunde von den Bäumen, S. 12f. In Wolfgang Hilbigs

Im disfunktionalisierten Müll sind potentielle Erzählungen aufgespeichert; die vernutzten Rudimente erweisen sich damit wieder einmal als Stellvertreter eines poetologischen Prinzips, das – im Falle Wolfgang Hilbigs – auf *narratio* im traditionellen Sinne abzielt. „Was den Menschen vernutzt erscheint, benutzt der Beifuß", schrieb Lehmann 1948 in sein *Bukolisches Tagebuch*[254]; was den Menschen vernutzt erscheint, benutzt der Dichter, – so lautet die poetologische Botschaft von Hilbigs Erzählung. Eine vergleichbare Botschaft wird auch in einem – völlig 'unberühmten' – Text von Martin Raschke artikuliert, der den bezeichnenden Titel *Asche* trägt. Dieser kurze Text – er umfaßt nur ca. anderthalb Druckseiten – muß als wichtigster Intertext für Hilbigs Erzählung bezeichnet werden. Ein Vergleich von *Asche* und *Die Kunde von den Bäumen* macht schlaglichtartig deutlich, daß Hilbig seine verkommenen Topographien insbesondere aus dem Magischen Realismus importiert hat. Als Herausgeber der Zeitschrift *Die Kolonne* war Martin Raschke, der z.B. mit Günter Eich, Peter Huchel und Oda Schaefer befreundet war und 1942 an der 'Ostfront' starb, einer der wichtigsten Persönlichkeiten des Magischen Realismus.[255] Seine Erzählung *Asche* beginnt mit den folgenden Worten, die Wolfgang Hilbig (ab)geschrieben haben könnte:

> Lange war mir ein aufgeschüttetes Gelände an der Stadtgrenze, ein von vielen Schluchten und Löchern durchsetztes Bergland, auf das noch unablässig von Pferdegespannen Schutt gebracht wurde, der liebste Spielplatz, bis es geschah, daß die Schuttebene, wo <u>Melde</u> grünte, Nachtschatten und spärlicher Beifuß, mehr und mehr an Reizen verlor und immer öder wurde.[256]

Im folgenden geht es dann in *Asche* darum, daß der Protagonist und Ich-Erzähler die „Abfallberge[] der Stadt" beobachtet. Ihm ergeht es dabei ähnlich wie Waller; auch ihm „wollte [...] das Leben zu einem Spuke werden, aus unsichtbaren Aschefeldern der Seele emporgedünstet". Schließlich beginnen „Gärtner" (vgl. Hilbigs „Müllmänner") damit,

---

Roman *Eine Übertragung* wird Raabes *Odfeld* konnotiert. Hilbig beschreibt auf den letzten Seiten des Romans ein „sich weithin erstreckendes Müllfeld", das „mit den abgeräumten Kriegstrümmern [...] aufgefüllt worden" ist. Dieses „Gebiet, das man der Hölle entrissen zu haben schien" und das wie ein „symbolische[s] Abbild einer künftigen Erde" aussieht, wird von unheilvollen Krähenschwärmen – vgl. das *Prodigium* der Krähen über dem Odfeld – heimgesucht: „Die Krähen hatten sich die Gegend zu ihrem Revier erwählt und sich in unübersehbarer Zahl auf diesem Schandacker der Zivilisation niedergelassen [...]. In der violetten Dämmerung [...] sah man die Haufen und Rudel der Krähen [...] sich wie Heerwürmer eines abscheulichen Ungeziefers über die Lichtungen der düsteren Graswüste wälzen." Wolfgang Hilbig: Eine Übertragung (Roman), Frankfurt/M. (Fischer TB) 1992 [EA 1989], S. 340f. Der Roman endet mit einer apokalyptischen *Praesagio*: „Alle Krähen schienen sich nun in den Lüften zu befinden und verdunkelten das Firmament [...]. Das schwarze Rasen eines nie dagewesenen Chaos war in den Himmel gestiegen [...]. Acheron ... Acheron. ... Acheron!" (Ebd., S. 343)

254   Wilhelm Lehmann: Gesammelte Werke Bd. 8, S. 313.

255   In Oda Schaefers *Lebenserinnerungen* finden sich interessante biographische Skizzen zu Raschke, Eich, Huchel u.a. Dieses Buch ist eine der wichtigsten Quellen für den Magischen Realismus; vgl. O.S.: Auch wenn Du träumst, gehen die Uhren (Lebenserinnerungen), München 1970.

256   Dieter Hoffmann (Hg.): Hinweis auf Martin Raschke, S. 147.

„das Aschefeld umzugraben", indem sie „alle Fremdkörper aus[lasen]", die dort zu finden waren. Eines Tages sieht der Erzähler, wie „[i]nmitten von Salaten und Möhrenwedeln [...] eine Lilie empor[blühte]", die ihm wie eine (poetologische) Verheißung zu sein scheint:

> Ich blickte von den Hügeln auf die Stadt im Talgrund und fragte, ob denn, gleich wie die Lilie aus dem Aschenland, auch aus diesem düsteren Gemeng von Häusern [...] dermaleinst ein neuer Gott hervorblühen könnte [...]. Es wollte mir scheinen, als mühten sich wie die grabenden Leute auf den Schuttabladeplätzen die Dichter um die Schlacken der Zeit, daß sie ihnen Götter gebäre. Nichts anderes haben sie der ausgebrannten Erde zuzusetzen als Erinnerungen [...], und neben diesen Erinnerungen die Hoffnungen auf den neuen Gott, der nicht aus dem Feuer steigen wird [...], sondern aus der Asche [...].[257]

Raschkes Ich-Erzähler und Waller wühlen in den „Schlacken der Zeit" und träumen davon, „nach früher geschauten Bildern den Gott auch aus der sprödesten Erde zu bauen". Im Fall Raschkes handelt es sich dabei um die 'verbrannte Erde' der Nazis, im Fall Hilbigs um die dialektisch 'durchgearbeitete' Landschaft des Sozialismus. Die Asche, der Müll und die Altlasten erweisen sich als die zugleich ersten und letzten Erinnerungs- und Hoffnungsträger einer „Götter"-losen Zeit,[258] die in ihren „Schlacken" – das ist die *materia prima* der Alchemisten[259] – die Energiereserven für den kommenden Phönix konserviert. Aleida Assmann hat in ihrem instruktiven Buch *Erinnerungsräume* zeigen können, daß Begriffe wie Abfall, Rest, Lumpen und Müll in der Gegenwartskunst eine zentrale Rolle spielen. Künstler wie Anselm Kiefer, Sigrid Sigurdsson, Naomi Tereza Salmon und Ilya Kabakow haben in ihren Werken bzw. Installationen das Rudiment als buchstäblich aus-gezeichneten 'Erinnerungsraum' entdeckt.[260] Assmann weist in diesem Zusammen-

---

[257] Dieter Hoffmann (Hg.): Hinweis auf Martin Raschke, S. 148. *Asche* endet mit den Worten: „Das Sprichwort 'Wer des Feuers bedarf, suche es in der Asche' entfaltet seinen doppelten gefährlichen Sinn." (Ebd., S. 149). Es sei hier noch einmal daran erinnert, was Walter Höllerer 1960 über Günter Eichs Nachkriegsgedichte geschrieben hatte: „Eichs Verse spüren in Schutt und Geröll Funken auf, die verläßlich geblieben sind [...]." Vgl. oben Anm. 28.

[258] Raschkes Trauer über die 'götterlose' Zeit erinnert an den elegischen Klageton Hölderlins: „Kannst du so dich in die alte Zeit versetzen, sagte Diotima. Mahne mich nicht an die Zeit! erwiderte ich [= Hyperion]; es war ein göttlich Leben und der Mensch war da der Mittelpunkt der Natur. Der Frühling, als er um Athen her blühte, war er, wie eine bescheidne Blume an der Jungfau Busen [vgl. Raschkes „Lilie", B.S.] [...]." Friedrich Hölderlin: Hyperion. In: ders.: Werke und Briefe Bd. 1, S. 370.

[259] C.G. Jung weist darauf hin, „daß die Alchemisten allmählich sogar die Idee des höchsten Wertes, nämlich der Gottheit, in den *Stoff* [*Schlacke* und *Asche*, B.S.] projiziert haben. Damit wurde der höchste Wert mit dem Stoff verbunden [...]." C.G.J.: Erlösungsvorstellungen in der Alchemie (= Grundwerk Bd. 6), Olten ²1987, S. 97. Auch in Elisabeth Langgässers Roman *Gang durch das Ried* baut „Gott seine Dome [aus der Lava]" (S. 317), aus der auch das „Totendorf" – das ist das verödete Barackenlager der Franzosen – zu bestehen scheint: Die verlassenen „Häuser selber [waren] aus lauter Lavabrei" (S. 316).

[260] Vgl. Aleida Assmann: Erinnerungsräume. Formen und Wandlungen des kulturellen Gedächtnisses, München 1999. Vgl. insbesondere die Kapitel *Spuren und Abfall* (S. 213-217) und *Gedächtnis-Simulationen im Brachland des Vergessens – Installationen von Gegenwartskünstlern* (S. 359-407).

hang auch auf die „metaphysischen Konnotationen" des Wortes „Abfall" hin. Ihre Definition des Abfalls gilt auch für Raschkes *Asche* und Hilbigs *Kunde von den Bäumen*:

> Zum Abfall zählen solche Objekte, die aus dem Nützlichkeitskreislauf 'herausgefallen' sind, nachdem sie abgenutzt, zerstört oder durch neuere Objekte ersetzt wurden. Das Wort 'Abfall' hat [...] metaphysische Konnotationen. Denn Abfall [...] gab es schon im Paradies, den Abfall vom Urzustand der Schöpfung, von der Einheit mit Gott. Abfall konnotiert Gesetz und Hierarchie sowie Trennung und Unschuld, ja man kann das Wort geradezu als ein Synonym von Sünde auffassen.[261]

Assmann bzw. Raschke und Hilbig rekurrieren hier auf eine 'abfällige' Position, die Heinrich Böll den Deutschen nach dem Krieg zum ersten Mal wieder 'in Erinnerung gerufen' hat. In seinen *Frankfurter Vorlesungen* (1966) schreibt Böll (mit Bezug auf H.G. Adlers [verschollenen] Roman *Eine Reise*):

> Die Humanität eines Landes läßt sich daran erkennen, was in seinem Abfall landet, was an Alltäglichem, noch Brauchbarem, *was an Poesie weggeworfen*, der Vernichtung für Wert erachtet wird. [...] Die Literatur kann offenbar nur zum Gegenstand wählen, was von der Gesellschaft zum Abfall, als abfällig erklärt wird.[262]

In der *Kunde von den Bäumen* kommt aber nicht nur die latente Poesie des Abfalls und der Exkremente zu sich selbst; Hilbigs Erzählung macht darüberhinaus deutlich, daß das verunkrautete „Dickicht[]" nicht nur 'draußen' in der zerstörten und ausgebeuteten Landschaft wuchert, sondern auch vor allem im melancholischen Zirkel der 'inneren' Eingeschlossenheit. Hilbigs Erzählung, deren kreisend-insistierende Sprachbewegung einer *circumambulatio* in Labyrinthenbahnen gleicht,[263] entpuppt sich damit als ein verspätetes Werk der inneren Emigration:

> Und ich selbst kreise innerhalb meines undurchdringlichen selbstgeschaffenen Dickichts und rufe: Hinaus! – Eingeschlossen in die Schöpfungen meiner Selbstverhütung, sage ich mir: Draußen ist ein anderes Leben![264]

„Draußen", so stellt sich heraus, ist jedoch *kein* „anderes Leben", sondern nur das selbe „Dickicht[]" noch einmal. Es gibt kein „Draußen" und kein „Hinaus!"; egal, wo Waller hingeht, er ist immer 'drinnen'. Man könnte auch sagen: Da, wo Waller ist, ist auch Un-

---

261   Aleida Assmann: Erinnerungsräume, S. 383f. Auf die „metaphysischen Konnotationen" des Wortes „Abfall" hat bereits Heinrich Böll in seinen *Frankfurter Vorlesungen* hingewiesen.

262   Heinrich Böll: Frankfurter Vorlesungen, Köln, Berlin 1966, S. 73f. (1. Zitat) und S. 74 (2. Zitat). Die Deutschen, so Böll, sollten nicht vergessen, „daß am Anfang dieses Staates [= 1945, B.S.] ein im Abfall wühlendes Volk stand" (ebd., S. 74).

263   Die *circumambulatio* wird in der *Kunde von den Bäumen* metareflexiv beschrieben: „[...] [I]n Schleifen und Ellipsen, in verwirrend inszenierten Spiralbahnen, und manchmal in einer Art Krebsgang bewegte sich die[] Figur [Waller] auf das Zentrum der Müllanlagen zu." (S. 33)

264   Wolfgang Hilbig: Die Kunde von den Bäumen, S. 9.

kraut; noch schärfer formuliert: Waller *ist* Unkraut.[265] In dem Maße, wie das Unkraut Schutt und Abraum assimiliert – es „entbrennt[]" am „Verworfenen" und „nähr[t]" sich von „Exkremente[n]" (Wilhelm Lehmann) –, identifiziert sich auch Waller schließlich mit den sekundären „Ausdünstungen des Abfalls":

> Bald hatte ich all meinen Widerwillen verloren und ließ die Ausdünstungen des Abfalls in mich eindringen [...], und ich übernahm die Gerüche, die sich aus Oxydation und Verrottung abspalteten. Ich hatte mich ausgehöhlt gefühlt, doch plötzlich spürte ich, daß ich voll war von all jenen Mitteilungen an die Luft, die von diesem historischen Boden ausgingen.[266]

Der psychische Abspaltungsprozeß und die sexuelle Metaphorik sind unüberhörbar. In fast schon Otto Weiningerscher Manier kann sich „W" (Waller) nur über das Prinzip „M" (Müll) identifizieren. Waller läßt die Abspaltungsprodukte in sich „eindringen" und stellt damit das Prinzip „M" im wahrsten Sinne des Wortes auf den Kopf („M" zu „W"). Die Penetration der „Ausdünstungen" erfüllt dabei eine echte Vitalfunktion: Waller, der sich selbst wiederholt als ein wesenloses „Gespenst"[267] apostrophiert, kann – wie ein Vampir – nur dann leben, wenn er „an einem anderen Leben" schmarotzt:

> Draußen ist ein anderes Leben! Eines, das vielleicht nur darauf wartet, begonnen zu werden. Vielleicht hält es sogar einen anderen Namen für mich bereit. *Wieviel leichter wären aus einem anderen Leben Geschichten zu ziehen ...*[268]

So wie Unkraut und Ungeziefer zwischen den Trümmern 'prassen' – „Es prasset zwischen Trümmerstatt und Scherben / Nur kleines Tier" (Oda Schaefer) –, so schmarotzt auch Waller unkrautgleich an versunkenem Kulturgut. Seine obsessive Inspizierung des Mülls trägt dabei nicht selten voyeuristische Züge: Der 'Hüter des Müllhaufens'[269] empfindet beim Anblick der Rudimente fremden Lebens eine ähnliche „Erregung des Geistes und der Sinne", wie sie Elisabeth Langgässer beim Anblick ihres verwilderten Gartens

---

[265] Diese Ineinssetzung (Ich = Unkraut) findet sich in der *Alten Abdeckerei*, S. 65: „[...] [W]ir [siedelten] uns an zwischen Abraum und Schutt, wo wir geil und kampflos *wuchern* [vgl. '*Unkraut*'] konnten."

[266] Wolfgang Hilbig: Die Kunde von den Bäumen, S. 28.

[267] „... seit zwanzig Jahren sind in der Abenddämmerung dieser Ebene die gleichen Gespenster anzutreffen... ich gehöre dazu." Wolfgang Hilbig: Die Kunde von den Bäumen, S. 27.

[268] Wolfgang Hilbig: Die Kunde von den Bäumen, S. 9.

[269] Diese Formulierung bezieht sich auf das 'aufgeklärte' Märchen *Der Hüter des Misthaufens* (1983) von Peter Rühmkorf. Vgl. P.R.: Der Hüter des Misthaufens. Aufgeklärte Märchen, Reinbek 1987 [EA 1983], S. 7-17. In Rühmkorfs Märchen ist es die „mächtige Unrathalde" (S. 14) aus Mist, die – nachdem sie über das verödete Land verteilt wird – „eine Wüstenei wie das niedergewalzte Tellurien" (S. 17) wieder fruchtbar und „blühen[d]" macht. (S. 17) Rühmkorfs kalauernde Formulierung „Wo Mistus, da Christus" (S. 15) trifft auch auf die *Kunde von den Bäumen* zu. Der Hüter des Misthaufens wird von Hilbig alludiert: Waller sieht nämlich ebenfalls aus „wie aus dem Misthaufen gekrochen." W.H.: Die Kunde von den Bäumen, S. 46.

empfunden hatte.[270] Hilbig und Langgässer saugen sozusagen Nektar aus dem Ab- bzw. Verfall; im Gegensatz zu Langgässer (und Lehmann) sublimiert Hilbig das „Verworfene[]" jedoch nicht zum „Duftgericht" (Lehmann). Der Magische Realismus riecht bei Hilbig nicht nach Uralt-Lavendel; Waller identifiziert sich vielmehr mit dem Geruch der Trümmer:

> Unter allem war [...] die unangreifbare, gesättigte Säuernis der Asche, [...] die ich bald schon nicht mehr wahrnahm, weil sich mein eigener Geruch nicht mehr von dem der Asche unterschied.[271]

Die „Asche" bewahrt jedoch nicht nur die Erinnerungen an historische Großereignisse (Shoa[272]), sondern auch die an persönliche Kleinereignisse (Kindheit im „Dorf W.").[273] Die Aufarbeitung der kollektiven Schuld (NS-Verbrechen, DDR-Vergangenheit[274]) verbindet sich in Hilbigs Texten immer wieder mit der ganz konkreten und buchstäblichen Auslöschung der Heimat. Die *Alte Abdeckerei* und *Die Kunde von den Bäumen* sind in diesem Sinne zwei intellektuelle Heimatdichtungen; wenn man so will: Heimatliteratur mit progressiven Inhalten und konservativen 'Vorzeichen'.[275]

---

270   In der *Kunde von den Bäumen* ist von einer „geheimnisvolle[n] Anziehungskraft" die Rede, „welche die Müllanlagen auf [Waller] ausübten" (S. 22). In seinen beiden umfangreichen Romanen (*Eine Übertragung* [1989] und „*Ich*" [1993]) dekuvriert Hilbig die voyeuristischen Praktiken der ehemaligen Stasi, die in fremden Leben herumgeschnüffelt und sich an der Konspiration regelrecht 'aufgegeilt' hat. Ähnlich wie das 'wesenlose Gespenst' Waller ist auch die Stasi ein 'abstrakter Apparat', der seine Existenzberechtigung nur daraus ableitet, daß er „aus einem anderen Leben Geschichten [...] zieh[t]."

271   Wolfgang Hilbig: Die Kunde von den Bäumen, S. 28. Wenn Waller sich mit der Asche identifiziert, dann ist damit auch der in der Asche sitzende Hiob konnotiert. Waller und die Müllmänner sind aus der Gesellschaft ausgestoßen; ähnlich ergeht es auch Hiob, der sich verspotten lassen muß von denjenigen, „die vor Hunger und Mangel erschöpft sind, die das dürre Land abnagen, die Wüste und Einöde; die da Melde sammeln bei den Büschen [...]. Zwischen den Büschen schreien sie, und unter den Disteln sammeln sie sich – gottloses Volk und Leute ohne Namen, die man aus dem Lande weggejagt hatte." Hiob 30, 1-8

272   Der Holocaust wird über Paul Celans *Todesfuge* alludiert; vgl. Wolfgang Hilbig: Die Kunde von den Bäumen, S. 104: „Der meiste Teil von uns wird als Aschestaub durch die Luft fliegen" (vgl. das „Grab in den Lüften da liegt man nicht eng" aus der *Todesfuge*).

273   „Wir nannten diese Straße die *Kirschallee*... es war die Zeit der Kindheit, in der uns ein so klarer und deutlicher Name noch möglich war. Was haben wir doch seither an Erfindungsreichtum verloren..." Wolfgang Hilbig: Die Kunde von den Bäumen, S. 20. Die sentimentale Erinnerung an die Spielplätze der Kindheit (Kirschbäume) verbindet sich bei Waller mit der unsentimentalen Erinnerung an versunkenes Kulturgut. Die verschwundenen Kirschbäume sind gewissermaßen nur das *Incitament* für Wallers Suche nach der verlorenen Zeit. Ähnlich wie in Prousts *Recherche* soll das Abwesende schreibend wieder-geholt werden. Vgl. auch Anton Anton Čechovs *Kirschgarten*.

274   Waller bekennt sich mitschuldig an der Zerstörung (der Landschaft), vgl. *Die Kunde von den Bäumen*, S. 114f.: „Die Zerstörung, an der wir einst schuldig geworden sind, hat ihren Höhepunkt überschritten, sie hat sich in ein mildes, alles begleichendes Rieseln verwandelt [...]."

275   Der Heimat-Topos wird in Hilbigs Texten wiederholt problematisiert, vgl. folgende Passage aus der *Alten Abdeckerei*, S. 15: „[...] [D]er Klang des Begriffes *Rampe* enthielt für mich etwas von der ungewissen Heftigkeit, mit welcher einige schwer angeschlagene Vokabeln um häufigeren Gebrauch rangen; ein vergleich-

Bevor Wallers Heimatdorf W. von den Baggern endgültig zu einem ruderalen „Tagebauloch" niedergewalzt wird, *war* es eigentlich schon längst eine statische Ruderalfläche:

> [...] [Das] Gelände [der Lehrwerkstatt, in der Waller einst Lehrling gewesen war, B.S.] begann jenseits der Straße nach W., es war umgeben von den Ruinen alter Brikettpressereien, die seit den Kriegsbombardements unverändert aus der Landschaft ragten ..."[276]

An dieser Stelle wird es nun richtig spannend. Der Text zeigt nämlich ganz offen, daß er nahtlos an die Trümmerliteratur anschließen kann, da „seit den Kriegsbombardements" alles „unverändert" geblieben ist. Hilbigs Texte antworten auch auf die historische Tatsache, daß die erinnerungsgesättigen Trümmer, die in der wirtschaftlich aufstrebenden Bundesrepublik rasch beseitigt wurden, in der ehemaligen DDR „unverändert" das Landschaftsbild geprägt haben. In den Neuen Bundesländern findet man heute noch zahlreiche Spuren und Rudimente aus dem 2. Weltkrieg. Auch der Protagonist aus der *Alten Abdeckerei* hat seine Kindheit „in den verborgensten Winkeln jener kriegszerstörter Stätten" verbracht, die – wie die „alte[n] Brikettpressereien" – auch noch im Dorf W. zu finden sind:

> [...] [E]s war mir besonders nachdrücklich verboten, in die Ruinen zu gehen [...]. Niemand hätte mich gefunden: ich pflegte meine Kämpfe fast nur mit mir selbst auszutragen; in den Ruinen, in den verborgensten Winkeln jener kriegszerstörten Stätten wußte ich mich sicher, unsichtbar und unhörbar, dort waren meine holzgeschnitzten Säbel versteckt [...].[277]

Mit den „holzgeschnitzten Säbel[n]" wird der Zweite Weltkrieg *nachgespielt*. Das Kind erlebt seinen Spiel-Krieg aber genauso, wie die Magischen Realisten Horst Lange und Martin Raschke den 'echten' Krieg erlebt haben. Lange und Raschke waren an der 'Ostfront', und sie beschreiben in ihren Kriegstagebüchern aus den 40er Jahren immer wieder

---

bares Beispiel dafür war der Begriff *Heimat*, den man betrat wie einen Bahnsteig: man hatte das Gefühl, nichts Ungutes damit verbinden zu dürfen." (Kursiv im Text) Auch in diesem Zitat wird die 'große' Historie („Rampe" = Auschwitz) mit der 'kleinen' Geschichte („Heimat") verbunden.

[276] Wolfgang Hilbig: Die Kunde von den Bäumen, S. 30. Die größte Ruderalfläche, die die ehemalige DDR zu bieten hat, stammt jedoch nicht aus dem Zweiten, sondern aus dem Kalten (Welt-) Krieg. Die Rede ist natürlich von der (mittlerweile total verkrauteten) deutsch-deutschen Grenze und dem, was davon übrig geblieben ist. Vgl. Ralph Giordano: „Hier war ja Schluß...". Was von der deutsch-deutschen Grenze geblieben ist (mit Fotos von Josef Kaufmann), Hamburg 1996.

[277] Wolfgang Hilbig: Alte Abdeckerei, S. 16. Vgl. auch ebd.: „[...] [I]ch fiel ein paar Meter tief in die Stille und landete zum Glück im Gras, das es innerhalb der zerstörten Industrieanlagen, die meine Spielplätze waren, nur in spärlichen Flecken gab." Das spielende Kind wird von den metaphysischen 'Gras-Flecken' also regelrecht 'aufgefangen'. Das Motto bzw. die Frage, die bzw. das Wolfgang Borchert seinem Erzählungs-Band *Die Hundeblume* vorangestellt hat: „Und wer fängt uns auf? Gott?" (W.B.: Das Gesamtwerk, S. 31) wird von Hilbig an bzw. mit dieser 'Stelle' beantwortet.

die grandios-verödete und stille russische Landschaft, die voller 'Drohungen' und 'Hinterhalte' zu sein scheint.[278] In der *Alten Abdeckerei* klingt es ganz ähnlich:

> Dann lauerten die Schatten im Hinterhalt der Gemäuerspalten, warteten auf den Zeitpunkt des Überfalls, zu Riesengröße anwachsend... [...] und so waren auch die Schattten in den Ruinen Anzeichen für eine nicht abreißende Drohung, in deren Hintergrund sich nie etwas regte, *und ein Überfall fand niemals statt*.[279]

Die 'verborgenen Winkel' der Ruinen haben aber ihre Schrecken verloren und sind zu 'ökologischen Nischen' geworden, in denen sich das Kind nunmehr selbst 'verbergen' kann. Nur hier „in den Ruinen" fühlt das Ich der *Alten Abdeckerei* sich „sicher". Das erwachsene Kind aus der *Kunde von den Bäumen* treibt sich stattdessen mit den ausgestoßenen Müllarbeitern, „die nach Meinung der Welt die geringste Stimme hatten",[280] auf den Schädelstätten der menschlichen Zivilisation herum. Diese Schädelstätten bilden sozusagen die letzte Schwundstufe der „verborgensten Winkel[]" und „kriegszerstörte[n] Stätten"; die Rudimente sind in der *Kunde von den Bäumen* zu Müll und Asche degeneriert bzw. pulverisiert. Allen Trümmern und Rudimenten ist nun gemeinsam, daß sie in entstellter Form Vergangenheit konservieren; sie partizipieren nicht am Fortschritt, sondern hüten – wie das „bucklichte Männlein" aus Walter Benjamins *Berliner Kindheit um neunzehnhundert* – die Schwelle zu dem, was „längst abgedankt"[281] hat. Alle Dinge, die aus der Mode kommen und im wahrsten Sinne des Wortes *auf der Strecke*[282] bleiben, „schrumpf[]en" und bekommen einen „Buckel":

---

278 „Ödland, einsame Dörfer. Sumpfige Strecken. Heide. – Zum erstenmal einen Eindruck vom russischen Wald. – Der Lehm, der jeden Schritt beschwert. Wachsende Müdigkeit. Immer wieder langer Aufenthalt. Die Straßen sind kaum noch befahrbar. [...] Der Weg scheint kein Ende zu nehmen. Ich stolpere zuletzt nur noch. – Die Dämmerung kommt. *Die graue, tote Landschaft sieht aus wie ein Hinterhalt*." Horst Lange: Tagebücher aus dem Zweiten Weltkrieg, S. 76.

279 Wolfgang Hilbig: Alte Abdeckerei, S. 17. In der *Alten Abdeckerei* wird die deutsche Vergangenheit gewissermaßen 'im Sandkasten' nachgespielt. Hilbigs Verfahren gleicht deshalb dem von Anselm Kiefer, der in vielen Werken (z.B. *Unternehmen Barbarossa*) das deutsche Trauma spielerisch (nicht: spielend!) verarbeitet. Kiefer hat den deutschen Machtwahn buchstäblich 'in den Sand(kasten) gesetzt'.

280 Wolfgang Hilbig: Die Kunde von den Bäumen, S. 71. Die erniedrigten und beleidigten „Müllmänner" gleichen damit der christlich-sozial(istisch)en Urgemeinde, die sich in Gottfried Kellers Erzählung *Romeo und Julia auf dem Dorfe* aus entrechteten Landstreichern, Kesselflickern und Kohlenbrennern rekrutiert.

281 Walter Benjamin: Berliner Kindheit um neunzehnhundert (Fassung letzter Hand). Mit einem Nachwort von Theodor W. Adorno, Frankfurt/M. 1987, S. 79. Auch Waller und die Müllmänner sich „seit Menschengedenken" um das, was „verdaut" und „abgeprotzt" ist, d.h., sie *sorgen* sich (genau wie das Männlein) um das, was „längst abgedankt" hat: „Wir haben bloß gewartet und gewußt, das alles kommt hierher aufs Gelände, wenn es verdaut ist und abgeprotzt. [...] Wir haben immer schon hier gewartet [...], seit Menschengedenken waren wir hier [...]." Wolfgang Hilbig: Die Kunde von den Bäumen, S. 102.

282 Genau in diesem wörtlichen Sinne betrachtet auch der Protagonist aus Gerhard Köpfs Roman *Die Strecke* die Dinge, die *auf* der Strecke geblieben sind: „Schwellengänger. Einzelgänger. Die Schritt für Schritt das Eisen abklopfen, als philosophierten sie. Die von Schwelle zu Schwelle gehen [...] und darauf achten, daß das Unkraut nicht überhand nimmt." G.K.: Die Strecke, S. 74. Köpfs Schwellen-Männlein ist die Strecke

Sie [die Dinge] schrumpften, und es war, als wüchse ihnen ein Buckel, der sie dem Männlein zu eigen machte.[283]

Auch Waller ist vom bucklichten Männlein, das „von jedwedem Ding [...] den Halbpart des Vergessens ein[]treib[t]" (und ergo eine „Halbgestalt" par excellence ist), angesehen worden:

> Wen dieses Männlein ansieht, gibt nicht acht. Nicht auf sich selbst und auf das Männlein auch nicht. *Er steht verstört vor einem Scherbenhaufen* [...].[284]

Der „Scherbenhaufen" hat sich in der *Kunde von den Bäumen* zu einer riesigen Müllkippe ausgeweitet, die von lichtscheuem, proletarischem Gesindel gehütet wird. Auch für Walter Benjamin gehört das Männlein zum „Lumpengesindel", „und daß [es] sich im Keller zuhause fühlte, war selbstverständlich."[285] Diese Eigenschaften treffen auch auf die meisten Protagonisten aus Hilbigs Romanen und Erzählungen zu. So haust beispielsweise das „Ich" aus Hilbigs gleichnamigem Roman auf eine ähnliche Weise in den „Kellergänge[n]" wie Kafkas Tier in seinem hermetischen *Bau*:

---

gegangen, bis er „grau, <u>bucklig</u> und krumm geworden [ist]" (ebd., S. 77). Ähnlich wie Hilbigs Müllberge ist auch Köpfs Strecke ein Speichermedium: „Die Strecke: all das vergammelte, verrottende, verkrautende, dennoch unsterblich zwischen den Schwellen aufbewahrte, abgefahrene, abgegangene, Schritt für Schritt erworbene Wissen, <u>das riesige Gedächtnis</u> [...]." (S. 77) Der Roman endet mit den 'benjaminesken' Worten: „Endlich allein, treibe ich über ein Gebiet, dessen Landkarte von Augenblick zu Augenblick <u>schrumpft</u>." (S. 576) („Sie [die Dinge] schrumpften, und es war, als wüchse ihnen ein Buckel", vgl. W.B., S. 79.)

283 Walter Benjamin: Berliner Kindheit um neunzehnhundert, S. 79. Der Schrumpfungsprozeß hat in der *Kunde von den Bäumen* die Größe (bzw. Kleinheit) von winzigen Aschepartikeln erreicht. Auch Waller muß sich im übertragenen Sinne einen 'Buckel' wachsen lassen, um die deutsch-deutsche „Grenze" (Schwelle!) überschreiten zu können: „Ich hatte [...] mich dorthin zu bewegen, wo ich alt war... krank, invalid, altersschwachsinnig, ein Wrack, ein Störfaktor. Ich mußte ein unbrauchbares Stück [vgl. „Odradek"!, B.S.] in der Gesellschaft sein, wenn ich ihre Grenze überschreiten wollte." Wolfgang Hilbig: Die Kunde von den Bäumen, S. 108.

284 Walter Benjamin: Berliner Kindheit um neunzehnhundert, S. 79. Das bucklichte Männlein geistert in Form eines „Zwerg[s]" auch durch Elisabeth Langgässers späte (und von rabenschwarzer Melancholie erfüllte) Erzählung *Das Wirtshaus am Dorfende*: „Nur der Zwerg auf dem Bierausschank, der kleine Penate des Hauses, wartet nicht mit, weil er weiß, daß er hierbleiben muß. Immer wieder, wenn alle die Stube verlassen, um über die saturnische <u>Schwelle</u> des verflossenen Jahres zu gehen, muß er hierbleiben – hilflos gefesselt an seine <u>Erinnerung</u>. Denn er weiß alles, er hat ein <u>Gedächtnis</u>, wie die tausendjährigen Trolle es haben, die <u>unter der Erde</u> wohnen." Elisabeth Langgässer: Erzählungen, S. 472.

285 Walter Benjamin: Berliner Kindheit um neunzehnhundert, S. 78. Die „unterirdische[n] Gangsysteme" der Eichschen *Maulwürfe* werden in Hilbigs Roman „*Ich*" in die „Trümmergelände" der ehemaligen DDR verlegt: „Schon als Junge hatte sich W. jeden Tag in den Ruinen herumgetrieben und sich dort hervorragend ausgekannt; das Trümmergelände war das bevorzugte Spielgebiet der Kinder, die vom Stadtrand herkamen. Und schon als Kind hatte er unter den bizarren Gebäuderesten – es waren Jahrzehnte vergangen, ehe man es schaffte, die Ruinen abzuräumen – <u>unterirdische Gangsysteme</u> entdeckt, <u>sie waren reich vernetzt</u> und dienten offenbar gleichzeitig als Fluchtwege und Kabelkanäle, die alle einzelnen Teile der kriegswichtigen Produktionsanlagen untereinander verbanden." Wolfgang Hilbig: „*Ich*" (Roman), Frankfurt/M. (Fischer-TB) 1995 [EA 1993], S. 274.

Die Kellergänge unter den Häusern von Berlin sind in der Regel sauber, und die Mehrzahl von ihnen ist ausreichend beleuchtet. Und sie waren in diesem Winter warm, der Frost drang noch kaum bis auf ihre Gründe hinab. Es gab Plätze dort unten [...], wo ich stundenlang gesessen hatte [...] und dem unfaßbaren Massiv der Riesenstadt Berlin, die mir zu Häupten schlief, gelauscht hatte. Selbstverständlich war es still hier unten, man hörte nichts [...]. Es war nur ein leises Summen in der Stille [...].[286]

Man darf vermuten, daß das „Summen", das der Erzähler „in der Stille" des Kellers vernimmt, vom bucklichten Männlein stammt:

Es [das Männlein] hat längst abgedankt. Doch seine Stimme, die wie das Summen des Gasstrumpfs ist, wispert mir über die Jahrhundertschwelle die Worte nach: „Liebes Kindlein, ach ich bitt, / Bet' für's bucklicht Männlein mit!"[287]

Genau diese präsignifikanten (oder vielmehr *post*signifikanten) Geräusche weben auch über dem historischen Boden von Hilbigs Müll- und Aschehalden; das bucklichte Männlein verbirgt sich selbst noch in der Sprache der Bäume (und auch das *Grüne grüne Gras* „schien zu wispern", s.o.):

Dieser Boden gab keinen Laut von sich, nur ein Gewisper manchmal, wenn der Wind die erste dünne Schicht der Asche abtrug [...].

Und es war eine Sprache in den Bäumen, die immer im Dunkel endete ... nein, auch im Dunkel endete sie nicht, nur sprach sie hier besonders leise weiter, und ich erinnerte mich an das namenlose Wispern ihrer Blätter im Unsichtbaren.[288]

Entscheidend ist nun aber, daß in der *Kunde von den Bäumen* nicht bloß die ausgedehnten Müll- und Aschehalden (und die auf ihnen verrottenden Überreste) als Ruderalflächen (bzw. Rudimente) konzipiert sind. Die Pointe von Hilbigs Erzählung ist die, daß im grunde die gesamte ehemalige DDR als eine einzige, statische Ruderalfläche vorgestellt wird, an der die Zeit vorüber gegangen ist. Ähnlich wie *Der alte Garten* aus Marie Luise Kaschnitz' gleichnamigem Märchen[289] hat auch die hermetisch verschlossene DDR nicht an der Akzeleration der modernen Außen-Welt partizipieren können:

---

286   Wolfgang Hilbig: „Ich", S. 20. Die Parallele zu Kafkas Erzählung *Der Bau* ist unübersehbar, vgl. die folgende Passage aus *Der Bau*: „Das schönste an meinem Bau ist aber seine Stille. [...] Stundenlang kann ich durch meine Gänge schleichen und höre nichts als manchmal das Rascheln irgendeines Kleintiers [...] oder das Rieseln der Erde [vgl. Benjamins „Summen", B.S.] [...]; sonst ist es still. Die Waldluft weht herein, es ist gleichzeitig warm und kühl." F.K.: Sämtliche Erzählungen, S.413f. Dieses Zitat alludiert Stifters Beschreibung des Hochwaldes: „Man kann hier tagelang weilen und sinnen und kein Laut stört die durch das Gemüt sinkenden Gedanken, als etwa der Fall einer Tannenfrucht oder der kurze Schrei eines Geiers." A.S.: Der Hochwald, S. 185 (vgl. Kap. II, Anm. 31).

287   Walter Benjamin: Berliner Kindheit um neunzehnhundert, S. 79.

288   Wolfgang Hilbig: Die Kunde von den Bäumen, S. 45 bzw. S. 106f.

289   Vgl. oben Anm. 20.

> Wir haben in einem Land gelebt, abgeschnitten, zugemauert, in dem wir auf die Idee kommen *mußten*, daß die Zeit für uns keine wirklich relevante Größe war. Die Zeit war draußen, die Zukunft war draußen ... nur draußen rannte alles auf den Untergang zu. Wir indessen haben immer in der Vergangenheit gelebt. Das Vergehen der Zeit existierte für uns nur auf irgendeinem verwelkten Kalenderblatt [...].[290]

Natürlich spricht aus diesen Zeilen eine harsche Regimekritik, aber – und dieses *aber* ist mir wichtig – hier artikuliert sich auch ein *hermetischer Zauber*, der in durchaus vergleichbarer Weise in Thomas Manns Zeitroman *Der Zauberberg* zum Ausdruck kommt.[291] Man kann ohne Übertreibung sagen, daß Wolfgang Hilbig der erste Autor war, der den hermetischen Zauber der „zugemauert[en]" DDR für die Literatur 'entdeckt' hat. Hilbig war auch einer der ersten, der die latente Poesie, die bei aller zugestandenen Menschenverachtung im paranoiden und konspirativen System der Stasi verborgen ist, in seinen Romanen literarisch umgesetzt hat.[292] Hilbigs Texte sind gerade deshalb so aufschlußreich und faszinierend, weil sie das ausweglose double-bind des untergegangenen Regimes gleichzeitig dekuvrieren und reproduzieren. Hilbigs Protagonisten suchen zwar den Weg ins Freie, aber sie verstricken sich bei dieser Suche immer tiefer in die Rückkopplungschleifen und Aporien der melancholischen Rück-Besinnung. Im Sinne Thomas Manns handelt es sich deshalb um *leidenschaftliche* Texte:

> Die Leidenschaft [...] ist wahre Passion, als welche nämlich Erkenntnis und Verfallenheit ist in einem. Wahre Leidenschaft gibt es nur im Ambiguosen und als Ironie.[293]

Der ostdeutsche Waller (bzw. der 'republikfüchtige' Hilbig), der seine „Geschichte[] des Abfalls von diesem Volk"[294] erzählen will, schreibt stattdessen eine 'ambiguos-ironische' Erzählung vom Abfall dieses Volkes. Erst „auf den dunklen Halden" und im materiellen Abfall – so will es das Gesetzt der Ambiguität – findet sich der 'Abfaller'

---

[290] Wolfgang Hilbig: Die Kunde von den Bäumen, S. 41 (kursiv im Text). Möglicherweise alludiert der Text hier auch Nossacks Bericht *Der Untergang*, der von Hilbig *sub specie DDR* umgeschrieben wird. Vgl. auch das folgende Zitat aus der *Kunde von den Bäumen*, S. 27: „Und ich atme die Luft des Untergangs auf diesem Boden ... Der Untergang? Es ist die Stagnation, die schon vor zwanzig Jahren hier besiegelt worden ist." Fazit: Untergänge (= plötzliche Zerstörungen) und Stagnationen (= langsame Verwahrlosungen) hinterlassen Ruderalflächen.

[291] Auch für Hans Castorp existiert die Zeit nur 'draußen' (im Flachland) und nicht 'oben' auf dem Zauberberg; auch im *Zauberberg* „rannte alles auf den Untergang [des 1. Weltkriegs] zu"; auch hier sieht man das „Vergehen der Zeit" nur an dem stetigen Wechsel der Mahl- und Jahreszeiten.

[292] Auf eine vergleichbare Weise hat der amerikanische Autor Thomas Pynchon die *Poesie (in) der Paranoia* endeckt.

[293] Thomas Mann: Doktor Faustus (Roman), Frankfurt/M. 1980 (Fischer-TB), S. 243. Diese Worte hat Thomas Mann dem Teufel in den Mund gelegt, man darf aber vermuten, daß sich dahinter Manns eigene Kunstprogrammatik verbirgt. Auch Adrian Leverkühns Feststellung „Wo ich bin, da ist Kaisersaschern" (ebd., S. 227) trifft im übertragenen Sinne auf Hilbigs Protagonisten zu: Wo ich (**Waller**) bin – und sei es auch im 'freien Westen' –, ist das Dorf **W**.

[294] Wolfgang Hilbig: Die Kunde von den Bäumen, S. 78f.

Waller jedoch „vom wahren Stoff der Stagnation" (und das heißt doch wohl: vom wahren Gesicht des Sozialismus) „umgeben".[295]

> Wenn ich eine Einschätzung geben soll, so hat sich das Land in einen Hort des Unglücks verwandelt, in Unglück und Stagnation, und das Ganze wird zweifellos bald ausgebrütet sein.[296]

Am 10. November 1989 *war* es dann „ausgebrütet". Seit dem hat die deutsche Literatur wieder einen prominenten, *unberühmten „Hort"*. Und hier, am Schluß meiner Analyse von Hilbigs *Kunde von den Bäumen*, schließt sich auch der Kreis zu Fontane und dessen Charakterisierung des *Dorfes 'W.erder'* zurück. Bei Fontane hieß es: „[Der] Segen, den die Insellage schuf [...], hatte auch Nachteile im Geleit und ließ den von Anfang an vorhanden gewesenen Hang, sich <u>abzuschließen</u>, in bedenklichem Grade wachsen."[297] Weiter heißt es im Text:

> Man wurde eng, hart, selbstsüchtig; <u>Werder gestaltete sich zu einer Welt für sich,</u> und der Zug wurde immer größer, sich um die Menschheit draußen nur insoweit zu kümmern, als man Nutzen aus ihnen ziehen konnte.[298]

Wenn man nach diesen Zitaten noch einmal Hilbigs literarische Konzeption der alten DDR betrachtet, die ca. 140 Jahre nach den *Wanderungen* geschrieben wurde, dann möchte man mit Fontane abschließend ausrufen: „Welche Stabilität durch anderthalb Jahrhunderte!"[299]

---

295 „[...] hier, auf den dunklen Halden, fand ich mich vom wahren Stoff der Stagnation umgeben." Wolfgang Hilbig: Die Kunde von dem Bäumen, S. 79.

296 Wolfgang Hilbig: Die Kunde von den Bäumen, S. 111. Es sei hier abschließend noch darauf hingewiesen, daß auch in Jürgen Beckers Lyrikband *Journal der Wiederholungen* (1999) der Verlust der (ostdeutschen) Kirschbäume betrauert wird, vgl. die Strophe *19* aus dem Zyklus *Stimme im Sommer*: „Wieder die Landkarte. Jetzt stimmt sie überein mit / einer Erzählung. Erzähl mal von / Mecklenburg: *Meine Kirschbäume sind mir verloren."* J.B.: Journal der Wiederholungen, Frankfurt/M. 1999, S. 67-79, hier: S. 76 (kursiv im Text).

297 Vgl. oben Anm. 17.

298 Theodor Fontane: Wanderungen durch die Mark Brandenburg, S. 425. Fontane weist in diesem Zusammenhang auch (schon) auf die Fremdenfeindlichkeit hin, die mit der andauernden *Abgeschlossenheit* einhergeht: „Die[] Exklusivität [der Werderaner, B.S.] hatte schon in den Jahren, die dem Dreißigjährigen Krieg vorausgingen [...], einen hohen Grad erreicht. In Aufzeichnungen aus jener Zeit finden wir folgendes. '[...] *Sie [die Werderaner, B.S.] hassen alle Fremden, die sich unter ihnen niederlassen, und suchen sie gern zu verdrängen. [...]."* (Ebd.)

299 Vgl. oben Anm. 14.

IV. KAPITEL

„Den Trümmern von gestern
trauern wir nach in den Trümmern von heute"[1]

Vom Dreißigjährigen Krieg zum Mauerfall – Deutsche Trümmerliteraturen

Zur Einführung: W.G. Sebald oder Die Verdrängung des Magischen Realismus und die Wiederkehr der unterdrückten Arten

Im letzten Kapitel konnte gezeigt werden, daß der Magische Realismus und die Trümmerliteratur dialektisch aufeinander bezogen sind: In der Idylle 'lauern' immer schon die Trümmer, und die Trümmer '(ver-)bergen' immer auch eine Idylle. Die (von Heinrich Böll sogenannte) „Trümmerliteratur"[2] beerbt die Schreibweisen und Topoi des Magischen Realismus, indem sie diese radikalisiert und so einer historischen Situation bzw. 'Realität' (Kriegszerstörungen) gewissermaßen kompatibel macht. Vom *Verwilderten Bauplatz* führt ein direkter Weg zur *Toten Stadt*. Noch schärfer formuliert: Die literarischen Trümmerlandschaften nach 1945 bestehen aus Versatzstücken des magisch-realistischen Vokabulars, das in Loerkes *Puppe* (und in vielen anderen Texten der Nach-Avantgarde) entwickelt wurde. Diese 'Trümmer-Zitate' provozieren die Frage nach dem Weltkrieg (bzw. den Weltkriegen) als intertextuellem Ereignis.

W.G. Sebald hat in seiner jüngst erschienenen Studie *Luftkrieg und Literatur* die provozierende These vertreten, daß es nach dem 2. Weltkrieg im Grunde keine wirkliche Trümmerliteratur in Deutschland gegeben habe:

> Von sämtlichen Ende der vierziger Jahre entstandenen literarischen Werken ist es eigentlich nur Heinrich Bölls Roman *Der Engel schwieg*, der eine annähernde Vorstellung vermittelt von der Tiefe des Entsetzens, das damals jeden zu erfassen drohte, der wirklich sich umsah in den Ruinen. [...] Außer Heinrich Böll haben nur wenige andere Autoren wie Hermann Kasack, Hans Erich Nossack, Arno Schmidt und Peter

---

1 Günter Eich: Formeln. In: ders: Gesammelte Werke Bd. 1, S. 287. Vgl. auch Jürgen Beckers „Heimweh" nach Trümmern: „Die Landkarten / sind revidiert, und du findest sie wieder, / die Wegzeichen und Wege, Gehöfte und Dörfer, Ruinen / und Reste in einem Gelände, das irgendwann / aus den Landkarten verschwunden war. Das Heimweh // nach Hohlwegen und alten Chausseen am Ende... kein Ende [...]." J.B.: Journal der Wiederholungen, Frankfurt/M. 1999, S. 81-97, hier: S. 94f.

2 Vgl. Kap. III, Anm. 164. Die Idylle als perhorresziertes Gegenbild zu den Trümmern geistert selbst noch durch Bölls programmatischen Essay *Bekenntnis zur Trümmerliteratur* (1952): „Die Zeitgenossen in die Idylle zu entführen würde uns allzu grausam erscheinen, das Erwachen daraus wäre schrecklich, oder sollen wir wirklich Blindekuh miteinander spielen? [...] Die Schriftsteller, die sich schuldig [...] machten [das sind u.a. die Inneren Emigranten und Magischen Realisten, B.S.] hatten tapfer Blindekuh gespielt." H.B.: Hierzulande, S. 129. Böll wehrt sich hier gegen Schreibweisen, die seiner eigenen (Trümmer-) Literatur zutiefst eingeprägt sind.

de Mendelssohn es gewagt, an das über die äußere und innere Zerstörung verhängte Tabu zu rühren, zumeist freilich [...] auf eine eher fragwürdige Weise.[3]

Dieser Befund ist ebenso zutreffend wie unzulänglich. Sebald ist zuzustimmen, wenn man die moralischen Prämissen teilt, die implizit in seiner These enthalten sind (Bücher müssen sich an der 'Wirklichkeit' orientieren und eine „Vorstellung" von der „Tiefe des Entsetzens" vermitteln). Sebalds rigider Moralismus hat seine guten Gründe, er ist aber fehl am Platz, wenn er die Tatsachen verfälscht. Ein Beispiel: Nach einem Zitat aus Hans Erich Nossacks Bericht *Der Untergang*, in dem die zerbombte und von Ratten und Fliegen heimgesuchte Stadt Hamburg geschildert wird,[4] bemerkt Sebald:

> Dieses Bild von der Vermehrung der sonst auf jede Weise unterdrückten Arten ist ein seltenes Dokument des Lebens in einer Ruinenstadt.[5]

Nach *unserem* Gang durch den Magischen (Trümmer-) Realismus muß diese Beobachtung rundweg als *falsch* bezeichnet werden. Die unheimliche Wiederkehr der „unterdrückten Arten" ist vielmehr *das* zentrale Thema der magisch-realistischen Literatur. Schon in Loerkes *Puppe*, dem ersten und wichtigsten Referenztext der Studie, wimmelt es buchstäblich von Ameisen, Brennesseln und anderen „unterdrückten Arten". Für Sebalds irrige Annahme gibt es zwei Erklärungen: Entweder hat er die magisch-realistischen Tex-

---

3   W.G. Sebald: Luftkrieg und Literatur. Mit einem Essay zu Alfred Andersch, München Wien 1999, S. 18 und 19. Sebalds Studie ist es übrigens zu verdanken, daß der total 'verschollene' Roman *Vergeltung* (1956) von Gert Ledig bei Suhrkamp (1999) wieder aufgelegt wurde. Einen der konsequentesten Luftkrieg-Romane hat Selbald bei seinen Recherchen allerdings vergessen: *Simplicius 45* (1963) von Heinz Küpper. Dieser durchaus lesenswerte Roman schildert den Luftkrieg aus der Perspektive eines begeisterten Hitler-Jungen: „Man wird zugeben, daß Luftkrieg schön ist. Welch ein Glück, daß wir im Rheinland lebten, immerhin den feindlichen Flugplätzen am nächsten. Man konnte die armen Jungen aus Mitteldeutschland oder gar aus Ostdeutschland nur bedauern, sie hatten noch nie einen Fliegeralarm mitgemacht." H.K.: Simplicius 45 (Roman), Frankfurt/M. (Fischer-TB) 1966, S. 53. Außerdem hat Sebald Horst Langes Trümmerroman *Verlöschende Feuer* (1956) übersehen. In diesem völlig zu unrecht vergessenen Roman werden immer wieder alliierte Luftangriffe beschrieben. Im packenden und spannenden VII. Kapitel dieses Buches (S. 111-130) beobachtet den Protagonist Hans vom Dach eines Hauses einen nächtlichen Luftangriff: „Die erste [Angriffs-] Welle war vorüber. Im Osten blitzte es auf. Die Luft wurde vom dumpfen Nachhall der Detonationen geschüttelt, [Hans] merkte bis hier die Vibrationen, die durch die Erde gingen. Dann loderte am Horizont ein bräunlicher Lichtschimmer auf, der höher und höher zuckte, mit dem sich der Dunst, der über der Stadt lag, vollsaugte [...] und ein teuflisches, schattenloses Zwielicht über die Dörfer ausgoß." Horst Lange: Verlöschende Feuer (Roman), Stuttgart 1956, S. 117.

4   Vgl. Kap. III, Anm. 153.

5   W.G. Sebald: Luftkrieg und Literatur, S. 46. Dazu noch ein Gegenbeispiel: In Horst Langes Roman *Verlöschende Feuer* (s.o.) 'vermehrt' sich die 'sonst auf jede Weise unterdrückte Art' der Ratten in der 'Ruinenstadt' Berlin maßlos: Der Protagonist Hans, der sich im XII. Kapitel dieses Buches „in einer Ruine verborgen [hält]" (S. 227), beobachtet „[...] die Ratten, sie waren überaus groß und gut gemästet, tauchten aus einem Spalt, der in die Tiefe führen mußte, empor [...] wie Leichenfledderer [...]." H.L.: Verlöschende Feuer, S. 228. – Sebalds Ansatz, Texte wie z.B. *Der Untergang* als „Dokument" zu lesen, ist problematisch. Dem Apokalyptiker Sebald mag es realitätsfern und postmodernistisch erscheinen, aber es verhält sich dennoch so, daß Texte zunächst einmal auf andere Texte verweisen und nicht primär auf eine außersprachliche Realität, sei diese auch noch so zerbombt.

te von Loerke, Langgässer, Britting, Schaefer etc. nicht zur Kenntnis genommen, oder –
und diese Erklärung ist wohl plausibler – die genannten AutorInnen sind dem Apokalyptiker Sebald nicht 'entsetzlich' und 'realistisch' genug. Diese Ignoranz gegenüber dem
Magischen Realismus ist um so erstaunlicher, als Sebald selbst der magisch-realistischen
Schreibweise und ihrer Vorliebe für 'unberühmte Orte' ausgiebig huldigt. In *Luftkrieg
und Literatur* schreibt er beispielsweise über seine eigene Kindheit:

> Das Grundstück [in Sonthofen, B.S.], auf dem ein paar schöne Bäume die Katastro-
> phe überstanden hatten, war in den fünfziger Jahren bereits völlig zugewachsen, und
> wir sind als Kinder oft nachmittagelang in dieser durch den Krieg mitten im Ort en-
> standenen Wildnis gewesen. Ich entsinne mich, daß es mir nie recht geheuer war,
> über die Treppe in die Kellerräume hinabzusteigen. Es roch dort faulig und feucht,
> und ich fürchtete immer, auf einen Tierkadaver zu stoßen oder auf eine Menschenlei-
> che. Ein paar Jahre später ist auf dem Grundstück des Herz-Schlosses dann ein
> Selbstbedienungsladen eröffnet worden, in einem ebenerdigen, fensterlosen, scheuß-
> lichen Bau, und der einstmals schöne Garten der Villa verschwand endgültig unter
> einem geteerten Parkplatz.[6]

Das ist, bis in das Lamento über ein verschwundenes Paradies hinein ('Wildnisse' zu
'Selbstbedienungsläden'), die Sprache des Magischen Realismus in Rein- bzw. 'Unrein-
form'. Man weiß nicht: Will Sebald hier nur ein wenig aus 'seiner' Kindheit plaudern?[7] –
dann hätte er ebensogut einige Sätze aus den Romanen Ludwig Harigs[8] zitieren können,
die sich, von den Ortsnamen einmal abgesehen, von dem obigen Zitat in nichts unterscheiden –, oder will er uns 50 Jahre nach Bölls *Der Engel schwieg* mit seinen Sätzen eine „Vorstellung [...] von der Tiefe des Entsetzens [vermitteln], das damals jeden zu erfassen drohte, der wirklich sich umsah in den Ruinen"? Anders gefragt: Kann Sebald sich
'wirklich' noch an die Ruinen erinnern, oder verarbeitet er vielleicht nur Reminiszenzen
seiner Lektüren magisch-realistischer Texte, deren Titel er uns verschweigt? Sebald
scheint wirklich zu glauben, mit seiner ruderal-sentimentalen „Ich-entsinne-mich"-Textur
eine „annähernde" Trümmer-Authentizität rekonstruieren zu können. Es ist ja wirklich
ehrenwert, daß Sebald sich – in übrigens magisch-realistischer Manier – an die verkraute-

---

6   W.G. Sebald: Luftkrieg und Literatur, S. 89. Sebalds „mitten im Ort entstandene[] Wildnis" ist *Der alte
Garten* von Marie-Luise Kaschnitz (vgl. Kap. III, Anm. 20) in neuem Gewande. Sebalds und Kaschnitz'
'Kinder-Gärten' liegen im verwahrlosten und deshalb unkontrollierbaren Innen-Raum. Ähnlich wie andere
Magische Realisten vor ihm, kokettiert auch Sebald mit der 'totalen Verkrautung' der Landschaft, vgl. *Luft-
krieg und Literatur*, S. 51: „Wie lange hätte es wohl gedauert, wenn wirklich der Morgenthau-Plan sich
durchgesetzt hätte, bis überall im Land die Ruinenberge überwachsen gewesen wären?"

7   Das Verschwinden der Kindheit, das Sebald beklagt und das in der Planierung einer emphatischen „Stelle"
(„Wildnis") zum Ausdruck kommt, findet sich bereits in Wilhelm Raabes Roman *Alte Nester* (1880): „Eine
neue Chaussee führt über die Stelle weg, wo *meine* Nußbäume standen, und wer weiß, wie bald auch über
diesen Weg sich ein Eisenbahndamm hinlegt und wie bald die Personen- und Güterzüge vom und zum
Rhein über die Stätte brausen und keuchen. Es ändern sich stets die äußerlichen Umstände, unter denen die
Natur und der Mensch ihren Adel gewinnen oder verlieren!" W.R.: Alte Nester. Zwei Bücher Lebensge-
schichten (Roman). In: ders.: Sämtliche Werke Bd. 14, hg. von Karl Hoppe, S. 36 (kursiv im Text).

8   Vgl. Kap. III, Anm. 174 und 179.

ten Rudimente der aufgelassenen Flugfelder in der englischen Grafschaft Norfolk und an die Opfer des Luftkriegs erinnert, aber muß „Man" dabei auch gleich ein Gespür für 'tote Seelen' und 'Gespenster' entwickeln? Antwort: „Man" muß, weil ES zum Vokabular des Magischen Realismus gehört!

> Die allermeisten [der ehemals mehr als siebzig Flugfelder in der Grafschaft Norfolk, B.S.] jedoch sind nach dem Krieg aufgelassen worden. Über die Rollbahnen ist Gras gewachsen, die Kontrolltürme, Bunker und Wellblechhütten stehen halb verfallen in der oft etwas gespenstisch wirkenden Landschaft. Man spürt dort die toten Seelen derer, die von ihrer Mission nicht zurückkehrten oder in den riesigen Feuern zugrunde gegangen sind.[9]

Anstatt also mit Sebald weiterhin nach einer authentischen Form der Kriegsberichterstattung, Trümmerliteratur und Erinnerungs-Textur zu fahnden, wird es höchste Zeit, die literarische Darstellung und Verarbeitung des 2. Weltkriegs als das zu begreifen, was sie viel eher gewesen ist: eine Wieder-holung von Texten, d.h. ein intertextuelles Ereignis. Die Betonung der Intertextualität soll dem Krieg übrigens nichts von seiner „Tiefe des Entsetzens" nehmen. Nichts liegt mir ferner, als die Schrecken des Krieges in einem ubiquitären Textbegriff zum Verschwinden zu bringen. Andererseits ist Sebalds Postulat nach Anschaulichkeit und Nachvollziehbarkeit der Trümmer-Texte aber weder verallgemeinerbar – seine Forderungen bezeichnen rein private Präferenzen –, noch in jedem Falle wünschenswert.[10] Die abstrakten Gedichte Paul Celans entziehen sich sogar ganz programmatisch jeglicher Form von Anschaulichkeit und Nachvollziehbarkeit.[11] Man muß sogar sagen, daß die „Tiefe des Entsetzens", auf die die völlig unterschiedlichen Texte von Böll und Celan gleichermaßen zielen, ohnehin nicht auszuloten ist; ein 'annäherndes' sprachliches Äquivalent zum Krieg und seinen Schrecken ist und bleibt ein intertextuelles Konstrukt, über dessen Gelingen bzw. Nichtgelingen einzig und allein der/die LeserIn entscheidet. Es kann auch nicht angehen, „authentische Fundstücke" (wie die Anatomiepro-

---

9 W.G. Sebald: Luftkrieg und Literatur, S. 90. Die „Kontrolltürme, Bunker und Wellblechhütten", die im obigen Zitat „halb verfallen" sind, bringen – wieder einmal – Loerkes 'Halbgestalten' in Erinnerung. Genau diese von 'halbgestalteten' Rudimenten wimmelnde Textur ist in Sebalds Studie *Die Ringe des Saturn* (1992) omnipräsent.

10 Die Beschreibung eines Luftangriffs aus Arno Schmidts Kurzroman *Aus dem Leben eines Fauns* (1953) ist Sebald nicht anschaulich genug: „Gewiß ist es die *Intention des Autors* [!], den Strudel der Zerstörungen in der *aus den Angeln gehobenen Sprache* irgendwie sinnfällig werden zu lassen, doch *sehe* [!] ich [...] nirgends das, worum es angeblich geht: das Leben in dem furchtbaren Augenblick seiner Desintegration." W.G.S.: Luftkrieg und Literatur, S. 69. Dazu wäre einiges zu sagen: Erstens ist die *Autorintention* entschieden zurückzuweisen, zweitens hebt Schmidt die Sprache vielleicht nicht „aus" den, sondern *in* die „Angeln", und drittens geht es in Schmidts Text überhaupt nicht darum, „das Leben in dem furchtbaren Augenblick seiner Desintegration" zu schildern. Wenn Sebald Schmidts Prosa als „linguistische Laubsägearbeit" abqualifiziert (vgl. S. 70), dann muß er sich selbst den Vorwurf des *sentimentalen Betroffenheitsapokalyptikers* gefallen lassen.

11 Nichts ist peinlicher als ein Auschwitz-Tourist, der in dem ehemaligen Konzentrationslager – womöglich noch bei stimmungsvoll-nieselndem November-Wetter – Paul Celans *Todesfuge* liest, dabei ein betroffenes Gesicht macht und dann sogar noch glaubt, irgend etwas 'verstanden' zu haben.

tokolle von Schrumpfleichen) als eine Textsorte zu propagieren, „vor denen jede Fiktion verblaßt".[12] Graeffs Anatomieprotokolle (und Möllers botanische Trümmerstudien) sind genauso(wenig) „authentisch" wie Schmidts „linguistische Laubsägearbeit[en]". Sollte sich das poststrukturalistische Textverständnis, nach dem es keine 'ausgezeichneten' Textsorten mehr gibt,[13] noch nicht bis zu Sebald herumgesprochen haben? Wenn man die Oppositionspaare betrachtet, mit denen Sebald operiert („abstrakt-imaginär[]" vs. „konkret-dokumentarisch[]"[14]), dann muß dergleichen in der Tat befürchtet werden. Der neuhistorizistische Textbegriff impliziert übrigens nicht, daß es keinen Unterschied zwischen Dokumenten und imaginären (sprich: fiktionalen) Texten gibt, aber die ersteren sind genausowenig „konkret" (im Sinne von authentisch) wie die letzteren „abstrakt" (erfunden) sind. Sebalds eindimensionale 'Formel' muß deshalb in den folgenden Chiasmus übersetzt werden: Wenn abstrakte Fiktionen vor authentischen Fundstücken 'verblassen', dann 'erröten' die Fundstücke vor den Fiktionen.

Sebalds aufschlußreiche Studie, die – wie viele andere seiner Bücher auch[15] – im Niemandsland zwischen wissenschaftlicher Analyse ('Sekundärliteratur') und subjektiver Aneignung bzw. literarischem Text ('Primärliteratur') angesiedelt ist, steht mit ihrem wissenschaftlichen 'Bein' gewissermaßen *über* ihrem analysierten Gegenstand und mit dem literarischen Bein (noch) mitten *im* Trümmerdiskurs der (Nach-) Kriegszeit. Sebalds Studie ist gerade deshalb so aufschlußreich, weil sie eine der aktuellsten und zugleich magisch-realistischsten Beiträge zum Thema Ruderalfläche liefert. Es wurde bereits gezeigt, daß der 'unberühmte Ort' in der ehemaligen DDR und in den Neuen Bundesländern aktuell (gewesen) ist. Auch in den Alten Bundesländern ist die Ruderalfläche bei Nachkriegs-Autoren wie Rolf Dieter Brinkmann, Christoph Meckel und Jürgen Becker nie in Vergessenheit geraten. Um also Sebalds Studie bzw. seine Kindheit in Sonthofen 'richtig' verstehen zu können, ist es sinnvoll, diese spezifisch deutsche Traditionslinie, die sich durch die Trümmerflächen zieht, ganz genau nachzuzeichnen.

In der Überschrift zu diesem Kapitel war eine provozierende These versteckt: *Die* Trümmerliteratur erschien dort im Plural. Im Widerspruch zur gängigen Meinung, daß es in

12 Vgl. W.G. Sebald: Luftkrieg und Literatur, S. 72. Zu den Anatomieprotokollen vgl. Kap. III, Anm. 135.

13 Vgl. die 'ausgezeichnete' Einleitung von Moritz Baßler in: New Historicism. Literaturgeschichte als Poetik der Kultur. Mit Beiträgen von Stephen Greenblatt u.a., hg. von Moritz Baßler, Frankfurt/M. 1995. S. 7-28.

14 Vgl. W.G. Sebald: Luftkrieg und Literatur, S. 70.

15 Sebalds von tiefer Melancholie erfülltes Buch *Die Ringe des Saturn* beschäftigt sich – in magisch-realistischer Manier – mit der geschichtsträchtigen Landschaft Süd-Englands, die unterm allegorischen Blick des Chronisten zur menschenleeren Trümmerlandschaft stilisiert wird: „Eingebettet in das ebenmäßige Gewebe, lag als Überrest aus früherer Zeit eine von Bauminseln umgebene Domäne. Ich sah den Schatten unseres Flugzeugs drunten eilends dahinlaufen [...]. Nirgends aber sah man auch nur einen einzigen Menschen. [...] es ist immer, als gäbe es keine Menschen, als gäbe es nur das, was sie geschaffen haben und worin sie sich verbergen." W.G.S.: Die Ringe des Saturn. Eine englische Wallfahrt, Frankfurt/M. 1997 [EA 1992], S. 112f.

Deutschland nur *eine* Trümmerliteratur gegeben habe – nämlich die zum Zweiten Weltkrieg (von Böll, Eich, Lange etc.) –, wird hier die These vertreten, daß es im deutschen
Sprachraum vier Trümmerliteraturen gegeben hat: die zum Dreißigjährigen Krieg (z.B.
Opitz' *Trostgedicht*), dann die zum Ersten Weltkrieg und die zum Zweiten Weltkrieg und
dann noch die zum Mauerfall (Hilbig, Jirgl etc.). Man könnte sogar mit Jürgen Becker sagen, daß die Trümmerliteratur im Grunde nie aufgehört hat („nie / hört die Nachkriegszeit
auf").[16] Es ist auch zu überlegen, ob man, der genaueren Unterscheidung wegen, nicht
von fünf Trümmerliteraturen sprechen sollte.[17] Neben den vier genannten wäre dann
noch zu nennen bzw. zu untergliedern: die Trümmerliteratur der 'Söhne-Generation', die
den Krieg entweder nur als Kind oder gar nicht mehr miterlebt hat. Hier wären Autoren
wie Ludwig Harig, Jürgen Becker, Christoph Meckel, Rolf Dieter Brinkmann, Hubert
Fichte und –nicht zuletzt – W.G. Sebald selbst zu nennen. Im folgenden sollen zunächst
einige westdeutsche Trümmerliteraten und dann einige ostdeutsche Trümmerliteraten mit
'ihrer' Ruderalfläche vorgestellt werden.

1. „Verloren im Limbo gigantischer Restbestände"
Christoph Meckel und das Erbe des Magischen Realismus

Christoph Meckel, dessen Vater u.a. mit Günter Eich und Peter Huchel befreundet war
und wie diese an der Zeitschrift *Die Kolonne* mitgearbeitet hat,[18] beerbt wie kaum ein
anderer westdeutscher Autor der Nachkriegszeit den Stil des Magischen Realismus. Ruderale Versatzstücke ziehen sich bei ihm wie *Ein roter Faden*[19] und in allen nur denkba-

---

16   Vgl. Jürgen Becker: Im Rheinland. An der Oder. In: ders.: Journal der Wiederholungen (Gedichte), Frank-
furt/M. 1999, S. 15. Rolf Dieter Brinkmann kommt zum gleichen Ergebnis: „Der Krieg hat nicht / aufgehört, der Krieg ist nur unsichtbarer geworden [...]." R.D.B.: Lied am Samstagabend in Köln. In: ders.:
Westwärts 1 & 2 (Gedichte), Frankfurt/M. 1975, S. 119-120, hier: S. 120.

17   Natürlich hat es in Deutschland viel mehr Kriege als nur den Dreißigjährigen Krieg und den Ersten und
Zweiten Weltkrieg gegeben. Dennoch ist es sinnvoll, den Terminus 'Trümmerliteratur' für diese drei 'großen' Kriege zu reservieren, zumal beispielsweise der Deutsch-Französische Krieg (1870/71) ohnehin 'gewonnen' wurde und deshalb keine 'Trümmerliteratur', sondern eher patriotisch-affirmative Schundliteratur
hervorgebracht hat, die heutzutage niemand mehr lesen möchte.

18   Vgl. Christoph Meckels romanhaften Bericht *Suchbild – Über meinen Vater* (1983), v.a. das Kapitel II.
Christophs Vater Eberhard (1907-1969) war ein typischer Magischer Realist seiner Zeit. In der Auseinan-
dersetzung mit diesem literarischen Erbe entwickelte der Sohn in den späten 50er Jahren seine eigene
Schreibweise, die jedoch bis heute immer noch auf die Ästhetik des Magischen Realismus bezogen ist.
Wenn Christoph Meckel am Ende von *Suchbild* bemerkt: „Mein Vater blieb unverändert. Immer derselbe",
dann charakterisiert er damit nolens volens auch seine eigenen Texte. Vgl. C.M.: Suchbild – Über meinen
Vater, Frankfurt/M. (Fischer-TB) 1995 [EA 1983], S. 108.

19   Vgl. Christoph Meckel: Ein roter Faden. Gesammelte Erzählungen, München-Wien 1983. In vielen der Erzählungen (z.B. *Provinzen* und *Brennesseln*) stehen Ruderalflächen im Zentrum des Geschehens. Viele dieser Ruderalflächen sind Postfigurationen von Trümmerflächen, die Meckel im Krieg als Kind gesehen hat.
In der autobiographischen Erzählung *Der Brand* (S. 309-313) werden die Trümmer detailliert beschrieben

ren Spielarten durch sämtliche Texte und bis in die aktuellen Romane hinein (*Die Messingstadt* 1991, *Shalamuns Papiere* 1992).[20] Die konkrete Ausstaffierung der Ruderalfläche richtet sich dabei nach Story und Entstehungszeit der jeweiligen Texte. Im Roman *Bockshorn* (1973) sind die geschilderten verkommenen Vorstädte einerseits dem Lebensgefühl der Hippie- und Beat-Generation der 60er und 70er Jahre nachempfunden, aber andererseits knüpft der Roman auch wieder an die magisch-realistische „Vagabunden-Dichtung" eines V.O. Stomps, Max Barthel, Heinz Wuttig und Eugen Reisner etc. an.[21] In den späteren Texten konnotieren die verkommenen *dead-end*-Landschaften des „Limbo" ein postmodernes bzw. post-historisches Endzeitszenario. Meckel schreibt:

> Das Wort *Limbo* geht zurück auf das Wort *Limbus* (lateinisch = Rand). Es enthält mehrere Bedeutungen, etwa: Aufenthaltsort der Gerechten vor der Erlösung, oder: Zwischenwelt, Vorhölle. Das Wort *Limbo* hörte ich zuerst in den USA. Es bezeichnet dort ein Gebiet (häufig am Rand großer Städte), das als nicht bewohnbar gilt. In ihm vermischen sich Müllhalden, Rohbauten, Slums, Abstellgleise, Ödgelände, Fabriken, Trampelpfade, Höhlen, Ruinen und Wracks etc.[22]

Dieses programmatische und diskursiv verfasste Vorwort, das Meckel seinem Graphik-Zyklus *Limbo* vorangestellt hat, ist gleichwohl prototypisch für seine fiktionalen Texte: Meckels „Limbo" ist ein gigantischer Thesaurus synonymer „Ödgelände"; alle „Trampelpfade" in Meckels nicht-texturierter Textur sind von den Magischen Realisten längst ausgetreten worden. Anders gesagt: „Limbo" ist der *Verwilderte[] Bauplatz* (Britting) der Nachkriegszeit. In Meckels Prosatext *Plunder* (1986) wird das Verfahren der Amplifikation dann bis zur völligen Erschöpfung ausgereizt. Spätestens in diesem Text wird eklatant, daß Meckel dem Verfahren nichts, dem Motiv (Plunder = wertlose, aber poetische Dinge des Alltags) jedoch alles zumutet. Der ruinierte Plunder spricht – in Katalogform –

(„Ich hatte Trümmer [...] gesehen und konnte mir eine Vorstellung davon machen", S. 310). *Der Brand* verbindet in nahezu idealer Weise den Magischen Realismus (Kindheit im verwilderten Garten und mit obligatorischem „Brennesselbusch", S. 309) mit der Trümmerliteratur.

[20] Die beiden Romane spielen in der verkommenen Großstadt-Unterwelt „Babylon-City". Das besonders stark verkommene Gebiet („Todesschneise") von Babylon-City heiß „Rayon": „Wir liefen [...] durch den Rayon. Hier werde ich filmen – Bestände, die der Vernichtung entgangen sind, Verrott und Dreck, eine Wüste aus Staub und Ruin. Hadeslandschaft der Steine und Tümpel, Schrott, Brandmauern, Asche." C.M.: Shalamuns Papiere (Roman), Frankfurt/M. (Fischer-TB) 1996 [EA 1992], S. 113.

[21] Vgl. Der weiße Rabe. Zeitschrift für Vers und Prosa, hg. von V.O. Stomps, Jg. 2, Heft 7/8 (1933), Sondernummer „Vagabunden Dichtung". Stomps und seine Adepten gehören heute zu den „wunderlich Verlorenen" und 'unberühmten' Autoren: „Sie bezeichnen jene wunderlich verlorenen, die weder dem Expressionismus noch der Nachkriegsneoklassik zugehören, aber von beiden Richtungen etwas abgekriegt haben. [...] Wieder ist, was zwischen den Zeiten [und] zwischen den Stühlen [...] als literarisches Unkraut wuchert, bei ihm [Stomps] versammelt." Werner Helwig: Kapitän Vauo. In: Guten Morgen Vauo. Ein Buch für den weißen Raben V.O. Stomps, hg. von Günter Bruno Fuchs und Harry Pross, Frankfurt/M. 1962, S. 78 und 79. Besser und anschaulicher läßt sich der Magische Realismus nicht beschreiben.

[22] Christoph Meckel: Limbo. Ein Zyklus, Mainz 1987, S. 7 (kursiv im Text). Die Graphiken des Buches sind genauso konventionell (um nicht zu sagen: medioker) wie Meckels Texte.

für sich selbst. Jedes einzelne 'Plunder-Teilchen' ist im Grunde genommen eine sinnverbürgende und in sich abgeschlossene Mini-Ruderalfläche:

> Es ist der Plunder, den das Wasser verschlingt, den das Wasser ausspuckt [...]: Leitern, Pferdegeschirre, Ochsenschädel, verschlammte Karrendeichseln, ein Fahrradgestell. [...] Steuerräder, Computer und Flugzeugträger, verkrustete Waffen und Splitter der Meteore. Gerippe von Fähren und Dampfern, Raketen und Bomben; Wal- und Perdeknochen, Zugvogelknochen, Männer- und Frauenknochen, Affenknochen, Zwerg- und Riesengebeine, die Zähne eines Kraken.[23]

Und so weiter und so weiter... Meckels Lust am Fabulieren kann jedoch nicht darüber hinwegtäuschen, daß viele seiner Texte von einem erschreckenden sprachlichen Leerlauf zeugen. Ein Oberbegriff („Plunder, den das Wasser verschlingt") generiert Signifikanten, und die Signifikanten vertrauen sozusagen blind auf die Kraft der Denotation.[24] Bei diesem Verfahren entsteht allenfalls eine Spieltextur, aber keine Textur.[25] Die texturanalogen Effekte, die Meckels Texte mitunter zeitigen, speisen sich aus seiner virtuos gehandhabten Intertextualität. Bereits Meckels früher Gedichtband *Wildnisse* (1962) ist ein Kompendium magisch-realistischer Topoi,[26] und in *Nachricht für Baratynski* (1981) werden die magisch-realistischen Gewährsmänner (Günter Eich, Oskar Loerke etc.) namentlich genannt.[27] Meckels eigene Texte bleiben jedoch weit hinter dem literarischen Anspruch dieser (beiden) Gewährsmänner zurück. Pointiert: *Plunder* ist kein verwilderter, sondern ein durch und durch traditioneller Roman, seine 'heile (Trümmer) Welt' ist

---

23 Christoph Meckel: Plunder, München Wien 1986, S. 28f. In *Plunder* findet sich auch der „Limbo" wieder (prägnant: Limbo *ist* Plunder), vgl. ebd., S. 88f.: „Die Dinge erschienen nackt, wie ausgefressen, verloren im Limbo gigantischer Restbestände [...]. Obdachlose stocherten in den Haufen [...]. Es tauchte Gesindel auf, durchkämmte das Ödland [...]. In Kilometerstrecken aus Schutt und Verkommen, in Kontinenten aus Fäulnis war ich zuhaus [...]." Der Limbo bietet in der Tat ein transzendentes Obdach, unter dem das „ich" sich „zuhaus" fühlen kann.

24 Sarah Kirsch hat in ihrem kurzen Prosatext *Was bei einer Überschwemmung im Fluß schwimmt* sowohl Meckels Plunder-Teilchen als auch dessen Katalogform übernommen. Kirschs Text endet mit dem folgenden Katalog: Im Fluß schwimmen: „[...] Geigenkästen, Gießkannen, Brotbüchsen, Teedosen, Pakete mit Nudeln oder Konfekt, Bilder besonders Gemälde, Puppen mit leeren Bäuchen, Milchkannen, Tische die Beine nach oben, Briefkästen, Vogelhäuser, Bälle, Hundehütten, Fische, Frösche, Ratten, eine Ziege, Puppenwagen, eine Scheidungsurkunde, ein Plattenspieler. Alles schwimmt in mehreren Schichten und reibt sich." S.K.: Schwingrasen. Prosa, Stuttgart 1991, S. 59.

25 Zum Begriff Spieltextur vgl. Baßler et al.: Historismus und literarische Moderne, S. 250ff. Im Sinne von Baßler et. al. generiert Meckels Textur nur historische, nie rhetorische Kataloge. Unverständlichkeit im emphatischen Sinne gibt es bei Meckel deshalb nicht.

26 Meckels *Wildnisse* beziehen sich vor allem auf den verschollenen Gedichtband *Die Wildnis* von Kurt Loup, der 1940 in V.O. Stomps' Verlag *Die Rabenpresse* (Berlin) erschienen ist. Texte dieser 'unberühmten' (magisch-realistischen) Art hat Meckel rücksichtslos geplündert und kolportiert.

27 „[...] ich werde [...] Günter Eich zitieren [...]. Ich werde die Literaturen der Welt umgraben und ihre Gestalten aus der Versenkung zaubern. Ich werde ideologische Krusten sprengen, Archive entstauben, gesammelte Werke feiern. Mein großer Zeuge wird Oskar Loerke sein." C.M.: Nachricht für Baratynski, Frankfurt/M. (Fischer-TB) 1983 [EA 1981], S. 107.

geradezu symptomatisch für die Ära Kohl.[28] Modern ist Meckels „Trümmerland[]" nur auf den ersten Blick; bei näherem Hinsehen wird ES sofort heimelig „dufte[nd]" und notorisch zwielichtig:

> Der Holunder wuchs, die Brennessel duftete wieder. Es zog mich noch immer zu der Höhle hin. Die Tümpel, Gebirge und Schluchten des Trümmerlandes, seine brüchige Geographie, blieben mein Parcours.[29]

In seinem neuen Roman *Ein unbekannter Mensch* (1997) hat Meckel sogar den Geruch des Magischen Realismus wiedergefunden: Der Roman spielt im Land des Lavendel (Provence) und erzählt von dem 'unentfremdet' gebliebenen Bauern Matthieu, der in seiner 'intakten' südfranzösischen 'Heimat' Lavendel anbaut. Meckels Roman ist so „urecht[]" wie einst nur „Lohse Uralt Lavendel":

> Lohse Uralt Lavendel ist *urechtes* Lavendel, keine Nachbildung mittels künstlicher Riechstoffe. [...] Gewähr für seine Echtheit und gleichbleibende Güte bietet der Schriftzug „Lohse" auf der Siegelmarke.[30]

Gewähr für die Echtheit und gleichbleibende Güte von Meckels Prosa bietet der Schriftzug des Klappentextes auf der Rückseite des Taschenbuches:

> Das lebendige Bild eines Menschen am Rande unserer Epoche erzählt zugleich von einer schwindenden archaischen Welt.[31]

Möglicherweise glauben Meckel und seine gläubigen Leser sogar, daß die im Roman geschilderten (Sekundär-) Wildnisse – der „Limbo" heißt jetzt *„les landes"* – keine Nach-

---

[28]   *Plunder* ist ein Musterbeispiel für das 'Biedermeier' der Ära Kohl. Bezeichnenderweise greift Meckel in diesem Text auf die eigentliche Biedermeierzeit (Stifter) zurück: „Es [das Wort Plunder, B.S.] hielt sich in einer Erzählung versteckt, die Stifter vor hundertzwanzig Jahren schrieb. Dort schien der Plunder auf mich gewartet zu haben. Das Wort und der Inhalt waren gemeinsam da [...]." Mit der letzten Bemerkung (Wort und Inhalt sind gemeinsam da) beschreibt Meckel die Poetologie seiner eigenen Texte, vgl.: C.M.: Plunder, S. 10.

[29]   Christoph Meckel: Plunder, S. 90f. Christoph Meckel, so könnte man sagen, ist der Peter Lustig der Literatur. Peter Lustig moderiert die bekannte ZDF-Kindersendung *Löwenzahn*. Die politisch und ökologisch 'korrekte' Sendung wird mit einem Zeichentrick-Vorspann eingeleitet, der die Verkrautung und Rückeroberung der Städte durch Unkraut (Löwenzahn) zeigt. Peter Lustigs grüne, heile Umgebung – er wohnt auf einem verwilderten Grundstück – konvergiert mit der idyllisch-verkrauteten Welt Christoph Meckels. Vgl. C.M.: Plunder, S. 11: „Den Garten ließ ich, wie ich ihn fand, verplundert, voller Nesseln und Dornen, in undurchsichtigem Zustand."

[30]   Der Werbeslogan stammt von Elisabeth Langgässer. Zit. nach: Georg Hensel (Hg.): Der Lavendel der Langgässer (ohne Seitenangaben, kursiv im Text). Bei Meckel findet sich auch Langgässers Antagonismus von Unkraut und Rose wieder: „Ich liebe Brennesseln, weil sie wertlos sind [...], mich langweilen Rosen." C.M.: Licht (Erzählung), Frankfurt/M. (Fischer-TB) 1991 [EA 1978], S. 41.

[31]   Klappentext auf: Christoph Meckel: Ein unbekannter Mensch (Roman), Frankfurt/M. (Fischer-TB) 1999 [EA 1997].

bildung mittels künstlicher Lesestoffe („alte Abschreiberei", *Hilbig*), sondern natürlichen Ursprungs sind:

> *Les landes*, das sind unbeanspruchte Teile der Landschaft, nicht mehr verwendete oder nie gebrauchte, Gegenden ohne Gebäude, Wege, Felder, sich selbst überlassene Gebiete aus Fels und Geröll, Erosionen und Dornen, Palimpsest der Natur, ein menschenleerer Bereich [...]. Wildnis *les landes*, die neu entsteht, wenn Wege und Rodungen wieder verfallen [...].[32]

Doch damit nicht genug. Zwei Seiten weiter heißt es: „Er [der Lavendel-Bauer Matthieu, B.S.] ist Teil dieser Wildnis."[33] Was denn nun, möchte man fragen, *ist* die sekundäre Wildnis nun ein „menschenleerer Bereich"? Oder sind unentfremdete Bauern etwa keine Menschen? Wie dem auch sei, Meckels Texte – seit *Ein unbekannter Mensch* ist es offenkundig – drehen sich im ganz kleinen Kreis, aus dem sie nicht ausbrechen können: Alle Wege führen immer wieder ins Unkraut. Eines kann man von Meckel lernen: wohin es führt, wenn das ruderale Vokabular nie *Zu den Akten* (Günter Eich) gelegt wird. Vielleicht hätte Christoph Meckel doch frühzeitig auf den Rat seines Vaters hören sollen:

> Bilde dir nicht ein, begabt zu sein, du bist nicht begabt. [...] Ich kann dir das Dichten nicht verbieten, aber ich rate dir, damit aufzuhören."[34]

2. „Sehnsucht nach Krieg" – Clemens Eich und die Wiederholung der Stunde des Huflattichs

In diesem Zusammenhang ist interessant, daß nicht nur der Sohn von Eberhard Meckel, sondern auch der von Günter Eich das Erbe des Magischen Realismus angetreten hat. Der einzige Roman *Das steinerne Meer* (1995) von Clemens Eich (1954-1998) spielt im deutsch-österreichischen *Niemandsland* und *zwischen* den Kriegen bzw. kurz vor dem 'Anschluß' Österreichs (1938). Und natürlich – wie könnte es anders sein – ist das Grenzgebiet verkrautet. Aber es ist nicht einfach nur *irgendwie* verkrautet, sondern es wächst dort (und Vater Günter Eich läßt grüßen): „Der gleiche Huflattich, vielleicht weniger Huflattich [...]."[35] Neben dem „Huflattich" gibt es auch eine grandiose Trümmer-

---

32   Christoph Meckel: Ein unbekannter Mensch, S. 88 (kursiv im Text).

33   Christoph Meckel: Ein unbekannter Mensch, S. 90.

34   Christoph Meckel: Suchbild – Über meinen Vater, S. 102.

35   Clemens Eich: Das steinerne Meer (Roman), Frankfurt/M. (Fischer-TB) 2000 [EA 1995], S. 150. Ulrich Greiner schließt vom Text auf den Autor und schreibt in der *Zeit*: „Clemens Eich war eine Figur auf der Grenze und zwischen den Zeiten [...]." (Zitiert nach dem Klappentext). Er bemerkt nicht, daß Eich von seinen 'Vätern', insbesondere aber aus Elisabeth Langgässers Roman *Grenze: Besetztes Gebiet* abgeschrieben hat. „Eine rostende Tafel mit der Aufschrift REPUBLIK ÖSTERREICH am Beginn des Abschnitts, und eine schiefe, im weichen Erdreich versinkende Holztafel mit der Aufschrift DEUTSCHES REICH am Ende des Abschnitts, die in üppig wucherndes Gebüsch hineinragte [...]. Grenzpatrouillen waren [...] selten anzu-

landschaft in Eichs Roman. Diese befindet sich im Hochgebirge, genauer: im Gebirgszug des 'Steinernen Meeres', und in diesem „steinernen Irrgarten" und „Labyrinth"[36] kann der einsame Wanderer „Gott" entdecken.[37] Der Protagonist Valentin, der das steinerne Meer noch nicht gesehen hat, „ahnt[]" jedoch, daß irgendwo in den „Trümmern" eine 'Idylle' verborgen sein muß:

> Er [Valentin] ahnte, daß er selbst in den Trümmern und Zerklüftungen des Steiner-
> nen Meeres noch die weiße Wiese suchen würde, die da unscheinbar vor ihm lag, als
> *Verheißung* im zerrenden Nebel.[38]

Der Magische Realist Oskar Loerke hatte auf seiner Reise durch das wild zerklüftete Riesengebirge bereits eine ganz ähnliche Erfahrung gemacht:

> Es ist, als müßte das Harte, Felsenverfluchte, Sterile [der steinernen Riesengebirgs-
> landschaft, B.S.] nun doppelt gesegnet und fruchtbar werden und sich in eine ganz
> süßmilde Gartenwelt verwandeln [...] und als müßte bei ihrer *Erlösung* eine Musik
> vor sich gehen.[39]

In Eichs letztem, Fragment gebliebenem Buch *Aufzeichnungen aus Georgien* (1999), das ein Jahr nach seinem Tod veröffentlicht wurde, ist der Bezug zum Magischen Realismus noch deutlicher. In den fiktional überhöhten Reiseschilderungen wird Georgien – „Ein erfundenes Land"[40] – zum „finsterste[n] Winkel der Welt", „[m]enschenleer und gottver-

---

treffen, weil das gottverlassene Gebiet [das ist der 'unberühmte Ort', B.S.] bei der Bevölkerung als verwünscht galt." C.E.: Das steinerne Meer, S. 149f. (Großschreibung im Text, Unterstreichung B.S.)

36 „Wenn man das Steinerne Meer durchwandere, [berichtet Herr Wipplinger, B.S.,] stoße man immer wieder, wo man auch hinkomme, auf die Staatsgrenze, wie in einem steinernen Irrgarten. Aber erst die Staatsgrenze, und nicht die steinernen Blöcke [...] machte die Hochlandschaft zu einem Labyrinth." C.E.: Das steinerne Meer, S. 297.

37 „Es kam [dem Protagonisten mit Namen] Valentin vor, als wäre [das Steinerne Meer] für Wipplinger Sinnbild seines Lebens, Inbegriff des Glücks, aber auch [...] des Eindringens in die Grenzbereiche und Randzonen [...]. Als [Wipplinger] zuerst von [...] den begrünten Trümmern auf dem [...] unendlichen Gebiet der Hochfläche [...] erzählte, landete er unvermittelt bei Gott." C.E.: Das steinerne Meer, S. 296. Die Trümmer finden sich auch auf dem „verwahrlosten Werksgeläne", das aus „verrottenden Maschinen, [...] stillstehenden Förderbändern [und] zielstrebig verfallenden Hallen" besteht. (Ebd., S.155)

38 Clemens Eich: Das steinerne Meer, S. 304. In den obigen Roman-Zitaten wird deutlich, daß Clemens Eich die Trümmer und Ruderalpflanzen („große, lappige Huflattichblätter" – sie stammen wortwörtlich aus Günter Eichs Hörspiel *Die Stunde des Huflattichs* –, „Farn, Sträucher und Gestrüpp" [ebd., S. 150]) aus der Nach-Kriegszeit ins Hochgebirge verlagert hat. Eichs Roman ist, mit Verlaub gesagt, um Längen besser als sämtliche Romane von Christoph Meckel.

39 Oskar Loerke: Reisetagebücher, S. 68 (vgl. Kap. I, Anm. 45).

40 Clemens Eich: Aufzeichnungen aus Georgien. Mit einem Nachwort von Ulrich Greiner, Frankfurt/M. ²1999 [EA 1999], S. 102. Das von Clemens Eich „erfundene[] Land – Georgien" ist eine Replik auf Günter Eichs Land Mexiko: „Alle wissen, / daß Mexiko ein erfundenes Land ist." G.E.: Einsicht. In: ders.: Gesammelte Werke Bd.1, S. 102.

226

lassen"[41]. Außerdem ist Georgien ein „Grenzland", ein „Niemandsland"[42] und – vor allem – ein „Nachkriegsland in einer Nachkriegszeit"[43], denn: „Georgien 1997 sieht aus wie Deutschland 1945, der Unterschied ist nur, daß keiner so rechte Lust hat, das Land wiederaufzubauen [...]".[44] Im Unterschied zu Christoph Meckel hat der 'spätgeborene' Eich den Krieg nicht mehr erlebt:

> Vielleicht bin ich nur nach Georgien gefahren aus einer Sehnsucht nach Krieg, einer Lust darauf.[45]

Das stagnierende und „[g]randios bedrückend[e]" Nachkriegsland Georgien – seine „Fabriken [kann] man im wahrsten Sinne des Wortes als stillgelegt bezeichnen"[46] – wird zum Inbegriff für die „Tristesse des Sowjetsystems"[47]. Gleichwohl verbirgt sich „hinter" der Tristesse aber ein „Glücks"-verheißender und atopischer 'Nicht-(Stand)-Ort' (vgl. oben „die weiße Wiese"):

> Ich sehe nur das schwermütige Tiflis, in dem nichts vom Fleck kommt, die gleiche Tristesse, die sich von Warschau bis Wladiwostok zieht, einen immerwährend scheinenden Winter aus schmutzigem Schnee und Dunkelheit, verrottete Trümmer eines Systems als Atmosphäre, eines Systems, das immer noch atmet. *Dennoch taucht ein*

---

[41] Clemens Eich: Aufzeichnungen aus Georgien, S. 108.

[42] Clemens Eich: Aufzeichnungen aus Georgien, S. 83: „Die georgisch-türkische Grenze wird von Georgien bedient, aber im Niemandsland von Russen bewacht." (Ebd.) „Wir [Georgier, B.S.] leben auf der Grenze zwischen Orient und Okzident, zwischen dem alten Ostblock und dem neuen Westen, zwischen Gestern und Heute." (S. 64) „Endzeit Georgien" (S. 103), „Georgien, Randlage" (S. 104). „Georgien beginnt [...] im Keller Europas." (S. 18)

[43] Clemens Eich: Aufzeichnungen aus Georgien, S. 88. Der nach Europa zurückkehrende Eich bezeichnet sich zwar nicht als 'Kriegs-', wohl aber als „Georgienheimkehrer". Ebd., S. 104.

[44] Clemens Eich: Aufzeichnungen aus Georgien, S. 109. „Ich [Clemens Eich] fahre durch Nachkriegsland. Doch der Krieg ist immerhin fünf Jahre vorbei. Kaum wo sind Zeichen des Aufbruchs, des Aufbaus, des Neubeginns zu sehen [...]." Ebd., S. 61.

[45] Clemens Eich: Aufzeichnungen aus Georgien, S. 96.

[46] Clemens Eich: Aufzeichnungen aus Georgien, S. 90 und 77. „Das Land steht still. Riesige Fabriken, die Fenster schwarz oder zerbrochen, Splitter und Scherben auf dem Boden davor. Wilde Hunde [...] streunen auf verkommenem, unübersehbarem Gelände [...]. Kein Schlot raucht. Kein Mensch ist zu sehen [...]. Berge von Gerümpel und Schrott liegen zwischen brüchigen Mauern [...]. Riesige Löcher und Risse in den Mauern. Die Förderbänder bewegen sich schon lange nicht mehr. [...] Das Land rottet vor sich hin. Wir fahren an Baustellen vorbei, auf denen verrostete Betonmischer stehen, ins Erdreich halb versunkene Bagger [...], vom Rost schon zerfessene Eimer und Drahtseile [...], Fetzen von zerrissenen Zementsäcken liegen verstreut [...]." Ebd., S. 59 und 60. Die „halb versunkene[n] Bagger" und die „streunen[den]" „Hunde" alludieren übrigens wieder einmal Oskar Loerkes *Puppe*.

[47] Clemens Eich: Aufzeichnungen aus Georgien, S. 91. „Schwarzes Georgien, düsteres Georgien, kaltes Georgien, dreckiges Georgien, finsteres Georgien. Nein – ich will es nicht glauben, ich will [...] mich nicht nur an das Bild vom Ende der Zeiten erinnern müssen, an Elend und Zerstörung. Ich weiß doch, daß es ein anderes Georgien gibt, geben muß. Ein strahlendes Land, blühend und leuchtend [...]." (S. 15) Vgl. „die weiße Wiese" aus *Das steinerne Meer*, S. 304.

leises Glücksgefühl hinter den bröckelnden, tropfenden Schimmelwänden auf: Ich befinde mich in keinem wie auch immer gearteten Zusammenhang mehr, in keinem Wirtschaftsstandort, außerhalb des globalen Dorfes und weit weg davon. Das heißt, wenn ich will, kann ich mich freier fühlen.[48]

Der 'Wilde Osten' Georgiens ist hier auch gleichzeitig eine ins Maßlose gesteigerte DDR, die zusammen „mit der Sowjetunion [...] gestorben" ist[49] und die es deshalb in dieser Ambivalenz (im „Fleck" mischt sich das „Trümmer-" mit dem „Glücksgefühl") jetzt nicht mehr gibt. Die Neuen „Wirtschaftsstandort[e]", sprich: Die Neuen Bundesländer streben nämlich mit aller Macht danach, ihre Provinzmief-"Atmosphäre" und ihr marodes „System" abzustreifen: Der 'unberühmte *Ort*' will 'Wirtschaftsstand-*Ort*' werden. Der ex-zentrische Georgien-Reisende Clemens Eich, der sich „außer-halb" des Reglements „freier" fühlt, ist skeptisch:

> Die Wiedervereinigung Deutschlands wird vielleicht einmal als einer der größten Fehler der Geschichte der Neuzeit erkannt werden.[50]

3. „*Regionalismus*, den Hut / setz ich mir wieder auf, wenn ich ganz alt bin" – Jürgen Becker oder Die „seltene Aura der Normalität"

Es ist noch gar nicht so lange her, da galt Jürgen Becker als einer der führenden Avantgardisten der deutschen Nachkriegs-Literatur. Die (von ihm selbst sog.) „offene Schreibweise" der *Felder, Ränder* und *Umgebungen* „entz[og] sich allen Versuchen der Rubrizierung", und sie berief sich auf Autoren wie „Helmut Heißenbüttel und James Joyce"[51]. Betrachtet man Jürgen Beckers literarische Entwicklung von heute aus, kann man nur staunen, wohin es den einstigen Experten für *Happening, Fluxus, Pop Art und Nouveau Réalisme*[52] verschlagen hat. Man hätte jedoch schon damals stutzig werden können, als

---

48   Clemens Eich: Aufzeichnungen aus Georgien, S. 9.

49   Vgl. Clemens Eich: Aufzeichnungen aus Georgien, S. 94: „Alle anderen von der Sowjetunion beherrschten und unterdrückten Länder sind nach ihrem Zusammenbruch neu geboren worden. [...] Im Gegensatz zur DDR. Sie ist mit der Sowjetunion – nicht mit Rußland – gestorben. Das ist das Ossiproblem, das es von allen anderen ehemaligen Ostblockstaaten unterscheidet."

50   Clemens Eich: Aufzeichnungen aus Georgien, S. 109. Das 'saubere' Gegenbild zum 'schmutzigen' System des Ostens ist der Kapitalismus: „Ich werde [vor dem Abflug nach Tiflis, B.S.] zum Gate 38 verwiesen. Ein endloser Weg, vorbei an unzähligen Glitzershops der siegreichen freien Marktwirtschaft, vorbei an unzähligen Handymen, das Laptopköfferchen zwischen die Guccibeine geklemmt, vom Radissonservice auf Glanz gebrachte Pradaschuhe wippen ungeduldig hin und her." Ebd., S. 17.

51   Vgl. Walter Hinck: Die „offene Schreibweise" Jürgen Beckers. In: Über Jürgen Becker, hg. von Leo Kreutzer, Frankfurt/M. 1972, S. 119-139, hier: S. 131.

52   Vgl. Jürgen Becker und Wolf Vostell (Hg.): Happenings. Fluxus, Pop Art, Nouveau Réalisme. Eine Dokumentation, Reinbek 1965. Jürgen Becker hat die *Einführung* zu diesem Buch geschrieben, vgl. ebd., S. 7-18.

Heinrich Böll, sonst gerade kein Be-Kenner der experimentellen Literatur, Beckers *Felder* sozusagen über den grünen Klee lobte. Böll bemerkt allerdings nicht nur, daß „[j]edes einzelne Feld [...] *experimentierend* betreten [wird]", sondern er belobigt vor allem Beckers Blick für's Lokale und Regionale:

> Dialekt fließt nicht nur ein [...], ganze Passagen Plattkölsch werden ein- und aufgenommen [...]. [...] Lokalgrößen gehen als Realien in die Felder ein, die hauptsächlich dort Landnahme betreiben, wo Köln wirklich Köln ist: in d[]er Sumpflandschaft um den Bahnhof [...].[53]

Ist Jürgen Becker sehr schnell „ganz alt" geworden? Oder hat er den „*Regionalismus*"-„Hut" nie abgenommen?[54] Betrachtet man die *Gedichte [von] 1965-1980*, aber auch die neuesten aus dem *Journal der Wiederholungen* (1999), dann zeigt sich, daß sich in Beckers lyrischem Kosmos in der Tat alles *wiederholt*. Vom ersten Gedicht (*Fragment aus Rom*) bis zum – vorläufig – letzten (*Journal der Wiederholungen*) ist die Lyrik von einer beeindruckenden Konstanz und Geschlossenheit (um nicht zu sagen: von einer beängstigenden Entwicklungslosigkeit). Die immer gleichen Themen (Spurensuche, Kindheit, Landschaft etc.) werden immer wieder neu variiert. Beckers *offene Schreibweise* war in Wahrheit von Anfang an eminent *geschlossen*. Viele, um nicht zu sagen: Alle Gedichte sind in der *Provinz* „zwischen Stangenbohnen und Rhabarber", d.h. 'zwischen Kraut und Rüben' verortet.[55] Das lyrische Ich aus Beckers Gedichten sucht die *Spuren*[56] der großen Geschichte (z.B. aus dem 2. Weltkrieg) im kleinen Umkreis (z.B. in Nutscheid[57]) und findet dabei – den Magischen Realismus. Es mag zunächst befremden, den einstigen Avantgardisten Becker, der üblicherweise in die Kategorie der Neuen Subjektivität rubriziert wird, in die Nähe des Magischen Realismus zu rücken. In der Tat hat Becker aber nie aufhören können, magisch-realistische Trümmerliteratur zu schreiben. Darin gleicht er seinem alter ego Jörn aus der Erzählung *Der fehlende Rest* (1997), der seinerseits ein alter ego hat: den Trümmer-Maler Werner Heldt:

---

53   Heinrich Böll: Jürgen Becker, „Felder". In: Über Jürgen Becker, S. 58-60, hier: S. 58.

54   Das Zitat aus der Überschrift („*Regionalismus*, den Hut" etc.) stammt aus dem Gedicht *Fragment aus Rom*. Es ist, notabene, das erste Gedicht des Bandes *Gedichte 1965-1980* und damit ein ausgesprochenes Frühwerk, vgl. ebd., S. 9 (kursiv im Text).

55   Vgl. die letzten Zeilen aus dem Gedicht *Provinz*. In: J.B.: Gedichte 1965-1980, S. 112: „Gerumpel auf der B 55; es raschelt / zwischen Stangenbohnen und Rhabarber."

56   In dem Gedicht *Spuren und weiter* wandelt das lyrische Ich auf den Spuren der „lokale[n] Geschichte": „Besser, wir betrachten / die Mielenforster Felder, das leere Schloß [....]. / Spaziergänge, lokale Geschichte." J.B.: Gedichte 1965-1980, S. 240

57   Vgl. *Landschafts-Gedicht*, in: J.B.: Gedichte 1965-1980, S. 27: „Nutscheid; Name eines Höhenzuges in der Nähe / hier / kommt bloß wieder Privates zu Wort [...]." Auch Elisabeth Langgässers literarische Welt war zwischen „Griechenland [und] Guntersblum (was ein Dorf meiner [Langgässers] rheinischen Heimat ist)" verortet, vgl. Kap. III, Anm. 147.

Der [...] Maler Werner Heldt [...] interessiert Jörn wegen der Nachkriegsgeschichte [...]. Nach 1945 konnte Werner Heldt, ein Zugehöriger der Berliner Avantgarde der fünfziger Jahre, nicht aufhören, Trümmer zu malen. Trümmerlandschaften und Ruinen. Sein Beispiel fasziniert und warnt den Erinnerer Jörn in seinem Atelier.[58]

Nun sind es aber nicht nur die Trümmer im engeren Sinne, von denen Becker „fasziniert" ist, sondern es ist im Grunde das komplette Vokabular der Magischen Realisten: Vom *Unkraut* über das *Niemandsland* bis zur Klage über ein *verlorenes Paradies*. Einige Beispiele aus den Gedichten sollen das demonstrieren:

> [...]
> Ein Hügel (vorgestern Wald / die rasende Zeit)
> voll von...was wir einst „Trümmerblumen" nannten (du
> weißt, die zertrümmerte Stadt, und ich habe den wirklichen
> Namen vergessen, aber du weißt, dieser Trotz der Natur, sehr
> lila, schießend über Ruinen, im frühen Sommer) [...].[59]

Sieht man einmal von der etwas (aber auch wirklich nur *etwas*) ungewöhlichen Form des Gedichtes ab, könnten diese Zeilen ohne Abstriche von Britting, Schaefer oder Krolow stammen. Beckers formale 'Experimente' können heutzutage nicht mehr darüber hinwegtäuschen, daß sich hier ein sentimental-melancholischer Alt-Achtundsechziger schon *vor* 1968 recht gemütlich in den Trümmer-Topographien des Magischen-Realismus eingerichtet hat:

> *You are leaving the American sector*
> *(In memoriam Wolfgang Maier)*
>
> Zwei Männer auf einem Waldweg; nun
> steigen sie über den Zaun
> ins Niemandsland, und hier
> ist es mucksmäuschenstill, denn
> man hört auch das Gras nicht,
> das sich aufrichtet, nachdem
> die Streife vorbeigefahren ist.[60]

Wilhelm Lehmann hätte seinen Gedichten wohl keinen englischen Titel gegeben (und auch das Wort „mucksmäuschenstill" hätte er wohl nicht verwendet), nichtsdestoweniger könnte die geistige Verwandtschaft von Becker und Lehmann hier nicht größer sein. In *Wiedersehen nach längerer Zeit* sollen die letzten Wildnisse verbaut werden. Dieses Ge-

---

[58] Ursula März: Das Weiße mit dem roten Punkt. Jürgen Beckers Anti-Erzählung *Der fehlende Rest*. In: *Die Zeit* vom 21. März 1997. Ursula März übertreibt, wenn sie den *Fehlenden Rest* als „Anti-Erzählung" bezeichnet. Beckers Prosa ist nicht nur ganz traditionell, sondern eigentlich auch 'stinknormal' (was März im Grunde sehr wohl weiß): „Sie besitzt jene seltene Aura der Normalität." (Ebd.) Schöner kann man/frau es nicht sagen. – Zur Person Werner Heldt vgl. die Seiten 50-56 aus *Der fehlende Rest*: „[...] dröhnend blühte [nach dem Krieg, B.S.] der Wiederaufbau. Einer aber malte weiter die Trümmer, Werner Heldt [...]." (S.53)

[59] Jürgen Becker: „Tage auf dem Land". In: ders.: Gedichte 1965-1980, S. 121.

[60] Jürgen Becker: Gedichte 1965-1980, S. 96.

dicht entspricht haargenau Sebalds Lamento über das Verschwinden der heim(at)lichen Paradiese:

> [...] Der letzte Bauer
> verkauft nacheinander seine Parzellen;
> über den Quadratmeterpreis wird nur gemunkelt;
> auf der Bachaue jetzt ein Sportpark
> mit Kegelbahn, Tennishalle und Diskothek.
> [...]
> Einige leerstehende Häuschen, vorgesehen
> zum Abbruch, mit den verwilderten Gärten
> drumherum das Gelände für den dritten
> Selbstbedienungsmarkt. [...].[61]

Beckers „Selbstbedienungsmarkt" ist genauso „scheußlich" wie Sebalds „Selbstbedienungsladen" (s.o.), auch wenn es im Gedicht nicht explizit gesagt wird. Die 'linke Melancholie' versteht sich in der Lyrik Beckers sozusagen immer von selbst. In den neuesten Gedichten wird es dann nicht selten peinlich und betulich. In den beiden Gedichten *Die Spur der Leiter* und *Einzelheiten. Wiepersdorfer Jounal* aus dem *Journal der Wiederholungen*, die aus ganz kurzen und in sich abgeschlossenen Notaten bestehen, heißt es etwa ganz lapidar: „Die Geschichte der Holzstapel" oder „Beulen im abblätternden Rost der Milchkanne" oder auch nur „Der Tisch im Gras" und „Fahrzeugreste im Stroh".[62] Das *Journal der Wiederholungen* gibt am Ende des 20. Jahrhunderts nochmals ein Kompendium des deutschen Trümmer-Vokabulars. In Beckers integraler Trümmer-Welt gibt es immer noch „Chausseen" und „Gehöfte" – letztere sind zumeist „abgelegen" – an Stelle der Schnellstraßen und landwirtschaftlichen Großbetriebe. Die „abgelegenen Gehöfte" konnotieren aber nicht nur den *fehlenden Rest* unkorrumpierter Heimat,[63] sie alludieren vor allem Günter Eichs gleichnamigen Lyrikband aus dem Jahre 1948. Man kann ohne Übertreibung sagen, daß Becker auf Eichs literarischem (Trümmer-) Niveau von 1948 stehengeblieben ist. Es läßt sich sogar die These vertreten, daß Becker im Vergleich zu Günter Eich genau den umgekehrten Weg gegangen ist. Letzterer begann naturmagisch (*Gedichte* [1930], *Katharina* [1935]) und entdeckte über den Umweg der Trümmer- und Kahlschlagliteratur (*Inventur* [1947]) in seinem 'ent-trümmerten' Spätwerk (*Maulwürfe* [1968]) die Textur wieder. Becker setzt zunächst genau da an, wo Eich aufhört: Sein

---

61   Jürgen Becker: Gedichte 1965-1980, S. 204. „Kegelbahn", „Tennishalle" und „Diskothek" entsprechen Langgässers „Jugendherberge", „Sportplatz" und „Segelfluglager", die an Stelle der alten Baracken gebaut werden sollen.

62   Jürgen Becker: Journal der Wiederholungen, S. 51ff. und 59ff.

63   Die „abgelegenen Gehöfte" finden sich in Beckers Gedicht *Anfang im Dezember* („Titel wie Abgelegene Gehöfte"), in der Erzählung *Der fehlende Rest* („du kennst die Bilder von abgelegenen Gehöften") und in dem Roman *Aus der Geschichte der Trennungen* („noch in meinem abgelegenen Gehöft wird der stillste Abend nicht still"). Vgl. J.B.: Gedichte 1965-1980, S. 187, Der fehlende Rest, S. 44 und Aus der Geschichte der Trennungen, S. 20. Schon Oskar Loerke wußte um die Traulichkeit der Gehöfte: „Es klingt uns traulich: die Gehöfte drüben." O.L.: Die Einzelhöfe. In: ders.: Die Gedichte, S. 561.

avanciertester Text *Felder* (1964) erschien zu einer Zeit, als Eich seine ersten *Maulwürfe* zu schreiben begann.[64] Die Modernität von Beckers Texten nimmt aber genau in dem Maße ab, wie ihre ruderalen Implikationen zunehmen. Die weitgehend 'unkrautfreien' *Felder* sind moderner als die *Ränder* (1968), diese wiederum sind verfahrenstechnisch avancierter als die strukturierten *Umgebungen* (1970). *Der fehlende Rest* und sein neuer Roman *Aus der Geschichte der Trennungen* (1999) beerben inhaltlich und stilistisch die Trümmerliteratur Heinrich Bölls.[65] Der Trümmer-Ballast, den Beckers Texte von Anfang an mit sich herumschleppen (und der sich noch im „abblätternden Rost der Milchkanne" versteckt), wird in dem Roman auf die Situation der ehemaligen DDR projiziert (oder besser gesagt: abgewälzt). *Aus der Geschichte der Trennungen* ist ein westdeutscher Wenderoman mit ostdeutschen 'Vorzeichen'. Der Suhrkamp-Verlag preist ihn mit den folgenden Worten an:

> *Aus der Geschichte der Trennungen* [...] wäre nicht entstanden ohne den Fall der Berliner Mauer [...]. Seitdem reist Jörn Winter, ein Mann Ende Sechzig, in jedem Jahr hin und her zwischen Elbe und Oder, Rügen und Thüringer Wald. Magischer Anziehungspunkt ist [die] Mark Brandenburg [...]. Mit der wiedergefundenen Erinnerung taucht eine Wirklichkeit auf [...], wie [Jörn] sie als kleiner Junge wahrgenommen hat, mit [...] Kriegsgeschehen, Luftangriffe[n] [und] Kriegsende [...]. Das unverhoffte Wiedersehen mit den Orten und Landschaften der verloren geglaubten Kindheit führt zu einer [...] Wahrnehmung von [...] Zusammenhängen und Trennungen deutscher Geschichte. In einem winzigen Dorf [...], in Wiepersdorf, findet er die Spuren, die zwischen den Zeiten verlaufen.[66]

Der Klappentext fördert zutage, was zu erwarten war und was alle Thesen meiner Arbeit auf's Anschaulichste zusammenfaßt: Beckers Roman verbindet den Magischen Realismus („Magischer Anziehungspunkt": „Wiepersdorf"[67]) und die 3. Trümmerliteratur („Kriegsgeschehen") mit der Wende-Literatur („Mauer[fall]"), d.h. mit der 4. Trümmerliteratur. Im „[W]inzigen" findet Jörn historische „Spuren" (Rudimente), die „zwischen den Zeiten", also gewissermaßen im geschichtlichen *Niemandsland* verlaufen.

Klappentexte haben die Eigenschaft, auf viele Texte zu passen. Für die Romane von Jürgen Becker und Christoph Meckel trifft diese Beobachtung im besonderen Maße zu. Denn was auf Meckels Roman *Ein unbekannter Mensch* zu lesen ist (der Roman spielt

---

64 Die *Drei Prosastücke* (*Dem Libanon*, *Hilpert* und *In das endgültige Manuskript nicht aufgenommene Bruchstück einer Mémoire*), die als erste Prosatexte Eichs die Verfahren der *Maulwürfe* durchspielen, erschienen zuerst 1966.

65 Bezeichnenderweise hat Jürgen Becker im Jahre 1995 den Heinrich-Böll-Preis erhalten. Es bleibt abzuwarten, ob Becker demnächst noch zur Naturmagie des frühen Eich zurückfindet.

66 Klappentext auf der Innenseite von: Jürgen Becker: Aus der Geschichte der Trennungen, Frankfurt/M. 1999.

67 Das kleine Dorf Wiepersdorf ist ein magisch-realistischer Ort par excellence. Günter Eich und Peter Huchel haben je ein berühmtes Gedicht (*Wiepersdorf, die Arnimschen Gräber* bzw. *Wiepersdorf*) auf den Ort geschrieben.

„am Rande unserer Epoche" und „erzählt zugleich von einer schwindenden archaischen Welt"**68**), könnte mit gleichem Recht auf der *Geschichte der Trennungen* stehen. Meckels Provence und Beckers Mark Brandenburg sind nämlich im Grunde identisch. Die ostdeutschen „Rand"-Gebiete haben dank ihrer jahrzehntelangen 'Abgeschlossenheit' (1961-1989) eine „schwindende[] archaische Welt" bewahrt. Es läßt sich zeigen, daß diese schwindende Welt dem anachronistischen Trümmer-Vokabular Beckers buchstäblich entgegenkommt. Anders gesagt: Die „Chausseen" und „Gehöfte", die in den infrastrukturell erschlossenen Alten Bundesländern schon nicht mehr existieren, finden sich in der ehemaligen DDR (und vor allem in Beckers Vokabular!) noch auf Schritt und Tritt:

> Nach einem kurzen Stück über die Reinsdorfer Chaussee bogen wir vor einem am Stadtrand liegenden Gehöft in den Feldweg ein, der in weites Getreideland führte. Linkerhand lag der Schloßpark, der unmittelbar in die ausgedehnten Wälder der Reinsdorfer Heide überging. Der Schotterbelag hörte bald auf, und es begannen Schlaglöcher, Bodenwellen und Furchen [...].**69**

In einer solchen Landschaft möchte man *Muckefuck* trinken...**70** Es spricht jedoch für Becker und seine Texte, daß sie – im Unterschied zu Meckel(s) – um ihren Anachronismus wissen. Meckel glaubt, dem 'Echten' auf der 'Spur' zu sein, Becker weiß, daß er auf 'verlorenem Posten' steht.**71** Letzterem ergeht es wie seinem alter ego Jörn, der zwar „offen" für Neues ist, dieses Neue aber immer nur mit seinen alten Augen betrachten kann:

> Als der Krieg nicht weiterging, hatte [Jörn] das Gefühl, daß ihm etwas fehlte [...] [und er fühlte sich] wie in eine[m] unbestimmbaren Raum, der einen nicht freiließ

---

68 Vgl. oben Anm. 31.

69 Jürgen Becker: Aus der Geschichte der Trennungen, S. 94. Beckers notorische „Chausseen" alludieren aber auch den Lyrikband *Chausseen Chausseen* (1963) von Peter Huchel. Bei Becker und Huchel sind die Chausseen zugleich geschichts-trächtige Plätze *und* Garanten einer unkorrumpierten Welt. Pragnant gesagt: Die Chaussee ist altmodisch *und* modern. In dem obigen Zitat geben sich Peter Huchel (*Chausseen Chausseen*), Günter Eich (*Abgelegene Gehöfte*), Martin Heidegger (*Der Feldweg*), Theodor Fontane (*Wanderungen durch die Mark Brandenburg*) und Versatzstücke aus der Trümmerliteratur („Schotter[]" etc.) ein Stelldichein. Vgl. auch Beckers *Journal der Wiederholungen*, S. 93: „Zustande kam immerhin / eine halbwegs genaue Beschreibung; nur gilt sie / nicht mehr: die Landschaft ist längst // eine andre. Beschreib sie aufs neue... dafür sind die Wörter / zu alt. Nimm andere Wörter, definiere / den Sicherheitstrakt, berichte aus dem Gewerbegebiet, / [...], / rühme den Kühlturm [...]."

70 „Muckefuck" ist ein typisches 'Trümmer-Wort', das von Becker häufig und gern verwendet wird, vgl. z.B. *Aus der Geschichte der Trennungen*, S. 112 und S. 300. „Muckefuck" gehört damit zum gleichen Wortfeld wie z.B. Hamsterfahrt, Kohlenklau, Kahlschlag, Trümmerfrau etc.

71 „*Wer etwas noch weiß, ist lange schon alt.*" Jürgen Becker: Der fehlende Rest, S. 147 (kursiv im Text). Beckers Erzählung ist ein melancholischer Abgesang auf das Ende der traulichen Wildnisse, der Kindheit und der erinnerungslastigen Spuren: „Nicht wahr, es ist wie ein Fluch, diese Art des Erinnerns, dieses Festhalten von Bildern, die den Blick aufs Heute und Jetzt verstellen. Die Nachgeborenen [...] bewegen sich in Räumen, in denen der Geruch der Geschichte verweht ist. Irgendwann sind sie selber soweit, daß sie nach den verlorenen Zeiten suchen..." (S. 152)

und zugleich offen war für alles Eindringende; der eine Umgebung war, die sich fortwährend mitzubewegen schien.[72]

Dem (1932) geborenen Trümmerliteraten fehlt ohne Krieg einfach etwas. Becker formuliert hier eine Einsicht, die bereits Peter Huchel gehabt hat. Peter Huchel, der vom alten Regime „damals auf den Schutthaufen der Zeit geworfen [wurde] und [...] acht Jahre in der DDR völlig isoliert gelebt ha[tt]e"[73], ist nicht nur ein ausgewiesenes Vorbild Jürgen Beckers,[74] sondern er repräsentiert die gewissermaßen unter Haus- bzw. 'Landarrest' stehende Literatur der ehemaligen DDR auf eine doppelte Weise. Huchels doppelte Isolierung (Hausarrest im zugemauerten Land) zeitigte einen lyrischen Hermetismus, der von einer eminenten 'Geschlossenheit' ist. Peter Wapnewski hat darauf hingewiesen, daß Huchel konsequent an ein und demselben Vorstellungs- bzw. Themenkreis festgehalten hat.[75] Huchels Gedichte konzipieren sozusagen 'landschaftliche Integrale'. Diese Integrale bleiben bis in die kargen und spröden Gedichte seines Spätwerks hinein ungebrochen. Peter Wapnewski drückt diesen Sachverhalt so aus:

> Aber auch da ist Landschaft, wo Huchel Zeit als Gegenwart erlebt, wo er das Aktuelle, das Politische in die Dimension des Geschichtlichen steigert.[76]

Ähnlich wie im Märchen vom Hasen und Igel ist die Landschaft immer 'schon da'. Die „Landschaft" hat vor dem „Politische[n]" die Priorität. Huchel hat das auch zugegeben: Im Interview mit Dieter Zilligen antwortet Huchel auf dessen Frage, ob er heute (1972) „mit größeren Bezügen auf die gesellschaftliche Umwelt" schreiben würde: „Ja, ich will es versuchen. Aber ich glaube, es wird doch dann wiederum mit Metaphern zugedeckt werden, mit Verschlüsselungen, *weil mich eigentlich die reale Aussage gar nicht interessiert*."[77] Das heißt: Huchels Gedichte fügen sich nicht der herrschenden Realität, sondern die Realität muß sich der integralen Landschaft einfügen. Als Resultat entsteht eine Lyrik, in der alles aus der Erinnerung zu stammen scheint. Im Interview mit Karl Corino bemerkt Huchel dazu:

---

72   Jürgen Becker: Aus der Geschichte der Trennungen, S. 208. Vgl. ebd., S. 14: „*Da muß man warten auf den nächsten Krieg*" (kursiv im Text). Man kann bei Jörn/Jürgen geradezu eine *Sehnsucht nach Trümmern* konstatieren.

73   Peter Huchel: „Ich raune Verse vor mich hin." Keine gute Zeit für Lyrik – Interview mit Karl Corino [1974]. In: P.H.: Gesammelte Werke Bd. 2, S. 389-393, hier: S. 393.

74   Vgl. Jürgen Becker: Momente mit Huchel. In: ders.: Journal der Wiederholungen, S. 34-35.

75   Peter Wapnewski listet die Elemente auf, aus denen die Gedichte Huchels gefügt sind: „[...] [S]oziale Umwelt, einfache Tiere und einfache Menschen, Katze und Ziege, Magd und Schnitter, Kesselflicker, Ziegelstreicher und Hirt [...]; einfaches Gerät: Sense, Kiepe und Kummet." P.W.: Nachwort. In: Peter Huchel: Gedichte. Auswahl und Nachwort von P.W., Frankfurt/M. 1989, S. 158.

76   Peter Wapnewski: Nachwort. In: Peter Huchel: Gedichte, S. 159.

77   Eine Begegnung mit Peter Huchel – Interview mit Dieter Zilligen. In: P.H.: Gesammelte Werke Bd. 2, S. 383-386, hier: S. 384.

Ich habe versucht, von diesen Naturmetaphern loszukommen [...]; aber ich bin dann [...] wieder zu einem alten Wort von Augustinus zurückgekehrt: „Haus meines Gedächtnisses, daselbst Himmel und Erde gegenwärtig sind." Im Grunde genommen [...] war [...] der Hof meines Großvaters in Langerwisch das Gedächtnis für mich. [...] [D]iese Naturmetaphern drängen sich mir immer wieder auf, selbst wenn ich Stoffe wähle, die eine Konfrontation mit der Gesellschaft bedeuten. [...] Ich habe eine Kindheit auf dem Lande verlebt, und die Natur war für mich [...] die vom Menschen veränderte Natur [...].[78]

Meine Vermutung ist, daß Huchels 'Apperzeption' – um mit Kant zu sprechen – genau der von Jörn entspricht. Wenn Jörn also das Gefühl hat, in „eine[m] unbestimmbaren Raum" zu sein, „der einen nicht freiließ und zugleich offen war für alles Eindringende", dann heißt das, mit anderen Worten, daß er die zertrümmerte „Umgebung" seiner Kindheit nie wirklich verlassen kann; die zugleich integrale und ruderale Trümmer-'Landschaft' ist „fortwährend" 'schon da'. Mit Kant gesprochen: Alle neuen *Sinneseindrücke* sind den *Kategorien* des „Raum[es]" unterworfen und deshalb *a priori* ruderal. Das Wissen um den eingeprägten Trümmer-Blick erlaubt es Jörn/Jürgen jedoch, die *Textualität* einer jeden Erfahrung zu erkennen.

Es ist ja oft so, sagte [Jörn], daß ich gar nicht mehr weiß, ob ich beispielsweise die Jahre im Krieg erlebt habe, wie sie in meiner Erinnerung sind – oder ob sich in meine Erinnerung nicht alle die Geschichten hineingemischt haben, die Eltern und Verwandte [...] erzählt haben [...].[79]

Jörn kann die deutsch-deutsche Entfremdung überwinden, weil er mit seinen „Geschichten" auf die Zeit *vor* der Spaltung *zurück*-greift. Jörn erinnert (sich) an das, was 'Ossis' und 'Wessis' gemeinsam haben und was sich in Ostdeutschland bis heute noch erhalten hat: Trümmer und Ruderalflächen. In den ostdeutschen 'Provinzen' findet Jörn die Welt, die er sich in seinem 'Kopf' immer bewahrt hat. Anders gesagt: Beckers anachronistisches Trümmer-Vokabular ist im Angesicht der alten DDR wieder top-aktuell. Der Magische Realismus ist wieder gesellschaftsfähig. Jörns Vorstellung von der „wiedervereinigten *Landschaft*" (vgl. '*Integral*') ist deshalb im doppelten Sinne „poetisch[]":

[...] zwischen Berlin und der Ostsee bin ich [Jörn] schon fast wie zuhause... doch wo bin ich wirklich... vielleicht in einer wiedervereinigten Landschaft, aber das ist auch nur eine Art von poetischer Vorstellung.[80]

---

[78] „Ich raune Verse vor mich hin." Keine gute Zeit für Lyrik – Interview mit Karl Corino [1974]. In: P.H.: Gesammelte Werke Bd. 2, S. 389-393, hier: S. 392f. Huchels *veränderte* Natur entspricht der *berührten* Natur Eichs: „Und wenn ihr / von unberührter Natur sprecht, / laßt mich bitte aus. / Mir ist berührte lieber." G.E.: Zitate. In: ders.: Gesammelte Werke Bd. 1, S. 292.

[79] Jürgen Becker: Aus der Geschichte der Trennungen, S. 18. Vgl. ebd.: „Das Authentische – eines der Lieblingswörter Jörns –, wie oft ist es ein Produkt unserer Einbildungen [...]."

[80] Jürgen Becker: Aus der Geschichte der Trennungen, S. 22. Beckers Roman ist vielleicht der einzige Text aus der sog. Wende-Literatur, der die deutsch-deutsche Wiedervereinigung nicht als *politisches* Ereignis, sondern als einen genuin *poetischen Akt* (vgl. „poetische[] Vorstellung") begreift und gestaltet.

Die wiedervereinigte Landschaft ist einerseits eine poetische Vorstellung, aber andererseits – und das *andererseits* hat die Priorität – ist die 'Landschaft' ein poetologisches Konstrukt, das Beckers Texte „fortwährend mit[]beweg[t]" hat.[81] Es mag erstaunlich klingen, aber *Aus der Geschichte der Trennungen* ist ein durch und durch unpolitischer Roman, weil ihn, genau wie Huchels Lyrik, *die reale Aussage gar nicht interessiert*:

> Jörn blätterte wieder und las: die Landschaft der Kindheit öffnet sich; unterwegs in der Geschichte der Kiefernwälder, die Geschichte der Tarnungen und Verstecke, der Fluchtbewegungen und Kämpfe; *die Fortsetzung der Zeitlosigkeit...*[82]

Jürgen Beckers utopisch-infantile Konstruktion der alten DDR entpuppt sich in der *Geschichte der Trennungen* als eine Art rückwärtsgewandter *Zauberberg* für linke Melancholiker, auf dem die hermetische „Fortsetzung der Zeitlosigkeit..." immer noch möglich scheint. Nach den drei Pünktchen darf geträumt werden. Die östliche Idylle ist jedoch vom anrückenden Westen bedroht. Das alte 'Ruinenland' droht zum „frischsaniert[en]", sauberen „Möbel"- und „Teppichland" zu werden. Es entsteht das Paradox, daß zu einer Zeit, in der der 'antifaschistische Schutzwall' längst abgerissen ist, insgeheim eine neue, nun die alte DDR schützende 'Dornenhecke' herbeigesehnt wird:

> Beiderseits der Straße hatten einige Länder begonnen, das Territorium zu besetzen, ein Möbelland, ein Teppichland, ein Selbstbedienungsland [...], und es sah aus, als blühte [...] auch den letzten, in lichtem Kiefernhain gelegenen Ruinenvierteln eine Zukunft mit hohen Freizeitwerten heran.[83]

Dem „*lichte[n]* Kiefernhain" entspricht die *dichte* Dornenhecke aus dem Märchen. *Dornröschen goes Disneyland*. Dagegen schreiben Jörn/Jürgen an. Jörn entwickelt sich in den Neuen Bundesländern zum Spurensucher, der die zum *Untergang* – und das heißt in diesem Falle: die zum *'Aufschwung Ost'* – verurteilten Ruderalflächen der Mark Brandenburg hautnah erfährt bzw. erwandert (Fontane). Die gesammelten Ruderal-Bilder werden von Becker, der genau wie Jörn ein leidenschaftlicher Photograph ist, nicht nur in den Roman integriert, sie *sind* der Roman. Es ist bezeichnend, daß Jürgen Becker die 'ruderalsten' Passagen (Bilder) des Buches gesondert publiziert hat.[84] Kulminationspunkt der

---

[81] Huchel und Becker haben (genau wie Carl Einstein und Paul Celan) keine Landschaften *beschrieben*, sondern *entworfen*. Einsteins bzw. Celans Gedicht *Entwurf einer Landschaft* (1930 bzw. 1959) wird in Jürgen Beckers Gedicht *Momente mit Huchel* (1999) nicht nur alludiert, es steht auch für Beckers eigene Schreibweise „... erst später erschien / das Konzept einer brandenburgischen Topographie, / der *Entwurf* / einer *Landschaft* [...]." J.B.: Journal der Wiederholungen, S. 34.

[82] Jürgen Becker: Aus der Geschichte der Trennungen, S. 176. Die „Zeitlosigkeit" war schon für den ostdeutschen Autor Wolfgang Hilbig *das* entscheidende Charakteristikum der „zugemauert[en]" DDR: „Wir haben in einem Land gelebt, abgeschnitten, zugemauert, in dem wir auf die Idee kommen mußten, daß die Zeit für uns keine wirklich relevante Größe war. Die Zeit war draußen, die Zukunft war draußen, wir indessen haben immer in der Vergangenheit gelebt." W.H.: Die Kunde von den Bäumen, S. 41 (kursiv im Text).

[83] Jürgen Becker: Aus der Geschichte der Trennungen, S. 31f. Becker spielt in diesem Zitat mit der Doppeldeutigkeit der 'blühenden' (= 'wirtschaftlich expandierenden' bzw. 'verkrauteten') Landschaften.

[84] Vgl. Jürgen Becker: Paradiesruinen. In: Sinn und Form, 51. Jahr (1999), 4. Heft, S. 659-671.

Wildnis ist Prora, das einstige Militärgelände der Nazis bzw. der NVA. Das einst „[b]rutale[], [g]ewaltige[], [p]athetische[] Symbol der Macht"[85] ist jetzt nur noch ein verkommener 'unberühmter Ort' (ich zitiere einen vollständigen Absatz):

> Aber jetzt krieche ich auf allen vieren unter dem Maschendraht her, der die Ruinen des kilometerlangen Nordflügels einzäunt; ich springe über die Gräben zwischen den gesprengten Betondecken und balanciere über die rostbraunen Eisenträger, die in der Luft enden; ich klettere die eingestürzten Mauerreste hoch und rutsche die Schutthügel hinab in die riesigen Tiefkeller, in denen stilles und schwarzes Wasser steht und das Echo der Tropfgeräusche vom Gerücht geheimer Waffenarsenale und verborgener U-Boot Standorte erzählt; ich strauchele und stolpere durchs Dornengestrüpp zwischen den niedrigen Mauerresten und reiße mir Hemd und Haut auf; im Gebüsch liegend erblicke ich hoch im blauen Himmel über mir die Betondächer, die, auf ein paar restliche Säulen gestützt, ins Nichts hinausragen; ich stapfe über endlose, überwucherte Dünenhügel und steige eine aufmarschbreite, sandüberwehte Ziegelsteintreppe hoch auf die Rampe der Kaianlage, in der Tiefe werfen sich die Meereswellen gegen die Mauern; ich schaue über die Ruinenlandschaft, die langsam von der Natur zurückerobert wird, und spüre mit der Genugtuung, daß dies so geschieht, ein stummes Entsetzen hochsteigen, das mir, während ich langsam weggehe und rasch weiter und weiter gehe, nachfolgt wie ein Schatten, dem ein nächster Schatten folgt, düster und lang, der Schattenzug der Faszination, die ausgeht von diesen Schrottgefilden unserer Geschichte.[86]

Jörn hat in den Neuen Bundesländern seinen alten Spielplatz wiedergefunden („die Landschaft der Kindheit öffnet sich"). Wie ein kleines Kind bzw. Baby „kriech[t]" Jörn „auf allen Vieren" durchs Gelände. Der Abenteuerspielplatz hat aber noch mehr zu bieten: Man kann dort „springe[n]", „balanciere[n]" und „kletter[n]" und sogar „rutsche[n]". Schaurig-schön ist es am heimeligen Ort: Geheimnisvolle Echos „erzähl[en]" Märchen aus längst vergangenen Tagen. Von den „Schutthügel[n]" der Mutterbrüste rutscht das Kind in den Uterus des „Tiefkeller[s]", der mit „schwarze[m] [Frucht-] Wasser" – vgl. das „schwarze Gras" Wolfgang Hilbigs[87] – gefüllt ist. Im dichtesten Dickicht („Gebüsch") sieht das Kind den „Himmel" offen stehen. Jörns topographische Erkundung endet im panoramatischen Über-Blick („ich schaue über die Ruinenlandschaft"). Jörns 'kleine Welt' ist – bis in den wohlgeordneten Satzbau (Semikola) hinein – im wahrsten Sinne des Wortes 'überschaubar' und kontrolliert. Die vordergründige Modernität der „Schrottgefilde[]" kann über den hintergründigen Traditionalismus, der den Rudimenten „wie ein Schatten [nachfolgt]", nicht hinwegtäuschen. Jürgen Becker findet selbst im offenbar Sinnlosen und Deformierten noch eine Zuflucht. Die „Ablösung des Menschen" (Eich) wird zum letzten metaphysischen Trost (Jörn empfindet die 'Zurückeroberung' mit

---

85   Jürgen Becker: Aus der Geschichte der Trennungen, S. 40.

86   Jürgen Becker: Aus der Geschichte der Trennungen, S. 43f.

87   Vgl. Wolfgang Hilbig: Grünes grünes Grab, S. 108. Das Zitat von Becker könnte, auf den ersten Blick betrachtet, von Wolfgang Hilbig stammen. Hilbigs Texte sind jedoch intellektueller als die von Becker, weil sie um ihre Artifizialität wissen und diese als solche ausstellen. Beckers kunstgewerbliche Prosa erliegt hingegen nicht selten dem Sog ihrer undurchschauten Infantilismen.

„Genugtuung"). – Wir fassen zusammen: Beckers Konstruktion der alten DDR ist ein Produkt westdeutscher Sehnsüchte: Die Neuen Bundesländer sind Heimat, Provinz, Fluchtpunkt, Integral und Rückzugsgebiet in einem. Der 'unberühmte Osten' ist eine Projektionsfläche, die mit den „Bauklötzchen" der Kindheit besetzt wird:

> [...] [Jörn] ließ von der Unruhe, die er um sich herum irgendwie wahrnahm, nichts eindringen in die Welt seiner Bauklötzchen und Gartenverstecke [...].[88]

4. „zwischen Constappel und Siebenlehn, / unberühmt durch zerbröselte wallfahrer" – Heimatkunde im sächsischen Hinterland

Die topographischen Erkundungen, die der westdeutsche Autor Jürgen Becker in den heimatlichen 'Feldern' und 'Umgebungen' seit den 60er Jahren macht(e), sollen im folgenden mit einer ostdeutschen 'Parallelaktion' verglichen werden. Becker, so konnte gezeigt werden, suchte und fand auf den *Mielenforster Wiesen* die Relikte der Regional- und Provinzialgeschichte,[89] Wulf Kirsten und Heinz Czechowski suchen und finden in 'ihrem' sächsischen Hinterland ein gleiches:

> Erkundungsgänge am Stadtrand oder Exkursionen ins sächsische Hinterland, wie ich [Wulf Kirsten] sie mit Heinz Czechowski von Zeit zu Zeit unternommen habe, trugen immer den Charakter einer Expedition ins verlorene Paradies.[90]

„Stadtrand" und „Hinterland" von Kirsten/Czechowski entsprechen Jürgen Beckers poetologischen „Ränder[n]" und „Umgebungen". Im Folgenden werden drei 'typisch ostdeutsche' Autoren (Wulf Kirsten, Heinz Czechowski und Reinhard Jirgl) vorgestellt. Am Beispiel dieser drei Autoren soll gezeigt werden, welche Bedeutung die 'provinzielle' Ruderalfläche in der Literatur der (ehemaligen) DDR hat(te).

---

[88] Jürgen Becker: Aus der Geschichte der Trennungen, S. 63. Auch der 'Rückeroberer' Nummer Eins – der Huflattich – ist so ein „Bauklötzchen" aus der Kindheit, vgl. *Aus der Geschichte der Trennungen*, S. 162: „Aber *Einsatz* war ja auch, wenn der Jungzug ausschwärmte und an den Waldhängen des Steigers Holunderblüten und Huflattichblätter rupfen ging... Heilkräutersammeln hieß das [...]." (kursiv im Text)

[89] Vgl. Beckers Gedicht *Mielenforster Wiesen* (*Gedichte 1965-1980*, S. 83-85), in dem eine Exkursion ins heimatliche Hinterland beschrieben wird. Bei seinen „Spaziergänge[n]" findet das lyrische Ich „[a]uf Seitenwegen" Relikte, die – um mit Wilhelm Raabe zu sprechen – „dermaleinst des Ausgrabens und Aufbewahrens in Provinzialmuseen wert [sind]" (vgl. W.R.: Das Odfeld, S. 220). Im Gedicht (S. 84) heißt es parallel dazu: „[...] die Kühlschrank-Ruine im Unterholz hat für sich / die Zukunft der Archäologie." Beckers Trümmer-Gedicht endet mit den Worten: [...] und / Gänge weiter in den Trümmern des Walds." (S. 85)

[90] Wulf Kirsten: Die Stadt als Text. In: Heinz Czechowski: Auf eine im Feuer versunkene Stadt. Gedichte und Prosa 1958-1988. Auswahl und Nachwort von Wulf Kirsten, Halle, Leipzig 1990, S. 143-148, hier: S. 145. Den Hinweis auf Wulf Kirsten verdanke ich dem 1999 verstorbenen *Dichter des Lesens* Paul Hoffmann. Das Zitat aus der Überschrift („zwischen Constappel und Siebenlehn" etc.) stammt aus Kirstens Gedicht *sieben sätze über meine dörfer*. Vgl. W.K.: die erde bei Meißen (Gedichte), Frankfurt/M. 1987, S. 8.

a) „Themennot inmitten der Vielfalt" – Heinz Czechowski

Heinz Czechowski ist ein 'typischer ostdeutscher' Autor, der die Wende von 1989 nicht gut verkraftet hat. Ihn haben „die neuen Verhältnisse im vereinigten Deutschland [...] erst jetzt zu[m] wirklichen DDR-Bürger[] gemacht."[91] Mit Jürgen Becker verbindet Czechowski die Suche nach der verlorenen Zeit. Becker fand sie im Osten, Czechowski findet sie im Westen *nicht*. Mit Becker verbindet Czechowski auch, daß beide nicht aufhören können, Trümmerliteratur zu schreiben. In Czechowskis Lyrik- und Prosaband *Auf eine im Feuer versunkene Stadt* (1990) nimmt die Trümmer-Passion groteske Züge an: Dem Leser werden hier Texte zugemutet, an denen die Zeit völlig vorbei gegangen zu sein scheint und die in ästhetischer Hinsicht sogar noch hinter die Trümmerliteratur eines Heinrich Böll zurückfallen. Im Gedicht *Nachkrieg* wird die Nachkriegszeit beispielsweise mit den folgenden Worten 'verlebendigt':

> Wir hatten einen Weihnachtsbaum, / Gestohlen aus der Dürren Heide. / Wir hatten keine Schuhe und kein Holz. / Wir hatten uns die Zehen angefroren, / Als wir versuchten, / Ein paar Kieferchen zu fällen. / Wir hatten ein Klavier, / Vier Stühle, einen Tisch. / [...]. / Wir hatten einen Anfang. / Das war, als eines Tages / Der Schnee zu tauen anfing / Und wir gemeinsam mit dem alten Lehrer / Das Eis vom Bürgersteig entfernten / Mit einem rostzerfreßnen Spaten. / Ich weiß noch: gegenüber standen ein paar Leute / Und sahen uns ungläubig zu.[92]

Mit einer Verspätung von mehr als dreißig Jahren wird hier eine buchstäbliche 'Kahlschlag'-Literatur („Kieferchen [...] fällen") re-inszeniert, die sich ganz offensichtlich an Eichs *Inventur* („Wir hatten ein Klavier / Vier Stühle, einen Tisch"[93]) und an Wolfgang Weyrauchs These vom Neubeginn („Wir hatten einen Anfang") orientiert. *Der Untergang* Dresdens – oder handelt es sich um den von Hamburg (vgl. Nossack)? – scheint erst ein paar Jahre zurückzuliegen. Czechowski 'erinnert' sich:

> Aus den Ruinen / Zog der Geruch brennenden Fleisches. Riesige Plätze, / Durchgestrichen von Staßenbahngleisen, / Mußt ich überqueren, steil / Standen die Wände gestorbener Häuser. / Die mondlose Nacht / Tönte vom Rollen sehr ferner Züge, drohend / Ragte ein letztes Geschützrohr.[94]

---

91 Heinz Czechowski: Im schalltoten Raum. Dichter im Zeitenwechsel. In: Sinn und Form, 50. Jahr, 1998, 1. Heft, S. 138-145, hier: S. 143.

92 Heinz Czechowski: Auf eine im Feuer versunkene Stadt, S. 91.

93 Eichs immer wiederkehrende Formulierung „Dies ist" (meine Mütze, mein Mantel, mein Notizbuch etc.) aus *Inventur* entspricht in *Nachkrieg* die Formulierung „Wir hatten" (ein Klavier, vier Stühle etc.).

94 Heinz Czechowski: Ruinen. In: ders.: Auf eine im Feuer versunkene Stadt, S. 130. In Czechowskis *Ruinen* wird im Grunde die Trümmerliteratur *in toto* 'zitiert': Der „Geruch brennenden Fleisches" alludiert Hans Erich Nossacks Bericht *Der Untergang* (vgl. Kap. III, Anm. 153), und die „mondlose Nacht", die „vom Rollen sehr ferner Züge [tönt]", ist eine Wiederholung von Wolfgang Borcherts kurzer Erzählung *Eisenbahnen, nachmittags und nachts* aus dem Erzählungsband *Die Hundeblume*. Vgl. W.B.: Das Gesamtwerk, Hamburg 1952, S. 74-77.

Die Prosa Czechowskis funktioniert nach einem ganz ähnlichen Muster: Sie beginnt in der Regel mit der Kindheit im notorisch verwilderten Garten (*Das Haus*[95]) und endet in den Trümmern, genauer: im „endgültig zerfallen[en]" Haus des Sozialismus:

> Mit dem, was nach 1945 und bis 1989 im Osten geschrieben wurde, verbanden sich andere Schreibweisen, Hoffnungen und Illusionen als im Westen, der schnell den Anschluß an die westeuropäische Moderne fand, während die Moderne am Osten vorüberging, dessen Autoren sich nach 1990 in der Postmoderne wiederfanden. Das zerfallende Haus, das Sozialismus hieß und in dem sich viele DDR-Autoren bis zur Wende verschanzt hatten [...], ist endgültig zerfallen.[96]

Mit dem, was nach 1945 im Osten geschrieben wurde, mögen sich in der Tat andere „Hoffnungen und Illusionen" verbunden haben, andere „*Schreibweisen*" – das Beispiel Czechowski zeigt es – haben sich jedoch nicht zwangsläufig damit verbunden. Der Magische Realismus – das wurde oben deutlich – ist in Ost und West immer präsent gewesen. Dennoch hat Czechowski recht, wenn er bemerkt, daß „die Moderne am Osten vorüberging" und daß man sich nun „in der Postmoderne wieder[findet]". Czechowski hat damit nolens volens eine Definition des Magischen Realismus gegeben, denn: Der Magische Realismus ist eine Post-Moderne ohne vorangegangene Moderne. Anders gesagt: Die post-modernen „Schreibweisen" verbinden sich in geradezu idealer Weise mit den post-modernen Landschaften, d.h. mit den Ruderalflächen. Die „Autoren", die sich nur lange genug „verschanzt" haben, sind plötzlich wieder hoch-modern. Czechowskis Befund gilt insbesondere für einen Autor wie Reinhard Jirgl, der sich in der alten DDR regelrecht eingegraben und jahrzehntelang 'für die Schublade' produziert hat.[97] Mit dem Fall Reinhard Jirgls wiederholt sich eine historische Konstellation, die es in Deutschland nach dem 2. Weltkrieg schon einmal gegeben hat. *Damals* war Elisabeth Langgässer die einzige Autorin, die nach dem Ende der Diktatur einen Roman (*Das unauslöschliche Siegel*) aus der Schublade ziehen konnte. *Heute* ist Reinhard Jirgl der einzige, der nach dem Ende der Teilung etwas vorweisen kann. Bezeichnenderweise haben beide AutorInnen dezidierte Trümmer-Texte in der Schublade gehabt. Langgässers und Jirgls Romane, die sozusagen 'unter Ausschluß der Öffentlichkeit' entstanden sind, zeigen über einen Abstand von mehr als 50 Jahren hinweg erstaunliche Parallelen, deren auffälligste in der Verwendung magisch-realistischer Schreibweisen liegt. Jirgls Texte sind – bei allen sprachlichen Qualitäten – im Grunde unmoderner als die mitunter enthusiastische Kritik uns glauben ma-

---

[95] „Das Gelände um das Haus [...] war die Landschaft meiner ersten Kindheit [...]. Der Ziergarten, der kaum gepflegt wurde [...], war eine wundervolle Wildnis [...]. Hier war ich inmitten von Knabenkraut und Judenkirschen geborgen." H.C.: Das Haus. In: ders.: Auf eine im Feuer versunkene Stadt, S. 120. Die Prosa Czechowskis ist mit derjenigen Christoph Meckels vergleichbar.

[96] Heinz Czechowski: Im schalltoten Raum, S. 139.

[97] „Zumindest eine Schublade hat es in Ost-Berlin doch gegeben. Sie gehörte [...] Reinhard Jirgl und war am Tag der Maueröffnung randvoll mit Manuskripten. Reinhar Jirgl [...] hatte seit 1975 in der DDR geschrieben, ohne je ein einziges Buch zu veröffentlichen." Iris Radisch: Und wenn sie nicht gestorben sind, dann sterben sie noch heute. In: *Die Zeit* vom 7.4.1995.

240

chen will;[98] sie sind letztlich genauso 'unmodern' und konservativ wie die bewußt provinziellen und rückwärtsgewandten Texte Czechowskis. Nur zwei Jahre nach der Wiedervereinigung schreibt Czechowski:

> Die rückwärtsgewandten Utopien, die Sehnsucht nach einem einfachen, anspruchslosen Leben mag eine trügerische Glücksverheißung sein. Aber vielleicht sind sie auch so etwas wie Hoffnungsbrücken [...]. In der Gegenwehr gegen die brutale Vernutzung der Umwelt *und* der Geschichte [...] war das, was man abwertend als Nostalgie zu bezeichnen pflegt, auch ein Potential auf der Suche nach einer ideologiefreien Wahrheit. Im Widerstand und im Gegensatz zur machtverbundenen Pracht- und Prunkentfaltung [...] holte sich mancher DDR-Bürger sein alternatives Geschichtsbewußtsein aus einer Vergangenheit, die – wie die alte Mühle in Brehna – im Abseits der Machtparaden zu finden war.[99]

Der 'unberühmte Ort', der auch in ruinierter Form noch seinen 'historischen Kern' bewahrt, findet sich immer nur „im Abseits der Machtparaden". Reinhard Jirgl kommt in *Hundsnächte* zum gleichen Ergebnis. Dieser sinistre Roman, der auf den ersten Blick viel moderner, radikaler und abweisender als Czechowskis Texte zu sein scheint, ist vielleicht sogar noch nostalgischer und rückwärtsgewandter. Jirgls aggressiver Unterton kann (und will) seine Gebrochenheit und seine harmonischen Obertöne nicht verdecken. Die 'Gebrochenheit' wird insbesondere dann spürbar, wenn Jirgl dezidiert 'ungebrochene' und neue Industrie-"Bauten" beschreibt:

> [...] diese Bauten sind völlig ohne Kern. Bauten ohne Geschichte. Eigentlich von-Anfang-an Ruinen. Totgeburten. Sowas wie Embleme der Bürokratie [...]. !Sieh dich doch mal um in Berlin. Nach Derwende: Bürohäuser noch&noch, Eines neben dem andern – und ?wofür: für !Nichts. Niemand braucht soviele Büros. Sie werden also in jedem Sinn: *leer* bleiben..... Arbeitslose Bauwerke. Trümmer, Abfälle aus Beton, ohne Krieg schon heute Ruinen für die-Zukunft, ohne die Geschichte der Ruinen aus dem letzten Krieg. Die konnten so zerstört sein wie sie wollten – :!Die hatten noch jenen Kern, den ich meine: Das ist eine *Sprache der Behausung.* Verstehstu.[100]

Die Suche (bzw. Sucht) nach der „Geschichte der Ruinen aus dem letzten Krieg" verbindet die ostdeutschen Autoren Czechowski und Jirgl mit dem westdeutschen Trümmer-Sucher Jürgen Becker. Auch Jörn sucht in der *Geschichte der Trennungen* nach einer „Sprache der Behausung", die die ruinöse „Hinterlassenschaft" verlebendigen, d.h. in Geschichte(n) verwandeln soll. Nach dem Besuch einer ehemaligen und jetzt überwucherten Militäranlage von der Roten Armee in der Mark Brandenburg bemerkt Jörn:

---

98 Vgl. z.B. den Artikel von Iris Radisch aus der *Zeit* vom 7.4.95: „Ein neuer, ein schwarzer Zertrümmerungs-Expressionismus ist in den Kellern, hinter den jahrzehntelang verschlossenen Türen entstanden [...]. Solche rattenschwarzen Abbau-Romane hat es in den sogenannten Aufbau-Jahren der Bundesrepublik nicht gegeben. So mächtige, poetische Totenlieder wird man so schnell kein zweites Mal finden."

99 Heinz Czechowski: Die Bockwindmühle in Brehna. In: ders: Nachtspur. Gedichte und Prosa 1987-1992, Zürich 1993, S. 262-274, hier: S. 274 (kursiv im Text).

100 Reinhard Jirgl: Hundsnächte (Roman), München Wien 1997, S. 448 (kursiv im Text).

Das Gelände, sagte Jörn, in seiner Leere erinnere es ihn an das verlassene Prora... *nur erzähle hier die deutsche Militärgeschichte nichts mit.* [...] [Die] Hinterlassenschaft [der Roten Armee, B.S.] [ist] nicht das allerschlimmste Übel. Kalter Kriegsschrott. Entsorgungsproblem. *Aber hier waren Familien zu Hause, hier haben Kindheiten angefangen.* Irgendein Kolja [...] wird sich mal erinnern kommen und nach Spuren suchen [...].[101]

Für Czechowski ist die *gesamte* DDR eine „Reliktkultur", die nach der Wende „unter das Gesetz der Egalisierung zu fallen [droht]":

> Die Dinge, die die Ära des Sozialismus überstanden haben, erlangen einen Symbol-wert, der tief in das Leben vor allem *älterer Menschen* hineinreicht. [...] Es sind, wie immer, die 'einfachen Leute', die ihr mitunter absonderlich scheinendes Leben hier verbracht haben, ohne je zu wissen, daß sie einer 'Nischengesellschaft' angehör-ten.[102]

Wer etwas noch weiß, ist lange schon alt (Jürgen Becker). Der 'Regionalismus-Hut', den sich Becker schon früh über die Ohren gezogen hatte, hat bei Czechowski eine andere 'Form'. Der Ost-Provinzialismus war staatlich oktroyiert, die zwangsverordnete Einge-schlossenheit der „Sächsischen Dichterschule"[103] schärfte somit notgedrungen den Blick fürs buchstäblich Naheliegende:

> Die engen inneren und äußeren Grenzen der DDR, in denen ich zu leben angehalten war, zeitigten so etwas wie eine Konzentration auf Themen und Gegenstände, deren ich mir in Übereinstimmung mit meiner Biographie sicher sein konnte.[104]

Aus dieser „inneren" Emigration – denn um eine solche handelt es sich hier – ist Cze-chowski auch nach dem Fall der „äußeren" Grenzen nicht wirklich zurückgekehrt. In der wiedervereinigten Bundesrepublik ist die „Übereinstimmung" von „Biographie" und „Thema" zerbrochen. Seit 1989 herrscht „Themennot inmitten der Vielfalt".[105]

---

[101] Jürgen Becker: Aus der Geschichte der Trennungen, S. 232.

[102] Heinz Czechowski: Die Bockwindmühle in Brehna, S. 267f.

[103] „Die 'Evokation der Provinz' (Kunert) – ein Markenzeichen der [...] Sächsischen Dichterschule – war viel-leicht der letzte Versuch einer handvoll Lyriker, sich unter- und miteinander zu verständigen." H.C.: Im schalltoten Raum, S. 144.

[104] Heinz Czechowski: Im schalltoten Raum, S. 144.

[105] Mit dieser Formulierung beginnt das Gedicht *Bücherstube* (in: H.C.: Nachtspur, S. 205). Czechowski weiß genauso gut wie Hilbig, daß er „alte Abschreiberei" betreibt: „[...] die Furcht / Vor der Tatsache, / Daß ei-gentlich alles / Schon einmal gesagt worden ist, / Und mir nur das Abschreiben / Übrigbleibt inmitten des Winters." (S. 205)

242

b)   „zur person: wenig gereist" – Wulf Kirsten

Der Lyriker Wulf Kirsten ist eine typische 'Rand-Figur'.[106] Er stammt aus einer „unberühmten [...] Landschaft"[107], die er jahrelang nicht verlassen hat bzw. nicht verlassen konnte. Der in sein „überschaubares Stück Welt"[108] eingeschlossene Kirsten ist damit prädestiniert für Jürgen Beckers 'Regionalismus-Hut', d.h. für „Lokalgeschichte":

> Ich [Wulf Kirsten] habe mich schon von früh an sehr intensiv mit Regionalgeschichte beschäftigt. Ein wichtiger Fundus für mich blieb die genaue Kenntnis der Lokalgeschichte. [...] Davon hat sicher die Lyrik etwas abbekommen.[109]

Davon hat die Lyrik nicht nur etwas, sondern *alles* abbekommen. Der Huchel-Nachfahre Kirsten ist (genau wie sein Mentor) *wenig gereist*:

> manchmal radtouren / in die nähere umgebung, / dem landbriefträger / fliegt eine distelwolke zu häupten. / [...] ans lokalklima gewöhnt. / in reichweite Nowaja Semlja [...]. / zur person: wenig gereist.[110]

Kirstens Faible für Regionalgeschichte – Peter Hamm erkennt darin zurecht eine „Rückzugstendenz"[111] – führt aber nicht zu einer Kriegstrümmer-Suche à la Czechowski und Becker, sondern eher zu einer Sammlung von sprachlichen Landschafts-Partikeln, die in die Gedichte 'einsortiert' werden. Kirsten 'sammelt' unter- bzw. „verlorengegangen[es]" Kulturgut, das er selbst „Stimmenschotter" nennt:

> Was da [in den Gedichten, B.S.] verwendet wird, ist bereits weithin verlorengegangen mit den Gegenständen und Tätigkeiten. Auch wenn diese Vokabeln gelegentlich

---

[106]   „Adolf Endler hat einmal geschrieben, ich [Kirsten] sei eine Randerscheinung. Er meinte aber nicht, daß ich von meinem Schreibvermögen her eine Randerscheinung sei, sondern thematisch. [...] Ich bin vollkommen geprägt von der bäuerischen Landschaft, und dabei bin ich auch geblieben [...]." W.K.: Selbstauskunft: Vorbilder – Bewahrenswertes aufheben [Interview mit Peter Hamm]. In: Peter-Huchel-Preis (1987). Ein Jahrbuch hg. von Bernhard Rübenach, Bühl-Moos 1987, S. 42-59, hier: S. 53.

[107]   „Er [Kirsten] stammt aus einer zwar unberühmten, jedoch keineswegs abgelegenen Landschaft [...]." Eberhard Haufe: Nachwort. In: Wulf Kirsten: die erde bei Meißen (gedichte). Leipzig 1986, S. 117-132, hier: S. 117. Vgl. ebd., S. 124: „[...] das unberühmte Leben der *leute vom dorf* will der Autor *ans licht bringen.*" (Kursiv im Text)

[108]   „Peter Huchel, Erich Jansen und Johannes Bobrowski gaben die entscheidenden Impulse für die Beschränkung auf ein überschaubares Stück Welt, in dem ich mich genau auskannte, für das ich glaubwürdig einstehen konnte." W.K.: Der große Hof des Gedächtnisses. In: Peter-Huchel-Preis 1987, S. 36-41, hier: S. 37.

[109]   Wulf Kirsten: Selbstauskunft etc., S. 57.

[110]   Wulf Kirsten: wenig gereist. In: ders.: die erde bei Meißen, S. 33.

[111]   Im Interview sagt Peter Hamm zu Wulf Kirsten: „Ihre ganze literarische Welt, Ihre Vorlieben, Ihre Sammelwut, auch ihre Ausgrabungsmanie seltener Autoren – das alles hat für mich eine Tendenz gegen das Offizielle, auch eine Rückzugstendenz, ein Sichabschotten gegen das, was man so die gesellschaftliche Realität nennt [...]." W.K.: Selbstauskunft etc., S. 57.

noch spuken mögen. Aus dem Sprachfluß sind sie ausgeschieden, an das Ufer gewälzt, Stimmenschotter geworden.[112]

Kirstens Interesse gilt den 'unberühmten' Landstrichen seiner Heimat und ihren verbalen 'Ausscheidungs-Produkten'. Der „an das Ufer" – also an den *Rand* – gewälzte „Stimmenschotter" ist zwar nutzlos, aber geschichtsträchtig. Um mit Eberhard Haufe zu sprechen: „Als *der dinge totes gedächtnis* liegt Geschichte zum Ablesen greifbar in der Landschaft."[113] Die Dinge, die am Wegesrand liegen, werden in der Lyrik zu „Wegrandworte[n]"[114] im wörtlichen Sinne. In seinem poetologischen Essay *Entwurf einer Landschaft* bemerkt Kirsten über seine Intentionen:

> Ich möchte den Werktag einer lokalisierten Agrarlandschaft, die für beliebig andere stehen mag, poetisieren (nicht romantisieren!), in einer aufgerauhten, 'körnigen' Sprache, die ich dem Thema angemessen finde. Es soll ein *unberühmter* Landstrich in poetischer Rede [...] vorgeführt werden.[115]

Kirstens Vorstellung von einer „aufgerauhten [und] 'körnigen' Sprache", die dem Thema „angemessen" ist, wäre nicht weiter erwähnenswert, wenn sie nicht in einem Essay formuliert worden wäre, der mit seiner Überschrift in offene 'Konkurrenz' zur emphatischen Moderne tritt: *Entwurf einer Landschaft* heißen nämlich die beiden 'berühmten' Gedichte von Carl Einstein (1930) und Paul Celan (1959).[116] Um einen solchen Landschafts-Entwurf handelt es sich bei Kirsten sicherlich nicht, wohl aber um eine agrikulturelle Parallelaktion. Wulf Kirsten ist vor allem deshalb ein interessanter und wichtiger 'Ruderal-Autor', weil er einerseits an der konservativen Landschafts-Ästhetik des Magischen Realismus festhält – sein „Entwurf" entspricht Horst Langes Vorstellungen von „Landschaftliche[r] Dichtung"[117] – und andererseits auch an die avantgardistischen *Entwürfe* der

112 Wulf Kirsten: Textur. Zur Verleihung des Deutschen Sprachpreises der Henning-Kaufmann-Stiftung. In: Sinn und Form, 50 (1998), 1. Heft, S. 146-154, hier: S. 147. Vgl. auch: Wulf Kirsten: Stimmenschotter. Gedichte 1987-1992, Zürich 1993.

113 Eberhard Haufe: Nachwort, S. 131. Die Formulierung *der dinge totes gedächtnis* bezieht sich auf das gleichnamige Gedicht von Wulf Kirsten.

114 Vgl. Wulf Kirsten: Wegrandworte [Gedichte]. Mit Radierungen von Max Uhlig, Rudolstadt (Burgart-Presse) 1997 (= 24 ungezählte Blätter).

115 Wulf Kirsten: Entwurf einer Landschaft. In: ders.: satzanfang (gedichte), Berlin und Weimar 1979, S. 93-96, hier: S. 94f. In dem Gedicht *satzanfang* (ebd., S. 9) hat Kirsten seine Poetologie in Lyrik übersetzt. Die letzten beiden Strophen des Gedichts lauten: „inständig benennen: die leute vom dorf, / ihre ausdauer, ihre werktagsgeduld. / aus wortfiguren standbilder setzen / einer dynastie von feldbestellern / ohne resonanznamen. // den redefluß hinab im widerschein / die hafergelben flanken / meines gelobten lands. / seine rauhe, rissige erde / nehm ich ins wort."

116 Vgl. oben Anm. 81. Vgl. auch die folgende Äußerung von Eberhard Haufe: „[...] Kirsten [studierte] die wenigen selten gewordenen Bände der Dresdner Zeitschrift *Die Kolonne* [...], aber ebenso die klassische Moderne [wie z.B.] Brecht und Benn [...]." Eberhard Haufe: Nachwort, S. 120. Es ist also bestimmt kein Zufall, daß Wulf Kirsten 1994 den Elisabeth-Langgässer-Literaturpreis erhalten hat.

117 Vgl. Der weiße Rabe, Jg.2, Heft 5/6, Juni/Juli 1933, Sondernummer „Landschaftliche Dichtung". Horst Lange, der diese Sondernummer herausgegeben hat, entwickelt in dem einleitenden Artikel *Landschaftliche*

klassischen (abstrakten) Moderne anschließt. Der Ostdeutsche Kirsten ist sozusagen der lebendige Beweis dafür, daß die magisch-realistischen *Kolonne*-AutorInnen in der alten DDR 'überwintert' haben. Für Kirsten ist die Zeitschrift *Die Kolonne* (1929-1932) sogar ein „essentielle[s] Organ moderner Naturlyrik".[118] Diese Naturlyrik findet in Kirstens Gedichten eine Fortsetzung. In seiner Laudatio zur Preisverleihung bezeichnet Peter Horst Neumann den Lyriker Kirsten als „einen [der] eigentümlichsten Vertreter" „deutscher Naturlyrik".[119] Die 'Eigentümlichkeit' hat einen speziellen Grund: Die meisten der Gedichte sind asymmetrischer und 'holpriger' – wenn man so will: *prosaischer* – als Prosa. Eberhard Haufe sieht „[d]as Unverwechselbare seiner Gedichte [...] [in der] öfter bis zur Widerborstigkeit gehenden Rauheit seiner Diktion"[120]. Kirsten selbst spricht von der *körnigen Textur* seiner Lyrik und bemüht damit eine Metapher aus dem Bereich der haptischen Erfahrung:

> Für Textlandschaft sage ich [Wulf Kirsten] Textur. [...] Aus dem Text wird Kontext oder, um das Webmuster, die Strukturierung zu betonen, Textur.[121]

In Kirstens „Textlandschaft" finden nicht nur konservative und avantgardistische Konzepte zueinander, sondern es liegt sogar der einzigartige Fall vor, daß gewissermaßen im verwilderten Zentrum des Magischen Realismus die Textur (wieder-) entdeckt wird. Kirstens Texte liefern den Beweis dafür, daß texturierte Texte nicht zwangsläufig unverständlich sein müssen. Kirstens Begriff der Textur zielt auf eine gesteigerte Sinnlichkeit der Texte, er ist, mit andern Worten, nicht reduktiv (wie der von Baßler[122]), sondern inklusiv. Das „Webmuster" ist mithin kein Abstraktions-Produkt, das nach Abzug des Inhalts das gleichsam 'nackte' generative Verfahren des Textes indiziert, sondern es ist ein ästhetisches Surplus, das sich nur einstellt, „[w]enn alles gut geht" und sich „die Worte

---

Dichtung (S. 21-26) die Grundzüge einer magisch-realistischen Landschafts-Ästhetik, in der „das Geheimnis wieder Raum hat." (S.21) „Heute [1933, B.S.] bereiten sich überall in Deutschland Dichter darauf vor, die Landschaft, aus der sie stammen [...], für immer aus der Vieldeutigkeit der bloßen Existenz in das eindeutige der künstlerischen Neu-Schöpfung hinüberzuretten." (S. 23)

[118] Wulf Kirsten: Der große Hof des Gedächtnisses, S. 39. Auch Eberhard Haufe weist in seinem Nachwort auf die Wichtigkeit der *Kolonne*-Autoren für Kirsten hin: „Kirsten [studierte] die wenigen selten gewordenen Bände der Dresdner Zeitschrift *Die Kolonne* [...], aber ebenso die klassische Moderne [...]." Vgl. W.K.: die erde bei Meißen, S. 120.

[119] Peter Horst Neumann: Naturlyrik heute – Laudatio auf Wulf Kirsten. In: Peter-Huchel-Preis (1987), S. 26-35, hier: S. 27.

[120] Eberhard Haufe: Nachwort, S. 117.

[121] Wulf Kirsten: Textur. Zur Verleihung des Deutschen Sprachpreises der Henning-Kaufmann-Stiftung. In: Sinn und Form, 50 (1998), S. 146-154, hier: S. 147.

[122] „Erst und insbesondere wenn ein Inhalt fehlt, sieht sich der Leser auf die bloße Textur, das sprachliche Material in seiner spezifischen Verknüpfung, zurückgeworfen. In dieser Reduktion tritt demnach die Textur in den Vordergrund, was man traditionellerweise die 'Form' eines Textes nennt." Moritz Baßler: Die Entdeckung der Textur, S. 13. Baßler meint: Erst wenn das Akzidentelle *geht*, *kommt* das Essentielle zum Vorschein (vgl. Johnny Walker). Bei Kirsten ist es umgekehrt: Je mehr Inhalt, desto mehr Textur.

zum Satz" fügen.[123] *Textur* und *Webmuster* sind keine wissenschaftlichen Begriffe, sondern Metaphern „für den poetologischen Hausgebrauch". Die Gleichung „ *Text* " = „ *Kontext* " = „ *Webmuster* " = „ *Strukturierung* " = „ *Textur* " (s.o.) muß nicht 'aufgehen', sie ist 'unrein' = „körnig[]":

> Ob ich [Wulf Kirsten] mit solchen Zurechtlegungen für den poetologischen Hausgebrauch, bei dem man ohne Küchenlatein nicht auskommt, dem Reinheitsgebot der deutschen Sprache entspreche, weiß ich nicht. Es kommt ganz darauf an, was darunter verstanden wird.[124]

Das „Webmuster", das Kirsten im Blick hat, ist also sehr grob gewirkt; der „Textur"-Begriff ist dementsprechend ambivalent: In ihm verbinden sich vor-moderne Assoziationen (Landschaft, bäurische Lebensform, Heimat, „Landstreicher"[125] etc.) mit postmodernen und post-strukturalistischen Vorstellungen. An einem besonders markanten Textbeispiel soll nun gezeigt werden, wie die Ruderalfläche, die in Kirstens Texten überall zu finden ist, *gewebt* und *vertextet* wird. Es handelt sich um den (Eberhard Haufe gewidmeten) Prosatext *ödland*, der hier in voller Länge zitiert werden soll:

> ödland
>
> einfach so über die erde gehn, mir nichts, dir nichts, wo nichts wächst, was der landwirtschaft nutzen abwirft. armseliges besenginsterland, das mit seinen schwarzen schoten raschelt. grandig klirrt's und knistert's auf verlornem posten. ein disteljahrgang promeniert stolz erhobenen hauptes. ungezähmter lebensdrang windbreit ausgeufert. stillgelegte kiesgruben, in denen die natur freie hand hat. im weglosen, wild wuchernden grasfilz punktet der enzian seine tiefblauen herbstkelche dicht über die narbe hin. der steilhang von dörnicht artenreich bewachsen im selbstlauf. ein macciawall. kein schild: vorsicht! undurchdringliche zone! betreten verboten! reservat für füchse und niederwild. so viele schlupflöcher, so viele grüße zur guten nacht. von hundskamille üppig überwuchert brandschutt und eisenteile, gefertigt vom allzeit fröhlichen landmaschinenbauer, gott hab ihn selig. wollflocken als wegmarken durch die wildnis, der herde vom strauchwerk ruppig ausgezupft. der fuß tritt fehl in verfallene erdhöhlen. die wagenspur der kiesfuhrwerke verliert sich unter kletten und nesseln. eine alte feuerstelle: hier hielt der schäfer mittagsrast. aus dem fruchtbaren ackerland, monoton gebreitet bis in alle morgenweiten, erhebt sich das wüste riff, grün überbuscht wie ein raupenhelm. eine erdwelle belebt die landschaft am stillen nebenlauf der Gramme.[126]

---

123 „Wenn alles gut geht, gelangen die Worte zum Satz, der hinwiederum zur Modulation geradezu gebieterisch herausfordert. [...] Die Sätze verzahnen sich zu einem Textgebilde, möglichst zu einem, in dem ein Satz folgerichtig aus dem andern hervorgeht." W.K.: Textur, S. 147.

124 Wulf Kirsten: Textur, S. 147.

125 „In [den] Gedichten tauchen Flickschuster, Hausierer, Ziegelbrenner auf, Landstreicher, Straßenkehrer, Zigeuner [...], – Randfiguren der Geschichte." W.K.: Selbstauskunft, S. 48. Das ist genau das sozial entrechtete Personal, das sich seit Gottfried Kellers Erzählung *Romeo und Julia auf dem Dorfe* auf den Ruderalflächen 'herumtreibt'.

126 Wulf Kirsten: die erde bei Meißen, S. 39.

Dieses mitteldeutsche *Waste Land* am „stillen nebenlauf" der ohnehin schon 'unberühm-ten' „Gramme" ist der 'unberühmteste Ort' schlechthin. *ödland* ist nicht nur ein, sondern *das* Kompendium des Magischen Realismus. Als erstes fallen die Formalia ins Auge: *ödland* hat keine Absätze. Alle Wörter mit Ausnahme der Orts- und Eigennamen („Gram-me") werden klein geschrieben. Durch dieses Prinzip der gleichberechtigten Nebenord-nung, dem auch die Syntax (v.a. Hauptsätze) gehorcht, verstärkt sich der Eindruck von „Textur" und „Webmuster". Häufig wird das Verb ausgespart („ungezähmter lebensdrang windbreit ausgeufert"), so daß es zu einer expressiven Verdichtung des Ausdrucks kommt. Ansonsten ist das „Webmuster" von *ödland* traditionell gearbeitet, die „Textur" ist verständlich. Die Modernität des Themas wird durch die altertümliche Form der Spra-che („wollflocken als wegmarken durch die wildnis") sogar mehr als wettgemacht. Nimmt man die Formalia zusammen, dann läßt sich sagen, daß *ödland* ein „Prosagedicht"[127] ist.

Der Text beginnt „einfach so" und endet „am stillen nebenlauf der Gramme". Dazwi-schen breitet ES sich aus. Es „raschelt[]", „klirrt[]" und „knistert[]", es „promeniert", „wucher[t]" und „ufert" unkontrolliert „aus". Auch das „ödland" selbst ist mit zahlrei-chen Synonyma vertreten: Es ist da, wo „nichts wächst", es ist ein „armseliges besengin-sterland", eine „stillgelegte kiesgrube[]" und ein „wüste[s] riff". Es verbirgt sich – wie immer – im Unkraut („hundskamille", „kletten und nesseln"[128]) und in den Trümmern bzw. Hinterlassenschaften („brandschutt", „eisenteile"). Es zeigt sich im „ungezähmte[n] lebensdrang", im „weglosen", in der „freie[n] hand" der „natur" und v.a. im „selbstlauf". Diesen „selbstlauf" würde man gern poetologisch lesen, aber eine poetologische Lesart geht hier genauso wenig auf wie im *Verwilderte[n] Bauplatz* von Georg Britting.[129] Es ist eben nicht so einfach, „einfach so" mal die Kontrolle zu verlieren und der *écriture au-tomatique* seine „freie hand" zu überlassen. Britting ist jedoch nicht der einzige (magi-sche Realist), der von Kirsten alludiert wird. *ödland* strotzt nur so von Anspielungen auf Lehmann, Loerke und Eich, aber auch auf Heidegger („wegmarken"), Goethe („die wa-genspur [...] verliert sich unter kletten") und – selbstredend – Eliot.[130] Außerdem werden zitiert bzw. alludiert: die Idylle bzw. die pastorale Dichtung („hier hielt der schäfer mit-tagsrast"), das Märchenschema (wo sich „fuchs und niederwild" – sprich: fuchs und hase – „gute[] nacht[]" sagen) und die *Vagabunden-Dichtung* eines V.O. Stomps[131]: Das

---

127   Zur Terminologie vgl. Ulrich Fülleborn: Das deutsche Prosagedicht. Zu Theorie und Geschichte einer Gat-tung, München 1979.

128   „ich garniere meine gedichte / mit hundskamille und gundermann". Wulf Kirsten: sieben sätze über meine dörfer. In: ders.: die erde bei Meißen, S. 7-8, hier: S. 8.

129   Vgl. Kap. III, Anm. 40.

130   Vgl. die Zeile „Das Gras steht wieder auf" aus Goethes *Harzreise im Winter* (vgl. Kap. III, Anm. 31) und das „wüste riff" als *Waste Land* von Eliot.

131   Vgl. Kap. II, Anm. 72.

„armselige besenginsterland" ist ein Land für die sozial geächteten Landstreicher und Besenbinder.

Das „ödland" weckt verschiedene Assoziationen: Es ist die öde (und unfruchtbare) Kehrseite des „fruchtbaren ackerland[es]", es ist eine Industrie-Brache („stillgelegte kiesgruben"), ein Biotop („artenreich bewachsen"), eine „wildnis", eine Aporie („weglos[]"), ein Schrottplatz („eisenteile"), ein Spielplatz und Rückzugsgelände („schlupflöcher") und nicht zuletzt ein altes Kriegs- und Trümmergelände („brandschutt", „verlorne[r] posten") im Hinter- bzw. Niemandsland der tiefsten Provinz.[132] ES ist die „undurchdringliche [*Ost-*] zone" ohne Stacheldraht und „Schild: vorsicht! [...] betreten verboten!" Den Kapitalismus („macciawall") in seinem marktspezifischen „selbst-lauf" hält weder Ochs' noch Esel auf. *ödland*, so läßt sich resümieren, konserviert ein Bild von der zeit-enthobenen DDR, die kurz vor ihrem 'Untergang', d.h. kurz vor ihrem schmerzhaften 'Aufwachen' steht: „Ödland... *Schlafland*... toter Boden!"[133] Als *locus amoenus* und Hüter der Schönheit (die „tiefblauen herbstkelche" des „enzian[s]") ist das „ödland" ein ausgezeichneter Ort der Poesie, die bekanntlich keinen „nutzen abwirft". Schon Walter Benjamin hat gewußt, daß die „Herrlichkeit der Gegend" dann am größten ist, wenn sie dem 'Untergang' geweiht ist und sich mit dem „Weh des Abschieds" tränkt. In seiner *Berliner Kindheit um neunzehnhundert* beschreibt er ein *Kaiserpanorama*, das Kirstens Landschaftspanorama nicht unähnlich ist. Dieses *Kaiserpanorama* kündigt seinen Abschied durch ein Klingelzeichen an:

---

132 Auch *ödland* ist in gewissem Sinne ein „[t]iefes Hinterland im Winterschlaf", wie es in Kirstens Bericht *Die Schlacht bei Kesselsdorf* (1984) heißt. Das „Hinterland" in *ödland* liegt jedoch nicht im weißen Winter-, sondern im 'grünen' Dornröschenschlaf. Kirstens *Schlacht* hat übrigens Affinitäten zu Wilhelm Raabes *Odfeld*: Beide Texte beschreiben das *Rand*geschehen einer *'unberühmten'* Schlacht in tiefster *Provinz*; beide Texte verwandeln die Landschaft in ein 'aufgerauhtes' und abstraktes Tableau, vgl. die folgende Textpassage aus Kirstens Bericht (die, notabene, das unmartialische *ödland* präfiguriert): „Die große Batterie [des Heeres, B.S.] auf vorgeschobenem Posten [vgl. den „verlorne(n) Posten" aus *ödland*, B.S.] [...]. Das Vorgelände mit dem Halbkreis von zahlreichen Wegen und Stegen durchschnitten, als habe eine Radnetzspinne ihre Fäden gezogen und querverstrebt. Manche dieser Linien nur durch einen Rain andeutungsweise herausgehoben. Einige von Alleen und Strauchrändern deutlich markiert. [...] Waldreste, wie zerzauste Schopfbüschel. Die [...] Äcker und Wiesen [...] von morastigen Gründen zerfasert und zerfurcht, durch die sich ein weitverzweigtes Geäder [vgl. Labyrinth, B.S.] von Runsen und Rinnsalen zieht. [...]. Das geringste Gefälle bildet eine Barriere. Hohlwege haben sich in tückische Fallen verwandelt [vgl. „der fuß tritt fehl in verfallene erdhöhlen" aus *ödland*, B.S.]. Tümpel, von bereiftem Gestrüpp gesäumt, von Eisdecken überzogen, die keine Tragkraft besitzen. Erlicht, Weidendickicht im blendenden Schneelicht des kurzen Tages. Im Hintergrund ein paar Ortschaften, kreisförmig zusammengedrängt, die sich aus dem Schneeland herausheben." W.K.: Die Schlacht bei Kesselsdorf. Ein Bericht [gekoppelt mit: ders.: Kleewunsch. Ein Kleinstadtbild], Berlin und Weimar 1984, S. 7 (= 1. Zitat) und S. 28f. (= 2. Zitat)

133 Wolfgang Hilbig: Alte Abdeckerei, S. 92. Kirstens bzw. Hilbigs 'schlafendes Land' ist (auch) eine Replik auf das „schlummernde[] Land" aus Hölderlins *Hyperion*: „Ich [Hyperion] stand nun über den Trümmern von Athen, wie der Ackersmann auf dem Brachfeld. Liege nur ruhig, dachte ich [...], *schlummerndes Land!*" F.H.: Werke und Briefe Bd. 1, S. 375.

Da[] war ein Klingeln, welches wenige Sekunden, ehe das Bild ruckweise abzog, um erst eine Lücke und dann das nächste freizugeben, anschlug. Und jedesmal, wenn es erklang, durchtränkten die Berge bis auf ihren Fuß, die Städte in ihren spiegelklaren Fenstern, die Bahnhöfe mit ihrem gelben Qualm, die Rebenhügel bis ins kleinste Blatt, sich mit dem Weh des Abschieds. Ich kam zur Überzeugung, es sei unmöglich, die Herrlichkeit der Gegend für diesmal auszuschöpfen.[134]

Der Hinweis auf Benjamin scheint gerechtfertigt, zumal sich auch im „ödland" das bucklichte Männlein (Odradek) verborgen hält: Im 'Rascheln', 'Klirren' und 'Knistern' der „schwarzen Schoten" (Melancholie) kann man die Geräusche Odradeks hören. Das bucklichte Männlein steht immer auf „verlornem posten", es *ist* der „verlorne[] posten".[135] In diesem Zusammenhang scheinen mir die „viele[n] schlupflöcher" und die „erdhöhlen" von besonderer Wichtigkeit zu sein. Sie signalisieren eine Tiefenschicht der „landschaft", die vom Text, der immer an der Oberfläche bleibt (*„über* die erde gehn"), ganz bewußt nicht betreten wird. Wenn „der fuß [...] fehl [tritt]" und in die „verfallene[n] erdhöhlen" einbricht, öffnet sich für einen kurzen Moment das unterirdische Labyrinth. Dieses Labyrinth war schon in den „wollflocken" präfiguriert, die wie ein Ariadne-Faden („wegmarken") durch die „wildnis" geleiten und den Weg im „weglosen" markieren. In Kirstens Prosagedicht gibt es bezeichnenderweise kein 'prosaisches' bzw. lyrisches Ich, das sich verlaufen könnte. *ödland*, so könnte man sagen, hat die Hohlform der emphatischen Moderne: Die „landschaft" ist nicht nur ein nach außen gestülpter und gefahrloser *Bau*,[136] sondern auch ein unschädlicher *Maulwurf* (Günter Eichs „Maulwürfe sind schädlich"[137]). Wulf Kirsten „geht" und redet in *ödland* „*über*" das Labyrinth, Kafka und Eich *produzieren* Sprach-Labyrinthe.

In Wulf Kirstens jüngster Buchveröffentlichung, dem Erzählungsband *Die Prinzessinnen im Krautgarten* (2000), ist der Magische Realismus – wieder einmal – an das Thema (verlorene) Kindheit gebunden. In den elf Erzählungen des Bandes schildert Kirsten seine „Dorfkindheit" im provinziellen (Nach-) Kriegsdeutschland. Damit sind die 'Themen' gewissermaßen schon vorgegeben: „Winterfreuden", „Die Nacht im Rübenkeller" oder „Schulspeisung" – so lauten einige der Überschriften – lassen vermuten, daß es sich hier um eine typische *ich-erinnere-mich-noch-genau*-Textur vom Schlage Sebalds und Fortes handelt. Im Unterschied zu den beiden zuletzt genannten Autoren verzichtet Kirsten jedoch auf jede Form der persönlichen 'Betroffenheit'. Seine Prosa ist im Gegenteil lako-

---

134   Walter Benjamin: Kaiserpanorama. In: ders.: Berliner Kindheit um neunzehnhundert, S. 14-15, hier: S. 14.

135   Vgl. Kap. I, Anm. 13.

136   Das (lyrische) Ich, das in *ödland* ausgespart wird, ist in Kafkas Erzählung *Der Bau* schon im ersten Satz da: „Ich habe den Bau eingerichtet und er scheint wohlgelungen. Von außen ist eigentlich nur ein großes Loch sichtbar [...]." F.K.: Sämtliche Erzählungen, S. 412.

137   „Was ich schreibe, sind Maulwürfe, weiße Krallen nach außen gekehrt [...] Wir sind schon da, könnten sie rufen, aber der Hase [vgl. das „niederwild" aus *ödland*, B.S.] täte ihnen leid. Meine Maulwürfe sind schädlich, man soll sich keine Illusionen machen." Günter Eich: Gesammelte Werke Bd.1, S. 318.

nisch, trocken und vor allem wohltuend unprätentiös. Die Wehmut, die Jürgen Beckers (späte) Prosa überschattet, kommt in den *Prinzessinnen im Krautgarten* nicht auf. Kirstens Texte leben zwar *aus* der Erinnerung, sie sind aber frei vom „*Fluch*"[138] des Erinnerns. Sie sind, im besten Sinne des Wortes, schlicht:

> [Kirsten] vermeidet [...] alles, was das nun [= *nach* dem Fall der Mauer, B.S.] Erzählbare zu deutlich und effekthascherisch in den Mittelpunkt stellt. [NB: In der ehemaligen DDR waren Schilderungen *russischer* Kriegsverbrechen, die in Kirstens Buch erwähnt werden, noch verpönt, B.S.]. [...]. [Kirsten] erkundet mit Kinderaugen den kleinen Weltausschnitt [...]. Behutsamer und deutlicher als der Lyriker es tut, läßt sich von jenen Maitagen [des Jahres 1945, B.S.] kaum erzählen.[139]

Es ist zwar richtig, daß Kirsten seinen kleinen Weltausschnitt „bis in den hintersten Brennesselwinkel [ausforscht]" [140] – um mit Kirsten selbst zu sprechen – aber er tut dies genauso wenig „mit Kinderaugen" (Volker Hage) wie die anderen Magischen Realisten vor ihm. Der mehr oder weniger *sentimental(isch)e* Blick auf die eigene Kindheit, von der man durch unüberbrückbare Abgründe getrennt ist, ist im Gegenteil eminent erwachsen (was nicht heißen muß, daß er dabei nicht 'infantil' sein kann – siehe Jürgen Becker). Kinder erleben ihre vermeintlich 'kleine Welt' nie melancholisch-retrospektiv (wie etwa der passionierte '*Erinnerer*' Jörn aus Jürgen Beckers *Aus der Geschichte der Trennungen*); magisch-realistisch wird ES immer nur in der Erinnerung. Eine besonders eindrückliche magisch-realistische Passage findet sich in der ersten und umfangreichsten Erzählung des Bandes. Sie trägt den Titel *Der Hof* (und alludiert damit Peter Huchels „Hof" = „Gedächtnis"[141]). Die kompilierte Passage lautet:

---

138   „Nicht wahr, es ist wie ein Fluch, diese Art des Erinnerns, dieses Festhalten von Bildern, die den Blick aufs Heute und Jetzt verstellen." Jürgen Becker: Der fehlende Rest, S. 152 (vgl. oben Anm. 71).

139   Volker Hage: Die Russen kommen. In: *Der Spiegel* (Nr. 3) vom 15.01.01, S. 180f. Karl-Markus Gauss nennt Kirstens Erzählband sogar „ein eigentümlich *rauhes* Buch der Kindheit", das „die kleine nicht als die heile Welt [beschwört]". Kirsten, so Gauss, „spürt [...] im Abgelegenen [...] doch die Spuren von Trotz, Revolte, Widerständigkeit auf." Ich denke, man kann dem genauso zustimmen wie Gauss' Resümee: „*Die Prinzessinnen im Krautgarten* ist nicht [Kirstens] bedeutendstes, aber ein sehr persönliches Buch, das ein Qualitäten dieses [...] zu den wechselnden Moden gleichen Abstand wahrenden Autors einmal mehr unter Beweis stellt. Ich [Gauss], wenn ich was zu bestimmen hätte, würde ihm endlich den Georg-Büchner-Preis geben." K.-M.G.: Die Provinz als Zentrum. In: *Die Zeit* v. 25.01.01.

140   „Jeder dieser Blickpunkte war ein Stück meiner Welt. Ausgeforscht bis in den hintersten Brennesselwinkel." Wulf Kirsten: Der Hof. In: ders.: Die Prinzessinnen im Krautgarten. Eine Dorfkindheit, Zürich 2000, S. 5-47, hier: S. 12. Der „hinterste[] Brennesselwinkel" ist *das* Zentrum des magischen Realismus; er markiert die unkorrumpierte und unerreichbare Welt *vor* dem Sündenfall.

141   „Im Grunde genommen [...] war vielleicht das alte Haus, der Hof meines Großvaters in Langerwisch das Gedächtnis für mich." Peter Huchel im Interview mit Karl Corino, vgl. oben Anm. 78. Der Titel von Kirstens dritter Erzählung *Der Vogelsprache kund* alludiert Johannes Bobrowskis berühmtes Gedicht *Kindheit*, das mit den folgenden Worten beginnt (und endet): „Da hab ich / den Pirol geliebt –". J.B.: Gesammelte Werke Band 1 (Die Gedichte), hg. von Eberhard Haufe, Stuttgart 1987, S. 6f.

Auf dem schmalen Streifen zwischen Mauer und nachbarlichem Wiesenhang, der stillschweigend beiderseitig als Niemandsland hingenommen wurde, gediehen Brennesseln und Pfeifenkraut. Letzteres wucherte in übermannshohen Beständen. Nicht auszurotten. Holundergesträuch hatte sich an einigen Stellen in das poröse Mauerwerk eingekrallt. Aus den Bruchsteinritzen ließ sich das Schöllkraut nicht vertreiben. [...] In diesem unwirtlichen Streifen Niemandsland hielt sich in den letzten Kriegstagen ein Mann aus der Nachbarschaft verborgen [...]. In dem üppig aufgeschossenen Brennessel-Pfeifenkraut-Holunder-Gestrüpp hatte er sich verkrochen. Dort lag er tagelang versteckt. [...] Damals hieß man das desertieren. Wir wußten nichts von seinem Aufenthalt dicht vor unserem Hof. Und bis heute weiß ich nicht, wo genau er sich versteckt hielt, damals, wie er es so lange in den Brennesseln ausgehalten hat. [...] Als wir ihn wissen ließen, die Luft sei rein, er könne nach Hause gehen, verließ er sein Versteck als aufrechter Mann und schlich sich als Frühheimkehrer ins Dorf ein.[142]

Das ist, mehr als 50 Jahre nach Ende des 2. Weltkriegs, eine 'Heimkehrernovelle' sui generis. Kirsten erzählt von einem Mann, der sich in doppelter Hinsicht auf einem „schmalen Streifen" bewegt: Es ist die Geschichte eines Mannes, der sich *zwischen den Zeiten und Grundstücken* im „Niemandsland" verborgen hält, bis die (politischen) Verhältnisse sich geklärt haben. Die anarchische Übergangszeit – das ist die *Stunde des Huflattichs* – ist im „üppig aufgeschossenen" Unkraut gewissermaßen verkörpert. Dieses Unkraut ist einerseits renitent (es ist „[n]icht auszurotten" und es „[läßt] sich nicht vertreiben"), aber andererseits duldsame Zufluchtsstätte („Versteck"). Die besondere 'Form' der 'wuchernden' Renitenz („*übermannshohe[] Bestände[]*"[143]) kommt dem *Nicht-mehr*-Deserteur bzw. *Noch-nicht*-aufrechten-Mann buchstäblich entgegen. Solange der Mann im „Brennessel-Pfeifenkraut-Holunder-Gestrüpp" nicht entdeckt wird, ist er auch kein Deserteur, aber solange er dort 'den Kopf einzieht', ist er kein „aufrechter Mann". Das heißt: Im Unkraut ist man(n) eine verschollene Unperson bzw. ein wesenloses Gespenst.[144] Die obige Episode ist aber auch eine verspätete Replik auf Wilhelm Lehmanns kurze Erzählung *Der sichere Mann*.[145] Die Pointe von Kirstens abenteuerlich-gefährlicher Unkraut-Eskapade bzw. -Eskarpe besteht darin, daß sie Lehmanns Vorstellung von Sicherheit um-

---

142 Wulf Kirsten: Der Hof. In: ders.: Die Prinzessinnen im Krautgarten, S. 5-47, hier: S. 23, 24 und 25. Beatrice von Matt bezeichnet Kirsten in ihrer Rezension zu den *Prinzessinnen im Krautgarten* als einen „Mystiker von Naturräumen", der zwischen „Kinderidyll" und „Abgrund" (= Trümmer!) verortet ist: „Zwischen Paradieserfahrung und Not wird ein seltsames Schwanken erzielt." B.v.M.: Vom Mittelpunkt der Welt – Wulf Kirsten beschreibt seine Dorfkindheit im Krieg." In: NZZ vom 17.10.2000.

143 Die Unübersichtlichkeit, die die (Über-) Mannshöhe garantiert, ist das poetische Fernziel der Fluchtbewegung, vgl. auch die folgende Passage aus der Erzählung *Das Roggenfeld*, S. 77-99, hier: S. 77: „[...] [D]ort, wo ich [Kirsten, B.S.] aufwuchs, gab es noch Roggenfelder, unübersehbar, von Ausdehnungen, die aus der Sicht eines Kindes die schiere Unendlichkeit waren. Nicht auszumessen. Vor der Ernte nahezu mannshoch. Geheimnisumwittert."

144 Der Mann im Unkraut ist eine gespenstische Figur: „Reichlich verdutzt und etwas verschreckt sahen wir [Kinder, B.S.] den uns nicht unbekannten Dorfbewohner aus den Brennesseln auftauchen, sahen, wie er sich geisterhaft aufreckte [...]." W.K.: Die Prinzessinnen im Krautgarten, S. 25.

145 Vgl. die Seiten 145 und 146 dieser Arbeit.

kehrt: Bei Lehmann war sie auf Seiten des selbst-sicheren Biedermannes, bei Kirsten ist sie auf Seiten des sicher verborgenen Deserteurs. Gemeinsam ist beiden Autoren, daß sie die Ruderalfläche als einen ausgezeichneten *Spielraum* der poetischen Kontemplation entwerfen.

> Der Wiesenhang zwischen dem Mühlgraben und unserem Gartenzaun war ein [*unberühmter*, B.S.] *Ort*, an dem es sich wunderbar ungestört spielen ließ. Aber auch einfach dazusitzen, zu beobachten, ins Tal und ins Dorf zu blicken, dem blanken Müßiggang zu obliegen, geriet [...] zu intensiver Weltbetrachtung aus eigenem Anschauen, wo nichts im Husch vorüberflog, wo man vielmehr alles schön langsam in sich einziehen lassen konnte.[146]

c)   „Ich bin der Präparator der Alten=DeDeR" – Reinhard Jirgl

Kirstens *ödland* ist keine post-apokalyptische „landschaft" wie beispielsweise Nowaja Semlja, das in dem Gedicht *wenig gereist* „in reichweite" der „nähere[n] umgebung" lag. Kirsten konnte bei der Abfassung dieses Gedichtes noch nicht wissen, daß die russische Insel Nowaja Semlja von den sowjetischen Militärs radioaktiv verseucht wurde. Das ehemalige atomare Testgelände kann und darf heutzutage kein Mensch mehr betreten („betreten verboten!").[147] Es erscheint mir reizvoll, Kirstens bodenständige Ruderal-Idylle im folgenden mit einer „mit jeder Art von unvorstellbarem Tod gesättigten Landschaft"[148] zu vergleichen, die der 'Landsmann' Reinhard Jirgl in seinem Roman *Hundsnächte* beschrieben hat. Der Vergleich soll deutlich machen, welch breites Spektrum – prägnant: vom „mittagsrast"-Platz des „schäfer[s]" bis zum „Todesstreifen" – die ostdeutsche Ruderalfläche abdeckt. Der Vergleich soll aber auch deutlich machen, daß die Idylle und die Trümmer immer aufeinander bezogen sind.

---

[146] Wulf Kirsten: Der Hof, S. 8. Dieser völlig in sich geschlossene Imaginationsraum – das ist der „heilig geschützte[] Bezirk" Wilhelm Lehmanns, vgl. *Der sichere Mann* – ist ein *Integral* = „Geviert": „Erst viel später ging mir [Kirsten, B.S.] auf, welcher Reichtum und welche Dingfülle in dem so bescheiden dimensionierten Geviert beschlossen lagen und welchen Schutz dieser Platz bot." (S. 8f.)

[147] Der russische Regisseur Andrej Tarkowski hat in seinen Filmen, insbesondere in *Stalka* (1984), solche und ähnliche Trümmerlandschaften dokumentiert. Ruderalflächen und Trümmer bilden das geheime Telos von *Stalka*, sie sind gewissermaßen die *russischen Ikonen des Films*. Tarkowskis religiös-meditative Bilder-Sprache konvergiert mit der verinnerlichten Musik-Sprache zeitgenössischer russischer KomponistInnen wie z.B. Alfred Schnittke, Arvo Pärt, Giya Kancheli und Sofia Gubaidulina. Eine dementsprechende Roman-Sprache hat der russische Autor Andrej Bitow (geb. 1937) entwickelt: „Der Mensch hat die Landschaft nicht erschaffen [...]. Nicht er hat das Unkraut gesät [...]. Zerstört die Einheit der Landschaft, beginnen Gesetze dieser Einheit zu wirken, deren Urheber nicht er ist. [...] Der Mensch verursacht die Wunde [in der Landschaft, B.S.], die Narbe aber ist von Gott." A.B.: Mensch in Landschaft (Roman). Deutsch von Rosemarie Tietze, Berlin 1994, S. 134f.

[148] Reinhard Jirgl: Hundsnächte, S. 10. Der Klappentext gibt Auskunft über den Inhalt des Buches: „Deutschland in den neunziger Jahren, ein verfallenes, dem Abriß preisgegebenes Dorf im Niemandsland des ehemaligen Todesstreifens. Doch in einer der Ruinen haust noch ein letzter Mensch, ein Mann, der sich schreibend dem Vergessen und der Erosionsarbeit der Zeit widersetzt."

Der „Ort", um den es jetzt gehen soll, ist „[...] I Ort [...], den sowohl der Dreißigjährige, der Napoleonische Krieg wie auch die Rote Armee nur aus dem Ifachen Grund verschonten, weil all=die Armeen ihn, diesen Ort, eingesunken schon damals in Buschwerk & von Wald wie von großen Armen schützend umhegt, nicht gefunden hatten" [...]."[149] Der „Ort" scheint also eine Postfiguration der Insel Werder zu sein, über die Fontane in den *Wanderungen durch die Mark Brandenburg* berichtet hatte:

> Der Dreißigjährige Krieg zog wie ein Gewitter [...] am Werder vorüber [...]. So brachen nicht Schweden, nicht Kaiserliche in ihren Frieden ein und es ist selbst fraglich, ob der „schwarze Tod", der damals über das märkische Land ging, einen Kahn fand, um vom Festland nach der Insel überzusetzen.[150]

Was dem Dreißigjährigen und dem Napoleonischen Krieg nicht gelungen ist – nämlich die Zerstörung des „umhegt[en]" *hortus conclusus* –, das bewerkstelligt die „östliche[] Bürokratie [...] innerhalb von 8 Jahren". Direkt anschließend heißt es (und damit wende ich mich dem Textvergleich Kirsten/Jirgl zu):

> [...] Ruinen, zu Ruinen verfallen –, Restegemäuer von einem vor Jahrzehnten evakuierten Dorf inmitten der Iöde, von Schlingpflanzen Baumwerk Weinranken & Büschen im Griff wie unter einer unendlich langsam sich schließenden Faust, Holunderblüten im Dunkel, fahle Nägel & Krallen an den Klauen pflanzlicher Wesen, die mit der unfaßbaren Geduld aller Pflanzen auf das Verschwinden von *Zeit* lauern, *Zeit* die sie, die Pflanzen, seit Anbeginn in Bann geschlagen hält, um dann im Augenblick des Lösens von dieser Fessel in I Explosion von Wachstum vorschnellend über die schäbigen Gemäuerreste u die gesamte Landschaft herzufallen, der Menschen u der übrigen Alpträume sich bemächtigend, dies=Alles wie Knüllpapier von-sich schleudern würden, un an anderer Stelle, wo solcherart Leben dann hingeworfen wäre, Alles schon Getilgte, Weggeworfne & Zerstörte mit der den Pflanzen eigenen, chlorophyllhaften Geduld noch I Mal von-vorn beginnen zu lassen – [...].[151]

Im Unterschied zu Kirstens parataktisch strukturierter Prosa muß man Jirgls verschlungenes Satzgebilde mehrmals lesen, um es überhaupt zu durchschauen und zu verstehen. Jirgl scheint buchstäblich keinen Punkt machen zu können. Das Zitat ist nur ein kleiner Ausschnitt aus einem monströsen Satzgebilde, das sich über mehr als eine Seite hinzieht. Die „Schlingpflanzen" haben die Prosa mit ihren Wucherungen sozusagen ‚infiziert'. Die Bedeutung des Satzes ist zwar etwas „Dunkel", aber trotz der an Arno Schmidt erinnernden Extravaganzen verständlich. Jirgls 'Textur' ist nicht unverständlich, sie hat Ähnlichkeit mit der ausufernden Prosa von Wolfgang Hilbig. Beide Autoren schreiben dezidiert magisch-realistisch, das heißt: *Zwielicht* und andere, tiefe Bedeutung suggerierende Versatzstücke aus der Requisitenkammer („Alpträume", „Bann", „Dunkel", „Klauen" etc.) machen den Text hintergründig und geheimnisvoll-raunend. Die Vorliebe für Partizipialkon-

---

149   Reinhard Jirgl: Hundsnächte, S. 10.

150   Theodor Fontane: Wanderungen durch die Mark Brandenburg, S. 510 (vgl. Kap. III, Anm. 16).

151   Reinhard Jirgl: Hundsnächte, S. 10 (kursiv im Text).

struktionen („vorschnellend"), die auch die Prosa Wolfgang Hilbigs auszeichnet, findet sich bei Kirsten bezeichnenderweise nicht. Kirsten bemüht zwar auch die magisch-realistischen Topoi, die notorisch *tiefe* Bedeutung wird durch den „allzeit fröhlichen landmaschinenbauer" und die anderen, ironischen 'Einsprengsel' („macciawall") aber immer wieder unterlaufen. *ödland* ist grobkörnig, 'oberflächlich' und hell, *Hundsnächte* ist dunkel, unterirdisch und tief(sinnig). Die entscheidende Gemeinsamkeit beider Texte besteht darin, daß sie von der Rückeroberung der Natur fasziniert sind. Bei Jirgl liegt der Akzent auf dem 'totalen Sieg' des Huflattichs und der 'Ablösung' des Menschen (vgl. Eich), bei Kirsten liegt er dagegen auf der Schönheit der Verwilderung und dem 'heilig geschützten Bezirk' (vgl. Lehmann).[152] Jirgls Unkräuter sind heimtückische „Wesen", sie haben „fahle Nägel & Krallen an den Klauen" (und erinnern damit, notabene, an Eichs *Maulwürfe*: „weiße Krallen nach außen gekehrt, rosa Zehenballen"[153]). Die Unkräuter aus *ödland* sind harmlos und „stolz". Der „wuchernde grasfilz" bringt die Schönheit der „tiefblauen herbstkelche", die das Nicht-Unkraut „enzian" hat, erst richtig zur Geltung. Die Verkrautung des „wüsten riff[s]" ist nicht bedrohlich, sie *„belebt* die landschaft am *stillen* nebenlauf der Gramme". In *ödland* bleibt der Mensch Herr des Geschehens, in *Hundsnächte* wird die 'Ablösung des Menschen' sprachlich nachgezeichnet: Der „Mensch[]" ist ein „Alptr[a]um[]" inter pares, der dann beizeiten wie „Knüllpapier" weggeworfen wird. Umgekehrt dazu besitzen die Pflanzen menschliche Eigenschaften: Sie „lauern" auf das Ende der Zeit, „schließen[]" ihre „Faust" und haben „Geduld". Jirgl schildert einen un-menschlichen und „*Zeit*"-losen Kreislauf der Natur, der immer wieder „noch I Mal von-vorn beginn[t]" (und an Nietzsches „dionysische Welt des Ewig-sich-selber-Schaffens, des Ewig-sich-selber-Zerstörens"[154] aus dem *Willen zur Macht* erinnert). In *ödland* verläuft die Zeit linear und chronologisch. Das „grün überbuscht[e]" Gelände ist zwar eine buchstäblich 'herausragende Stelle' – sie „erhebt" sich über das „monoton gebreitet[e]" Ackerland –, der ruderale Blick ist jedoch immer menschlich und auf die „landwirtschaft" bezogen. Zusammenfassend und stark vereinfachend gesagt heißt das: Beide Texte sind durch und durch sentimental(isch), aber Kirstens *ödland* ist eher optimistisch, und Jirgls *Hundsnächte* ist eher pessimistisch.

Eine entscheidende Gemeinsamkeit der beiden Texte soll aber abschließend noch kurz angesprochen werden. Sowohl *ödland* als auch *Hundsnächte* konzipieren die Ruderalfläche als Flucht-Punkt. Dieser Befund leuchtet für das idyllische *ödland* sofort ein, für die dunklen *Hundsnächte* jedoch nicht. Jirgls Endzeit-Vision scheint so ziemlich das Gegenteil eines Flucht-Punktes zu entwerfen, aber der Schein trügt. Im Zusammenhang mit

---

152 Vgl. Kap. III, Anm. 73-75.

153 Günter Eich: Präambel. In: ders.: Gesammelte Werke Bd.1, S. 318.

154 Friedrich Nietzsche: Der Wille zur Macht. Versuch einer Umwertung aller Werte, Stuttgart 1964, S. 697. Das Zitat von Jirgl ist eine Replik auf den berühmten letzten Aphorismus (Nr. 1076) aus dem *Willen zur Macht*, der mit den Worten beginnt: „Und wißt ihr auch, was mir 'die Welt' ist? [...] Diese Welt: ein Ungeheuer von Kraft, ohne Anfang, ohne Ende [...]." (Ebd., S. 696)

Heinz Czechowski wurde bereits darauf hingewiesen, daß die Trümmer-Obsession Reinhard Jirgls nostalgische und rückwärtsgewandte Züge trägt. Der namenlose Protagonist
aus *Hundsnächte* hat sich im Niemandsland des ehemaligen Todesstreifens verbarrika-
diert, um den anrückenden Abriß-Kolonnen aus seiner verdreckten Ruine heraus passiven
Widerstand zu leisten. Jirgls Protagonist ist – genau wie der Magister Noah Buchius aus
Raabes *Odfeld* – das „letzte[] Ruderum"[155] einer untergegangenen Welt. Diese Welt wird
von Jirgls Protagonist erinnert und dabei zurück-geholt. Der 'unberühmte Ort', von dem
aus erinnert wird, ist zugleich ein ganz und gar verinnerlichtes Versteck und eben damit
ein Flucht-Punkt par excellence:

> *Er* [der Protagonist, B.S.] hatte sich im Innern der Ruine, die *er* noch immer behau-
> ste, zusätzlich I Verschlag gebaut, wenn ihr so wollt, I Ruine in der Ruine. Dorthin
> hatte *er* sich zurückgezogen [...].[156]

Der Protagonist hat ein klassisches double-bind: Die Ablösung vom „heimischen Dreck"
wird zwar einerseits herbeigesehnt, die Bindung (Verhaftung) ans „Geröllfeld [der] Vergangenheit" ist aber andererseits so stark, daß die Abnabelung nicht wirklich gelingen
kann und soll:

> - Ich hätt es beinahe geschafft, war nahe dran gewesen: mich zu lösen von dem gan-
> zen heimischen Dreck – diesem steinigen fruchtlosen Geröllfeld aus Brocken Ver-
> gangenheit [...]. :Doch nich mal mehr die Fantasie ist frei – ist ohne Trümmer ge-
> blieben – [...].[157]

Beim 'Entwurf einer Landschaft' aus den „Trümmer[n]" der „Fantasie" entfaltet Jirgls
Roman seine stärksten Qualitäten. In *Hundsnächte* werden Erinnerungs-Räume konzipiert
und re-konstruiert, in denen der Mensch noch auf emphatische Weise *sein* kann. Solche
'herausragenden' Erinnerungs-Räume sind vor allem 'halbgestaltete' Ruderalflächen,
aber auch andere Un-Heimlichkeiten wie beispielsweise der 'unberühmte' „Warteraum I
Dorfbahnhofs, irgendwo in Westfalen[158] oder der verstaubte „Kartenraum" einer abgelegenen Provinz-Dorfschule. Es lohnt sich, den „Kartenraum" näher zu betrachten, zumal

---

155 Vgl. Wilhelm Raabe: Das Odfeld, S. 26.

156 Reinhard Jirgl: Hundsnächte, S. 73 (kursiv im Text).

157 Reinhard Jirgl: Hundsnächte, S. 496f.

158 „Unbehelligt blieb ich in dem kleinen Warteraum, in Wärme u fahler Dunkelheit – vielleicht vergessen, genauso wie diese Station, dieser Ort. Die anfängliche Befürchtung, ich könnte, würd ich einschlafen hier-
   drin, den Zug verpassen, sie löste sich nun zu einer wohligen Ruhe u Gleichgültigkeit auf, und Müdigkeit
   breitete sich als eine weiche wärmende Decke über mich hin. Losgemacht, die Haltetaue gekappt, trieb ich
   im Nebel diese Stunde ohne Schwere dahin – zwischen Nacht u Morgen allein im Warteraum I winzigen
   Bahnhofs – ?verstehstu: Das war meine glücklichste Stunde seit langer Zeit....." Reinhard Jirgl: Hundsnächte, S. 495. Heinrich Böll hat übrigens ganz ähnliche 'Warteräume' beschrieben, vgl. etwa aus seiner frühen
   Erzählung *Kumpel mit dem langen Haar*: „[...] ich wußte, nirgendwo hätte ich so wunderbar allein sein
   können mit meinen Gedanken wie hier, mitten im [...] Wartesaal[]." H.B.: Wanderer, kommst du nach Spa...
   (Erzählungen), Frankfurt/M. (dtv) [34]1994, S. 12-16, hier: S. 13.

Jirgl bei der Beschreibung dieses Ortes zur sprachlichen Hochform aufläuft: Der Protagonist erinnert sich, wie er als Kind vor seinen Lehrern und Mitschülern flüchtete, weil er nicht „ZUM APPELL AUF DEM SCHULHOF"[159] erschienen war. Der sozialistische Pulk verfolgt ihn durch das ganze Schulgebäude und über alle Flure. Dann findet das gehetzte Kind sein ganz persönliches Versteck:

> Die I Tür am Endes des Flures war !nicht verschlossen: Die Kemenate, darin Landkarten für den Erdkundeunterricht [...]; der Raum, eher I Schacht od Schornstein gleichend, hieß der KARTENRAUM – : – *In den Klassenzimmern !ja: Da würden SIE nach mir suchen – aber hier: Niemand würde mich hier vermuten* – und drückte die Tür hinter mir zu, schob auch den Riegel vor [...]. Überlaut das eigene Atmen, Rauschen aus dem hohlen leeren Schulhaus in den Ohren & winziges Knacken im Türholz [...]. Und langsam gewöhnte ich mich an die papiertrockene Luft, ans kreidige Licht das durchs Gitter vor dem Fenster hier hereintrat in mein Versteck. Und in beidem, in dem Raum & in dieser Luft, begann ich etwas zu fühlen, das ich nicht benennen konnte; wußte nur, hier könnte ich bleiben für sehr Langezeit, <u>hier könnte ich sein</u> – [160]

Das Kind findet nicht nur seinen ganz intimen und 'unberühmten Flucht-Ort', sondern es hört auch im „Rauschen" und „Knacken" die Geräusche Odradeks, der als genius loci der Un-Räume auch in einen staubigen Kartenraum passt. Die Poesie des unförmigen Kartenraums wird vom Erzähler auf mehreren Seiten ent-faltet. So beschreibt er beispielsweise, wie sich das hermetisch ein- und abgeschlossene Kind mit Hilfe der „schönen sandfarbenen Wüstenkarte" sein eigenes, traumhaftes *Waste Land* des Verschwindens 'bastelt':

> Besonders auf dem Mittelteil der Karte blieben meine Blicke stehn: auf einem Gebiet [...]: eine ungeheure, schöne sandfarbene Fläche !ohne den !geringsten Makel – ein Sandland weithingebreitet – die Farbe der Stille – *:!Dort Sein, geborgen in Unauffindbarkeit, u verschwunden für jeden, der Klauen nach mir ausstrecken wollte*, [...] *das Für-immer-Glück meines Verschwundenseins in einem Wellenkontinent aus Sand.....*[161]

Genau an dieser Stelle schaltet der Text vom Rückblick (= Zeit im Kartenraum) in die Gegenwart (= 90er Jahre) um. Aus der kindlich-infantilen „Sandwüste" führt ein direkter Weg zu den „*Leichen unterm wüsten Sand*"[162] des ehemaligen Todesstreifens. Damit

---

159 Reinhard Jirgl: Hundsnächte, S. 261 (Großschrift im Text).

160 Reinhard Jirgl: Hundsnächte, S. 262f (kursiv und Großschrift im Text, Unterstreichungen. B.S.).

161 Reinhard Jirgl: Hundsnächte, S. 268 (kursiv im Text). Diese Passage ist übrigens in Horst Langes Roman *Verlöschende Feuer* vorgebildet: „Hans [...] betrachtete das Zimmer, das er so genau kannte; er entdeckte Einzelheiten, die er noch nie wahrgenommen hatte: auf der abgeschrägten Wand waren dunkle <u>Flecken</u>, die den Umrissen unentdeckter oder untergegangener <u>Kontinente</u> glichen; die Tapete zeigte mancherorts Lineamente, die wie Hieroglyphen aussahen oder wie die unentschlüsselbare Schrift, welche gewisse Insekten [...] in die Rinde schreiben... [...] ... Schriften, von oben nach unten, von links nach rechts und von rechts nach links gelesen [...] ... und am Ende Scherben, Scherben im feinen, rieselnden <u>Sand</u> einer <u>Wüste</u>, deren unbegangene Wege von ausgebleichten Rippen, Schulterblättern und Rückenwirbeln gekennzeichnet waren." H.L.: Verlöschende Feuer, S. 204.

162 Reinhard Jirgl: Hundsnächte, S. 269.

schließt sich der Kreis der 'unberühmten Flucht-Punkte': Der Ort, an dem einst jede Re-
publik-Flucht scheiterte, wird für Jirgls Protagonisten nun seinerseits zum letzten Flucht-
Punkt. Der Todesstreifen, in den die andern Un-Räume gleichsam eingeschachtelt sind („I
Ruine in der Ruine"[163]), ist eine Art 'Konservierungsstoff', in dem die Erinnerungen bis
heute 'haften':

> [...] du stellst [...] das Ruinöse [...] immer nur fest durch *Bewegung* – auch Sicherin-
> nern ist Bewegung [...]. Das Sichansiedeln auf der *angenehmen Oberfläche* –:!das ist
> der Tod bei lebendigem Leibe.[164]

5. „He, ich bin / im Krieg geboren" – Rolf Dieter Brinkmann und die Beat-Generation zwischen Restauration und Aufbruch

In seinem 'Trümmer'-Gedicht *Bruchstück Nr. 3* schreibt Rolf Dieter Brinkmann: „[...]
meine Generation: verrückt vor Krieg, / und Angst und von Kriegsbildern umgeben, / eine auseinander gerissene Kindheit, eine zerteilte / Zeit, bruch stückhaftes Leben, bruch-
stückhafte Tage, / Rock'n'Roll in einem Kinosaal, zertrümmerte / Sitzreihen, zertrümmerte Kassen, zertrümmerte / Kinoleinwände und die bewegten Bilder eines Schattenle-
bens [...]."[165] In diesem Zitat ist die ganze Spannung enthalten, die Brinkmanns Werk
von Anfang an durchzieht. In dezidiertem Unterschied zum Mainstream der germanistischen Forschung, die Brinkmanns Werk einseitig der *Pop-Literatur*[166] zurechnet, soll es
im folgenden darum gehen, die 'andere Seite' von Brinkmanns vermeintlicher Pop-
Literatur zu beleuchten. Es wird zu zeigen sein, daß der Kenner der *Neue[n] amerikanischen Szene*[167] dem 'Alten Magischen Realismus' immer verhaftet geblieben ist. In einer
Formulierung aus dem Gedicht *Rolltreppen im August* wird die ambivalente Spannung
auf die Formel „Sinn, zertrümmert, in den Zwischenräumen"[168] gebracht. In dieser 'Formel' versteckt sich einerseits die „Sinn"-losigkeit der Nachkriegsgeneration, deren Erbe

---

[163]   Reinhard Jirgl: Hundsnächte, S. 73. Das Schachtelprinzip, nach dem der Roman strukturiert ist, wird am
Schluß des Buches evident: „Und würde *ich* mich bücken, in die Halde bekritzelter und zerrissener Zettel
greifen, *ich* könnte irgendwann *den* Zettel finden, worauf geschrieben steht, daß *ich* mich bückte, in die
Halde bekritzelter Zettel greifend [...], um lesen zu können, daß *ich* mich bückte [usw.]." R.J.: Hundsnächte,
S. 512 (kursiv im Text).

[164]   Reinhard Jirgl: Hundsnächte, S. 450f (kursiv im Text).

[165]   Rolf Dieter Brinkmann: Westwärts 1 & 2 (Gedichte), Reinbek 1975, S. 155.

[166]   Vgl. Jörgen Schäfer: Pop-Literatur. Rolf Dieter Brinkmann und das Verhältnis zur Populärkultur in der Literatur der sechziger Jahre, Stuttgart 1998. Jörgen Schäfer behauptet in seiner einseitigen Studie, daß
Brinkmann „gegen das Fortwirken der literarischen Restaurationsversuche aus der unmittelbaren Nachkriegszeit", also z.B. gegen die „Naturlyrik" anschreibt (ebd., S. 53). Schäfer entgeht, daß unter der Maske
des Pop häufig die Naturlyrik lauert.

[167]   Vgl. R.D. Brinkmann und R.R. Rygulla (Hg.): Acid. Neue amerikanische Szene, Darmstadt 1969.

[168]   Rolf Dieter Brinkmann: Westwärts 1 & 2, S. 65-75, hier: S. 72.

in Trümmer und Asche gesunken ist, und andererseits verbirgt sich hinter der Formulierung das *stop-making-sense* des Pop und die 'Zertrümmerung' von einengenden Konventionen.

Im Unterschied zum Mainstream der Brinkmann-Forschung werde ich im folgenden hauptsächlich die frühen und 'unberühmten' Erzählungen, nicht so sehr die bekannten Gedichte des Autors analysieren. Anhand der ganz frühen und posthum erschienenen Erzählung *Früher Mondaufgang* (1959/1961) soll gezeigt werden, daß Brinkmanns literarische Anfänge ganz und gar im Magischen Realismus wurzeln. Ein nachfolgender Blick auf die Erzählung *Raupenbahn* (1966) soll zeigen, wie sich der Magische Realismus mit Elementen des Pop vermischt. Ein abschließender Blick auf Brinkmanns Italien-Tagebücher *Rom, Blicke* (1972/1973) und ausgewählte Gedichte aus *Westwärts 1 & 2* (1975) wird das Bild vom angeblich 'typischen' Autor der Beat-Generation abrunden.

a) *Früher Mondaufgang* – „mit Geheimnissen angefüllt"

Es wird immer ein Geheimnis bleiben, welche Art von Texten Brinkmann, lebte er noch, heute schreiben würde. Wäre es ihm vielleicht ähnlich ergangen wie Jürgen Becker, der zehn Jahre nach „Derwende" (Jirgl) immer noch und sogar jetzt erst recht wieder magisch-realistische Trümmerliteratur produziert? Oder hätte er vielleicht ähnlich wie Christoph Meckel die vom Vater ererbten Trümmer erworben, um sie als Topoi zu besitzen? Hätte er, anders gefragt, die Trümmer zur 'heilen Welt' erklärt und wäre dann mit ihnen in den sonnigen Süden, also z.B. ins Land des Lavendels (Provence, siehe Meckel: *Ein unbekannter Mensch*) gefahren? Diese Albrecht-Dürersche Sehnsucht nach dem Süden ist Brinkmanns schwermütigen und melancholischen Texten in der Tat zutiefst eingeschrieben. Der 'unberühmte Ort' des Nordens trägt bei Brinkmann seinen erlösten Süden immer schon in sich:

> Gesträuch glühte, eine Kiesgrube, verlassen in dem weißen / Mittagslicht, wo niemand war, selbst der Ort, am Abhang, schien / verlassen. Hier war der Süden. Gelber Lehm fiel von den // Rändern der Schuhe. Ich ging, [...] / Kaugummi kauend, [...] weiter [...].[169]

Bis zum 'Pop' signalisierenden Wort „Kaugummi" handelt es sich hier um einen ganz traditionellen 'unberühmten Ort', der auch von Wilhelm Lehmann („Auf Schutthalden glüht sanft die Käsepappel"[170]) oder Ernst Jünger („Die Tongrube, ein simpler Ort")[171] stammen könnte. Vielleicht hätte ein noch lebender Brinkmann im Unterschied zu Lehmann/Becker/Meckel etc. solche 'unberühmten Orte' heute schon längst (mit Günter Eich) *Zu den Akten* gelegt. Für diese Version spricht, daß Brinkmann genau wie Eich ma-

---

169   Rolf Dieter Brinkmann: Schlaf, Magritte. In: ders: Westwärts 1 & 2, S. 32-33, hier: S. 32.

170   Vgl. Kap. III, Anm. 29.

171   Vgl. Kap. III, Anm. 78.

gisch-realistisch beginnt und die naturlyrischen Elemente dann nach und nach verfremdet. Im Gegensatz zum alt gewordenen Eich hat der jung verstorbene Brinkmann jedoch die Ruderalfläche nie überwunden. Brinkmann ist sogar einer der wenigen Autoren, die es geschafft haben, den Ruderal-Topos mit verwilderten Textverfahren zu kombinieren. In seiner Erzählung *Früher Mondaufgang*, deren Typoskript von Maleen Brinkmann 1985 zur Veröffentlichung freigegeben wurde, gelingt das allerdings noch nicht. Diese Erzählung steht vielmehr noch ganz im Banne des Magischen Realismus. Es geht in dieser Geschichte um ein unheimlich-verwildertes und *ödes Haus* à la E.T.A. Hoffmann und Droste-Hülshoff, das von einer Gruppe pubertierender Jungen entdeckt und zum Spielplatz erklärt wird. *Früher Mondaufgang* beginnt mit den Worten:

> Da war das alte Haus, in dem schon lange niemand mehr wohnte, umgeben von einem großen Gartenstück, das verwildert und ins Formlose verschoß und der Zaun [...], wo hochgewuchertes Gras stand und Brennesseln [...], und nun war schon stellenweise ein dichtes Geflecht, ein Pflanzenwirrwarr [...]. Daß die Kinder hier am liebsten spielten und sich durch das Gebüsch trieben, in welches sie Gänge und Höhlen gebrochen hatten, war nur zu verständlich, denn es war wohl Urwald und mit Geheimnissen angefüllt [...].[172]

Die schwüle und zwielichtige Atmosphäre, die über allem lastet – am Ende geht der „Septembermond, aufgedunsen und schwer"[173] über der Landschaft auf – erinnert an die Prosa Friedo Lampes, vor allem an dessen Kurzroman *Septembergewitter* (1937). Beide Texte verbinden die Themen: erwachende Sexualität, Geheimnis, männer- bzw. jugendbündische Umtriebe und drohendes Unheil mit einer bewußt 'schweren' und 'schwelenden' Prosa. Nach dem Ende der einleitenden Rahmenepisode beginnt *Septembergewitter* mit den folgenden Worten:

> Schwüler Spätsommernachmittag der alten Stadt, üppig blühend, windstill und schwer, und schwelend auf seinem Grunde. Immer dichter wachsen die Gärten zusammen, immer höher wuchert das Gras, immer dumpfer wird die Luft im Laubendunkel.[174]

Im Unterschied zu Lampes klar strukturierter Prosa haben die 'Wucherungen' Brinkmanns Sätze in ihren Bann gezogen. Fast alle Prosa-Texte Brinkmanns, einschließlich seines einzigen Romans *Keiner weiß mehr* (1968), zeichnen sich durch solche charakteristischen, überlangen Sätze aus, die zudem absatzlos ineinander übergehen. *Früher Mondaufgang* ist die einzige (!) Erzählung, die noch Absätze aufzuweisen hat. Die Übergänge

---

[172] Rolf Dieter Brinkmann: Früher Mondaufgang. In: der.: Erzählungen, Reinbek 1985, S. 393-404, hier: S. 393. Die Kinder erinnern hier schon ein wenig an *Maulwürfe*, wenn sie „Gänge und Höhlen" bauen.

[173] Rolf Dieter Brinkmann: Früher Mondaufgang, S. 404.

[174] Friedo Lampe: Das Gesamtwerk. Mit einem Nachwort von Jürgen Dierking und Johannes-Günther König, Reinbek 1989 [EA 1955], S. 119-191, hier: S. 122. Neben Friedo Lampe war vor allem Hans Henny Jahnn ein Vorbild für Brinkmann. Ein Motto aus Jahnns Roman *Fluß ohne Ufer* ist Brinkmanns Tagebüchern *Rom, Blicke* vorangestellt.

und Zäsuren werden aber auch schon hier kaschiert, so daß sich der Eindruck einer homogenen Textur aufdrängt. Das geheimnisvolle Haus aus *Früher Mondaufgang* steht auf einem „verwahrloste[n] Grundstück" am „Stadtrand"[175] und erinnert damit an Loerkes „verfluchte[s] Unlandstück" am „Stadtrand von Berlin".[176] Und noch eine Parallele ist frappierend:

> Winfried [...] dachte an das Haus, das hinter dem Dickicht war. Die Zimmer und was noch in den Zimmern sein würde, dachte er. Sich anschleichen. Die Zimmer würden wahrscheinlich alle leer sein, dachte Rainer. *Aber es könnte doch noch etwas [...] auf dem Boden sein, vielleicht eine verschlossene Kiste oder so etwas*, dachte Günter.[177]

Brinkmanns „verschlossene Kiste" ist ein Nachfolgemodell von Loerkes ebenfalls verschlossenem „Koffer". Kiste und Koffer bergen ein Geheimnis, das bis zum Schluß nicht gelüftet wird. Eine weitere Parallele ist auffällig: Auch das „verwahrloste Grundstück" zeichnet sich durch einen „scharfe[n] Geruch von Exkrementen" aus (das „verfluchte[] Unlandstück" stank nach „Hundeurin"), außerdem wird es von „Spatzenscharen" umflogen (auf dem Unlandstück „kippte [sic] eine Unzahl Spatzen").[178] Die sexuellen Konnotationen sind damit eindeutig exponiert. Die Vorstellung, in das öde Haus 'einzudringen', ist für die Jungen mit einer „erregende[n] Empfindung"[179] verbunden. Die Einnahme des Hauses – „[d]as Brombeergesträuch reichte fast bis ganz an die Hauswand heran"[180] (vgl. Dornröschen) – wird mit System betrieben. Zuerst 'erobern' die Kinder den Hof:

> Da war ein kleiner Hof, der ausgelegt war mit Betonplatten, zwischen den Fugen war Gras gewachsen, kleine Grashalme, ganz grün [...].[181]

Anschließend dringen sie in den Keller ein. Von da gelangen sie über die Kellertreppe in den Flur und dann in die untere Etage der Wohnung: „Hier is' nich's los!"[182], bemerkt Jürgen. Aber obwohl „nich's los" ist, ist doch 'etwas' Ominöses 'da':

> [...] in diesem Haus war eine <u>Stille</u> [...], Mottenpulver<u>stille</u> [...], Holzwürmer<u>stille</u>, Käfer<u>stille</u>, Fliegendreck<u>stille</u>, Spinnweb<u>stille</u> [...], Fenster<u>stille</u>, <u>Stille</u> [...], und sonst war wirklich **nichts**, sie waren ein wenig enttäuscht, aber dennoch (dennoch) war ES

---

175   Rolf Dieter Brinkmann: Früher Mondaufgang, S. 396.

176   Vgl. Oskar Loerke: Die Puppe, S. 275.

177   Rolf Dieter Brinkmann: Früher Mondaufgang, S. 397f.

178   Vgl. Oskar Loerke: Die Puppe, S. 275 und R.D. Brinkmann: Früher Mondaufgang, S. 398. In Brinkmanns Erzählung wird das verwilderte 'Territorium' sogar mit Menschenurin 'markiert': „Rainer mußte pinkeln. Er stellte sich mitten ins Zimmer, ließ die Kniehose herunter und pinkelte." (S. 402)

179   Rolf Dieter Brinkmann: Früher Mondaufgang, S. 400.

180   Rolf Dieter Brinkmann: Früher Mondaufgang, S. 399.

181   Rolf Dieter Brinkmann: Früher Mondaufgang, S. 399. Vgl. Oskar Loerkes: Die Puppe, S. 275: „Wildwachsender Roggen [...], mancher Halm ganz grün [...] war durch den Zaun geschritten [...]."

182   Rolf Dieter Brinkmann: Früher Mondaufgang, S. 400.

doch da, was **nicht greifbar** für sie war, war eben nur in der <u>Stille</u> vorhanden, war gegenwärtig in den **leeren** Zimmern, die sie durchsuchten und die doch alle auch **ausgeräumt** waren.[183]

Hier, in der katalogartigen Beschwörung des *nihil mysteriosum*, wird der Text plötzlich modern. Die dick „versponnen[e]" Prosa schlägt in ihr parataktisches und nüchternes Gegenteil um:

> Stark kam schon die <u>Abenddämmerung</u>. In den Zimmerecken war sie beinahe schon ganz <u>Abend</u>, Mäus<u>eabend</u>, Spinn<u>enabend</u>, Flieg<u>enabend</u>, Ecken voll <u>Abend</u> – ganz verdickt und versponnen.[184]

Dann geschieht das Unerhörte: Ein Junge, der auf den Dachboden des Hauses gestiegen ist, findet dort tatsächlich eine Kiste. Doch bevor das Geheimnis der Kiste gelüftet werden kann, gibt es ein Unglück: Der morsche Dachboden gibt nach, und der Junge stürzt in den Tod. Die Geschichte endet mit einem düsteren und dezidiert magisch-realistischen Tableau aus Mondlicht und Leiche („Kiste" = Sarg?) und „Fenster*kreuz*"[185] im Zwielicht. Das „dichte[] Geflecht" und das „Pflanzenwirrwarr", von dem im ersten Zitat aus *Früher Mondaufgang* die Rede war, wird in der nächsten Erzählung dann zum (un)heimlichen Protagonisten.

b) *Raupenbahn* – „ein netzartiges Gewirr"

Es fällt nicht ganz leicht, eine Inhaltsangabe von Brinkmanns *Raupenbahn* zu geben. Die Erzählung ist zwar einerseits weniger kolportiert und moderner als *Früher Mondaufgang*, andererseits ist sie aber auch viel verworrener und 'verwucherter'.[186] Die assoziativen Wucherungen sind in *Raupenbahn* zum poetologischen Prinzip erhoben worden, und Wucherungen lassen sich eigentlich nicht 'zusammenfassen'. Trotzdem: Es geht in *Raupenbahn* um die Imaginationen eines Mannes, der ein etwa zwölfjähriges Mädchen umgebracht hat. Der Lustmord hängt wie ein dunkles Geheimnis über allen (Landschafts-) Beschreibungen und Schilderungen. In *Raupenbahn* wird eine wahre Beschreibungs-Wut entfesselt, die sich insbesondere an den 'unberühmten Orten', aber auch an den 'nutzlo-

---

183   Rolf Dieter Brinkmann: Früher Mondaufgang, S. 401.

184   Rolf Dieter Brinkmann: Früher Mondaufgang, S. 401. Diese Text-Stelle ist *sowohl* 'modern' *als auch* „dick und versponnen". Durch die kataloghafte *Potenzierung* der düsteren Stimmung wird sie zugleich auch *dekonstruiert*.

185   Rolf Dieter Brinkmann: Früher Mondaufgang, S. 404.

186   Genia Schulz bringt den 'Inhalt' der Erzählung auf die folgenden Begriffe: „Immer wieder werden [...] junge Mädchen mit 'Täterblick' verfolgt. Aber es handelt sich nur um eine Raupenbahn von Vorstellungsbildern, die auch unversehens in die Vergangenheit abschweifen, Gehörtes und Vermutetes in Bilder übersetzen." G.S.: Brandblasen der Seele. Zur frühen Prosa und späten Lyrik Rolf Dieter Brinkmanns. In: Merkur. 1985, H. 441, S. 1015-1020, hier: S. 1018.

sen' Ornamenten („Tapeten"-Muster[187]) entzündet. Eine wahre Meisterschaft entwickelt Brinkmann bei der detaillierten Beschreibung von spießigen Interieurs und Alltagsgegenständen der sechziger Jahre. Die „Wohnzimmerausstattung[][188] einer typischen Reihenhaussiedlung wird nahezu vollständig registriert: Es gibt dort u.a.: „Tüllgardinen", „Topfblumen", „Blattgewächse", „Kakteen", „goldglänzende Gießkannen aus Messing". Doch selbst (und gerade) im spießigsten Detail lauert noch das netzartige Gewirr: Die „rötlichbraunen Tontöpfe" der Topfpflanzen sind von einem „Plastik<u>geflecht</u>" umgeben, „elfenbeinfarben und wie ein <u>Netz</u> aussehend"[189]. Im Detail lauert aber nicht nur das Netz, sondern auch die *Lust (am Text)*. Das „netzartige Gewirr", der 'unberühmte Ort', die unter der Oberfläche lauernde 'Lust' und die Ornamente liegen in *Raupenbahn* auf der gleichen Ebene. Das eine kann nahtlos (und absatzlos) in das andere übergehen. Das wird besonders deutlich in der Beschreibung des Rummelplatzes, auf dem auch die „Raupenbahn" – das ist eine Art Achterbahn – steht, mit der das Mädchen fährt. Bezeichnenderweise wird aber nicht primär der laute Rummel, sondern vielmehr das Gegenteil des Rummels beschrieben:

> Die Wagenspuren überzogen die leere Fläche wie *ein netzartiges Gewirr. Es waren sich überschneidende, sich kreuzende und durcheinanderlaufende Streifen*, zwischen denen ausgehobene Löcher und Kuhlen lagen, verschiedentlich auch nasse <u>Flecken</u>, schlammig und tümpelartig. Mit dem **verstreut herumliegenden Papier**, den fettigen, mit getrocknetem Senf **verschmierten Papptellern**, die sich an einigen <u>Stellen</u> häuften, während an einer anderen <u>Stelle</u> **Glasscherben** lagen, **zerbrochene Bierflaschen und Biergläser**, mit den **verknüllten, verdreckten grünen Papierschnitzeln**, den **durchgerissenen Losen**, bot *der durchgefurchte, zerwühlte Grasboden*, die leere Fläche des Rummelplatzes, **ein ödes Bild**, ähnlich einem **Schuttplatz**, auf dem sich der eine längliche Wagen **abseits, am Rand des Geländes**, fremd ausnahm.[190]

In diesem Zitat sind alle Elemente beisammen, die Brinkmanns Textur auszeichnen: Die Textur-Beschreibungen („Wagenspuren", „netzartiges Gewirr", „durcheinanderlaufende Streifen" etc.), die Sexualität („Löcher", „nasse Flecken"), die Rudimente und Trümmer („Glasscherben", „zerbrochene Bierflaschen" etc.) und die Faszination am Nichts bzw. am Wert-losen („leere Fläche", „abseits", „Schuttplatz"). Interessanterweise sind es genau solche unscheinbaren Spuren (= Hinterlassenschaften), die den Sexual-Mörder des jungen Mädchens schließlich überführen:

---

187   Vgl. Rolf Dieter Brinkmann: Raupenbahn. In: ders.: Erzählungen, S. 268-349, hier: S. 272. Neben den Tapeten-Mustern werden in *Raupenbahn* noch unzählige andere Textur-Phänomene beschrieben, wie z.B. Flechten, Wirbel, Strudel, Flecken, Schrammen, Maserungen, Schlieren etc.

188   Rolf Dieter Brinkmann: Raupenbahn, S. 315.

189   Rolf Dieter Brinkmann: Raupenbahn, S. 315.

190   Rolf Dieter Brinkmann: Raupenbahn, S. 309f. Fettdruck = Rudimente, Kursivierung = Textur-Beschreibungen, Unterstreichungen = „Flecken" bzw. „Stellen" (B.S.).

> [ES waren] ABDRÜCKE, die ganz umrissen und deren Formen deutlich und voll-
> ständig erhalten geblieben waren, frische SPUREN, die noch das Profil der Sohle
> zeigten, *ein wellenartiges Muster, Linien, die dicht übereinanderlagen* [...]. Der
> ABDRUCK, der gefunden worden war, konnte nur an einer solchen aufgeweichten,
> schlammigen <u>Stelle</u> des Wegs hinterlassen worden sein, am <u>Rand</u> einer der Pfützen,
> die nicht weit von dem <u>abseits</u> liegenden Gebüsch entfernt waren [...].[191]

Der eigentliche Mord an dem Mädchen passierte aber nicht „an einer solchen [...]
schlammigen Stelle", die alle „Abdrücke" bewahrt, sondern er geschah im „abseits liegenden Gebüsch". Die Büsche gleichen damit den „höhlenartigen und geschützten <u>Stellen</u>
im Innern eines Kornfeldes, die alles verb[e]rgen und ein wilderes Herumwälzen [...]
sanft verrauschen [lassen]".[192] Die emphatische *'Stelle' im Gebüsch* ist einerseits das genaue Gegenteil einer 'verwüsteten' Ruderalfläche, und andererseits markiert sie den '*in-
nersten Kern*' der *äußeren „Verwüstungen"*:

> In dem *Unterholz*, nicht weit vom Weg ab, war [...] ein lichter, fast runder <u>Fleck</u>, ei-
> ne <u>Lichtung</u>, durch den *dichten Wall*, den die *Büsche und Sträucher* ringsum bilde-
> ten, geschützt und nur durch einen Zufall aufzuspüren [...]. Schräg oben war ein grö-
> ßeres Stück <u>Himmel</u> zu sehen [...]. *Der Boden dieses [...] Platzes wies ebenfalls kei-
> ne besonders auffälligen Spuren von Verwüstungen auf.*[193]

Der Fleck ist die Stelle ist die Lichtung.[194] Wolfgang Hilbig scheint diese Text-Stelle gut
gekannt zu haben, denn in der (von mir bereits interpretierten) Erzählung *Grünes grünes
Grab* wird eine nahezu identische Situation geschildert. Bei Hilbig handelt es sich jedoch
nicht um eine mörderische, sondern um eine 'persönliche' Stelle, die aber auch mit dem
Tod im Bunde ist (*grünes Grab*). Die „Lichtung" im „Unterholz" hat es aber buchstäblich
in sich: Sie ist nämlich die Wiederholung einer anderen 'freiliegenden Stelle', die den
Mord verursacht hat:

> Das [...] Haar [des Mädchens, B.S.] war beim Aufprall des Kopfes nach hinten gefal-
> len. Zum Teil hatte es sich über den Boden ausgebreitet, so daß das Ohr [...] und ein
> Teil des Nackens offen und bloß dalagen und als erstes sich einem Blick anboten

---

191   Rolf Dieter Brinkmann: Raupenbahn, S. 322f.

192   Rolf Dieter Brinkmann. Raupenbahn, S. 281. Schon in *Früher Mondaufgang* gab es „Gänge und Höhlen"
im „Gebüsch" (s.o.). Brinkmanns „Kornfeld", in dem man(n) sich 'verbergen' kann, findet sich in nur leicht
abgewandelter Form in Wulf Kirstens Erzählung *Das Roggenfeld* wieder. Bei Kirsten werden die „Roggenfelder" zum wichtigen Versteck für Deserteure: „Die Roggenfelder boten Flüchtenden [in den letzten
Kriegstagen des Jahres 1945, B.S.] bereits <u>Schutz</u>, wenn man nur rechtzeitig den Kopf einzog. [...]. [Josef
Reder] entwich in <u>die wunderbar schützenden, undurchdringlichen Roggenfelder</u> [...]. Er brauchte nur [...]
die hintere Gartenpforte zu öffnen. Und schon war er spurlos verschwunden." W.K.: Die Prinzessinnen im
Krautgarten, S. 77-99, hier: S. 79f.

193   Rolf Dieter Brinkmann: Raupenbahn, S. 325. Es ist faszinierend zu beobachten, wie Brinkmann die Wort-
felder miteinander vernetzt: Die „Flecken", „Flicken" (S. 303), „Flechten" (S. 324) und „Flächen" konnotieren nicht nur Projektions-Flächen für Texturen, sondern sie 'umspielen' auch das im gesamten Text unausgesprochene Wort 'Ficken'.

194   Vgl. aus der vorliegenden Arbeit das Kapitel über Wolfgang Hilbigs Erzählung *Grünes grünes Grab*.

[...], der Hals und das kleine Ohr, über das sich einige *dünne Fäden Haar als leichtes, seidiges Gewebe* [Text!, B.S.] nach hinten zogen, eine freiliegende, bloße Stelle, die vollkommen schien und den Wunsch weckte, sie zu berühren, darüberhinzustreicheln und anzufassen, den Hals anzufassen und sicher und fest zu umschließen für immer.[195]

Alle „Stellen" des Textes verweisen so aufeinander. Es entsteht eine eminent geschlossene, ja geradezu ästhetizistische Textur – der „Haar"-Fetischismus ist ein Indiz dafür –, die viel eher mit der frühen Prosa Robert Musils (*Vereinigungen*, 1911), als mit irgendwelchen amerikanischen Vorbildern verglichen werden muß. In diese Fin-de-siècle-Textur 'schmuggelt' Brinkmann die (wenigen!) Pop-Elemente ein („Rolling Stones"[196]), für die er 'berühmt' wurde. Die Pointe von Brinkmanns Textur liegt darin, daß ihr ein(e) infinite(r) Regress(ion) eingeschrieben ist: Hinter jedem Detail verbirgt sich ein anderes Detail, jede Be-Schreibung verdeckt eine andere,[197] und hinter all dem lauert die mörderische Lust, die den Text bis in die feinsten Gewebe-Fasern hinein 'imprägniert' hat. Es ist erstaunlich, daß die germanistische Forschung die frühe Prosa Brinkmanns noch nicht 'entdeckt' hat. Insbesondere *Raupenbahn* ist ein faszinierender Text, weil der Leser in den Strudel der Textur hinein gerissen wird und durch die radikalisierte Innen-Perspektive am „Täter-Blick" (Genia Schulz) partizipiert.

c) *Rom, Blicke* – Alle Wege führen ins Unkraut

Im Oktober 1972 fährt Rolf Dieter Brinkmann als Stipendiat der Villa Massimo für mehrere Monate nach Rom. Die Eindrücke dieser 'Italienischen Reise' hält Brinkmann in Form von ausführlichen Tagebucheintragungen, kurzen Notaten, Reflexionen, Briefen, Postkarten, übermalten Stadtplänen und zahlreichen Fotos fest. Aus diesem Konvolut heterogener Texte 'basteln' Brinkmann und seine Frau Maleen[198] *Rom, Blicke*. Diese collagierten und erst posthum veröffentlichten 'Tagebücher' sind kein abgeschlossenes Werk. *Rom, Blicke* ist ein 'offener' Text, den man nicht (oder doch nur sehr schwer) von Anfang

---

195 Rolf Dieter Brinkmann: Raupenbahn, S. 325.

196 Auf dem Rummelplatz werden „[...] Platten gewünscht und gespielt [...]. Eine dieser Gruppen hieß die Rolling Stones [...]" R.D.B.: Raupenbahn, S. 296. Der magische Realist Hans Dieter Schäfer erinnert sich („beim Erinnern an das Erinnern") ebenfalls an seine ersten früherotischen Raupenbahn-Erlebnisse. Sie sind zwar ähnlich „Traum"-haft (irreal) wie bei Brinkmann, stehen aber bei Schäfer gerade *nicht* unter dem Zeichen des *Pop*: „Fast schon im Traum war ich [H.D. Schäfer, B.S.] mit einem kleinen Mädchen Hand in Hand Berg- und Talbahn gefahren, der Kuß war kurz und brannte lange auf den Lippen, während sich das Raupendach über uns geschlossen hielt; aus einem Riesen-Lautsprecher kam: 'Das kann doch einen Seemann nicht erschüttern, / keine Angst, keine Angst, Rosmarie!', meine Augen lagen auf dem Rock, der mit Müh und Not ihren Schlüpfer bedeckte, und draußen roch das Gras verbrannt unter Frühlingsbäumen." H.D.S.: Wie ich mit meinen Ausgrabungen begann, S. 30 (1. Zitat) und S. 30f. (2. Zitat)

197 Dazu ein Beispiel: Die Genitalien des ermordeten Mädchens (S. 329f.) werden mit dem gleichen Vokabular beschrieben, mit dem auch die „Moospolster[]" im Wald (S. 326) und die „empfindliche [...] Stelle" an ihrer „Armbeuge" (S. 274) beschrieben werden.

198 Vgl. die *Editorische Notiz* in: Rolf Dieter Brinkmann: Rom, Blicke, Reinbek 1979, S. 451.

bis Ende *durch*-lesen kann, sondern im emphatischen Sinne *quer*-lesen muß. Der im erz-katholischen Köln lebende Brinkmann findet in Rom aber nicht das sonnige Italien Goethes,[199] sondern die Rheinmetropole in gesteigerter Form. Am 22.11.72 schreibt Brinkmann eine Postkarte aus Rom:

> Italien ist von Göttern und der kathol. Kirche total für Jahrhunderte verseucht, 1 Land, das nicht sterben kann!/ „Lauschiges Italien?" Was ich davon sah, gleicht eher einem Abfallhaufen.[200]

Hat Brinkmann nicht genau genug hingeschaut? Oder hat er etwa nichts als „Abfallhaufen" in Rom 'sehen' können und wollen? An einigen exemplarisch ausgewählten Textausschnitten aus *Rom, Blicke* soll jetzt gezeigt werden, daß Brinkmann in der *heiligen Stadt* die alten Stellen und Topoi in gesteigerter Form wiederfindet. So werden ihm, um ein markantes Beispiel zu geben, die „Schutthaufen des Kolosseums" nicht zum bürgerlich-klassischen Bildungserlebnis, sondern zum Auslöser für die eigenen frühkindlichen Kriegserinnerungen:

> Über schwarze große Basaltbrocken ging ich dann an dem Trümmerfeld [des Kolosseums!, B.S.] hoch, vielleicht habe ich innerlich gegrinst – aufgerissene Rollbahnen eines Flugplatzes in Vechta [= Brinkmanns Geburtsort, B.S.] – Bombentrichter voll Wasser – eingefallene Hallen – Zementmatten, die aus den Eisengerüsten hängen – grünes Sprühen einer Brandbombe – lautlos abbrennende Stangenpulver nachmittags – Metallwracks von Flugzeugen – geborstene Plexiglasscheibe der Flugkanzel – kleine schwarze Figuren, die unter geblähten Pilzkappen herunterschweben – Unkraut wuchert das Gelände zu. Hier und da eine Trümmerecke herausgerissen von elektrischem Licht.[201]

Die „Basaltbrocken" sind noch ganz eindeutig in Rom verortet; das „Trümmerfeld" ist ambig: Es konnotiert einerseits die Trümmer von Rom und leitet andererseits über zu den erinnerten Trümmern der Kindheit. Aber bevor diese Kriegstrümmer exzessiv ausgeschrieben werden, schafft sich Brinkmann durch das 'innerliche Grinsen' eine doppelte Distanz zu Rom *und* den eigenen Erinnerungen. Die typische Erinnerungs-Melancholie wird somit gebrochen und souverän unterlaufen. Dennoch gelingt es Brinkmann, den Weltkrieg aus der Kinderperspektive („geblähte Pilzkappen" statt Fallschirmspringer) zu rekonstruieren. Das wuchernde „Unkraut" und die „Trümmerecke" sind dann wieder am-

---

[199] „Wenn ich bedenke, was alles über Italien geschrieben worden ist, vor allem auch in deutsch und von Deutschen, und wenn ich bedenke, was sie tatsächlich gesehen haben, nimm den Göthe, ein blöder Kerl, fand alles gut, gewann jedem noch etwas Unverbindliches ab [...]." R.D.B.: Rom, Blicke, S. 374. Vgl. auch Wolfgang Adam: Arkadien als Vorhölle. Die Destruktion des traditionellen Italien-Bildes in Rolf Dieter Brinkmanns *Rom, Blicke*. In: Euphorion 83 (1989), H. 2, S. 226-245.

[200] Rolf Dieter Brinkmann: Rom, Blicke, S. 233. Vgl. auch Günter Eichs *Fussnote zu Rom*: „Ich werfe keine Münzen in die Brunnen, / ich will nicht wiederkommen. // Zuviel Abendland, verdächtig. // [...]." G.E.: Gesammelte Werke Bd. 1, S. 136.

[201] Rolf Dieter Brinkmann: Rom, Blicke, S. 57. Brinkmann resümiert sein Anti-Bildungserlebnis mit den Worten: „Ich [...] fühlte mich als jemand, der durch Gerümpel ging, ganz deutlich." (S. 58)

bivalent: beides gibt es sowohl in Rom als auch in den ehemaligen Kriegsrudimenten. Mit dem „elektrische[m] Licht", das das Kolosseum beleuchtet, kehrt der Text dann wieder eindeutig nach Rom und in die Gegenwart zurück.

Im folgenden Passus beschreibt Brinkmann, was er bei seinem „Gang hinunter zu dem Ufer [des Tiber]"[202] alles entdeckt hat. Diesen 'Entdeckungen' geht ein *zufälliger* Lektüre-'Fund' voraus: „Schlug **wahllos** eine <u>Stelle</u> in dem Buch G. Brunos auf und las: 'Das ist doch nicht bloß etwas Gewöhnliches, sondern auch ganz natürlich und notwendig, daß jedes lebende Wesen *seinen* Laut von sich gibt.' Die <u>Stelle</u> **paßte** so ganz zu dem <u>Augenblick</u>, sie **fügte sich** so lückenlos in meine Gedanken und meine Aufnahme des Ortes ein und setzte mich doch gleichzeitig total von dem Leben ringsum ab, aber sie **paßte** überraschend zu meinem Gang hinunter zu dem Ufer und dem Alleinsein [...]."[203] Der entscheidende Passus (= ein vollständiger Absatz) lautet:

> Jetzt war ich allein, auf dem schmalen Streifen neben dem Fluß, der grünlich-seuchig und träge floß./Oben, über mir, hingen Äste und Blätter über der weißen Steinwand./Braunes, hartes, trockenes Laub von Platanen, einzelne, knisternde und brechende Blätter./-(Jetzt ein lückenloses Empfinden!)/Unkraut hatte sich durch die Fugen der viereckigen kleinen Pflastersteine gedrängt und war hochgeschossen. [Foto] 20 nach 4, Distelsamen an der Jacke und Hose, zerknüllte Tempotaschentücher in steifen Falten, hart geworden von getrocknetem Sperma, steife, ranzige Kondome, die hier abgestreift worden waren, auf dem Boden zwischen dem Unkraut und ausgebleichtem trockenem Gras, Comicfetzen, an einer Stelle Zigarettenkippen, Bonbonpapier, Keksschachtel und noch zwei steife, ranzige Tempotaschentücher, der Lagerplatz eines nächtlichen römischen Schnell-Ficks? (Machte die Beine breit, zog die Titten heraus, „nun spritz schon ab?")/Reste eines toten Sturms./Zwischen Unkraut und Disteln und verblichenem Gras, oben Verkehrsgeräusche./Ab und zu schaukelte ein Blatt an der weißen Mauer herab, Windstille, gelbes Nachmittagslicht, Papier, verblichene Plastiktüten, rote Stengelgewirre von Pflanzen./An der Mauer groß in Blockbuchstaben Schwarz gegen Weiß: Per Il Cula Tel. 54 42-5666./(Hinweis? Aufforderung?)/Und der träge, grünliche Wasserfluß./Neben mir gelbfahles Gewirre.[204]

Rom, Blicke ist zwar ein offener Text, die obige Beschreibung des „schmalen Streifen[s]" (= Ruderalfläche) ist jedoch völlig in sich geschlossen. Sie wird eingerahmt durch den „grünlichen" Fluß, der wie ein mythologisches Gewässer (Styx) vorbeifließt. Der zitierte Textabschnitt hat alle Qualitäten eines modernen Prosagedichtes. Die nüchterne Beschreibung ist auf den ersten Blick alles andere als naturmagisch, sie ist aber dennoch auf

---

202   Rolf Dieter Brinkmann: Rom, Blicke, S. 137.

203   Rolf Dieter Brinkmann: Rom, Blicke, S. 137 (kursiv im Text, alle übrigen Hervorhebungen von mir, B.S.).

204   Rolf Dieter Brinkmann: Rom, Blicke, S. 138. Solche verunkrauteten Stellen finden sich in Brinkmanns Texten immer wieder, vgl. z.B. das Gedicht *Roma die Notte* (= *Rom bei Nacht* und *Rom, die Nutte*, B.S.) aus *Westwärts 1 & 2*: „[...] am toten Fluß verkohlte Feuer<u>stellen</u> / und Kondome im Unkraut, zwischen / den Ritzen. / Das zerdrückte Taschentuch [...]." (S. 86) Der *Müll im Unkraut* ist bei Brinkmann ein sprachliches *Ready-Made*, das jederzeit in die Text-Lücken 'eingesetzt' werden kann, vgl. R.D.B.: Schnitte, Reinbek 1988, S. 150 und R.D.B.: Der Film in Worten. Prosa [etc.] 1965-1974, Reinbek 1982, S. 114.

266

die Naturmagie (eines Wilhelm Lehmann) reziprok bezogen: Der „Streifen" ist nämlich auch eine Reversion von Lehmanns *Grube mitten im Acker*, die von „Weggeworfenem" „bewohnt"[205] wird. Grube und Streifen sind „[g]estrüppverklammert" und 'müllig'. Im Unterschied zu Lehmann, der in der Grube eine *schöne Stelle* findet, bewegt sich Brinkmann jedoch auf dem „schmalen" Grat von Idylle („gelbes Nachmittagslicht", „schaukeln[de]" Blätter etc.) und verödetem *Waste Land* („Reste eines toten Sturms"). Und auch das „trockene[] Laub" und die „knisternde[n] Blätter" sind ambivalent, da „Odradek"[206] in allen '(Verkehrs-) *Geräuschen*' lauert. Das „lückenlose[] Empfinden" setzt interessanterweise erst dann ein, wenn sich das Unkraut durch die „Fugen" drängt. Diese Fugen fanden sich bereits in *Früher Mondaufgang*: „Da war ein kleiner Hof, der ausgelegt war mit Betonplatten, zwischen den Fugen war Gras gewachsen [...]." (s.o.) Brinkmann hat also seine naturmagische Topographie nach Rom verlagert.[207] Aus dem geheimnisvollen 'Zwielicht' ist jedoch ein „Nachmittagslicht" geworden. In diesem „gelbe[n]" Licht erscheinen die Dinge krud und realitätsnah: Der „Rummelplatz" aus *Raupenbahn* hat sich – man verzeihe das Wortspiel – in einen *Rammel*platz verwandelt. Die sexuelle Metaphorik ist omnipräsent und findet sich sogar noch im „*harte[n]*" Laub und im „*Stengel*gewirre". „Comicfetzen" finden sich auf dem „Lagerplatz" *und* in Brinkmanns Sprechweise („Machte die Beine breit" etc.). Man gewinnt den Eindruck, als 'suhle' sich der Text regelrecht in den „Reste[n]". Der Autor findet immer noch mehr „Tempotaschentücher" im „Unkraut". Nach dieser Materialschlacht bzw. nach diesem wilden An-"Sturm"[208] der

---

205 Vgl. Wilhelm Lehmann: Grube mitten im Acker. In: ders.: Gesammlte Werke Bd.1, S. 97: „Die Senkung zu füllen im lehmichten Acker, / Gestrüppverklammert, was hätt es gelohnt? / Der sorgsamen Runde die sorglose Mitte, / Von Weggeworfenem wird sie bewohnt." In Wilhelm Lehmanns Roman *Der Überläufer* gibt es eine verkommene Topographie, die Brinkmanns „schmale[m] Streifen" zum verwechseln ähnlich ist: „Am Horizont stäubte ein kleines Gehölz. Es war wie gemißbraucht. Blätter hingen zottig und wund, aber zwei Lambertsnüsse lagen am Boden, erstarrt rot. Zweige waren niedergetreten. Hier waren fleischliche Feste gefeiert worden. Papier lag herum, rostige Dosen." W.L.: Gesammelte Werke Bd. 3, S. 188.

206 „[Odradeks Lachen] klingt etwas so, wie das Rascheln in gefallenen Blättern" (Kafka). Und in *Rom, Blicke* (S. 245) heißt es: „Ich stieß durch 1 zusammengeharkten Haufen welker Blätter, ein altes Kinder-Vergnügen, Laub raschaln zu machen!/(:ist 1 bischen gespensterhafter, träumerischer Laut – das Rascheln von welken Blättern, die man aufstöbert, & man fühlt sich selber dabei wie 1 bischen von windigen, gespensterhaften Wesen, nicht sichtbar ist!)."

207 Brinkmanns Konzeption der Ruderalfläche ist gar nicht so weit von derjenigen Wulf Kirstens entfernt. Kirstens *ödland* ist ein „besenginsterland", in dem der „schäfer" mittagsrast hält (s.o.). In *Rom, Blicke* heißt es: „Die norddeutschen Heidschnucken, die ich selber noch erlebt habe mit einer richtigen Kate, auch einem Schäfer – alles Tagträume, die durch meine frühe Seele gezogen sind – torkelten berauscht und süchtig durch Besenginster, gelbe Flammen und Bündeln an Eisenbahndämmen entlang, (scarsthamus scoparius) [...]. Ich habe von diesem Besenginster bestimmt zuviel gerochen, und kann das seitdem nicht vergessen [...]." (S. 141.)

208 Die „Reste eines toten Sturms" erinnern an W. Benjamins Engel der Geschichte: „Er [der Engel] hat das Antlitz der Vergangenheit zugewendet. Wo eine Kette von Begebenheiten vor *uns* erscheint, da sieht *er* eine einzige Katastrophe, die unablässig Trümmer auf Trümmer häuft und sie ihm vor die Füße schleudert. Er möchte wohl verweilen [...] und das Zerschlagene zusammenfügen. Aber ein Sturm weht vom Paradiese her [...]. Dieser Sturm treibt ihn unaufhaltsam in die Zukunft, der er den Rücken kehrt, während der Trümmerhaufen vor ihm zum Himmel wächst. Das, was wir den Fortschritt nennen, ist *dieser* Sturm." W.B.: Über den Begriff der Geschichte. In: ders.: Gesammelte Schriften I, 2, hg. von Rolf Tiedemann und

Trümmer wird ES wieder still („Windstille") und rätselhaft („Hinweis? Aufforderung?").
Der Text endet im „Gewirre" (vgl. das „netzartige[] Gewirr" aus *Raupenbahn*).[209] –
Brinkmanns 'Wahnsinn' hat Methode bzw. seine Methode ist wahnsinnig („verrückt"):

> Man könnte Verrückt werden vor lauter Abzweigungen, feinsten Verästelungen,
> dünnen Geflechten [...].[210]

Die Vorliebe für „Stellen", „Flecken" und „Gewirre" (Texturen) zieht sich durch den gesamten Text. Brinkmanns „Blicke" suchen überall in „Rom" nach solchen erotischen Zentren. Der *topographische Blick* (wie man ihn nennen könnte) findet solche „Stellen" aber nicht nur in der Stadt-Fläche, sondern überall. Dem unkontrollierbaren „Gewirre" der Objekte (und „Gespinste") entspricht dabei die „Erregung" des an-blickenden Betrachters:

> Sex: die Erregung, die Aufgeregtheit beim Anblick entblößter anderer Haut, eine
> Welle von Zärtlichkeit, die stottern macht. Möglichkeiten, die auf der **Stelle** treten,
> anfassen, eine weiße nackte **Stelle**, vom Knie bis unter den Rock. [...] Sich öffnen.
> Aufnehmen. Diese eine **Stelle** [...]. / Zitternd, Sex: im GEBÜSCH [...] LichtGE-
> SPINSTE [...] und die kleinen HaarBÜSCHEL der weichgeschwungenen Achsel-
> HÖHLE [...]. / Und weiter Sex: [...] BÜSCHEL, SchneeflockenGESPINSTE [...] /
> Sex: [...] Blöße, die keine Angst enthält.[211]

Mit der „Blöße, die keine Angst enthält", hat Brinkmann eine der schönsten Umschreibungen der Stelle gefunden, die es gibt. Die freie und entblößte Stelle („Lichtung") ist der atopische Gegenort zur überfüllten und zuge-stellten Welt:

> Vollgestopft: Die Welt!/(Man muß bald froh sein, eine Unkraut verwucherte Ab-
> fallecke zu finden, wo man kurz allein sein kann und aufatmen.)/[212]

---

den Begriff der Geschichte. In: ders.: Gesammelte Schriften I, 2, hg. von Rolf Tiedemann und Hermann Schweppenhäuser, Frankfurt/M. 1974, S. 691-704, hier: S. 697f. (kursiv im Text, Unterstreichungen B.S.).

209 Michael Zellers Bemerkung über *Westwärts 1 & 2* kann *1 zu 1* auf den „schmalen Streifen" übertragen werden: Er ist verortet „[...] in jener Randzone zwischen Natur und Zivilisation, Unberührtheit und Schrott, Apfelblütenweiß und vergammeltem Präservativ: dort, wo die Bedeutungen als Trümmer herumliegen, in [den] 'posthistorischen' Landschaft [...]." M.Z.: Poesie und Progrom. Zu Rolf Dieter Brinkmanns nachgelassenem Reisetagebuch *Rom, Blicke*. In: Merkur. 1980, H. 383, S. 388-393, hier: S. 393. Dieser zutreffende Befund macht noch einmal deutlich, daß die Ruderalfläche zugleich vernutzt („vergammelt") und sakrosankt ('unberührbar') ist.

210 Rolf Dieter Brinkmann: Rom, Blicke, S. 415. Das Zitat zeigt ganz deutlich die Sprache des Ästhetizismus!

211 Rolf Dieter Brinkmann: Rom, Blicke, S. 152. Diese Text-Stelle ist gewissermaßen das deutschsprachige Pendant zu Roland Barthes *Le Plaisir du Texte* (1973). Für Michael Zeller ist „*Rom, Blicke* [...] ein deutsches Buch: tief und obszön [...], asketisch und geil [...]. [*Rom, Blicke*] bietet die bösen Blumen der Poesie, ohne ihr dreckiges, verworrenes Wurzelwerk abzuschlagen, aus dem sie herauswachsen. [...] Wer [Brinkmanns] Poesie will, darf vor seinem Faschismus [!] nicht zurückschrecken." M.Z.: Poesie und Progrom, S. 393.

212 Rolf Dieter Brinkmann: Rom, Blicke, S. 158. Die etwas weltschmerzhafte ('linke') Melancholie, die im obigen Satz zum Ausdruck kommt, ist nur die *halbe* Wahrheit und wird vom eigenen 'Gelächter' sofort

268

Der *glückliche Fund* (Trouvaille) einer „Unkraut verwucherte[n] Abfalldecke" wird von dem 'gelenkten Zufall' der Surrealisten geleitet, die Brinkmann in *Rom, Blicke* beerbt. Bei Brinkmann wird daraus ein deutscher Nachkriegstrümmer-Surrealismus mit naturmagischen Vorzeichen. Brinkmann, der sich in *Rom, Blicke* wiederholt als „Ruinenkind" aus der „Gerümpel-Generation"[213] bezeichnet, sucht im katholischen Rom aber nicht nur 'freie Stellen', sondern er will auch den sündhaften „Flecken" ihre verlorene Unschuld zurückgeben:

> Die Kirche war natürlich einer unbefleckt (vom Sperma unbefleckt = also Sperma gibt Flecken!?) Empfangenen geweiht „Immacolata Concezione" [...].[214]

In gewisser Weise ist *Rom, Blicke* aber selbst ein katholisches Buch, da sich der allegorische Trümmer-Blick seines Autors wie Mehltau über alles legt. Rolf Dieter Brinkmann ergeht es dabei nicht viel anders als Jürgen Becker, der ja ebenfalls nicht von seiner Trümmer-Vergangenheit loskommt. Beide Trümmer-Kinder haben sich ihren imaginären Fluchtpunkt immer bewahrt: Becker konstruiert eine infantile DDR, die es *so* nie gegeben hat, und Brinkmann erinnert sich im kalten Rom an seine frühkindlichen Spiele, die er im Trümmer-„Winter 1946, 1947" – Brinkmann war zu dem Zeitpunkt 6 bzw. 7 Jahre alt – für sich alleine gespielt hat. In diesen Erinnerungen tauchen nahezu alle Spiel-Elemente wieder auf, mit denen er auch seine Ruderalflächen ausstattet:

> Erinnerungen an die Pullen, die Wasserflaschen, gefüllt mit heißem Wasser im Winter 1946, 1947 – auch erwärmte Ziegelsteine kenne ich, die mit einem Frottiertuch Indanthren umwickelt wurden – und dann die warmen Stellen im Bett, Höhlen, und schlafen – ist lange her – damals waren Stromsperren [...].[215]

Die „warmen Stellen" und „Höhlen" im Bett entsprechen den „Gänge[n] und Höhlen" aus *Früher Mondaufgang*, in denen „die Kinder [...] am liebsten spielten" (s.o.). Die „Achselhöhle" (s.o.) ist ebenfalls solch ein geheimes Zentrum. An den kalten Fenstern bilden sich bei der „Stromsperre[]" „silbrige eisige Farne [...], Eiswälder, Eispflanzen [und] Eisblumen", über die die Phantasie *gehen* kann. Brinkmanns winterlicher 'Gang über das Ried' gestaltet sich wie folgt (Fortsetzung des Zitats):

> - imaginäre Wälder, Farne aus Eis, sie wuchsen von den Rändern her über die Glasscheibe – [...] – und die Gedanken und Träume tasteten sich darüber hinweg – und

---

wieder konterkariert. Die darauffolgenden Sätze lauten: „Hahaha./Alles draußen Dunkel. Vorbei am See. Lichtpunkte." R.D.B.: Rom, Blicke, S. 158.

[213] „[Wir sind] Ruinenkinder, Bombensplitterkinder [...], und die frühe Kulisse waren aufgerissene Straßen, abgedeckte Häuser, brennende Ruinen [...]. Mist, das ist es, was sich als erste Lebenskulisse ergab, unter [...] der Bedrohung der Vernichtung – das ist unsere Generation, eine Gerümpel-Generation [...]." R.D.B.: Rom, Blicke, S. 356.

[214] Rolf Dieter Brinkmann: Rom, Blicke, S. 252.

[215] Rolf Dieter Brinkmann: Rom, Blicke, S. 368. Dieses Zitat ist auch ein guter Beleg für Reinhard Jirgls Befund: „[...] nicht mal mehr die Fantasie [...] ist ohne Trümmer geblieben – [...]." R.J.: Hundsnächte, S. 497.

dann gehe ich noch einmal lautlos über eine kalte glitzernde <u>Fläche</u>, in der <u>Gras,</u> <u>Ried, Sträucher</u> und Steine eingefroren sind [...] – und ich gehe noch einmal morgens endlos weit über die kalte <u>leere Fläche</u>, aus der <u>trockene Büschel Gras</u> sprießen, <u>fahl-</u> <u>gelb</u> [...] – <u>jetzt bin ich allein</u> – [...] – Schatten <u>wuchern</u> durcheinander – [...] – kalte <u>schwarze Flecken</u> und kalte <u>weiße Flecken</u> – [...] – ich bin nur ein verstörtes, aufge- störtes Kind, das einschläft – ist lange her, schon gar nicht mehr wahr [...].[216]

In diesem Zitat ist noch einmal alles beisammen, was Brinkmanns Textur auszeichnet: Die nutzlosen Ornamente und die abstrakten Ober*flächen*, die sich wie Eiskristalle zum Text verweben, die „Flecken", die abgelegenen Fluß- und Weg-"Ränder[]" („schmaler Streifen") und das unkontrollierte „[D]urcheinander[wuchern]". Sogar die „fahlgelb[en]" „Büschel Gras" finden sich später auf dem „schmalen Streifen" (vgl. „gelbfahles" Gewir- re") wieder.

Brinkmanns imaginäre „Eisblumen"-Wälder sind in Horst Langes kurzer Erzählung *Die Eisblumen* (1948) bereits vorgebildet. In beiden Fällen sind die 'schönen' Eisblumen auf die 'häßliche' Trümmer-Realität der unmittelbaren Nachkriegsjahre bezogen. In *Die Eis- blumen* geht es um einen Mann, der im ersten Nachkriegs-Winter mit dem Zug fährt und dabei die Eisblumen beobachtet, die sich beim Fahren an der Fensterscheibe des Zuges bilden:

Aber [...] kaum, daß [...] der eisige Fahrtwind über die Scheiben strich, wuchsen die zarten, gefiederten Rispen, Blätter und Palmwedel [...] aus dem Nichts empor, ver- schränkten sich, bildeten ein undurchdringliches Dickicht, hinter dem viele Geheim- nisse verborgen sein mußten [...].[217]

Das klingt hier ganz nach dem 'frühen' Brinkmann („es war wohl Urwald und mit Ge- heimnissen angefüllt" aus *Früher Mondaufgang*[218]). Während sich alle Leute im Zug nur über den Krieg und ihre „verbrannten und zertrümmerten Schränke[] und Truhen"[219] un- terhalten, flüchtet sich der Protagonist in seine Imaginationen:

Der Mann am Fenster sah tief in den Eisblumenwald hinein [...]. Es war ihm zumute, als lockte ihn jemand in dieses Dickicht, er betrat es, – die Zweige bogen sich vor

---

216 Rolf Dieter Brinkmann: Rom, Blicke, S. 368. „Es waren dunkle <u>Flecken</u> in mir. Die Erinnerung sagte mir später, daß es <u>Wälder</u> [vgl. Brinkmanns „imaginäre Wälder", B.S.] gewesen sind, die außerhalb mir waren." Adalbert Stifter: Nachgelassene Blätter, S. 603.

217 Horst Lange: Die Eisblumen. In: ders.: Windsbraut (Erzählungen), Hamburg 1947, S. 102-107, hier: S. 102. Die schöne Eisblumen-'Schrift', die eine unsichtbare Hand aufs Fenster-Tableau 'schreibt', erinnert an die (von Gustav René Hocke sog.) kalligraphische Schreibweise der Nachkriegsautoren. Die Kalligraphen ('Schönschreiber') haben sich – Hocke zufolge – in eine ideale Gegenwelt geflüchtet, in der es keine häßli- chen Trümmer gab. Vgl. Gustav René Hocke: Deutsche Kalligraphie oder Glanz und Elend der modernen Literatur. In: *Der Ruf* 1 (1946/47), Nr. 7, 15.11.1946.

218 Vgl. oben Anm. 172.

219 Horst Lange: Die Eisblumen, S. 103.

ihm auseinander und schnellten hinter ihm wieder zusammen. Niemand vermochte ihm in diese gleißende, tote Einöde zu folgen [...].[220]

Kurz darauf steigen zwei „frühreife Kinder" in den Zug, „die aus einer der großen Städte stammen mochten, von denen nur noch Trümmerfelder übriggeblieben sind"[221]. Der Mann stellt sich vor, daß diese Kinder das bevorstehende Weihnachtsfest nicht feiern werden können, und er beschließt, ihnen etwas zu schenken:

> In Gedanken ging er sein ganzes Gepäck durch, aber er fand nur lauter unbrauchbare Sachen, Gegenstände, die mit dem Geruch und dem Schweiß des Krieges gleichsam imprägniert waren [...]. Ich werde ihnen die Eisblumen schenken – sagte sich der Mann [...].[222]

Daraufhin zeigt er den Kindern seine imaginäre Spielwiese. Das Mädchen staunt und fragt, ob jemand die Eisblumen „gesät" hat. Nach einigem Zögern sagt der Mann, daß „Gott" das getan hat:

> „Ja", sagte der Junge, „manchmal könnte man sich vorstellen, daß Gott ein Gärtner wäre. Bloß, daß es soviel Unkraut gibt! Und er hat keine Zeit, um es auszureißen..."[223]

Das Unkraut, das der Junge „in einer der großen Städte" bzw. in einem der davon übriggebliebenen „Trümmerfelder" gesehen haben mochte, stört die eisige Harmonie der Blumenlandschaft. Deshalb muß es aus dem „Garten" verbannt werden. Langes Text endet mit den Worten:

> Am Ende, als der Zug an den ersten Ruinen vorüberfuhr, verrußten, zerbröckelnden Wänden, welche die Nähe der Stadt und die Nähe des unvergessenen Grauens bezeugten, war es ihnen [dem Mann und den Kindern, B.S.] so, als befänden sie sich mitten in einem wunderbaren Garten, der kein Unkraut kennt, und über dem die Sonne niemals untergeht. Für Minuten glaubten sie, endlich heimgefunden zu haben, denn von hier konnte sie keine Macht der Welt mehr vertreiben...[224]

---

220 Horst Lange: Die Eisblumen, S. 103. Es handelt sich hier um eine fast wörtliche Replik auf Goethes *Harzreise im Winter*: „Im Gebüsch verliert sich sein Pfad, / Hinter ihm schlagen / Die Sträuche zusammen, / Das Gras steht wieder auf, / Die Öde verschlingt ihn." J.W. Goethe: Hamburger Ausgabe Bd. 1, S. 51.

221 Horst Lange: Die Eisblumen, S. 104.

222 Horst Lange: Die Eisblumen, S. 106. Die Firma Lohse Uralt Lavendel, die in Felix Hartlaubs *Aufzeichnungen aus dem zweiten Weltkrieg* (rororo 1955) für ihr duftendes Produkt warb, hätte ihre Werbe-Anzeige („Wieviel angenehmer als die vom Hauch des Todes beschattete Welt des Krieges ist eine Atmosphäre beglückender Sympathie", vgl. S. 173 der Arbeit) nicht besser lancieren können als nach dem obigen Zitat.

223 Horst Lange: Die Eisblumen, S. 107.

224 Horst Lange: Die Eisblumen, S. 107. In Hermann Kasacks Erzählung *Das Birkenwäldchen* (1944) findet sich eine entsprechende Textstelle: „Die [Zug-]Fahrt aus den grausam zerstörten Gebieten der Stadt schenkte dem suchenden Blick bald das sich täglich mehr belebende Grün. [...]. Wenn ich [...] am Birkenwäldchen vorüberfuhr [...], öffnete sich das Herz immer mehr diesem Anblick des Lichten, das in seiner Naturkraft allen Grausamkeiten der Gegenwart nicht ausgesetzt war und den Gesetzen der einfachen Erde gehorchte."

Der Mann hat den Kindern also doch ein Geschenk gemacht, das „mit dem Geruch [...] des Krieges gleichsam imprägniert" war. Der „wunderbare[] Garten" – das Zitat macht es deutlich – ist das ideale *Gegen*bild (Idylle) zur total verkrauteten Trümmer-Landschaft der Umgebung. Die „tote Einöde" der „gleißende[n]" Eisblumenwälder vom Beginn der Erzählung hat ihre irisierende Ambivalenz („tote Einöde" = Trümmerwüste) verloren. Am Schluß 'siegt' hier nicht der Huflattich, sondern der gejätete Paradiesgarten. Im dezidierten Unterschied dazu hat Rolf Dieter Brinkmann 'seine' Un-Kräuter („Gras, Ried, Sträucher", „trockene Büschel Gras" etc.) schon sehr früh in die „kalte leere Fläche" hineingebannt.

In *Rom, Blicke*, so läßt sich resümieren, geht es um *Vernetzung von Stellen*: Eine zufällig gefundene Stelle im Buch „paßt[]" zu einer subjektiven Stimmung, diese „fügt[] sich" in den Gang zum Tiber, die hier gemachten Entdeckungen („gelbfahles Gewirre" etc.) *korrespondieren* mit den eigenen, frühkindlichen Erinnerungen („fahlgelb[e]" Grasbüschel), und die persönlichen Reminiszenzen strukturieren die „Aufnahme des Ortes". Auf der topographischen Karte von Rom erscheinen solche Stellen dann als subjektive Übermalungen und persönliche Markierungen.[225] Die herausgehobene Stelle markiert einen Knotenpunkt im Text-Gewebe; sie ist zugleich ein topographischer *Ort* (in Rom) und ein atopischer Projektions-*Raum* (im „Wald" der Imaginationen). In einer Zeit, die „von Göttern und der kathol. Kirche total [...] verseucht" ist und die „eher einem Abfallhaufen" gleicht (s.o.), ist die Stelle säkular im doppelten Sinne des Wortes: Sie ist zugleich *außergewöhnlich* (herausgehoben) und *weltlich* („alltäglich[]"):

> „Sacer Locus" – Heiliger Ort – aber im alltäglichen Leben gibt es keine heiligen Orte: es gibt ja auch so viel davon [...].[226]

d)   *Westwärts 1 & 2* – „ein nachgemachtes Labyrinth"

Im Lyrikband *Westwärts 1 & 2*, der noch in Brinkmanns Todesjahr (1975) publiziert wurde, verbinden sich typische Schreibweisen und Topoi der Trümmerliteratur mit genuin avantgardistischen Textverfahren auf eine bis dato singuläre Weise. Brinkmann gelingt es

---

H.K.: Mosaiksteine. Beiträge zu Literatur und Kunst, Frankfurt/M. 1956, S. 377-395, hier: S. 382 und 385f. In den „kleinen <u>beweglichen</u> Muschelblättern der Birken" verfängt sich übrigens das „<u>Gewisper</u> des Windes" (ebd., S. 385) = das *bucklichte Männlein* = „*Odradek* [ist] außerordentlich <u>beweglich</u>" (Kafka). Im Gegensatz zu dem kleinen Jungen aus Horst Langes *Die Eisblumen* würde der Reisebegleiter von Hermann Kasacks Ich-Erzähler „das wuchernde Unkraut" jedoch nicht 'ausreissen' wollen, sondern „alles wachsen lassen, wie ES die Erde hervorbringt" (ebd., S. 395).

225   Vgl. Rolf Dieter Brinkmann: Rom, Blicke, S. 418 und 419. Die topographischen Karten von Rom, die auf diesen Seiten abgebildet sind, hat Brinkmann mit seinen persönlichen Markierungen („Stellen") übermalt und 'imprägniert'.

226   Rolf Dieter Brinkmann: Rom, Blicke, S. 249.

272

in seinem (mit dem Petrarca-Preis) ausgezeichneten Gedichtband, den 'tiefsinnigen' Magischen Realismus und dessen Vorliebe für 'unberühmte Orte' mit der 'oberflächlichen' Pop-Literatur und deren Vorliebe für 'berühmte *Stars (and Stripes)*' in Einklang zu bringen. Das naturmagische Vokabular wird hier auch nicht *Zu den Akten* gelegt (wie in den *Maulwürfe[n]* von Günter Eich), sondern es fungiert gewissermaßen als Korrektiv und notwendige Ergänzung zur besinnungslos 'weitermachenden' Nachkriegs-Gesellschaft. Die „Trümmergrundstücke[]", die es in den frühen 70er Jahren der Bundesrepublik noch gibt (und die Brinkmann in der poetologischen „Vorbemerkung" zu *Westwärts 1 & 2* im Sinn hat), „machen" nämlich als einzige *nicht* „weiter":

> Die Geschichtenerzähler machen weiter, die Autoindustrie macht weiter, die Arbeiter machen weiter, die Regierungen machen weiter, die Rock 'n' Roll-Sänger machen weiter [usw.], *Wind weht altes Zeitungspapier über einen leeren grauen Parkplatz, wilde Gebüsche und Gras wachsen in den liegengelassenen Trümmergrundstücken, mitten in der Innenstadt*, ein Bauzaun ist blau gestrichen [...], Bauzäune und Verbote machen weiter, die Fahrstühle machen weiter [usw.].[227]

In Brinkmanns programmatischer *Vorbemerkung* zu den Gedichten wird „mitten" im Zentrum der „Innenstadt" ein Platz für „wilde Gebüsche" und „Trümmergrundstücke" frei-gehalten. Während die Kultur-Industrie („Geschichtenerzähler"), die „Autoindustrie" und sogar die Pop-Industrie („Rock 'n' Roll-Sänger") pausenlos weiter machen, wächst ES im links „liegengelassenen" „Innen"-Raum still vor sich hin. Die solcherart ausgesparte Mitte ist ein verwüsteter Gedenk- und 'Erinnerungsraum' (Assmann), der gerade deshalb 'ausgezeichnet' ist (und bleibt), weil er in gewisser Weise un-menschlich („wild[]") und un-antastbar ist bzw. bleiben soll. Denn die Ruinierung der Ruinen, sprich: Die „geplanten" Neu-Bauten („Lastwagenstraße") sind im Grunde nur ein 'Beschiß' der 'Preise-Ankurbeler' und 'Weitermacher':

> Wer / schreibt verrückt die Geschichte der Gräser, in 59 Bänden, Großformat? // An alles das dacht ich nicht / als ich das Gras, das zwischen den / Fugen der Kopfstein gepflasterten Straße wuchs, / fotografierte. // Die Themen und ihre Ausarbeitungen waren zerfallen. // Ein Grundstück verwilderte (wo ich aufwuchs), verkauft an die Stadt / wegen einer geplanten Lastwagenstraße, die / sie nie mehr bauen, so bescheißen sie mit Plänen („kurbeln die Preise an") [...] & machen / weiter [...].[228]

Brinkmanns Konzeption der ausgesparten und verwilderten Mitte erinnert heute frappant an Hans Haackes Installation für den Berliner Reichstag. Haackes Werk zielt ja ebenfalls

---

[227] „Vorbemerkung". In: Rolf Dieter Brinkmann: Westwärts 1 & 2, S. 5-7, hier: S. 5. Das Zitat wird plausibel, wenn man nicht nur auf der Folie des Pop, sondern auch auf der des Weltkriegs liest, vgl. die folgende Parallelstelle aus: Horst Lange: Tagebücher aus dem Zweiten Weltkrieg, S. 115f. (Eintragung vom 29.7.1943): „Die Menschen werden weggemäht wie <u>Gras</u> und sprießen nach und füllen <u>das brache Land</u> wieder auf und versündigen sich schon, kaum, daß sie Buße geschworen haben. <u>Und es geht alles immer weiter</u>. [...] Jedes <u>Gras</u> bürgt mehr für die[] Ordnung als die Existenz und das Schicksal eines Menschen."

[228] Rolf Dieter Brinkmann: Variation ohne ein Thema. In: ders.: Westwärts 1 & 2, S. 148-150, hier: S. 149.

273

darauf ab, die Mitte der neu-deutschen Hauptstadt nicht nur leer, sondern im symbolischen und wörtlichen Sinne *brach* liegen zu *lassen*:

> Die[] Leere findet ihren wahrhaft symbolischen Ausdruck in jener gewaltigen Brach-
> fläche in der Mitte von Berlin, auf der einst das Stadtschloss der preußischen Könige
> stand, das dort wieder als Totalrekonstruktion erstehen soll, um diese vielen beson-
> ders unerträgliche, weil so überaus zentrale Ödnis zu möblieren.[229]

Die 'totale Möblierung' zeugt von der *Unfähigkeit zu trauern*. Wenn ein „Möbelland"
(Jürgen Becker, s.o.) oder ein Baumarkt *an die Stelle* der „Trümmer" rückt und *an Stelle*
der Unkräuter zu „wuchern" beginnt, dann werden damit nicht nur die lästigen
„[B]rocken" der Vergangenheit, sondern auch die schmerzhaften Erinnerungen „verhö-
kert" und eben damit endgültig *verdrängt*:

> Die Konzerne wuchern wie Massenmedien,
> die Gesteinsbrocken und Trümmer sind bei
> Seite geräumt, der Schmerz und die Trauer
> verhökert [...].[230]

Die „überaus zentrale Ödnis" inmitten von Berlin ist durch Wim Wenders Film *Der
Himmel über Berlin* (1980) 'berühmt' geworden. Das deutsche Volk bzw. die deutsche
„Bevölkerung" (Haacke) und ihre PolitikerInnen sollten es sich also gut überlegen, ob die
geplante „Totalrekonstruktion" der preußischen Machtsymbole im Angesicht der mehr als
'unrühmlichen' deutschen Vergangenheit guten Gewissens zu rechtfertigen ist. Wäre es
nicht vielleicht besser, jetzt, nachdem das Provisorium 'Bonn' „abgedankt"[231] hat, im
Zentrum der wiedervereinigten Hauptstadt ein natürlich 'gewachsenes' Mahnmal zu *lassen*, anstatt immer *weiterzumachen*?

---

[229] Johannes Willms: Wir sind die Bevölkerung. Ein Holztrog mit Erde samt Inschrift: Hans Haackes Installation für den Reichstag provoziert – die schweigende Mehrheit reagiert. In: *Süddeutsche Zeitung* vom
17.2.2000: „[In] diesem Trog [soll] nur das wachsen und gedeihen [...], was Licht und Wasser aus ihm an
Pflanzen und Kräutern hervortreiben, ohne das die Hand eines Gärtners den Wildwuchs regulierte. [...]
Haacke plant [...] diesen Trog und das, was in ihm sprießt und wuchert, mit der weithin leuchtenden Wid-
mungsinschrift 'Der Bevölkerung' zu versehen." (Ebd.)

[230] Rolf Dieter Brinkmann: Einige sehr populäre Songs. In: Westwärts 1 & 2, S. 121-147, hier: S. 125. Die
'Krieg' und 'Trümmer' alludierenden Reste und Unkräuter sind letztlich *friedlicher* als das besinnungslose
„[W]uchern" der „Konzerne" in Friedenszeiten. In Brinkmanns Gedicht *Westwärts, Teil 2* (S. 48-60) heißt
es parallel dazu: „Doch selbst das verwilderte / liegengelassene Feld mit nutzlosen / Pflanzen, Gräsern, wü-
stem Unkraut war stiller, *friedlicher* / verglichen mit den gläsernen Hallen [...]." (Ebd., S. 48)

[231] Die ehemalige deutsche Hauptstadt Bonn, ein Provisorium, teilt mittlerweile das Los des bucklichten Männ-
leins: „Es hat längst abgedankt [...]." Walter Benjamin: Berliner Kindheit um neunzehnhundert, S. 79. Das
Beispiel Bonn zeigt: Das *Provisorische* und das *Provinzielle* hängen eng zusammen. Anders gesagt:
Das *Vorläufige* ist zur *Unberühmtheit* verdammt. Wolfgang Hilbig hat das Provisorische in seinem jüngsten
Roman *Das Provisorium* (2000) als literarische Dimension und Qualität neu entdeckt. Bezeichnenderweise
spielt der Roman überwiegend in Bahnhofshallen, Wartesäälen, (ehemaligen) Grenzgebieten und anderen
un-heimlichen bzw. 'unberühmten' Lokalitäten.

Vielleicht sind es überall / die Lücken, die Zwischenräume, das, was man nicht tat, / unterliess, gelassen hat, die den Raum // zum träumen offenliessen [...].[232]

Es kann und soll an dieser Stelle jedoch nicht darum gehen, die z.T. völlig unterschiedlichen Gedichte aus *Westwärts 1 & 2* auf einen 'Nenner' zu bringen. Es soll vielmehr nur gezeigt werden, daß Brinkmanns *Landschaft* – so lautet der Titel eines seiner berühmtesten Gedichte – bis in die Wurzeln hinein von Trümmern und vom Trümmervokabular („Maisbrote, Schulspeise, Carepakete, gefärbte Bettlaken [...], Kartoffelkäfer, Läuse / und Würmer, Bombensplitter"[233]) imprägniert ist. Einige Gedicht-Titel (*Nordwestdeutschland, Krieg und Nachkriegszeiten*[234] und *Bruchstück Nr. 1* bis *Bruchstück Nr. 4*) nehmen auf die Trümmer explizit Bezug. Am Beispiel des Gedichtes *Variation ohne ein Thema* soll nun gezeigt werden, wie Brinkmann aus den Trümmern bzw. Sprachfetzen „Wortdickichte"[235] und Labyrinthe 'bastelt'. Vorab einige Bemerkungen: Das Layout von Brinkmanns Gedichten läßt sich nur schwer wiedergeben. Ein Blick ins Original ist deshalb unerläßlich. Meine Zitation beschränkt sich darauf, bestimmte 'Segmente' aus dem Text-Korpus herauszulösen:

Ein Gedicht die Grenze, danach / das Niemandsland. // Du atmest etwas Wildnis an der Stelle, am / Stadtrand, wo / die Gärten eingerissen sind, / umgekippte Zäune, ein Fahrradgestell / im Brennesselwald, Brombeergewucher, für / eine Saison. // Gegenwart: / 1 Erinnerung an Kinderspiele / nach dem Krieg / „hier haben / wir nachmittags Krieg gespielt" / in den Sommerferien / in dem / durchbrochenen Waldstück [...] // Das ist ein nachgemachtes Labyrinth."[236]

232   Rolf Dieter Brinkmann: Eiswasser an der Guadelupe Str., Reinbek 1985 (ohne Paginierung).

233   Rolf Dieter Brinkmann: Rolltreppen im August. In: ders.: Westwärts 1 & 2, S. 65-75, hier: S. 74.

234   Das *Lied von den kalten Bauern auf dem kalten Land, Nordwestdeutschland, Krieg und Nachkriegszeiten* – so lautet der vollständige Titel – ist eines der typischsten Trümmergedichte überhaupt, es ist geradezu ein Kompendium der Trümmerzeit. In der letzten von insgesamt 19 Strophen wird die bleierne Trümmerzeit mit ihrem dauernden Geruch nach „Bohnerwachs" (vgl. 7. Strophe) mit den Elementen des Pop (genauer: mit der Sexualität) konfrontiert: „Ich saß im // Sommerfenster und onanierte in den Sommer. Das ist ein anderes / Lied jener Gegend, Sumpfdotterblumen, Knochen, Dunkelheit und Witze." R.D.B.: Westwärts 1 & 2, S. 112-113, hier: S. 113. Adalbert Stifters *Nachgelassene Blätter* enden übrigens mit einem ganz ähnlichen Tableau: „Die Fenster der Stube hatten sehr breite Fensterbretter und auf dem Brette dieses Fensters saß ich sehr oft und fühlte den Sonnenschein und daher mag das Leuchtende der Erinnerung rühren. Auf diesem Fensterbrette war es auch allein, wenn ich zu lesen anhob. [...]. In meiner Erinnerung ist lauter Sommer, den ich durch das Fenster sah [...]." A.S.: Nachgelassene Blätter, S. 605.

235   Rolf Dieter Brinkmann: Bruchstück Nr. 4. In: ders.: Westwärts 1 & 2, S. 168-171, hier: S. 168. Den Sprachund „Wortdickichte[n]" korrespondiert ein entsprechendes Textverfahren, das seinerseits ein „entsprechendes Lesen" erfordert: *Ein rhizomatisches Schreiben* (Gilles Deleuze) provoziert ein entsprechendes Lesen: in den Baumkronen auf den Fotos in *Westwärts 1 & 2* spiegeln sich die verschlungenen Wurzeln, die das ganze Werk in sich verschränken; wer einmal sich durchgewühlt hat, sieht die Verbindungen zwischen fast allen Texten." Genia Schulz: Nachwort. In: Rolf Dieter Brinkmann: Künstliches Licht. Lyrik und Prosa, hg. von Genia Schulz, Stuttgart (Reclam) 1994, S. 153-167, hier: S. 159.

236   Rolf Dieter Brinkmann: Westwärts 1 & 2, S. 148.

Nimmt man die oben bereits zitierte Stelle („Wer / schreibt verrückt die Geschichte der Gräser" etc.) aus *Variation ohne ein Thema* hinzu, dann scheint es sich hier um ein typisches Trümmer-Gedicht („Niemandsland", „Wildnis", „Brennessel[n]") zu handeln. Solche und ähnliche magisch-realistischen Topoi werden aber dauernd von anderen (und dezidiert un-magischen) Einsprengseln durchkreuzt und konterkariert. So findet sich in *Variation ohne ein Thema* neben den ruderalen „Wegrändern" der pop-verdächtige Ausruf „Freedom Now". Die Anordnung der Text-Segmente legt es nahe, in der äußerlichen Gedicht-Form ein Labyrinth zu sehen. Die Leerzeilen bzw. -flächen zwischen den block- oder treppenartig angeordneten Textsegmenten fungieren dabei als 'Gänge', durch die der Leser zum nächsten Text-Block geführt wird: „Das ist ein nachgemachtes Labyrinth."[237] Diese labyrinthische Form hat Brinkmann unter anderem auch in seinem Gedicht *Roma die Notte* angewandt. Die graphische Anordnung des Textes simuliert hier gewissermaßen die topographische Karte Roms. Es ist kein Zufall, daß auch hier die „zerfallende[n] Labyrinthe", die „Trümmerfelder[]" und das „verkrüppelte[] Unkraut"[238] wieder denotiert werden. *Variation ohne ein Thema* und *Roma die Notte*, so könnte man sagen, repräsentieren das unterirdisch-labyrinthische Gangsystem (der *Maulwürfe*) auf der Text*oberfläche*. Durch die 'auseinandergerissene' Form wird der Text zugleich wild, konkret (im Sinne der 'Konkreten Poesie') und offen. Topos und Verfahren kommen zur Deckung. Das Gedicht *ist* nunmehr *selbst* „das Niemandsland" und „etwas Wildnis", es ist zugleich der lyrische „Kinderspiel[platz]" und, vor allem, das „nachgemachte[] Labyrinth". Aus dem „Brombeergewucher" ist ein autonomes „Wortdickicht[]" (*Bruchstück Nr.4*) geworden:

> Eingetaucht in das leuchtende <u>Gras</u> / an den <u>Wegrändern</u>, vom offenen Zugfenster aus gesehen, / lassen wir die Zeitungs<u>fetzen</u> fliegen. // <u>Gelbes Nachmittagslicht</u> spiegelt sich in den Fenstern / an denen wir vorbeifahren [...] // Zugfenster: wie die Wörter fliegen [...].[239]

Hier, im *D-Zug* – so lautet der 4. Teil von Brinkmanns Gedicht *Einige sehr populäre Songs* –, kommt die Schnitt- und Collage-Technik noch einmal zu sich selbst. Sie simuliert einerseits die ruckhafte Bewegung einer Zugfahrt und erlaubt andererseits ein unvermitteltes Nebeneinander von Sprachfetzen. Das „Gras", das in Brinkmanns Gedichten immer wieder genannt wird, bringt die Ambivalenz von ruderaler Wegrand-Melancholie und poppiger Aufbruch-Stimmung auf den Punkt: ES bezeichnet nämlich sowohl das unkontrollierte Wuchern der *schwarzen Schwermut*[240] als auch die er-„leuchtende" Droge

---

237   Rolf Dieter Brinkmann: Westwärts 1 & 2, S. 148. Vgl. ebd., S. 149: „Leerzeilen waren nur noch in Gedichten vorhanden." Das heißt: Die labyrinthischen Gänge haben sich ins weiße Papier zurückgezogen.

238   Rolf Dieter Brinkmann: Roma die Notte. In: ders.: Westwärts 1 & 2, S. 86-90, hier: S. 88. Dieses Gedicht ist in vieler Hinsicht eine lyrische 'Zusammenfassung' von Brinkmanns Italien-Tagebüchern Rom, Blicke.

239   Rolf Dieter Brinkmann: Einige sehr populäre Songs. In: ders.: Westwärts 1 & 2, S. 142.

240   „D-Zug: der uns aus den nordwestlichen / Gebieten Westdeutschlands durch die / Zone der Industrie und Profite // bringt [...] Schlackehalden, / tote Wege, schwarze, verkohlte / Dampflokomotiven auf einem toten

(„Gras" = Marihuana[241]). Damit schließt sich auch der Bogen zur poetologischen *Vorbemerkung*:

> Der Beifall macht weiter, die Wörter machen weiter, die Knöpfe machen weiter, der Stoff macht weiter, *das Marihuana macht weiter, was hat die Grammatik mit Marihuana zu tun? Das Marihuana war sanft und würzig.* Die teueren Vororte sind durch Stille gesichert.[242]

Das „Gras", das „in den liegengelassenen Trümmergrundstücken" wächst, macht also einerseits „weiter" und andererseits nicht. Brinkmanns Lyrikband, so läßt sich zusammenfassend festhalten, ist deshalb so 'ausgezeichnet', weil er von einer bodenlosen Ambivalenz gekennzeichnet ist. Tiefsinn und Oberfläche werden in den Gedichten nicht gegeneinander ausgespielt, sondern sie bedingen sich vielmehr wechselseitig. Die Gedichte affirmieren weder den Pop noch be-schützen sie die Trümmer(literatur) à la Böll und Becker. Brinkmann ist weder ein Magischer Realist noch ein typischer Vertreter der Beat-Generation. Das heißt: Brinkmann ist Magischer Realist und Pop-Literat in einem.[243]

> Die Poesie hat nichts mit den Gedichten zu tun. Die Poesie / ist manchmal ein wüster, alltäglicher Albtraum, / der Kopf voll Scheiße beschmierter Comics / und Illustrierte, / ich schäle mir lieber jetzt / ein paar Kartoffeln.[244]

e) „Ach, vielleicht bin ich auch nur zu sehr deutsch" – Nachbemerkung zu Rolf Dieter Brinkmann

Nachdem die Berliner *tageszeitung* am 15.4.2000 einen langen und ausführlichen Artikel zu Brinkmanns 60. Geburtstag veröffentlicht hat, scheint es mir an der Zeit zu sein, abschließend eine deutliche Antwort darauf zu geben. – Der Artikel von Olaf Selg wird mit den folgenden Worten eingeleitet:

/ Gleis, verrostende Schienenspuren / & abgestorbener Ginster am Bahndamm [...]." R.D.B.: Westwärts 1 & 2, S. 143.

241   Es dürfte bekannt sein, daß der getrocknete Hanf in der Drogenszene als „Gras" bezeichnet wird.

242   Rolf Dieter Brinkmann: Westwärts 1 & 2, S. 6. Vgl. auch das Gedicht *Verschiedene Titel*: „Ich erinnere mich: Das Gras ist eine flüchtige Pause gewesen." Ebd., S. 173. In *Einige sehr populäre Songs* (S. 121-147) wird der Pop („Leonhard Cohen") mit „Gras" und ruderalen „Rändern" in Verbindung gebracht: „Ich höre Leonhard Cohen singen, / there is a war between the men / [...], it's just be // ginning. Verschiedenes Gras wächst / die Ränder entlang, verzaubertes / Grün. [...]." Ebd., S. 121.

243   Michael Zeller kommt zu einem ähnlichen Ergebnis: „[...] [D]er übermütige Verkünder der Pop-art in Deutschland [= Brinkmann] war auf dem Weg zu einem Schriftsteller mit konservativer bis reaktionärer Lebenseinstellung." M.Z.: Poesie und Progrom, S. 393. Brinkmanns 'Pop-Lyrik' hat ihren provinziellen Kern immer bewahrt. Seine Gedichte ähneln deshalb auch dem „Nightclub auf dem Land", der eigentlich 'nur' ein „umgebaute[r] Kuhstall" ist. R.D.B.: Notizen zu einer Landschaft bei Vechta i.O. für H.P. In: ders.: Westwärts 1 & 2, S. 109-111, hier: S. 109.

244   Rolf Dieter Brinkmann: Sonntagsgedicht. In: ders.: Westwärts 1 & 2, S. 61-64, hier: S. 62.

Er [Brinkmann] war Liebhaber von Literatur und Werbung, Kino und Kunst, von Fotografie und Film, Rock 'n' Roll und kurzen Röcken, Comic und Krimis, Wild West und Science Fiction.[245]

Solche und ähnliche *Halb*wahrheiten bilden den Tenor des *ganzen* Artikels. Der 'andere' Brinkmann (ist er peinlich?) wird in der *taz* mit keinem Wort erwähnt. Es hat den Anschein, als sei er in Selgs modisch-affirmativem Vokabular endgültig verloren gegangen:

> Auch heute, in den Zeiten des Internets, wäre [Brinkmann] immer noch vorne dran. [...] Wie heißt das Zauberwort? Multimedia. [...]. Brinkmanns Popgedichte der späten Sechzigerjahre sind ungekünstelte [!], alltäglich-bunte Sprachbilder [...]. Die Beat-Literatur war ein Schlag ins Kontor der etablierten Literaten. Deren Sprache [...] galt es treffend als überholt bloßzustellen, die Leser wurden und werden überfallen von 'Sex & Drugs & Rock 'n' Roll'. [...]. [Für] Brinkmann [wäre] das Internet ein gangbarer Weg [...]. Für ihn wäre wohl die mögliche Schnelligkeit und damit Unbedachtheit, Unstilisiertheit [des Internets, B.S.] ein wesentliches Argument gewesen. [...]. [Brinkmanns Multimedia-Technik antizipiert] fast die Geburtsstunde der Windows-Technik.[246]

Wie gesagt: Selgs Bemerkungen sind nicht unzutreffend; sie sind, wenn der Vergleich gestattet ist, ähnlich originell wie die proseminaristische Einsicht in die Collagiertheit von Alfred Döblins *Berlin Alexanderplatz*. Könnte es nicht vielleicht sein – um den Spieß jetzt einmal umzudrehen –, daß das „Multimedia"-Talent unter der *Maske* intellektueller Basteleien seine 'deutsche Innerlichkeit' ausgelebt hat? Könnte es also, weiter gefragt, sein, daß es gerade die 'wilden' Textverfahren wie z.B. Assoziationswut, Digressionen und „Schnitte" (um einen Buchtitel Brinkmanns zu bemühen) waren, die ihm eine perfekte *Tarnung* ermöglichten?

> Ach, vielleicht bin ich [Brinkmann] auch nur zu sehr deutsch und „rauschbereit", gleich – siehe oben – abschweifungsbereit.[247]

Im Land der 'hellen' Renaissance entdeckt Brinkmann seine Liebe zum 'finsteren' Norden. Das Tagebuch *Rom, Blicke* wird für Brinkmann – ganz besonders in der dunklen Jahreszeit (Nov./Dez.) – zum Trostbuch (nord)deutscher Vorstellungen und „Wunschträume". Am 2.12.1972 schreibt Brinkmann an seine Frau Maleen:

> (Manchmal, abends, sitze ich hier [in Rom, B.S.] und bin in Tagträume an eine norddeutsche Landschaft befangen, wenn alles ganz still ist [...], es ist wohl eine schöne Landschaft, und seitdem Du mir von Lüneburg erzähltest oder Göttingen, sehe ich ab und zu eine kleine norddeutsche Stadt, die abends still wird [...], wo die Dunkelheit wirklich eine abendliche Dunkelheit ist – in dieser total stillen ländlichen Dunkel-

---

245 Olaf Selg: „Warum irgendwo Halt machen?" In: *die tageszeitung* vom 15.4.2000. Auf der Rolf-Dieter-Brinkmann-Website (www.brinkmann-literatur.de), für die auch Olaf Selg als Verantwortlicher zeichnet, findet sich ein Hyperlink zum *taz*-Artikel vom 15.4.2000.

246 Olaf Selg: „Warum irgendwo Halt machen?" Brinkmann ist also nicht nur „vorne dran" und „up-to-date" (Olaf Selg), sondern auch in einem ganz spezifischen Sinne '*auf der Strecke geblieben*' und '*verschollen*'.

247 Rolf Dieter Brinkmann: Rom, Blicke, S. 353. Wotan hält sich in den *Sekundär*wildnissen verborgen.

heit, Vechta [...]. – Sind das Wunschträume? Träumereien, die zu nichts führen? Es muß doch so etwas geben! Auch heute noch. – Und das denke ich jetzt während ich mitten in einer abendländisch-südlichen doch verrotteten Großstadt bin – [...] – Ich möchte [...] in den Norden: den Norden kennenlernen! Norden!)[248]

Statt Süd- und *Westwärts 1 & 2* also (auch) 'Nordwärts 1 bis 3'. – In ähnlicher Weise ließen sich für alle Beobachtungen Olaf Selgs auch die gegenläufigen Eintragungen finden: Statt „Schnelligkeit und [...] Unbedachtheit" (Selg) Langsamkeit und Bedachtsamkeit („Wieder fällt mir auf (*und gefällt mir*), daß die Tage hier [in Olevano bei Rom, B.S.] sehr lang sind, und ebenso die Abende, es ist hier noch Zeit vorhanden, eine Qualität, die in der beschleunigten Rotation der Großstadt verloren geht"[249]), statt „Sex & Drugs & Rock 'n' Roll" (Selg) Zölibat & Abstinenz & klassische Musik („dann können wir [...] aufmerksam Musik hören, 16. Jahrhundert, 17. Jahrhundert, *etwas sehr Lustvolles*"[250]), statt „Schläge ins Kontor der etablierten Literaten" (Selg) zärtliche Berührungspunkte zur 'konservativen' Heimat- und Landschaftsdichtung („gerade frage ich mich, warum man eigentlich eine wortlose Beruhigung durch eine [...] Naturlandschaft erfährt, still und ganz weit hinter den Augen"[251]), statt „Comic und Krimis, Wild West und Science Fiction" (Selg):

> Träume von Grünkohl, Pinkelwurst, Schweinerippchen und Salzkartoffeln [...], nachher einen Steinhäger [...], dann anschließend ein Gang durch frostiges Wintermoor mit Eis auf den tiefen Treckerspuren im Weg. Und oben die weiße Mondhelle. [...] – Dafür würde ich gern ganz Rom eintauschen. – Und nachher flüstern. Lesen. Träumen. Schlafen. – Gibt es das nicht mehr? Die Schönheit einer gelben Hundsblume.[252]

Genau hier, im Zentrum von Brinkmanns urdeutschen Innerlichkeits-"Träumen", findet sich auch der entscheidende intertextuelle Verweis auf die 'andere Seite' des Pop-Diskurses: Die „Schönheit einer gelben Hundsblume" alludiert nämlich die rührend-sentimentale Spielart der deutschen Trümmerliteratur, genauer: sie bezieht sich auf *Die Hundeblume* (1947) aus Wolfgang Borcherts gleichnamigem Erzählband. Dort heißt es (und damit beende ich meine Nachbemerkung zu Rolf Dieter Brinkmann):

---

248 Rolf Dieter Brinkmann: Rom, Blicke, S. 282. Vgl. ebd., S. 368: „[...] wohin geht der Klang? 'Nach Norden, fort!' – zurück in die Zeit – draußen heult Wind um die Kanten des Hauses hier auf der Anhöhe – jetzt bin ich allein – stecke tief in der Nacht – und Wind saust um die Kanten des Hauses [...]." Hier, im nordischen 'Sausen und Brausen' der finsteren Nacht, vermeint man die Ge-räusche (vgl. „rauschbereit") des teutonischen Sturm- und Brausegottes Wotan zu hören. Michael Zellers Bemerkung vom latenten „Faschismus" Brinkmanns offenbart hier ihren geheimen Hintersinn. Bezeichnenderweise sperrt Brinkmann seine nordischen Fantasien in Klammern ein.

249 Rolf Dieter Brinkmann: Rom, Blicke, S. 378.

250 Rolf Dieter Brinkmann: Rom, Blicke, S. 412.

251 Rolf Dieter Brinkmann: Rom, Blicke, S. 350.

252 Rolf Dieter Brinkmann: Rom, Blicke, S. 183.

Ein blasierter, reuiger Jüngling aus dem Zeitalter der Grammophonplatten und Raumforschung steht in der Gefängniszelle [...] und hält mit seinen vereinsamten Händen eine kleine gelbe Blume in den schmalen Lichtstrahl – eine ganz gewöhnliche Hundeblume. Und dann hebt dieser Mensch [...] die Hundeblume an seine hungrige Nase [...].

Da öffnet sich in ihm etwas und ergießt sich wie Licht in den engen Raum, etwas, von dem er bisher nie gewußt hat: Eine Zärtlichkeit, eine Anlehnung und Wärme ohnegleichen erfüllt ihn zu der Blume und füllt ihn ganz aus.[253]

6. Erinnerte Trümmer – Dieter Fortes Roman *In der Erinnerung*

Der Schriftsteller Dieter Forte hat erst kürzlich einen ganz dezidierten (und 1999 sogar mit dem Bremer Literaturpreis ausgezeichneten) Trümmerroman geschrieben, der in den Ruinen der unmittelbaren Nachkriegszeit (1945/46) spielt und in mehrfacher Hinsicht an die vergangenen Trümmerliteraturen anschließt.[254] Dieser Roman, der *meiner* Meinung nach ziemlich mißlungen ist, kommt nicht nur 50 Jahre zu spät, er setzt auch überhaupt keine neuen Akzente. *In der Erinnerung* – so der Titel des Romans – hat sich (genau wie bei W.G. Sebald) so manches verklärt, was 'In der Gegenwart' wahrscheinlich noch ganz anders ausgesehen hat. Das folgende Zitat – es handelt sich um einen vollständigen Absatz, der auch von Elisabeth Langgässer (*Märkische Argonautenfahrt*) oder Hans Erich Nossack (*Der Untergang*) stammen könnte („alte Abschreiberei", *Hilbig*) –, soll jetzt einen Eindruck von der Neueren deutschen Trümmerliteratur vermitteln:

Staubwolken, die den Mund austrockneten, ihn verschlossen zu einer wortlosen Todesstille, in der kein Vogelschrei zu hören war, kein Flügelschlag; es gab keine Vögel mehr, wie es keine Hunde und Katzen mehr gab, deren Gebell und Geschrei schon vergessen war, erstorben zwischen den Grabhügeln aus grauem Gestein, verkohlten Balken, zerbrochenen Ziegeln, rostigen Eisenträgern. Eine erkaltete Welt in verwirrenden Flimmern aufleuchtender Glassplitter, nur belebt durch die Explosionen von Blindgängern, das morsche unheimliche Grummeln in sich versinkender Keller, aus denen Verwesungsdünste aufstiegen, die mit dem Wind zogen, verendete Tiere, erstickte, zerstückelte, aufgedunsene Menschen, ein süßlicher Gestank, der sich klebrig auf die Haut legte, anders als der scharfe Geruch der verbrannten Leichen, der die Augen tränen ließ. Und auf den eingestürzten Kellern, zwischen den in der Feuerluft versteinerten Bäumen, standen Blumen in exotischen Farben, Pflanzen,

---

253 Wolfgang Borchert: Die Hundeblume. In: ders.: Das Gesamtwerk, S. 35-49, hier: S. 48. Es fällt nicht schwer, in dem „blasierte[n], reuige[n] Jüngling aus dem Zeitalter der Grammophonplatten [vgl. Pop!] und Raumforschung" ein 'Portrait' Rolf Dieter Brinkmanns zu erkennen.

254 „Eine Fahrt durch Deutschland gleicht einer Reise wie im <u>Dreißigjährigen Krieg</u> [...]." Dieter Forte: In der Erinnerung (Roman), Frankfurt/M. 1998, S. 78. Vgl. auch S. 233: „Die Straße, glattgeteert, ohne Schuttberge, ohne Bombentrichter, erschien ihm [<u>Friedrich</u>] so unwirklich wie eine aufgeräumte <u>Puppenstube</u> [vgl. in Loerkes <u>Puppe</u> <u>Friedrich</u> Schedels Koffer als 'unaufgeräumte' Puppenstube, B.S.], nur an einigen eingedrückten Bordsteinen erkannte er noch die Gleitspuren der Trümmerbahn." Selbst der Geruch des Magischen Realismus (Lavendel) hat *In der Erinnerung* eine Duftspur hinterlassen: „[Friedrich] beteiligte sich mit einem Freund an einem <u>Lavendelfeld</u> in der Provence [...]. Schöne Stunden waren das in dem warmen Heizungskeller neben dem riesigen Koksofen, wenn es nach <u>Lavendel</u> roch [...]." (S. 236f.)

die man nicht berühren durfte, weil sie giftig waren, gedüngt mit Phosphor und Lei-chengift.[255]

Wie gesagt: Dieser Text stammt nicht etwa aus den späten 40er, sondern aus den späten 90er Jahren. Wenn man bedenkt, auf welch hohem Niveau Autoren wie Celan, Eich und Aichinger das Kriegstrauma um-schrieben und 'verarbeitet' haben, dann ist Fortes Text von einer geradezu bestürzenden Oberflächlichkeit. Es handelt sich, mit einem Wort ge-sagt, um pseudo-ruderalen Trümmerkitsch.[256] Was macht den Text so ungenießbar? Be-simmt *nicht*, daß in ihm ekelhafte Dinge (Leichen, Gestank etc.) geschildert werden, son-dern daß sie *so und nicht anders* geschildert werden. Hier bei Fortes Text wäre es wirk-lich angebracht, mit Sebald auszurufen: „Ich sehe nichts von dem, was da beschrieben wird, sondern sehe immer nur den Autor".[257] Warum sehe „Ich" immer nur den Autor? Weil er allzu beflissen um eine feinsinnige Darstellung der Trümmerwelt bemüht ist: Der Autor zeigt uns, daß er lange Satzperioden 'bauen' kann (die aber, sieht man genauer hin, nur aus einfachen Reihungen bestehen), er scheut sich nicht, an 'Tabus' zu rühren und 'unsaubere' Dinge mutig auszusprechen, er beherrscht das Trümmer-Vokabular und die 'gehobene' dichterische Sprache („*Grabhügel*[] aus *grauem Gestein*"). Fortes Trümmer-landschaft ist eine herbeizitierte Kulissenwelt, in der die Vergangenheit nicht bewältigt, sondern verramscht wird:

> Denn die, die da aufs Geld aus waren, waren nicht an den alten Geschichten interes-siert, sie rasten bewußlos und wie wahnsinnig in neuen Autos durch die Straßen, und es konnte sein, daß die, die da mit ihren Geschichten durch die Welt zogen, die wie Pilger auf einer unendlichen Heerstraße wanderten, die Hellsichtigen, die Klarsichti-gen waren, die in ihren Erzählungen die Wahrheit bewahrten.[258]

Diese hoffnungslos abgenutzten Klischees (die bösen Reichen im Kampf gegen die guten Armen) reproduzieren ihrerseits die verlogenste und billigste Art einer scheinchristlichen Vergangenheits-'Bewältigung', die immer die „Wahrheit" zu „bewahr[]en" glaubt. Gegen die katholischen Trümmerromane eines Heinrich Böll läßt sich ja manches einwenden, aber auf einem derart niedrigen (um nicht zu sagen: anbiedernden) Niveau spielen sich nicht einmal seine 'grenzwertigen' Texte wie *Ansichten eines Clowns* (1963) ab. Forte hat 'hellsichtig' erkannt, daß mit einem trivialisierten Böll-Aufguß immer noch Erfolg zu er-

---

255 Dieter Forte: In der Erinnerung, S. 12. Forte ist ein 'alter Abschreiber', der sich bei AutorInnen wie Her-mann Kasack, Elisabeth Langgässer, Heinrich Böll, Ernst Kreuder und Hans Erich Nossack 'bedient' hat.

256 Der Trümmerkitsch-Vorwurf ist zugegebenermaßen reichlich böse, zumal oben behauptet wurde, daß For-tes Textur derjenigen Nossacks oder Langgässers gleiche. Dazu muß jedoch folgendes gesagt werden: Was in den 40er Jahren noch verzeihlich, ja sogar bitter nötig war – die (mehr oder weniger 'geschönte') Dar-stellung der Trümmer und Trümmerlandschaften –, gerät in den 90er Jahren unweigerlich zum Trümmer-kitsch, zumal wenn es auf einem derartigen Niveau präsentiert wird. Anders gesagt: Langgässer 'durfte' die Trümmer noch auf diese Weise beschreiben, Forte darf es in dieser Form nicht mehr.

257 W.G. Sebald: Luftkrieg und Literatur, S. 70. Sebald meint hier übrigens Arno Schmidts Kurzroman *Aus dem Leben eines Fauns* (vgl. auch oben Anm. 10).

258 Dieter Forte: In der Erinnerung, S. 171.

zieln ist.[259] Um den Unterschied zwischen 'originaler' und 'nachgemachter' Trümmerliteratur wirklich zu spüren, empfiehlt es sich, Horst Langes zu unrecht vergessenen Roman *Verlöschende Feuer* (1956) und Fortes zu unrecht 'ausgezeichneten' Roman *In der Erinnerung* parallel bzw. synoptisch zu lesen. Eine solche vergleichende Lektüre kann hier verständlicherweise nicht en détail durchgeführt werden. Sie würde auch – zumindest auf den ersten Blick – erst einmal nur die 'gleichen' Trümmer ans Licht fördern:

> D[a]s gleißende, erbarmungslose Licht [...] fiel schräg und mit großer Wucht in die Trümmer ein, scharfe Schatten werfend, in denen ein leichtes, bläuliches Dampfen war. All die geborstenen Wände, die übereinandergestürzten Träger, Balken und Dielenbretter, die ausgerenkten Treppen, die ins Leere führten, die unbetretbaren Balkone mit ihren Blumenkästen, in denen nichts mehr wachsen würde als ein wenig Vogelmiere [= Unkraut, B.S.], wo früher Pelargonien und Petunien gestanden hatten, die Kachelöfen, die hoch oben an den Mauern klebten, die Bilder, die dort noch an den Wänden hingen, von denen die Tapete sich abgelöst hatte, – es bezeugte, gleich einem riesigen Abfallhaufen, nichts weiter, als die Ohnmacht des Menschen jenen Mächten gegenüber, die er selbst entfesselt hatte.[260]

Es ließen sich sogar auch die 'gleichen' Erinnerungs-Obsessionen aus Langes Trümmerroman ans Licht ziehen:

> „Ich kann das [Szenario der Verwüstung, B.S.] nicht mehr mit ansehen", stöhnte Blanche [...], „es drückt mir das Herz ab!"
> „Aber ich", gab [Hans] hart zurück, „ich sehe genau hin, um es mir deutlich einzuprägen. Für später. Die Welt wird es früh genug vergessen. *Aber wir dürfen es nicht, wir dürfen es niemals vergessen – wenn wir es überleben sollten...*"[261]

Auf den zweiten – und zugegebenermaßen diskursiv schwerer zu vermittelnden – Blick zeigen sich aber dann vor allem die Unterschiede in den beiden Trümmertexturen. Und obwohl Lange seinen Lesern nichts erspart – Verwüstungen, Folterungen und Kriegsverbrechen etc. werden detailliert und z.T. sogar exzessiv beschrieben (was wohl dazu beigetragen hat, daß dem Buch kein Erfolg beschieden war und *die Welt es früh genug*

---

259 Es wäre interessant zu erörtern, warum Literaturpreise gerne an 'postapokalyptische' Trümmertexte vergeben werden. Der 'Rein-Fall' Dieter Forte scheint mir dem 'Fall' Christoph Ransmayr vergleichbar zu sein: Romane wie Fortes *In der Erinnerung* und Ransmayrs *Die letzte Welt* haben wahrscheinlich einen 'Trümmerbonus', der sie anderen Texten immer schon 'irgendwie' überlegen macht. Liegt das vielleicht ganz einfach daran, daß von Trümmer-Landschaften eine große Faszination ausgeht? Die literarischen Qualitäten der Texte scheinen demgegenüber nur eine untergeordnete Rolle zu spielen. Was lernen wir daraus? In den Trümmern steckt immer noch ein großes Kapital!

260 Horst Lange: Verlöschende Feuer, S. 184f. Diese *theatralische* Ruinenlandschaft offenbart gewissermaßen einen 'Magischen Irrealismus': „Das grelle Licht, das durch die gezackten Lücken in den Häuserfronten stürzte, bewirkte, daß der Straßenzug eine ganz andere Dimension bekam, als sie jemals gehabt hatte. Das hier, was Hans vor Augen hatte, konnte *mit der Realität nichts mehr zu tun* haben; es erinnerte an ein sehr geschickt arrangiertes *Bühnenbild*, das von einem Maler [Werner Heldt?, B.S.] entworfen sein mochte, der mit größter Nüchternheit und Präzision das äußerste Grauen hatte darstellen wollen." (Ebd., S. 187)

261 Horst Lange: Verlöschende Feuer, S. 135 (kursiv im Text).

282

vergessen' hat) –, sind es nicht so sehr diese drastischen ('dokumentarischen') Passagen, die Langes Roman *vor* dem von Forte auszeichnen. Es sind vielmehr die leisen Zwischentöne, die *Verlöschende Feuer* so anrührend machen. Es ist, wenn ein „Lieblingswort" von Jürgen Becker (s.o.) in diesem Zusammenhang erlaubt ist, das „Authentische", das nicht oder doch nur sehr schwer kopiert bzw. kolportiert werden kann. Diese Authentizität äußert sich, wie gesagt, in einer nur schwer zu greifenden Resignation *und* Wut, die Langes ganzen Roman gleichsam imprägniert haben und nurmehr *zwischen* den Zeilen zu spüren ist. – Davon kann Dieter Forte *In der Erinnerung* nur träumen.

Es lohnt sich, noch einen Augenblick *In der Erinnerung* zu verweilen. An diesem Roman läßt sich nämlich hervorragend ablesen, wie das *anarchische Lebensgefühl*[262] der unmittelbaren Nachkriegszeit, das in Eichs *Maulwürfen* seine gültigste und avancierteste Ausprägung gefunden hat, gewissermaßen wieder in eine traditionell erzählte Struktur 'zurückgenommen' wird:

> Der Schrei eines überwältigenden, unbekümmerten Lebensgefühls, aufsteigend aus einem rabiaten Haufen, der durch die Straßen tobte, keine Grenzen kannte, keine Erziehung, keine Normen. Kinder, die absolut frei waren [...], ein wildes Leben voller glücklicher Augenblicke, ein Leben zwischen Wut und Trauer und unbeherrschten Freudenausbrüchen.[263]

Aufsteigt der Schrei und fallend gießt... Fortes 'Spiel ohne Grenzen' ist alles andere als „frei" und „wild[]"; es ist in Wahrheit in die engen Grenzen einer traditionalistischen Ästhetik verbannt, die alle „rabiaten" Unbeherrschtheiten genauestens kontrolliert. *In der Erinnerung* geht es deshalb ähnlich zu wie auf dem *Verwilderten Bauplatz*: Jeder Versuch einer Re-Konstruktion von Wildnis bzw. Wildheit scheitert gerade *wegen* seiner rhetorischen Forcierung. Man könnte fast den Eindruck gewinnen, als seien die *wilden Topoi* – das sind Ruderalflächen im weitesten Sinne des Wortes – geradezu ein Indikator für *kontrollierte Textverfahren*. Mit anderen Worten: Im Magischen Realismus und/oder in der Trümmerliteratur ist das Ruderal-Vokabular keine Lizenz für Anders-Rede, sondern ES spricht für sich selbst. Der Ruderalfläche wird offensichtlich ein derartiges Potential an Modernität zugetraut, daß ihre bloße Nennung in Texten ausreichend ist: Trümmer(landschaften) sind immer schon 'irgendwie' modern. Die 'wilde Wildheit' bleibt, so

262 Die *Ambivalenz (in) der Anarchie* kommt besonders eindrücklich in Horst Langes Trümmerroman *Verlöschende Feuer* zum Ausdruck. Nach einem Bombenangriff kommt es dem Protagonisten Hans *einerseits* so vor, „als hätte er eine breite, öde Zone hinter sich gelassen, in der die Zeit nichts mehr galt, eine unermeßliche, nie mehr zu ordnende, *anarchische Periode*, in der die Jahrhunderte durcheinandergestürzt waren". *Andererseits* bietet die „Anarchie" dem Protagonisten und seiner Geliebten Blanche eine Zufluchtsstätte: „Mitten in der wachsenden *Anarchie des großen Untergangs*, der über Berlin hereingebrochen war [...], kam für die beiden eine ruhige und glückliche Zeit. Es war so, als lebten sie in einem Bannkreis [...]." H.L.: Verlöschende Feuer, S. 126 (= 1. Zitat) u. 131 (= 2. Zitat).

263 Dieter Forte: In der Erinnerung, S. 98f.

scheint es, der Textur[264] (im weitesten Sinne des Wortes) vorbehalten; sie ist über motivische Amplifikationen nicht einzuholen („andern Nasen einige Meter voraus", *Eich*).

Der Vergleich mit Günter Eich, den Fortes Roman provoziert, ist nicht aus der Luft gegriffen, sondern er drängt sich an einer anderen Stelle von *In der Erinnerung* in noch weit
stärkerem Maße auf: Der Protagonist Gustav liest gern in einer „alten Enzyclopädie", die
er aus den Trümmern geborgen hat:

> Globus und Brockhaus waren sein wertvollster Besitz [...]. Er hatte den Brockhaus
> schon mehrmals von A bis Z gelesen und fand, daß der Herr Brockhaus da einen be-
> merkenswerten und sehr intelligenten Roman geschrieben habe, man mußte sich na-
> türlich aus den Fakten emportragen lassen in vielfach verflochtene Phantasiewelten,
> aus den unzähligen Stichworten, den Namen, Orten und Zeiten, die alles miteinander
> verknüpfende Handlung erkennen, denn alles hatte miteinander zu tun [...].[265]

Hier handelt es sich ganz eindeutig um eine Trivialisierung von Eichs Enzyklopädie-
Projekt, das dieser bereits in seinen frühen Texten wie z.B. *Eine Karte im Atlas* (1930)
und *Eine Stunde Lexikon. Ein Traumspiel* (1933) konzipiert hatte. In den avancierten
Texten des späten Eich setzen die lexikalischen Lemmata „[z]wischen Schöneberg / und
Sternbedeckung"[266] einen entfesselten 'Beziehungswahn' frei, der alle eindimensionalen
Lesarten von vornherein zum Scheitern verurteilt. „*Die Orientierung in der Wirklichkeit*",
bemerkt Peter Horst Neumann zutreffend, „*geschieht nun entlang der Stichwortfolgen der
Enzyklopädien. Kein Verstehen mehr. Ende der Hermeneutik.*"[267] Dieses „Ende der
Hermeneutik" wird von Forte zurückgenommen: Die lexikalischen (und intertextuellen)
„Fakten", mit denen die *Maulwürfe* – und viele andere Texte des späten Günter Eich –
gewissermaßen 'angereichert' sind, werden *In der Erinnerung* gezielt kaschiert. Anstatt
also zumindest einige wenige der „unzähligen Stichworte" (und Intertexte) versuchsweise
„miteinander" in Beziehung zu setzen, begnügt sich der Roman damit, den „alles miteinander verknüpfende[n]" roten Faden zu postulieren. Die „vielfach verflochtene[n] Phan-
tasiewelten", die der Roman herauf- bzw. „empor"-beschwört, bleiben in der Tat ein leeres (d.h. vom Text nicht eingelöstes) Phantasma.

Zugegeben: Trümmer-Texte sind auch *nach* der Wieder(ein)holung der Textur nicht zur
Unverständlichkeit verpflichtet; sie 'müssen' nicht einmal *schwer* zu lesen sein. Viele
Texte von Heinrich Böll haben längst bewiesen, daß es eine *leicht* lesbare (und trotzdem

264 *Textur* ist nach meinem Verständnis nicht gleichbedeutend mit *Unverständlichkeit* (im Sinne von Moritz
     Baßler: Die Entdeckung der Textur, a.a.O.). *Textur* bezieht sich in diesem Zusammenhang auf die genuinen
     Textverfahren der klassischen Moderne (Ambiguitäten, Paradoxa, Abstraktion, sprachlicher Leerlauf etc.).
     Texturierte Texte sind in diesem Sinne immer auch *mehrfach codierte Texte*.

265 Dieter Forte: In der Erinnerung, S. 81.

266 Dieser Vers stammt aus Eichs Gedicht *Zum Beispiel*, vgl. G.E.: Gesammelte Werke Bd. 1, S. 136.

267 Peter Horst Neumann: Die Rettung der Poesie im Unsinn, S. 89 (kursiv im Text). Vgl. außerdem das „En-
     zyklopädie"-Kapitel aus Moritz Baßler u.a.: Historismus und literarische Moderne, S. 293-332.

schwer verdauliche) Trümmerliteratur geben kann, die ein breites Publikum erreicht ohne sich anzubiedern. Wenn aber ein Text wie *In der Erinnerung* das deutsche Trümmer-Erbe (von Opitz bis Eich) ganz bewußt antritt *und leichtfertig verschleudert* (um im Bilde zu bleiben), dann ist ein deutliches Wort fällig. Wie gesagt: Fortes Roman ist auch *nach* den *Maulwürfen* nicht zur Unverständlichkeit verdammt; er muß nicht einmal die verschiedenen (magisch-realistischen) Intertexte, die er kolportiert, „miteinander verknüpfen[]". Wenn er aber – und damit komme ich zum entscheidenden Punkt – in offene Konkurrenz zu Eichs avantgardistischem Enzyklopädie-Verfahren tritt und meilenweit dahinter zurückbleibt, dann darf sich sein Verfasser nicht über die Schelte wundern, die er von germanistischer Seite bezieht. Wenn Forte seine weidlich geplünderten Intertexte nicht *kaschiert*, sondern in irgendeiner Form *markiert* hätte („alte Abschreiberei"[268]), dann wäre sein sekundärer Trümmer-Aufguß weniger peinlich ausgefallen. Genau dieser Anspruch auf miterlebte Trümmer-Authentizität („Erinnerung") macht das Buch fragwürdig.

7. Konstruierte Trümmer – Marcel Beyers Roman *Flughunde*

„So ungefähr werden sie wohl gewesen sein, meine Erinnerungen" – schreibt W.G. Sebald in *Die Ringe des Saturn*.[269] Diesem Satz kann man irgendwie nicht widersprechen. Die *So-war-das-damals*- und *Ich-sehe-es-noch-vor-mir*-Texturen von Sebald und Dieter Forte sind – bei aller qualitativen Differenz zwischen den beiden Autoren – in den späten 90er Jahren offensichtlich denkbar ungeeignete Kandidaten für die Fortschreibung des Trümmerdiskurses (geworden). Daß es auch 'ganz anders' geht, hat Marcel Beyer (geb. 1965) in seinem Roman *Flughunde* (1995) bewiesen. Dieser Trümmerroman, der eigentlich gar keiner (mehr) ist, spielt in den letzten Kriegstagen des Jahres 1945 und macht, sieht man von einigen wenigen Ausnahmen einmal ab,[270] keine Anleihen mehr bei der Trümmerliteratur und dem Magischen Realismus. Der Roman von Beyer prätendiert an keiner Stelle, von authentischen Erinnerungen zu zehren. Dennoch (oder gerade deshalb)

---

268 Im Unterschied zu Dieter Forte spielt Wolfgang Hilbig in seinen hochgradig intertextuell vermittelten (magisch-realistischen) Texten mit offenen Karten, selbst dann, wenn die 'Karten' auf intellektuelle Weise 'verdeckt' erscheinen bzw. alludiert werden. Genau diese Allusionen werden in Fortes Roman kaschiert; der Roman prätendiert, sein Trümmer-Material stamme aus erster Hand.

269 W.G. Sebald: Die Ringe des Saturn. Eine englische Wallfahrt, Frankfurt/M. (Fischer-TB) 1997 [EA 1992], S. 114.

270 Trümmerlandschaften finden sich in Beyers Roman, der zum größten Teil im Berliner Führerbunker spielt, fast ausschließlich in Kapitel VI. Diese Trümmerlandschaften sind bezeichnenderweise noch 'ganz frisch', d.h. sie sind noch nicht von dem typisch magisch-realistischen Unkraut überwuchert: „Und nun hat man mich [Hermann Karnau] in dieses Trümmerfeld zurückbeordert. Rauchschwaden über der Stadt in östlicher Richtung, Einschläge ganz in der Nähe lassen die Luft erzittern, und nicht weit entfernt sind Schüsse zu hören, Bäume liegen entwurzelt auf dem Trottoir, das Elefantentor ist zerschossen, am Boden ein verbogenes Schild DIE TOTENKOPFÄFFCHEN DÜRFEN INS FREIE, die Beete sind zerfurcht, verkohlte Baumstümpfe säumen den Weg [...]." M.B.: Flughunde (Roman), Frankfurt/M. 1996 [EA 1995], S. 190 (Hervorhebung im Text).

wird Deutschlands finsterste Trümmerzeit in *Flughunde* wieder unheimlich lebendig, obwohl, wie gesagt, die Trümmer nicht (wie bei Forte) das Thema des Textes sind. *Flughunde* bezieht seine formalen Stärken sogar im Gegenteil aus einer Reduzierung der optischen zugunsten der akustischen Eindrücke. In einer geradezu erdrückenden Flut von Erinnerungs- und Memoirenliteratur zum Thema Krieg nimmt sich Beyers genuiner Trümmerroman, für den eine eigene Kategorie im Raster der verschiedenen Trümmerliteraturen eingeführt werden sollte, wie ein Neubeginn in der Auseinandersetzung mit dem 2. Weltkrieg aus. Dieser literarische Neubeginn zieht auch keinen Schlußstrich unter die deutsche Vergangenheit, er bündelt die verschiedenen 'Vergangenheiten' (Intertexte) vielmehr auf eine faszinierende Weise: Die vermeintlich „authentische[n]" Anatomieprotokolle aus Fichtes *Detlevs Imitationen „Grünspan"* erscheinen in *Flughunde* gewissermaßen re-literarisiert, ohne dabei im geringsten an der von Sebald geforderten „Tiefe des Entsetzens" einzubüßen.[271] Das Spektrum zitierter, alludierter und montierter Intertexte reicht von Gedichten Paul Celans, die im Roman in Prosa verwandelt werden, über Felix Hartlaubs Tagebuch-Aufzeichnungen aus dem 'Führerhauptquartier' bis hin zu Friedrich Kittlers postmoderner Analyse der Phonographie.[272] Die Liste der in den Roman eingespeisten Texte ließe sich noch um viele Titel vermehren. *Flughunde* ist demnach ein rabiater Intertext, der souverän mit seinen Vorbildern *spielt*. Genau das ist dem Roman vorgeworfen worden: Mit dem Weltkrieg spielt man nicht! Es ist nur merkwürdig, daß man Dieter Forte nicht auch vorgeworfen hat, sein Roman 'spiele' nur mit Vorbildern. Entweder ist das ganz einfach nicht bemerkt worden, oder Forte zehrt von seinem Zeitzeugen-Bonus, der ihn im Gegensatz zum 1965 geborenen Beyer zum Hüter der Erinnerungen legitimiert. Um es einmal ganz deutlich zu sagen: *Jeder* auch nur halbwegs ehrliche literarische Text *spielt* mit seinen Vorbildern. Tut er dies nicht oder vermeint er, dies nicht zu tun, ist Skepsis geboten. Intertextualität ist auch kein postmodernes und/oder modisches *Credo*, das man im Gefolge von Kristeva 'nachbetet', Intertextualität (einfacher gesagt und rezeptionsästhetisch gewendet: *Belesenheit*) sollte sich immer von selbst verstehen. Das Wohlstandskind Beyer ist demnach genauso legitimiert, sich seinen ganz 'persönlichen' Weltkrieg *aus den Archiven und Intertexten* zusammenzubasteln, wie die Trümmerkinder Forte, Grass und Walser autorisiert sind, den 'gleichen' Weltkrieg *Aus der Erinnerung* zu rekonstruieren. Im Gegensatz zu den verhätschelten Weltbild-Schriftstellern Grass und Walser, die zu allem und jedem eine Meinung haben (und diese in den Medien auch ständig absondern zu müssen glauben), ist Beyers Roman von einer wohltuenden

---

271   Vgl. Marcel Beyer: Flughunde, S. 298f.: „Bei der Obduktion von Helgas Leiche wird folgende Akte abgefaßt." Es folgt ein ausführliches Sektionsprotokoll, das am Schluß – leider – auch den Geschmack des voyeuristischen Lesepublikums bedient: „Brustkorb normal ausgebildet, Brustwarzen klein, in den Achselhöhlen keine Behaarung festgestellt. Bauch flach. Äußere Geschlechtsorgane normal entwickelt. Große Schamlippen und Venusberg bis zum oberen Rand der Symphyse behaart. Hymen ringförmig."

272   Zu Celan vgl. Marcel Beyer: Flughunde, S. 122: „[...] dann geradewegs ins Ungewisse, nach vorheriger Befragung eines Geländekundigen, ein Schattenspezialist, es herrschte <u>Lichtzwang</u> [...]." Vgl. außerdem Felix Hartlaubs Aufzeichnungen *Führerhauptquartier 1942-1945*, in: der.: Im Sperrkreis, S. 111-161. Vgl. noch: Friedrich Kittler: Grammophon, Film, Typewriter, Berlin 1986.

Ideologie-Abstinenz. Es bleibt nun abzuwarten, ob die Generation der jungen AutorInnen im Gefolge der *Flughunde* eine ganz eigene Trümmerliteratur etablieren wird, oder ob sie das verunkrautete weite Feld auch weiterhin den selbsternannten Erinnerungs-Dinosauriern überläßt. Dies ist kein Einwand gegen Erinnerungen an Trümmer, sondern im Gegenteil ein Plädoyer für die Kontinuität der deutschen Trümmerliteraturen.

Damit komme ich auf meine zu Anfang des Kapitels gestellte These von den verschiedenen Trümmerliteraturen zurück. Ein erster Gang durch die Neueste deutsche Trümmerliteratur (Sebald, Forte und Beyer) hat ergeben, daß es im wesentlichen zwei unterschiedliche Modi gibt, über Ruderalflächen und (Kriegs-) Trümmer zu sprechen bzw. zu schreiben: Einerseits gibt es den retrospektiven (und nicht selten melancholisch gefärbten) Erinnerungs-Modus der älteren AutorInnengeneration (Hilbig, Sebald etc.), der vom Kredit auf Zeitgenossenschaft lebt und Schreibweisen des Magischen Realismus beerbt, und andererseits gibt es den rekonstruierenden (und in der Regel melancholiefreien) Blick des Nachgeborenen (Beyer), der die sentimentale magisch-realistische Perspektive nicht (mehr) benötigt. Sentimental oder besser: sentimentalisch ist die magisch-realistische Schreibweise deshalb, weil ihr die Spannung zwischen *Einst* (= unkorrumpiert, integral, ganz etc.) und *Jetzt* (= zerstört, entstellt, 'halb' etc.) immer schon eingeschrieben ist. Der Verfasser der berühmten Schrift *Ueber naive und sentimentalische Dichtung*, Friedrich Schiller, schreibt in seiner Rezension *Über den Gartenkalender auf das Jahr 1795* in bezug auf den englischen Garten von Hohenheim:

> Die Vorstellung, daß wir eine ländliche Kolonie vor uns haben, die sich unter den Ruinen einer römischen Stadt niederließ [...], bringt eine geistvolle Einheit in diese barocke Komposition. Ländliche Simplizität und versunkene städtische Herrlichkeit, die zwei äußersten Zustände der Gesellschaft, grenzen auf eine rührende Art aneinander, und das ernste Gefühl der Vergänglichkeit verliert sich wunderbar schön in dem Gefühl des siegenden Lebens. Diese glückliche Mischung gießt durch die ganze Landschaft einen tiefen elegischen Ton aus, der den empfindenden Betrachter zwischen Ruhe und Bewegung, Nachdenken und Genuß schwankend erhält.[273]

Das ist keine 'Definition' des Magischen Realismus. Schillers Beobachtung soll an dieser Stelle nur verdeutlichen, daß die Spannung zwischen Einst („Ruinen einer römischen Stadt") und Jetzt („ländliche Kolonie") der ruderalen Perspektive immer schon inhärent ist. Das *Einst* bezieht sich bei Schiller auch nicht auf eine unkorrumpierte und paradiesische Vergangenheit, die es – wie etwa bei Langgässer in heilsgeschichtlicher Weise – zu restituieren gilt, sondern auf „*Ruinen* einer römischen Stadt". Unter den „Ruinen" liegen immer wieder nur weitere Trümmer. Die angedeutete Spannung bezieht sich bei Schiller mehr auf den Gegensatz zwischen *naiv* („Ländliche Simplizität") und *sentimentalisch* („städtische Herrlichkeit"). Das Zitat, das mit Reizworten seiner Epoche (rührend, ernst,

---

[273] Friedrich Schiller: Über den Gartenkalender auf das Jahr 1795. In: Schillers Werke. Nationalausgabe. Hg. von Lieselotte Blumenthal und Benno von Wiese, Bd. 12 (Vermischte Schriften), hg. von Herbert Meyer, Weimar 1958, S. 285-292, hier: S. 290. Den Hinweis auf dieses Zitat verdanke ich Jörg Schuster.

elegisch) gespickt ist, kann und soll hier nicht auf die Goldwaage gelegt werden. Ein letzter Blick auf Schillers Rezension soll die Affinität und die Diskrepanz zum Magischen Realismus jetzt abschließend verdeutlichen. Die Affinität besteht hier, kurz gesagt, darin, daß sowohl Schiller als auch die AutorInnen des Magischen Realismus ein ausgeprägtes „Gefühl" für „siegende[s] Leben[]" (Huflattich!274) entwickelt haben. Die Diskrepanz liegt jedoch andererseits darin, daß sich „das ernste Gefühl der Vergänglichkeit" bei AutorInnen wie Loerke, Eich und Langgässer gerade nicht „*wunderbar schön* in dem Gefühl des siegenden Lebens [*verliert*]", sondern sich im Gegenteil *unheimlich beängstigend steigert*. Wie hieß es doch gleich bei Günter Eich?

> Der Mensch wird abgelöst und hat auch nach der Ablösung des Huflattichs keine
> Chance mehr; die Schöpfung kann sowohl auf Geist wie auf Biologie verzichten, so
> daß auch noch die Vorstellungskraft des Menschen ungültig wird.275

Eichs regressive Ablösungs-Phantasie, man könnte auch sagen: seine negative Schöpfungs-Geschichte ist eine um 180 Grad gedrehte Umkehrung (Perversion) von Schillers klassisch-humanistischem Stimmungs-Bild, das seinen „empfindenden Betrachter zwischen Ruhe und Bewegung, Nachdenken und Genuß schwankend erhält". W.G. Sebalds düstere Vision von einer zugleich überbevölkerten *und* menschenleeren Erde kann als äußerste magisch-realistische Zuspitzung dieser Antinomien gelesen werden.276 Zwischen stillgelegter Grabes-"Ruhe" und entfesselter „Bewegung" (Mobilität) gibt es 200 Jahre nach Schillers Rezension keine erkennbaren Unterschiede mehr.

8. Elisabeth Langgässer: *Gang durch das Ried* – Ein verwilderter Roman

*„Oh, wieviel wilder als die Wildnis ist doch die Verwilderung!"*277

Einführung

Der faszinierend unsentimentale und melancholiefreie Sonderweg, den Beyer in seinem Roman *Flughunde* beschritten hat, soll in dieser Untersuchung, die sich ja mit den

---

274   Wenn Schiller von dem „Gefühl des siegenden Lebens" spricht, dann meint er damit natürlich nicht den 'totalen Sieg des Huflattichs', den ca. 150 Jahre später die Magischen-Realisten wie z.B. Günter Eich und Oda Schaefer meinen, wenn sie vom „siegenden Leben[]" sprechen. Gleichwohl ist Schillers Formulierung – retrospektiv betrachtet – anschlußfähig an den Unkraut-Diskurs der (Nach-) Kriegszeit.

275   Vgl. Kap. III, Anm. 45.

276   Vgl. Anm. 15. Sebalds düstere Visionen aus *Die Ringe des Saturn* haben stellenweise eine auffallende Affinität zu Ernst Jüngers (gemeinhin als 'kulturkonservativ' geltendem) Essay *Der Arbeiter. Herrschaft und Gestalt* (1932): Die zutiefst vom Menschen geprägte Landschaft zeigt am Ende ihr unmenschliches Gesicht.

277   Andrej Bitow: Mensch in Landschaft (Roman). Deutsch von Rosmarie Tietze, Berlin 1994, S. 103. Vgl. ebd.: „Spannend, wie viele Grenzen! Zwischen wilder Natur und verwilderter Kultur, verwilderter Kultur und Kulturraum, Kulturraum und Zerstörung, Zerfall und Verwilderung, Verwilderung und Wildnis..."

Schreibweisen des Magischen Realismus beschäftigt, nicht weiter verfolgt werden. Von Beyers a-topischem „Areal jenseits aller kartographierten Gegenden des Menschen"[278] führt kein Weg zu Sebalds u-topischem Spielplatz – „diese durch den Krieg mitten im Ort entstandene[] Wildnis"[279] – in Sonthofen zurück. Diese verkrautete Sekundär-Wildnis, die sich nicht zufällig im Zentrum – „*mitten* im Ort" – ausgebreitet hat, steht aber hier zur Disposition. Sebalds Neueste deutsche Trümmerliteratur – nach dem obigen Raster handelt es sich um die 4. – soll nun mit der unberühmtesten und am wenigsten erforschten 2. Trümmerliteratur – der zum Ersten Weltkrieg – konfrontiert werden. Dieses Vorhaben bedarf der Erläuterung: Die 2. Trümmerliteratur ist als eine solche – d.h. als *Trümmer*literatur – bislang noch gar nicht in den Blick gekommen. In der germanistischen Forschung herrscht die opinio communis, daß die fiktionalen Texte, die sich mit dem Ersten Weltkrieg und seinen unmittelbaren Folgen (Novemberrevolution) befassen,[280] entweder dem Spät-Expressionismus oder der Neuen Sachlichkeit zuzurechnen sind. Auf neusachliche Autoren wie Erich Maria Remarque, Ludwig Renn und Edlef Köppen wurde im Zusammenhang mit Ernst Jünger, dem das Prädikat 'Magischer Realismus' bereits angehängt wurde,[281] schon verwiesen. Neben all diesen genannten Autoren und ihren mehr oder weniger 'neusachlichen' Texten – es geht hier nicht um Etiketten für Epochen – gibt es jedoch einen völlig vergessenen, besser gesagt: verdrängten magisch-realistischen Trümmer-Roman zum Ersten Weltkrieg, der in nahezu ideal- und prototypischer Weise alle nachfolgenden Trümmerromane (zum Zweiten Weltkrieg) in sich enthält. Es handelt sich um Elisabeth Langgässers Roman *Gang durch das Ried*, der im Jahr 1936 publiziert wurde. Auf der Grundlage dieses anspruchsvollen und in seiner literarischen Bedeutung unterschätzen Romans, der eingehend analysiert werden wird, soll dann in kurzen, nachfolgenden Schritten der magische Trümmerdiskurs bis hin zur Literatur der (ehemaligen) DDR (Stichwort: *Mauerfall*) beleuchtet werden. Es wird gezeigt werden, daß der 'unberühmte' Roman *Gang durch das Ried* ein faszinierender und sogar hochaktueller Text ist, der den Vergleich mit dem 'berühmten' (und sieben Jahre früher entstandenen) Roman *Berlin Alexanderplatz* (1929) von Alfred Döblin nicht zu scheuen braucht. Der *Gang*

---

278 Marcel Beyer: Flughunde, S. 30.

279 Vgl. Anm. 6. Insbesondere in *Die Ringe des Saturn* wird deutlich, daß Sebalds sentimentale Spurensuche der *verlorenen Zeit* (Kindheit) gilt: „Das Verschwinden der Wellensittiche in der Zollhalle von Dover ist der Anfang gewesen des Verschwindens der Berliner Kindheit [vgl. Walter Benjamins *Berliner Kindheit um neunzehnhundert*, B.S.] [...]." W.G.S.: Die Ringe des Saturn, S. 210. Vgl. auch die „Ruinenlandschaft, in der [Michael] herumgegangen [ist], als [er] erstmals in [s]eine Heimatstadt zurückkehrte, um nach Spuren zu suchen aus der [ihm] abhanden gekommenen Zeit." (Ebd., S. 212)

280 Vgl. hierzu Ernst Glaesers Roman *Frieden* (1930), der vor allem in den Wirren der unmittelbaren Nachkriegszeit (Novemberrevolution) spielt. *Frieden* ist ein durch und durch politisches Buch und deshalb kein 'Trümmerroman', weil es sozusagen völlig unkrautfrei ist. Trümmer im Sinne des Magischen (Trümmer-) Realismus interessieren Glaeser nicht. Wenn sie dennoch in den Blick kommen, bleiben sie Staffage und Metapher: „Die falschen Moralgesetze werden einfach über den Haufen gerannt. Und auf ihren Trümmern werden wir die neue Gemeinschaft bilden." E.G.: Frieden (Roman), Reinbek 1994 [EA 1930], S. 297.

281 Vgl. Volker Katzmann: Ernst Jüngers magischer Realismus, Hildesheim 1975.

durch das Ried ist nicht nur Langgässers beste Prosaarbeit – im Unterschied zu Harald Hartung und anderen halte ich den unbekannten *Gang durch das Ried* für weitaus lesenswerter als ihr vermeintliches Hauptwerk *Das unauslöschliche Siegel* –, sondern er ist auch einer der ganz wenigen Texte, möglicherweise sogar das einzige Buch, das Thomas Manns Diktum widerlegt, wonach „Bücher, die von 1933 bis 1945 in Deutschland überhaupt gedruckt werden konnten, weniger als wertlos und nicht gut in die Hand zu nehmen [sind]".[282]

In seiner Rezension zum *Gang durch das Ried* vom September 1936 schreibt Martin Beheim-Schwarzbach:

> Ihr [Langgässers] Roman *Der Gang durch das Ried* [...] ist ein Sturzbach von Impressionen, der oftmals so wild dahinsprudelt, daß die Klarheit der Darstellung schwer darunter leidet. [...] Ihr Roman spielt im Rheinland kurz nach der Räumung durch die französische Besatzung, auf einem Bauernhof, und stellt die Geschichte eines Mannes dar, der, durch eine Bewußtseinsspaltung und -trübung hindurchgegangen, qualvoll zum Erfassen seiner selbst wieder vordringt. [...] Was diese merkwürdige Leistung auszeichnet, ist die unbändige Vitalität, ja Brutalität der Impressionen und Reflexionen, mit der die Handlung schwer bis zum Absinken befrachtet ist; alsdann aber die durchschlagende dichterische Kraft, die in dieser Fracht steckt. [...] Die Dichterin ist mit einer Schonungslosigkeit begabt [...] – fast könnte man sie barbarisch nennen, wäre sie nicht so eminent gefeilt und so prächtig geschmückt.[283]

Dem ist eigentlich nichts hinzuzufügen. Nur hat das leider bis heute kaum jemand bemerkt.[284] Beheim-Schwarzbach liefert hier nicht nur eine knappe und präzise Zusammen-

---

[282] Vgl. Kap. III, Anm. 106. Langgässers *Gang durch das Ried* ist jedoch aus einem ganz trivialen Grund „nicht gut in die Hand zu nehmen" bzw. nicht leicht in die Hand zu bekommen: Der Roman, der zuletzt 1981 im Ullstein-Verlag erschienen ist, ist nämlich seit einigen Jahren vergriffen. Alle früheren Ausgaben (Jakob-Hegner-Verlag 1936, Claassen-Verlag 1953, Deutscher-Taschenbuch-Verlag 1962) gibt es schon lange nicht mehr zu kaufen. Die Erstausgabe von Hegner, die im Unterschied zu allen anderen Ausgaben noch *Der Gang durch das Ried* hieß, ist ein antiquarisches Rarum, da der Großteil der kurz nach Erscheinen von den Nazis verbotenen Auflage verloren gegangen ist. Vgl. auch Langgässers Briefe an den Jakob-Hegner-Verlag vom 18.12.1937 und 5.1.1938 in: E.L.: Briefe 1924-1950, S. 283-285 und S. 289-290.

[283] Martin Beheim-Schwarzbach: Zwei Frauenwerke. In: *Eckart*, Jg. 12, September 1936, S. 398f. Hier zitiert nach: Marbacher Magazin 85/1999, S. 25. Es ist unglaublich, aber wahr: Diese eigentlich marginale Rezension von Beheim-Schwarzbach ist das beste, was bislang über den *Ried*-Roman geschrieben wurde. Das heißt mit andern Worten: Außer der (mittlerweile veralteten) Untersuchung von Eva Augsberger (a.a.O.) und der (in puncto *Ried*-Roman eher unergiebigen) Arbeit von Carolin Mülverstedt (a.a.O.) existiert bislang keine vernünftige Sekundärliteratur zum *Gang durch das Ried*. Es gibt also immer noch weiße Flecken (!) auf der germanistischen Landkarte.

[284] Neben Beheim-Schwarzbach war Franz Blei einer der wenigen (Rezensenten), die die Qualitäten des Buches erkannt haben. Der *Gang durch das Ried* ist für Blei ein „Wunderwerk eines Romans, in dem sich das magische und das wirkliche Leben [vgl. Magischer Realismus, B.S.] in innigster Umarmung halten". Blei vergleicht „den Duktus der Prosa Langgässers [mit] dem [Albert Paris] Güterslohs"; er bezeichnet den Roman sogar als ein „unvergängliche[s] Buch". Damit sollte er leider unrecht behalten: Der *Gang durch das Ried* war schon zu Lebzeiten Elisabeth Langgässers in Vergessenheit geraten. Vgl. *das silberboot*. Zeitschrift für Literatur, hg. von Ernst Schönwiese, Jg. 1, Heft 5, Dezember 1936. Hier zitiert nach: Marbacher Magazin 85/1999, S. 26.

fassung des Romans, dessen Lektüre selbst bei belesensten Germanistik-StudentInnen und -ProfessorInnen nicht vorausgesetzt werden kann, er bringt auch die 'wilden' Qualitäten des Buches auf den (vielleicht etwas zu martialischen) Punkt. Wir fassen zusammen: Der *Ried*-Roman verfährt assoziativ („Sturzbach von Impressionen"), er ist schwer- bis unverständlich[285] (fehlende „Klarheit der Darstellung"), er hat einen offensichtlich geistesgestörten Protagonisten („Bewußtseinsspaltung"), und er zeigt eine „unbändige Vitalität, ja Brutalität" – Elisabeth Langgässers Prosa ist zwar 'schonungslos' und „barbarisch", aber dabei gleichzeitig „gefeilt" und „geschmückt".– – Was will man mehr?

Wie recht Beheim-Schwarzbach mit seinen Beobachtungen hat, zeigt sich nach einem kritischen Blick in *Kindlers Literatur-Lexikon*. Die „Klarheit der Darstellung" „leidet" – um mit Beheim-Schwarzbach zu sprechen – im *Ried*-Roman derart „schwer", daß selbst dem *Kindler* die entscheidende Tatsache verborgen bleibt, daß sein Protagonist Jean-Marie Aladin der *Mörder* eines kleinen Mädchens ist.[286] Dies ist die *dunkle* und *schwer zu greifende* Schuld, von der die *Kindlers Literaturlexikon* spricht, ohne sie jedoch richtig zuordnen und verstehen zu können. Zur Abschreckung oder, je nachdem, als Anreiz, sei es gesagt: Eine einmalige (und *ein-fache*) Lektüre reicht zum Verständnis des Romans nicht aus; wie bei allen guten Büchern steigert sich *Die Lust am Text* erst bei der „schwerfällig[en]" Lektüre, die (mit den Worten Roland Barthes) „am Text [klebt]" und „mit Akribie und Besessenheit [...] an jedem Punkt des Textes das Asyndeton [...] und nicht die Anekdote [erfaßt]".[287] Diese „Besessenheit" – Barthes nennt sie „akribische Lektüre" – „gebührt [...] dem modernen Text, dem Grenztext"[288], und sie kann gewissermaßen als rezeptionsästhetisches Pendant von Elisabeth Langgässers produktionsästhetischer „Schonungslosigkeit" (Beheim-Schwarzbach) betrachtet werden. Ist der *Gang durch das Ried* in diesem Sinne ein „moderne[r] Text", ein „Grenztext"? Das widerspräche auf den ersten Blick so ziemlich allem, was bisher über den Magischen Realismus gesagt worden ist. Was ist bisher über den Magischen Realismus gesagt worden? Es wurde gesagt, daß diese Epoche eine typische Erscheinung der Nach- Avantgarde darstelle, die von der modernen *Textur*

---

285   Die Schwer- bzw. Unverständlichkeit wird in der 'braunen' Rezension eines gewissen Herrn Franke, die am 23.5.1936 in der *NSZ-Rheinfront* unter der Überschrift *Literatur, die wir ablehnen* publiziert wurde, 'scharfsinnig' bemerkt und – selbstverständlich – perhorresziert: „[Im *Gang durch das Ried*] drängt sich zwischen Zeitgestaltung, Seelengemälde und Anklage ein Ton destruktiver, niederziehender, im letzten <u>nicht mehr kontrollierbarer</u> Darstellung [...]." Der Roman, so Franke, „bleibt ein Sud ausgebreiteter Untermenschlichkeiten [...]." Zitiert nach: Marbacher Magazin 85/1999, S. 25f.

286   „Dort [...] ist ein zugeschütteter Fuchsbau [...], in dem ein ermordetes Kind von dem Lagerverwalter gefunden wurde. Es war ein kleines Mädchen, entsetzlich zugerichtet, du kannst dir denken, wieso." E.L.: Gang durch das Ried, Hamburg 1953, S. 25. Hinfort wird nach dieser Ausgabe zitiert, die übrigens mit der Ullstein-Taschenbuchausgabe des *Ried*-Romans seitenidentisch ist.

287   Vgl. Roland Barthes: Die Lust am Text. Aus dem Französischen von Traugott König, Frankfurt/M. 1974, S. 19.

288   Roland Barthes: Die Lust am Text, S. 20.

wieder auf eine verständliche *Struktur* umschalte.[289] Es schließt sich die Frage an: Ist der *Gang durch das Ried* ein texturierter oder ein strukturierter Text? Er ist auf jeden Fall ein „Grenztext" – und zwar ein Grenztext im wahrsten Sinne des Wortes: Der *Gang durch das Ried* steht stilistisch auf der Grenze zwischen Expressionismus, Magischem Realismus und Trümmerroman à la Böll. Vor allen Dingen handelt es sich beim *Ried*-Roman jedoch um die rurale Umschrift, anders gesagt: um das verkrautete Pendant von Langgässers Roman-Erzählung *Grenze: Besetztes Gebiet* (1932).[290] In diesem Frühwerk Langgässers, das in den 20er Jahren spielt, ist das Barackenlager der französischen Besatzungsarmee noch nicht verödet (wie dann im *Ried*-Roman), sondern von Soldaten besetzt.[291] Doch selbst wenn im *Gang durch das Ried* dann die *Grenzen* des *besetzten Gebietes* gefallen sind, ist die Topographie immer noch imprägniert von den alten Grenzen und den überwucherten Schwellen. Das wird noch genauer auszuführen sein.

Die Frage lautete: Ist der *Ried*-Roman ein texturierter oder ein strukturierter Text? Weniger schematisch gefragt: Hat Langgässer mit ihrem *Gang durch das Ried* einen modernen Text geschrieben? Antwort: Sie hat![292] Neben Oskar Loerke (Lyrik), Peter Huchel (späte Gedichte) und Günter Eich (späte Texte) reiht sich Elisabeth Langgässer mit ihrem *Gang durch das Ried* in die Liste derjenigen AutorInnen ein, die zugleich modern *und* magisch-realistisch geschrieben haben. Was bei Eich noch zeitlich versetzt erscheint (prägnant: von der Naturlyrik zur Unverständlichkeit), ist im *Ried*-Roman auf faszinierende Weise zugleich präsent. Kurzum: Der *Gang durch das Ried* ist der 'magisch-realistischste' und gleichzeitig 'modernste' Roman der dreißiger Jahre. Wenn es einen Text gibt, der die

---

289 Barthes' Modernitätsbegriff ist natürlich nicht an der Unterscheidung *Textur* vs. *Struktur*, *Unverständlichkeit* vs. *Verständlichkeit* orientiert. Vereinfacht gesprochen handelt es sich bei Barthes' modernem „Grenztext" um einen Text, in dem sich *kein Wort von selbst versteht*; der unmoderne Text hingegen ist stereotyp: „Das Stereotype ist das Wort, das wiederholt wird ohne jede Magie, ohne jede Begeisterung [...]. Ekel stellt sich ein, wenn die Verbindung zweier wichtiger Wörter *sich von selbst versteht*." R.B.: Die Lust am Text, S. 64 u. 65 (kursiv im Text).

290 Vgl. Elisabeth Langgässer: Grenze: Besetztes Gebiet. Ballade eines Landes, Berlin-Friedenau 1932. Ein Nachdruck dieses in bezug auf den *Gang durch das Ried* aufschlußreichen Textes erschien 1983 im Walter-Verlag Olten mit einem Nachwort von Anthony W. Riley. Zitiert wird nach dieser Neuausgabe.

291 *Grenze: Besetztes Gebiet* beginnt mit den Worten: „Die hochräderigen, grauen Wagen fahren ohne Unterlaß von dem Truppenlager zur Bahnstation. Es wird Verstärkung erwartet, und das Lager bereitet sich vor. In aller Eile erstehen neue Wellblechhäuser, Aborte und Kantinen [...]." E.L.: Grenze: Besetztes Gebiet, S. 7. Dieses „ohne Unterlaß" strömende Lager-Leben ist im *Gang durch das Ried* erstorben und verödet. Der Roman beginnt mit den Worten: „Im Spätherbst des Jahres 1930 ging ein Mann über das verlassene französische Lager, das früher ein deutsches gewesen war [...]. Auf den breiten Kasernenstraßen, die durch leere Barackenreihen, an Stallungen, Vorratshäusern und Kantinen vorüberführten, wuchs dichtes, grünbraunes Gras [...]." E.L.: Gang durch das Ried, S. 7.

292 Es kann hier nicht darum gehen, den (Barthes'schen) Modernitätsbegriff zu diskutieren. Das ist ein *zu* weites Feld. Der Terminus „moderner Text" meint hier und im folgenden einen Text, der sich – in welcher 'avantgardistischen' Form auch immer – mit den Textverfahren der klassischen Moderne auseinandersetzt. Für Autoren wie Georg Britting, F.G. Jünger, Hans Carossa und – horribile dictu – K.H. Waggerl trifft das auf jeden Fall *nicht* zu.

'Epoche' Magischer Realismus vor dem Obsoletheits-Verdikt retten kann, dann ist es dieser. Die anschließenden Ausführungen sollen das beweisen.

a) Trümmer und Unkraut

Ungefähr zwei Jahrzehnte nach dem Ende des Ersten und eine knappe Dekade vor dem Ende des Zweiten Weltkriegs schreibt Elisabeth Langgässer den ersten Trümmerroman der deutschen Literatur. Der *Gang durch das Ried* beginnt wie ein Trümmerroman (Kap. I-III), und er endet als ein solcher (Kap. XII): In den ersten drei Kapiteln, die im „Spätherbst des Jahres 1930" spielen, geht ein Mann – es handelt sich um den Protagonisten, der sich mehrere Namen (Jean-Marie Aladin, Dodot aus Nantes, Peter Schaffner) 'ausgeborgt' hat – „über das verlassene französische Lager, das früher ein deutsches gewesen war"[293]. Dieses „verlassene französische Lager", das nach dem Ende des *Ruhrkampfes*[294] von den Besatzern wieder geräumt wird, ist zwar keine (von Bomben zerstörte) Trümmerlandschaft im strengsten Sinne des Wortes, aber dennoch eine verkrautete Ruderalfläche, die die 'verbrannte Erde' der Nazis antizipiert:

> Richtig, hier hatten Baracken gestanden, die nach dem Vertrag zerstört werden mußten, als die Truppen das Land verließen. Man konnte noch deutlich bemerken, wie das Gras ihren Grundriß bezeichnete, und die ausgesparte Fläche erkennen, welche Wohnraum gewesen war. Sie lag dürr und tot, gleichsam ausgebrannt, wie es Aladin vorkam, und man konnte sich denken, daß Klette und Beifuß sie nur langsam, fast widerwillig, besiedelten und dem übrigen Boden angleichen würden. „Wüst!" sagte der Mann [...].[295]

Ein verkommenes *Waste Land* ist an die *Stelle* des menschlichen „Wohnraum[s]" gerückt. *Ehemals* standen „hier" Baracken, *jetzt* „bezeichnet" das Gras den Grundriß; zurück bleibt eine leere, „ausgesparte Fläche", die von „Klette und Beifuß" langsam dem Erd-"Boden" gleichgemacht (vgl. „angleichen") wird. „Der Boden erinnert[] sich" und bewahrt so „das Gedächtnis der Vorzeit", das die Menschen „vergesse[n]" und verdrängen möchten. Das alte „Zeug" – gemeint sind die rudimentären Überbleibsel der nach Westen abgezogenen Franzosen – wird entweder versteigert oder eingegraben:

---

293 Elisabeth Langgässer: Gang durch das Ried, S. 7.

294 Zum zeitgeschichtlichen Hintergrund von Langgässers *Gang durch das Ried* bzw. *Grenze: Besetztes Gebiet* vgl. das Nachwort von Anthony W. Riley in *Grenze: Besetztes Gebiet*, S. 125-141. Riley weist hin auf „die heute schon fast vergessene [ergo 'unberühmte', B.S.] französische Besetzung des linksrheinischen und auch teilweise rechtsrheinischen Gebietes der jungen deutschen Republik im Jahrzehnt nach dem Ersten Weltkrieg, das Leiden der deutschen Bevölkerung (besonders 1923 während des oft blutigen Ruhrkampfes) unter politischem Terror, rasender Inflation, der schweren Last von Reparationen und allen Übeln, die jede militärische Okkupation zwangsweise mit sich bringt, sowie die von der französischen Regierung mit allen möglichen Mitteln forcierte, aber doch schließlich vom Volk abgelehnte Etablierung einer autonomen *Rheinischen Republik* [...]." (Ebd., S. 130f.)

295 Elisabeth Langgässer: Gang durch das Ried, S. 45.

[...] [D]ieses Zeug [ist] [nach Meinung der Leute, B.S.] zu nichts anderem wert, als daß man es eingrabe, kleinhacke, säge, verbrenne und vergesse. Ein Zeitalter wurde zerhauen, und es war nicht gut, wie ein Wildschwein in dem Boden nach Trüffeln zu suchen. [...] Eingraben...! Zuschütten...! [Verdrängen!, B.S.] befahl sich der Mann [...].²⁹⁶

Der Kriegsheimkehrer Jean-Marie Aladin 'verordnet' sich hier dieselbe 'Medizin', die sich die Kriegsheimkehrer nach 1945 auch verordneten: Vergessen.²⁹⁷ Die zur Versteigerung stehenden 'Objekte' der abgezogenen 'Subjekte', mit anderen Worten: Die Überbleibsel der einstigen französischen Besatzer, sehen aus, als seien sie „wieder ausgegraben" worden. Diese Versteigerung gleicht einer melancholischen Mischung aus Weinen und Schreien (Crying), die in Thomas Pynchons Roman *The Crying of Lot 49* dann beim Wort genommen wird.²⁹⁸ Im *Gang durch das Ried* heißt es in Bezug auf die *Versteigerung von anno 30*:

> Was diese Versteigerung anging, so konnte man damals glauben, in einer Stadt zu sein, die von Erdkatastrophen verschüttet gewesen und dann wieder ausgegraben und aufgebaut worden war: unter freiem Himmel stand, abgenutzt, das Inventar der Kasernen – alte Schränke, die jammervoll quietschten, verwanzte Betten und Öfen, welche glatt auseinanderfielen, ein paar Schemel mit starrenden Beinen, befleckte Bänke und Tische, deren Holz, wo es irgend anging, unzüchtig tätowiert war, nutzlose Eisenteile, die von Lumpensammlern hinausgefahren und auf halbem Weg wieder verloren wurden. Nur einige Feldbettstellen waren ungefragt hiergeblieben und jene Wellblechbaracken, die, zerrissen, als ob eine Schere sie geschlitzt und geschnitten hätte, ja, teilweise schon zusammengebrochen, in dem weiten Gelände ruhten *und den Eindruck riesiger Raupen oder Fabeltiere machten, welche rasselnd niedergesunken, doch immer noch gefährlich und voll tückischer Drohung sind.*²⁹⁹

Wie gesagt: Wir schreiben das Jahr 1930 (erzählte Zeit) bzw. 1936 (Erscheinungsjahr des *Ried*-Romans) und nicht die Jahre 1945 (Ende Zweiter Weltkrieg) oder 1989 (Mauerfall). *Daß* wir aber auch die Jahre 45 bzw. 89 (be-)schreiben könnten, sollen die nachfolgenden Zitate belegen, die zunächst für sich selbst sprechen sollen, bevor sie *en bloc* analysiert werden. Zuerst zwei Zitate aus Langgässers Roman *Märkische Argonautenfahrt* (1950), der zur 'eigentlichen', also zur 3. Trümmerliteratur, gehört:

> Der ganze Wald und das ausgelebte, entleerte Barackenlager bargen immer noch Munition; der Boden, von rostigen Kiefernnadeln über und über bedeckt, blühte von leeren Patronenhülsen und blitzte von den glänzenden Bändern, die die Flugzeuge

---

296 Elisabeth Langgässer: Gang durch das Ried, S. 46.

297 Diese auffällige Parallele verbindet nicht nur den Ersten mit dem Zweiten Weltkrieg bzw. die *Goldenen Zwanziger* mit dem *Wirschaftswunder* der fünfziger Jahre, sondern vor allem auch den *Gang durch das Ried* mit den Trümmerromanen Heinrich Bölls: Langgässer und Böll gehörten nach dem Ersten bzw. Zweiten Weltkrieg zu den wenigen AutorInnen, die das Verdrängte zur Spache gebracht haben. Böll bekam dafür den Literatur-Nobelpreis, Langgässers Roman wurde ins Abseits gedrängt.

298 Vgl. Kap. III, Anm. 193.

299 Elisabeth Langgässer: Gang durch das Ried, S. 8.

während des Angriffs heruntergeworfen hatten; <u>leere Kartuschen, zertrümmerte Panzer</u> staken, *gräßlich gebäumt wie erlegte Drachen*, in der Erde *und schienen am Vorderteil noch gespenstisch weiterzuleben* und ihr scheußliches Handwerk fortzusetzen, während *der Hinterleib dieser Chimären* längst abgestorben war.[300]

In dem anderen Zitat aus dem Roman *Märkische Argonautenfahrt* wird die Peripherie des zerstörten Berlin beschrieben:

> Noch lagen an dem Ausgang der Straßen die <u>Überbleibsel</u> der Panzersperren und spotteten ihrer selbst; Heereswagen, *als hätte die Faust eines Riesen sie zusammengequetscht* [...], bäumten den ausgebrannten, scheußlichen Hinterleib. [...] Unter dem jammervoll alten <u>Gerümpel</u> der frischen Niederlage war kaum ein winziges **Fleckchen** Erde, das diesen Namen verdiente, noch irgendwo wahrzunehmen, denn, was da, von Glas und Geschossen gespickt, an das Tageslicht trat, hätte ebensogut *Saturngemarkung oder Mondpaß* genannt werden können [...]. *Der Tartarus war an das Licht getreten, das Reich der Unterwelt war offenbar*, die Wege der Unterwelt, ihre Gesteinsart: <u>verrostete Hülsen, Konservendosen, Blindgänger, allerlei Eisenbrocken in ausgezackten Formen</u>, und dazwischen lag, faulig und schillernd, das süßliche *Lethewasser*, das die Minenlöcher erfüllte.[301]

Es folgt ein Zitat aus Wolfgang Hilbigs 1990 entstandenen Erzählung *Alte Abdeckerei*, die bereits untersucht wurde und der 4. Trümmerliteratur zuzurechnen ist:

> [...] ich [war] fast in einige Haufen von Gesteins<u>schutt</u> hineingelaufen, hatte <u>Bruchstücke</u> von Straßenpflaster überquert, <u>Reste</u> von Anfahrtswegen [...]; womöglich hatte ich mich vor den <u>Trümmern</u> der alten Wassermühle befunden, die zugedeckt wurde vom ratlosen Wuchern der Kletten und Winden [...] ich ging immer schneller [...] ich ging [...] zwischen <u>Mauerresten</u>, *die im Hinterhalt von Dunst und Gestrüpp versteckt* waren. Es waren nun irgendwelche <u>zerfallenden Betonmassive</u>, die, *hingekauerten Vorweltwesen gleich*, in dem welligen Gelände ruhten ... es begannen die kaum zugänglichen Areale einstiger Industrie, <u>Überbleibsel</u> längst geschleifter Fabriken, deren Befestigungen jeglicher Einwirkung trotzten ... manchmal ging ich über lange Betonplattformen, Rampen, unter denen es Keller, Bunker geben mußte [...]. *Die Landschaft war wie vom Donner gerührt.*[302]

Ich wage die Behauptung – und damit schließe ich an die Ausgangsthese des Kapitels an –, daß sich W.G. Sebalds *Sonthofener Kindheit um neunzehnhundertfünfzig* (um einen Buchtitel Walter Benjamins zu variieren) auf dem magisch-realistischen Terrain solcher Intertexte abgespielt hat bzw. immer noch abspielt. Die Neueste Deutsche Trümmerliteratur ist eine ungebrochene Fortsetzung bzw. -schreibung der alten (d.h. zweiten) Trümmer-

---

300   Elisabeth Langgässer: Märkische Argonautenfahrt (Roman), Hamburg 1950, S. 20. Die „zertrümmerte[n] Panzer", die nach dem 2. Weltkrieg zu „erlegte[n] Drachen" werden, gab es in ähnlicher Form schon im 1. Weltkrieg: Der Offizier *Sturm* aus Ernst Jüngers gleichnamiger Erzählung findet im verödeten Niemandsland verrostete „Erntemaschinen", die wie „ausgestorbene Tierarten" aussehen. Vgl. E.J.: Sturm, S. 22.

301   Elisabeth Langgässer: Märkische Argonautenfahrt, S. 126f.

302   Wolfgang Hilbig: Alte Abdeckerei, S. 98-100. Hilbig scheint den *Gang durch das Ried* sehr genau gelesen bzw. 'abgeschrieben' zu haben. Die *Alte Abdeckerei* ist fast schon eine Wieder-holung von Langgässers verschollenem Roman.

literatur. Zur Erinnerung und zum Abschluß der Zitatenreihe jetzt – noch einmal – die Sätze von W.G. Sebald:

Das Grundstück, auf dem ein paar schöne Bäume die Katastrophe überstanden hatten, war in den fünfziger Jahren bereits völlig zugewachsen, und wir sind als Kinder oft nachmittagelang in dieser durch den Krieg mitten im Ort entstandenen **Wildnis** gewesen. *Ich entsinne mich, daß es mir nie recht geheuer war, über die Treppe in die Kellerräume hinabzusteigen. Es roch dort faulig und feucht, und ich fürchtete immer, auf einen Tierkadaver zu stoßen oder auf eine Menschenleiche.* Ein paar Jahre später ist auf dem Grundstück des Herz-Schlosses dann ein Selbstbedienungsladen eröffnet worden, in einem ebenerdigen, fensterlosen, scheußlichen Bau, und der einstmals schöne Garten der Villa verschwand endgültig unter einem geteerten Parkplatz.[303]

Trümmer und Unkraut ohne Ende! Wir haben uns scheinbar meilenweit vom *Gang durch das Ried* entfernt, in Wahrheit sind wir jedoch mittendrin. Denn alle Trümmertexte, die nach dem *Ried*-Roman entstanden sind, beerben (mehr oder weniger bewußt, also eher unbewußt) Langgässers exzeptionelles Buch. Es liegt das Paradoxon vor, daß ein Text (*Gang durch das Ried*) Schule gemacht hat, ohne überhaupt rezipiert worden zu sein. Es ist an der Zeit, 'die' Langgässer in den *Club der toten* – und zu unrecht vergessenen – DichterInnen aufzunehmen. – Doch nun zum Zitatenschatz: Liest man die obigen Sätze (vom *Gang durch das Ried* bis zur Kindheit in Sonthofen) *wie eine einzige Textur,* dann wird die 'Familienähnlichkeit' (Wittgenstein) der Texte offenkundig. Was zunächst ins Auge springt, ist die mythische Überhöhung der Landschaften: Alle 'unberühmten Orte' sind vom Geheimnis umwittert.[304] Die Rudimente entwickeln entweder ein unheimliches Nach- und Eigenleben (vgl. die Kursivierungen), oder sie sprechen qua Amplifikation (Unterstreichungen) für sich selbst. Man hat bei der Lektüre der Zitate nicht selten den Eindruck, als halte man ein Wörterbuch synonymer Begriffe in der Hand: Die Rudimente erscheinen z.B. als „Überbleibsel", „Bruchstücke" und „Reste", und die geheime Hinterwelt, die sich plötzlich offenbart, wird in austauschbarer Folge zur „Fabel"-Landschaft („Raupen", „Drachen", „Vorweltwesen"), zur „verschüttet[en]" und wieder „ausgegraben[en]" Landschaft, zur „Mond"-Landschaft („Saturngemarkung oder Mondpaß") oder zur „Landschaft", die „wie vom Donner gerührt" ist. Die Landschaft ist hinterhältig, gefährlich, tückisch und gespenstisch – bei Hilbig ist sie zumeist zwielichtig –, aber vor allem ist sie im wahrsten Sinne des Wortes unter-weltlich (Tartarus, Keller, Bunker) und halb-gestaltet („nutzlose Eisenteile" werden „auf halbem Wege" verloren). Last but not least ist die Landschaft verwildert und/oder überwuchert (sogar „der Boden [...] blühte von leeren Patronenhülsen"). Es sei noch darauf hingewiesen, daß es nur ganz wenige Trümmertexte gibt, die auf Mythologeme, Geheimnis und Zwielicht – d.h. auf Magischen

---

[303] Vgl. Anm. 6. Das vermeintlich authentische Szenario, das Sebald in diesem Zitat entwirft („Menschenleiche" im fauligen „Keller") erinnert mehr an einen amerikanischen *B-Movie* als an eine erschütternde Dokumentation aus der deutschen Nachkriegszeit. Sebalds Schauerromantik ist unfreiwillig komisch, gerade *weil* sie so bierernst daherkommt.

[304] In dieser Geheimnis-Krämerei sieht auch Michael Scheffel einen wichtigen Stilzug typisch magischrealistischer Texte, vgl. M.S.: Magischer Realismus, S. 94f.

Realismus – verzichtet haben: Gert Ledigs 'schmuckloser' und radikaler Roman *Die Vergeltung* (1956) wurde damals – sozusagen 'zur Strafe' – nicht rezipiert (heute dafür umso
mehr). In den Niederlanden hat Harry Mulisch mit *Das steinerne Brautbett* (1959) einen
der ganz wenigen nicht-deutschsprachigen Trümmerromane geschrieben. Mulisch hat es
– im Gegensatz zu seinen deutschen Kollegen – sogar geschafft, die Mythologeme und
Überhöhungen ironisch zu brechen.[305]

Exkurs: Von der 'geilen Wildnis' zur 'unabsehbaren Verwüstung' – Horst Lange und die Entwicklung der Trümmerliteratur

Im literarischen Œuvre von Horst Lange vollzieht sich eine vergleichbare Entwicklung
wie in dem von Elisabeth Langgässer: Langgässers in bezug auf den 1. Weltkrieg verspätete und in bezug auf den 2. Weltkrieg antizipatorische Trümmer aus dem *Gang durch
das Ried* können in der *Märkischen Argonautenfahrt* dann nahtlos an die Trümmerliteratur anschließen. Auch Horst Langes vor-welt(krieg)liche Topographien aus seinem Roman *Schwarze Weide* (1937), der ein Jahr nach dem *Gang durch das Ried* veröffentlicht
wurde, können durch leichte Akzentwechsel in die 'echte' (zweite) Trümmerliteratur
verwandelt werden. Dabei ist auffällig, daß Lange (und andere Trümmerliteraten) das
'Trümmer-Land' bevorzugt im zwielichtigen Osten verorten. In Horst Langes Gedicht
Der Osten (1939) bringt der „[v]on der Morgenseite komm[ende]" „Ostwind" nicht nur
die Kälte „aus den fernen Wäldern" in die „Stube" (1. Strophe), sondern vor allem auch
die Trümmer und die „Wildnis" (ich zitiere die zweite von insgesamt 7 Strophen):

> Hör ichs Vieh schrein, hör die Läden knarren,
> Altes Holz keimt auf in Balken und in Sparren,
> Geile Wildnis wird das Haus; mit Wurzeln weiß und fett
> Fressen Schierling sich und Tollkraut tief ins Bett;
> Riegel, Klinke, Nägel in den Pfosten
> Sind schon weich vor Fäulnis und verrosten.[306]

---

305 Eine Pointe von Mulisch' Roman besteht darin, den 'hohen Ton' der Homerischen Epen auf die alliierten Luftangriffe zu übertragen. Die in den Roman integrierten *Gesänge I-III* sind von einer bodenlosen Ironie, die man in den völlig unironischen Texten einer Langgässer oder eines Hermann Kasack vergeblich sucht. Vgl. folgende Leseprobe (aus dem *I. Gesang*): „*Vom Abzug nimmt seinen Finger der blauäugige Corinth [...]. Liegend auf seinem Bauch in der tosenden Glasnase* [= im Flugzeugcockpit, B.S.], *späht er leise pfeifend über die Erde hin [...]. Behaglich stehen kleine Feuer auf den Hügeln [...]. Und aus dem Cockpit kommt vom edlen Archie der Ausruf: 'Ich glaube, du hast ihn erwischt [...]'.*" H.M.: Das steinerne Brautbett (Roman). Aus dem Niederländischen von Gregor Seferens, Frankfurt/M. 1995, S. 31 (kursiv im Text).

306 Horst Lange: Der Osten. In: ders.: Gesang hinter den Zäunen (Gedichte), Berlin (Verlag Die Rabenpresse) 1939, S. 15-16, hier: S. 15. In Peter Huchels Lyrik vollzieht sich eine ganz ähnliche Entwicklung wie in der von Horst Lange. Huchels Gedicht *Corenc*, das schon in den frühen 30er Jahren entstanden ist und 1948 dann problemlos als 'Trümmer-Gedicht' veröffentlicht werden konnte, schildert das von Menschen verlassene Bergdorf Corenc bei Grenoble. Das Dorf wurde notabene von einem Erdrutsch und nicht vom Krieg verwüstet. Die 2. Strophe von insgesamt 15 soll einen Eindruck des ganzen Gedichtes vermitteln: „Zersplittert war der Fensterrahmen, / die Distel wuchs ins Haus, / der Ginster streute schwarzen Samen / auf morsche Dielen aus." P.H.: Gesammelte Werke Bd. 1, S. 76.

Der von der Ost- bzw. „Morgenseite" kommende Wind scheint aus heutiger Sicht tatsächlich aus einem zukünftigen „Morgen"-Land in die unmittelbare Vorweltkriegszeit (1939) hineingeblasen zu haben. Dieser Zukunfts-Wind ist offensichtlich auch schon über die östliche Ödlandschaft aus *Schwarze Weide* (1937) hingestrichen:

> Nach OSTEN zu war das Land völlig öde und wie verlassen. An der jenseitigen Grenze der breiten Bruchniederung, die sich quer durch die Landschaft zog, streckte sich der dunkle Wasserwald wie eine lange, geschwärzte Mauer aus, auf der die Färbung der vergilbenden Blätter gleich einem dünnen Anstrich saß. Weit hinten waren die Türme von Nilbau ziegelrot und leuchtend zu erkennen. Die Luft fing an dämmerig zu werden, fast schwül wie vor einem Gewitter. Zwischendurch lagen kühle Streifen, als wäre den ganzen Tag hier Schatten gewesen.[307]

Das geheimnisvolle und zwielichtige „Land" im „Osten", das der gebürtige 'Ostdeutsche' – Horst Lange wurde am 6. Oktober 1904 im Niederschlesischen Liegnitz geboren[308] – hier beschreibt, ist noch nicht vom 2. Weltkrieg gezeichnet. Dennoch vermittelt das Zitat den Eindruck, als 'lauere' die dunkle Landschaft gewissermaßen nur darauf, sich in eine Nachkriegs-Topographie zu verwandeln: Zwei Jahre vor Beginn des Weltkriegs ist das Land „völlig öde und wie verlassen". Auch der „dunkle Wasserwald" streckt sich schon „wie eine lange, geschwärzte [Brand-] Mauer" aus. Drei Jahre nach Ende des Weltkriegs kommt der 'öde Osten' in Horst Langes Erzählung *Am Kimmerischen Strand* (1948) dann endgültig zu sich selbst. Es scheint, als habe der Krieg 'nur' die Trümmer freigelegt, die immer schon in der düsteren „Gewitter"-Landschaft 'verborgen' waren (das *Septembergewitter*[309] hat sich 1945 sozusagen 'entladen'):

> Hier also begann wieder der OSTEN [...]. Schmutzige, zerfahrene Wege, tiefer Schlamm, von einer dünnen Eiskruste überzogen, die Skelette ausgebrannter Fahrzeuge, die rostigen, unbrauchbar gewordenen Geschütze, die wie verrenkt ihre Lafetten überragten, auch die Leichen [...] und die Ruinen; die verwüsteten Gärten, die zerrissenen Drähte [...]; das Verrottete, die Öde, das Unabsehbare, das, was niemals

---

307 Horst Lange: Schwarze Weide (Roman), Hamburg 1937, S. 22. Die Landschaften, die in Langes Roman geschildert werden, sind notorisch zwielichtig und verwildert, vgl. *Schwarze Weide*, S. 62: „Zwischen uns und der Chaussee lag ein bracher Acker mit hohem Kräuticht, die Blätter und Stengel waren überfädelt vom Altweibersommer, das seidige Gespinst glänzte gegen die Sonne, und die gefiederten Samenbündel auf dem üppigen Unkraut saßen so locker, daß ein leiser Windhauch genügt hätte, um sie in die Luft zu wirbeln. Von dem Rain herunter sprang ich in den Acker; die Disteln knisterten, während sie zertrat [...]."

308 Zur Person Horst Langes im allgemeinen und zum Roman *Schwarze Weide* im besonderen vgl. Oda Schaefer: Horst Lange. Ein Lebensbild. In: Horst Lange: Tagebücher aus dem Zweiten Weltkrieg, hg. von Hans Dieter Schäfer, S. 263-289. Vgl. außerdem Oda Schaefers Lebenserinnerungen: *Auch wenn du träumst, gehen die Uhren*, München 1970. Die russische Landschaft, die der Ostfront-Kämpfer Lange in seinen Kriegstagebüchern beschreibt, ist immer auch eine übersteigerte und entstellte Heimat-Landschaft.

309 Friedo Lampes Kurzroman *Septembergewitter* (1937) wurde im gleichen Jahr wie *Schwarze Weide* publiziert. Beide Romane sind in mehrfacher Hinsicht miteinander verwandt: Beide Texte 'warten' gewissermaßen nur darauf, daß sich das am Horizont abzeichnende (Stahl-) Gewitter (= Krieg) entlädt. Außerdem 'warten' beide Texte (wohl vergeblich) darauf, vom lesenden Publikum endlich (wieder)entdeckt zu werden.)

mehr zu ordnen sein würde [...]. Für einen Augenblick hob es alle Gesetze auf, von denen man meinte, daß sie die Zeit und den Raum regierten.[310]

Diese Sätze gleichen Langgässers *Argonauten*-Textur bis aufs Wort. Der „Kimmerische Strand" – er befindet sich in der Unterwelt[311] – entspricht exakt dem „Tartarus", der in Langgässers *Argonautenfahrt* „an das Licht getreten [war]" (s.o.). Unter bzw. In den Trümmern schlummert eine synkretistische Mythologie, die nach dem Untergang alle Rudimente wieder zu einem sinnvollen Ganzen rekonstruiert. Die „Ost"-Gebiete scheinen dafür prädestiniert zu sein, „öde" und „zwielichtig[]" zu sein, denn Wolfgang Hilbigs *Alte Abdeckerei* und andere Trümmer-Texte der Wendezeit beerben nolens volens den 'wilden Osten' Horst Langes und anderer Magischer RealistInnen. Hilbig schreibt:

> Jenseits der Kohlenbahnlinie, südÖSTLICH eines **halb** unbewohnten Dorfes, tief in der verwilderten Senke, direkt an dem verkommenen Zaun begann das Gebiet, welches der OSTEN war, und man drang nicht ungestraft in diese Gegend vor. Man kehrte nicht ungestraft in den Schoß zurück. Jeder wußte, daß dort schon Leute verschwunden waren [...]; es waren [...] zwielichtige Gestalten [...]. Sie [...] waren [...] alle ebenfalls ÖSTLICHER Natur [...].[312]

Hilbig knüpft hier nicht nur an Langes Konzeption des Ostens an, sondern er übernimmt auch dessen 'Zwielicht' und sogar die infantilen Regressionsphantasien (der Kriegsheimkehrer[313]).

---

310   Horst Lange: Am Kimmerischen Strand. In: ders.: Am Kimmerischen Strand (Erzählungen), München 1948, S. 5-37, hier: S. 6. Lange beschreibt hier auch den anarchischen „Augenblick", der „alle Gesetze auf[hebt]" und den Dieter Forte in seinem Roman *In der Erinnerung* (vgl. oben Anm. 263) vergeblich zu verlebendigen sucht. Man muß diese „Gesetz"-losigkeit der Nachkriegszeit im Hinterkopf behalten, wenn man z.B. die Konzeption von Günter Eichs anarchischen *Maulwürfen* verstehen will.

311   Horst Langes Erzählung *Am Kimmerischen Strand* beginnt mit einem Motto aus dem XI. Gesang von Homers *Odyssee*: „Jetzo erreichten wir des tiefen Ozeans Ende, / Allda liegt das Land und die Stadt der kimmerischen Männer, / Diese tappen beständig in Nacht und Nebel..." (Ebd., S. 5) Die Regressionswünsche ('zurück in den Mutterschoß'), die in auffällig vielen Trümmer-Texten formuliert werden, finden sich auch in Langes Erzählung. Lange erwähnt die Kriegs-Heimkehrer, „[...] die da umherfahren und umherlaufen, als suchten sie [...] den Schoß, der sie geboren hat, damit er sie wieder aufnimmt, diesen Mutterschoß, der sie endlich vor der Welt verbergen kann, den Erdenschoß, die dunkle Behausung, [Ventre de la mort, B.S.] die ihnen Ruhe und Frieden gibt." (Ebd., S. 7)

312   Wolfgang Hilbig: Alte Abdeckerei, S. 20. Den „verkommenen Zaun" hat Hilbig möglicherweise aus Horst Langes Gedicht *Gesang hinter den Zäunen* importiert: „Töne mir wieder, du Stimme, die ich so lange entbehrte! – Dort, wo das Unkraut steht, sangst du dich einstmals empor; / [...]." H.L.: Gesang hinter den Zäunen, S. 5. Die „Abdeckerei" hat Hilbig schon im *Gang durch das Ried* (S. 34) gefunden. In Langgässers Roman gibt es auch schon die dazugehörige Seifenfabrik: „Das [Wetter] schmeckte nach ausgelassenem Talg, der Wind kam also vom Osten her, aus Richtung der Seifenfabrik." E.L.: Gang durch das Ried, S. 78.

313   Vgl. Anm. 311. Die Sehnsucht nach der infantilen (Kriegs-) Heimkehr kommt schon in Langes Gedicht *Der Osten* (s.o.) zum Ausdruck. In der 3. bzw. 5. Strophe heißt es: „Da ich bleich und ungestalt in meiner Mutter schwebte, / War ich der, der ihm [Gott, B.S.] zu Willen lebte. // [...] // Manchmal, mitternächtlich, wenn ich schlief, / Kehrte ich nach OSTEN heim, woher michs rief [...]." H.L.: Gesang hinter den Zäunen, S. 15.

In seinem späten – und sehr zu unrecht vergessenen – Trümmerroman *Verlöschende Feuer* (1956) hat Horst Lange dann als einer der wenigen (und von W.G. Sebald völlig übersehenen) Autoren neben „[Heinrich Böll,] Hermann Kasack, Hans Erich Nossack, Arno Schmidt und Peter de Mendelssohn es gewagt, an das über die äußere und innere Zerstörung verhängte Tabu zu rühren", und das sogar auf eine nicht oder doch nur wenig „fragwürdige Weise".[314] Langes Roman ist zwar nicht ganz frei von Sentimentalitäten und anderen „fragwürdige[n]" Traditionalismen, aber andererseits ist er auch von einer seltenen Schonungslosigkeit und Radikalität, die ihn in die Nähe des im gleichen Jahr erschienenen Romans *Vergeltung* von Gert Ledig rückt. Bis auf wenige Anspielungen auf die Bibel (Apokalypse) ist *Verlöschende Feuer* erstaunlich frei von 'Kimmerischen Stränden' und anderen 'zwielichtigen' Mythologemen. Es ist an der Zeit, diesen Roman, dessen Schutzumschlag übrigens passenderweise mit einer Litographie des Berliner Trümmermalers Werner Heldt[315] geschmückt ist, aus der Versenkung zu ziehen. *Verlöschende Feuer* „vermittelt" nämlich, um noch einmal mit Sebald zu sprechen, „eine annähernde Vorstellung [...] von der Tiefe des Entsetzens, das damals jeden zu erfassen drohte, der wirklich sich umsah in den Ruinen".[316] An den besten Stellen des Romans gelingt diese 'Vermittlung' aber gerade durch die Verweigerung der von Sebald vielleicht allzu pathetisch ins Feld geführten „Tiefe des Entsetzens":

> Jedesmal, wenn [Hans] durch die Viertel gegangen war, die sich zwischen dem Charlottenburger Bahnhof und seiner Wohnung erstreckten, an den hohen Trümmerbergen und den aufgerissenen und ausgeweideten Häusern entlang, hatte er sich darüber gewundert, daß er sich *kaum mehr vorstellen konnte*, wie das alles ausgesehen hatte, als es noch heil gewesen war. Er versuchte es mit seinen Gedanken zu ergründen, wieso ihm und den anderen, die hier noch hausten und umherliefen, der Anblick dieser Zerstörungen *jetzt schon nicht mehr das mindeste Entsetzen einflößte*. Es ist die Gewöhnung – sagte er sich – mit welcher der Mensch sich dem Unerträglichen anpaßt und ausliefert [...].[317]

Mit dieser nüchternen und völlig *un*magisch-realistischen Beschreibung der Ruinen und „Trümmerberge[]" kommt die Entwicklung der (dritten) Trümmerliteratur an ein vorläufiges Ende. – Die 'Verlöschenden Feuer' markieren auch ein 'verlöschendes Zwielicht'.

Um die Liste der vier Trümmerliteraturen zu vervollständigen, sei nun noch ein drastisches 'Trümmer-Zitat' aus dem *Trostgedicht in Widerwertigkeit deß Kriegs* (1633) des Schlesischen (= 'OSTdeutschen') Dichters Martin Opitz nachgestellt, das eigentlich (chronologisch) am Beginn der Zitatenreihe stehen müßte (aber auch an dieser Stelle nahtlos anschließt):

---

314 W.G. Sebald: Luftkrieg und Literatur, S. 19 (vgl. auch oben Anm. 3).
315 Vgl. Kap. III, Anm. 45 und Kap. IV, Anm. 58.
316 W.G. Sebald: Luftkrieg und Literatur, S. 18 (vgl. auch oben Anm. 3).
317 Horst Lange: Verlöschende Feuer (Roman), Stuttgart 1956, S. 181.

Wie manche schöne Stadt / Die sonst das gantze Land durch Pracht gezieret hat / Ist jetzund Asch vnd Staub? Die Mawren sind verheeret / Die Kirchen hingelegt / die Häuser vmbgekehret. Wie wann ein starcker Fluß / der vnvorsehens kömpt / [...] So hat man auch den Plitz vnd Schwefelichte Regen [vgl. „Gewitter", B.S.] Durch der Geschütze Schlund mit grimmiger Gewalt / Daß alles Land vmbher erzittert vnd erschallt / Gesehen mit der Lufft hin in die Städte fliegen [...] / Das harte Pflaster hat geglüet vnd gehitzet / [...] Viel Menschen / die der Schaar der Kugeln sind entrant / Sind mitten in die Glut gerathen vnd verbrannt / [...]..[318]

Das 'glühende Pflaster' und die 'verbrannten Menschen' lassen um 1630 schon den Zweiten Weltkrieg (Phosphorbomben!) erahnen. Opitz' 'Trümmer-Gedicht' ist – immer noch bzw. gerade jetzt – von einer bedrückenden Aktualität. (*Ende des Exkurses*)

Wie schwer es sogar den 'bekennendsten' Trümmerliteraten fiel, bei der Beschreibung der Ruinenlandschaft auf die unheimlich-stimmungsvollen Ingredienzien zu verzichten, zeigt ein Blick in Walter Kolbenhoffs Trümmerroman *Von unserm Fleisch und Blut* (1947). Dieser Roman, in dem fast ununterbrochen der Mond[319] scheint, konzipiert *die Sekundärwildnis als Mondlandschaft*, die der von Langgässer, Hilbig und Sebald vergleichbar ist und sich nahtlos in den obigen Zitatenschatz integrieren läßt:

In der **Wildnis** verbogener Stangen, verbeulter, rostiger Eisenplatten, toter Zementklötze, zersplitterter Balken und verheddderter Drähte hatte er [der namenlose Hitlerjunge, B.S.] das plötzliche Gefühl zu träumen. [...]. Zersplitterte Glasscherben auf schwarzem Boden liegend, *das Licht des Mondes widerspiegelnd*, ließen ihn heftig zusammenfahren. [...] Wie im **Urwald** die Lianengewächse an fremden Bäumen, hingen über ihm verrenkte Eisenstangen, zerbrochene Stahlbänder, das Riesenblatt einer durchlöcherten Blechscheibe.[320]

---

318 Martin Opitz: Gesammelte Werke Bd. 1, S. 195f. Man darf vermuten, daß Opitz hier ebenfalls eine 'OST-deutsche' (Schlesische) Landschaft beschreibt. Jan-Dirk Müller weist in seinem *Nachwort* darauf hin, daß Opitz „[s]elbst in den *Trostgedichten*, wo an den Greueln des Krieges sich doch exemplarisch die Gebrechlichkeit der Welt erweisen müßte, [...] nicht auf eine immanente Rechtfertigung des Schreckens [verzichtet]". In: Martin Opitz: Gedichte. Eine Auswahl, hg. von Jan-Dirk Müller, Stuttgart 1995, S. 196-213, hier: S. 210. Die „immanente Rechtfertigung des Schreckens" findet sich nach dem 2. Weltkrieg in vielen Texten, sie strukturiert insbesondere Hermann Kasacks Roman *Die Stadt hinter dem Strom*: „D[]er millionenfache Tod geschah, mußte in dieser Maßlosigkeit geschehen [...], damit für die andrängenden Wiedergeburten Platz geschaffen wurde. [...] Die Vorstellung hatte etwas Bestürzendes, aber zugleich etwas Trostreiches, weil sie dem immer wieder als sinnlos Erscheinenden einen Plan, eine metaphysische Ordnung gab." H.K.: Die Stadt hinter dem Strom (EA 1947), S. 315.

319 Die „theatralische[]" Kulisse des Mondes ist auch für die zwielichtige Unterwelt der *Alten Abdeckerei* unabdingbar: „[...] [I]n theatralischer Unmittelbarkeit war sie [die Fabrikruine, B.S.] gemeinsam mit dem plötzlichen Vollmond aus der Nacht gestiegen [...]." W.H.: Alte Abdeckerei, S. 101.

320 Walter Kolbenhoff: Von unserm Fleisch und Blut (Roman). Mit einem Nachwort von Gerhard Hay, Frankfurt/M. (Fischer-TB 2034) 1974, S. 140. Der Roman, der doch eigentlich ernüchternd und desillusionierend sein will – Kolbenhoff war ein leidenschaftlicher Antifaschist –, beschwört gleichwohl immer wieder das (magisch-realistische) Geheimnis, vgl. ebd., S. 77: „Der Mond schien in dieser Nacht auf die schroffen, zackigen Steine, sie schienen tot zu sein, aber sie waren nicht tot. In ihren Schatten regte ES sich hier und da. Ein Stein zerbrach. Dann huschte ETWAS über das Helle. Die Ruinen seufzten."

Eisenplatten, Zementklötze, Glasscherben; verbogen, verbeult, zerbrochen. Balken, Dräh-te, Stangen; zersplittert, verheddert, verrenkt. Und im *Gang durch das Ried*? Schränke, Betten, Schemel; alt, verwanzt, befleckt. Öfen, Eisenteile, Wellblechbaracken; auseinan-dergefallen, nutzlos, zerrissen. Und in der *Märkischen Argonautenfahrt*? Patronen, Kartu-schen, Panzer; verrostet, zertrümmert, abgestorben. Überbleibsel, Gerümpel, Hülsen; aus-gebrannt, jammervoll, faulig. In der *Alten Abdeckerei*? Bruchstücke, Trümmer, Reste; zerfallen, unzugänglich, geschleift. – Und W.G. Sebald? Sebald scheint sich an dieser Materialschlacht nicht zu beteiligen, aber der Schein trügt.[321] Das verwilderte Grund-stück in Sonthofen ist nämlich ein ausgezeichnetes Meta-Rudiment, das alle oben ge-nannten Überbleibsel in sich bewahrt und aufspeichert. Man könnte auch sagen, daß die 'ungeheuren' Überbleibsel, die von Langgässer, Kolbenhoff und Hilbig auf-gelesen wur-den, als „Menschenleiche" in Sebalds Keller liegen. Das Grundstück ist nicht nur ein Ort persönlicher Erinnerungen, sondern auch und vor allem ein kollektives Gedächtnis, des-sen Eliminierung die Spuren zur Vergangenheit tilgt. Im Zusammenhang mit Wolfgang Hilbigs *Die Kunde von den Bäumen* wurde bereits ausgeführt, daß Langgässers *Ried*-Roman nach dem gleichen Muster funktioniert: Im *Gang durch das Ried* will die Ge-meinde das völlig verdreckte französische Barackenlager abreißen lassen, um „lauter sau-bere Sachen" („Jugendherberge", „Sportplatz", „Segelfluglager")[322] an dessen Stelle zu setzen. Auch Sebalds Grundstück muß einem „Selbstbedienungsladen" weichen. Dieser „scheußliche Bau" hat nicht zufällig Ähnlichkeiten mit einer „fensterlosen" Monade (Leibniz), die bekanntlich erinnerungslos ist. Im *Ried*-Roman erweist sich die Erinnerung jedoch als stärker: Das in den Baracken zurückbleibende „Nichts aus entleerten Hülsen, Patronen, Zigarettenpapier, Konservendosen, Matratzen und rostigen Eisenspiralen [...] trug einen mächtigen Namen: es hieß *Erinnerung* und war stärker als die vergeßliche Ge-genwart, welche allzu gern sagte: vorbei!"[323] Trümmer & Unkraut bewahren nicht nur

---

[321] Die Materialschlacht, die in *Luftkrieg und Literatur* weitgehend ausgespart bleibt, hat Sebald bereits in *Die Ringe des Saturn* zelebriert. Ein beliebiges Zitat aus diesem Buch (a.a.O., S. 232f.) soll das verdeutlichen (NB: es spielt in diesem Zusammenhang keine Rolle, was in dem Zitat genau beschrieben wird; Sebalds ruinierte Objekte sind ohnehin weitgehend austauschbar): „Der Park selber ist heute verwahrlost, das Gras seit Jahren vermattet. Die großen Eichen sterben Ast für Ast ab, die hier und da notdürftig mit Ziegelbruch ausgebesserten Fahrwege sind voller Schlaglöcher, in denen schwarz das Wasser steht [vgl. Langgässers „Minenlöcher", in denen das „süßliche Lethewasser" fault, B.S.]. Gleichermaßen verwahrlost ist das Wäld-chen [...]. Verfaulendes Holz, rostiges Eisen und sonstiger Unrat liegen überall herum. Die Gräber sind halb in die Erde gesunken [...]."

[322] Elisabeth Langgässer: Gang durch das Ried, S. 287. Reinhard Jirgl, der mit seinem Roman *Hundsnächte* (1997) gewissermaßen das ostdeutsche remake vom *Gang durch das Ried* geliefert hat, bemerkt in diesem Sinne über die alte DDR, „daß ebendieses Brachland alsbald von gewerblichem Interesse sein sollte, der Gegenstand für ein grandioses Bauvorhaben – !Gewerbepark; !Vergnügungscenter; gar !Flughafengelände [vgl. die „Segelfluglager" aus dem *Gang durch das Ried*, B.S.]." R.J.: Hundsnächte, S. 507.

[323] Elisabeth Langgässer: Gang durch das Ried, S. 286. Obwohl Carolin Mülverstedt den *Gang durch das Ried* als einen Erinnerungstext liest, entgehen ihr doch so ziemlich alle 'Stellen' (wie z.B. die oben zitierte), die *wirklich* um „Erinnerung(en)" kreisen. Mülverstedts Fixierung auf den augustinischen *memoria*-Begriff ver-hindert geradezu, den *Ried*-Roman als rabiaten Erinnerungstext wahrzunehmen. Mülverstedt bemerkt nur, daß der „Erinnerungsprozeß im *Gang durch das Ried* noch nicht in ein heilsgeschichtliches Konzept inte-

302

das Andenken, sie *sind* das ausgelagerte Gedächtnis. Das unscheinbare Unkraut ist sogar der heimliche Protagonist des Buches, das man mit Fug und Recht als das verunkrautetste der deutschen Literatur bezeichnen kann. Im Unterschied zu vielen anderen Texten bleibt das Unkraut aus dem *Gang durch das Ried* kein austauschbares Versatzstück aus der Requisitenkammer der Magischen RealistInnen, sondern es bezeichnet hier erstens die wichtigste poetologische Reflexionsfigur des Textes und denotiert zweitens auch seinen heilsgeschichtlichen Kern. Dieser 'Kern' ist im *Gang durch das Ried* verborgener (und damit faszinierender!) als in den späten Romanen, die in ihrem offenen Katholizismus heute nicht selten fragwürdig und peinlich wirken (man denke nur an die Ausfälle gegen die Aufklärung und die Reformation bzw. gegen die Person Martin Luthers im Roman *Das unauslöschliche Siegel*). Carolin Mülverstedt kommt zu folgendem Ergebnis:

> Als Fazit gilt festzuhalten, daß dem *Gang durch das Ried* ein übergeordnetes heilsgeschichtliches Konzept fehlt, das ihn gemäß Langgässers Forderungen als christlichen Roman auszeichnen würde. [...]. *In Ermangelung eines übergeordneten metaphysischen Systementwurfs kommt die Darstellung der menschlichen Existenz im* Gang durch das Ried *den Theorien der literarischen Moderne ungleich näher als in den Folgeromanen Langgässers*, indem das Dasein hier als Möglichkeit der Variabilität begriffen wird, wodurch eine psychologisch determinierte Individualität im Sinne von Einmaligkeit der Personen verhindert wird.[324]

Für Mülverstedt, die die christlichen, genauer: die augustinischen Implikationen im Romanwerk Langgässers verfolgt, hat der „*Gang durch das Ried* als Teil des Gesamtwerks" deshalb konsequenterweise nur „eine vorbereitende Funktion".[325] Im offenen Wider-

---

griert [wird]. Die familiäre Abkunft des Protagonisten und seine persönliche Schuld werden nicht mit der Frage nach [...] der Erbsünde verknüpft [...]." C.M.: „Denn das Thema der Dichtung ist immer der Mensch", S. 155. („Hilperts Glaube an das Alphabet verhalf ihm zu der Entdeckung, daß auf die Erbsünde die Erbswurst folgt. Auf diesem Punkt wollen wir verharren und uns die Konsequenzen nicht nehmen lassen." Günter Eich: Hilpert. In: ders.: Gesammelte Werke Bd. 1, S. 310-314, hier: S. 310.)

[324] Carolin Mülverstedt: „Denn das Thema der Dichtung ist immer der Mensch", S. 82. Es muß leider gesagt werden, daß Mülverstedt (2000) in gewissem Sinne *hinter* den Stand von Augsberger (1962) zurückfällt, da sie – von wenigen Ausnahmen abgesehen – den *Gang durch das Ried* nicht *als Text*, sondern nur als 'Vorbereitung' auf die späten Romane liest. Ihr Kapitel 2.2. GANG DURCH DAS RIED (S. 73-83) ist im wesentlichen eine Paraphrase des Romanverlaufs, und ihre Analyse der Textverfahren in Kapitel 2.5. DIE SPRACHE DER ROMANPERSONEN (S. 120-133) bleibt oberflächlich. Selbst ihr Kapitel 2.5.3. MAGISCHER REALISMUS BEI ELISABETH LANGGÄSSER (S. 127-131) ist nur eine 'Fußnote' zu Michael Scheffel. Langgässers magischer Realismus wird keiner kritischen Prüfung unterzogen, sondern 'gläubig' rezipiert: „Der magische Realismus Langgässers gestaltet die Durchdringung der erkennbaren Wirklichkeit [?] mit dem allgemein gültigen [!] Mythos, wodurch die Realität [?] eine 'wahre und allgemein verbindliche Wirklichkeitsausdeutung' erfährt [...]." (Ebd., S. 129)

[325] Carolin Mülverstedt: „Denn das Thema der Dichtung ist immer der Mensch", S. 155f. Im dezidierten Widerspruch zur opinio communis möchte ich hier eine Lanze *für die literarisch-moderne* (bzw. gegen die antiquiert-katholische) Langgässer brechen und die Behauptung aufstellen, daß sie mit dem *Triptychon des Teufels* (1932) und dem *Gang durch das Ried* (1936) den Scheitelpunkt ihres literarischen Könnens erreicht hat. Mit dem *Unauslöschlichen Siegel* (1946) geht es dann wieder 'bergab'.

spruch zu Mülverstedts theologischem Ansatz soll im Folgenden gezeigt werden, daß dem *Ried*-Roman weder etwas „fehlt" noch in ihm etwas „verhindert wird" (Mülverstedt). Es gilt vielmehr, den *Gang durch das Ried* zunächst und überhaupt einmal als emphatischen *Text* „der literarischen Moderne" in den Blick zu bekommen.

b) Die „Zwiebelnetze" und das Textverfahren

Über dem gesamten Roman liegt ein verwirrend dicht gespanntes Netz von Isotopien, das sich auch nach wiederholter Lektüre nicht vollständig erschließt. Verschiedene Motive und Symbole (Unkraut, Netz, Erdöl, Flasche etc.) werden im *Gang durch das Ried* häufig wiederholt und dabei derartig 'wild' miteinander kombiniert, daß die disseminative und zentrifugale Bewegung der Sprache stärker ist als ihre integrierende Kraft. Das 'unkontrollierte' Textverfahren wird so zum Spiegel für die „geistige Diskontinuierlichkeit Aladins"[326]. Eva Augsberger bemerkt dazu:

> Interessant entwickelt der Stil E. Langgässers die einzelnen Motive und Symbole aus einer relativ dünnen Realschicht (der Situation Aladins im verlassenen Lager mit den wenigen Gegenständen: Petroleumofen, Erdölflasche, Wasserleitung). Die Bausteine werden in der Vision durcheinandergeschüttelt und angereichert, aneinandergereiht und auseinanderentwickelt und in langen Assoziationsketten vorgetragen, deren einzelne Glieder untereinander auswechselbar sind. Manche Kritiker haben diese Technik abgelehnt [...].[327]

Der „Kritiker", den Augsberger hier im Auge hat, störte sich insbesondere an der Überfülle von Langgässers „Bilder[n]", die für ihn „wie ein Chaos" sind.[328] Genau dieses vom „Kritiker" perhorreszierte „Chaos" bezeichnet aber den *unverständlichen Rest*, den auch Augsbergers integrale Lektüre, die um eine möglichst vollständige Klärung aller 'Ungereimtheiten' bemüht ist, nicht wirklich auflösen kann. Um den *Ried*-Roman als allegorischen, symbolischen und traditionell strukturierten zu 'retten' – Augsberger sieht eine „Gefahr" in der „surrealen Traumlogik" und der „gekünstelten Wortspielerei"[329] –, macht sie den Versuch, die Motive zu zusammengehörigen Motiv*ketten* zu bündeln:

> *Erdöl – Wasser – Brot.* Das Wasser, das in der Röhre aus dem Innern des Landes kommt, steht genauso wie das Wasser in der Tiefe für etwas Gesuchtes, noch Verborgenes von guter oder auch bedrohlicher Bedeutung. Aber das Regenwasser 'kommt von selbst'. Der Gedanke an den Regen verbindet sich für Aladin mit dem

---

326   Vgl. Eva Augsberger: Elisabeth Langgässer, S. 30.

327   Eva Augsberger: Elisabeth Langgässer. Assoziative Reihung, Leitmotiv und Symbol in ihren Prosawerken, Nürnberg 1962, S. 37.

328   Vgl. Eva Augsberger: Elisabeth Langgässer, S. 37, Fußnote 84.

329   Eva Augsberger: Elisabeth Langgässer, S. 37.

304

Bedürfnis nach Petroleum [...]. Wasser kommt von selbst, Regen, Manna ebenfalls
[...].³³⁰

Diese doch eher hilflose Paraphrase-Probe (etwas 'steht für' etwas Verborgenes mit einer
„gute[n] oder auch bedrohlich[en] Bedeutung") macht deutlich, daß sich der verwilderte
Roman auf diese Weise nicht 'zähmen' läßt. Augsbergers Untersuchung ist zwar etwas
veraltet, aber dennoch recht lesenswert; sie ist sogar ihrer Zeit voraus: Viele Jahre vor der
eigentlichen Hoch-zeit des Poststrukturalismus spricht Augsberger bereits von den „Knotenpunkt[en]" im „Vorstellungs*gewebe*" des Protagonisten.³³¹ Diese Gewebe-Metaphorik
ist die dem Roman einzig angemessene. Sie führt ins Zentrum des Textes (und *Text* heißt
bekanntlich *Gewebe*.)

Das „grob geknüpfte" Gewebe bzw. Netz des *Ried*-Romans wird an mehreren Stellen
poetologisch reflektiert. Das nachfolgende Zitat aus dem letzten Kapitel (XII), das die
„Netz"-Metaphorik aufgreift, soll nun exemplarisch in die akribische Lektüre des Buches
einführen:

> Plötzlich, ohne zu wissen weshalb, drehte sich Aladin um. Zwei Männer mit etwas
> vor dem Gesicht traten ungeschickt hinter ein Haus; es waren Netze, ja: Zwiebelnet-
> ze, die ihre Gesichter verhüllten; ganz grob geknüpfte, mit großen Zwischenräumen,
> die sie schrecklicher machten als alles, was sie sonst hätten vorbinden können; un-
> kenntlich, aber wiederum so, daß einer, der ihnen begegnet wäre, bloß gedacht hätte:
> guck, die kommen vom Markt und haben ihr Krämchen verkauft.³³²

Abgesehen von der unheimlichen Treffsicherheit des Bildes – die beiden Männer wirken
geradezu kafkaesk – ist allein schon der Verlauf des Satzes faszinierend: „Plötzlich" tauchen zwei „Männer" auf, von denen vorher nie die Rede war.³³³ Es bleibt völlig unklar,
wo sie herkommen und was sie vorhaben. Der Satzverlauf, der sich an der Perzeption A-
ladins orientiert, zeichnet diese Unsicherheit nach: Zunächst haben die Männer „etwas"
Unkenntliches „vor dem Gesicht". Der genauere Blick erkennt darin zuerst nur „Netze"
und dann „Zwiebelnetze". Die Netze sind „ganz grob geknüpft[]", ja sie haben sogar
„große[] Zwischenräume[]", aber dennoch „verhüll[]en" sie die Gesichter der Männer.
Die Zwiebelnetze sind einerseits „schrecklich[]", aber andererseits doch so gewöhnlich,
„daß einer, der ihnen begegnet wäre [aber nicht wirklich begegnet *ist*], bloß gedacht hätte
[und jetzt fließender Wechsel zur erlebten Rede]: guck, die kommen vom Markt und haben ihr Krämchen verkauft". Wir fassen zusammen: Das (Zwiebel-)Netz konnotiert im

---

330   Eva Augsberger: Elisabeth Langgässer, S. 36.

331   Eva Augsberger: Elisabeth Langgässer, S. 36.

332   Elisabeth Langgässer: Gang durch das Ried, S. 314.

333   Der Text prätendiert zwar, daß Aladin in den beiden Männern „seinen Tod gesehen" hat (S. 314), aber diese Vision vollzieht sich „in dem Auf und Ab eines einzigen Lidschlags" (ebd.): „[...] zwei Männer, zwei
Hände an der Pistole, als gälte es, [Aladin] zweimal, vielmehr als Doppelten zu erschießen". Dieser imagi-
nierte Doppelmord ist genauso obskur wie die Zwiebelnetz-Masken der Männer.

obigen Zitat Verhüllung und Unkenntlichkeit (Maskierung), aber auch Zwischenraum (Lücke) und drohenden Schrecken („schrecklich[]") bzw. Harmlosigkeit („Krämchen"). – Nichts Genaues weiß man nicht. Oder doch? Immerhin findet sich das ominöse „Zwiebelnetz" auch bei der 'untoten' Frau wieder, die „damals erschossen" wurde und „hernach noch lange" durch den Wald ging.[334] Die Zwiebelnetze stehen aber auch in Korrespondenz mit anderen Netzen:

> [...] ein Fischernetz blähte sich über den Himmel, die Korkstücke bebten, das Garn war zerrissen, der Wind fuhr hinein, hob die Erlenstöcke, zwischen denen es ausgespannt war... jetzt wird es uns fangen, Masche an Masche zuckte vor Aladins Augen – ach nein, das steht überm Uferweg, wir kommen links vorbei...[335]

Auch in diesem Zitat ist die Text-Metaphorik („Netz", „Garn", „Masche") unübersehbar, auch hier interferiert sie mit andern „Leitmotiven" (Augsberger) des Romans („Kork", „Himmel" etc). Das „Zwiebelnetz[]" aus dem obigen Zitat hat sich hier in ein „Fischernetz" verwandelt, dessen Garn allerdings „zerrissen" ist, so daß es ebenfalls (zu) „große[] Zwischenräume[]" hat. In beiden Zitaten ist das Netz bedrohlich und unheimlich; im zweiten Zitat wird aber darüber hinaus auch noch die Heilsgeschichte alludiert: Wenn der 'Mensch' Aladin sich fürchtet, von einem 'Fischer'-Netz gefangen zu werden, dann hat er (auch) Angst vor der Berufung (vgl. *Die Berufung der ersten Jünger*, Mt 4, 18-22):

> Als nun Jesus am Galiläischen Meer entlangging, sah er [...] Petrus [...] und Andreas, seinen Bruder; die warfen ihre Netze ins Meer; denn sie waren Fischer. Und er sprach zu ihnen: Folgt mir nach; ich will euch zu <u>Menschenfischern</u> machen. (Mt 4, 18-19)[336]

Noch deutlicher wird der Bezug zur Heilsgeschichte im Lukas-Evangelium (Lk 5, 10), wenn Jesus zu Petrus sagt: „Von nun an wirst du Menschen <u>fangen</u>" („jetzt wird es uns <u>fangen</u>", *Ried*). Ausgehend von dieser Deutung des „Fischernetz[es]" könnte man vermuten, daß sich bereits im ersten Zitat hinter den „[z]wei Männer[n]" die Brüder Petrus und

---

334 „Eine Frau war damals erschossen worden und tappte hernach noch lange, das <u>Zwiebelnetz</u> über dem Rükken, des Nachts im Walde umher." E.L.: Gang durch das Ried, S. 21. Dieses „Lagermütterchen" ist der *genius loci* des verödeten Barackenlagers.

335 Elisabeth Langgässer: Gang durch das Ried, S. 110f. Weitere Pfade ins Dickicht der Textur können hier nur angedeutet werden: Die „Erlen-stöcke" verweisen einerseits auf den „<u>Erlenhof</u>", zu dem Aladin unterwegs ist, andererseits auf die eine vergrabene Erinnerung markieren: „Indem [Aladin] noch rodete, kam der Kopf eines <u>Steckenpferdes</u> hervor. Bäh – es [...] <u>stak</u> mit dem <u>Stock</u> in der Erde." (Ebd., S. 41) Auch die politischen Anpasser heißen im Roman „<u>Stecker</u> [...]: wenn eine Leitung umgelegt wurde, der paßte überall rein." (Ebd., S. 61) „Himmel" und „Wind" verweisen natürlich auf den „Lückenbüßer".

336 Auch der Erlenhöfer, in dessen Keller die konspirative Sitzung der politischen Verschwörer stattfindet (vgl. Kap. VIII), ist ein *Menschenfischer*: „Wenn der Bauer mit der Laterne an dem Haufen [der Verschwörer, B.S.] vorbeiging, so blitzte dort eine Schuppenhand, hier eine metallische Flosse [...]: *er hatte den Fischzug im Netz*, er brauchte nur anzuziehen, und alle gingen mit." E.L.: Gang durch das Ried, S. 170. Aladins 'eigentlicher' Name ist *Peter* (Petrus!) *Schaffner*; die Attribute Petri sind die Himmelsschlüssel: „[W]enn so ein Schaffner mit Vornamen Peter hieße, so <u>schlösse</u> ihm dieser Umstand die <u>Himmelstür</u> noch nicht auf." (Ebd., S. 233)

306

Andreas verbergen, die Aladin fangen wollen. Diese Deutung liegt zwar nahe, ist aber nicht zwingend. Der Roman legt nur *Mutmaßungen über Aladin* nahe. Doch nun weiter im Text(gewebe). Womit werden die Zwiebelnetze im Roman noch vernetzt?

> „Ja, ja, die Zwiebel hat sieben Häute [...] und was drinnen steckt, sieht man ihr außen nicht an. Auch der Name, der auf dem Zettelchen steht, macht noch lange nicht Salomons Garten aus. Da schreibt mancher was auf sein Tütchen –", er [der Bauer] schwieg und lauerte still.[337]

Nun wird es bereits unübersichtlich, obwohl jeder einzelne Schritt für sich genommen plausibel und nachvollziehbar ist: Von den Zwiebelnetzen führt eine Verbindungslinie sowohl zu den Fischernetzen als auch zu den Zwiebeln mit ihren „sieben Häute[n]". Aber was verbindet die Zwiebel mit dem „Name[n]", der auf dem Zettelchen steht"? Das *Missing link* zwischen der Zwiebel und dem Namen ist vor allem das Wörtchen „Auch", das den Übergang zu motivieren scheint. Die Zwiebel ist in vieler Hinsicht poetologisch relevant: Sie konnotiert hier erstens ganz allgemein *Schrift* und *Bedeutung* („Zettelchen", „Name"), und sie ist zweitens eines der unzähligen Symbole für das metonymische Schachtelprinzip (Puppe in der Puppe, Haut in der Haut) des Romans.[338] Vom „Name[n]" führt nun ein weiterer Pfad ins labyrinthische Dickicht („Irrenhaus") des „Gewebe[s]"[339]:

> Er kannte nicht die Sage von dem Hemde des Zentauren, doch nicht anders als Herkules erging es Aladin: was ihn umschlossen hatte [vgl. „sieben Häute", B.S.], fraß tückisch in seinen Adern und zerstörte, vergiftete, verbrannte das Gewebe, bis er plötzlich in Flammen stand und später im Irrenhaus wie eine gelöschte Kohle unter eisigen Duschen lag. Der Name war mitverbrannt, so schien es wenigstens – aber während er noch im Winkel saß, tauchte jener schon wieder auf und baute seinen Träger in einen anderen um, so wie man Silbe um Silbe zum Wortleib zusammenfügt.[340]

---

[337] Elisabeth Langgässer: Gang durch das Ried, S. 252. Vgl. auch ebd., S. 87: „Sieben Häute hätte man, sagte die Lisa [...], er [Aladin] aber wenigstens acht. Ein Heimtücker [vgl. das Motiv der Verhüllung, B.S.] wäre der Aladin, das hätte sie lange schon spitz."

[338] Das Schachtelprinzip, das Langgässer virtuos beherrscht (alle Wörter sind „ineinander- und hintereinander- und nebeneinandergeschoben", *Ried*, S. 323), ist eines der auffälligsten Merkmale des ganzen Romans. Es verbirgt sich nicht nur hinter der 'russischen Puppe' *Aladin – Dodot – Peter Schaffner*, sondern auch hinter der Attrappenwelt der leeren Baracken: „[J]eder Raum verbarg einen andern und dieser wieder einen; doch sich aufzuhalten, hatte es sinnlos, denn alle waren leer. So stellte sich nun einmal das Leben heute dar: 'nichts dahinter!' [...]." E.L.: Gang durch das Ried, S. 30.

[339] Aladins „bisheriges Leben" wird ganz dezidiert als ein „Webstück" (*Text*) bezeichnet, „dessen Beginn sich im Lager festgeklemmt hatte [...]. Einst, wenn sein richtiger Name als Schnalle an jenem Band saß, würde er umkehren müssen; der andere [Aladin, B.S.] stünde auf, um das Webstück zusammenzuhaken, und nun liefe es [...] von dem Lager über das Ried und wieder zu dem Lager zurück – – und liefe zuletzt ganz allein..." E.L.: Gang durch das Ried, S 166.

[340] Elisabeth Langgässer: Gang durch das Ried, S. 16.

Spätestens an dieser Stelle sind die Querbezüge nicht mehr zu kontrollieren, obwohl auch hier die jeweils einzelnen Schritte (vom „Irrenhaus" zum „Name[n]") plausibel zu sein scheinen. Anhand der „großen Zwischenräume[]", die im ersten Zitat der Reihe genannt wurden (vgl. S. 314), läßt sich auch eine andere Bresche ins wuchernde Dickicht der Textur hinein schlagen. Der unscheinbare „Zwischenraum", für den es im *Gang durch das Ried* unzählige Synonyme gibt (Lücke, Niemandsland, Grenze etc.), ist in Wahrheit das geheime und leere Zentrum des Romans. Die Handlung des *Ried*-Romans spielt nicht nur im Zwischenraum und Niemandsland (Grenzgebiet), sie ist auch zwischen den Zeiten angesiedelt.[341] Prägnant formuliert: Der Roman erzählt die obskure Geschichte eines Namenlosen, der zwischen den Zeiten im Niemandsland feststeckt.[342] Schon allein dieser modernitäts-verdächtige *plot* des Romans sollte Grund genug sein, dem Buch die Aufmerksamkeit zu schenken, die ihm gebührt. Doch nun Mut zur „Lücke":

> [...] die Eschen klapperten oben in den noch blattlosen Kronen mit schwachem, hellem Ächzen, wenn der Wind ging, gegeneinander und ließen in ihren Lücken seidigen Himmel sehen...[343]

Die „Schlüsselworte" (Augsberger) „Lücken", „Wind" und „Himmel" verweisen an dieser Stelle auf den „Lückenbüßer"[344], der als tertium comparationis 'dahinter' steht. Der „Lückenbüßer" ist nicht nur der heimliche Protagonist des Romans, auf den *alle* Zwischenräume letztlich verweisen, sondern er ist vor allem die himmlische Erlösungs-*Figur* im doppelten Sinne des Wortes: Als christologische Erlöserfigur ist er ein Stell-vertreter („Lückenbüßer") Gottes auf Erden, und als poetologische Figur bezeichnet er das Verfahren des Textes.

c) Die „Lücke", der „Lückenbüßer" und die Heilsgeschichte

Der Lückenbüßer ist im *Gang durch das Ried* omnipräsent. Hatte er sich im obigen Zitat noch in den „Eschen" versteckt, so tritt er in den beiden nachfolgenden Zitaten aus 'seiner' Luke heraus:

---

341 „[...] ein Lager war es [das verlassene französische Barackenlager, B.S.] schon lange nicht mehr, aber auch noch nichts neues [...]." E. L.: Gang durch das Ried, S. 316.

342 Vgl. Eva Augsberger: Elisabeth Langgässer, S. 30: „Er [Aladin] kommt [...] aus dem geistigen Niemandsland des Goddelauer Irrenhauses in das politische Niemandsland des Lagers, mit unklarer Identität und falschem Paß."

343 Elisabeth Langgässer: Gang durch das Ried, S. 212. Vgl. ebd., S. 213: „der Wind, der Wind – das himmlische Kind – –"

344 Zur Erinnerung: Der „Lückenbüßer" ist das uneheliche Kind der Lagerhure Laura, die nach Abzug der französischen Truppen in den Baracken zurückgeblieben ist und dort noch weiterhin ihrem Gewerbe nachgeht. Der „Lückenbüßer" wohnt auf dem Erlenhof, wo Aladin dann Freundschaft mit ihm schließt.

308

[...] durch die Bodenluke am Dach sah der Lückenbüßer herein. Sein Gesicht war so hell [vgl. „Himmel", B.S.], daß der *Speicher* davon erleuchtet wurde [...].[345]

Was wollte er [Aladin] denn? Durch die Luke schießen? Dann schoß er in den Himmel hinein – ach! in den Himmel!![346]

Betrachtet man jetzt einmal alle Zitate (vom „Zwiebelnetz" zum „Lückenbüßer") gewissermaßen synoptisch, dann lassen sich die Beobachtungen am Text wie folgt zusammenfassen: Langgässers Textverfahren im *Gang durch das Ried* zielen einerseits auf eine maximale 'Wildheit' und *Promiskuität*[347]: Von jedem Motiv bzw. Schlüsselwort kommt man über längere oder kürzere 'Umwege' zu jedem beliebigen anderen Motiv im Text. Alle Reiz-Wörter sind miteinander vernetzt; die Bedeutung beginnt unkontrolliert zu 'wuchern'; ES geht wild „durcheinander":

> Doch war, was auch herauskam, schon wieder dunkel geworden, und wenn man es befragte, so gab es nicht ja oder nein, sondern, ach, wie vieles zur Antwort, das durcheinanderging... Diese Sandschlucht zum Beispiel – [...] was wollte die doch bedeuten?[348]

Dieses *einerseits* ist aber nur die 'halbe' Wahrheit. Die andere Hälfte der Wahrheit – das *andererseits* – lautet genau umgekehrt: Langgässers Textverfahren im *Gang durch das Ried* zielen auf eine maximale sprachliche Integration und Verdichtung der Motive: *Alle Wege führen nach Rom*, will sagen: Alle Pfade im Dickicht der Textur führen zum Lückenbüßer und damit zur Heilsgeschichte des Romans. Die heilsgeschichtliche Tiefendimension des Textes sei hier kurz skizziert:

Im *Gang durch das Ried* geht es darum, daß ein offensichtlich schizophrener Kriegsheimkehrer seinen *Namen* (und damit seine Identität), seine *Erinnerungen* und mit den Erinnerungen auch seine *Schuld* wiederfindet. Name, Erinnerung und Schuld bilden eine Einheit und können stellvertretend füreinander einstehen. Indem Peter Schaffner alias Jean-Marie Aladin für die Schuld eines anderen 'geradesteht' – Aladin 'büßt' für den „Dodot", der den Lückenbüßer gezeugt hat und dann seiner Wege gegangen ist –, findet er zu sich selbst zurück:

---

345 Elisabeth Langgässer: Gang durch das Ried, S. 85. Der „Speicher", von dem im obigen Zitat die Rede ist, ist ambivalent: Er bezeichnet nicht nur den *Dachboden*, sondern im übertragenen Sinne auch das *Gedächtnis*, vgl. auch Aleida Assmann: Erinnerungsräume, S. 341ff.

346 Elisabeth Langgässer: Gang durch das Ried, S. 289.

347 „Nun, dazumal, in dem Ruhrkrieg, ging alles durcheinander, wie Tiere in dem Wald [...]; wir haben kreuzweis geschlafen: die Mutter versuchte den Schwiegersohn, bevor ihn die Tochter hatte, und wieder kurz danach." E.L.: Gang durch das Ried, S. 25f.

348 Elisabeth Langgässer: Gang durch das Ried, S. 43. „Diese Sandschlucht" erinnert „Zum Beispiel" an Günter Eich: „Zum Beispiel Segeltuch. / Ein Wort in ein Wort übersetzen". G.E.: Zum Beispiel. In: ders.: Gesammelte Werke Bd. 1, S. 136. Elisabeth Langgässer ist es im *Gang durch das Ried* ein Stück weit gelungen, diesen magisch-realistischen Übersetzungstraum zu verwirklichen.

Er, Aladin, stand hier für einen ganz anderen Menschen: für einen, der Schuld ohne
Sühne im Heereszug hatte wie Maultierdreck hinter sich liegen lassen und seiner
Wege gegangen war. Er folgte ihm, ein Soldat wie jener [Dodot aus Nantes, B.S.],
und trat in seine Stapfen. [...] Nur seinen Namen und seine Schuld hatte er ganz ge-
wiß und hatte beides in einem – so sicher, wie jemand, der „Adam" sagt, auch den
Sündenfall mitbekommt. Nun [nachdem Aladin sich an die *eigene* Schuld *erinnert*,
B.S.] stand er für niemand mehr außer sich selbst [...].[349]

Auf grund seiner Namen- und Eigenschaftslosigkeit ist der verrückte (identitätslose) Aladin dafür prädestiniert, vom Schicksal 'eingesetzt' zu werden. Damit ist er der große
Stell-vertreter des kleinen Lücken-büßers, der seinerseits für den Heils-bringer (Erlöser)
'steht'. Mit andern Worten: Jean-Marie Aladin ist die Postfiguration einer Präfiguration[350]; er ist außerdem eine Replik auf den „Lückenbüßer" in Nietzsches *Also sprach Zarathustra.*[351]

[...] unzählige Dodots marschierten vorbei – – er [Aladin] war der letzte: es gab den
gesuchten Dodot zwar gar nicht, doch weil Aladin eben namenlos war, ergriff ihn das
Schicksal und setzte ihn ein, wo eine Lücke gefüllt, ein Unrecht gesühnt werden
mußte.[352]

Die Heilsgeschichte, die in den Trümmern begann, endet auch dort: Am Schluß geht Aladin noch einmal ins Barackenlager, um Laura, die Mutter des Lückenbüßers, zu finden.
Laura ist die letzte Lagerhure, die nach dem Abzug der französischen Truppen zurückgeblieben ist. Aladin will bei der Mutter für den Vater des Lückenbüßers („Dodot") 'gera-

---

349 Elisabeth Langgässer: Gang durch das Ried, S. 221. Wenn Aladin in die „Stapfen" eines anderen tritt, erinnert er damit an den Magister Noah Buchius aus Raabes *Odfeld*, der auch in „Spuren" geht (vgl. Kap. II,
Anm. 89). Raabes „Odfeld" und Langgässers „Totenfeld" (*Ried*, S. 29) haben einige Gemeinsamkeiten: Auf
beiden Feldern spuken Geister herum, und beide Felder bergen in ihrem Inneren schichtweise Dinge, die
„dermaleinst des Ausgrabens und Aufbewahrens wert" sind (vgl. *Das Odfeld*, S. 202).
Bei Langgässer heißt es parallel dazu: „Da liegen, zwei Schuhe tief, zerbeulte Konservendosen [...], Patro-
nentaschen [...], Zigarettenschachteln und leere Hülsen [...]. Fünf Schuhe tief stecken Silbermünzen aus den
napoleonischen Kriegen. [...] Zwölf Schuhe tief ruhen Waffen und Schilde aus der eisernen Römerzeit [...]."
E.L.: Gang durch das Ried, S. 166.

350 Auf die Präfiguration Christi, genauer: auf den Täufer Johannes wird im *Ried*-Roman häufiger verwiesen,
so etwa, wenn es dort (S. 221) heißt: „Aber während der erste [Dodot] wesenlos wurde [...] – nahm der
zweite [Aladin] geheimnisvoll zu und wurde dichter und immer schwerer [...]." Dieser Satz bezieht sich auf
Joh. 3, 30: „Er [Jesus] muß wachsen, ich [Johannes] aber muß abnehmen." Die Heilsgeschichte ist mit dem
androgynen Namen *Jean-* (Johannes) *Marie* (Maria) angesprochen: Johannes und Maria stehen bekanntlich
unter dem Kreuz Jesu (vgl. Joh. 19, 25-27).

351 In dem Kapitel *Von den Priestern* polemisiert Zarathustra gegen den 'lückenhaften' Geist aller (christlichen) Erlöser: „Aus Lücken bestand der Geist dieser Erlöser; aber in jede Lücke hatten sie [die Jünger] ihren Wahn gestellt, ihren Lückenbüßer, den sie Gott nannten." F.N.: Also sprach Zarathustra, Stuttgart 1975,
S. 98. Dieser „Lückenbüßer" steht übrigens im Zusammenhang mit einer Ruderalfläche: „Und erst wenn der
reine Himmel wieder durch zerbrochene Decken blickt, und hinab auf Gras und roten Mohn an zerbrochenen Mauern, will ich den Stätten dieses Gottes wieder mein Herz zuwenden." (Ebd., S. 97)

352 Elisabeth Langgässer: Gang durch das Ried, S. 166.

destehen'.[353] Dies ist sein letzter Akt der Stellvertretung, bevor er das Lager und die Ried-Landschaft endgültig verläßt.

> Alles Gute geht rund, mußte Aladin denken; genau wie alles Böse. Was dem einen geschieht, tut er an dem andern, denn das Leben ist Stellvertretung, auch wo es ein Mensch nicht weiß.[354]

Wir halten fest: Langgässers Konzept der Stellvertretung ist einerseits eminent christlich, andererseits hoch poetologisch. Der inhaltliche und der formale Aspekt bilden eine Einheit und ergeben nur zusammen ein 'Ganzes'. Im Unterschied zu den beiden anderen Romanen 'der' Langgässer bleibt die christlich-paganische Grundstruktur dem *Ried*-Roman nicht äußerlich und akzidentiell, sondern sie bestimmt das Textverfahren.[355] Statt 'christlich-paganisch' könnte man auch sagen: Der Roman ist integral *und* verwildert, strukturiert *und* texturiert bzw. sinnbündelnd *und* sinnstreuend zugleich. Im „Unkraut", von dem im *Gang durch das Ried* ständig die Rede ist, kommen beide Aspekte zur Deckung. Das soll im folgenden begründet werden.

d) Das „Unkraut", der „Lückenbüßer" und die „Stellvertretung"

Im Laufe der bisherigen Untersuchung konnte anhand vieler Textbeispiele gezeigt werden, daß die Unkräuter *die* magisch-realistischen Pflanzen schlechthin sind: Seit Loerkes *Puppe* beginnt ES in den Texten unkontrolliert zu wuchern. In den seltensten Fällen wuchern dabei aber auch die Bedeutungen. Die magisch-realistischen Texte zeichnen sich in der Regel sogar durch betont unavancierte Textverfahren aus, in die mittels Unkraut Spurenelemente von 'Wildheit' hineingemengt werden. Als Faustregel galt bisher: Je mehr Unkraut, desto zahmer der Text (siehe Britting). Diese Regel gilt für den *Gang durch das Ried* nicht mehr. „Nesseln, Wollkraut und Gras"[356] bezeichnen hier keine Platzhalter für eine vom Text nicht eingelöste (Sekundär-) Wildheit – im *Ried*-Roman gibt es ganz dezidiert nur *berührte Natur*[357] –, sondern Unkraut ist im wahrsten Sinne des Wortes ein Stell-vertreter des verwilderten Verfahrens. Das Unkraut 'steht' hier aber auch für den

---

353 Aladin gibt vor, der Bruder des Dodot zu sein: „Ich bin der Bruder des Dodot aus Nantes und stehe für ihn gerade." E.L,; Gang durch das Ried, S. 327.

354 Elisabeth Langgässer: Gang durch das Ried, S. 321f.

355 In den beiden späteren Romanen Elisabeth Langgässers (*Das unauslöschliche Siegel* und *Märkische Argonautenfahrt*) wird zwar ausgiebig theologisiert, aber die christlichen Implikationen dominieren dennoch nicht die Textverfahren. Im Grunde genommen ist der *Gang durch das Ried* in seiner 'Wildheit' viel christlicher als die späten Romane, die sich offen zum Glauben bekennen.

356 Elisabeth Langgässer: Gang durch das Ried, S. 28.

357 „Und wenn ihr / von unberührter Natur sprecht, / laßt mich bitte aus. / Mir ist berührte lieber." *Günter Eich* Vgl. G.E.: Zitate. In: ders.: Gesammete Werke Bd. 1, S. 292. Eine ähnliche Devise gilt für den *Gang durch das Ried*, vgl. ebd., S. 43: „... diese Erde, die nur davon lebt, sich beständig verändern zu lassen, und nicht weiß, wie sie aussehen würde, wenn nicht Menschen über sie hergefallen und von ihr angereizt worden wären, das Bild ihres eigenen Wesens aus ihr hervorzutreiben."

„Lückenbüßer", der vom Erlenhöfer als „Quecke", „Wegerich" und „Kräutchen Rühr-[mich]-nicht an"[358] beschimpft wird. Im Zusammenhang mit der „Zwiebel" und dem „Name[n]", der auf dem „Zettelchen" steht, sagt der Erlenhöfer:

> „Auch der Name, der auf dem Zettelchen steht, macht noch lange nicht Salomons Garten aus. [...] Ja: Tulpe ist Tulpe [...], nur das Unkraut hat viele Namen und heißt heute so, morgen so."[359]

Eine Tulpe ist eine Tulpe ist eine Tulpe. Nur das Unkraut „hat viele Namen [Synonyme!] und heißt heute so, morgen so". Damit ist das Textverfahren des Romans exakt umschrieben. Denn so, wie das Unkraut unkontrolliert wuchert, verbirgt (tarnt[360]) es sich auch überall im Textgewebe auf eine hinterhältige Weise: Alle 'Gewebe-Fäden' bzw. Schlüsselwörter führen *ins* Unkraut – „Zwiebelnetz" = „Zwischenraum" = „Lückenbüßer = „Unkraut" – und *vom* „Unkraut" führen alle Pfade zurück bis in die feinsten Verästelungen der Textur. Das „wertlose Zeug"[361] ist im Grunde eine Gnade des Himmels und der Segen des Hauses:

> „Unkraut vergeht nicht", pflegte der Bauer, wenn das Ziehkind [der Lückenbüßer, B.S.] Husten und Schnupfen hatte, achselzuckend zu sagen. Wahrhaftig! es war nicht vergangen, sondern hatte das Haus und den Garten erfüllt; das Kellergewölbe, die Mauern bis unter das dumpfe, verschwiegene Dach waren von ihm durchwurzelt worden – keine Spalte, in die es nicht Einlaß gefunden, die es nicht ausgefüllt, überdrungen und einbezogen hatte. *So glich es als Unkraut zugleich dem Wasser, und als Wasser wieder dem Licht* – aber wer wußte, ob nicht gerade seine Unkrautnatur es gewesen war, die das Haus, wie den Bahndamm die Sträucher, mit ihren Wurzeln zusammengehalten und am Einsturz gehindert hatte?[362]

---

358   Elisabeth Langgässer: Gang durch das Ried, S. 253.

359   Elisabeth Langgässer: Gang durch das Ried, S. 252.

360   Das Unkraut 'verhält' sich ähnlich wie Aladin, der die Kunst der „Verkleidung" beherrscht, denn „die Inschrift auf seinem Paß" ist nicht „die letzte", sondern es stehen „noch frühere [...] dahinter, und 'Jean-Marie Aladin' [ist] nichts als eine Verkleidung, eine Schutzfarbe oder Schreckform [...]." E.L.: Gang durch das Ried, S. 15.

361   „Dieses wertlose Zeug [Unkraut, B.S], das die bösen Tage mit verschossenem Schopf und gebleichten Lumpen [...] überstanden und dabei sein rotes und weißes Gesicht nach oben gehalten hatte: dies war es, so wollte es Aladin dünken, um dessentwillen der Frühling sich hatte erbitten lassen, zu den Menschen zurückzukehren. Geduld! schien es leise sich selber und dem Himmel gesagt zu haben – und Hoffnung! hatte das Licht ihm erwidert [...]." E.L.: Gang durch das Ried, S. 295. Diese Metaphorik (das 'Wertlose') findet sich auch – jetzt allerdings im pejorativen Sinne – in Langgässers Rede *Schriftsteller unter der Hitler-Diktatur* (1947), die die korrumpierte Dichter-Sprache nach Auschwitz thematisiert: Sie ist „[...] hohl, nichtssagend und vollkommen wertlos; *ausgesät und angesiedelt an den Wegrändern der Sprache, auf ihren Schutt- und Abfallhaufen* [...]." E.L.: Schriftsteller etc., zitiert nach Ursula El-Akramy: Wotans Rabe, S. 122.

362   Elisabeth Langgässer: Gang durch das Ried, S. 292. Durch das Prinzip der Similarität (das Unkraut „*glich* [...] dem Wasser, und *als* Wasser wieder dem Licht") wird das Unkraut hier wieder mit anderen Schlüsselwörtern vernetzt. Die abgrundtiefe Poesie des obigen Satzes liegt aber nicht so sehr in seinem Verfahren, sondern vor allem in seiner „Unkrautnatur" beschlossen. Allein für diesen einzigen Satz lohnt sich die Lektüre des *Gang durch das Ried*.

312

Noch christlicher und noch poetologischer geht es nicht! Das disseminative Prinzip der Verwilderung verfährt gleichzeitig so integral, daß ES alle(s) 'einbezieht'. Das 'wilde Denken' (Lévi-Strauss) und die 'christliche Dichtung' (Langgässer)[363] bilden im *Gang durch das Ried* eine perfekte Synthese. Die christlichen, meinetwegen auch: die katholischen Implikationen sind hier weder aufgesetzt noch peinlich (wie in den späteren Romanen), sondern vielmehr von einer erstaunlichen Frische und Vitalität. Von dieser ursprünglichen Vitalität ist auch die Frau des Erlenhöfers. Mit ihrer „verrückte[n] Art: sich gerade an das zu hängen, was wild gewachsen war, obwohl sie sich selber nichts gönnte"[364], machte sich die Kätta zum Anwalt der sozial entrechteten „Landstreicher [und] Lagermenschen", auf die sie „ihre angeborene Gutherzigkeit und ihre Sinneslust [...] übertrug"[365]. Kättas Leben besteht aus *Übertragungen* und ist eben damit im wahrsten Sinne des Wortes *metaphorisch*. Die (christliche) Übertragung ist aber nicht nur eine Metapher für die Metapher, sondern auch Stellvertretung, die ihrerseits wieder eine Metapher für die Selbst-losigkeit und Nächstenliebe: Kätta „durfte sich's leisten, sich selber so zu verschwenden"[366]. Wenn es stimmt, daß der Mensch erst in der Selbstaufgabe *zu* sich selbst kommt, dann ist das ebenso christlich wie poetologisch, denn auch das Wort findet (nach Saussure) erst dann zu seiner eigenen Bedeutung, wenn es sich an alle anderen Wörter 'verschwendet' hat. Und so, wie Wörter und Menschen erst in der 'Aufgabe' zu sich kommen, kommt auch das Gedächtnis erst dann zur Ruhe, „wenn nur der Mensch mit sich selber und seiner Erinnerung einig [ist]"[367].

e) Das „Unkraut", das „Ungeziefer" und die Unberührbarkeit

Das wuchernde Unkraut ist die ambivalente Pflanze schlechthin. Die „Unkrautnatur" ist einerseits göttlich (autonom), weil sie sich der Kontrolle des Menschen entzieht und das Haus „wie den Bahndamm die Sträucher" am Einsturz hindern kann. Sie kann aber auch das gleiche Haus unterminieren und so *zum* Einsturz bringen. Außerdem 'gleicht' das Unkraut nicht nur „dem Wasser" und „dem Licht", sondern auch dem widergöttlichen Ungeziefer:

---

363 Vgl. Elisabeth Langgässer: Das Christliche der christlichen Dichtung. Vorträge und Briefe, Olten 1961.

364 Elisabeth Langgässer: Gang durch das Ried, S. 246. Kätta hat einen *Faible* für unkontrollierte Wucherungen: „- es brauchte nur einer zu wuchern wie unbeschnittene Bäume und den allzu eifrigen Samen über den Zaun zu werfen: so sah sie [Kätta] auf seine Taten hin, wie Kinder ins Unterholz blicken." (Ebd., S. 247)

365 Elisabeth Langgässer: Gang durch das Ried, S. 263.

366 Elisabeth Langgässer: Gang durch das Ried, S. 262. Nachdem der Erlenhöfer seine eigene Schuld erkannt und angenommen hat, bringt sein „Gedächtnis [...] die wahre Kätta wieder ans Tageslicht [...]: stark, blühend und unverletzlich in ihrem Gerechtigkeitssinnn [...], barmherzig gegen jedes Geschöpf *aus lauter Überfluß* und mit soviel Milch in den Brüsten begabt, daß sie hinterher noch der Katze ein Schüsselchen vollspritzen konnte." (Ebd., S. 262)

367 Elisabeth Langgässer: Gang durch das Ried, S. 214.

Wo das <u>Ungeziefer</u> nur immer herkommt? Jedes Frühjahr ersäuft doch die Brut, wenn das Wasser über die Dämme geht – aber nein, <u>wie Wegerich</u> bleibt es im Boden und löchert ihn heimlich aus.**368**

Das „Ungeziefer" nistet außerdem in den gleichen „Ritzen" und „Spalte[n]", die das „Unkraut" im obigen Zitat „durchwurzelt" und „einbezogen" hatte:

[...] dem Lehrer [war Kättas goldener Patenpfennig, B.S.] jäh aus den Fingern und in die Bretter<u>ritzen</u> gesprungen; dorthin, von wo immer das <u>Ungeziefer</u> in dem alten Schulhaus aufkam.**369**

Unkräuter und Ungeziefer sind Pflanzen bzw. Tiere des Satans; sie stehen für die (sexuelle) Versuchung und den Sündenfall:

[...] jede Stube [ist] ein dunkler, verlassener Schoß – [...] von scheußlichen Tieren durchlaufen, die aus den <u>Ritzen</u> kamen –.**370**

Der „Satan<u>engel</u>" mit der „Brennesselstaude" (= Unkraut), dem „ein Kranz von Schmeißfliegen" (= Ungeziefer) „über dem Haupt schwebt"**371**, bringt die Lust-Schmerz-Ambivalenz auf den Punkt. Aladin erinnert sich, daß ihm dieser „Knabe" einst wie ein „Verkündigungsengel" erschienen ist:

[...] der Schlächtersohn [sah] über dem Haupt des außergewöhnlichen Kindes einen Kranz von <u>Schmeißfliegen</u> schweben und wich furchtsam vor ihm zurück. Doch der andere [...] drängt ihn gegen die Wand; dann hob er die <u>Brennesselstaude</u> und peitschte ihm das <u>Geschlecht</u>.**372**

Die „unterdrückten Arten" (Sebald), die im *Gang durch das Ried* ihr Un-wesen treiben – sogar die „<u>Waldmäuse</u>" „vermehren" sich „fürchterlich"**373** –, werden von der Erzählerin jedoch nicht verdrängt, sie sind im Gegenteil die materielle Grundlage, auf der sich die

---

368 Elisabeth Langgässer: Gang durch das Ried, S. 100. Das Ungeziefer, das den Boden unterminiert („[aus]löchert"), erinnert an (Eichs) *Maulwürfe.* Im *Gang durch das Ried* (S. 261) bilden die „Sorgen [...] mit den Sorgen der andern Leute im Ried jene unterirdischen Maulwurfsgänge, welche einst die Oberfläche der Erde gänzlich verändern würden [...]."

369 Elisabeth Langgässer: Gang durch das Ried, S. 153.

370 Elisabeth Langgässer: Gang durch das Ried, S. 303. Das Ungeziefer konnotiert den Satan („Wollust") und den Erlöser („Weihrauch") zugleich, vgl. ebd., S. 207: „[Die] Wollust hatte schon immer unter der Blumentapete und den blassen Ranken <u>genistet</u>; sie kam aus den Ecken und kroch wie <u>Weihrauch</u> über den beuligen Boden [...]."

371 Elisabeth Langgässer: Gang durch das Ried, S. 217.

372 Elisabeth Langgässer: Gang durch das Ried, S. 217.

373 Vgl. Elisabeth Langgässer: Gang durch das Ried, S. 28: „Der Bursche entsann sich, daß dieser Sommer, welcher naß und madig gewesen war, die Tiere angereizt hatte, sich fürchterlich zu vermehren – weiter drinnen im Ried gab es Felder, die bei Tage von ihnen wie überschwemmt [...] waren; die Leute pilgerten scharenweise zu der ägyptischen Plage und starrten das Wunder an. Ein Brechreiz stieg in dem Arbeiter hoch [...]."

314

Erlösung (Läuterung) erst vollziehen kann. Das (biblische) Gleichnis vom „Brot", das Aladin (wie Jesus beim Abendmahl) „in den Händen [...] entzwei" bricht und das im *Gang durch das Ried* jedoch „mit Schimmel bezogen" und „würmig[]" ist, führt den Läuterungsprozeß vor „Augen":

> Bald sah [Aladin] vor <u>Maden</u> den Mehlback nicht mehr und bröckelte deshalb die oberste Schicht, hierauf die folgende ab, welche reinlicher, aber noch immer von <u>Würmern</u> durchzogen war. Die nächste schien etwas heller [...] und auch freier von <u>Ungeziefer</u> [...]; es folgten einander die Schichten und klärten sich immer mehr, bis endlich die letzte hervorkam: weiß, strahlend und so fein, daß Aladin nicht wagte, sie mit den schmutzigen Fingern, dem Stoppelmund zu berühren, und indem er sie ansah, geblendet wurde, daß die Augen ihm übergingen...[374]

Stellvertretend für das ganze Buch schlägt dieses Zitat eine Brücke von den ekelhaften UNwesen (Maden, Würmer, Ungeziefer), die man schlechterdings nicht 'berühren' möchte, zu den ge-"klärten" Wesenheiten, die man nicht mehr „zu berühren" wagt. Die gemeinsame Schnittmenge von Ekel („Brechreiz"[375]) und Nicht-Ekel (Einverleibung, vgl. Brot) bildet die (sakrosankte) 'Nicht-berührbar-keit':

> [...] das Totendorf sah [Aladin] aus blinden, verschmutzten Augen entgegen und blieb auch so hinter ihm stehen – <u>es war nicht berührbar</u>, es konnte durch nichts und niemand verändert werden; ein Brei von Lava lag über ihm [...]. Aber auch aus der Lava konnte Gott seine Dome bauen.
> <u>Er löste</u> sich ab und ging um das Haus, um es sich *einzuprägen* [...].[376]

In solchen Formulierungen („Er löste sich ab") zeigt sich, mit welcher sprachlichen Akribie Langgässer die 'Ablösung' – auch Aladins *Ablösung*[377] ist eine Form der Stellvertretung – in den Vorschein einer erlösten Welt verwandelt. In dieser er-lösten Welt, die dem Textgewebe buchstäblich eingeschrieben ist, ist die „Lava" keine ekelhafte Masse, sondern eine *Materie* („Brei" = Kindernahrung) für Gottes „Dome".

---

[374] Elisabeth Langgässer: Gang durch das Ried, S. 38f. Dieses Gleichnis von den übereinanderliegenden Schichten, die sich nach und nach „klär[]en", ist ein heilsgeschichtlicher Gegenentwurf zum leeren Schachtelprinzip („nichts dahinter!", S. 30), das im Roman in allen Variationen durchdekliniert wird (vgl. auch Anm. 338). Das obige Zitat macht noch einmal deutlich, daß im Zentrum der 'Trümmer' (= verschimmeltes Brot) die 'Idylle' bzw. das Heil (= das „strahlend[e]" Weiß) verborgen ist.

[375] Vgl. oben Anm. 373.

[376] Elisabeth Langgässer: Gang durch das Ried, S. 316 und 317.

[377] Ablösung im Sinne von: Jemanden ablösen (und damit an seine 'Stelle' treten, z.B. bei der Wachablösung). Die Ab-lösung ist im obigen Satz auch eine Entsprechung zur Ein-prägung (Aladin löst sich ab, um sich etwas einzuprägen).

f) Der Unrat, die Materie und die Materialschlacht

Materia heißt bekanntlich Mutterstoff. Aus diesem primären Mutterstoff besteht das verkommene Barackenlager. In den ersten drei Kapiteln des Romans, in denen Aladin über das Lager geht, häufen sich die Anspielungen auf den materiellen und sexuellen Aspekt der Unrat-Topographie: „[...] befleckte [!] Bänke und Tische, deren Holz, wo es irgend anging, unzüchtig tätowiert war"[378], stehen unter freiem Himmel, die Lagererde ist „durchnäßt von der verwesten Gallerte vergangener Embryonen"[379], und selbst die Promiskuität der Lagermenschen hat eine lange Tradition:

> „Was nützt es, den Vater zu kennen [...]. Du weißt doch, daß wir uns hier im Ort nur nach der Mutter nennen, wie das schon immer so war [...]."[380]

Das wüste Barackenlager ist eine Bachofen'sche Unter-Welt, in der das Mutterrecht herrscht.[381] Aladin selbst wird wiederholt als Säugling und „Embryo"[382] bezeichnet, der sich in den verlassenen Lagerräumen wie im „Fruchtwasser"[383] fortbewegt. Die archaische Trümmerwelt untersteht dem wilden Lustprinzip: Wenn Aladin über „faulende Stufe[n]" ins „Gesellschaftszimmer des Offizierskasinos" stolpert, das „von Fliegenschmutz, Staub und Alter ergraut"[384] war, macht sich bei ihm das ambivalente Schmerz-Lustgefühl körperlich bemerkbar:

> Sofort war das Lustgefühl des leeren Raumes da. Einen Krampf in den Nägeln verbeißend, blieb der Mann an dem Eingang stehen und schaute im Saal umher.[385]

Von diesem „Lustgefühl" wird Aladin umgetrieben. Als er später wieder ins Lager gehen will, um das alte Lagerbordell und die letzte Lagerhure (Laura) zu suchen, landet Aladin „an einem Kantinentisch, der mit Unzucht und Schande bedeckt war ... ringsherum dehnte

---

378 Elisabeth Langgässer: Gang durch das Ried, S. 8. Wenn Aladin sein „stark beflecktes Papier" (seinen Paß) vorzeigte, „geriet [er] in hastiges Reden, das plötzlich untermischt mit fremden Brocken war", ebd., S. 10.

379 Elisabeth Langgässer: Gang durch das Ried, S. 12.

380 Elisabeth Langgässer: Gang durch das Ried, S. 25.

381 Die 'schlüpfrige' Welt der chthonischen Mütter „dampft[] von Feuchtigkeit": „Die Waldschneisen dampften von Feuchtigkeit und waren dunkle Schlünde, voller Lemurenspuk, voll widerlicher Gestalten, die sich vereinigten [...]." E.L.: Gang durch das Ried, S. 20.

382 „Es war vollkommen still um den hockenden Mann [Aladin] in seinem Höhlengrab, den Embryo im Stein." E.L.: Gang durch das Ried, S. 38.

383 Elisabeth Langgässer: Gang durch das Ried, S. 199. Aladins Läuterungsprozeß (vom „Irrenhaus" zum „richtige[n] Name[n]", vgl. Gang durch das Ried, S. 166) gleicht nicht nur einer zweiten Geburt, sondern auch einer neuen Taufe.

384 Elisabeth Langgässer: Gang durch das Ried, S. 18 und 19.

385 Elisabeth Langgässer: Gang durch das Ried, S. 19. Das „Lustgefühl des leeren Raumes" ist ambivalent. Die Formulierung läßt offen, ob Aladin oder der leere Raum das Lustgefühl empfindet. Erst der nächste Satz macht eine eindeutige Zuordnung: Der „Krampf in den Nägeln" kann nur von Aladin stammen.

das öde Land sich von Bordell zu Kaserne und *Schreiberstube* aus: *jede Stube ein dunkler, verlassener Schoß* – von Regen durchfeuchtet, von Hitze durchglüht [...].“[386] Am Ende des ersten Kapitels 'erscheint' Aladin das 'leibhaftige' Lager-“Mütterchen“:

> Eine riesige Frau kam herein und deckte sich über ihn, begrub ihn in ihren Armen und lehrte ihn, sie zu erkennen – eine ganze Oktobernacht.[387]

Und damit es auch wirklich jeder versteht, schreibt Aladin „[m]it großen lateinischen Zeichen [...] auf die Behausung: 'Ventre de la mort' und darunter: 'Mutterleib'.“[388]

Blickt man von hier, d.h. von Elisabeth Langgässers *Ried*-Roman aus, noch einmal in Richtung Gegenwartsliteratur, dann zeigt sich, daß Autoren wie Heiner Müller (*Material*[389]), Volker Braun (*Material I-XIV*[390]) und Wolfgang Hilbig (*Die Weiber*[391]) die ambivalente Material-Schlacht fortgesetzt haben. Die Material-Schlacht ist vor allem deshalb ambivalent, weil sie genau den Materialien (Rudimente, Zurückbleibsel) verhaftet bleibt, denen die Er-lösung zuteil werden soll. Das melancholische Haften und die befreite Ablösung sind im *Gang durch das Ried* immer aufeinander bezogen. Die verkommene

---

386 Elisabeth Langgässer: Gang durch das Ried, S. 303.

387 Elisabeth Langgässer: Gang durch das Ried, S. 22.

388 Elisabeth Langgässer: Gang durch das Ried, S. 22.

389 Der von Frank Hörnigk herausgegebene Sammelband mit Texten von und über Heiner Müller trägt den passenden Titel: *Material* (Leipzig 1988). In *Verabschiedung des Lehrstücks* (ebd., S. 40) beansprucht Müller den *materiellen* Teil „aus dem Wortschlamm“ für sich selbst: „der Schlamm ist mein Teil“. Weiter heißt es: „Auf einem Gelände, in dem die LEHRE so tief vergraben und das außerdem vermint ist, muß man gelegentlich den Kopf in den Sand (Schlamm Stein) stecken, um weiterzusehn. Die Maulwürfe oder der konstruktive Defaitismus.“ (Großschreibung im Text, Unterstreichung B.S.) Das ist die Langgässer/Eich-Textur par excellence, vgl. den *Gang durch das Ried*, S. 16: „[Aladin steckte] den Kopf in den Sand [...] – nicht um sich zu verbergen, sondern [um] endlich herauszubekommen, was ihn da anrufen wollte“.

390 Vgl. die MATERIAL-Gedichte I-XIV aus Volker Brauns Lyrikband *Der Stoff zum Leben 1-3*, Frankfurt/M. 1990. Der „Stoff“ bzw. das „Material“ „zum Leben“ ist in den Gedichten mit dem *Weib(lichen)* konnotiert. Das Motto des Gedichtbandes, in dessen Zentrum das 'durchgearbeitete' (ausgebeutete) Landschaft steht, stammt übigens aus T.S. Eliots *The Waste Land*. In TAGTRAUM beerbt Braun außerdem das magisch-realistische Niemandsland: „Im Niemandslande zwischen den Grenzen stand / Mein Wagen, angezogen die Bremsen, hart / Betrachtet von den Türmen, und kein / Rad war zu wechseln hier ungeduldig.“ (Ebd., S. 56.) Müllers bzw. Aladins *Kopf-in-den-Sand-Stecken* findet sich auch in *Der Stoff zum Leben 1-3*. Das lyrische Ich will den „Kopf [...] in den Sand steck[en]“, um „die Welt von unten [zu] sehn [...] / Wo sie schwarz wird [...] / Ich zieh mich nicht heraus aus meinem Loch“ (ebd., S. 35). Dieses „Loch“ ist Langgässers „Ventre de la mort“.

391 Vgl. Wolfgang Hilbig: Die Weiber, Frankfurt/M. 1987. In diesem Text wird die thematische Engführung von *Material* (genauer: *Müll*), *Weib(lichkeit)* und *Mutter-Leib*, die auch bei Müller und Braun notorisch ist, am konsequentesten betrieben: „Und als ich nachts in die Stadt zurückkehrte [...] bohrte ich meinen Arm in eine der Mülltonnen. Und ich glaubte Haar zu spüren, einen fleischigen behaarten Hügel inmitten der Mülltonne [...]. In den Rachen des Ursprungs zurückgekehrt [...], [Die] Hand in der Tonne [stieß] auf einen Widerstand [...], der von der Art einer Gebärmutter war [...].“ Ebd., S. 36 und 37. Die verdreckten Ruderalflächen, die in *Die Weiber* beschrieben werden, sind im tiefsten Sinne mit *Weiblichkeit* konnotiert; Hilbigs Müllplätze bezeichnen dunkle Orte der Lust.

Trümmerlandschaft des Barackenlagers weckt nicht nur das „Lustgefühl" der leeren
Räume, sie ist vielmehr *selbst* eine Topographie der Lust. Die magisch-realistischen Ruderalflächen sind lust-voll, weil auf ihnen alle heimlichen (Regressions-) Wünsche befriedigt werden können.[392] 'Unberühmte Orte' sind 'erogene Zonen' und markieren als
solche die Zentren der Lust. Das verwilderte „Totendorf" ist sexuell attraktiv, gerade weil
es „nicht berührbar" (tabu) ist. Wenn sich Aladin am Schluß anschickt, „fortzugehen: von
dem Lager [und] der Lagererde" und dabei „fühlt[], daß ihm der Himmel [...] einen Namen aufprägen wollte [...], der von allen Erlösten geteilt werden konnte"[393], dann entsagt
er damit dem material-verhafteten Lustprinzip des Mutter-Bodens zugunsten des geistig-
erlösten Vater-Himmels.[394]

g) Das „Unkraut", der „Unrat", das „Ungeziefer" und die Erinnerung

Die drei großen Un-wesen (Unkraut, Ungeziefer und Unrat) bilden eine Einheit und stehen im Roman füreinander ein. Bedeutsame 'Stellen' („Gedächtnisorte"[395]) können entweder vom Unkraut überwuchert, vom Ungeziefer zerfressen oder vom Unrat verd(r)eckt
werden. Die Erinnerung geht verloren („das sprichwörtliche Gras des Vergessens tut seine Wirkung"[396]), weil „Klette und Beifuß" die ausgezeichnete Stelle „dem übrigen Boden angleichen"[397]. Dieser schleichende Vergessensprozeß kann, so scheint es zunächst,
nur dann aufgehalten werden, wenn die Un-wesen systematisch verdrängt werden. Wie

---

[392] In Reinhard Jirgls Roman *Hundsnächte* werden diese ruderalen Regressionswünsche exzessiv ausgeschrieben: „[...] Fruchtwassergeblubber Mutter Lauge der Buchten [...] Faulsein Pennen Spinnereien, Lieber-
froint, so wie Ruinen immer auch an mögliche, erträumte Bauten denken lassen, so ist alles Ruinierte geradezu ein Güllleregen fürs Feld der Wünscheleien. Tiere – Kinder – Kindheit – :Haftenbleiben am Ruinierten." R.J.: Hundsnächte, S. 368. Vgl. ebd., S. 366: „Und das Kaputte Zertöpperte der ganze vergammelte
Schund, gradezu !Kuschelnestchen für die Seele, !Kamillentee fürs Gemüt."

[393] Elisabeth Langgässer: Gang durch das Ried, S. 331.

[394] Der durchgearbeitete „Mutter Boden" ist auch in Volker Brauns Gedicht MATERIAL V: BURGHAMMER
eine „Archaische Landschaft mit Losungen": „Mitteldeutsches Loch Ausgekohlte Metapher / Keiner Mutter
Boden Loser Satz / Aus dem Zusammen FROHE ZUKUNFT / Hang gerissen // [...] Hier bin ich
durchgegangen / Mit meinem Werkzeug Ab- / Geräumt der Glauben". V.B.: Der Stoff zum Leben 1-3, S.
33-37, hier: S. 34, 33 und 36. Der „Glauben" ist im *Gang durch das Ried* allerdings noch nicht ganz „Ab-
Geräumt".

[395] Aleida Assmann unterscheidet 1. den „*heilige[n] Ort*, der die Präsenz eines numinosen Wesens verbürgt",
2. den „*Gedächtnisort*, der die *Stelle* markiert, wo etwas Bedeutungsvolles sich ereignet hat", 3. den
„*Gedenkort*, wo eine rituelle Kommemoration stattfindet", 4. den „*genius loci* als auratischen Ort, an dem
[...] Geisterstimmen einer verschollenen Vergangenheit zu vernehmen sind" und 5. den „*Schauplatz* oder
Tatort, der die Indizien eines Verbrechens [...] festhält". Vgl. Aleida Assmann: Das Gedächtnis der Orte, S.
17 (kursiv im Text, Unterstreichungen B.S.).

[396] Aleida Assmann: Das Gedächtnis der Orte, S. 33.

[397] Elisabeth Langgässer: Gang durch das Ried, S. 45. Die Unkräuter „Klette und Beifuß", die in diesem Zitat
wie auch im gesamten Roman einen eigenen 'Willen' bekunden, „besiedeln" die „ausgesparte Fläche [...]
nur langsam, fast widerwillig."

318

Assmann bemerkt, „bedarf es ungeahnter Anstrengungen, [um] die Lücke, die Leerstelle als Spur der Vernichtung zu bewahren." Assmann fährt fort:

> Ein Ort [...] hält Erinnerungen nur dann fest, wenn Menschen auch Sorge dafür tragen.[398]

Der Vergessensprozeß könnte aber auch dann gestoppt werden, wenn die drei Un-wesen im emphatischen Sinne *an* die Stelle der Stelle rückten und so für die Vergangenheit 'geradestünden'. Im *Gang durch das Ried* wird genau dieser zweite Weg verfolgt. Das Buch vertraut darauf, daß das „Gedächtnis der Orte" auch ohne „flankierende Maßnahmen" (Assmann) bewahrt werden kann:

> Auf ein Gedächtnis der Orte ist [...] ohne flankierende Maßnahmen wenig Verlaß; eher müßte man hier von einem 'Vergessen der Orte' sprechen. Wie sich die Oberfläche sofort wieder schließt, wenn ein Stein ins Wasser gefallen ist, so schließen sich auch an den Orten die Wunden bald wieder; neues Leben und neue Nutzung lassen bald kaum noch die Narben erkennen.[399]

Der auktoriale Erzähler des *Ried*-Romans redet aber weder den 'flankierenden Maßnahmen' (Unkrautjäten, Schädlingsbekämpfung, Entrümpeln) das Wort, noch plädiert er für eine „neue Nutzung" der Stelle. Die „saubere[n] Sachen", die an die alte 'Stelle' rücken sollen, halten sich ohnehin nicht, denn niemand bringt „heraus, was in den Wänden steckt"[400]. Dem „Lückenbüßer", der für „Unkraut" und „Erinnerung" 'steht', gelingt es jedoch im wahrsten Sinne des Wortes *spielend* – d.h. ohne „ungeahnte[] Anstrengungen" –, „die Lücke [...] als Spur der Vernichtung zu bewahren" (Assmann):

> „Es gibt Häuser, die ziehen das Unglück an, und Plätze, an denen immer wieder ein neues Unglück passiert" [, sagte Anton, B.S.]. „Und was könnte einer dagegen tun?" fragte Jean-Marie Aladin. Der andere blickte stumpf auf den Acker, dann gab sein versoffenes Hirn, was es wußte, allmählich her: „zuerst muß es regnen", erklärte er langsam. „Regen ist gut und wäscht vieles herunter – aber er geht nicht tief." „Und dann?" „Dann muß eine Träne fallen, die jemand unschuldig weint." „Ist das alles?" „Das Schwerste kommt noch. Ein Kind muß beim Spielen darüberlaufen, ohne etwas zu wissen, und wegen gar nichts lachen – so ist die Stelle erlöst."[401]

---

398 Aleida Assmann: Das Gedächtnis der Orte, S. 33.

399 Aleida Assmann: Das Gedächtnis der Orte, S. 32.

400 Elisabeth Langgässer: Gang durch das Ried, S. 287 und 26.

401 Elisabeth Langgässer: Gang durch das Ried, S. 287. Es handelt sich hier, mit Verlaub, um eine der 'schönsten Stellen' im ganzen Roman. Langgässer gelingt hier etwas ganz Seltenes: die Verbindung von mythischer Tiefe und spielerischer Leichtigkeit, bäurisch-derber Realistik und unsentimentalem Sentiment.

Der „Lückenbüßer" ist der Erlöser, „von dem ein großer Rabbi gesagt hat, daß er nicht mit Gewalt die Welt verändern wolle, sondern nur um ein Geringes sie *zurechtstellen* werde"**402**.

Jenes Kind, welches rein wegen gar nichts und immer zu lachen vermochte, wurde am Abend des gleichen Tages von seinem Vater geholt; vielleicht gab es außer dem Lager noch andere Stellen auf dieser Welt, denen es notwendig war.**403**

Solange die Welt existiert, wird es immer Stellen geben, denen ES notwendig ist; jede wahrhaft ent-zündete („brennen[de]"**404**) Stelle will schließlich zu „grenzenlose[r] Erleichterung"**405**, d.h.: zur Ruhe kommen:

Vergessen. Das war es. Einmal vergessen will jeder und vergißt, daß Vergessen noch immer mit Vergeben zusammengehört.**406**

„Vergiß das Beste nicht!", bemerkt Walter Benjamin in seiner Kafka-Studie, und er fügt hinzu: „Aber das Vergessen betrifft immer das Beste, denn es betrifft die Möglichkeit der Erlösung."**407** Im *Gang durch das Ried* ist das „Vergessen", das „noch immer mit Vergeben zusammengehört", dem Vergessen, das mit Verdrängung förmlich zusammen-hängt („fest-halten"**408**), diametral entgegengesetzt. Das aktive Verdrängen-*Wollen*, dem sich ohnehin „alle Dinge entgegenstell[]en"**409**, führt zu *bösartigen Wucherungen* (um es in

---

402   Walter Benjamin: Franz Kafka. Zur zehnten Wiederkehr seines Todestages, S. 32.

403   Elisabeth Langgässer: Gang durch das Ried, S. 287f.

404   „[Aladin] war, als ob man ihn angekratzt hätte; eine eben verschorfte Stelle fing wieder zu brennen an [...]. Die [Stelle] war größer geworden, die war ein Brand, der den ganzen Menschen ergriffen hatte [...]." E.L.: Gang durch das Ried, S. 121.

405   Als Liesa endlich von ihrem 'brennenden' Wunsch, der Dodot aus Nantes möge zurückkommen, erlöst wird, heißt es in *Gang durch das Ried*: „Eine grenzenlose Erleichterung ergriff langsam von ihr Besitz und trat an die Stelle von allem, was ihr eben noch wünschbar erschienen war [...]." (S. 220)

406   Elisabeth Langgässer: Gang durch das Ried, S. 205. Das Vergessen der Vergessenheit erinnert an Heidegger, mit dem Langgässer in brieflichem Kontakt stand (vgl. ihren Brief vom 27.11.1935 in: E.L.: Briefe 1924-1950, S. 261f.). In *Aletheia (Heraklit, Fragment 16)* schreibt Heidegger: „Doch was heißt 'vergessen'? Der moderne Mensch, der alles darauf anlegt, möglichst rasch zu vergessen, müßte doch wissen, was das Vergessen ist. Aber er weiß es nicht. Er hat das Wesen des Vergessens vergessen [...]." M.H.: Vorträge und Aufsätze, S. 256.

407   Walter Benjamin: Franz Kafka. Zur zehnten Wiederkehr seines Todestages, S. 34.

408   „Es gab [ein] [...] Gedächtnis [...], das man verstecken mußte und das, indem man es fortschob [= verdrängte, B.S.], nur umso kräftiger trieb; das Krällchen und Wurzeln hatte [vgl. Unkraut!, B.S.], die sich überall festhalten konnten; dessen Same so günstig beschaffen war, daß er selbst durch den fressenden Vogel ging, ganz unversehrt wieder herauskam und auf die Erde fiel." E.L.: Gang durch das Ried, S. 214.

409   „[A]ls er [Aladin] sich selber entfliehen und namenlos werden wollte, [geschah es, daß sich ihm] alle Dinge entgegenstellten [...]." E.L.: Gang durch das Ried, S. 166. Der *Gang durch das Ried* ist sicherlich einer der emphatischsten 'Stellen'-Texte der deutschen Literatur. An der 'Stelle' hängt ein ganzer Anhang von 'Stellvertretern' (z.B. „entgegenstellen", „bestellen", „entstellen", „juckende Stelle" etc.).

Worten der Pathologie auszudrücken), die die Textur (das „Innenfutter") „zer-reiß[en]"[410]. Das Vergeben-*Können* gleicht der göttlichen Gnade, die sich dem menschlichen Willen entzieht. Auf der erlösten Stelle wächst hinfort kein 'bucklichtes' Unkraut mehr,[411] das die Schwelle zur „böse[n] Erinnerung" hütet:

> [...] die[] böse Erinnerung lag auf der Stelle, welche endlich geräumt worden war, und rührte sich nicht fort. Sie schien zu schlafen, vielleicht war sie tot? aber kaum, daß ein Mensch ihren Namen aussprach [...], mußte er willenlos näherkommen, immer näher an sie heran – seine Sohlen traten in leeres Geraschel, in ein unfruchtbares Getöse, einen abgestorbenen Lärm, wie welke Blätter ihn machen.[412]

Das sind die Geräusche „Odradeks, von [denen] es heißt: 'Es klingt etwa so, wie das Rascheln in gefallenen Blättern.'"[413] Auf der erlösten Stelle verwandeln sich die „welke[n] Blätter" und das Unkraut in einen paradiesischen Garten, in dem Milch und „Honig" fließen und „Blumen" wachsen. Als Kätta den „großen Lückenbüßer[]" Aladin „vollkommen ohne Reue"[414] – und das meint in diesem Zusammenhang: im Sinne der Vergebung – fortgehen läßt, kann sie ihn getrost „vergessen":

> Nun sah sie [Kätta] ihm [Aladin] gleichgültig auf den Rücken: mag er gehen, dachte die Frau befriedigt und fühlte, *daß er durch seinen Abschied einen Garten hinter sich ließ* – dabei hatte sie, ohne es selbst zu wissen, bereits sein Gesicht vergessen [...].[415]

---

410   Vgl. im *Gang durch das Ried* das Gedächtnis, „das man am besten verbirgt und das trotzdem noch in der dunkeln Tasche wie ein Heckpfennig wuchert und manchem Menschen das Innenfutter zerreißt" (S. 214). Das „Innenfutter"-Gewebe ist eine der zahllosen *Textur*-Metaphern des Romans; es steht aber auch für das (zerrüttete) *Gehirn* bzw. für Aladins Irrsinn.

411   „D[as] [bucklicht] Männlein ist der Insasse des entstellten Lebens; es wird verschwinden, wenn der Messias kommt [...]." Walter Benjamin: Franz Kafka. Zur zehnten Wiederkehr seines Todestages, S. 32.

412   Elisabeth Langgässer: Gang durch das Ried, S. 286. Die personifizierte „Erinnerung" heißt im Roman „Philipp Allwissend" und hat eine „Unkrautnatur": In dem Maße, wie „den Bahndamm die Sträucher [...] zusammengehalten und am Einsturz gehindert hatte[n]" (S. 292), haben „die Algen das Brunnenwasser [...] am Verfaulen gehindert" (S. 242). „[Den Weltenbaum] mochte [man] wohl auch 'Erinnerung' nennen, dachte der Träumer [Aladin] und griff in die Zweige, welche scharf und stachelig waren. Es schmerzte, doch fühlte er deutlich, daß jener Baum, ganz ähnlich wie die Algen das Brunnenwasser, auch diese größere Flut am Verfaulen gehindert hatte..." (S. 242)

413   Walter Benjamin: Franz Kafka. Zur zehnten Wiederkehr seines Todestages, S. 32. Vollständig zitiert lautet der Passus: „'Geh ich in mein Kämmerlein, / Will mein Bettlein machen; / Steht ein bucklicht Männlein da, / Fängt als an zu lachen.' Das ist das Lachen Odradeks, von dem es heißt [usw.]." Der Schwellen-Hüter Odradek bzw. das bucklicht Männlein liegt auch im *Gang durch das Ried* „vor der Schwelle", die „ins Freie führt[]": „[Aladin] drehte sich unter [Lauras] Kammertür um, die unvermittelt ins Freie führt; vor der Schwelle **krümmte** ['buckelte', B.S.] sich braunes Laub aus dem Herbst des vergangenen Jahres." Elisabeth Langgässer: Gang durch das Ried, S. 330.

414   Elisabeth Langgässer: Gang durch das Ried, S. 256

415   Elisabeth Langgässer: Gang durch das Ried, S. 256f.

Der Paradiesgarten, der an Aladins „Stelle" rückt, ist *statt dessen* von einer „unbegreiflichen Fülle":

> [...] [Kätta] bewarf schon in ihren Gedanken diese [Aladins] Stelle mit Blumensamen – *nein, nicht mehr diese Stelle*, sondern das fremde Antlitz [...] des großen Lückenbüßers. Immer neue Blumen: Glocken und Sterne mit süßen, stäubenden Pollen brachen ihr aus den Händen [...]. Zitternde Ranken, gefiederte Blätter schossen auf [...]; sie tropften von Honig, trieften von Tau und rieselten von Samen...
> Von dieser unbegreiflichen Fülle wurde Aladin ganz bedeckt; er verschwand darunter [...].[416]

Aladin „ist der Insasse des entstellten Lebens; e[r] wird verschwinden, wenn der Messias kommt"[417].

Mir ist nicht bekannt, ob Elisabeth Langgässer Texte von Walter Benjamin und Franz Kafka gelesen hat; in ihren Briefen werden diese Autoren jedenfalls nicht erwähnt. Die geistige Verwandtschaft dieser jüdisch bzw. 'halbjüdisch' (Langgässer) geprägten AutorInnen ist frappierend und einer genaueren Untersuchung wert.[418] In der germanistischen Forschung ist bislang nicht gewagt worden, 'die' Langgässer in einem Atemzug mit ihren 'berühmten' Schriftstellerkollegen Benjamin und Kafka zu nennen. Es ist an der Zeit, dieses Tabu zu brechen und den *Gang durch das Ried* gleichberechtigt neben den *Proceß* und die *Berliner Kindheit um neunzehnhundert* zu stellen. Allen drei Texten ist „aufs höchste eigen, was Malebranche 'das natürliche Gebet der Seele' nennt – die Aufmerksamkeit." Und Benjamin, der hier über Kafka spricht, beschließt sein Kapitel – es trägt den Titel *Das bucklicht Männlein* – mit den Worten:

> Und in sie [in die Aufmerksamkeit, B.S.] hat er [Kafka], wie die Heiligen in ihre Gebete, alle Kreatur eingeschlossen.[419]

Wenn es eine Bemerkung gibt, die ohne Abstriche auf Elisabeth Langgässer übertragen werden kann, dann ist es diese. Der *Gang durch das Ried* ist von der ersten Seite an ein „natürliche[s] Gebet der Seele", weil die „Aufmerksamkeit" für „alle Kreatur" diesem Roman zutiefst eingeprägt ist. Es gibt wohl kaum einen anderen Text, in dem die Liebe

---

[416] Elisabeth Langgässer: Gang durch das Ried, S. 256. Das Zitat macht auf beeindruckende Weise deutlich, daß es nach der Erlösung keine vom Unkraut (aus)gezeichneten Stellen mehr geben wird: Es gibt sie dann „nicht mehr".

[417] Vgl. oben Anm. 411.

[418] Die Beobachtungen, die Benjamin an die Texte Kafkas anknüpft, lassen sich mutatis mutandis auf den *Gang durch das Ried* übertragen: „Seine [Kafkas] Romane spielen in einer Sumpfwelt [vgl. die feuchte Ried-Landschaft, B.S.]. Die Kreatur erscheint bei ihm auf der Stufe, die Bachofen als die hetärische bezeichnet [vgl. die Promiskuität und Prostitution im *Gang durch das Ried*, B.S.]. Daß diese Stufe vergessen ist, besagt nicht, daß sie in die Gegenwart nicht hineinragt. Vielmehr: gegenwärtig ist sie durch diese Vergessenheit." W.B.: Franz Kafka. Zur zehnten Wiederkehr seines Todestages, S. 28.

[419] Walter Benjamin: Franz Kafka. Zur zehnten Wiederkehr seines Todestages, S. 32.

zum „wertlose[n] Zeug"[420] unbedingter und rückhaltloser zum Ausdruck kommt als im *Gang durch das Ried*. Hier wird nicht umständlich theologisiert und spitzfindig dogmatisiert (wie in den späteren Romanen), hier wird vor allen Dingen gehandelt. Die mitunter derbe Realistik des Buches verbindet sich mit einer „Aufmerksamkeit" für zarteste Regungen, die auch noch das schäbigste Unkraut und das letzte Stallkaninchen miteinbezieht.[421] Mit Langgässers eigenen Worten gesprochen: Es gibt keine „Spalte" im Buch, in die die Liebe zur Kreatur „nicht Einlaß gefunden, die [sie] nicht ausgefüllt, überdrungen und einbezogen hatte"[422]. Die Prosa des *Ried*-Romans gleicht einer Mischung aus „Honig", „Milch" und „Heidelbeeren",[423] sie riecht und schmeckt gut. Die *Lust am Text* geht im *Gang durch das Ried* buchstäblich unter die Haut. Das herbe Aroma des zugleich verwilderten und gütigen Buches kann man eigentlich nur mit Langgässers eigenen Worten umschreiben: Die Prosa besitzt „jenen eigentümlichen Ausdruck [...], wie verwilderte Katzen [ihn] haben; doch spielt[] darüber noch anderes hin: Mitleid, Gefühl einer Rührung und Herzlichkeit, welche zu kräftig [ist], um sich vollkommen aufzugeben."[424] Mehr kann man, auch beim besten Willen, von einem Buch nicht verlangen.

---

420 Vgl. Anm. 361. „[Aladin] drängte [...] die schlafende Liesa ein wenig nach der Wand hin, sie rückte beiseite, wie sie das tat, wenn der Lückenbüßer sie anstieß – und dieses bewußtlose Rücken schien Aladin zu genügen, ihr sein Schicksal anzuvertrauen. Nichts weiter: es war ihm der Eisenofen, in welchen die Gänsehirtin hineinkriecht, um ihren Spruch herzusagen – *ein wertloses, armes Gerät*, dazu nütze, damit man es ansprach und sich erleichterte; aber schon während er anfing, fühlte er, daß nur diese allein: diese Frau, die sich ihrer selbst bis in den Schlaf und die Ruhe des Schlafes völlig entledigt hatte, seine Beichte abnehmen konnte..." E.L. Gang durch das Ried, S. 215.

421 Im letzten (und meiner Ansicht nach schönsten) Kapitel des *Ried*-Romans geht Aladin zu der Lagerhure Laura in ihre armselige Wohnung. Diese hochsentimentale Begegnung, bei der Laura von ihrer Schuld erlöst wird, vollzieht sich zwar nicht im Beisein von Ochs und Esel, wohl aber in der Gesellschaft eines Kaninchens: „'Mulle, Mulle!' lockte [Laura] ihr Kaninchen und steckte ihm das Krüstchen zwischen die unruhigen Pfoten; *erst als sie sah, daß es nagte, fing sie selber zu essen an.*" E.L.: Gang durch das Ried, S. 321.

422 Vgl. oben Anm. 362.

423 „Hunger war Hunger, und Wollust war Wollust – eine Tollkirsche, dunkel und glänzend in einem – doch Güte war auch Güte: ein Fingerhut Honig, ein Euter Milch, zwei Hände voll Heidelbeeren. Denn so war sie in Wirklichkeit, diese Laura, von der jeder was anderes wußte: aus Hunger, Wollust und Güte und einem Geheimnis zusammengesetzt, woran die übrigen drei erst sichtbar werden konnten, während es unsichtbar blieb [...]." E.L.: Gang durch das Ried, S. 323f.

424 Elisabeth Langgässer: Gang durch das Ried, S. 330. Von der Lagerhure Laura, die in diesem Zitat charakterisiert wird, heißt es außerdem: „man hatte ihr nichts erspart und das letzte an Schande zu kosten gegeben; mit Jauche war ihre Wurzel getränkt, ihre Krone von schlechtem Wetter zerzaust, ihr Leib zertreten worden; wie eine Hacke war böses Gerede und Hochmut dahergefahren und hatte sie dem Gedächtnis der Menschen mit Stumpf und Stiel ausrotten wollen – aber alles war über sie hingegangen, ohne sie zu zerstören, weil sie demütig war wie Gras..." (Ebd., S. 330). Exakt dieses „Gras" wächst auch in Wolfgang Hilbigs Erzählung *Grünes grünes Grab*, vgl. Kap. III, Anm. 235.

h) Unkraut, Ungeziefer, Unrat und kein Ende – Zur Aktualität des *Ried-Romans*

Vielleicht ist es in den obigen Ausführungen schon deutlich geworden: Der vergessene Roman *Gang durch das Ried* ist im Grunde ein sehr aktueller Text. Man muß Langgässers Buch nicht einmal 'behutsam' modernisieren oder (wie Hartung) 'gegen den Strich' lesen, um seine Aktualität zu erkennen, man muß es einfach nur *aufmerksam* lesen. Die Aktualität hängt auch nicht nur damit zusammen, daß Autoren wie Hilbig, Forte und Jirgl[425] den ersten Trümmerroman der deutschen Literatur (*Gang durch das Ried*) weidlich ausgeplündert haben; die Aktualität hängt ebensowenig nur damit zusammen, daß Ruderalflächen (in Kunst, Kultur und Medien) en vogue sind.[426] Langgässers früher Roman ist vor allem deshalb taufrisch (geblieben), weil er einen genuinen Beitrag zum aktuellen Erinnerungs-Diskurs liefert.

Zu Beginn des letzten Kapitels wurde gesagt, daß die drei Un-wesen Unkraut, Ungeziefer und Unrat eine Einheit bilden und füreinander einstehen können: Das große „Nichts", das in den verkrauteten Baracken „zurück[blieb]", der „Unrat, der in den Wänden steckte" und das Ungeziefer („zähe[] Kasernenwanzen") trugen „einen mächtigen Namen: ES hieß *Erinnerung* und war stärker als die vergeßliche Gegenwart, welche allzu gern sagte: vorbei!"[427] Es stehen also nicht nur die drei Un-wesen, sondern auch das „Nichts", der

---

[425] Neben Wolfgang Hilbig (*Alte Abdeckerei*) hat Reinhard Jirgl mit *Hundsnächte* (1997) den extremsten Trümmer- und Wenderoman des Ostens geschrieben. Ähnlich wie die *Alte Abdeckerei* präsentiert auch *Hundsnächte* ein Kompendium von Schreibweisen, das vom notorischen 'Zwielicht' des Magischen Realismus („Im starren Ruinenzwielicht eines namenlosen Dorfes einen Toten ohne Namen", S. 15) bis zum Sprachexperiment eines Arno Schmidt reicht: „Als ob 1 namenloses Dorf noch !ausgelöscht werden könnte. Plattmachen könnt ihrs so platt wie eure Köppe. Für diesen !Radweg. Deswegen seid ihr doch hergekommen !?oder : Den Todesstreifen zum !Radweg bügeln [vgl. W.G. Sebald: *Wildnisse zu Selbstbedienungsläden*]." R.J.: Hundsnächte (Roman), München, Wien 1997, S. 17. Die Ruderalfläche durchzieht in allen nur denkbaren Formen (Todesstreifen, Kriegstrümmer, Brachflächen etc.) den gesamten Roman. Viele Passagen des Buches, insbesondere aber dessen *plot* (ein „Namenloser" im „Niemandsland") erinnern frappant an Langgässers *Gang durch das Ried*.

[426] Aus der Fülle des Materials seien hier nur vier Beispiele herausgegriffen, die die Aktualität der Ruderalfläche repräsentativ belegen sollen. 1. (Ökologie/Umwelt): Peter H. Barthel (Hg.): Natur aus zweiter Hand. Neues Leben an Bahndamm und Kiesgrube [Mit zahlreichen Fotos], Braunschweig 1988. 2. (Politik/Gesellschaft): Ralph Giordano: „Hier war ja Schluß..." Was von der deutsch-deutschen Grenze geblieben ist. Mit Fotos von Josef Kaufmann, Hamburg 1996. 3. (Reise/Tourismus): Der *Verein Industrielles Gartenreich e.V.*, Postfach 1756 in 06815 Dessau, bietet seit neuestem Pauschalreisen in verlassene Industriegebiete der ehemaligen DDR an. 4. (Foto/Kunst): Der Fotograf Claudio Hils hat in seinen Bildern eine ruderale Bildästhetik entwickelt, vgl. z.B. seinen Foto-Band *red lands, blue lands* (Ostfildern 2000).

[427] Elisabeth Langgässer: Gang durch das Ried, S. 286 (Großschreibung B.S., kursiv im Text). Den meiner Ansicht nach wichtigsten Satz aus dem *Gang durch das Ried* kann man nicht oft genug zitieren und wiederholen. In diesem zurückbleibenden „Nichts aus entleerten Hülsen, Patronen, Zigarettenpapier, Konservendosen, Matratzen und rostigen Eisenspiralen" liegt die ganze Poesie und Abgründigkeit des Romans beschlossen. Die „entleerten Hülsen" 'stehen' übrigens auch für die „Name[n]": „[Aladin] [...] verlor [...] seine Gespenstigkeit und war nicht mehr Katze, Maus oder *Name, welcher nur Hülse und Hauch ist* [...]." E.L.: Gang durch das Ried, S. 290.

324

„Name[]" und die „Erinnerung" füreinander ein. Das schlechterdings Un-wesentliche und das Essentielle („Erinnerung") sind miteinander verschränkt, mehr noch: die beiden (Un-) Wesenheiten sind letztlich identisch:

> [Die Erinnerung,] [d]ie da <u>nichts und alles</u> war [...] lag auf der Stelle, welche endlich geräumt worden war, und rührte sich nicht fort.[428]

Im Sinne Aleida Assmanns handelt es sich bei den zahllosen Rudimenten („entleerte[] Hülsen, Patronen, Zigarettenpapier, Konservendosen, Matratzen und rostige[] Eisenspiralen"[429]), die „sich auf den Wegen häufte[n] und in den Kloaken verdarb[en]", um „archaische[] Monument[e]" bzw. „Fetische[]":

> Zwischen dem archaischen Monument, das lediglich den Ort, auf den es ankommt, indiziert, und dem modernen Monument, das das Verlorene im Zeichen substituiert, liegt für die Einen der Sündenfall, für die Anderen der Fortschritt der Repräsentation, der Ersetzung des Fetisches durch das Zeichen. Im Zeitalter moderner Mobilität und Erneuerung wird das Gedächtnis des Ortes zusammen mit der Verhaftung an einem bestimmten <u>Fleck</u> Erde obsolet.[430]

Der vermeintliche Fetischismus des Romans und sein Insistieren auf einen ganz „bestimmten Fleck" – „die[] böse Erinnerung lag auf *der* <u>Stelle</u> [...] und rührte sich nicht fort" – wirkt heute (post-)moderner als die angeblich so „moderne[] Mobilität und Erneuerung".

> Wir dürfen [...] von Fortschritt sprechen, wenn wir darunter wörtlich das Loskommen von bindenden Orten und somit Mobilität durch Rationalisierung verstehen.[431]

---

[428] Elisabeth Langgässer: Gang durch das Ried, S. 286. Vgl. auch ebd., S. 290: „[Aladin] fand sich und wurde gefunden; <u>aus nichts wurde alles</u> – und alles wurde, weil das <u>Licht</u> es getroffen hatte..." Das ist eine Anspielung auf die Erschaffung der Erde. Paradoxerweise hat die Erde schon „Am Anfang" wie eine *Sekundär*-Wildnis bzw. wie ein Waste Land ausgesehen: „Am Anfang schuf Gott Himmel und Erde. Und <u>die Erde war wüst</u> und leer [...]. Und Gott sprach: Es werde <u>Licht</u>!" (1. Mose 1-3)

[429] Elisabeth Langgässer: Gang durch das Ried, S. 286. Genau diese Rudimente feiern in Christian Enzensbergers *Versuch über den Schmutz* ihre Auferstehung: „Dieser Ort hat sie immer angezogen, obwohl er häßlich ist und verlassen, kaum daß dort etwas wächst, überall liegen Dosen und Matratzen, die Kanalbetten starren vor Unrat und Weggeworfenem [...]. Sie hat sich immer alles einprägen wollen in dieser Gegend, an ihr teilhaben, oft ist sie den gleichen Weg noch einmal zurückgegangen [...]." C.E.: Größerer Versuch über den Schmutz, München (dtv) 1970 [EA 1968], S. 68. Diese regressive circumambulatio wird von Hilbigs Protagonisten dann ausgiebig wiederholt.

[430] Aleida Assmann: Das Gedächtnis der Orte, S. 31 (Unterstreichung B.S.).

[431] Aleida Assmann: Das Gedächtnis der Orte, S. 32. Auch der Protagonist aus Reinhard Jirgls Trümmer-Roman *Hundsnächte* schafft es nicht, sich vom „bindenden Ort[]" der alten DDR abzulösen: „Ich hätt es beinahe geschafft, war nahe dran gewesen: mich zu lösen von dem ganzen heimischen Dreck – diesem steinigen fruchtlosen Geröllfeld aus Brocken Vergangenheit [...]. :Doch nich mal mehr die Fantasie ist frei – ist ohne Trümmer geblieben – [...]." R.J.: Hundsnächte, S. 496f.

Wenn Assmann damit recht haben sollte – was ich bezweifele –, dann wären die Texte von Elisabeth Langgässer (*Gang durch das Ried*), Wolfgang Hilbig (*Grünes grünes Grab*), Ilse Aichinger (*Flecken*) und anderen in der Tat „obsolet". Diese gewissermaßen *archaischen*[432] Texte, die im doppelten Sinne des Wortes über „Verhaftung" reden,[433] thematisieren eher den 'Rückschritt' (besser: Regreß), die (melancholische) 'Bindung' und die (schmutzige) Kehrseite von Assmanns Formel „Mobilität durch Rationalisierung".[434] Langgässers „Stelle" und Hilbigs bzw. Aichingers „Flecken" markieren demgegenüber 'irrationale Immobilien', die einfach „nicht weg[gehen]".[435] Assmann weist darauf hin, daß das „Problem eines Transfers vom Gedächtnis der Orte zum Gedächtnis der Monumente [...] heute eine neue Aktualität gewonnen [hat]":

> Die Postmoderne, so heißt es, privilegiere den Raum vor der Zeit; sie besinne sich auf Qualitäten und Potentiale, die im Zuge der Modernisierung allzu eilfertig vergessen worden sind. Sind wir damit auch zum Gedächtnis der Orte zurückgekehrt?[436]

Assmanns Frage berührt nicht nur den neuralgischen Punkt der aktuellen Diskussion, sondern sie führt auch mitten ins Herz des *Ried*-Romans. In einer Zeit, in der bis zum Überdruß über die Vergabe und Plazierung von Holocaust-Mahnmalen debattiert wird, erweist sich ein Text wie Langgässers *Gang durch das Ried*, der auf die auratische *Stärke* der verkommenen Rudimente 'baut' (bzw. gerade *nicht* baut[437]) – „ES [...] war *stärker* als die vergeßliche Gegenwart" –, als ungemein (post-) modern und widerständig. Die Zurückbleibsel des Barackenlagers („Hülsen", „Konservendosen" etc.), die von Langgässer sorgsam *aufgelesen*, registriert und magaziniert werden, erinnern heute eher an die

---

432   Vgl. Aleida Assmann: Das Gedächtnis der Orte, S. 31: „Archaik heißt [...] Unverrückbarkeit, Haften an dem Stückchen Erde, das die Präsenz [...] garantiert."

433   Aladin ist der „Gejagte", der schließlich „gestellt" (*verhaftet*) wird: „[Aladin], welcher glaubte, der Mensch brauche nur einfach zu wollen, so wolle das übrige auch: ihm war das Schicksal auf seltsame Weise wirklich zu Willen gewesen und hatte nach seinem Vorschlag Katze und Maus gespielt; allerdings so, daß <u>er selbst der Gejagte</u> gewesen war. [...] [Jetzt] stand er da, um <u>gestellt</u> zu werden [...]." Elisabeth Langgässer: Gang durch das Ried, S. 290.

434   „*Sauber ist schön* und gut. Sauber ist hell brav lieb. Sauber ist oben und hier. Schmutzig ist häßlich und anderswo. Sauber ist doch das Wahre, schmutzig ist unten und übel, schmutzig hat keinen Zweck. Sauber hat recht." Christian Enzensberger: Größerer Versuch über den Schmutz, S. 7 (kursiv im Text).

435   Auf die Gefahr hin, mich zu wiederholen: „Es dämmert, aber die Flecken gehen nicht weg." Ilse Aichinger: Flecken, S. 16. Die „<u>Flecken</u>" auf Aichingers „Sesseln", die „aus[sehen], als hätte jemand zuckerte <u>Milch</u> darüber geschüttet" (S. 15) und die außerdem „[d]urch den Zustand der Trockenheit <u>begrenzt</u>" sind und „[e]inmal [...] naß [waren]" (S. 17), stammen möglicherweise aus Enzensbergers Größerer Versuch über den Schmutz, vgl. ebd., S. 15: „Nun kommt der Klecks <u>Fleck</u> Spritzer, seis [...] von <u>Milch</u> Saft Farbe Tinte Harn. Sie bezeichnen die <u>Grenze</u> zur großen Landschaft des Feuchten [...] und von dort ist es nicht mehr weit bis ins <u>Nasse</u> [...]."

436   Aleida Assmann: Das Gedächtnis der Orte, S. 32.

437   „Jugendherberge", „Sportplatz" und „Segelfluglager", die die Gemeinde auf der alten Stelle bauen will, halten sich bekanntlich nicht: „[A]lles ganz schön, und trotzdem hält sich das nicht". E.L.: Gang durch das Ried, S. 287.

„armseligen Überreste aus der Habe der [KZ-] Opfer wie Kämme, Zahnbürsten, Rasier-pinsel"**438**, die Naomi Tereza Salomon in ihrem Photo-Zyklus „Asservate" *festgehalten* hat. Langgässers eindringlicher Appell an die „vergeßliche Gegenwart" ist ohne Abstri-che auf Tereza Salomons Bilderzyklus übertragbar: *Nichts blieb zurück als die leeren KZ-Baracken; doch dieses Nichts aus Kämmen, Zahnbürsten und Rasierpinseln trug einen mächtigen Namen: es hieß ERINNERUNG und war stärker als die vergeßliche Gegen-wart, welche allzu gern sagt: vorbei!*

Natürlich sind es nicht nur die Rudimente *als solche*, die die Erinnerung bewahren, son-dern auch und vor allem die *Rituale* der Erinnerung: „Kein Gedächtnis der Orte [...] ohne bestimmte Formen einer kulturellen Mnemotechnik."**439** Aber – und dieses *aber* ist mir wichtig – es sind eben doch auch die Rudimente als solche, die 'Spuren-elemente' der Aura konservieren. Auch Assmann konzediert, daß „Menschenhand und Menschenbe-wußtsein" immer nur die 'halbe' Wahrheit erfassen:

> Die Aura, die dem Gedenkort seine Weihe gibt, ist in keine noch so kunstfertigen Monumente übersetzbar. Diese sind von Menschenhand und Menschenbewußtsein gebildet [...].**440**

Damit sind wir am Kern des Problems. Es „gibt" also doch 'etwas', das dem Gedenkort seine „Weihe" verleiht. Assmanns Bemerkung aus dem Jahre 1994 ist ins Jahr 2000 „übersetzbar" und meint heute: Kein einziges (Holocaust-) Mahnmal, das von „Men-schenhand" gebildet wird – sei es noch so „kunstfertig[]" – hat die Aura des ruinierten *Kammes* und der verdreckten *Zahnbürste* vom Lagerhäftling A 3709 aus dem KZ Auschwitz-Birkenau.**441** Die Erinnerungen 'haften' primär *an den ganz konkreten Objek-ten* und nicht an ihren 'Übersetzungen'. Anders gesagt: Ein einziges, übriggebliebenes und ganz konkretes Stückchen Schwimmseife sagt (mir) mehr über den Holocaust als ein dreistündiger Spielfilm (*Schindlers Liste* von Spielberg), der zugegebenermaßen äußerst „kunstfertig[]" ist. Günter Herburgers frühe Erzählung *Eine gleichmäßige Landschaft*

---

438   Aleida Assmann: Erinnerungsräume, S. 378-382, hier: S. 378f.

439   Aleida Assmann: Das Gedächtnis der Orte, S. 34.

440   Aleida Assmann: Das Gedächtnis der Orte, S. 32. Assmann geht sogar noch einen Schritt weiter, wenn sie die „Todeslager" als *„numinose Orte* einer absoluten Absenz" bezeichnet: „Die Gewalt dieser Abwesenheit, die sich [...] von keinem Gedenken einholen läßt, wird an diesen Orten als Leere sinnlich erfahrbar". (Ebd., S. 35, kursiv im Text, Unterstreichung B.S.).

441   Die Nummer A 3709 war der inhaftierten 'Volljüdin' und Tochter Elisabeth Langgässers, Cordelia Edvard-son, eingebrannt worden. Cordelia wurde 1944 zuerst nach Theresienstadt, später dann nach Auschwitz-Birkenau deportiert. Vgl. C.E.: Gebranntes Kind sucht das Feuer, a.a.O. Von Cordelia, „die [...] nicht einmal einen Blechnapf besaß, um daraus zu essen, weil ihn [ihr] jemand gestohlen hatte" (ebd., S. 112), ist weder ein *Kamm*, noch eine *Zahnbürste* zurückgeblieben: Alle „Kennzeichen ihrer früheren Existenz [waren] verschwunden", weil der „Fußboden der [KZ-] Baracke" vollkommen „reingefegt[]" wor-den ist. (Ebd., S. 84)

(1964) vermittelt ein Gefühl davon, daß die verkommenen Rudimente ein stärkeres 'Herzklopfen' verursachen können als 'berühmte' Gedenkstätten.

9. Die unregelmäßige Stelle in der gleichmäßigen Landschaft – Günter Herburgers Erzählung *Eine gleichmäßige Landschaft*

Ein junger Mann und ein vierzehnjähriges Mädchen fahren mit dem Auto nach Bergen, um das ehemalige Konzentrationslager Bergen-Belsen zu besichtigen. Dieses Lager ist jetzt in ein „kunstfertige[s] Monument[]" (Assmann) umfunktioniert worden: Es ist „ein Mahnmal, ein Denkmal, eine Gedenkstätte [und] ein berühmter Opferhain"[442]. Bergen-Belsen ist also das komplette Gegenteil eines 'unberühmten Ortes':

Das KZ ist berühmt, habe ich [der Ich-Erzähler bleibt namenlos, B.S.] gesagt.[443]

Und weil Bergen-Belsen nun ein 'berühmter Ort' (geworden) ist, werden seine Anlagen entsprechend penibel gepflegt; das fängt bereits bei den Parkplätzen an:

Das Lager liegt im Wald, versteht sich, und hat einen großen Parkplatz, einen schönen Parkplatz mit Betonplatten belegt, an dessen Ende ein langes, niedriges Haus steht, was mich interessiert hat, aber es ist ein Toilettenhaus für die Besucher.[444]

Die doppelte, besser gesagt: Die bittere Ironie liegt darin, daß der Ich-Erzähler die Ironie, die im „schönen Parkplatz" und seinen „Betonplatten" verborgen liegt – dieser Parkplatz erinnert an die 'Schönheit' von OBI-Baumarkt-Parkplätzen – gar nicht bemerkt.[445] Wie der Parkplatz, so auch der Weg zum KZ:

Der Weg ist breit und mit feinem Sand und Kies bedeckt und hat an beiden Seiten einen Graswall und vorne eine niedere Mauer aus Natursteinen mit einem Papierkorb davor, was mich an die Talstation unserer Bergbahn daheim erinnert hat [...].[446]

Alles am und im KZ ist „schön" und „fein[]", und einiges ist „natürlich unecht":

---

[442] Günter Herburger: Eine gleichmäßige Landschaft. In: ders.: Eine gleichmäßige Landschaft und andere Erzählungen, Hamburg/Zürich 1992, S. 72-98, hier: S. 84. *Eine gleichmäßige Landschaft* ist zuerst 1964 in Günter Herburgers gleichnamigem Erzählungsband erschienen. Bergen-Belsen ist natürlich kein „Opferhain". Diese bös-ironische Formulierung zeigt, daß der Ich-Erzähler ein Sadist ist; seine sadistischen Gewaltphantasien werden in der Erzählung detailliert beschrieben, vgl. etwa S. 85.

[443] Günter Herburger: Eine gleichmäßige Landschaft, S. 85.

[444] Günter Herburger: Eine gleichmäßige Landschaft, S. 85.

[445] „[...] das [ehemalige Konzentrations-] Lager liegt nicht an der Autobahn, *was praktischer wäre*." Günter Herburger: Eine gleichmäßige Landschaft, S. 85. Die bittere Ironie, die in solchen Formulierungen liegt, ist in Herburgers Erzählung omnipräsent: *Eine gleichmäßige Landschaft* wird konsequent nur aus der (im doppelten Sinn) beschränkten Innenperspektive des Ich-Erzählers geschildert.

[446] Günter Herburger: Eine gleichmäßige Landschaft, S. 85f.

Um die ganze Anlage steht ein Zaun [...]. Dieser Zaun ist natürlich unecht. Das habe ich ihr auf jeden Fall gesagt. Das ist aber schön, hat sie gesagt, das ist ja alles voll Heidekraut und lauter rote Sandwege [...].[447]

Sogar die „genau rechteckig angelegte[n] Rampen" sind „schön" und „sorgfältig abgeschrägt".[448] Nur der „Krakel", der in den „Gedenkstein" eingemeißelt ist, ist nicht ganz so schön, weil er unverständlich („Hebräisch") ist: „ich versteh's nicht".[449] Alles übrige bleibt aber durchaus im „gepflegt[en]" Rahmen:

> Die[] Anlage ist sehr ruhig, sehr gepflegt, Architekten und Gärtner müssen sie angelegt haben, das sieht man, eigentlich kann man auf den Wegen nicht springen [...].[450]

Das Mädchen macht sich einen 'Sport' daraus, die Toten zu zählen; sie ist „enttäuscht", „daß auf einigen Platten [...] nur zwei- oder dreitausend Tote geschrieben standen"[451]:

> Sie hat einen Eifer gehabt und herumgesucht [...], und dann hat sie zwischen den Birken, mehr hinter einer Hecke noch einen Hügel entdeckt mit siebentausend Toten drin. Das war Rekord.[452]

Damit nähern wir uns dem eigentlichen, 'unberühmten Ort' des Geschehens: Seit *Dornröschen*, spätestens jedoch seit Marie-Luise Kaschnitz' Märchen *Der Alte Garten*[453] weiß man, daß sich die wahrhaft ungeheuren Ereignisse „mehr hinter einer Hecke" und „zwischen Birken" als in einer gepflegten und *gleichmäßigen Landschaft* abspielen. Der Ich-Erzähler folgt dem Mädchen ins Gebüsch. Dabei entdeckt er nicht nur eine „große Lichtung", die „eigentlich eine Senke war" und „also von allen Seiten her zu übersehen [war]" („Geschickt, habe ich denken müssen"),[454] sondern auch Rudimente, „die nicht mehr in die Gedenkanlage paßten"[455]:

---

[447] Günter Herburger: Eine gleichmäßige Landschaft, S. 86f.

[448] Günter Herburger: Eine gleichmäßige Landschaft, S. 87.

[449] Günter Herburger: Eine gleichmäßige Landschaft, S. 87.

[450] Günter Herburger: Eine gleichmäßige Landschaft, S. 88.

[451] Günter Herburger: Eine gleichmäßige Landschaft, S. 87.

[452] Günter Herburger: Eine gleichmäßige Landschaft, S. 89.

[453] Vgl. Marie Luise Kaschnitz: Der alte Garten. Ein Märchen, vgl. Kap. III, Anm. 20.

[454] Günter Herburger: Eine gleichmäßige Landschaft, S. 88f. Die „große Lichtung", die bezeichnenderweise „eine „Senke" war", ist das pervertierte Gegenteil von Wolfgang Hilbigs 'ausgezeichneter' und herausgehobener „Stelle" in *Grünes grünes Grab*: Herburgers „Lichtung" ist „von allen Seiten her zu übersehen", Hilbigs „Lichtung" („Fleck", „Stelle") liegt im Wald versteckt. Herburgers gerodete „Senke" war ein Ort des kollektiven Terrors, Hilbigs zugewucherter „Fleck" ist ein privat(istisch)er Platz des himmlischen Friedens.

[455] Günter Herburger: Eine gleichmäßige Landschaft, S. 89.

[...] ich habe es genau gesehen, wo die Schwellen gelegen hatten, war jetzt das Gras niedriger und der Schotter überwachsen [...]. Ich habe Herzklopfen bekommen, eine Nebenstrecke, habe ich geschrien, guck doch, von dort ist die Eisenbahn hereingefahren mit den Waggons, voll waren die, unten die Kranken und Schwachen und oben die Kräftigen, die sich zu den Luken durchgeboxt haben. Schau doch, habe ich geschrien voller Aufregung, man sieht's noch genau [...]. Ich seh nichts, hat sie gesagt.[456]

Das „Herzklopfen" und die „Aufregung" brechen erst dann durch, als der Ich-Erzähler 'unpassende' Dinge entdeckt, die von den „Architekten und Gärtner[n]" ausgelagert und verdrängt worden sind. Die 'unansehnlichen' Rudimente sprechen eine deutlichere (und 'anschaulichere') Sprache als die gepflegte Gedenkstätte des ehemaligen KZs. Und je tiefer der Ich-Erzähler ins Gebüsch eindringt, desto mehr kommt von der eigentlichen (verdrängten) Geschichte ans Tageslicht; dabei wird der Text immer magisch-realistischer:

> Und dann habe ich auch noch Gemäuer entdeckt [...], aber weiter drinnen im Gebüsch, ich habe die Kleine an die Hand genommen, quer durch sind wir, weg von dem netten Sandweg für leichte Schuhe, die Zweige haben Dornen gehabt, Brombeerranken sind über den Boden gewachsen, dort haben wir nochmal Gemäuer entdeckt, nur noch die Grundrisse schon fast ganz unterm Gras.[457]

Man muß die „netten Sandwege für leichte Schuhe" verlassen und „quer" gehen, um das Grauen, das im Abseits versteckt ist, zu entdecken. Die „Dornen" (Dornröschen) und „das sprichwörtliche Gras des Vergessens" (Assmann) indizieren aber immer noch die „Grundrisse". Wie hieß es doch gleich im *Gang durch das Ried*?

> Richtig, hier hatten Baracken gestanden [...]. Man konnte noch deutlich bemerken, wie das Gras ihren Grundriß bezeichnete [...].[458]

Die Rudimente, die der Ich-Erzähler schließlich „in die Hände bekomm[t]", erinnern an die Zurückbleibsel („entleerte Hülsen" etc.) aus dem *Gang durch das Ried*, die den „mächtigen Namen" *Erinnerung* tragen:

> Jetzt endlich habe ich was in die Hände bekommen, Ziegelsteine habe ich aufgehoben, Blechstücke, eine verrostete Eisenstange, das war alles von früher, im Gebüsch ist's gelegen, vom Weg aus kann man's nicht sehen, hier, habe ich gesagt, hier liegen Reste, aber wenig, wenig, man kann sich kein richtiges Bild machen [...].[459]

Obwohl (bzw. gerade *weil*) man sich „kein richtiges Bild machen [kann]" („Du sollst dir kein Bildnis machen", 2. Mose 20, 4), sind es doch gerade die rudimentären 'Halb-

---

456 Günter Herburger: Eine gleichmäßige Landschaft, S. 89. Das ungebildete junge Mädchen sieht bezeichnenderweise *nichts* („Ich seh nichts, hat sie gesagt"), weil sie die 'halbgestalteten' Spuren nicht lesen kann. Das bedeutet: Erst wenn die *rudimentären Spuren* mit dem *verdrängten Wissen* zusammentreffen, zündet ES.
457 Günter Herburger: Eine gleichmäßige Landschaft, S. 90.
458 Elisabeth Langgässer: Gang durch das Ried, S. 45.
459 Günter Herburger: Eine gleichmäßige Landschaft, S. 90.

gestalten', die zur Komplettierung (Ganz-heitlichkeit) drängen. Genau das passiert in Herburgers Erzählung: An 'Hand' der „Reste" rekonstruiert der Ich-Erzähler im folgenden ausführlich den Lager-Alltag und den Terror, der im ehemaligen KZ geherrscht hat. Dabei kommen ihm seine sadistischen Gewaltphantasien buchstäblich entgegen: „vorstellen kann ich es mir, daß sie [„die Kleine"] auch dabei gewesen wäre, ich hätte sie herausgesucht und gefesselt"460. Von solchen Gewaltphantasien wird auch der Mörder der kleinen Gretel, Jean-Marie Aladin, immer wieder heimgesucht.461 Schon allein aus diesem Grund sind der *Gang durch das Ried* und *Eine gleichmäßige Landschaft* miteinander verwandt. In beiden Texten bricht das Vergangene mit Gewalt in die *vergeßliche Gegenwart* („welche allzu gern sagt: vorbei!") ein:

> [...] hier haben die Mannschaften gewohnt, und dort unten haben sie die Gruben zum Verbrennen gehabt [...], vielleicht haben sie auch nicht verbrannt, vielleicht haben sie geschossen oder mit dem Spaten, mit dem Messer, mit dem Beil, so eine Scheiße, *ich könnte heulen, ich war ganz durcheinander,* warum steht's auf keiner Tafel, ich kann's mir kaum vorstellen. Die Hitze ist zwischen den Büschen gestanden [...], *mir ist vor Aufregung beinahe schlecht geworden* [...].462

(„Richtig, hier hatten Baracken gestanden", *Langgässer*). Die „Aufregung", die den Ich-Erzähler ergreift, ist jedoch prekär und hat mehrere Gründe: Er „könnte heulen", weil die von ihm entdeckte Geschichte „auf keiner Tafel" steht, andererseits ist der Erzähler aber auch „ganz durcheinander", weil ihn die verschütteten NS-Verbrechen mit seiner eigenen, sadistischen Veranlagung konfrontieren. Dieser Schuldzusammenhang wird aber vom Erzähler selbst nicht durchschaut. Um es mit Langgässer zu sagen, die es auf den Punkt (bzw. auf die „Stelle") bringt:

> Die [juckende Stelle] war größer geworden, die war ein Brand, der den ganzen Menschen ergriffen hatte, nun gab es kein Wissen mehr, das ihn [Aladin] nicht überall anstieß, ihn störte, schüttelte, anschrie: Obacht! *Komm hinter das Ganze, so kommst du hinter dich selbst!* Er wollte ja gar nicht – 463

'Dank' seiner Disposition kommt Herburgers Ich-Erzähler zwar „hinter" die 'gepflegten' Anlagen des ehemaligen KZs – sein regelwidriges Verlassen der Wege führt ihn „quer

---

460   Günter Herburger: Eine gleichmäßige Landschaft, S. 91. „Ich [...] war in Bergen [...], wo früher das Lager war und jetzt ein Park zum Gedenken, was ich mir besser noch daheim in der Küche vorstelle, wo ich sie [„die Kleine"] blutig mache, in die Zehen Streichhölzer treibe, sie hoble und schäle für meinen [...] Aufstand [...]." (Ebd., S. 97) Noch deutlicher wird die Identifikation mit den Nazi-Verbrechern auf S. 93: „Es muß eine unbeschreiblich ehrfürchtige Wut und Schönheit sein, wenn man vorher noch alles ausprobiert, was man in sich hat, bevor man totgemacht wird."

461   Aladin, dessen Vater „[gern] schlachtete" bekam „selber Lust und probierte das Schlachten aus. Zuerst an Regenwürmern und Mäusen, danach an einem Laubfrosch", danach, so wäre hinzuzufügen, am kleinen Mädchen Gretel. Vgl. Elisabeth Langgässer: Gang durch das Ried, S. 216.

462   Günter Herburger: Eine gleichmäßige Landschaft, S. 90.

463   Elisabeth Langgässer: Gang durch das Ried, S. 121.

durch" das finstere Gestrüpp unbewältigter Vergangenheiten –, aber er kommt dabei nicht 'hinter sich selbst': Nach dem Lagerbesuch ist alles so 'schön' und 'sauber' und 'nett' wie vorher:

> Wir sind eingestiegen und weggefahren, nicht zurück nach Bergen, sondern gleich weiter durch den Wald auf der Betonbahn, die wirklich vorbildlich ist und von links und rechts die Wege abzweigen für's Manövergebiet in der Heide zum Schießenüben und Panzerfahren [...].[464]

Das „Schießenüben und Panzerfahren" zeigt überdeutlich, daß in der „vorbildlich" gepflegten Landschaft Westdeutschlands, die aussieht, als habe sie gerade beim Wettbewerb *Unser Dorf soll schöner werden* gewonnen, immer noch die Gewalt lauert. Am Schluß der Erzählung wird sogar die KZ-Anlage mit ihren (Wach-) „Türme[n]", ihrem „Zaun" und ihrer Gedenk-"Tafel" von einer Ölförderungsgesellschaft ersetzt. Eine 'Profit-Gesellschaft' rückt damit buchstäblich *in die Stelle* des Terrors ein:

> Morgen werde ich nach Klüversen fahren, wo sie jetzt auch Öl gefunden haben, die Türme stehen schon mitten im Kartoffelfeld [...] mit einem hüfthohen, soliden Zaun drum herum und einer Tafel mit dem Namen der Gesellschaft dran, wo sie ernten und ackern und häufeln und das Unkraut herausziehen [...].[465]

Die unkrautfreie Landschaft ist eine Topographie des Terrors, in der die Zeit stehengeblieben ist. Herburgers Erzählung, in der mit dem Blick der Täter experimentiert wird, ist bodenlos, weil die Entdeckung *fremder* Schuld mit der *eigenen* Disposition zur sadistischen Sexualität unmittelbar gekoppelt ist. *Eine gleichmäßige Landschaft* und der *Gang durch das Ried* – beide Texte kann man getrost in einem Atemzug nennen – sind genuine Erinnerungstexte, die in der deutschen Literatur kaum Schule gemacht haben. Der bewußt unexperimentelle (und im direkten Vergleich mit Langgässer/Herburger anspruchs- und belanglose, dafür jedoch umso erfolgreichere) Erinnerungstext *Der Vorleser* (1995) von Bernhard Schlink[466] verquickt zwar auch die Ebenen Sexualität, Vergangenheitsbewältigung und Schuldverstrickung, in diesem Roman werden die diversen Ebenen aber letztlich fein 'säuberlich' voneinander getrennt. Der Vorleser ist politisch korrekt, eine Identifikation mit dem Täter findet nicht statt.

---

[464] Günter Herburger: Eine gleichmäßige Landschaft, S. 92. Vgl. auch ebd., S. 91f.: „Auf dem schönen Parkplatz hatte jetzt einer eine Bude auf Rädern aufgemacht [...]. Ich habe mir Drops mit Himbeergeschmack gekauft [...]."

[465] Günter Herburger: Eine gleichmäßige Landschaft, S. 97f.

[466] Vgl. Bernhard Schlink: Der Vorleser (Roman), Zürich 1997 [EA 1995]. Der Text liefert ein leicht zu konsumierendes Musterbeispiel der *Ich-erinnere-mich-noch-genau*-Textur. Die Floskeln „Ich erinnere mich", „Im Nachhinein glaube ich", „Wenn ich heute darüber nachdenke", „Im Rückblick finde ich" etc. pp.) hypertrophieren auf eine geradezu peinliche Weise. Kein Wunder also, daß der „Vorleser" die experimentelle Literatur nicht braucht: „Es verstand sich für mich, daß experimentelle Literatur mit dem Leser experimentiert, und das brauchten weder Hanna noch ich." Bernhard Schlink: Der Vorleser, S. 176.

332

10. „Nur Steinhaufen bleiben, vom Gras überwuchert"
Die 'Unberühmte Ortschaft' als Topographie des Grauens in Peter Weiss' Prosatext *Meine Ortschaft*

Zwanzig Jahre nach Ende des Zweiten Weltkriegs besucht Peter Weiss im heutigen Polen „eine Ortschaft, für die [er] bestimmt war und der [er] entkam"[467]. Diese ganz *bestimmte* Ortschaft im Abseits – es handelt sich um das ehemalige Konzentrationslager Auschwitz-Birkenau – „liegt gänzlich für sich"[468] und erinnert damit an Günter Herburgers abgelegene Topographie des Grauens („Das Lager [Bergen-Belsen] liegt im Wald, versteht sich"[469]). Wenn der Jude Peter Weiss lapidar bemerkt: „Ich komme zwanzig Jahre zu spät hierher"[470], dann läßt sich diese Bemerkung auch auf den potentiellen Mörder und Sadisten aus Günter Herburgers Erzählung *Eine gleichmäßige Landschaft* (1964!) übertragen: Weiss kommt „zwanzig Jahre zu spät" zur Ermordung, und der Ich-Erzähler aus Herburgers Text kommt „zwanzig Jahre zu spät" zum Morden. *Meine Ortschaft* und *Eine gleichmäßige Landschaft* thematisieren also nicht nur den 'verspäteten' KZ-Besuch bzw. die Umwandlung von „Anlage[n]" in ein „Museum"[471], sondern in beiden Texten stehen sich vor allem auch ein mögliches Opfer (Weiss) und sein potentieller Henker (der Sadist) gegenüber. Schon allein aus diesem Grund erscheint es mir sinnvoll, die beiden Texte, die sich gewissermaßen komplementär zueinander verhalten, auf der Folie von Elisabeth Langgässers *Gang durch das Ried* kontrastiv zu lesen. In Weiss' autobiographischem Bericht und Herburgers fiktionaler Erzählung geht es darüber hinaus um (Langgässers) Rudimente und Zurückbleibsel und eine angemessene Form der *Erinnerung*. Diese Erinnerungs-Debatte ist auch in *Meine Ortschaft* an magisch-realistische Schreibweisen gebunden.[472]

---

[467] Peter Weiss: Meine Ortschaft. In: Atlas – zusammengestellt von deutschen Autoren [kein Hg.], Berlin (Verlag Klaus Wagenbach) 1965, S. 31-43, hier: S. 32.

[468] Peter Weiss: Meine Ortschaft, S. 32.

[469] Vgl. oben Anm. 444.

[470] Peter Weiss: Meine Ortschaft, S. 34.

[471] „Außerhalb der Siedlungen [...] erheben sich die Eisengitter vor der Anlage, die heute zu einem Museum ernannt ist. Autos und Omnibusse stehen am Parkplatz, eben tritt eine Schulklasse durch das Tor, ein Trupp Soldaten [...] kehrt nach der Besichtigung zurück." P.W.: Meine Ortschaft, S. 33.

[472] Peter Weiss und Günter Herburger sind natürlich keine Autoren des Magischen Realismus, gleichwohl beerben sie an exponierten Stellen ihrer Texte magisch-realistische Schreibweisen. Das gilt insbesondere für Weiss' frühen Prosatext *De Besegrade*, der 1948 in Stockholm publiziert und erst 1985 ins Deutsche übertragen wurde. Eine kleine Textprobe soll das veranschaulichen: „Wie ist die Stadt schön in ihrer Stille. Ungestört liegen die Straßen in ihrem Dornröschenschlaf. In ihren Rissen und Kratern steht hohes Gras, auf den Kieshaufen wächst Laubwerk und duften Blumen. Eingehüllt in Unkraut, Efeu und Gestrüpp träumen die Ruinen, Stille. Hier singt kein Vogel. Alte Patronenhülsen, Munitionskisten und Uniformteile verwittern in den Urwäldern der Gärten. Zerschossene Helme werden vom Rost zerfressen und werden zu Erde. Du

Im Gegensatz zur penibel gepflegten (und deshalb gewissermaßen *über*restaurierten) KZ-Anlage Bergen-Belsens, die eher an die „Talstation unserer Bergbahn daheim" als an eine ehemalige Folterstätte „erinnert"[473], befindet sich das KZ Auschwitz in den 60er Jahren ganz offensichtlich in einem 'verwahrlosteren' Zustand.[474] Die Überbleibsel („Ziegelsteine", „Blechstücke", „eine verrostete Eisenstange"[475]), die „nicht mehr in die Gedenkanlage paßten"[476] und deshalb von den „Architekten und Gärtnern"[477] aus der 'gleichmäßigen Landschaft' Bergen-Belsens ausgeschieden wurden, bezeichnen in Auschwitz-Birkenau „noch" vage die „Architektur der Anlagen":

> An dem riesigen Steinhaufen, mit den verbogenen Eisenträgern und herabgestürzten Betondecken, läßt sich die Architektur der Anlagen noch feststellen.[478]

Das „Geleise", auf dem die Deportierten in Auschwitz ankamen, und die berühmt-berüchtigte „Rampe"[479], wo 'selektiert' wurde, sind im Verfall begriffen. Das Lager gleicht deshalb einem typischen 'unberühmten Ort', auf dem sogar *Grünes grünes Gras* wächst. Dieses Gras ist sowohl bei Hilbig als auch bei Weiss ein „Schwellen"-Hüter:

> Ein einzelnes Geleise zweigt ab von der Fahrstrecke. Läuft durch das Gras, hier und da auseinandergebrochen, weit hin zu einem verblichenen langgestreckten Bau, zu einer Scheune mit zerborstenem Dach, zerfallendem Turm [...]. In der Mitte, einen Kilometer lang, die Rampe. Noch im Zerfall ist das Prinzip der Ordnung und Symmetrie zu erkennen. [...] Gras wächst zwischen den Schwellen. Gras wächst im Schotter der Rampe [...].[480]

---

[473] spürst die Kraft der Natur, spürst wie alles hindrängt zu seiner Auflösung, zu seiner Verwandlung." P.W.: Die Besiegten (Aus dem Schwedischen von Beat Mazenauer), Frankfurt/M. 1985, S. 24.

[473] Vgl. oben Anm. 446.

[474] Mir ist leider nicht bekannt, in welchem Zustand sich die ehemalige KZ-Anlage Auschwitz-Birkenau um 1965 wirklich befunden hat. Der Text von Peter Weiss legt die Vermutung nahe, daß Auschwitz zu dieser Zeit eine 'unberühmtere' und verwahrlostere 'Ortschaft' war als heutzutage. Die politischen Umwälzungen (Studentenrevolte 1968) und die Aufklärung durch Medien und Filme (*Holocaust*, *Schindlers Liste*) haben dazu beigetragen, aus dem kleinen polnischen Flecken einen 'berühmten Ort' zu machen.

[475] Vgl. oben Anm. 459.

[476] Vgl. oben Anm. 455.

[477] Vgl. oben Anm. 450.

[478] Peter Weiss: Meine Ortschaft, S. 41.

[479] Die „Rampe" von Auschwitz ist nicht zuletzt durch Peter Weiss' Dokumentarstück *Die Ermittlung* (1965) berühmt geworden. Dieses Stück thematisiert den Auschwitz-Prozeß und beginnt mit dem *Gesang von der Rampe*.

[480] Peter Weiss: Meine Ortschaft, S. 40. „[D]as Prinzip der Ordnung und Symmetrie", das „[n]och im Zerfall [...] zu erkennen [ist]", bezeichnet sowohl bei Weiss als auch bei Herburger das eigentliche „Prinzip" des faschistischen Terrors. Das absolute 'Gleichmaß' (*Eine gleichmäßige Landschaft*) ist gleichbedeutend mit der vollendeten Inhumanität.

In den Lagerräumen liegt „grauer Staub", eine „morsche Tür [hängt] schief in den Angeln", die „Wände [sind] weißgetüncht und abgeschabt", der „Betonboden [ist] ausgetreten [und] voller Pfützen", die „Feuchtigkeit rinnt von den schwarzen Wänden", und die
eisernen „Wagen [sind] starr und verrostet"[481] – Auschwitz ist demnach das verdreckte
und ‚ungleichmäßige' Gegenstück zur ‚gleichmäßigen Landschaft' Bergens, dessen gepflegte „Rampen" mit ‚schönem' Heidekraut bepflanzt sind:

> [...] ich habe die Kleine mit mir gezogen und bin zwischen den Hügeln durchgegan-
> gen, die flach sind, lang und an den Seiten sorgfältig abgeschrägt, schöne, genau
> rechteckig angelegte Rampen, ganz mit Heidekraut bewachsen [...].[482]

Peter Weiss' *Ortschaft* mit Namen Auschwitz ist aber nicht nur das Gegenstück zu Günter Herburgers Bergen, sondern auch zu Wolfgang Hilbigs emphatischem Wald-
"Flecken" aus *Grünes grünes Grab*. Denn im Angesicht von Auschwitz verblassen alle
anderen Ortschaften zu unbedeutenden und transitorischen Durchgangs-"Stellen": Die
„Aufenthaltsorte", „in die ich [Peter Weiss] später [d.h. *nach* der Kindheit, B.S.] verschlagen wurde, nehmen alle [...] etwas Provisorisches an". Weiter heißt es:

> [...] und dabei habe ich die kürzeren Zwischenstationen gar nicht erwähnt, alle diese
> Flecken, heißen sie nun Warnsdorf in Böhmen, oder Montagnola im Tessin, oder
> Alingsas in Westschweden.
> Es waren Durchgangsstellen [...], deren wesentliches Element das Unhaltbare,
> schnell Verschwindende war [...].[483]

Mehr noch: In Anbetracht von Auschwitz werden alle anderen Städte zu „blinden Flek-
ken", was im Umkehrschluß bedeutet, daß die polnische Ortschaft der einzige ‚sehende
Fleck' auf Weiss' topographischer Lebens-Karte ist, der „bestehen [bleibt]":

> [...] alle diese Städte [London, Prag, Zürich etc.] werden zu blinden Flecken, und nur
> eine Ortschaft, in der ich nur einen Tag lang war, bleibt bestehen.[484]

In seiner Beständigkeit, die jeden Zerfall überdauert, erweist sich das Todeslager Auschwitz-Birkenau als ein Nachfolgemodell von Elisabeth Langgässers „Totendorf" aus dem
Gang durch das Ried, das ebenfalls als eine Art ‚sehender Fleck' bezeichnet wird und
auch genauso „unveränderlich" ist:

---

[481]   Peter Weiss: Meine Ortschaft, S. 34.

[482]   Günter Herburger: Eine gleichmäßige Landschaft, S. 87.

[483]   Peter Weiss: Meine Ortschaft, S. 32.

[484]   Peter Weiss: Meine Ortschaft, S. 32. Peter Weiss degradiert buchstäblich ganze Städte zu „blinden Flek-
        ken" und adelt umgekehrt dazu die (Blut-) „Flecken" an der KZ-Wand zu Erinnerungsmalen, die die Topo-
        graphie des Grauens exakt bezeichnen: „Hier ist der Waschraum des Block Elf. Hier legten sie, die zur
        Wand mußten, ihre [...] Kleider ab, hier in diesem kleinen schmutzigen Raum [...] voll rostiger und
        schwärzlicher Flecken und Spritzer [...]." P.W.: Meine Ortschaft, S. 37.

[...] das Totendorf *sah ihm [Aladin] aus blinden, verschmutzten Augen entgegen* [vgl. Weiss' „blinde Flecken", B.S.] und blieb auch so hinter ihm stehen – [...] es konnte durch nichts und niemanden verändert werden [...].**485**

Und in *Meine Ortschaft* schreibt Peter Weiss parallel dazu:

> Zwanzig Jahre danach [nach Kriegsende, B.S.] habe ich diese Ortschaft gesehen. Sie ist unveränderlich.**486**

Und wieder einmal zeigt sich, daß sich die 'realistischsten' Topographien (KZ-Anlagen) aus den magisch-realistischen Texten und ihren bevorzugten 'unberühmten Ortschaften' („Totendorf") herleiten lassen. Peter Weiss schreckt nicht einmal davor zurück, das „Totendorf" Auschwitz-Birkenau mit stimmungsvollen Wörtern zu beschreiben, die im Magischen Realismus Konjunktur hatten. Die regenfeuchte November-Tristesse, die Peter Weiss herbeizitiert, ist im Angesicht von Auschwitz unangemessen und eher peinlich:

> Auf dem Bahnhof von Auschwitz scheppern die Güterzüge. Lokomotivpfiffe und polternder Rauch. Klirrend aneinanderstoßende Puffer. Die Luft voll Regendunst, die Wege aufgeweicht, die Bäume kahl und feucht. Rußgeschwärzte Fabriken, umgeben von Stacheldraht und Mauerwerk. Holzkarren knirschen vorbei, von dürren Pferden gezogen, der Bauer vermummt und erdfarben. Alte Frauen auf den Wegen, in Decken gehüllt, Bündel tragend. Weiter ab in den Feldern einzelne Gehöfte, Gesträuch und Pappeln. Alles trübe und zerschlissen. [...]. Abweichgeleise führen weiter, zu den Kasernen, und noch weiter, über öde Felder zum Ende der Welt.**487**

Solche Sätze lesen sich einerseits wie ein Text zum Drehbuch – so oder so ähnlich könnte ein Film über Auschwitz beginnen – und andererseits wie typische Kriegstagebuch-Aufzeichnungen der Magischen Realisten aus dem Osteuropa-Feldzug.**488** Diese Stimmungsbilder werden von Weiss zwar immer wieder gebrochen, sie beherrschen aber dennoch den gesamten Text. Das wichtigste Mittel zur Durchbrechung sind die deiktischen Schlüsselwörter „ich", „hier" und „jetzt", mit denen Weiss immer wieder die „zwanzig Jahre" überbrückt und zur aktuellen Gegenwart (1965) umschaltet.**489** Das *Ich-hier-jetzt* ist aber mit dem *Sie-hier-einst* nicht zu vermitteln. Deshalb ist es nur konsequent, daß sich das „Ich" am Schluß in die „Er"-Perspektive flüchtet:

---

485   Elisabeth Langgässer: Gang durch das Ried, S. 316.

486   Peter Weiss: Meine Ortschaft, S. 32.

487   Peter Weiss: Meine Ortschaft, S. 33.

488   Vgl. z.B. Horst Langes Aufzeichnung *Ostwärts Wjasma, 22.X.41* in: H.L.: Tagebücher aus dem Zweiten Weltkrieg, S. 75-77.

489   „Seit Stunden gehe ich jetzt im Lager umher." P.W.: Meine Ortschaft, S. 39. „Hier [...] standen die Herren mit ausgestreckten Händen und zeigten auf die offenen Felder und bestimmten die Gründung des Verbannungsortes, der jetzt wieder einsinkt in die sumpfige Erde." Ebd., S. 40.

Nur wenn <u>er</u> selbst von seinem Tisch gestoßen und gefesselt wird, wenn <u>er</u> getreten und gepeitscht wird, weiß <u>er</u>, was <u>dies</u> ist. Nur wenn es neben <u>ihm</u> geschieht [...], weiß <u>er</u>, wie <u>dies</u> ist.
<u>Jetzt</u> steht <u>er</u> nur in einer untergegangenen Welt. <u>Hier</u> kann er nichts mehr tun.[490]

Die „untergegangene[] Welt", die Peter Weiss heraufbeschwört, findet sich in nahezu gleicher Form bereits in Langgässers Roman *Gang durch das Ried*. Eine direkte Gegenüberstellung von Weiss und Langgässer soll das veranschaulichen:

Nur Steinhaufen bleiben, vom Gras überwuchert. Asche bleibt in der Erde, von denen, die für nichts gestorben sind [...]. <u>Nichts ist übriggeblieben</u> als die totale Sinnlosigkeit ihres Todes. (*Weiss*)[491]

<u>Nichts blieb zurück</u> als die leeren Baracken und der Unrat [...]; doch dieses Nichts [...] trug einen mächtigen Namen: es hieß *Erinnerung* [...]. (*Langgässer*)[492]

Die 'Erinnerungsfetzen', die sowohl von Langgässer („Hülsen, Patronen, Zigarettenpapier" etc.) als auch von Naomi Tereza Salomon („Kämme, Zahnbürsten, Rasierpinsel[][493]) festgehalten werden, finden sich auch in Peter Weiss' Ortschaft wieder. Sie werden hier sogar ganz dezidiert als „Reliquien" ausgewiesen:

Ich habe den Berg des abgeschnittenen Haares im Schaukasten gesehen. Ich habe die Reliquien der Kinderkleider gesehen, die Schuhe, Zahnbürsten und Gebisse. Es war alles kalt und tot.[494]

Es gibt nur eine einzige Stelle in den „niedrigen Baracken", wo für einen verschwindenden Augenblick noch nicht „alles kalt und tot" ist. Dieser emphatische „Augenblick" wird erfahrbar, wenn die Bodennebel „schwelen" und das Ich über die 'Schwelle' der offenen Barackentür tritt:

Im Augenblick, in dem die Sonne versinkt, steigen die Bodennebel auf und schwelen um die niedrigen Baracken. Die Türen stehen offen. Irgendwo trete <u>ich</u> ein. Und <u>dies</u> ist <u>jetzt</u> so: <u>hier</u> ist das Atmen, das Flüstern und Rascheln noch nicht ganz von der Stille verdeckt [...], hier im Stroh, in den schweren Schatten, sind die tausend Körper noch zu ahnen, ganz unten, in Bodenhöhe, auf dem kalten Beton, oben, unter dem schräg aufsteigenden Dach, auf den Brettern, in den Fächern, zwischen den gemauerten Tragwänden, dicht aneinander, sechs in jedem Loch, hier ist die Außenwelt noch

---

490 Peter Weiss: Meine Ortschaft, S. 43.

491 Peter Weiss: Meine Ortschaft, S. 41f.

492 Elisabeth Langgässer: Gang durch das Ried, S. 286. In Reinhard Jirgls Roman *Hundsnächte* lautet die entsprechende Passage: „Nichts was verschwunden war, ist wirklich verschwunden, Alles was gewesen ist ist auch Heute noch da, so daß [...] [die] Fahrt geradenwegs durch das Vergessen hindurch [führt] [...]." R.J.: Hundsnächte, S. 494.

493 Vgl. oben Anm. 438.

494 Peter Weiss: Meine Ortschaft, S. 39.

nicht ganz eingedrungen, hier ist noch zu erwarten, daß ES sich regt da drinnen, daß ein Kopf sich hebt, eine Hand sich vorstreckt.[495]

Das kaum vernehmbare „Flüstern und Rascheln", das „noch nicht ganz von der Stille verdeckt" ist, stammt von Odradek, dem 'bucklichten Männlein' aus Kafkas kurzem Text *Die Sorge des Hausvaters*.[496] Odradek ist nur in nicht bewohnbaren Unräumen anzutreffen: „Er hält sich abwechselnd auf dem Dachboden, im Treppenhaus, auf den Gängen, im Flur auf."[497] In genau diesen unberühmten Ortschaften versteckt sich auch das „Flüstern und Rascheln" der ermordeten KZ-Opfer: ES raschelt „im Stroh", „in den [...] Schatten", „auf dem kalten Beton", „unter dem [...] Dach", „auf den Brettern", „in den Fächern" und „zwischen den [...] Tragwänden". Odradek „ist der „Insasse des entstellten Lebens" und ein Schwellenhüter zur „andern Welt" der Lebenden:

> Doch nach einer Weile tritt auch hier das Schweigen und die Erstarrung ein. Ein Lebender ist gekommen, und vor diesem Lebenden verschließt sich, was hier geschah. Der Lebende [kommt] aus einer andern Welt [...].[498]

Die Emphase, die bei Langgässer und auch noch bei Herburger auf den Rudimenten liegt – im *Gang durch das Ried* tragen die Überbleibsel einen „mächtigen Namen", und in *Eine gleichmäßige Landschaft* werden erst die *ausgelagerten* „Reste" zum Auslöser der Erinnerung –, ist in *Meine Ortschaft* scheinbar verstummt: „Nichts ist übriggeblieben als die *totale Sinnlosigkeit* [des] Todes"; die „Reliquien" („Kinderkleider, Schuhe, Zahnbürsten und Gebisse") sind „alle[] kalt und stumm". Und dennoch regt ES sich auch hier im epiphanischen „Augenblick, in dem die Sonne versinkt" und die „Purpurlandschaft" der hermetischen Innenwelt mit sich selbst zu sprechen beginnt. Anders gesagt: *Meine Ortschaft* funktioniert an der entscheidenden Stelle genau wie Oskar Loerkes Gedicht *Die Purpurlandschaft*.[499] Der direkte Vergleich von Loerke und Weiss soll außerdem zeigen, daß Auschwitz u.a. auch ein magisch-realistischer Ort ist.

---

[495] Peter Weiss: Meine Ortschaft, S. 42 (Großschreibung B.S.). Das zugleich emphatische und rührende Zitat von Peter Weiss hat eine ähnliche Affinität zum Kindlichen wie das bucklichte Männlein Walter Benjamins. Wenn ES bei Weiss *im Stroh raschelt*, dann ist damit nicht ganz zufällig auch das Kinderlied *Suse, liebe Suse, was raschelt im Stroh* konnotiert.

[496] „Es [Odradeks Lachen] klingt etwa so, wie das Rascheln in gefallenen Blättern." Vgl. oben Anm. 413.

[497] Franz Kafka: Die Sorge des Hausvaters, S. 157.

[498] Peter Weiss: Meine Ortschaft, S. 43.

[499] Zu Oskar Loerkes Gedicht *Die Purpurlandschaft* vgl. das I. Kapitel dieser Arbeit. Die Ergebnisse aus dieser Untersuchung werden in der folgenden Textanalyse vorausgesetzt.

11. *Meine Ortschaft* als *Purpurlandschaft*

Der im folgenden zu unternehmende Versuch, den Inbegriff der Todeslandschaft als intertextuelle Konstruktion ausweisen zu wollen, grenzt an ein Skandalon und scheint einer subtilen Verleugnung von Auschwitz nahezukommen. Das Gegenteil ist hier intendiert: Die (literarische) Topographie Auschwitz-Birkenau wird nicht relativiert, sondern es verhält sich vielmehr so, daß von diesem „Ort einer absoluten Absenz" (Aleida Assmann) ein prekäres Licht auf alle vor-läufigen Texte geworfen wird. Schärfer formuliert: Seit Auschwitz erscheint die gesamte deutsche Kultur – das ist die Gesamtheit der deutschen Texte – in einem fragwürdigen Licht.[500] – Hier noch einmal das Zitat von Peter Weiss:

> Im Augenblick, in dem die Sonne versinkt, steigen die Bodennebel auf und schwelen um die niedrigen Baracken. Die Türen stehen offen. Irgendwo trete ich ein. Und dies ist jetzt so: hier ist das Atmen, das Flüstern und Rascheln noch nicht ganz von der Stille verdeckt [...], hier im Stroh, in den schweren Schatten, sind die tausend Körper noch zu ahnen, ganz unten, in Bodenhöhe, auf dem kalten Beton, oben, unter dem schräg aufsteigenden Dach, auf den Brettern, in den Fächern, zwischen den gemauerten Tragwänden, dicht aneinander, sechs in jedem Loch, hier ist die Außenwelt noch nicht ganz eingedrungen, hier ist noch zu erwarten, daß ES sich regt da drinnen, daß ein Kopf sich hebt, eine Hand sich vorstreckt.

Oben wurde bereits angedeutet, daß dem Ich erst in dem Moment („Augenblick") ein 'Zutritt' zur andern Welt (der „Schatten") gewährt wird, als das Augen-Licht („Sonne") „versinkt". Diese Voraussetzung gilt auch für die Purpurlandschaft: „Ein Purpur-Urwald wächst" erst in dem Augenblick „in deinem Unbekannten", wenn „[d]ie Gobi [...] dein Auge zu[schiebt]". Die gemeinsame Voraussetzung besteht also darin, daß der menschliche Bereich verlassen werden muß, wenn die Unterwelt sprechen soll. Auch das Gedicht beginnt mit den Worten: „Raum: Wüste der Dämonen, knickt von oben / Dein *Hausgebälk*". Erst, wenn das Hausgebälk zerbrochen und das Auge geschlossen wird, ist das Eigentliche zu sehen. Dem entspricht in *Meine Ortschaft* die Durchstreichung (Negation) der „Außenwelt"[501]:

Das Purpurland formt nur im Unbelauschten
Sein Bild: – Dein Spähn deckt es mit Finsternissen.

---

[500]   Damit folge ich Thomas Mann, der nach der deutschen Kapitulation (1945) in seinem kurzen Essay über die Konzentrationslager bemerkt: „Der dickwandige Folterkeller, zu dem der Hitlerismus Deutschland gemacht hat, ist aufgebrochen, und offen liegt unsere Schmach vor den Augen der Welt [...]. 'Unsere Schmach', deutscher Leser und Hörer! Denn alles Deutsche, alles was deutsch spricht, deutsch schreibt, auf deutsch gelebt hat, ist von dieser entehrenden Bloßstellung mitbetroffen." T.M.: Die Lager. In: ders.: Essays Bd. 2 (Politik), hg. von Hermann Kurzke, Frankfurt/M. 1977, S. 299-300, hier: S. 299.

[501]   Damit konzipiert Peter Weiss die 'Ortschaft' Auschwitz als eine hermetisch verschlossene 'Innen-welt', die nur mit sich selber spricht und in die kein Außen-stehender 'eindringen' kann. *Meine Ortschaft* folgt deshalb einer Traditionslinie, die mit den hermetischen (Holocaust-) Gedichten von Paul Celan und Nelly Sachs begründet wurde. Peter Weiss' Text artikuliert darüber hinaus eine Scheu, daß die lärmende „Außenwelt" auch noch bis in das letzte Schlupf-"Loch" dringt.

Der fixierende (besitzergreifende) Blick bzw. Zugriff zersetzt die Purpurlandschaft: „Doch staunst du hin, so schrumpft der Spuk zu Flecken." Im „Unbelauschten" formen sich aus diesen Flecken jedoch geisterhafte Wesen heraus: „ES jagt vor dir wie Schatten-Zebraherden". Dem entspricht in Peter Weiss' Text das „Flüstern und Rascheln", das „noch nicht ganz von der Stille verdeckt" ist und sich zu den „schweren Schatten" und „tausend Körper[n]" materialisiert. Die 'Bewohner' der Purpurlandschaft gleichen also denen der „Baracken" aus *Meine Ortschaft*.[502] In beiden Land- bzw. Ortschaften changiert der Realitätsstatus der 'Bewohner': Bei Loerke reicht das Spektrum vom „Nichts" bis zum „Zebrafohlen" und bei Weiss vom tatsächlichen „Atmen" bis zur bloßen Erwartung. Ein genauerer Blick auf das Zitat zeigt nämlich, daß die 'Anwesenheit' der toten KZ-Opfer Schritt für Schritt zurückgenommen wird: Der erste Moment der Epiphanie wird von der puren Deixis beherrscht und als real existierend ausgewiesen: „Irgendwo trete ich ein [auch Loerkes „Purpur-Urwald" wächst 'irgendwo', d.h. im „Unbekannten"]. Und dies ist jetzt so: hier ist das Atmen [...] noch nicht ganz von der Stille verdeckt". ES ist, wenn auch nur vage; „diese Pritschen [...] sind noch nicht ganz verlassen", aber die „Schatten" und „Körper" sind nur „noch zu ahnen". Nach der langen Auflistung der Un-räume („auf dem kalten Beton" etc.) bleibt, wie gesagt, nur die Erwartung übrig: hier ist nichts mehr, „hier ist [nur] noch *zu erwarten*, daß ES sich regt da drinnen, daß ein Kopf sich hebt, eine Hand sich vorstreckt". Die Erwartung wird dann sogar bis auf das „Schweigen" und die „Erstarrung" reduziert („*Nichts* ist übriggeblieben"):

> Doch nach einer Weile tritt auch hier das Schweigen und die Erstarrung ein. Ein Le-bender ist gekommen, und vor diesem Lebenden verschließt sich, was hier geschah.

Das Gedicht *Die Purpurlandschaft* endet ganz ähnlich; auch hier sucht das lyrische Du „gierig" nach der „Flut", die jedoch „unfindbar" (und damit in gewissem Sinne *ver-schlossen*) bleibt:

> Tief nachtet nun die Flut, unfindbar! Aber deine Füße schleichen,
> Du Blinder, nach ihr gierig, durch die Uferschluchten.

Dem gespenstischen „Kopf", der sich in *Meine Ortschaft* „hebt", und der geisterhaften „Hand", die sich „vorstreckt" – Kopf und Hand heben bzw. strecken sich ja nicht 'wirk-lich' – entspricht in der *Purpurlandschaft* das „Zebrafohlen", das dem lyrischen Du die Hand „leckt", obwohl ES eigentlich 'nie zu erreichen' ist:

> Der Urwald wandert, dicht bei dir ein Zebrafohlen –
> Laß ab und lagre dich im Nichts! – Die Flut leckt dir die Sohlen,
> Das Tier die Hand, ein Blatt die Stirn, – du wirst sie nie erreichen.

---

502 Die 'Bewohner' der Purpurlandschaft und der Baracken hausen in Trümmern. Loerkes Gedicht kann inso-fern zur 'Trümmerliteratur' gerechnet werden, als auch hier die Trümmer (des „Hausgebälk[s]") zur Vor-aussetzung der Begegnung mit dem 'Anderen', d.h. der Epiphanie werden.

Was bei Weiss noch zeitlich versetzt erscheint – die *Position* („dies ist jetzt") wird im Laufe der Zeit („nach einer Weile") zur *Negation* („Schweigen und Erstarrung") –, wird von Loerke direkt nebeneinander gestellt: Der Augenblick der größten Nähe („*dicht bei dir* ein Zebrafohlen") ist gleichzeitig der Moment des subjektiven Aufgebens („Laß ab"). Nach der erfolgreichen Kontaktaufnahme von Mensch und ES – der Kontakt vollzieht sich beim *Lecken* von „Sohle[]", „Hand" und „Stirn" – hätte man einen anderen Gedichtschluß erwartet: 'Du wirst sie *jetzt* (*gleich*) erreichen.' Die Erreichbarkeit liegt jedoch nicht im Ermessen des Subjekts, sondern einzig und allein im Ermessens-Spielraum der „Flut". Der Schluß besagt deshalb zweierlei: Explizit sagt er, daß „du" ES „nie erreichen" wirst, aber implizit vertraut er darauf, daß ES dich jederzeit erreichen kann.[503] An dieser Stelle schließt sich auch der Kreis zum 'bucklichten Männlein' zurück, über das Walter Benjamin in seiner *Berliner Kindheit um neunzehnhundert* bemerkt:

> Allein *ich habe [das bucklichte Männlein] nie gesehn. ES sah immer nur mich.* Es sah mich im Versteck [...]. Es hat längst abgedankt.[504]

Das bucklichte Männlein ist der personifizierte „Halbpart des Vergessens"[505]. Deshalb ist es weder zu sehen noch zu fangen: „Odradek [ist] außerordentlich beweglich und nicht zu fangen". Dieser Befund gilt letztlich für alles, was 'unzweckmäßig'[506] (geworden) ist. Prägnant formuliert: Ruderalflächen kann man nicht sehen, man *wird* von ihnen angesehen. Trümmer(flächen) und „Scherbenhaufen"[507] lassen sich gewissermaßen nur aus den Augenwinkeln heraus wahrnehmen, aber nicht fixieren („Doch staunst du hin, so schrumpft der Spuk zu Flecken", *Loerke.* „Diese Flecken sind zu bedenken"[508], *Aichinger*). In Imre Kertész' Erzählung *Der Spurensucher*, die im nächsten Kapitel untersucht werden soll, wird beschrieben, wie eine erinnerungshungrige Freizeitgesellschaft die Objekte ihrer Begierde in genau dem Maße wieder verliert, wie sie sie festhalten (fixieren) will.

---

[503] Die Priorität des ES hat eine biblische Entsprechung, auf die Loerkes Gedicht verweist: (Nicht mein, sondern) „Dein Wille geschehe wie im Himmel so auf Erden" (Mt. 6, 10). Im *Vaterunser*, aus dem dieser Satz stammt, heißt es unmittelbar vorher: „Dein Reich komme". Man kann ohne Übertreibung behaupten, daß die „Purpurlandschaft" ein bis zur Unkenntlichkeit verzerrtes Abbild vom „Reich" Gottes entwirft. In dem Maße, wie sich der Mensch nach Gott sehnt, giert der Blinde nach der Flut: „Aber deine Füße schleichen, / Du Blinder, nach [der Flut] gierig".

[504] Walter Benjamin: Berliner Kindheit um neunzehnhundert, S. 79. Vgl. auch ebd., S. 79: „Wo ES erschien, da hatte *ich* das Nachsehn."

[505] „[Das bucklichte Männlein] tat [...] nichts [...], als von jedwedem Ding, an das ich kam, den Halbpart des Vergessens einzutreiben [...]." Walter Benjamin: Berliner Kindheit um neunzehnhundert, S. 79.

[506] „Man wäre versucht zu glauben, dieses Gebilde [Odradek, B.S.] hätte früher irgendeine zweckmäßige Form gehabt und jetzt sei es nur zerbrochen." Franz Kafka: Die Sorge des Hausvaters, S. 157.

[507] „Wen dieses Männlein ansieht, gibt nicht acht. Nicht auf sich selbst und auf das Männlein auch nicht. Er steht verstört vor einem Scherbenhaufen [...]." W. Benjamin: Berliner Kindheit um neunzehnhundert, S. 79.

[508] Ilse Aichinger: Flecken, S. 15

12. „Sehenswürdigkeit für die Lebenden und Ruhestätte für die Toten" Buchenwald als touristische Attraktion in Imre Kertész' Erzählung *Der Spurensucher*

Imre Kertész ist kein deutschsprachiger Autor und deshalb auch eigentlich kein genuines Objekt germanistischer Begierde.[509] Dennoch erscheint es mir in diesem Zusammenhang aus vier Gründen wichtig, auf eine seiner Erzählungen hinzuweisen: Erstens gehört *Der Spurensucher* (= Buchenwald) in die Reihe der oben analysierten KZ-Texte (*Eine gleichmäßige Landschaft* = Bergen-Belsen, *Meine Ortschaft* = Auschwitz-Birkenau), zweitens bereichert sie den Blick auf die ehemaligen Terrorlandschaften bzw. heutigen Gedenkanlagen um eine wichtige Perspektive: die des Überlebenden. Die Texte von Herburger und Weiss waren im Unterschied dazu aus der Perspektive eines möglichen 'Täters' (der Sadist und Ich-Erzähler) bzw. aus der des potentiellen, aber nicht inhaftierten Opfers (der Jude Peter Weiss) heraus geschrieben. Drittens wird in *Der Spurensucher* Assmanns Frage nach dem *Gedächtnis der Orte* besonders eindrücklich gestellt. Viertens kann man Kertész' Erzählung als 'Antwort' auf den Magischen Realismus lesen.

Der *Spurensucher*, hinter dem sich der Autor selbst versteckt, wurde 1945 von den Amerikanern aus dem KZ Buchenwald befreit. Ungefähr fünfzig Jahre danach begibt er sich wieder dorthin, um die Spuren der Verbrechen zu suchen und seine Erinnerungen an den Lager-Alltag zu verlebendigen. Der *Abgesandte* (das ist der *Spurensucher*) nähert sich auf Umwegen dem Zentrum des Terrors: Bevor er die ehemaligen KZ-Anlagen betritt, besichtigt er mit seiner Frau und einem Begleiter die Stadt, die er zum Sprechen bringen will. Die Stadt 'spricht' jedoch nicht, wenn er, sondern nur, wenn sie selbst will; alle subjektiven Anstrengungen, die Erinnerung zu forcieren, sind deshalb zum Scheitern verurteilt („Das Purpurland formt nur im Unbelauschten / Sein Bild", *Loerke*):

> Seine Augen brannten vor Anstrengung; er schloß sie, damit sie sich entspannen könnten [...], dann öffnete er sie wieder [...]: Jetzt, da er mit nichts mehr gerechnet hatte, auf einmal [...] redete die Stadt.[510]

Die Stadt 'redet' zu ihm in der Sprache der Farbe *Gelb*. Dieses ominöse Gelb[511] ist gewissermaßen halbgestaltet, da es nur im Zustand subjektiver 'Zerstreuung' und auch „nur

---

[509]   Der ungarische Autor Imre Kertész (geb. 1929), der 1944 nach Auschwitz deportiert und 1945 in Buchenwald befreit wurde, ist weithin 'berühmt' (*Roman eines Schicksallosen*) und muß hier deshalb nicht eigens vorgestellt werden.

[510]   Imre Kertész: Der Spurensucher. In: ders.: Die englische Flagge (Erzählungen). Aus dem Ungarischen von György Buda und Kristin Schwamm, Reinbek 1999, S. 59-154, hier: S. 89. Bei der „Stadt", die nicht näher bezeichnet wird, handelt es sich vermutlich um die Stadt Weimar, die in der Nähe von Buchenwald liegt.

[511]   Das Gelb steht in Kertész Erzählung vor allem für die Farbe des Judensterns.

342

mit Hilfe des Einfallswinkels des Lichts"[512] wahrgenommen werden kann. Die Zerstreuung und das Licht kommen sich auf *halbem* Wege entgegen und treffen sich sozusagen
'im Augenwinkel' des Betrachters:

> Nicht kühle Berechnung war also nötig, sondern die unvermutete Überraschung [...],
> aber er hatte [...] nach dem gejagt, was er bis zum Schluß außer acht gelassen hatte:
> nach diesem Gelb, nach dieser erschütternden, wilden Erkenntnis; und mit dieser Er-
> kenntnis, die das Werk des gegenwärtigen Augenblickes war, kam mit einem Mal
> auch der bislang vergeblich gejagte andere AUGENBLICK zustande [...].[513]

Der Abgesandte kommt nicht deshalb ans Ziel, weil „er" *hinter* den „wilden" Erschütte-
rungen herjagt, sondern deshalb, weil ES in räumlicher und zeitlicher Hinsicht *vor* ihm
liegt („Es jagt vor dir wie Schatten-Zebraherden. / Doch staunst du hin, so schrumpft der
Spuk zu Flecken", *Loerke*.) Der Protagonist aus Herburgers Erzählung *Eine gleichmäßige
Landschaft* hatte sich vom KZ-Besuch nichts Bestimmtes versprochen; deshalb traf ihn
die „wilde[] Erkenntnis" völlig unvorbereitet und umso stärker („mir ist vor Aufregung
beinahe schlecht geworden"[514]). Der „Augenblick" des Spurensuchers bringt aber nicht
die verdrängten Rudimente („Ziegelsteine" etc.), sondern das wahre Gesicht, das unter
der Fassade verborgen ist, zum Vorschein:

> [Die] Schönheit [der Stadt] blätterte ab, an ihre Stelle trat eisige, grünspanige Patina
> und erstarrte Würde, sie war hinfällig, altersschwach, ausgeliefert. [...]. Der Beauf-
> tragte sah und erkannte: es war die Stadt, nicht wie sie gezeigt werden sollte, sondern
> so, wie sie sein mußte.[515]

Die Erkenntnis des Beauftragten ist ohne Abstriche auf Bergen-Belsen übertragbar: Die
gepflegte „Schönheit" der ehemaligen KZ-Anlagen blättert (nur) in dem Augenblick ab,
als der Sadist die ausgelagerten Rudimente entdeckt und dabei feststellt: So war das Lager Bergen-Belsen, nicht wie es von den „Architekten und Gärtner[n]"[516] gezeigt werden
sollte, sondern so, wie es sein mußte. In *Der Spurensucher* dauert der erfüllte Augenblick
genauso wenig an wie in *Eine gleichmäßige Landschaft*; er geht dem Abgesandten sogar

---

512 „Jetzt aber, da er sich nichts mehr erhoffte, da sein mutloser Blick ziellos und sozusagen zerstreut [...] da-
     hinflog, jetzt kam er nur mit Hilfe des Einfallswinkels des Lichts [...] ans Ziel." Imre Kertész: Der Spuren-
     sucher, S. 90. Mit der *Zerstreuung* ist natürlich auch der psychoanalytische Terminus der *gleichschweben-
     den Aufmerksamkeit* alludiert.

513 Imre Kertész: Der Spurensucher, S. 91. Der epiphanische „Augenblick" ist zutiefst paradox; er wird einer-
     seits „vor ihm verborgen gehalten[]", er ist aber andererseits „einzig von ihm selbst zustande zu bringen[]"
     (Ebd.). Machen und gemacht werden sind also letztlich identisch.

514 Vgl. oben Anm. 462.

515 Imre Kertész: Der Spurensucher, S. 92.

516 Vgl. oben Anm. 450.

zunächst wieder gründlich verloren.[517] Als er einen Passanten nach dem Weg zum Lager fragt, bekommt er die folgende Antwort:

> Sie suchen die Sehenswürdigkeit der Gegend? Immer nur voran, beeilen Sie sich, das Programm geht bald los: es gibt dort Filme und ein Museum, historische Ruinen und moderne Kunstwerke; Sehenswürdigkeit für die Lebenden und Ruhestätte für die Toten – ein abwechslungsvolles und lehrreiches Programm mit einem garantierten, minutengenauen Stundenplan, und für alles gibt es einen fachkundigen Vortragenden oder Ausstellungsführer.[518]

Peter Weiss' *Ortschaft* war in den 60er Jahren noch relativ 'unberühmt' und verfallen; Günter Herburgers *Landschaft* ist dagegen berühmt („Das KZ ist berühmt"[519]) und restauriert, aber Imre Kertész *Stadt* (bzw. *Wald*) ist eine „Attraktion"[520], in der die Überbleibsel und „Reliquien", die in Auschwitz zwar „kalt und stumm"[521], aber immerhin noch als solche zu erkennen waren („abgeschnittene Haare" etc.), bis zur Unkenntlichkeit entstellt sind:

> Er [der Abgesandte] kam in einen Saal, eine Ausstellungshalle: Was stellte das hier dar? Es war, als hätte er sich in ein Aquarium verirrt, unter tote Monster, ausgestopfte Drachen, urzeitliche Fossilienfunde; der Raum roch noch nach frischer Farbe, alles war heiter beleuchtet, mittels Schranken abgesperrt, hinter Glasscheiben gesteckt, und in der überlegenen Ordnung, dem Sicherheit verleihenden Umfeld wissenschaftlicher Präparate und diskreter Abstraktion ein eigentümliches, wenn nicht gar beschämendes Ausstellungsmaterial: Requisitenkammer für Horrorromane [...], Kramladen für Kuriositäten. Er betrachtete es und erkannte nichts.[522]

Die *E*rinnerungs-"Show", die in Buchenwald „auf Hochtouren"[523] läuft, schlägt um in die totale '*Ent*-innerung':

> Touristen waren wie Ameisen: krümelweise, aber emsig verschleppen sie die Bedeutung der Dinge, mit jedem Wort, mit jeder einzelnen Lichtbildaufnahme nutzen sie etwas von der sie umgebenden stummen Wichtigkeit ab [...].[524]

---

517   Die Betroffenheit, die der Spurensucher in den alten KZ-Anlagen vergeblich sucht, wird ihm schließlich im Straßenverkehr zuteil. Im Kapitel *Stoßzeit* (S. 123-137) wird beschrieben, wie die *rush-hour* zum Sinnbild des Lager-Terrors wird, vgl. z.B. S. 127f.: „Menschen und Fahrzeuge ergossen sich ohne Unterlaß [...], gellende Kommandos und sausende Geißelhiebe schienen sie auf den Platz zu treiben [...]."

518   Imre Kertész: Der Spurensucher, S. 102.

519   Vgl. oben Anm. 443.

520   Vgl. Imre Kertész: Der Spurensucher, S. 113.

521   Vgl. Peter Weiss: Meine Ortschaft, S. 39.

522   Imre Kertész: Der Spurensucher, S. 113f. Dieses Zitat belegt wieder einmal Walter Benjamins These, daß die Dinge („Ausstellungsmaterial") in der Vergessenheit bis zur Unkenntlichkeit („Kuriositäten") entstellt sind.

523   Vgl. Imre Kertész: Der Spurensucher, S. 103f.

Ein halbes Jahrhundert nach seiner Befreiung ist der ehemalige *Totenwald*[525] auf das Niveau eines bloßen 'Ausflugsziels' für Pauschalreisende herabgesunken. Die „Touristen" bewegen sich „lässig" und in „wählerischen Scharen" durch die KZ-Anlage, „auf den Gesichtern maßvolles Interesse für ein voraus berechenbares Abenteuer, in das sie sich aus Leichtsinn und Langeweile stürz[]en".[526] Durch die perfekte Inszenierung wird aus der einstigen Topographie des Grauens unter der Hand eine 'gleichmäßige („perfekte") Landschaft':

> Der Abgesandte blickte verloren um sich: Weit und breit nichts, nur der nackte Hang, mit seinem zum Wandern einladenden Grün – ja, eine perfekte Arbeit, wenn auch gerade diese Perfektion gleichzeitig das angstbesessene Motiv verriet, das sie offenbar hervorgebracht hatte. Diesmal hatten sie sich keinerlei Nachlässigkeit genehmigt; nichts war dem bloßen Anschein, dem Zufall überlassen geblieben [...].[527]

In einer Welt, in der „nichts [...] dem Zufall überlassen" bleibt, kann es keine *Erschütterung* (Herburger) bzw. keine, und sei es auch noch so reduzierte *Epiphanie* (Weiss) mehr geben. Schon in Oskar Loerkes *Puppe* waren „Zufall" und „Nachlässigkeit" die entscheidenden Grundbedingungen für die Begegnung mit dem Anderen.[528] Selbst Elisabeth Langgässer konnte sich noch ans UN (-kraut, -geziefer, -rat) 'klammern', aber „woran sollte [der Abgesandte] sich klammern, um Gewißheit zu bekommen? [...]. Wem oder

---

524   Imre Kertész: Der Spurensucher, S. 103f. Kertész' Befund trifft den Nerv der Zeit. Man erinnere sich auch an die 'Mauerspechte', die nach der Wende die Mauer „krümelweise [bzw. brockenweise, B.S.], aber emsig verschlepp[t]" bzw. verramscht haben. Der Abgesandte beteiligt sich im Grunde aber auch an der 'Verschleppung' der Bedeutung, wenn er das Gelb „besitzen" will: „[Der Abgesandte] pirschte sich mit all seinen Sinnen an sie [die Farbe] heran und nahm sie sozusagen gefangen, behutsam, aber entschlossen, sie von hier wegzunehmen und zu besitzen." Ebd., S. 90f.

525   Ernst Wiecherts Bericht *Der Totenwald* (1946) schildert den persönlichen Leidensweg seines Autors, der 1944 ins Konzentrationslager Buchenwald verschleppt wurde. Dieser Bericht beschreibt genau *die* Greueltaten der Nazis, auf deren Spuren der Spurensucher wandelt. Man könnte deshalb sagen, daß sich die beiden Texte aus dem Abstand eines halben Jahrhunderts heraus wechselseitig kommentieren: „Seine [Johannes'] Wunden vernarbten, aber was hier gewesen war, vernarbte nicht. Es würde keine Haut darüber wachsen, der Zeit, oder der Vergeßlichkeit, oder der wachsenden Gleichgültigkeit." E.W.: Der Totenwald (Ein Bericht), Frankfurt/M. etc. (Ullstein-TB) 1980, S. 149. Kertész zeigt dagegen, daß nach fünfzig Jahren eine touristisch erschlossene „Haut" über das KZ-Buchenwald gewachsen ist, die das 'Eigentliche' verbirgt.

526   Imre Kertész: Der Spurensucher, S. 114.

527   Imre Kertész: Der Spurensucher, S. 110. Der Text von Herburger ist schon allein deshalb unerbittlicher (und, notabene, auch gelungener) als der von Kertész, weil er ganz konsequent auf alle psychologischen und moralischen Reflexionen verzichtet. Anders gesagt: Die Stärke der *gleichmäßigen Landschaft* liegt darin, daß hier das „angstbesessene Motiv" der „Perfektion" nicht 'verraten', sondern in die Innenperspektive eines sadistisch veranlagten KZ-Besuchers verlegt wird. Herburger *diagnostiziert* die Perfektion (der Nazis) nicht, er *reproduziert* sie. *Eine gleichmäßige Landschaft* ist durch und durch ironisch, in *Der Spurensucher* wird die Ironie durch die persönliche „Betroffenheit" gebrochen (vgl. auch das Kapitel *Betroffenheit. Ortsbegehung. Gastwirtschaft*, S. 107-116).

528   Vgl. die Ausführungen zu Loerkes *Puppe* und zum *Oger* im I. Kapitel der vorliegenden Arbeit.

was sollte er sich entgegenstellen, wenn ihm nichts entgegenstand?"[529] Dem Spurensucher bleiben nur noch die „nichtexistenten Pfade zu vorgestellten Fundorten" und die „hartnäckig milde und unanfechtbar hämische Geduld der Landschaft":

> Er geriet in kniehohes Gras, plagte sich in Gestrüpp von Unkraut ab, unter seinen Sohlen knirschte der Boden einer kiesbedeckten Lichtung; die Halme erzitterten beim Absprung der Heuschrecken, Falter tanzten vor ihm ihren Sommerreigen, drüben über dem Wald aber schwebte ein begehrlicher Bussard, auf Beute lauernd. [...] [Es gab nur] diese Stille und den sommerlichen Frieden dieses sanften Hanges [...] [und] die flink dahinhuschenden Eidechsen um seine Füße [...].[530]

13. Das geheimnislose KZ Buchenwald und der geheimnisvolle Buchenwald

Imre Kertész scheint im obigen Zitat eine typisch magisch-realistische Landschaft („Gras", „Gestrüpp", „Unkraut" etc.) zu beschreiben, aber der Schein trügt. Diese geheimnislose Landschaft, in der es nichts zu entdecken gibt, ist nämlich das genaue Gegenteil einer magisch-realistischen Topographie. Denn im Unterschied zum Spurensucher hätte Wilhelm Lehmann der „kiesbedeckten Lichtung" mit ihren Pflanzen und Tieren noch einen geheimen Hintersinn (vgl. „Rätsel[]") abgewonnen:

> ES blüht und wächst jetzt ungestüm, mit ruhiger Wildheit, der Sonnenwende zu. [...]. *Rätselhaft* und rührend wiederholen sich die ewig jungen Symbole. [...]. Das wilde Stiefmütterchen sperrt seinen dreifach gezähnten Fruchtmund auf und verstreut seinen ameisenblanken Samen, der graurückige Würger sitzt auf dem Dornbusch, und die wahrhaft feinen Rotschwänzchen füttern, am ganzen Körper zitternd, aber mit edlem Anstand, ihre Jungen.
> *Alles existiert, weil es wunderbar ist.*[531]

Das ist eine 'dreifach gezähmte' und klassizistisch gebändigte Natur („ruhige[] Wildheit"!) von 'edler' Einfalt und stiller Größe, wie sie 'anständiger' (und zugleich 'unanständiger') nicht auszudenken ist. Die ganze Abgründigkeit von Lehmanns „Naturwelt mit ihren geheimen und dauernden Kräften", die „gegen die Geschichtswelt mit ihren lauten Zerstörungen" und „gegen [die] politische Bedrohung die Würde des Menschen [setzt]"[532], kommt in der folgenden Eintragung vom 27. Februar 1928 noch prägnanter (und noch fragwürdiger) zum Ausdruck:

---

[529] Imre Kertész: Der Spurensucher, S. 110.

[530] Imre Kertész: Der Spurensucher, 112.

[531] Wilhelm Lehmann: Bukolisches Tagebuch aus den Jahren 1927-1932, in: ders.: Gesammelte Werke Bd. 8, S. 211.

[532] So der Wortlaut des Umschlag-Klappentextes zu Lehmanns *Bukolischem Tagebuch* (Cotta's Bibliothek der Moderne 7). Dieser Klappentext ist aufschlußreich und verräterisch, so daß er eine genauere Beachtung verdient. „Lehmanns Skizzen und Miniaturen", so heißt es dort weiter, „sind nicht Ausdruck eskapistischer Naturschwärmerei", sondern „zutiefst humanistisch[]". Im Klartext heißt das doch wohl: Die Miniaturen

346

Ein kurzer Weg durch <u>Buchenwald</u>, und dann schiebt sich ein lehmiger Acker spitzwinklig ins Ungewisse vor. Wie im Schreck vor dem dort hinten beginnenden Meer
bäumt sich der Lehm hoch auf als Steilufer. Der Hang des Ufers hängt wie eine Wiege zwischen der Energie des vorgestoßenen Ackers und der Drohung der See. Hier
herrscht in den Wintermonaten das Grauen als vor Beginn der Welt. [...] An dieser
Stelle hört das Dasein auf. So beginnt es an dieser Stelle.[533]

Wie 'blauäugig' muß man eigentlich sein, um einen solchen Text drei Jahre nach Kriegs-
ende noch einmal zu veröffentlichen?[534] Oder hat Lehmann bei der Durchsicht der Tagebücher vielleicht doch bemerkt, was ihm da unterlaufen ist? Lehmanns „Weg" ist bezeichnenderweise nur „kurz[]", „und dann" wird es abstrakt, genauer: „spitzwinklig" und
„ungewi[ß]". Ein „lehmiger Acker" streckt gewissermaßen seine 'Fühler' in Richtung
„Meer" aus; der Acker hat also menschliche Eigenschaften: er ist ängstlich und 'schreck'-
haft. Im zweiten Satz wird der „lehmige[] Acker" zum „Lehm" verdichtet. Man muß diesen zweiten Satz nur um ein Weniges ergänzen, um ihn richtig zu verstehen: „Wie im
Schreck vor dem dort hinten beginnenden Meer bäumt sich der *Lehm[ann]* hoch auf als
Steilufer." Der Lehm(ann) als Bollwerk gegen das „Grauen"! Aber „zwischen der Energie des vorgestoßenen Ackers" (sprich: des 'Lehms') und der „Drohung der See" wird
schnell das Bild einer Idylle mit „Wiege" geschoben. Die Verdopplung („Der Hang [...]
hängt") federt die „Energie" gleichsam ab. Man darf vermuten, daß der solcherart infanti-
lisierte „Hang des Ufers" potentiell mit Unkraut bewachsen ist. Am 4. August 1930 ist ES
dann tatsächlich soweit:

---

sind eskapistisch und inhuman. Die Priorität hat die Landschaft und nicht der Mensch: „Er ist jetzt ganz bei
sich, der Weg [...]. Die Menschen, die ihn wandern, werden undeutlich gegen ihn, fügen sich oft ungern *seinem* Willen [...]." W.L.: Bukolisches Tagebuch aus den Jahren 1927-1932, S. 6 (hier zitiert nach der Ausgabe von Klett-Cotta, Stuttgart 1985)..

[533] Wilhelm Lehmann: Gesammelte Werke Bd. 8, S. 196. Rainer Kirschs Gedicht *Ausflug*, das circa 20 Jahre
nach dem *Bukolischen Tagebuch* entstanden ist, liest sich heute wie ein historischer Kommentar zu dem
obigen Zitat. Das Gedicht lautet: „Na, wohin geht's? / In den Eichenwald, in den Eichenwald, / der graue
Kuckuck ruft dort bald. / Wünsch eine gute Fahrt! // Na, wohin geht's? / In den Fichtenwald, in den Fichtenwald, / wo Goldhans' und Kreuzschnabels Stimmlein schallt. / Wünsch eine gute Fahrt! // Na, wohin
geht's? / In den Buchenwald, in den Buchenwald, / dort pfeift der warme Wind so kalt, / dort schmeckt die
Luft so seltsam süß, / dort riechts so stark nach Paradies, / dort ist der schwarze Rauch zu sehn, / dort pfeift
der Wind, der Rauch bleibt stehn, / dort weht der Wind schon siebzehn Jahr, / dort schreit der Rauch wohl
immerdar. / Wünsch eine gute Fahrt!" R.K.: Ausflug. Zitiert nach: Werner Brettschneider: Zorn und Trauer.
Aspekte deutscher Gegenwartsliteratur, [2]1981, S. 32.

[534] Das *Bukolische[] Tagebuch 1927-1932* wurde bereits vor der 'Machtergreifung' Hitlers geschrieben (und
in der Sonntagszeitung *Die grüne Post* veröffentlicht), aber erst nach dem Ende des 2. Weltkriegs (1948)
als Buch publiziert. Natürlich meint Lehmann im obigen Zitat nicht das KZ Buchenwald, sondern einen
'ganz normalen' Buchenwald. Das Problem ist nur, daß es den 'ganz normalen' Buchenwald nach 1945
nicht mehr gibt. Nach der Lektüre von Kertész' Erzählung erscheint Lehmanns „Buchenwald" und mit ihm
das ganze *Bukolische Tagebuch* in einem völlig anderen Licht.

Die zur See sich senkenden Lehmhänge überpurpurt die Flut des großblühenden Weidenröschens. [...] [Jedes Weidenröschen] trägt die Narbe wie ein kleines Malteserkreuz im Busen.[535]

Der „Hang" gleicht somit der „Böschung des in weichen Kurven schwingenden Bahndamms"[536] aus Lehmanns kurzem Prosatext *Der sichere Mann*; er bezeichnet, mit andern Worten, den „heilig geschützten Bezirk" der inneren Emigranten. Im „Hang" ist aber auch das Niemandsland aus dem Ersten Weltkrieg verborgen: Das Niemandsland liegt zwischen dem angreifenden („vorstoßenden") Acker und der feindlichen „See" im Hinterhalt bzw. Hinterland. „Hier", d.h. im Zwischenraum, „herrscht in den Wintermonaten [im Krieg? B.S.] das Grauen":

Im Sommer [im Frieden?, B.S.] aber herrscht die Leichtigkeit des Traums. In der Mitte zwischen der Sicherheit und der Gefahr treibt die Erde ihre schönsten Gedanken.[537]

Die Ruderalfläche – denn um eine solche handelt es sich hier –, aus der ES am „schönsten" hervor-"treibt", wird zum Garanten der Poesie. Ein *Verlust der Mitte* (Hans Sedlmayr) findet nicht statt. Die ambivalente „Stelle", die eigentlich schon mit den 'grauen'-haften Assoziationen infiziert war, wird in einen Ort des zyklischen Naturgeschehens zurückverwandelt: Anfang und Ende, „Dasein" und Tod treten buchstäblich auf der „Stelle".

Wir fassen zusammen: In Lehmanns Tagebuchnotiz vom 27. Februar 1928 „schiebt sich" eine lehmige Ruderalfläche schützend „vor" den Abgrund. Die Artenvielfalt auf der Fläche spricht für sich selbst („Alles existiert, weil ES wunderbar ist"). Bei Kertész ist ES durchaus *nicht* „wunderbar". Das Unkraut hat die Spuren vernichtet, die Artenvielfalt ist *an die Stelle* der Erinnerung gerückt. Der Abgesandte muß sein „Scheitern annehmen" und sich „mit der feindseligen Gewißheit von Eidechsen und Insekten"[538] begnügen. Es

---

535 Wilhelm Lehmann: Gesammelte Werke Bd. 8, S. 275. Das Weidenröschen (*Epilobium angustifolium*), bekannter unter dem Namen 'Trümmerblume', wird von Lehmann mit dem Eisernen (Malteser-) Kreuz ausgezeichnet. Das soldatische Vokabular findet sich im Bukolischem Tagebuch immer wieder. In der Eintragung zum 4. August 1930 heißt es außerdem: „Die roten Platterbsen [...] [haben] meist den Samen schon herausgesprengt [...]. Das Mädesüß streckt seine weißen [...] Spitzen über die Grabenränder. Die Knöpfe des Rainfarns [...] glühen wie erhitztes Messing. [...] Das Meer wimmelt von Quallen [...]. Wie Fallschirme schweben sie." (Ebd., S. 275)

536 „War ich in einen heilig geschützten Bezirk geraten? Die Böschung des in weichen Kurven schwingenden Bahndamms bedeckte eine weiße Flut der wilden Möhre, der wilden Petersilie [...]." W.L.: Der sichere Mann, S. 615 (vgl. Kap. III, Anm. 74). Vgl. aus dem *Bukolischem Tagebuch* „die Flut des großblühenden Weidenröschens" (4. August 1930).

537 Wilhelm Lehmann: Gesammelte Werke Bd. 8, S. 196. Die „schönsten Gedanken" der Erde sind bei Lehmann zugleich 'himmlisch' und 'fleckig': „Auf dem Sande der Küste blüht jetzt kobaltblau die Stranddistel wie ein vom Himmel gefallener Fleck." Ebd., S. 276.

538 Imre Kertész: Der Spurensucher, S. 113.

sind aber nicht nur die „Eidechsen und Insekten", die sich an Stelle der erinnerungslastigen Spuren ausgebreitet haben, sondern auch die neuen Gebäude: Die „Gastwirtschaft",
die „sichtlich erst vor kurzem für diese Stelle entworfen und ohne zu zögern verwirklicht
[worden war]"[539], hat den alten (und 'unsauberen') Erinnerungsraum verdrängt. Dem
Abgesandten ergeht es deshab ähnlich wie W.G. Sebald; beide 'Spurensucher' finden
statt der 'unnützen' Rudimente nur noch „eine nützliche Einrichtung" vor: Der Abgesandte findet die „Gastwirtschaft", und Sebald findet „auf dem Grundstück des Herz-
Schlosses [...] ein[en] Selbstbedienungsladen", der natürlich „scheußlich[]" ist. Alle Spuren verschwinden „endgültig unter einem geteerten Parkplatz" (s.o.).

---

539   Imre Kertész: Der Spurensucher, S. 115. „[Die Gaststätte war] zweifellos eine nützliche Einrichtung, der
Anspruch, auf dem sie gründete, war so gnadenlos wie die Unschuld der Kinder." (Ebd.)

AN STELLE EINER ZUSAMMENFASSUNG:

Verkrautete Parkplätze „bei OBI" – Gabriele Goettles magisch-realistische Spurensuche „am Rande einer großen, kahlen Fläche"

> „Die Anziehungskraft von Ruinen ist wunderbar, sie wirken so zuversichtlich und versprechen, daß alles einmal fällt: schlechte Behausungen, Grenzen – selbst der Staat. Die ganze Kulisse.
>
> Einstweilen aber müssen wir uns mit der im Stich gelassenen Geschichte begnügen [...]."[540]

Der Magische Realismus ist nicht passé, er hat gerade erst so richtig begonnen. Mit dem 'Erwerb' der Neuen Bundesländer, die sich schon sehr bald als Veraltete Bundesländer entpuppten, hat die 'alte' Bundesrepublik nicht nur *einen* Trümmerhaufen, sondern unzählig viele 'unberühmte Orte' miteingekauft. Diese Orte sind nicht nur teuer – schließlich und endlich sollen sie in 'blühende Landschaften' verwandelt werden –, sondern auch mitunter lästig. Lästig deshalb, weil unangenehme Erinnerungen mit ihnen verbunden sind, für die man sich bislang, d.h. bis zur Wende, nicht so recht zuständig fühlte, da sie ja 'drüben' im Feindesland buchstäblich fest verortet waren. Die Mauer an der alten Grenze ist längst gefallen, und die Mauer in den Köpfen hat, wenn nicht 'Durchblicke', so doch zumindest feine Risse bekommen. Eine wirkliche deutsche Einheit wird aber erst dann vollzogen sein, wenn auch die kollektiven Erinnerungen, die sich in beiden Systemen scheinbar unabhängig voneinander, in Wahrheit aber immer aufeinander bezogen entwickelt haben, zu einer gesamtdeutschen (nicht: großdeutschen) Erinnerung werden. Das heißt nicht, daß eine der beiden Hälften – Ost und West verhalten sich zueinander wie Loerkes 'Halbgestalten' – ihre Erinnerungen korrigieren und der andern Hälfte angleichen muß; das heißt, um in der 1. Person Singular zu sprechen: Ich muß die abgespaltene Hälfte integrieren und zu meiner eigenen Geschichte machen.

Die Schriftstellerin und *taz*-Autorin Gabriele Goettle hat es sich zur Aufgabe gemacht, die 'lästigen' Erinnerungsräume (bzw. die 'unberühmten Orte'), die nach der Wende 'angefallen' sind, zu erkunden und zu kartographieren.[541] Goettle ist eine Spurensucherin,

---

540 Gabriele Goettle: Leninstraße. Eine Magistrale ins Nichts. In: dies.: Deutsche Bräuche. Ermittlungen in Ost und West (mit Fotos von Elisabeth Kmölniger), Frankfurt/M. 1994, S. 5-14, hier: S. 7f. Goettles '*Gang über die Leninstraße*' erinnert streckenweise an den *Gang durch das Ried*: „Die [Lenin-] Straße gibt es nicht mehr [...]. Obwohl [...] [an den verlassenen Häusern, B.S.] niemand mehr der Verwüstungslust Einhalt gebietet, blüht und gedeiht ES dennoch neben den zerschlagenen Lauben. [...] Halboffene Dächer, verrottete Fenster und Balken, schimmelnde Hauswände: da stehen Ruinen. Die alten Waschhäuser in den Höfen sind verwüstet, die Mauern zertrümmert. Schutt- und Müllberge türmen sich auf. [...] *Im Staub zwischen dem Gerümpel findet sich eine reiche Auswahl an Broschüren und Handbüchern zum Verständnis der Situation.*" Ebd., S 6. An genau solchen Überbleibseln entzündet sich Goettles Re-Konstruktion der Geschichte.

541 Vgl. exemplarisch ihren *taz*-Artikel *Sonnenstein/Pirna – Rutengänge auf dem Weg der Toten* vom 24. Februar 1997: „Auf dem Sonnenstein liegt [...] an exponierter Stelle [...] die ehemalige Tötungsanstalt Pirna / Sonnenstein, vormals Heil- und Pflegeanstalt. Die Geschichte dieser Anstalt und dieses Geländes ist erzäh-

die in den Fußstapfen der Magischen Realisten geht und dabei Rudimente verdrängter Vergangenheit freilegt.[542] Ihr *taz*-Artikel *Sonnenfinsternis bei OBI* vom 30. August 1999, der im folgenden analysiert werden soll, bündelt in idealer Weise alle Aspekte, die im Zusammenhang mit dem 'unberühmten Ort' bisher zur Sprache gekommen sind. Anhand dieses Artikels soll darum erstens gezeigt werden, daß der Magische Realismus im Journalismus des ausgehenden 20. Jahrhunderts 'angekommen' ist und dort einen adäquaten Ort gefunden hat; zweitens soll gezeigt werden, wo und wie Goettle die magisch-realistischen AutorInnen beerbt. Um dies veranschaulichen zu können, nehme ich mir die Freiheit, zwischen der *Sonnenfinsternis bei OBI* und den magisch-realistischen Texten (von Loerke, Langgässer, Hilbig etc.) gewissermaßen hin- und herzuschalten. Dabei geht es mir an keiner Stelle um Einflußforschung; es spielt also, mit andern Worten, keine Rolle, ob Goettle den *Gang durch das Ried* oder *Die Puppe* wirklich rezipiert hat.

Zum Text: Der Artikel *Sonnenfinsternis bei OBI* von Gabriele Goettle beginnt mit einer Frage:

> Wohin führt man einen sowohl armen als auch überaus kranken Mann zu seinem Geburtstag aus, wenn a) die eigenen Mittel beschränkt sind und b) auch die Kräfte dieses Mannes [...] beschränkt sind [...] und c) dieser Geburtstag auf den Tag der Sonnenfinsternis fällt? (1)[543]

---

lenswert, denn in ihr spiegelt sich deutsche Geschichte wider [...]." (S. 14) 'Vormals' war die Heilanstalt 'berühmt' – sie hatte eine „weithin berühmte Reformpsychiatrie" (ebd.) –, und 'jetzt' ist sie verkrautet und 'unberühmt' („Heute [...] herrscht weitgehende Stille", ebd.): „Übriggeblieben ist der Tatort, ein Ensemble von Häusern, in denen die Mordmaschinerie [der Nazis, B.S.] arbeitete, lebte und liebte. Sie stehen leer, wild umwuchert von Brennesseln und Rainfarn [...]. An Renovierung scheint man nicht interessiert." (Ebd.)

542 In seinem Aufsatz *Exkursion im Wiederholungsfalle. Auf den Spuren Friedrich Nietzsches* geht der Autor Wulf Kirsten (bis in den sprachlichen Duktus hinein) in den magisch-realistischen 'Fußstapfen' Gabriele Goettles. Kirsten beschreibt in diesem Text, der kurz nach der Wende (1990) spielt, die – *damals* noch – verkommenen Relikte des in der alten DDR 'unerwünschten' Philosophen Friedrich Nietzsche. *Heute* sind diese einstmals 'unberühmten' Erinnerungsstätten längst eine touristische Attraktion. Kirsten schreibt: „Wir [Kirsten und seine Begleiter, B.S.] geistern durch ein Gespensterdorf, das nicht nur vom ruinösen Zeitgeist so niedergeschmettert worden sein kann. [...]. Wir treffen einen Dorfbewohner, der uns [...] heimleuchtet ins verlorene Kindheitsparadies des Philosophen. Der wuchtige Turm und das stattliche Kirchenschiff [...] stehen und liegen zerstört. Als hätte es gegolten, hier in dieser mitteldeutschen Entlegenheit am Rande der Braunkohlelandschaft, ein Zeichen zu setzen [...]. Wir tappen in dem mit Schutt und knirschendem Geröll übersäten Kirchenschiff herum, sehen durchs Dachskelett in den Himmel. [...]. Es sieht wüst aus. [...]. Das Chaotische eines Staatsunterganges noch im hintersten Winkel einer Niemandsgemeinde [...]." W.K.: *Exkursion* etc. In: ders: *Textur. Reden und Aufsätze*, Zürich 1998, S. 137-157, hier: S. 141.

543 Gabriele Goettle: Sonnenfinsternis bei OBI. Versuchte Geburtstagsfeier im Baumarkt. In: *Die Tageszeitung* vom 30. August 1999, S. 13-14. Ich zitiere den ausführlichen Artikel nach den Spalten, die ich durchgezählt habe. Auf jeder Seite sind 6 Spalten, Seite 14 beginnt nach meiner Zählung also mit Spalte 7. – Goettles Artikel für die *taz* erscheinen in unregelmäßigen Abständen unter der Rubrik „Freibank – Kultur minderer Güte – Amtlich geprüft". Viele dieser Artikel hat die Autorin später auch in ihren Büchern wiederveröffentlicht, vgl. G.G.: *Deutsche Sitten. Erkundungen in Ost und West* (1991). *Deutsche Bräuche. Ermittlungen in Ost und West* (1994). *Deutsche Spuren. Erkenntnisse aus Ost und West* (1997). Alle drei Bücher sind im Eichborn-Verlag (Frankfurt/M.) erschienen.

Damit sind bereits im ersten Satz die sozialen Verhältnisse der Protagonisten geklärt: Beide sind arm und/oder krank. Wir befinden uns also im Arme-Leute-Milieu der Suppenküchen und Sozialabsteiger. Die Artikel von Gabriele Goettle, das muß zum besseren Verständnis ihrer Texte gesagt werden, spielen fast ausnahmslos in diesem Milieu der Erniedrigten und Beleidigten. Goettle hat sich im Laufe der Jahre immer mehr zum Anwalt der Randgruppen entwickelt, deren (·Frosch'-) Perspektive sie teilt. Mundart, Sozio- bzw. Dialekt und Slang simulieren so etwas wie Authentizität und gehören zum festen Bestandteil ihrer Texte; die Penner, Looser, Krüppel, und Druggys etc. kommen bei ihr ausführlich selbst zu Wort.[544] Goettles karitativer Blick ist deshalb zutiefst sozial(istisch) und christlich, aber nie im eigentlichen Sinne bekennend. Diesen christlich-sozialistischen Blick teilt Goettle mit AutorInnen wie Gottfried Keller (*Romeo und Julia auf dem Dorfe*) und Elisabeth Langgässer (*Gang durch das Ried*). Bei Keller war es das entrechtete „Lumpengesindel", und bei Langgässer waren es „Landstreicher und Lagermenschen", denen das Augenmerk galt.

> Nach langem Kopfzerbrechen fiel mir ein merkwürdiger Ort ein. Auf den ersten Blick wirkt die Idee etwas abwegig, den Tag in einem Baumarkt zu verbringen. (1)

Der OBI-Baumarkt – das wird sich später noch zeigen – ist auf seine Art ein 'unberühmter („merkwürdiger") Ort'; der Einfall, hier einen ganzen Tag zu verbringen, ist irgendwie „abwegig". Die „Warenwelt" des Baumarktes, die „für seine gebrechlichen Kunden" elektrische Einkaufswagen „bereithält" (1), wird von Goettle in mehrfacher Hinsicht funktionalisiert. Der Baumarkt ist ein Inbegriff der westlichen Konsumorientiertheit und des Kapitalismus: „Der Kapitalismus gibt wirklich viele Rätsel auf" (2). Der gigantische Baumarkt mit seiner „blitzsaubere[n] [...] Kundentoilette"[545] (1) ist deshalb das ideale Gegenbild zur 'verschmuddelten' Hinter(hof)welt der armen Leute, aus der auch der kranke Frédéric kommt:

> Sein [Frédérics] Garten besteht aus einigen winzigen staubigen Karrees in einem Weddinger Hinterhof, ich [Gabriele Goettle] habe ihn gesehen [...] – ich glaube, nachmittags fällt etwas Sonne ins Geviert [...]. (10/11)

---

544   Die *Neue Zürcher Zeitung* artikuliert berechtigte Vorbehalte gegen Goettles „Sozialromantik": „Dieses Elend ist belletristisch, diese Armut ist kulturkompatibel aufpoliert. Zu positivistisch der faszinierte Blick der Damen [Goettle/Kmölniger] aus dem bürgerlichen Mittelstand vom Lebensstil der Asozialität, zu stilvoll die Schwarzweißphotographien von Rinnsteinen [...], zu gediegen der Einband der *Anderen Bibliothek*, zu fein das säurefreie Papier, zu wohlkomponiert dieses ganze Unternehmen [...], als dass es dem Vorwurf entgehen könnte, Ethnotourismus vor der eigenen Haustür [...] zu betreiben." Beatrix Langer: Geschmack am Moribunden. Die Ärmsten der Gesellschaft erobern das Feuilleton [Rezension zu: Gabriele Goettle: Die Ärmsten! Wahre Geschichten aus dem arbeitslosen Leben (mit Fotos von Elisabeth Kmölniger), Frankfurt/M. 2000]. In: *NZZ* vom 17.02.2001.

545   Die „blitzsaubere" Toilette steht auch in Opposition zu den 'schmutzigen' Erinnerungen, die mit dem Baumarkt-Grundstück verbunden sind. Damit knüpft Goettle an Fontanes *Wanderungen durch die Mark Brandenburg* und die darin getroffene Unterscheidung von *neu* = *sauber* = *uninteressant* und *alt* = *unsauber* = *interessant* an, vgl.Kap. III, Anm. 191.

Das klingt verdächtig nach einer naturalistischen Milieu- und Genreszene („Sozialromantik") à la Gerhart Hauptmann oder Max Kretzer. Doch nicht nur der Naturalismus wird hier herbeizitiert; der Rosenzüchter Frédéric – „ganz besonders gern habe ich meine Rosenstöcke, die ich gekauft habe von meinem Krankengeld" (11) – macht auch Anleihen bei der Trümmerliteratur:

> Sie [die Leute im Haus, B.S.] sehen meinen Garten und bewundern mich, für das, was ich da geschaffen habe aus Schutt und Dreck. (11)[546]

Diese 'Trümmerperspektive' bestimmt im Grunde den ganzen Text. Der OBI-Baumarkt mit seinen unzähligen Waren wirkt aus dieser Perspektive betrachtet „noch rätselhafter" (11). Der weitaus größte Teil des Artikels besteht daraus, mit diesem 'Trümmer-Blick' den „Prunk und Kitsch" bzw. den „Luxus und Überfluss" (11) zu betrachten. Doch bevor Goettle die „Warenwelt" am Auge des Lesers vorbeidefilieren läßt, nähert sie sich auf Umwegen der „gewohnt monotonen Baumarktkonstruktion[]" (2) von OBI:

> Der Baumarkt liegt [...] im Süden Berlins, am Rande einer großen, kahlen Fläche. (2)

Das erinnert an „das leere Bauland Wilmersdorfs" aus Loerkes *Puppe*, dessen Protagonist Friedrich Schedel sich ebenfalls am Stadt*rand* von Berlin herumgetrieben hat. Vielleicht stinkt es auf der „großen, kahlen Fläche" sogar nach dem „Hundeurin", der in der *Puppe* erwähnt wird:

> Kahle Flecken, wie Hunderäude anzusehen, waren von Brennesselwäldern umwuchert, die nach Hundeurin stanken.[547]

Loerkes „Bauland" hat sich bei Goettle in ein Industriegebiet verwandelt. Industriegebiete, das weiß man, werden häufig auf einstigen Ruderalflächen gebaut bzw. 'hochgezogen'. Das gilt auch für den OBI-Markt und seinen erst „halb fertig gestellten Parkplatz, auf dem erstaunlich wenig Fahrzeuge stehen" (2). Der 'halbgestaltete' Parkplatz, auf dem 'unheimlich' wenig Nützliches steht, verheißt nichts Gutes; und richtig:

> Wir fahren auf das große Areal der noch unfertigen Parkplatzseite. Nach langer Hitze und Trockenheit ist die sandige Fläche steinhart. Nur wenige, sehr widerstandsfähige Pflanzen wie Disteln, Brennesseln und Löwenzahn haben sich hier halten können. Und da überall seltsam geformte, ausgebleichte Wurzelteile und Steine herumfliegen,

---

[546] Das Rosenzüchten war nach dem 2. Weltkrieg eine weit verbreitete Passion. Die gezüchtete Rose war eine ideale Gegen-Pflanze zum unkontolliert wuchernden Unkraut der Ruderalflächen. In Hilde Domins Gedicht *Nur eine Rose als Stütze* (1959) kommt das prägnant zum Ausdruck, vgl. den letzten Satze des Gedichts: „Meine Hand / greift nach einem Halt und findet / nur eine Rose als Stütze." H.D.: Nur eine Rose als Stütze, Frankfurt/M. 1968 [EA 1959], S. 55.

[547] Oskar Loerke: Die Puppe, S. 275.

353

wirkt dieser Ort ausgestorben und wüstenhaft, der „größte Baumarkt" klein und nebensächlich. (2/3)[548]

Das ist Magischer Realismus pur! Es erübrigt sich, an dieser Stelle die intertextuellen Bezüge des „ausgestorbenen" *Waste-Land* aufzuzeigen.[549] Es sei hier nur darauf hingewiesen, daß sich der geheimnisvolle „Koffer", den Friedrich Schedel auf dem „verfluchten Unlandstück" findet, bei Goettle in „seltsam geformte [...] Wurzelteile und Steine" verwandelt hat. Der konsequent angewandte 'rudеrale Blick' führt zu einer Umkehrung der Perspektive: Der 'große' Baumarkt wirkt „klein und nebensächlich", und der 'kleine', verkrautete Ort – man denke auch an Langgässers „kleine[n] verunkrautete[n] Garten [...] am Stadtrand von Berlin" – wirkt dementsprechend 'groß und hauptsächlich'. Der 'rudеrale Blick' führt also zu einer doppelten Verschiebung der Perspektive: Er entdeckt einerseits „seltsam[e]" Dinge und sieht andererseits die 'normalen' Dinge (Waren) in einem fremden Licht. Die ominöse Sonnenfinsternis, die „mit 3400 Stundenkilometern [dahin]rast" und in Berlin „88 Prozent" beträgt (5), tut ein übriges, um das fremde Licht noch fremder zu machen:

Von hier aus [d.h. vom verkrauteten Parkplatz aus, B.S.] ist ein weiter Teil des Himmels zu sehen, der sich übrigens kurz nach der Mittagsstunde ein wenig zu bewölken beginnt. Ganz besonders vor der Sonne schiebt ES sich immer dichter zusammen. (3)[550]

Natürlich kann man den 'Himmel über Berlin' von jedem Standort aus sehen, aber, so suggeriert der Text, aus den „Disteln" und „Brennesseln" ist ein besonders „weiter Teil" zu sehen. Diese Korrespondenz von Unkraut und Himmel (sprich: von Schuld und Erlösung) findet sich auch in Langgässers Texten immer wieder. Goettle bemüht aber nicht

---

[548] Das „verstaubte" Unkraut ist also gerade nicht „klein und nebensächlich", ES verleiht dem Menschen buchstäblich einen anderen Stand-punkt. Frédéric sagt: „Wir wären [ohne Sonne, B.S.] alle gleichermaßen aufgeschmissen, du, du [Gabriele, B.S.] und ich *und auch der verstaubte Löwenzahn, auf dessen Blatt ich stehe.* (6) Wenn die OBI-Verkäuferin dem kranken Frédéric den „Rasensamen 'Supra',, mit den Worten „Der verdrängt sogar Unkräuter und Moose" (10) empfiehlt, dann heißt das im Klartext: In der „blitzsaubere[n]" Fassaden- und „Warenwelt" (1) werden die Armen, Schwachen und Kranken ('Unkräuter') nicht geduldet. (Frédéric 'steht' buchstäblich auf Unkraut.)

[549] Die Bezüge zum Magischen Realismus liegen auf der Hand, eine detaillierte Sammlung von Parallelstellen würde den Rahmen der Untersuchung sprengen. Goettles *ausgestorbene* Landschaft („ausgebleichte Wurzelteile und Steine") ist aber auch ein *locus terribilis*, genauer: eine Reminiszenz an Stifters düstere *Hochwald*-Studie: „[E]s ist eine wilde Lagerung zerrissener Gründe [...], worauf viele einzelne Granitkugeln liegen, wie bleiche Schädel [...]. Ferner liegt noch da und dort das weiße Gerippe eines gestürzten Baumes und angeschwemmte Klötze." A.S.: Der Hochwald, S. 184. Das heißt: Auf einer wilden (Ruderal-) Fläche werden gewöhnliche Dinge zu Fremd-körpern im eigentlichen Sinne.

[550] Auch Clemens Eichs magisch-realistische *Aufzeichnungen aus Georgien* bemühen den Topos der Sonnenfinsternis, um damit eine rätselhafte und geheimnisvolle Atmosphäre zu erzeugen, vgl. ebd., S. 108 „Georgien ist der finsterste Winkel der Welt. In Georgien herrscht Sonnenfinsternis."

nur Stifters[551] Sonnenfinsternis, um ihren Text rätselhaft (böse gesagt: humorlos[552]) zu machen, sondern auch Raabes und Hilbigs[553] unheilverkündende Krähen:

> Die Krähen, die hier in großen Schwärmen leben [...], kreisen unstet über den [verkrauteten, B.S.] Platz. (3)

Diese Krähen führen den Leser schließlich zum geheimen – und das heißt: zum *einst* verdrängten und *jetzt* ruderalen – Zentrum des Geschehens: Der Baumarkt steht nämlich auf einem wahrhaft ungeheuerlichen Gelände:

> Der Schwarm kreist nun jenseits des Platzes über einem weißen Gebäude, das immer weißer wird, wodurch sich der unangenehme Eindruck seiner Nazi-Architektur noch verstärkt. Es ist das ehemalige Telefunkengebäude, später von den Amerikanern als Kaserne benutzt. (3/4)

Das ist aber erst der Anfang vom Lied; unter der 'sauberen' Fassade von OBI verbergen sich noch ganz andere geschichtliche Rudimente, die von Goettles kontemplativ-archäologischem[554] Blick ('Betrachtung') freigelegt werden:

> Unweit von hier [von OBI, B.S.] liegt der ehemalige „Leibstandartenweg", in dem noch die Restbestände der Siedlung der „SS Leibstandarte Adolf Hitler" betrachtet werden können. (4)

OBI, so erfahren wir, konnte „an dieser Stelle" nur gebaut werden, weil „der Krieg dazwischen[kam]" (4) und einen weiteren Ausbau der Siedlung verhinderte. Aber es kommt noch schlimmer:

> Auch ein Konzentrationslager gab es, direkt nebenan [von OBI, B.S.], eine Außenstelle von Sachsenhausen [...]. Vor ein paar Wochen noch waren Reste davon zu erkennen. Doch dann fing man an zu bauen, und nun verschwinden auch sie vollends. (4)

---

551   Jeder Text über eine Sonnenfinstenis muß sich an Adalbert Stifters berühmter Beschreibung der Sonnenfinsternis vom 8. Juli 1842 messen lassen. Diese 'alte' Finsternis wird in Goettles 'neuem' Artikel wiederholt alludiert.

552   Goettles Artikel sind bei aller Ironie und Pointierung dennoch humorlos, weil sie am Mythos einer neuen Eigentlichkeit basteln: Hinter der 'falschen' Warenwelt scheint es noch die 'richtige', echte und authentische Trümmer-Welt (der Erinnerungen) zu geben. Man könnte deshalb sagen, daß der *Magische Realismus* in Goettles Artikeln zum *Magischen Sozialismus* bzw. *Existenzialismus* umfunktioniert wird.

553   Vgl. Kap. III, Anm. 253.

554   „Klodeckel mit dem Bild galoppierender Pferde oder heranschleichender Löwen werden spätere Archäologen vollends ratlos machen." (9) Das ist natürlich nur die *halbe* Wahrheit; solche modernen *Embleme* werden Goettle auf ihren zukünftigen „Rutengänge[n]" nicht nur „ratlos", sondern v.a. auch *glücklich* machen. Ein „Klodeckel" mit „Pferde[n]" und „Löwen", der *halb* zwischen den Unkräutern verborgen ist, wäre nämlich eine echte *trouvaille*, über die man/frau ins unendlich melancholische Grübeln und Sinnieren kommen könnte.

Spätestens an dieser Stelle sind alle Versatzstücke beisammen, die zum Sprachspiel des Magischen Realismus gehören. Mit der Sonnenfinsternis ist sogar die „hinterhältige Finsternis"[555] präsent, von der Michael Scheffel in Bezug auf den Magischen Realismus spricht. Diese magische Hintergründigkeit – *nichts ist so, wie es scheint* – wird von Goettle geradezu beschworen:

> Es ist seltsam, dass gewisse Orte ihre geschichtliche Wolke nicht verlieren, auch nicht durch Planierung und Überbauung. Diesem Ort hier sieht man es zwar kaum noch an, dass er auch mal anderes beherbergt hat als Stadtrandhäuser, Schrebergärten und Fabriken, aber dennoch scheint ein Schatten über all dem zu liegen. Was kein Wunder wäre. (4)[556]

Mit dem Nachsatz („Was kein Wunder wäre") schaltet der Text von 'Bedeutung' auf 'Ironie' um. Dieser Akzentwechsel gelingt jedoch nicht wirklich, er ist im Grunde auch nicht intendiert. Der ironische Blick bleibt dem Text äußerlich, essentiell ist vielmehr die Kategorie des Rätselhaften und buchstäblich Merk-würdigen. Goettles Restitution des irrationalen, besser: prä-rationalen Denkens (Stichwort: Synchronizität[557]) befremdet um so mehr, weil eine Welt ohne Zufälle entweder ein Symptom für Paranoia oder aber ein Prärogativ der Fiktionalität ist. Goettles halb-literarischer Stil, der narrative und fiktionale Elemente in die journalistische Feuilletonarbeit schmuggelt, hat eine gewisse Ähnlichkeit mit den (magisch-realistischen) Texten von W.G. Sebald. Nicht zufällig thematisieren beide AutorInnen immer wieder das „[V]erschwinden" der „Reste" (4). Zum Auffinden solcher halbgestalteten „Reste" bedarf es nicht nur des glücklichen Zufalls, sondern auch

---

555   Vgl. Michael Scheffel: Magischer Realismus, Kap. 2.3.1.: „Eine 'hinterhältige Finsternis' im 'gleißenden Schein' – die Ontologie der Erzählten Welt", S. 87ff.

556   Die „Stadtrandhäuser, Schrebergärten und Fabriken", die an die geschichts- bzw. geschichtenträchtige Stelle gerückt werden, erinnern an Langgässers „Jugendherberge", „Sportplatz" und „Segelfluglager" aus dem *Gang durch das Ried*: „lauter saubere Sachen, alles ganz schön, und trotzdem hält sich das nicht." E.L.: Gang durch das Ried, S. 287. In Reinhard Jirgls Roman *Hundsnächte* heißt es parallel dazu: „Man will ein Neandertal Museum an dieser Stelle errichten: sowas wie Disneyland & Jurassicpark in 1...... – :Das ist immer die !vollkommenste Art des Verschwindes. ?Werweiß welche Erinnerung hier störend ist bis Heute & nicht wiedererscheinen soll, um !keinen Preis – –" R.J.: Hundsnächte, S. 454f. Und in *Rom, Blicke* (S. 357) schreibt Rolf Dieter Brinkmann: „[...] mitten im wilden wütigen Aufbau [der ersten Nachkriegsjahre, B.S.] ist die Zerstörung heimlich und lautlos noch einmal geschehen – – –"

557   In ihrem Artikel *Sonnenstein/Pirna – Rutengänge auf dem Weg der Toten* beschreibt Goettle, was sie beim Gang um das verwucherte (und verwunschene) Haus Sonnenstein per 'Zufall' findet: „[Ich] finde[] [...] am Wegrand ein merkwürdiges Zettelchen am Boden mit dem Aufdruck: 'Wir wissen, was gespielt wird!' (Werbung der Kreissparkasse auf Kinokarten [...])." Das Prekäre an Goettles belanglosem 'Fund' liegt darin, daß auch paranoid-schizophrene Menschen immer zu wissen glauben, „was gespielt wird". Anders gesagt: Auf ominösen „Rutengänge[n]" gibt es keine Zufälle, *alles* hat eine hintergründige Bedeutung und *jedes* Detail ist bedeutsam und 'abgekartet'.

einer Wünschelrute, das heißt: einer medialen Begabung, die den Zufall lenkt. Die (Wün-schel-) „Rutengänge"[558] verwandeln Kontingenz in Sinn.

Der zweite Teil von Goettles Artikel schildert das Innere des Baumarktes. Die zum Kauf angebotenen Produkte („Klodeckel mit dem Bild galoppierender Pferde" (9)) werden al-lerdings nicht mit den Augen des interessierten Käufers, sondern mit Trümmerblick ange-schaut. Dieser Trümmerblick macht alle Produkte zu End-Produkten (Müll, Kot[559]):

> Überhaupt ist hier fast alles auf eine einschüchternde Weise fertig [der verkrautete Parkplatz war notabene noch „unfertig[]", B.S.]. [...]. [Aber] schon morgen werden die hellebardenartigen Gardinenstangen, Eisenmöbel, Lichtelemente, Marmorböden ein peinlicher, aus der Mode gekommener Müll sein. (9).

Im Klartext heißt das: *Heute* sind die luxuriösen PRODUKTE im Grunde **nichts** wert („Es ist alles eitell"[560]), aber *morgen* ist das MATERIAL ein **Nichts**, das die Erinnerun-gen aufspeichert. Der OBIge Warenkatalog ist deshalb die (in zeitlicher Hinsicht voraus-liegende) Ausgangsbasis für die 'Zurückbleibsel' aus dem *Gang durch das Ried*. Mit den (schon mehrfach zitierten) Worten Langgässers gesprochen heißt das: *nichts wird zurück-bleiben; doch dieses **Nichts** aus Gardinenstangen, Eisenmöbeln, Lichtelementen und Marmorböden wird einen mächtigen Namen tragen: es wird* Erinnerung *heißen und stär-ker sein als die vergeßliche Gegenwart.* In ihrem Artikel *Abfall. Bericht von einer Müll-kippe* zeigt Goettle besonders eindrücklich, was es heißt, buchstäblich 'vom Ende her' zu denken:

> Hier [auf dem Fürstenberger Müllplatz im Gebiet der ehemaligen DDR, B.S.] hat sich die profane Seite der Geschichte niedergeschlagen, Schicht um Schicht, mehr als

---

558 Goettles *Rutengänge auf dem Weg der Toten* beerben (auch) Sarah Kirschs kurzen Prosatext *Wünschelrute*. Die Gelände beider Autorinnen sind total verkrautet und deshalb nur mit „Wünschelrute" zu begehen: „Me-terhoch blüht mir der Giersch sein unterirdisch wucherndes Flechtwerk [...] die echten Blumen verschonen schwerfällige <u>Sträflingsarbeit</u> [...]. Teppiche aus Vogelmieren Plantagen anhängliches Klebkraut es sprengt jeden Zaun zu schweigen von Quecken und Winden klettern in die geduckten Bäume Nesselquartiere zau-brische Distelspaliere wien gleißender Niagara der Günsel Bilsenkraut Schachtelhalmwäder eine berau-schende Urzeit grüne Pilze zuhauf, in Brombeerranken lebenslänglich gefangen [...] mit der <u>Wünschelrute</u> such ich den Rettich [...]." S.K.: Wünschelrute. In: dies.: Irrstern. Prosa, Stuttgart, S. 21

559 Im Baumarkt gibt es „[Klo-] Bürsten, denen man nie und nimmer ansieht, dass sie je was mit Kot zu tun ha-ben könnten" (9). Goettle denkt also ganz buchstäblich 'vom Ende her' und bringt so die verdrängte Kehr-seite der „sanitäre[n] Kunstwerke aus Porzellan, Chrom und Acryl" (8) in Erinnerung.

560 Goettles Trümmerblick hat eine Affinität zum Barock. Andreas Gryphius' Sonette *Es ist alles eitell* wird in Goettles Artikel modernisiert und dem ausgehenden 20. Jahrhundert kompatibel gemacht: „DV sihst / wo-hin du sihst nur eitelkeit auff erden. Was dieser heute bawt [vgl. OBI] / reist jener morgen ein: / Wo itzund Städte stehn / wird eine wiesen sein [vgl. den verkrauteten „Parkplatz"] / [...]. Nichts ist das ewig sey / kein ertz [vgl. „Eisenmöbel"] kein marmorstein [vgl. „Marmorböden"]. [...] Ach! was ist alles dis was wir für köstlich achten / Als schlechte nichtikeitt / als schaten [vgl. „Sonnenfinsternis"] / staub [vgl. den „staubigen Karrees"] vnd windt [vgl. den „stärker werdende(n) Wind"]. / Als eine wiesen blum [vgl. „Löwenzahn"] / die man nicht wiederfindt. / Noch wil was ewig ist kein einig mensch betrachten." Andreas Gryphius: Ge-samtausgabe der deutschsprachigen Werke, Bd. 1, S. 33f.

drei Jahrzehnte lang. Hier liegt all das begraben, was aus dem täglichen sozialen Leben einer Kleinstadt ausgemustert wurde, was unbrauchbar geworden war oder die
öffentliche Hygiene beeinträchtigt hätte. [...] [D]er harmlose Begriff Abfall beginnt
plötzlich in seiner anderen Wortbedeutung aufzublitzen, in der er ja Loslösung und
Abkehr von einer Partei oder Religion bedeutet.[561]

Goettles apokalyptischer Trümmerblick, der immer schon das Ende antizipatorisch vor-
wegnimmt (und deshalb gelassen abwarten kann), ist mit der Perspektive von Wolfgang
Hilbigs Müllmännern verwandt:

> Wir [Müllmänner] haben bloß gewartet und gewußt, das alles kommt hierher aufs
> Gelände, wenn es verdaut ist [vgl. „Kot", B.S.] und abgeprotzt. Immer sind wir hier
> gewesen. Wir haben immer schon hier gewartet und sind schon immer dagewesen,
> hier... seit Menschengedenken waren wir hier [...].[562]

Der kranke Frédéric ist zwar kein intellektuell-abwartender Müllmann, sein *sorgenvolles*
Resümee (vgl. *„Menschengedenken"*), das er nach dem Baumarkt-Besuch zieht, ist aber
dennoch mit dem Credo von Hilbigs sozial geächteten Protagonisten zu vergleichen:

> Und das ganze Zeugs hier. Das muss doch mal eine Grenze haben, es muss doch mal
> aufhören? Aber es geht immer weiter und weiter. Nur, wer soll das alles kaufen? Wo
> soll das alles hin? [...] Das kann mir kein Mensch erklären, was sie mit dem Zeug
> machen, wenn sie es nicht loswerden. Also, ich hab gar nichts gekauft. [...] Ich brau-
> che gar nichts. (12)[563]

Die *Sonnenfinsternis bei OBI* endet im Konsumverzicht („ich hab gar nichts gekauft")
und in der Bedürfnislosigkeit („[i]ch brauche gar nichts"). Damit werden die christlich-
sozialen Implikationen des Artikels abschließend noch einmal ganz deutlich exponiert:
Goettle alludiert hier nämlich nichts geringeres als die Perikope *Vom Schätzesammeln
und Sorgen* aus dem Matthäus-Evangelium:

[561] Gabriele Goettle: Abfall. Bericht von einer Müllkippe. In: dies.: Deutsche Bräuche, S. 28-36, hier, S. 29f.
Im obigen Zitat bringt Goettle noch einmal die Ambivalenz zum Ausdruck, die im Wort „Abfall" steckt: Es
impliziert einerseits die befreiende „Loslösung" und andererseits das melancholische Verhaftetsein. Hinter
diesen Ausführungen steht der Name Heinrich Böll (*Frankfurter Vorlesungen*).

[562] Wolfgang Hilbig: Die Kunde von den Bäumen, S. 102. Auch Goettles Artikel endet mit der Müll-
Perspektive: „AUF VORSCHLAG EINES KUNDEN STEHT IHNEN DIESER MÜLLEIMER JETZT
HIER ZUR VERFÜGUNG – ALLES IN OBI!" (12, Großschreibung im Text)

[563] Frédéric artikuliert hier eine Einsicht („es geht immer weiter und weiter"), die Rolf Dieter Brinkmann schon
in der „Vorbemerkung" zu seinem Gedichtband *Westwärts 1 & 2* formuliert hat, vgl. ebd., S. 5: „Die Geschichtenerzähler machen weiter, die Autoindustrie macht weiter, die Arbeiter machen weiter [...], Wind
weht altes Zeitungspapier über einen leeren grauen Parkplatz [...]." (Vgl. auch oben Anm. 227)

Ihr sollt nicht Schätze sammeln auf Erden, wo sie die Motten und der Rost fressen [...]. Trachtet zuerst nach dem Reich Gottes und nach seiner Gerechtigkeit, so wird euch das alles zufallen. (Mt 6, 19 und 33).[564]

Wenn *alles* 'Zufall' ist, dann gibt es keine Zufälle. – Wir fassen zusammen: Goettles Blick, der in diesem Sinne immer nur auf die „Motten" und den „Rost", aber nie auf die irdischen „Schätze" bezogen ist, transformiert in einem ersten Schritt den Mammon zum wertlosen Gerümpel und in einem zweiten das Gerümpel zum emphatischen Relikt, das – um mit Wilhelm Raabe zu sprechen – „dermaleinst des Ausgrabens und Aufbewahrens in Provinzialmuseen wert [ist]"[565]. Frédérics Frage („Wo soll das alles hin?") impliziert deshalb zwei Antworten: Zuerst kommt „das alles" auf die Müllkippe, und später „soll" es dann in Goettles Artikel = Provinzialmuseum 'ausgestellt' werden.

---

564 Im Lukas-Evangelium heißt die entsprechende Perikope *Vom falschen und rechten Sorgen* (Lk. 12, 22-34). Hier ist auch von den „Raben" die Rede, die es bei Goettle in ganzen Schwärmen gibt: „Seht die Raben an: sie säen nicht, sie ernten nicht [...], und Gott ernährt sie doch." (Lk. 12, 24)

565 Wilhelm Raabe: Das Odfeld, S. 202.

Abspann: „Organisierte Verwahrlosung" im „rechtsfreien Raum"

Brachflächen haben nichts von ihrer Anziehungskraft verloren, im Gegenteil:

> Das Depot[, in dem die Tübinger Punks 'vegetieren', B.S.] ist wie ein Magnet
> [...].[566]

Depot: Das ist das ehemalige Kasernengelände der Französischen Truppen in der Tübinger Südstadt. Nach dem Abzug der Franzosen im Jahre 1995 begann das Depot nach und nach zu verfallen. Die Geschichte wiederholt sich, denn: Das „Besatzungsheer aus Frankreich" ist in den späten 20er Jahren schon einmal „wieder nach Westen" abgezogen worden. Damals war das Kasernengelände ähnlich verfallen:

> Nichts blieb zurück als die leeren Baracken und der Unrat, der in den Wänden steckte, sich auf den Wegen häufte und in den Kloaken verdarb; doch dieses Nichts aus entleerten Hülsen, Patronen, Zigarettenpapier, Konservendosen, Matratzen und rostigen Eisenspiralen – dies alles: überkrochen von zähen Kasernenwanzen, trug einen mächtigen Namen: es hieß *Erinnerung* und war stärker als die vergeßliche Gegenwart, welche allzu gern sagte: vorbei![567]

Im *Gang durch das Ried* hinterläßt der Truppen-Abzug eine Wunde („Stelle"), die nicht heilen kann („die[] böse Erinnerung lag auf der Stelle, welche endlich geräumt worden war, und rührte sich nicht fort"). Nach mehr als sechzig Jahren scheint sich Langgässers *Ruten-Gang durch das Ried* im Depot zu wiederholen:

> Aus der Not geboren und in [d]er Brache den Blicken weitgehend entzogen, hat sich die völlig verwahrloste Behausung [= das Depot, B.S.] zu einer schwärenden Wunde im sozialen Gefüge der Stadt entwickelt, die viele Probleme nur noch schlimmer macht – auch und gerade für die jungen Menschen, die dort vegetieren.[568]

Martin Bernklau spricht hier ganz ähnlich wie der Bauer aus dem *Gang durch das Ried*:

> „Das hat sich dort eingenistet", sagte der Bauer [...]. „Und wer glaubt, daß dagegen Wanzengas hilft oder daß man es ausschwefeln kann –"
> „Wer will denn das?" fragte ihn Aladin.
> „Nun, wer? die Gemeinde natürlich. Eine Jugendherberge soll da wohl hin, ein Sportplatz und ein Segelfluglager: lauter saubere Sachen [...]."[569]

[566] Martin Bernklau: Schließt das Depot – schnell! In: Schwäbisches Tagblatt vom 16.3.2000. Vgl. ebd.: „Depot, das bedeutet 'organisierte Verwahrlosung' [...]. Depot bedeutet Ghetto, wie freiwillig bewohnt auch immer."

[567] Elisabeth Langgässer: Gang durch das Ried, S. 286 (kursiv im Text). Vgl. auch Martin Bernklau: Punk-Depot wird dichtgemacht. In: Schwäbisches Tagblatt vom 16.3.2000: „In das heruntergekommene Gebäude [...] waren 1996 zunächst sechs Punks einquartiert worden. Mit der zunehmenden Bewohnerzahl verwahrloste das Depot [...] zusehens [...]. Ein Waschbecken, ein Klo, keine Dusche, keine Heizung, dazu Dreck, Müll und Gestank [...]."

[568] Martin Bernklau: Schließt das Depot – schnell!

[569] Elisabeth Langgässer: Gang durch das Ried, S. 286f.

Die „schwärende[] Wunde im sozialen Gefüge" soll geheilt bzw. „dichtgemacht"[570] werden. Denn: „Man hilft denen nicht, wenn man einen sozusagen rechtsfreien Raum im Depot toleriert."[571] Der Anarchist Günter Eich hätte seine Freude an Gerd Weimers Formulierung vom „sozusagen rechtsfreien Raum" gehabt. Weimer um-schreibt hier nämlich nichts geringeres als ein Utopia, das es in der Wirklichkeit nicht geben kann und darf. Rechtsfreie Räume gibt es wenn überhaupt dann 'nur' in der Literatur. Die „organisierte Verwahrlosung" (Bernklau) ist – „sozusagen" – *das* Charakteristikum der magisch-realistischen Literatur.[572]

Wie gesagt: Das Depot soll „dichtgemacht" werden. Die Tübinger „Gemeinde" plant eine andere Nutzung der verkommenen „Stelle". Bernklaus Metaphorik ('dichtmachen') ist jedoch verräterisch: Die hermetische Abdichtung gehorcht nämlich der gleichen Logik wie die der Punker ('abschotten'):

> Vor der Außenwelt, in der allein ihnen zu einer echten Lebenschance verholfen werden könnte, schotten sie sich naturgemäß ab: Gegen den Halt, den sie im Alkohol, bei Hunden und in der Gruppe Gleichgesinnter zu haben glauben, kommt auch der beste Sozialarbeiter nicht an. „Das Depot ist wie ein Magnet", sagt einer der Bewohner.[573]

Jetzt, am Schluß der Arbeit, können wir den 'outlaw' Friedrich Schedel aus Loerkes *Puppe* besser verstehen. Der Einzelgänger Schedel lebt zwar nicht in einer „Gruppe Gleichgesinnter", „Alkohol" spielt bei ihm auch keine Rolle (er 'berauscht' sich lieber am Inhalt des Koffers), aber die „Hunde" geben auch ihm einen „Halt".[574] Der 'Punker' Friedrich Schedel hat sogar auch eine Affinität zur „schwärenden Wunde im sozialen Gefüge der Stadt" (Bernklau). Mit einem Zitat aus Loerkes *Puppe*, das diese Affinität zur Wunde aufzeigt, soll die Untersuchung „dichtgemacht" (ver-dichtet) werden. Der 'unberühmte Autor' Oskar Loerke, der in dieser Arbeit das erste Wort bzw. Zitat gehabt hat, soll auch das letzte behalten:

---

570   Vgl. die Überschrift von Martin Berklaus Artikel: „Punk-Depot wird dichtgemacht".

571   Martin Bernklau: Punk-Depot wird dichtgemacht. Die zitierte Äußerung stammt übrigens von Tübingens Bürgermeister Gerd Weimer.

572   Die vorliegende Dissertation könnte auch den folgenden Titel tragen: Organisierte Verwahrlosung im rechtsfreien Raum – Zur Literatur des Magischen Realismus.

573   Martin Bernklau: Schließt das Depot – schnell! Zu der Formulierung „Das Depot ist wie ein Magnet" vgl. den *Gang durch das Ried*, S. 285: „Wo Aas liegt, sammeln die Raben sich –" [sagte der Bauer, B.S.] „Aas"...?" fragte Aladin bebend. [...] „Welches Aas denn – und welcher Hund", fragte Aladin noch einmal, „liegt auf dem Lager begraben?"

574   „Im nebligen Froste, draußen abseits der Stadt, eingekerkert im Freien, streichelte er die verlaufenen Hunde [...]." Oskar Loerke: Die Puppe, S. 273. Vgl. ebd., S. 280: „[Schedel] [...] fühlte peinlich den Speichel eines dankbaren Hundes seine Hand betropfen [...]." Loerke hätte sich vermutlich gegen einen solchen Vergleich (Schedel und die Punker) verwahrt, dennoch liegen die Parallelen deutlich zu Tage.

[...] [Schedels] Augen hafteten auf einem verfluchten Unlandstücke, das mitten in der Stadt wie in einer mit dem Messer in die gewaltigen, eleganten Häuser eingeschnittene Wunde lag. Kahle Flecken, wie Hunderäude anzusehen, waren von Brennesselwäldern umwuchert, die nach Hundeurin stanken.[575]

---

[575] Oskar Loerke: Die Puppe, S. 275. Vielleicht wird einst vom Depot auch nur ein Koffer zurückbleiben.

Primärliteratur

Aichinger, Ilse: Werke. Taschenbuchausgabe in acht Bänden, hg. von Richard Reichensperger, Frankfurt/M. 1991

Bächler, Wolfgang: Ausbrechen. Gedichte aus 30 Jahren, Frankfurt/M. 1976

Baumer, Franz: Die Maulwurfshügel (Roman), Berlin-Dahlem 1961

Becker, Jürgen: Aus der Geschichte der Trennungen (Roman), Frankfurt/M. 1999

Becker, Jürgen: Der fehlende Rest (Erzählung), Frankfurt/M. 1997

Becker, Jürgen: Felder. Mit einem Nachwort von Heinrich Vormweg, Frankfurt/M. 1988 [EA 1964]

Becker, Jürgen: Gedichte 1965-1980, Frankfurt/M. 1981

Becker, Jürgen: Journal der Wiederholungen (Gedichte), Frankfurt/M. 1999

Becker, Jürgen: Paradiesruinen. In: Sinn und Form, 51. Jahr (1999), 4. Heft, S. 659-671

Becker, Jürgen: Ränder, Frankfurt/M. 1968

Becker, Jürgen: Umgebungen, Frankfurt/M. 1970

Becker, Jürgen / Vostell, Wolf (Hg.): Happenings. Fluxus, Pop Art, Nouveau Réalisme. Eine Dokumentation, Reinbek 1965

Benjamin, Walter: Berliner Kindheit um neunzehnhundert. Mit einem Nachwort von Theodor W. Adorno (Fassung letzter Hand), Frankfurt/M. 1987

Benn, Gottfried: Gesammelte Werke in acht Bänden, hg. von Dieter Wellershoff, München 1975

Bernhard, Thomas: Alte Meister (Komödie), Frankfurt/M. 1985

Beyer, Marcel: Flughunde (Roman), Frankfurt/M. 1996 [EA 1995]

Die Bibel. Nach der Übersetzung Martin Luthers (revidierte Fassung von 1984). Hg. von der Evangelischen Kirche in Deutschland und vom Bund der Evangelischen Kirchen in der DDR.

Bobrowski, Johannes: Gesammelte Werke in vier Bänden, hg. von Eberhard Haufe, Stuttgart 1987

Böll, Heinrich: Das Vermächtnis. Erzählung. Mit Material und einem Nachwort von Karl Heiner Busse, Köln 1990 [EA 1982, geschr.1948]

Böll, Heinrich: Der Engel schwieg (Roman). Mit einem Nachwort von Werner Bellmann, Köln [5]1997

Böll, Heinrich: Hierzulande. Aufsätze zur Zeit, München (dtv) [10]1974 [EA 1963]

Böll, Heinrich: Und sagte kein einziges Wort (Roman), Köln ³1997 (textbereinigte Ausgabe)

Böll, Heinrich: Wanderer, kommst du nach Spa... (Erzählungen), München (dtv) ³⁴1994

Böll, Heinrich: Frankfurter Vorlesungen, Köln, Berlin 1966

Borchert, Wolfgang: Das Gesamtwerk. Mit einem biographischen Nachwort von Bernhard Meyer-Marwitz, Reinbek 1952 [EA 1949]

Braun, Volker: Bodenloser Satz, Frankfurt/M. 1990

Braun, Volker: Der Stoff zum Leben 1-3 (Gedichte). Mit einem Nachwort von Hans Mayer, Frankfurt/M. 1990

Braun, Volker: Gedichte, Frankfurt/M. 1979

Braun, Volker: Stücke 1 (*Die Kipper, Hinze und Kunze, Tinka*), Frankfurt/M. ²1981

Brentano, Clemens: Godwi oder Das steinerne Bild der Mutter. Ein verwilderter Roman, hg. von Ernst Behler, Stuttgart 1995

Brinkmann, Rolf Dieter: Der Film in Worten. Prosa [etc.] 1965-1974, Reinbek 1982

Brinkmann, Rolf Dieter: Eiswasser an der Guadalupe Str., Reinbek 1985

Brinkmann, Rolf Dieter: Erzählungen (In der Grube / Die Bootsfahrt / Die Umarmung / Raupenbahn / Was unter die Dornen fiel), Reinbek 1985

Brinkmann, Rolf Dieter: Künstliches Licht. Lyrik und Prosa, hg. von Genia Schulz, Stuttgart 1994

Brinkmann, Rolf Dieter: Rom, Blicke, Reinbek 1979

Brinkmann, Rolf Dieter: Schnitte, Reinbek 1988

Brinkmann, Rolf Dieter: Westwärts 1 & 2 (Gedichte), Reinbek 1975

Brinkmann, Rolf Dieter / Rygulla, R.R. (Hg.): Acid. Neue amerikanische Szene, Darmstadt 1969

Britting, Georg: Sämtliche Werke, hg. von Walter Schmitz, München 1987ff.

Čechov, Anton: Meistererzählungen. Ausgewählt von Franz Sutter, übersetzt von Ada Knipper u.a., Zürich 1989

Celan, Paul: Gesammelte Werke in fünf Bänden, hg. von Beda Allemann und Stefan Reichert, Frankfurt/M. 1986

Czechowski, Heinz: Auf eine im Feuer versunkene Stadt. Gedichte und Prosa 1958-1988. Auswahl und Nachwort von Wulf Kirsten, Halle und Leipzig 1990

Czechowski, Heinz: Nachtspur. Gedichte und Prosa 1987-1992, Zürich 1993

Czechowski, Heinz: Im schalltoten Raum. Dichter im Zeitenwechsel. In: Sinn und Form, 50. Jahr, 1998, 1. Heft, S. 138-145

Czechowski, Heinz: Mein Venedig. Gedichte und andere Prosa, Berlin 1989

Däubler, Theodor: Der neue Standpunkt, hg. und eingeleitet von Fritz Löffler, Dresden 1957

Der weiße Rabe. Zeitschrift für Vers und Prosa, hg. von V.O. Stomps, Jg. 2, Heft 5/6 (1933), Sondernummer „Landschaftliche Dichtung"

Der weiße Rabe. Zeitschrift für Vers und Prosa, hg. von V.O. Stomps, Jg. 2, Heft 7/8 (1933), Sondernummer „Vagabunden Dichtung"

Die Kolonne. Zeitung der jungen Gruppe Dresden (1929-1932)

Domin, Hilde: Nur eine Rose als Stütze (Gedichte), Frankfurt/M. 1968 [EA 1959]

Droste-Hülshoff, Annette von: Sämtliche Werke in zwei Bänden, hg. von Bodo Plachta und Winfried Woesler, Frankfurt/M. 1994

Edvardson, Cordelia: Gebranntes Kind sucht das Feuer. Aus dem Schwedischen von Anna-Liese Kornitzky, München [3]1991 (deutschsprachige EA 1986)

Eich, Clemens: Aufzeichnungen aus Georgien. Mit einem Nachwort von Ulrich Greiner, Frankfurt/M. [2]1999 [EA 1999]

Eich, Clemens: Das steinerne Meer (Roman), Frankfurt/M. 2000 [EA 1995]

Eich, Günter: Gesammelte Werke in vier Bänden, hg. Von Axel Vieregg (revidierte Ausgabe), Frankfurt/M. 1991

Eliot, T.S.: Das wüste Land (Englisch und Deutsch). Übersetzt von Ernst Robert Curtius, Frankfurt/M. [6]1995 [EA 1951]

Enzensberger, Christian: Größerer Versuch über den Schmutz, München 1970 [EA 1968]

Fichte, Hubert: Detlevs Imitationen "Grünspan" (Roman), Frankfurt/M. 1982 [EA 1971]

Fontane, Theodor: Sämtliche Werke, hg. von Walter Keitel, Darmstadt 1967

Forte, Dieter: In der Erinnerung (Roman), Frankfurt/M. 1998

Frisch, Max: Tagebuch 1946-1949, Frankfurt/M. 1979 [EA 1950]

Gladkow, Fjodor: Zement (Roman). Aus dem Russischen von Wera Rathfelder, Berlin [6]1974

Glaeser, Ernst: Frieden (Roman), Reinbek 1994 [EA 1930]

Goethe, Johann Wolfgang von: Werke (Hamburger Ausgabe), hg. von Erich Trunz, München 1981

Goettle, Gabriele: Deutsche Bräuche. Ermittlungen in Ost und West, Frankfurt/M. 1994

Goettle, Gabriele: Deutsche Sitten. Erkundungen in Ost und West, Frankfurt/M. 1991

Goettle, Gabriele: Deutsche Spuren. Erkenntnisse aus Ost und West, Frankfurt/M. 1997

Goettle, Gabriele: Die Ärmsten! Wahre Geschichten aus dem arbeitslosen Leben, Frankfurt/M. 2000

Grass, Günter: Gleisdreieck (Gedichte), Darmstadt/Neuwied 1960

Gryphius, Andreas: Gesamtausgabe der deutschsprachigen Werke, hg. von Marian Szyrocki und Hugh Powell, Tübingen 1963

Harig, Ludwig: Ordnung ist das ganze Leben. Roman meines Vaters, München/Wien 1989

Harig, Ludwig: Wehe dem, der aus der Reihe tanzt (Roman), München/Wien 1990

Harig, Ludwig: Wer mit den Wölfen heult, wird Wolf (Roman), München/Wien 1996

Hartlaub, Felix: Im Sperrkreis. Aufzeichnungen aus dem zweiten Weltkrieg, hg. von Geno Hartlaub, Reinbek 1955

Hartlaub, Felix: Das Gesamtwerk. Dichtungen – Tagebücher, hg. von Geno Hartlaub, Frankfurt/M. 1955

Heidegger, Martin: Vorträge und Aufsätze, Pfullingen 1954

Heidegger, Martin: Gelassenheit, Pfullingen 1959

Heidegger, Martin: Platons Lehre von der Wahrheit. Mit einem Brief über den "Humanismus", Bern ⁵1975 [EA 1947]

Herburger, Günter: Eine gleichmäßige Landschaft und andere Erzählungen, Hamburg/Zürich 1992

Hilbig, Wolfgang: Das Provisorium (Roman), Frankfurt/M. 2000

Hilbig, Wolfgang: abwesenheit. gedichte, Frankfurt/M. 1979

Hilbig, Wolfgang: Alte Abdeckerei (Erzählung), Frankfurt/M. 1993 [EA 1991]

Hilbig, Wolfgang: Aufbrüche (Erzählungen), Frankfurt/M. 1992

Hilbig, Wolfgang: Der Brief. Drei Erzählungen, Frankfurt/M. 1985

Hilbig, Wolfgang: Die Kunde von den Bäumen, Frankfurt/M. 1996 [EA 1994]

Hilbig, Wolfgang: Die Weiber, Frankfurt/M. 1987

Hilbig, Wolfgang: Eine Übertragung (Roman), Frankfurt/M. 1992 [EA 1989]

Hilbig, Wolfgang: Grünes grünes Grab (Erzählungen), Frankfurt/M. 1992

Hilbig, Wolfgang: „Ich" (Roman), Frankfurt/M. 1995 [EA 1993]

Hilbig, Wolfgang: Zwischen den Paradiesen (Prosa, Lyrik). Mit einem Essay von Adolf Endler, hg. von Thorsten Ahrendt, Leipzig 1992

Hocke, Gustav René: Der tanzende Gott (Roman), Berlin 1948

Hölderlin, Friedrich: Werke und Briefe [zwei Bände], hg. von Friedrich Beißner und Jochen Schmidt, Frankfurt/M. 1982

Hörnigk, Frank (Hg.): Heiner Müller – Material. Texte und Kommentare, Leipzig 1988

Hofmannsthal, Hugo von: Gesammelte Werke in zehn Einzelbänden, hg. von Bernd Schoeller in Beratung mit Rudolf Hirsch, Frankfurt/M. 1979ff.

Hoffmann, E.T.A.: Nachtstücke – Klein Zaches genannt Zinnober – Prinzessin Brambilla (Werke 1816-1820), hg. von Hartmut Steinecke, Frankfurt/M. 1985

Huchel, Peter: Gesammelte Werke in zwei Bänden, hg. von Axel Vieregg, Frankfurt/M. 1984

Humm, Rudolf Jakob: Die Inseln (Roman), Frankfurt/M. 1980 [EA 1935]

Jirgl, Reinhard: Hundsnächte (Roman), München/Wien 1997

Jünger, Ernst: Sturm, Stuttgart 1979

Jünger, Ernst: Sämtliche Werke, Stuttgart 1979ff.

Jünger, Friedrich Georg: Werke – Gedichte, hg. von Citta Jünger, Stuttgart 1985ff.

Jung, C.G.: Erlösungsvorstellungen in der Alchemie (Grundwerk Bd. 6), Olten [2]1987

Kafka, Franz: Sämtliche Erzählungen, hg. von Paul Raabe, Frankfurt/M. 1979

Kant, Immanuel: Kritik der Urteilskraft (Werkausgabe Bd. X), hg. von Wilhelm Weischedel, Frankfurt/M. 1968

Kasack, Hermann: Die Stadt hinter dem Strom, Frankfurt/M. [12]1994 [EA 1947]

Kaschnitz, Marie Luise: Gesammelte Werke, hg. von Christian Büttrich und Norbert Miller, Frankfurt/M. 1981ff.

Keller, Gottfried: Die Leute von Seldwyla, hg. von Thomas Böning, Frankfurt/M. 1989

Kerner, Justinus: Ausgewählte Werke, hg. von Gunter Grimm, Stuttgart 1981

Kertész, Imre: Die englische Flagge (Erzählungen). Aus dem Ungarischen von György Buda und Kristin Schwamm, Reinbek 1999

Kirsch, Sarah: Erdreich. Gedichte, Stuttgart 1982

Kirsch, Sarah: Irrstern. Prosa, Stuttgart 1986

Kirsch, Sarah: Schwingrasen. Prosa, Stuttgart 1991

Kirsten, Wulf: die erde bei Meißen (Gedichte), Frankfurt/M. 1987

Kirsten, Wulf: satzanfang. gedichte, Berlin/Weimar 1979

Kirsten, Wulf: Stimmenschotter. Gedichte 1987-1992, Zürich 1993

Kirsten, Wulf: Die Schlacht bei Kesselsdorf. Ein Bericht + Kleewunsch. Ein Kleinstadtbild, Berlin und Weimar 1984

Kirsten, Wulf: Textur. Zur Verleihung des Deutschen Sprachpreises der Henning-Kaufmann-Stiftung. In: Sinn und Form, 50 (1998), S. 146-154

Kirsten, Wulf: Wegrandworte [Gedichte]. Mit Radierungen von Max Uhlig, Rudolstadt 1997

Kirsten, Wulf: Die Prinzessinnen im Krautgarten. Eine Dorfkindheit, Zürich 2000

Kirsten: Wulf: Textur. Reden und Aufsätze, Zürich 1998

Köpf, Gerhard: Die Strecke (Roman), Frankfurt/M. 1987 [EA 1985]

Kolbenhoff, Walter: Von unserm Fleisch und Blut (Roman). Mit einem Nachwort von Gerhard Hay, Frankfurt/M. 1974 [EA 1947]

Kreuder, Ernst: Die Gesellschaft vom Dachboden. Erzählungen, Essays, Selbstaussagen, Berlin/Weimar 1990

Kretzer, Max: Meister Timpe. Sozialer Roman. Mit einem Nachwort von Götz Müller, Stuttgart 1976

Krolow, Karl: Auf Erden. Frühe Gedichte. Mit einem Nachwort von Karl Krolow, Frankfurt/M. 1989

Krolow, Karl: Aspekte zeitgenössischer deutscher Lyrik [Vorlesungen], Gütersloh 1961

Kubin, Alfred: Die andere Seite. Ein phantastischer Roman, München 1975 [EA 1909]

Kühner, Otto Heinrich: Nikolskoje. Kriegstagebuch aus Rußland, Frankfurt/M. etc. 1982

Küpper, Heinz: Simplicius 45 (Roman), Frankfurt/M. 1966 [EA 1963]

Lampe, Friedo: Das Gesamtwerk. Mit einem Nachwort von Jürgen Dierking und Johannes-Günther König, Reinbek 1989 [EA 1955]

Lange, Horst: Am kimmerischen Strand (Erzählungen), München 1948

Lange, Horst: Gesang hinter den Zäunen (Gedichte), Berlin 1939

Lange, Horst: Schwarze Weide (Roman), Hamburg 1937

Lange, Horst: Verlöschende Feuer (Roman), Stuttgart 1956

Lange, Horst: Tagebücher aus dem Zweiten Weltkrieg, hg. und kommentiert von Hans Dieter Schäfer. Mit einem Lebensbild Horst Langes von Oda Schaefer, Mainz 1979

Lange, Horst: Windsbraut (Erzählungen), Hamburg 1947

Langgässer, Elisabeth: Briefe 1924-1950 [zwei Bände], hg. von Elisabeth Hoffmann, Düsseldorf 1990

Langgässer, Elisabeth: Das Christliche der christlichen Dichtung. Vorträge und Briefe, Olten 1961

Langgässer, Elisabeth: Das unauslöschliche Siegel (Roman), Hamburg 1946

Langgässer, Elisabeth: Erzählungen, Hamburg 1964

Langgässer, Elisabeth: Gang durch das Ried (Roman), Hamburg 1953 [EA 1936]

Langgässer, Elisabeth: Gedichte, Hamburg 1959

Langgässer, Elisabeth: Geist in den Sinnen behaust, Mainz 1951

Langgässer, Elisabeth: Grenze: Besetztes Gebiet – Ballade eines Landes. Mit einem Nachwort von Anthony W. Riley, Olten 1983 [EA 1932]

Langgässer, Elisabeth: Märkische Argonautenfahrt (Roman), Hamburg 1950

Ledig, Gert: Die Vergeltung (Roman), Frankfurt/M. 1999 [EA 1956]

Lehmann, Wilhelm: Gesammelte Werke in acht Bänden, hg. in Verbindung mit der Akademie der Wissenschaften und der Literatur in Mainz und dem Deutschen Literaturarchiv in Marbach a.n. von Agathe Weigel-Lehmann, Hans Dieter Schäfer und Bernhard Zeller, Stuttgart 1982ff.

Lenau, Nikolaus: Werke und Briefe. Historisch-kritische Gesamtausgabe. Hg. im Auftrag der internationalen Lenau-Gesellschaft von Helmut Brandt u.a., Wien 1995

Loerke, Oskar: Anton Bruckner (Ein Charakterbild), Frankfurt/M. [5]1976 [EA 1938]

Loerke, Oskar: Das Goldbergwerk (Erzählungen). Mit einem Nachwort von Hermann Kasack, Stuttgart 1965

Loerke, Oskar: Der Oger (Roman), Hamburg/Berlin 1921

Loerke, Oskar: Die Puppe. In: Fritz Martini (Hg.): Prosa des Expressionismus, Stuttgart 1970, S. 272-281

Loerke, Oskar: Die Gedichte, hg. von Peter Suhrkamp, neu durchgesehen von Reinhard Tgahrt (Revidierte Textfassung), Frankfurt/M. 1984

Loerke, Oskar: Gedichte. Ausgewählt von Günter Eich, Frankfurt/M. 1963

Loerke, Oskar: Gedichte. Ausgewählt von Wilhelm Lehmann, Frankfurt/M. 1968

Loerke, Oskar: Gedichte und Prosa (zwei Bände), hg. von Peter Suhrkamp, Frankfurt/M. 1958

Loerke, Oskar: Hausfreunde (Charakterbilder), Berlin 1939

Loerke, Oskar: Literarische Aufsätze aus der *Neuen Rundschau* 1909-1941, hg. von Reinhard Tgahrt, Heidelberg/Darmstadt 1967

Loerke, Oskar: Reisetagebücher. Eingeleitet und bearbeitet von Heinrich Ringleb, Heidelberg/Darmstadt 1960

Loerke, Oskar: Tagebücher 1903-1939, hg. von Hermann Kasack, Frankfurt/M. 1986

Mann, Thomas: Die Lager. In: ders.: Essays Bd. 2 (Politik), hg. von Hermann Kurzke, Frankfurt/M. 1977, S. 299-300

Mann, Thomas: Doktor Faustus (Roman), Frankfurt/M. 1980

Mann, Thomas: Joseph und seine Brüder, Frankfurt/M. 1982

Mann, Thomas: Warum ich nicht nach Deutschland zurückgehe. In: ders.: Meine Zeit 1945-1955 (Essays Bd. 6), hg. von Hermann Kurzke und Stephan Stachorski, Frankfurt/M. 1997

Marbacher Magazin 85/1999 (Elisabeth Langgässer), Marbach a.N. 1999

Meckel, Christoph: Bockshorn (Roman), München 1973

Meckel, Christoph: Die Messingstadt (Roman), Frankfurt/M. 1993 [EA 1991]

Meckel, Christoph: Ein roter Faden. Gesammelte Erzählungen, München/Wien 1983

Meckel, Christoph: Ein unbekannter Mensch (Roman), Frankfurt/M. 1999 [EA 1997]

Meckel, Christoph: Licht (Erzählung), Frankfurt/M. 1991 [EA 1978]

Meckel, Christoph: Limbo. Ein Zyklus, Mainz 1987

Meckel, Christoph: Nachricht für Baratynski, Frankfurt/M. 1983 [EA 1981]

Meckel, Christoph: Plunder, München/Wien 1986

Meckel, Christoph: Shalamuns Papiere (Roman), Frankfurt/M. 1996 [EA 1992]

Meckel, Christoph: Suchbild – Über meinen Vater, Frankfurt/M. 1995 [EA 1983]

Meckel, Christoph: Wildnisse. Gedichte, Frankfurt/M. 1984 [EA 1962]

Mühsam, Erich: Trotz allem Mensch sein. Gedichte und Aufsätze, hg. von Jürgen Schiewe und Hanne Maußner, Stuttgart 1984

Müller, Heiner: Herzstück, Berlin 1983

Mulisch, Harry: Das steinerne Brautbett (Roman). Aus dem Niederländischen von Gregor Seferens, Frankfurt/M. 1995

Musil, Robert: Gesammelte Werke II (Prosa und Stücke etc.), hg. von Adolf Frisé, Reinbek 1978

Nietzsche, Friedrich: Also sprach Zarathustra, Stuttgart 1975

Nietzsche, Friedrich: Der Wille zur Macht. Versuch einer Umwertung aller Werte, Stuttgart 1964

Nossack, Hans Erich: Der Untergang. Mit einem Nachwort von Siegfried Lenz, Frankfurt/M. [2]1991 [EA 1948]

Opitz, Martin: Gesammelte Werke (Kritische Ausgabe), hg. von George Schulz-Behrend, Stuttgart 1968

Ponge, Francis: Die Seife. Aus dem Französischen von Maria Bosse-Sporleder, Frankfurt/M. 1993

Pynchon, Thomas: The Crying of Lot 49 / Die Versteigerung von No. 49 (Deutsch von Wulf Teichmann), Reinbek 1994

Raabe, Wilhelm: Sämtliche Werke. Historisch-kritische Ausgabe. Im Auftrag der Braunschweigischen Wissenschaftlichen Gesellschaft hg. von Karl Hoppe, Freiburg i.B./Braunschweig 1966ff.

Raschke, Martin: Eine Auswahl der Schriften, hg. und mit einem Nachwort versehen von Dieter Hoffmann, Heidelberg/Darmstadt 1963

Rilke, Rainer Maria: Sämtliche Werke, hg. vom Rilke-Archiv, besorgt von Ernst Zinn, Frankfurt 1987

Roth, Joseph: Werke, hg. von Klaus Westermann, Köln/Amsterdam 1990

Rühmkorf, Peter: Der Hüter des Misthaufens. Aufgeklärte Märchen, Reinbek 1987 [EA 1983]

Schaefer, Oda: Auch wenn du träumst, gehen die Uhren. Lebenserinnerungen, München 1970

Schaefer, Oda: Wiederkehr. Ausgewählte Gedichte. Auswahl und Nachwort von Walter Fritzsche, München 1985

Scherenberg, Christian Friedrich: Waterloo, Berlin ^{5}1856

Schiller, Friedrich: Werke (Nationalausgabe), hg. von Lieselotte Blumenthal und Benno von Wiese, Weimar 1958

Schlink, Bernhard: Der Vorleser (Roman), Zürich 1997 [EA 1995]

Schmidt, Arno: Brand's Haide. Zwei Erzählungen, Hamburg 1951

Sebald, W.G.: Die Ringe des Saturn. Eine englische Wallfahrt, Frankfurt/M. 1997 [EA 1992]

Sparschuh, Jens: Ich dachte, sie finden uns nicht. Zerstreute Prosa, Köln 1997

Stadler, Arnold: Mein Hund, meine Sau, mein Leben (Roman). Mit einem Nachwort von Martin Walser, Frankfurt/M. 1996 [EA 1994]

Stifter, Adalbert: Bunte Steine und Erzählungen, München 1951

Stifter, Adalbert: Die Mappe meines Urgroßvaters – Schilderungen – Briefe, München ^{5}1995

Stifter, Adalbert: Studien, München 1950

Storm, Theodor: Gedichte – Novellen 1848-1867, hg. von Dieter Lohmeier, Frankfurt/M. 1987

Weiss, Peter: Die Besiegten (Aus dem Schwedischen von Beat Mazenauer), Frankfurt/M. 1985

Weiss, Peter: Die Ermittlung (Oratorium), Frankfurt/M. 1965

Weiss, Peter: Meine Ortschaft. In: Atlas – zusammengestellt von deutschen Autoren [kein Hg.], Berlin (Verlag Klaus Wagenbach) 1965, S. 31-43

Weyrauch, Wolfgang (Hg.): Tausend Gramm. Ein deutsches Bekenntnis in dreißig Geschichten aus dem Jahr 1949. Mit einer Einleitung von Charles Schüddekopf, Reinbek 1989 [EA 1949]

Wiechert, Ernst: Der Totenwald. Ein Bericht, Frankfurt/M. etc. 1980 [EA 1945]

Sekundärliteratur zu den einzelnen Autoren

Adam, Wolfgang: Arkadien als Vorhölle. Die Destruktion des traditionellen Italien-Bildes in Rolf Dieter Brinkmanns *Rom, Blicke*. In: Euphorion 83 (1989), H. 2, S. 226-245

Alber, Sabine: Der Ort im freien Fall. Günter Eichs *Maulwürfe* im Kontext des Gesamtwerks, Frankfurt/M. etc. 1992

Augsberger, Eva: Elisabeth Langgässer. Assoziative Reihung, Leitmotiv und Symbol in ihren Prosawerken, Nürnberg 1962

Bartsch, Rudolf Jürgen: In Rübezahls Revier [Zu Oskar Loerkes Gedicht *Webstuhl*]. In: Frankfurter Anthologie. Gedichte und Interpretationen Bd. 13, hg. von Marcel Reich-Ranicki, Frankfurt/M. 1985, S. 183-185

Behler, Ernst: Nachwort. In: Clemens Brentano: Godwi. Ein verwilderter Roman, hg. von Ernst Behler, Stuttgart 1995

Benjamin, Walter: Franz Kafka. Zur zehnten Wiederkehr seines Todestages. In: Hermann Schweppenhäuser (Hg.): Benjamin über Kafka. Texte, Briefzeugnisse, Aufzeichnungen, Frankfurt/M. 1981, S. 9-38

Besch, Heribert: Dichtung zwischen Vision und Wirklichkeit. Eine Analyse des Werkes von Hermann Kasack mit Tagebuchedition (1930-1943), Röhrig 1992

Böll, Heinrich (Hg.): NiemandsLand. Kindheitserinnerungen an die Jahre 1945-1949, Bornheim-Merten 1985

Böttiger, Helmut: Monströse Sinnlichkeiten, negative Utopie. Wolfgang Hilbigs DDR-Moderne. In: Text + Kritik, Heft 123, Juli 1994, S. 52-61

Czucka, Eckehard: Emphatische Prosa. Das Problem der Wirklichkeit der Ereignisse in der Literatur des 19. Jahrhunderts. Sprachkritische Interpretationen zu Goethe, Alexander von Humboldt, Stifter und anderen, Stuttgart 1992

Czucka, Eckehard: Tatsachen-Bilder. Literatur zwischen 1930 und 1940. Zum Beispiel Friedo Lampe und Wilhelm Lehmann. In: Helmut Arntzen: Ursprung der Gegenwart. Zur Bewußtseinsgeschichte der Dreißiger Jahre in Deutschland, Weinheim 1995, S. 419-486

Deleuze, Gilles / Guattari, Félix: Kafka. Für eine kleine Literatur, Frankfurt/M. 1976

Dietrich, Stephan: Poetik der Paradoxie. Zu Robert Müllers fiktionaler Prosa, Siegen 1997

Dittman, Ulrich: Nachwort. In: Wilhelm Raabe: Das Odfeld. Eine Erzählung, Stuttgart 1977

El-Akramy, Ursula: Wotans Rabe: Die Schriftstellerin Elisabeth Langgässer, ihre Tochter Cordelia und die Feuer von Auschwitz, Frankfurt/M. 1997

Evers, Susanne: Allegorie und Apologie. Die späte Lyrik Elisabeth Langgässers, Frankfurt/M. etc. 1994

Fromm, Waldemar: Die Westsicht zweier Generationen zum neuen Lebensgefühl nach der Wende. Hanns-Josef Ortheils Tagebuch *Blauer Weg* und Jürgen Beckers autobiographischer Roman *Aus der Geschichte der Trennungen*. In: Volker Wehdeking (Hg.): Mentalitätswandel in der deutschen Literatur zur Einheit (1990-2000), Berlin 2000, S. 177-188

Gauss, Karl-Markus: Die Provinz als Zentrum. [Über Wulf Kirstens Erzählungsband *Die Prinzessinnen im Krautgarten*] In: *Die Zeit* vom 25.01.01

Gebhard, Walter: Oskar Loerkes Poetologie, München 1968

Grimm, Erk: Im Abraum der Städte. Wolfgang Hilbigs topographische 'Ich'-Erkundung. In: Text + Kritik, Heft 123, S. 62-74

Großklaus, Götz: Textgefüge und Wortgewebe. Versuch zur Bestimmung des Prosaaufbaus in Günter Eichs „Maulwürfe". In: Geistesgeschichtliche Perspektiven. Rückblick – Augenblick – Ausblick, hg. von Götz.Großklaus., Bonn 1964, S. 345-367

Gutzschhahn, Uwe Michael: Prosa und Lyrik Christoph Meckels, Köln 1979

Hage, Volker: Die Russen kommen. [Über Wulf Kirstens Erzählungsband *Die Prinzessinnen im Krautgarten*] In: *Der Spiegel* (Nr. 3) vom 15.01.01

Hartung, Harald: Anemone blüht im Krötenreich. Für die Miteingeweihten: Zum hundertsten Geburtstag von Elisabeth Langgässer. In: *FAZ* vom 23.2.1999

Haufe, Eberhard: Nachwort. In: Wulf Kirsten: die erde bei Meißen (gedichte), Leipzig 1986, S. 117-132

Heizmann, Jürgen: Joseph Roth und die Ästhetik der Neuen Sachlichkeit, Heidelberg 1990

Hensel, Georg: Der Lavendel der Langgässer. Mit fünfzehn Uralt-Lavendel-Anzeigen der Firma Lohse, Berlin, aus den Jahren 1938-1941 mit Texten von Elisabeth Langgässer aus *Die Dame, Die neue Linie, Berlin – Rom – Tokio*, Darmstadt 1988 (= 15 ungezählte lose Blätter)

Heselhaus, Clemens: Oskar Loerke und Konrad Weiß. Zum Problem des literarischen Nachexpressionismus. In: Der Deutschunterricht (Bd.6, 1954), S. 28-55

Hinck, Walter: Das Landschaftsgedicht Jürgen Beckers. In: Regionalität, Nationalität und Internationalität in der zeitgenössischen Lyrik (7. Blaubeurer Symposion), hg. von Lothar Fietz, Paul Hoffmann und Hans Werner Ludwig, Tübingen 1992, S. 466-480

Hinck, Walter: „In der Tiefe saugt ein Leviathan Feuer und Wasser" [Über Wolfgang Hilbigs Roman *Alte Abdeckerei*] In: *FAZ* vom 02.3.1991

374

Höllerer, Walter: Nachwort. In: Günter Eich: Ausgewählte Gedichte. Auswahl und Nachwort von Walter Höllerer (= suhrkamp texte 1), Frankfurt/M. [11]1961 [EA 1960]

Hoffmann, Dieter (Hg.): Hinweis auf Martin Raschke. Eine Auswahl der Schriften, hg. und mit einem Nachwort versehen von D.H., Heidelberg/Darmstadt 1963

Hofsommer, Inge: Aufrechtstehen im Nichts. Untersuchungen zum A-sozialen im Werk Hans Erich Nossacks, Frankfurt/M. etc. 1993

Holthusen, Hans Egon: Vorwort. In: T.S. Eliot: Das wüste Land (Englisch und deutsch). Übersetzt von Ernst Robert Curtius, Frankfurt/M. [6]1995 [EA 1951]

Katzmann, Volker: Ernst Jüngers magischer Realismus, Hildesheim 1975

Kohlenbach, Michael: Günter Eichs späte Prosa. Einige Merkmale der Maulwürfe, Bonn 1982

Kreutzer, Leo (Hg.): Über Jürgen Becker, Frankfurt/M. 1972

Langner, Beatrix: Geschmack am Moribunden. Die Ärmsten der Gesellschaft erobern das Feuilleton. [Rezension zu Gabriele Goettle: Die Ärmsten!] In: *Neue Zürcher Zeitung* vom 17.02.2001

Maassen, Johannes Petrus Jakobus: Die Schrecken der Tiefe. Untersuchungen zu Elisabeth Langgässers Erzählungen, Leiden 1973

März, Ursula: Das Weiße mit dem roten Punkt. Jürgen Beckers Anti-Erzählung Der fehlende Rest. In: *Die Zeit* vom 21.3.1997

Matt, Beatrice von: Vom Mittelpunkt der Welt. Wulf Kirsten beschreibt eine Dorfkindheit im Krieg. In: *Neue Zürcher Zeitung* vom 17.10.2000

Meyer, Helmut: Die frühen Erzählungen Elisabeth Langgässers. Dichtung zwischen Mythos und Logos, Köln 1973

Mieth, Matias: Die Masken des Erinnerns. Zur Ästhetisierung von Geschichte und Vorgeschichte der DDR bei Heiner Müller, Frankfurt/M. etc. 1994

Mojem, Helmuth: Der zitierte Held. Studien zur Intertextualität in Wilhelm Raabes Roman "Das Odfeld", Tübingen 1994

Müller Schwefe, Hans-Ulrich: Schreib' alles. Zu Jürgen Beckers Rändern, Feldern und Umgebungen, München 1977

Mülverstedt, Carolin: „Denn das Thema der Dichtung ist immer der Mensch" – Entindividualisierung und Typologisierung im Romanwerk Elisabeth Langgässers, Würzburg 2000

Neumann, Peter Horst: Die Rettung der Poesie im Unsinn. Der Anarchist Günter Eich, Stuttgart 1981

Oppermann, Michael: Innere und äußere Wirklichkeit im Hörspielwerk Günter Eichs, München 1990

Perels, Christoph: Von der Naturdichtung zum Gegenspruch. Über einige späte Gedichte von Günter Eich. In: Euphorion 76/1982, S. 115-132

Pfotenhauer, Helmut: "Einfach... wie ein Halm" – Stifters komplizierte kleine Selbstbiographie. In: DVjS 64 (1990), S. 134-148

Pieper, Thomas: Überwindung des Weltleids. Loerkes Lyrik im Spannungsfeld zwischen Nietzsche und Schopenhauer, Berlin etc. 1992

Radisch, Iris: Und wenn sie nicht gestorben sind, dann sterben sie noch heute. [Über Reinhard Jirgls Roman *Hundsnächte*] In: *Die Zeit* vom 07.4.1995

Ridley, Hugh: Müllplatz oder Wortrecycling [Über Gottfried Benns Gedicht *Schutt*]. In: Interpretationen – Gedichte von Gottfried Benn, hg. von Harald Steinhagen, Stuttgart 1997, S. 74-86

Rübenach, Bernhard (Hg.): Peter-Huchel-Preis 1987 (Wulf Kirsten). Ein Jahrbuch, Bühl-Moos 1987

Schäfer, Hans Dieter: Wilhelm Lehmann. Studien zu seinem Leben und Werk, Bonn 1969

Schäfer, Jörgen: Pop-Literatur. Rolf Dieter Brinkmann und das Verhältnis zur Populärkultur in der Literatur der sechziger Jahre, Stuttgart 1998

Schaefer, Oda: Horst Lange. Ein Lebensbild. In: Horst Lange: Tagebücher aus dem Zweiten Weltkrieg, hg. von Hans Dieter Schäfer, Mainz 1979, S. 263-289

Schulz, Genia: Brandblasen der Seele. Zur frühen Prosa und späten Lyrik Rolf Dieter Brinkmanns. In: Merkur. 1985, H. 441, S. 1015-1020

Schulz, Genia: Nachwort. In: Rolf Dieter Brinkmann: Künstliches Licht. Lyrik und Prosa, hg. von G. S., Stuttgart 1994, S. 153-167

Schulz, Genia: Waste Land/Verkommenes Ufer. Auszug aus dem Vortrag "Ein Fetzen Shakespeare – Der Rest ist Lyrik oder: Der Autor als Leser (Heiner Müller). In: Wolfgang Storch (Hg.): Explosion of a memory. Heiner Müller DDR. Ein Arbeitsbuch, Berlin 1988

Segebrecht, Wulf: „Verständlich und nicht". Christoph Meckels Verständnis Günter Eichs. In: Horizonte, Fs. Herbert Lehnert, hg. von Hannelore Mundt u.a., Tübingen 1990, S. 235-261

Selg, Olaf: „Warum irgendwo Halt machen?" [Rolf Dieter Brinkmann zum 60. Geburtstag] In: *die tageszeitung* vom 15.4.2000

Siebert, Werner (Hg.): Gegenwart des Lyrischen. Essays zum Werk Wilhelm Lehmanns, Gütersloh (o.J.)

Siemes, Christoph: 'Das Testament gestürzter Tannen'. Das lyrische Werk Peter Huchels, Freiburg i.Br. 1996

Tgahrt, Reinhard (Hg.): Oskar Loerke (Marbacher Kolloquium 1984), Mainz 1986

Tgahrt, Reinhard (Hg.): 'Zeitgenosse vieler Zeiten' (2. Marbacher Loerke-Kolloquium 1987), Mainz 1989

Tgahrt, Reinhard / Krömer, Tilman (Hg.): Oskar Loerke. Eine Gedächtnisausstellung zum 80. Geburtstag des Dichters im Schiller-Nationalmuseum Marbach a.N. vom 13. März bis zum 30. Juni 1964, Darmstadt 1964

376

Vieregg, Axel: Die Lyrik Peter Huchels. Zeichensprache und Privatmythologie, Berlin 1976

Vieregg, Axel: Wort und Ding bei Wilhelm Lehmann. In: Wirkendes Wort 29/1979, S. 302-317

Wapnewski, Peter: Nachwort. In: Peter Huchel: Gedichte. Auswahl und Nachwort von P.W., Frankfurt/M. 1989

Witte, Bernd: Vechta. Ein Ort für Rolf Dieter Brinkmann. In: Text + Kritik, Heft 71, München 1981, S. 7-23

Wuthenow, Ralph Rainer: Verwerfungen, Verwesungen. Zur Prosa Wolfgang Hilbigs. In: Text + Kritik, Heft 123, S. 28-36

Zeller, Michael: Poesie und Progrom. Zu Rolf Dieter Brinkmanns nachgelassenem Reisetagebuch *Rom, Blicke*. In: Merkur. 1980, H. 383, S. 388-393

Sekundärliteratur (allgemein)

Arnold, Heinz Ludwig (Hg.): Geschichte der deutschen Literatur aus Methoden. Westdeutsche Literatur von 1945-1971 (3 Bände), Frankfurt/M. 1972

Arnold, Heinz Ludwig (Hg.): Die Abwicklung der DDR, Göttingen 1992

Arntzen, Helmut: Ursprung der Gegenwart. Zur Bewußtseinsgeschichte der Dreißiger Jahre in Deutschland. Mit Beiträgen von Thomas Althaus u.a., Weinheim 1995

 Assmann, Aleida: Das Gedächtnis der Orte. In: DVjS 68.1994 (Sonderheft), S. 17-35

Assmann, Aleida: Erinnerungsräume. Formen und Wandlungen des kulturellen Gedächtnisses, München 1999

Assmann, Aleida: Zur Metaphorik der Erinnerung. In: dies. (Hg.): Mnemosyne. Formen und Funktionen der kulturellen Erinnerung, Frankfurt/M. 1991, S. 13-35

Bader, Günter: Melancholie und Metapher. Eine Skizze, Tübingen 1990

Barbian, Jan-Pieter: Literaturpolitik im 'Dritten Reich'. Institutionen, Kompetenzen, Betätigungsfelder, Frankfurt/M.1993

Barron, Stephanie: "Entartete Kunst". Das Schicksal der Avantgarde im Nazi-Deutschland, München 1992

Barthel, Peter H. (Hg.): Natur aus zweiter Hand. Neues Leben an Bahndamm und Kiesgrube [Mit zahlreichen Fotos], Braunschweig 1988

Barthes, Roland: Die Lust am Text. Aus dem Französischen von Traugott König, Frankfurt/M. 1974

Baßler, Moritz (Hg.): New Historicism. Literaturgeschichte als Poetik der Kultur. Mit Beiträgen von Stephen Greenblatt u.a., Frankfurt/M. 1995

Baßler, Moritz / Brecht, Christoph / Niefanger, Dirk / Wunberg, Gotthart: Historismus und literarische Moderne. Mit einem Beitrag von Friedrich Dethlefs, Tübingen 1996

Baßler, Moritz: Die Entdeckung der Textur. Unverständlichkeit in der Kurzprosa der emphatischen Moderne 1910-1916, Tübingen 1994

Benjamin, Walter: Gesammelte Schriften. Unter Mitwirkung von Theodor W. Adorno und Gershom Scholem hg. von Rolf Tiedemann und Hermann Schweppenhäuser, Frankfurt/M. 1977

Berendse, Gerrit-Jan: Die 'sächsische Dichterschule'. Lyrik in der DDR der sechziger und siebziger Jahre, Frankfurt/M. etc. 1990

Birringer, Johannes: 'Medea' – Landscape beyond History. In: New German Critique Nr.50 (1990), S. 85-112

✱ Bolz, Norbert / van Reijen, Wolfram (Hg.): Ruinen des Denkens, Denken in Ruinen, Frankfurt/M. 1996

Brandes, Dietmar (Hg.): Ruderalvegetation. Kenntnisstand, Gefährdung und Erhaltungsmöglichkeiten. Bericht über das Kolloquium Schutz- und Erhaltungsmaßnahmen für Ruderalvegetation Norddeutsche Naturschutzakademie Hof Möhr, 20. – 21.5.1987, Braunschweig 1988

Brecht, Christoph / Fink, Wolfgang: „...unvollständig, krank und halb". Zur Archäologie moderner Identität, Bielefeld 1996

Brekle, Wolfgang: Schriftsteller im antifaschistischen Widerstand 1933-1945 in Deutschland, Berlin und Weimar 1985

Brettschneider, Werner: Zorn und Trauer. Aspekte deutscher Gegenwartsliteratur, Frankfurt/M. ²1981

Buck, Theo / Steinbach, Dietrich (Hg.): Tendenzen der deutschen Literatur zwischen 1918 und 1945. Weimarer Republik – Drittes Reich – Exil, Stuttgart 1985

Das große Rabenbuch [kein Hg.], Hamburg 1977

Denkler, Horst / Prümm, Karl (Hg.): Die deutsche Literatur im Dritten Reich. Themen – Traditionen – Wirkungen, Stuttgart 1976

Dolan, Joseph P.: The theory and practice of apolitical literature – Die Kolonne 1929-1932. In: Studies in 20th century literature. Number two, Nr.2 (Spring 1977), S. 157-171

Dolan, Joseph P.: Die Rolle der Kolonne in der Entwicklung der modernen deutschen Naturlyrik, Phil. Diss. University of Pennsylvania 1976

Dreßen, Wolfgang u.a. (Hg.): Niemandsland. Zeitschrift zwischen den Kulturen. Berlin 1987ff.

Duerr, Hans Peter: Traumzeit. Über die Grenze zwischen Wildnis und Zivilisation, Frankfurt/M. 1985

Durzak, Manfred (Hg.): Die deutsche Literatur der Gegenwart. Aspekte und Tendenzen, Stuttgart 1971

378

Enzensberger, Hans Magnus (Hg.): Europa in Trümmern. Augenzeugenberichte aus den Jahren 1944-1948, Frankfurt/M. 1990

Erbe, Günter: Die verfemte Moderne. Die Auseinandersetzung mit dem 'Modernismus' in Kulturpolitik, Literaturwissenschaft und Literatur der DDR, Opladen 1993

Fähnders, Walter: Anarchismus und Literatur. Ein vergessenes Kapitel deutscher Literaturgeschichte zwischen 1890 und 1910, Stuttgart 1987

Fähnders, Walter: Avantgarde und Moderne 1890-1933, Stuttgart 1998

Fingerhut, Karlheinz: 'Müllhaldengedichte'. In: Diskussion Deutsch 25/1994, S. 52-56

Fluck, Andreas: "Magischer Realismus" in der Malerei des 20. Jahrhunderts, Frankfurt/M. etc. 1994

Foucault, Michel: Andere Räume. In: Aisthesis. Wahrnehmung heute oder Perspektiven einer anderen Ästhetik (Essais), hg. von Karlheinz Barck u.a., Leipzig 1990, S. 34-64

Fuchs, Günter Bruno / Pross, Harry (Hg.): Guten Morgen Vauo. Ein Buch für den weißen Raben V.O. Stomps, Frankfurt/M. 1962

Fülleborn, Ulrich: Das deutsche Prosagedicht. Zu Theorie und Geschichte einer Gattung, München 1979

Fussell, Paul: The great war and modern memory, Oxford etc. 1975

Garber, Klaus: Der locus amoenus und der locus terribilis. Bild und Funktion der Natur in der deutschen Schäfer- und Landlebendichtung des 17. Jahrhunderts, Köln 1974

Giordano, Ralph: "Hier war ja Schluß...". Was von der deutsch-deutschen Grenze geblieben ist (mit Fotos von Josef Kaufmann), Hamburg 1996

Glaser, Herrmann (Hg.): So viel Anfang war nie. Deutsche Städte 1945-1949, Berlin 1989

Gollbach, Michael: Die Wiederkehr des Weltkriegs in der Literatur. Zu den Frontromanen der späten Zwanziger Jahre, Kronberg/Ts. 1978

Goodbody, Axel: Natursprache, Neumünster 1984

Greiner, Bernhard: Literatur der DDR in neuer Sicht. Studien und Interpretationen, Frankfurt/M. etc. 1986

Greiner, Bernhard: Von der Allegorie zur Idylle. Die Literatur der Arbeitswelt in der DDR, Heidelberg 1974

Grimm, Reinhold / Hermand, Jost (Hg.): Faschismus und Avantgarde, Königstein/Ts. 1980

Grimm, Reinhold / Hermand, Jost (Hg.): Natur und Natürlichkeit. Stationen des Grünen in der deutschen Literatur, Königstein/Ts. 1981

Grosse, Ernst Ulrich: Sympathie der Natur. Geschichte eines Topos, München 1986

Hannes, Rainer: Erzählen und Erzähler im Hörspiel. Ein linguistischer Beschreibungsansatz, Marburg 1990

Hartmann, Andreas / Künsting, Sabine (Hg.): Grenzgeschichten. Berichte aus dem deutschen Niemandsland. Frankfurt/M. 1990

Heselhaus, Clemens: Deutsche Lyrik der Moderne von Nietzsche bis Yvan Goll, Bonn 1961

Hetzel, Georg / Ullmann, Isolde: Wildkräuter im Stadtbild Würzburgs. Die Ruderalvegetation der Stadt Würzburg mit einem Vergleich zur Trümmerflora der Nachkriegszeit, Würzburg 1981

Heukenkamp, Ursula (Hg.): Deutsche Erinnerung. Berliner Beiträge zur Prosa der Nachkriegsjahre (1945-1960), Berlin 2000

Heukenkamp, Ursula (Hg.): Unterm Notdach. Nachkriegsliteratur in Berlin 1945-1949, Berlin 1996

Hofmeister, Heinrich / Garve, Eckhard: Lebensraum Acker. Pflanzen der Äcker und ihre Ökologie, Hamburg/ Berlin 1986

Hu, Qiu-Hua: Literatur nach der Katastrophe. Eine vergleichende Studie über die Trümmerliteratur in Deutschland und die Wundenliteratur in der Volksrepublik China, Frankfurt/M. etc. 1991

Hüppauf, Bernd (Hg.): Die Mühen der Ebenen. Kontinuität und Wandel in der deutschen Literatur und Gesellschaft 1945-1949, Heidelberg 1981

Jaforte, Alessandra: Die Mauer in der literarischen Prosa der DDR, Frankfurt/M. etc. 1991

Jentsch, Bernd (Hg.): Ich sah aus Deutschlands Asche keinen Phönix steigen. Rückkehr und Hoffnung in poetischen Zeugnissen, München 1979

Kander, Charlotte: Die deutsche Ruinenpoesie des 18. Jahrhunderts bis in die Anfänge des 19. Jahrhunderts, (Diss.) Heidelberg 1933

Kaes, Anton (Hg.): Manifeste und Dokumente zur deutschen Literatur 1918-1933, Stuttgart 1983

Ketelsen, Uwe K.: Literatur und Drittes Reich, Schernfeld 1992

Kirchner, Doris: Doppelbödige Wirklichkeit. Magischer Realismus und nicht-faschistische Literatur, Tübingen 1993

Klemperer, Victor: "LTI". Die unbewältigte Sprache. Aus dem Notizbuch eines Philologen, München 1969

Küster, Hansjörg: Geschichte der Landschaft in Mitteleuropa. Von der Eiszeit bis zur Gegenwart, München 1995

Lévi-Strauss, Claude: Das wilde Denken. Aus dem Französischen von Hans Naumann, Frankfurt/M. 1974

Lämmert, Eberhard: Beherrschte Prosa. Poetische Lizenzen in Deutschland zwischen 1933 und 1945. In: Neue Rundschau (1975), S. 404-421

Lethen, Helmut: Neue Sachlichkeit 1924-1932. Studien zur Literatur des weißen Sozialismus, Stuttgart 1970

Lethen, Helmut: Verhaltenslehren der Kälte. Lebenswege zwischen den Kriegen, Frankfurt/M. 1994

Loewy, Ernst: Literatur unterm Hakenkreuz. Das dritte Reich und seine Dichtung, Frankfurt/M. 1966

Marsch, Edgar (Hg.): Moderne deutsche Naturlyrik, Stuttgart 1980

Mecklenburg, Norbert (Hg.): Naturlyrik und Gesellschaft (Literaturwissenschaft – Gesellschaftswissenschaft 31), Stuttgart 1977

Mecklenburg, Norbert: Erzählte Provinz. Regionalismus und Moderne im Roman, Königstein/Ts. 1982

Meier, Bettina: Goethe in Trümmern. Zur Rezeption eines Klassikers in der Nachkriegszeit, Wiesbaden 1988

Meyer; Hermann: Der Sonderling in der deutschen Dichtung, München/Wien 1963

Möller, Irmgard: Die Entwicklung der Pflanzengesellschaften auf den Trümmern und Auffüllplätzen, Diss. Kiel 1949

Muschg, Walter: Die Zerstörung der deutschen Literatur. In: Akademie der Wissenschaften und der Literatur (Mainz), Jg. 1956 Nr. 1; S. 19-49

Neumann, Bernd (Hg.): Erläuterungen und Dokumente – Uwe Johnson: Mutmaßungen über Jakob, Stuttgart 1989

Oelmann, Ute Maria: Deutsche poetologische Lyrik nach 1945, Stuttgart 1980

Otten, Karl (Hg.): Ahnung und Aufbruch. Expressionistische Prosa, Darmstadt/Neuwied 1977

Penning, Dieter: Die Ordnung der Unordnung. In: Phantastik in Literatur und Kunst, hg. von Christian W. Thomsen und Jens Malte Fischer, Darmstadt 1980

Prinz, Friedrich / Krauss, Marita (Hg.): Trümmerleben. Texte, Dokumente, Bilder aus den Münchner Nachkriegsjahren, München 1985

Rauschning, Hans (Hg.): 1945 – Ein Jahr in Dichtung und Bericht, Frankfurt/M. 1965

Reinisch, Leonhard (Hg.): Die Zeit ohne Eigenschaften, Stuttgart 1961

Richter, Hans Werner (Hg.): Deine Söhne, Europa. Gedichte deutscher Kriegsgefangener. München 1947

Roh, Franz: Nach-Expressionismus – Magischer Realismus. Probleme der neuesten europäischen Malerei, Leipzig 1925

Rotermund-Ehrke, Heidrun / Rotermund, Erwin: Zwischenreiche und Gegenwelten. Texte und Vorstudien zur 'verdeckten Schreibweise' im 'Dritten Reich', München 1999

Rothe, Wolfgang (Hg.): Die deutsche Literatur in der Weimarer Republik, Stuttgart 1974

Rühmkorf, Peter: Das lyrische Weltbild der Nachkriegsdeutschen. In: Heinz Ludwig Arnold (Hg.): Geschichte der deutschen Literatur aus Methoden. Westdeutsche Literatur von 1945-71 (drei Bände), Bd. 1, Frankfurt/M. 1972, S. 1-27

Ruhl, Hans-Jörg (Hg.): "Mein Gott, was soll aus Deutschland werden?". Die Adenauer-Ära 1949-1963, München 1985

Ruhl, Hans-Jörg (Hg.): Neubeginn und Restauration. Dokumente zur Vorgeschichte der Bundesrepublik Deutschland 1945-1949, München 1982

Saussure, Ferdinand de: Grundfragen der allgemeinen Sprachwissenschaft, Berlin 1967 [EA 1931]

Schäfer, Hans Dieter (Hg.): Am Rande der Nacht. Moderne Klassik im Dritten Reich, Frankfurt/M. etc. 1984

Schäfer, Hans Dieter: Das gespaltene Bewußtsein. Deutsche Kultur und Lebenswirklichkeit 1933-1945, Frankfurt/M. etc. 1981

Schäfer, Hans Dieter: Wie ich mit meinen Ausgrabungen begann, Warmbronn 1998

Schama, Simon: Der Traum von der Wildnis. Natur als Imagination. Aus dem Englischen von Martin Pfeiffer, München 1996

Scheffel, Michael: Die poetische Ordnung einer heillosen Welt. Magischer Realismus und das 'gespaltene Bewußtsein' der dreißiger und vierziger Jahre. In: Matias Martinez (Hg.): Formaler Mythos. Beiträge zu einer Theorie ästhetischer Formen, Paderborn etc. 1996

Scheffel, Michael: Magischer Realismus. Die Geschichte eines Begriffes und ein Versuch seiner Bestimmung, Tübingen 1990   ✳

Schenkel, Michael: Fortschritts- und Modernitätskritik in der DDR-Literatur. Prosatexte der achtziger Jahre, Tübingen 1995

Scherpe, Klaus R.: Die rekonstruierte Moderne. Studien zur deutschen Literatur nach 1945, Köln etc. 1992

Scherpe, Klaus R. (Hg.): In Deutschland unterwegs. Reportagen, Skizzen, Berichte 1945-1948, Stuttgart 1982

Scherpe, Klaus R. (Hg.): Die Unwirklichkeit der Städte. Großstadtdarstellungen zwischen Moderne und Postmoderne, Reinbek 1988

Schivelbusch, Wolfgang: Vor dem Vorhang. Das geistige Berlin 1945-1948, München/Wien 1995

Schmidt, Arno: Die Handlungsreisenden. In: ders.: Das essayistische Werk zur deutschen Literatur in 4 Bänden, Band 3, Zürich 1988

Schmidt, Bernd / Schwenger, Hannes (Hg.): Die Stunde Eins. Erzählungen, Reportagen, Essays aus der Nachkriegszeit, München 1982

382

Schmidt, Claudia: Rückzüge und Aufbrüche. Zur DDR-Literatur in der Gorbatschow-Ära, Frankfurt/M. 1995

Schmied, Wieland: Neue Sachlichkeit und Magischer Realismus in Deutschland 1918-1933, Hannover 1969

Schreier, K.: Die Vegetation auf Trümmer-Schutt zerstörter Stadtteile in Darmstadt und ihre Entwicklung in pflanzensoziologischer Betrachtung. Schriftreihe der Naturschutzstelle Darmstadt, 1955, Bd. III, 1

Schröder, Jürgen u.a. (Hg.): Die Stunde Null in der deutschen Literatur. Ausgewählte Texte, Stuttgart 1995

Schwab-Felisch, Hans (Hg.): Der Ruf. Eine deutsche Nachkriegszeitschrift, München 1962

Schwarz-Scherer, Marianne: Subjektivität in der Naturlyrik der DDR (1950-1970), Frankfurt/M. etc. 1992

Sebald, W.G.: Literatur und Luftkrieg. Mit einem Essay zu Alfred Andersch, München Wien 1999

Seyfert, Michael: Im Niemandsland. Deutsche Exilliteratur in britischer Internierung. Ein unbekanntes Kapitel der Kulturgeschichte des Zweiten Weltkriegs, Berlin 1984

Stadler, Ulrich: Der einsame Ort. Studien zur Weltabkehr im heroischen Roman, Berlin 1971

Stanzel, Franz, K.: Das Niemandsland in der englischen und deutschen Dichtung aus dem Ersten Weltkrieg. In: Roger Bauer, Douwe Fokkema (Hg.): Proceedings of the XIIth Congress of the International Comparative Literature Association. Actes du XIIe Congrès de l'Association Internationale de Littérature Comparée, (Munich 1988), München 1990

Stanzel, Franz K.: Theorie des Erzählens, Göttingen [5]1991

Stierle, Karlheinz: Die Verwilderung des Romans als Ursprung seiner Möglichkeit. Grundriß der romanischen Literaturen des Mittelalters. In: Begleitreihe I, Heidelberg 1980, S. 253-313

Stoldt, H.H.: Geschichte der Ruinenpoesie in der Romantik, Kiel (Diss.) 1924

Theweleit, Klaus: Männerphantasien (Band 1). Frauen, Fluten, Körper, Geschichte. Reinbek 1977

Trommler, Frank: Nachkriegsliteratur – eine neue Literatur? In: Literaturmagazin 7 (Nachkriegsliteratur), hg. von Nicolas Born und Jürgen Manthey, Reinbek 1977, S. 167-186

Trommler, Frank: Der 'sozialistische Realismus' im historischen Kontext. In: Realismustheorien in Literatur, Malerei, Musik und Politik, hg. von Reinhold Grimm und Jost Hermand, Stuttgart etc. 1975, S. 68-86

Vietta, Silvio: Sprache und Sprachreflexion in der modernen Lyrik, Bad Homburg etc. 1970

Vietta, Silvio / Kemper, Hans-Georg: Expressionismus, München [5]1994

Vormweg, Heinrich: Deutsche Literatur 1945-1960. Keine Stunde Null. In: Die Deutsche Literatur der Gegenwart, hg. von Manfred Durzak, Stuttgart 1971

Wagener, Hans (Hg.): Gegenwartsliteratur und Drittes Reich. Deutsche Autoren in der Auseinandersetzung mit der Vergangenheit, Stuttgart 1977

Watanabe-O'Kelly, Helen: Melancholie und die melancholische Landschaft. Ein Beitrag zur Geistesgeschichte des 17. Jahrhunderts, Bern 1978

Wege, Carl: Gleisdreieck, Tank und Motor. Figuren und Denkfiguren aus der Technosphäre der Neuen Sachlichkeit. In: DVjS 68.1994, S. 307-332

Wehdeking, Volker Christian: Der Nullpunkt. Über die Konstituierung der deutschen Nachkriegsliteratur (1945-1948) in den deutschen Kriegsgefangenenlagern, Stuttgart 1971

Wehdeking, Volker Christian / Blamberger, Günter (Hg.): Erzählliteratur der frühen Nachkriegszeit (1945-1952), München 1990

Wehdeking, Volker Christian: Anfänge westdeutscher Nachkriegsliteratur. Aufsätze, Interviews, Materialien, Aachen 1989

Willerding, Ulrich: Zur Geschichte der Unkräuter Mitteleuropas, Neumünster 1986

Wozniakowski, Jacek: Die Wildnis. Zur Deutungsgeschichte des Berges in der europäischen Neuzeit, Frankfurt/M. 1987

Zimmermann, Rainer: Das dramatische Bewußtsein. Studien zum bewußtseinsgeschichtlichen Ort der Dreißiger Jahre in Deutschland (Literatur als Sprache 6), Münster 1989

Zürcher, Gustav: Trümmerlyrik – Politische Lyrik 1945-50. Kronberg 1977

Personenindex (keine Sekundärliteratur)

- Böll, Heinrich 105, 107, 129, 141, **178-181**, 205, 215, 217, 218, 220, 228, 231, 254, 276, 280, 283, 291, 293, 299, 357

- Borchert, Wolfgang 138, **151-153**, 198, 208, 238, 278f.

- Braun, Volker 186, 192, 193, 200, **316-317**

- Brecht, Bertold 17, 243

- Brinkmann, Rolf Dieter 219, 220, **256-279**, 355, 357

- Britting, Georg **132-134**, 144, 166, 217, 229, 246, 282, 291, 310

- Bruckner, Anton 21, 25, **32-36**

- Carossa, Hans 153, 291

- Čechov, Anton **84**, 193, 207

- Celan, Paul 46, 84, **195-196**, 207, 218, 243, 280, 285, 338

- Cervantes, Miguel de 29, 90

- Cisek, Oscar Walter 36

- Conrad, Joseph 83

- Cozens, Alexander 49

- Cozens, John Robert 49

- Curtius, Ernst Robert 107

- Czechowski, Heinz **237-241**, 242, 254

- Däubler, Theodor **33-36**, 147, 184

- Döblin, Alfred 277, 288

- Domin, Hilde 352

- Dostojewski, Fjodor 144

- Droste-Hülshoff, Annette von **92-93**, 116, 129, 133, 258

- Edschmid, Kasimir 122

- Edvardson, Cordelia 126, 326

- Eich, Clemens **224-227**, 353

- Reisner, Eugen 221
- Remarque, Erich Maria 139, 288
- Renn, Ludwig 139, 288
- Rilke, Rainer Maria 17, 45, 129, 148, 150
- Rodenbach, Georges 132
- Roth, Joseph **68-72**, 141f., 187
- Rühmkorf, Peter 130, 145, 206
- Sachs, Nelly 338
- Saint-Soline, Claire 122
- Salomon, Naomi Tereza 204, 326, 336
- Sartre, Jean Paul 128
- Saussure, Ferdinand de 30
- Schaefer, Oda **130-134**, 136, 149, **152-153**, 160, 161, 164, 178, 200, 201, 203, 206, 217, 229, 287, 297
- Schäfer, Hans Dieter 20, 77, 80f., 143, 171, 263
- Schedel, Hartmann 62
- Scheerbart, Paul 40
- Scherenberg, Christian Friedrich 111
- Schiller, Friedrich **286f.**
- Schlink, Bernhard 331
- Schmidt, Arno 79, 93, 94, 215, 218, 219, 252, 280, 299
- Schneider, Reinhold 153
- Schnittke, Alfred 251
- Schopenhauer, Arthur 60
- Sebald, W.G. 139, 156, 167, 174f., **215-220**, 230, 248, 279, 280, 284-288, **294-295**, 299, 301, 313, 348, 355
- Sedlmayr, Hans 347

TÜBINGER STUDIEN ZUR DEUTSCHEN LITERATUR

Peter Lang · Europäischer Verlag der Wissenschaften

Jörg Fröhling / Reinhild Meinel / Karl Riha (Hrsg.)

Wende-Literatur

Bibliographie und Materialien zur Literatur der Deutschen Einheit

3., überarbeitete und erweiterte Auflage

Frankfurt/M., Berlin, Bern, Bruxelles, New York, Wien, 1999. 291 S., 3 Abb.
Bibliographien zur Literatur- und Mediengeschichte. Bd. 6
Herausgegeben von Peter Gendolla und Karl Riha
ISBN 3-631-35150-X br. DM 84.–*

Vor zehn Jahren fiel die Mauer zwischen Ost- und Westdeutschland. Ein epochales Ereignis, das entscheidend durch kulturelle und literarische Momente beeinflußt war und auf diese zurückwirkte. Zielvorgabe der Bibliographie ist es, die Vielzahl einschlägiger literarischer Primärveröffentlichungen und – sie begleitend – literaturkritischer und -wissenschaftlicher Sekundärpublikationen zu dokumentieren: Daneben ist die Widerspiegelung der literarischen Prozesse in den Medien von Interesse: Spezialbibliographien zur Thematik im Nachrichtenmagazin *Der Spiegel* und im Fernsehen ergänzen diese jetzt in dritter, überarbeiteter und erweiterter Auflage erscheinende Veröffentlichung.

Aus dem Inhalt: Bibliographie zur Literatur der Deutschen Einheit – Rezensionen ausgewählter Bücher – Fernsehbibliographie – Spiegel-Artikel zur Literatur der Deutschen Einheit – Titelregister – Chronik wichtiger Wende-Ereignisse

Frankfurt/M · Berlin · Bern · Bruxelles · New York · Oxford · Wien
Auslieferung: Verlag Peter Lang AG
Jupiterstr. 15, CH-3000 Bern 15
Telefax (004131) 9402131

*inklusive Mehrwertsteuer
Preisänderungen vorbehalten
Homepage http://www.peterlang.de